btb

Buch

Raymond Chandlers große Kriminalromane machten ihn
weltberühmt und begründen seinen bis heute stetig wachsenden Nachruhm. Mit seinem Privatdetektiv Philip Marlowe
schuf der unbestrittene Klassiker des Genres eine unsterb-
liche Romanfigur. Mindestens gleichrangig neben dem Krimiautor steht der Briefeschreiber Chandler. In der nächtlichen
Einsamkeit seines Schreibtisches in La Jolla in Kalifornien
wurde ihm diese Tätigkeit zur beinahe manischen Gewohnheit. Nach seiner eigenen Einschätzung war er in seinen
Briefen häufig »eindringlicher als in jeder anderen Art des
Schreibens«. Hier zeigt er sich auf der Höhe seiner Kunst.
Seine Briefe stecken voller genauer Beobachtungen der kalifornischen Schauplätze seiner Romane, urteilen oft schroff
und sarkastisch über die Bücher von Kollegen, machen sich
lustig über das Unvermögen von Kritikern und die wiesel-
flinke Beflissenheit von Agenten. Sie beschreiben die
kommerziellen Bedingungen des Verlagswesens und die
Amüsierindustrie von Hollywood. Ganz beiläufig und nicht
immer freundlich ist auch von seinen Begegnungen mit vielen
Berühmtheiten des Gewerbes die Rede – von Hitchcock bis
Howard Hawks, von Bogart bis Billy Wilder. Zu den Brief-
empfängern gehören neben Verlegern und Agenten Berühmtheiten von Erle Stanley Gardner bis Somerset Maugham, von
Hitchcock bis Lucky Luciano.

Autor

Raymond Chandler, 1888 in Chicago geboren, 1959 in
La Jolla gestorben, ist der Klassiker des amerikanischen
Kriminalromans. Er gehört nicht nur zu den meistgelesenen
amerikanischen Autoren überhaupt, sondern gilt als einer der
Begründer eines ganzen Genres, der sogenannten »Hard-
boiled school«.

Herausgeber

Frank MacShane ist der Verfasser des vielbeachteten Buchs
»Raymond Chandler. Eine Biographie«. Er lehrt als Professor
an der School of the Arts an der Columbia University in
New York.

Raymond Chandler

Briefe 1937–1959

Ausgewählt und herausgegeben
von Frank MacShane

Deutsch von Hans Wollschläger

btb

Die amerikanische Originalausgabe erschien
unter dem Titel »Selected Letters of Raymond Chandler«
bei Columbia University Press, New York

Umwelthinweis:
Alle bedruckten Materialien dieses Taschenbuches
sind chlorfrei und umweltschonend.

btb Taschenbücher erscheinen im Goldmann Verlag,
einem Unternehmen der Verlagsgruppe Bertelsmann.

1. Auflage
Genehmigte Taschenbuchausgabe Dezember 1996
Copyright © 1981 by college Trustees Ltd;
introduction, editorial matter, and selection
Copyright © 1981 by Frank MacShane
Copyright © der deutschsprachigen Ausgabe 1990
by Albrecht Knaus Verlag GmbH, München
Umschlaggestaltung: Design Team München
Satz: Uhl + Massopust GmbH, Aalen
T.T. · Herstellung: Augustin Wiesbeck
Made in Germany
ISBN 3-442-72084-2

Inhalt

Lebensdaten

1888	Raymond Chandler am 23. Juli in Chicago geboren.
1895	Umzug mit der Mutter nach London.
1900	Eintritt ins Dulwich College als Tagesschüler.
1904	Abschluß am Dulwich College.
1905–06	In Frankreich und Deutschland als Student.
1907	Arbeit als Angestellter bei der Admiralität in London.
1908–11	Literaturjournalist in London; Beiträge für *The Academy* und *The Westminster Gazette*.
1912	Rückkehr nach Amerika, Niederlassung in Kalifornien.
1917	Eintritt in die kanadische Armee.
1918	Dienst in Frankreich als Unteroffizier im British Columbia Regiment.
1919	Entlassung und Rückkehr nach Los Angeles; Tätigkeit in der Ölindustrie.
1924	Heirat mit Cissy Pascal.
1932	Hinauswurf bei der Ölindustrie wegen Trunksucht.
1933	Erste schriftstellerische Arbeit. Die Geschichte *Blackmailers Don't Shoot* erscheint in der *Black Mask*.
1934–38	Chandler lebt in Los Angeles und schreibt für die *Black Mask* und das *Dime Detective Magazine*.
1939	*The Big Sleep* erscheint bei Alfred Knopf und bei Hamish Hamilton.
1940	*Farewell, My Lovely* erscheint bei Alfred Knopf und bei Hamish Hamilton.
1943	Mitarbeit am Drehbuch zu James M. Cains *Double Indemnity* für Paramount. *The High Window* erscheint bei Alfred Knopf und bei Hamish Hamilton. Aufsätze in *The Atlantic Monthly*.

1944	*The Lady in the Lake* erscheint bei Alfred Knopf und bei Hamish Hamilton.
1945	Original-Drehbuch zu *The Blue Dahlia* für Paramount.
1946	Übersiedlung von Los Angeles nach La Jolla.
1947	Original-Drehbuch zu *Playback* für Universal.
1949	*The Little Sister* erscheint bei Houghton Mifflin und bei Hamish Hamilton.
1950	*The Simple Art of Murder* (Sammlung früher Geschichten) erscheint bei Houghton Mifflin und bei Hamish Hamilton. Arbeit am Drehbuch zu *Strangers on a Train* für Warner Brothers.
1952	Reise mit Cissy nach England.
1953	*The Long Goodbye* erscheint bei Hamish Hamilton, im Folgejahr bei Houghton Mifflin.
1954	Cissy stirbt.
1955	Selbstmordversuch; Reise nach England.
1956–57	Chandler lebt wechselnd in London und in La Jolla.
1958	*Playback* (der Roman) erscheint bei Hamish Hamilton und bei Houghton Mifflin.
1959	Chandler stirbt am 26. März in La Jolla.

Die Empfänger

(Nicht aufgeführt in der Liste sind, mit wenigen Ausnahmen, diejenigen Zeitschriftenredakteure und Korrespondenten, die Chandler persönlich unbekannt waren.)

CLEVE ADAMS: Kriminalschriftsteller und Beiträger für die *Black Mask*.

FREDERICK LEWIS ALLEN: Chefredakteur von *Harper's Magazine* und Schriftsteller.

ALEX BARRIS: Kanadischer Journalist und Interviewer.

BERNICE BAUMGARTEN: Cheflektorin bei der literarischen Agentur Brandt & Brandt und Frau von James Gould Cozzens. Zuständig bei der Agentur für erzählende Prosa von Buchumfang.

JEAN BETHEL: Frau von Erle Stanley Gardner.

CARL BRANDT: Chandlers Agent von 1948 bis 1952 und Inhaber der literarischen Agentur Brandt & Brandt. Zuständig bei der Agentur für Publikationen in Zeitschriften.

PAUL BROOKS: Präsident der Houghton Mifflin Company.

JAMES M. CAIN: Amerikanischer Schriftsteller, Autor von *Double Indemnity, The Postman Always Rings Twice* und anderen Romanen.

ALAN K. CAMPBELL: Stellvertretender Direktor der Harvard Summer School.

ROBERT CAMPIGNY: Französischer Literaturkritiker und Rezensent.

EDGAR CARTER: Teilhaber der literarischen Agentur H. N. Swanson, Hollywood.

GEORGE HARMON COXE: Kriminalschriftsteller und Beiträger für die *Black Mask*.

FREDERICK DANNAY: Zusammen mit Manfred Lee Autor der Bücher, die unter dem Pseudonym Ellery Queen erschienen.

JEAN DE LEON: Chandlers Londoner Sekretärin.

BERGEN EVANS: Amerikanischer Sprachenexperte.

IAN FLEMING: Englischer Autor von Spionageromanen.

JAMES N. FOX: Autor von Abenteuerromanen, gebürtiger Holländer.

J. FRANCIS: Inhaber von Prince's Bookshop, Piccadilly, London.

ERLE STANLEY GARDNER: Kriminalschriftsteller und Beiträger für die *Black Mask.*

DOROTHY GARDINER: Sekretärin der Mystery Writers of America und Mitherausgeberin von *Raymond Chandler Speaking.*

DEIRDRE GARTRELL: Junge australische Briefschreiberin, die Chandler nie kennenlernte.

PHILIP GASKELL: Bücherliebhaber und Bibliothekar am King's College, Cambridge.

WILLIAM GAULT: In Kalifornien lebender Roman- und Kriminalschriftsteller, Autor von *Bloody Bokhara, Ring Around Rosa* und vielen anderen Büchern.

MICHAEL GILBERT: Englischer Kriminalschriftsteller und Chandlers Rechtsanwalt in London.

HELGA GREENE: Chandlers letzte literarische Agentin und später seine Testamentsvollstreckerin und Erbin.

MAURICE GUINNESS: Englischer Kriminalschriftsteller, Vetter von Helga Greene.

HAMISH HAMILTON: Chandlers englischer Verleger.

JOHN HERSEY: Amerikanischer Schriftsteller.

ALFRED HITCHCOCK: Englischer Filmregisseur.

H. F. HOSE: Altersgenosse Chandlers und Lehrer am Dulwich College.

JOHN HOUSEMAN: Produzent von *The Blue Dahlia* und vielen anderen Filmen und Theaterstücken in Hollywood.

JAMES HOWARD: Funktionär der Mystery Writers of America.

HOWARD HUNT: Autor und Diplomat, später unter Präsident Nixon in den Watergate-Skandal verwickelt.

JAMES KEDDIE: Sherlock-Holmes-Enthusiast und Büchersammler; Mitglied der «Baker Street Irregulars».

ALFRED A. KNOPF: Chandlers erster amerikanischer Verleger.

BLANCHE KNOPF: Frau von Alfred Knopf und seine Teilhaberin im Verlag.

GENE LEVITT: Bearbeiter von Chandler-Geschichten für den Rundfunk.

LUCIANO LUCANIA: Bekannt als Lucky Luciano, berüchtigter italo-amerikanischer Krimineller.

ROGER MACHELL: Geschäftsführer von Hamish Hamilton Ltd., Chandlers englischem Verlag.

W. SOMERSET MAUGHAM: Englischer Romancier und Dramatiker.

FINLEY McDERMID: Produktionschef der Filmfirma M.G.M., Hollywood.

JUANITA MESSICK: Chandlers jahrelange Sekretärin in La Jolla.

NEIL MORGAN: Kolumnist der *Evening Tribune,* San Diego.

CHARLES MORTON: Mitherausgeber von *The Atlantic Monthly.*

HARDWICK MOSELEY: Vertriebschef bei der Houghton Mifflin Company.

E. JACK NEUMAN: Schriftsteller und Bearbeiter von Chandler-Geschichten für das Fernsehen.

LUTHER NICHOLS: Ressortchef für die Buchkritik beim *Examiner,* San Francisco.

FRANK NORMAN: Englischer Romancier und Dramatiker. Chandler schrieb zu seinem ersten Buch *Bang to Rights* das Vorwort.

ERIC PARTRIDGE: Englischer Literaturkritiker und Lexikograph, Autor des *Dictionary cf Slang and Unconventional English,* in dem er Chandler häufig zitierte.

S. J. PERELMAN: Amerikanischer Schriftsteller und Humorist, häufiger Beiträger für den *New Yorker.* Er parodierte Chandler in einer Geschichte mit dem Titel *Farewell, My Lovely Appetizer.*

J. B. PRIESTLEY: Englischer Romancier und Dramatiker, Autor von *Rain Upon Godshill, Let the People Sing* und vielen anderen Büchern.

LEONARD RUSSELL: Englischer Kritiker, Feuilletonchef der *Sunday Times,* London.

JAMES SANDOE: Bibliothekar an der University of Colorado, Kritiker und Rezensent von Kriminalliteratur.

WILLIAM W. SEWARD: Professor am Tift College, Forsyth, Georgia.

SOL SIEGEL: Geschäftsführer bei der Twentieth Century Fox, Hollywood.

JOSEPH SISTROM: Produzent bei Paramount, verbunden mit verschiedenen Filmen, an denen Chandler mitarbeitete.

WILBUR SMITH: Bibliothekar und Direktor der Special Collections in der University of California, Los Angeles. Chandlers schriftlicher Nachlaß ist heute dort deponiert.

RAY STARK: Filmagent in Hollywood und Vertreter der Klientel von Carl Brandt, später Produzent.

H. N. SWANSON: Literaturagent in Hollywood, bekannt als Vertreter von Autoren wie Faulkner, Fitzgerald, O'Hara und Chandler.

WILLIAM TARG: New Yorker Verleger, verbunden mit verschiedenen Häusern.

E. C. THIESSEN: Stellvertretender Schatzmeister beim *Atlantic Monthly*.

WILLIAM TOWNEND: Schulfreund Chandlers am Dulwich College.

JESSICA TYNDALE: Freundin Chandlers in New York und Bevollmächtigte der Guinness Mahon Bank in Amerika.

DALE WARREN: Werbechef der Houghton Mifflin Company.

EDWARD WEEKS: Herausgeber des *Atlantic Monthly*.

LEROY WRIGHT: Chandlers Anwalt in San Diego.

Einleitung

«Ich habe Briefe geschrieben, die Eros hätten hysterisch machen können, und ich habe auch lange ernsthafte Briefe zur literarischen Technik verfaßt, so gut ich diese verstehe», schrieb Chandler einmal an seinen Verleger. Er war kein eitler Mensch, aber er kannte seine Begabungen. «Es ist wahr», sagte er, «ich scheine in Briefen gelegentlich eindringlicher gewesen zu sein als in jeder anderen Textform – manchmal –, und wenn ich einige davon wiederlese, so bin ich regelrecht verblüfft – verblüfft über die Leichtigkeit im Ausdruck und die Spannweite im Gedanklichen, die mir offenbar selbst damals schon zur Verfügung standen, als ich noch ein fuchtelnder Anfänger war.»

In einer Epoche, in der das Telefon nach und nach das Briefeschreiben verdrängt und beseitigt hat, war Chandler – der Autor so international berühmter Kriminalromane wie *The Big Sleep*, *Farewell, My Lovely* und *The Long Goodbye* – einer der größten Briefschreiber seiner Zeit. «Ich weiß nicht, wieso zum Teufel ich derart viele Briefe schreibe», fragte er sich. «Wahrscheinlich», gab er sich zur Antwort, «verlangt mein Geist einfach nach mehr Tätigkeit, als mir guttut.»

Chandler begann seine literarische Laufbahn in London nach dem Abgang vom Dulwich College 1905. Obwohl in den Vereinigten Staaten geboren, 1888, war er in England erzogen worden. Als sein amerikanischer Vater die Familie sitzen ließ, nahm seine anglo-irische Mutter ihn mit sich zu Verwandten nach London. Die Schulerziehung vor dem Ersten Weltkrieg vermittelte ihm eine klassische Bildung und eine besinnliche Gefühlswelt. Wie sein Altersgenosse T. S. Eliot schrieb er melancholisch romantische Gedichte und Skizzen über verfallene Häuser und leere Straßen. Er lieferte Beiträge für eine Reihe literarischer Wochenblätter in

13

Bloomsbury, doch blieb der Erfolg dabei aus. So kehrte er nach Amerika zurück und ließ sich in Los Angeles nieder. Er lernte die Buchführung und wurde Buchhalter in einer Anzahl von Banken, Molkereibetrieben und anderen Geschäftsunternehmen. Nach dem Krieg, in dem er bei der kanadischen Armee in Frankreich Dienst tat, kehrte er abermals nach Kalifornien zurück. Er fand schließlich einen Posten beim Dabney Oil Syndicate und stieg bis zum Filialleiter und Direktor verschiedener Tochtergesellschaften auf.

In den zehn Jahren seiner Arbeit im Ölgeschäft scheint Chandler die Literatur ganz aus den Augen verloren zu haben, obwohl er in Los Angeles kultivierte und literarisch interessierte Bekannte hatte. Er lebte mit seiner Mutter zusammen, und als sie gestorben war, heiratete er Cissy Pascal, eine ausgebildete Pianistin, die sich, um die Ehe mit ihm eingehen zu können, von ihrem Mann scheiden ließ. Sie war siebzehn Jahre älter als Chandler, aber als sie heirateten, wußte er das nicht, und man sah es ihr auch nicht an. Mit der Zeit jedoch scheint er zunehmend unzufrieden mit seinem Leben geworden zu sein. Er fing an zu trinken, und da er sich viel in Gesellschaft seiner jüngeren Zeitgenossen bewegte, begann er sich auch nach Frauen umzusehen, die jünger und aufregender waren als Cissy. Um 1932 war sein Leben in eine Krise geraten, und er wurde wegen Trunksucht aus der Firma geworfen. Trotz der schlechten Zeiten gab ihm dies einen ausreichenden Anstoß zu dem Wunsch, sich wieder dem Schreiben zuzuwenden. Obwohl er nichts veröffentlicht hatte, bezeichnete er sich im Telefonbuch von Los Angeles als Schriftsteller und begann seine erste ernsthafte Lehrzeit als Romanschreiber. Er lebte von Ersparnissen und von Geld, das ihm seine Freunde im Vertrauen auf seine Fähigkeiten beschafften.

Chandler wollte ein «ernster» Schriftsteller sein und versuchte deshalb Hemingway und andere prominente Autoren der Zeit nachzuahmen; sein kritischer Geist aber kam ihm jedesmal dazwischen und vermittelte ihm das Gefühl der Unzulänglichkeit. Dann fielen ihm eines Tages ein paar Groschenhefte vom Genre des Kriminalromans in die Hände. Er beschloß, sich selber daran zu versuchen, und stellte bald fest, daß es zu ihm paßte. Weil niemand diese Sparte der Literatur ernst nahm, fühlte er sich weder von seinen eigenen noch von jemandes anderen Maßstäben behindert. Er las und imitierte das Werk so etablierter Autoren wie Erle Stanley Gardner und Dashiell Hammett, Vertreter der «rabiaten» Schule des amerikanischen Kriminalromans. Um 1933 veröffentlichte er seine erste Geschichte in der *Black Mask,* dem berühmtesten Kriminalmagazin der Zeit. Während der folgenden fünf oder sechs Jahre schrieb er weitere Geschichten und Novellen, und sein handwerkliches Geschick erweiterte sich dabei ebenso wie sein Horizont. 1939 erschien sein erster Roman *The Big Sleep.* Obwohl dieses Buch ihm keineswegs über Nacht den Ruhm brachte, galt er doch bei den Verehrern der Kriminalgeschichte nun als einer der glänzendsten Vertreter der «hartgesottenen» Schule.

Während der nächsten vier Jahre brachte er *Farewell, My Lovely, The High Window* und *The Lady in the Lake* heraus. Sie begründeten sein literarisches Ansehen, aber sie verschafften ihm nicht das Einkommen, das er erwartet hatte. Taschenbuchausgaben waren damals für populäre Autoren noch nicht so ertragreich, wie sie es seither geworden sind. Deshalb begann er Drehbücher für Hollywood zu schreiben. Sein Auftauchen bei der Paramount und anderen Produktionsfirmen fiel mit der wachsenden Beliebtheit von Gangster- und Kriminalfilmen wie *The Maltese Falcon* zusammen. Sein erster Auftrag war, mit Billy Wilder eine Leinwandfassung von James M. Cains *Double Indemnity* zu erarbeiten. Der Film wurde ein Erfolg, und Chandler bekam weitere Aufträge. Aber er mochte die Arbeit beim Film nicht. Er war als Künstler zu unabhängigkeitsbedürftig, als daß er die dauernde Einmischung in seine Arbeit seitens der anderen Schreiber und der Produzenten, vor denen er wenig Respekt hatte, willig hätte hinnehmen können. Als er genug verdient hatte, um davon zu leben, zog er sich von Hollywood zurück und ließ sich mit Cissy in La Jolla nieder, wo er fast sein ganzes restliches Leben zubrachte.

Um diese Zeit war er als Schriftsteller weltberühmt, und seine nächsten Bücher *The Little Sister* und *The Long Goodbye* bestätigten ihn nicht nur einfach als einen amerikanischen Kriminalschriftsteller ersten Ranges, sondern als einen Prosaisten, der den Gegenwartsstand des amerikanischen Lebens so lebendig und eigenständig wiedergab wie jeder «richtige» Romancier. Es war ein Triumph des Stils über den Stoff, daß er ein durchaus begrenztes Erzählgenre in eine Prosa umzuformen vermochte, die universelle Anziehungskraft besaß. Durch ihn wurde Los Angeles erst eigentlich zu einem literarischen Begriff, und dies war die große Leistung seines letzten Lebensjahrzehnts.

Bei aller Weltfülle seiner Romane und der bunten Lebensnähe seines Protagonisten Philip Marlowe war Chandler selber ein bescheidener, zurückgezogener Mensch. Sogar in Hollywood hatte er als Einsiedler gelebt. «In gewisser Hinsicht habe ich, scheint mir, in Hollywood ziemlich schief gelegen», schrieb er. «Kein Swimmingpool, keine Steinmardermäntel für ein Apartment-Liebchen, kein laufendes Konto im Romanoff, keine Partys, keine Ranch mit Pferdesport, nichts von den ganzen Lebensbeilagen überhaupt.» Gesellschaftlicher Umgang machte ihm Schwierigkeiten, denn er brauchte zur Entspannung Alkohol. Aber wenn er trank, neigte er dazu, die Selbstkontrolle zu verlieren und zuviel zu trinken. Da war es sicherer, daheim zu bleiben, zumal Cissy jetzt in den Endsiebzigern stand und leicht ermüdete.

Mehr und mehr auf sich selbst zurückgeworfen, wandte Chandler sich dem Briefeschreiben als einem Mittel zu, mit der Außenwelt Verbindung zu halten. Er vertrieb sich die langen schlaflosen Abende, wenn Cissy zu Bett gegangen war, mit Antworten auf Zuschriften aus aller Welt. Die meisten Briefe gingen an Geschäftspartner – seine Verleger, Agenten, Zeitschriftenredakteure oder Berufskritiker der Kriminalliteratur. Selten korrespondierte er mit Kollegen oder mit Leuten, deren Briefe ihn hätten bereichern können, wie die seinen andere bereicherten. Aber seine Korrespondenz bedeutete ihm soviel, daß er sagte: «Meine besten Freunde habe ich sämtlich nie in Person kennengelernt.»

Für Chandler war das Briefeschreiben eine emotionale Befreiung aus seiner Isolation. Als er mit seinem englischen Verleger über seine Briefe verhandelte, stellte er fest: «Manche sind analytisch, manche ein bißchen poetisch, manche traurig, und eine ganze Menge sind kaustisch oder gar komisch. Sie zeigen, denke ich, die Reaktion eines Schriftstellers auf seine frühen Kämpfe und später seine Bemühungen, die zahllosen Leute abzuwehren, die ihn auf irgendeine Weise auszubeuten suchen. Es sind auch Liebesbriefe dabei und Briefe an ein unbekanntes Mädchen in Australien, die lediglich einen wohlmeinenden Versuch darstellten, ihre Probleme zu lösen, nachdem sie mir mehr von ihrem Herzen geschenkt hatte als sonst je (so sagte sie) einem Mitglied ihrer Familie.» Diese Briefe waren zugleich auch ein wichtiges Ventil für einen Autor, der sich, um mit erzählender Prosa Erfolg zu haben, strikt auf die Kriminalgeschichte beschränkt hatte. Zuviel blieb dabei übrig, als daß es nicht schreiend nach Ausdruck verlangt hätte. «Ein richtiger Schriftsteller», schrieb Chandler, «und manchmal denke ich, daß ich einer bin, lebt auf vielen Denkebenen. Vielleicht war es ein Ergebnis meiner geschäftlichen Ausbildung, daß ich immer gewußt habe: Ein Autor muß einer Linie folgen, mit der das Publikum vertraut werden kann. Er muß sich selbst bis zu dem Maße ‹einbringen›, daß das Publikum seinen Namen (wenn es sich dessen erinnert) mit einer ganz bestimmten Schreibweise assoziiert. Aber das ist für ihn selber, für seinen eigenen Geist nicht genug. So habe ich denn, nehme ich an, in meinen Briefen mehr oder weniger jene Facetten meiner Geistesart enthüllt, die in dem, was ich zur Veröffentlichung schrieb, getrübt oder verzerrt werden mußten.»

Chandler diktierte viele seiner Briefe spätabends in seinem Arbeitszimmer auf Platte, und am nächsten Tag schrieb seine Sekretärin sie ab. Zusammengenommen muten sie eher wie ein schriftstellerisches Notiz- oder Tagebuch an als wie eine gewöhnliche Korrespondenz. Ein Brief konnte mit einer Geschäftsangelegenheit beginnen, aber regelmäßig ging Chandler alsbald zu faszinierenderen Gegenständen über – seiner Kindheit in England, der Situation des Schriftstellers in Hollywood, seiner laufenden Lektüre, den Voraussetzungen des Romanschreibens oder den Sitten von Südkalifornien, wo er wie ein Fremdling im eigenen Land lebte, halb amüsiert und halb schockiert von der Welt um ihn herum.

Chandler hielt sich in seinen Briefen nie zurück. Er brachte derb und ehrlich zum Ausdruck, was er empfand und glaubte. Er war ein Mann von Leidenschaft, der ebenso auch auf besonnene und bezwingende Weise Ideen darlegen konnte. Seine Briefe offenbaren den Menschen hinter Philip Marlowe als einen Schriftsteller, der

Sinn für Kunst und Schönheit besitzt, aber keine Geduld hat mit dem Angebergehabe, das so oft zum literarischen Leben gehört. Seine Prosa ist kraftvoll und eindringlich, Ergebnis einer klassischen Bildung, der er Form- und Strukturgefühl verdankte. Seine Empfindungen kommen aus der Empfindlichkeit für seine Umgebung, und er drückt sie in Metaphorik aus, mit einem Straßenvokabular, das allen faulen Zauber in Schach hält.

Viele Schriftsteller reservieren ihre besten Energien für ihre Romane, Kurzgeschichten oder Gedichte. Andere wieder kehren den Prozeß um und verschwenden ihre kreative Kraft an ihre Korrespondenz. Durch seine eigentümlichen Lebensumstände fand Chandler zwischen diesen Extremen seinen Platz. Die Liste seiner Bücher wäre wahrscheinlich um keine Buchzeile länger geworden, hätte er weniger korrespondiert. In *The Long Goodbye* trieb er den Kriminalroman so weit, wie es nur ging. Alles sonst wäre Wiederholung gewesen. Chandlers Briefe sind darum so lang und reich, weil er soviel mehr zu sagen hatte und weil er in seiner Einsamkeit jedem sein Denken und Fühlen mitteilen wollte, der ihm schrieb.

Nach dem Tod seiner Frau, 1954, ging es mit Chandler langsam bergab. Die letzten fünf Jahre seines Lebens waren von wilden Versuchen gekennzeichnet, einen Ausweg aus seiner Vereinsamung zu finden, und während der Zeit, da er auf der Suche nach Trost ruhelos zwischen Kalifornien und England hin und her zog, sind seine Briefe voll von Einzelheiten aus seinem Alltagsleben. Als seine Existenz durch Alkohol und Krankheit zerfiel, wurden seine Briefe weitschweifiger und weniger interessant. Gleichwohl wußte er, daß er es zu etwas gebracht hatte. Swinburne hat einmal geschrieben, die Privatbriefe eines Autors zu veröffentlichen heiße «ein verachtungswürdiges Verbrechen begehen». Aber Chandler besaß genügend Bewußtsein für das, was er konnte, um diese Möglichkeit selber ins Auge zu fassen, auch wenn er am Wert seiner Briefe für andere Zweifel hegte: «Bitte glaube mir, daß ich hiermit keineswegs das Ansinnen an Dich richte, sie zu publizieren», schrieb er seinem englischen Verleger; «ich überlege bloß, ob sie vielleicht von genügendem Interesse sein könnten, um der Veröffentlichung wert zu sein.»

In den Jahren seit Chandlers Tod am 26. März 1959 sind seine Briefe oft und immer wieder zitiert worden, in Büchern und Zeitschriften. Dies Zeugnis ihrer fortdauernden Kraft hilft erklären, warum sie hier gesammelt vorgelegt werden. Sie dokumentieren ein trauriges, aber redliches Leben und zugleich Können und Rang eines der besten Briefeschreiber, die die amerikanische Literatur in den letzten zweihundert Jahren hervorgebracht hat.

✳

Der Wortlaut der Briefe erscheint im Druck, wie Chandler sie geschrieben hat, mit Ausnahme nur einiger weniger editorischer Änderungen. Chandlers Zeichensetzung, Rechtschreibung und Datierungsweise waren oft inkonsequent, und aus Gründen der Einheitlichkeit habe ich Bücher- und Filmtitel kursiv wiedergegeben. Ich habe ferner offensichtliche Schreib- und Tippfehler korrigiert sowie einzelne versehentlich ausgelassene Wörter nachgetragen. Auch wurde Chandlers Gebrauch der Anführungszeichen, der manchmal der amerikanische, manchmal der britische und manchmal eine Kombination von beiden war, von mir auf den amerikanischen Standard geändert. Nicht standardisiert jedoch wurde Chandlers Rechtschreibung, sondern die jeweils britische oder amerikanische Form bewahrt, und ebenso bewahrt blieb in den Briefen seine wechselnde Form der Datierung. Die Briefpartner sind in der Liste der Empfänger (s. S. 9–12) kurz vorgestellt. Erläuternde Fußnoten wurden den einzelnen Briefen beigegeben, wo es notwendig schien.

Bei den Vorlagen dieser Briefsammlung sind verschiedene Gruppen zu unterscheiden. Die erste bilden unterschriebene Originalbriefe bzw. Fotokopien von solchen. Die zweite Gruppe besteht aus den Durchschlägen von Briefen, die von Chandler selbst oder nach seinem Diktat geschrieben wurden. Sie enthalten keine nachträglichen Verbesserungen, wie sie vielleicht auf den Originalblättern vorgenommen wurden, und sind auch nicht gezeichnet. Deshalb werden sie auch hier ohne Unterschrift wiedergegeben. Einige wenige Briefe stützen sich auf Abschriften, die Dorothy Gardiner von Chandlers Korrespondenz anfertigte, als sie den unter dem Titel *Raymond Chandler Speaking* erschienenen Sammelband vorbereitete; sie sind in Fußnoten kenntlich gemacht. Diese Abschriften sind weniger verläßlich als Originalbriefe, da Miss Gardiner gelegentlich die Wortstellung änderte oder auch Kürzungen vornahm, ohne freilich die Substanz des betreffenden Briefes anzutasten. Es sind weniger als zehn Briefe, die auf Abschriften zurückgehen; alle übrigen in dieser Sammlung hatten Vorlagen der ersten beiden genannten Gruppen – Originalbriefe oder Durchschläge.

Wo immer angängig, habe ich den vollständigen Brief wiedergegeben. Gelegentlich allerdings habe ich Striche eingefügt, und zwar jeweils aus einem der drei folgenden Gründen: 1. weil dieselbe Information bereits in einem anderen Brief gestanden hatte; 2. weil die gestrichene Partie nicht von bleibendem Interesse war (generell beziehen sich solche Stellen auf geschäftliche Fragen, die Chandler mit seinem Agenten oder einem seiner Verleger erörterte); 3. weil der betreffende Absatz privaten Charakter hatte und für eine noch lebende Person nachteilig war. Alle wesentlichen Auslassungen sind durch drei in eckige Klammern gesetzte Punkte gekennzeichnet.

Gelegentlich gibt es auch Auslassungen innerhalb eines Satzes, und diese sind durch Leerzeichen ([–––]) kenntlich gemacht. Sie zeigen generell an, daß die ausgelassenen Wendungen privater Natur und möglicherweise für eine noch lebende Person rufschädigend waren. In den wenigen Briefen, die nach Dorothy Gardiners Abschriften wiedergegeben sind, finden sich ebenfalls Auslassungen, doch vermag ich den Grund für die von ihr vorgenommenen Streichungen nicht anzugeben. Manchmal ist ein Personenname durch Sternchen ersetzt, aber solche Fälle sind, wie die Auslassungen insgesamt, selten. Es wurde keine Mühe gescheut, die Briefe innerhalb der Grenzen von Geschmack und Verstand so vollständig wie möglich zu erhalten.

✳

Chandlers Briefe finden sich in drei verschiedenen Gruppen von Sammlungen. Die erste davon bilden die Universitäts- und öffentlichen Bibliotheken. Am bedeutendsten hier ist die Chandler-Sammlung im Department of Special Collections in der Bibliothek der University of California, Los Angeles. Chandler half diese Sammlung selber aufbauen, und sie umfaßt, abgesehen von Büchern und Manuskripten, Originalbriefe und Fotokopien von Briefen an zahlreiche Adressaten, wie etwa James Sandoe und John Houseman. Dorothy Gardiners Abschriften sind hier ebenfalls deponiert. Andere Universitätsbibliotheken besitzen kleinere Sammlungen: die Boston University bewahrt Chandlers Korrespondenz mit Charles Morton vom *Atlantic Monthly;* Harvard verfügt über Briefe Chandlers an Dale Warren, Hardwick Moseley und andere von der Houghton Mifflin Company; der Indiana University gehören Chandlers Briefe an Ian Fleming und Frank Norman; die Library of Congress hat einen Chandler-Brief an James Cain; die University of Texas besitzt Briefwechsel zwischen Chandler und Erle Stanley Gardner, Somerset Maugham und J. B. Priestley; Yale bewahrt Chandlers Briefe an George Harmon Coxe.

Die zweite Gruppe bilden große Privatsammlungen. Deren wichtigste besitzt Helga Greene, Chandlers Agentin und literarische Testamentsvollstreckerin. Diese Sammlung besteht im Kern aus Chandlers eigener Hinterlassenschaft, und sie umfaßt Originalbriefe wie auch Durchschläge und Briefentwürfe. Andere große Sammlungen befinden sich im Besitz von Chandlers Agentur Brandt & Brandt, seinem englischen Verlag Hamish Hamilton Ltd. und seinem ersten amerikanischen Verlag Alfred Knopf Inc. Kleinere Sammlungen, aus denen die dritte Gruppe besteht, besitzen das *Atlantic Monthly,* Jean DeLeon, William Gault, James M. Fox, Juanita Messick, Neil Morgan, Dilys Powell, Jessica Tyndale und Leroy Wright. Allen diesen Personen und Institutionen bin ich dankbar für ihre Hilfe und die freundliche Bereitschaft, ihr Briefmaterial zur Verfügung zu stellen.

Ferner möchte ich einer Anzahl von Personen danken, die mir auf mannigfaltige Weise geholfen haben. Einige machten mich auf Briefe aufmerksam oder liehen mir solche aus ihrem Besitz; andere scheuten keine Mühe, mir sonstwie behilflich zu sein. Ihnen allen wünsche ich meinen Dank zu bekunden, insbesondere Hilda Bohene, Carl Brandt, William Cagle, George Harmon Coxe, Bernard Crystal, Keith Deutsch, David Farmer, Donald Gallup, Deirdre Gartrell, Philip Gaskell, Howard Gotlieb, Hamish Hamilton, John Houseman, Howard Hunt, James Keddie, William Koshland, Elfrieda Lang, Gene Levitt, Kenneth Lohf, Roger Machell, James Mink, E. Jack Neuman, Frank Norman, Austin Olney, Robert S. Powell, Kathrine Sorley Walker, Edward Weeks, Stanley Wertheim und Brooke Whiting. Ich hoffe, ich habe nicht versehentlich einen Namen ausgelassen, der hier stehen sollte.

Vor allem dankbar aber bin ich Helga Greene für die warmherzige und unermüdliche Hilfe, die sie mir bei diesem Vorhaben zuteil werden ließ. Ohne ihre freundliche Großzügigkeit hätte dieses Buch nie zustande kommen können.

Frank MacShane

Zur deutschen Ausgabe

Raymond Chandlers ganz eigen-artiges Sprachidiom, ein von Elementen der amerikanischen Umgangssprache gebrochenes klassisches Englisch, ist, wie jeder Personalstil, nur in Annäherungen übertragbar. Er selber hat es als Entwicklungsbeitrag zu einer vom Englischen emanzipierten amerikanischen Hochsprache verstanden, und deren genaue Entsprechung im Deutschen erforderte gleichsam ein Gegen-Hochdeutsch zum Hochdeutschen, das es nicht gibt. Namentlich die Syntax muß in der Übersetzung – abgesehen von jenen Briefen, in denen der Verfasser sich erkennbar im eigenen Zusammenhang verzettelt – oft eine grundstrukturell bedingte Gedrungenheit bewahren, der das Original sich eindrucksvoll entwinden konnte: Übersetzer und Leser haben sich damit abzufinden, daß hier eine wesentliche Stilqualität kein voll befriedigendes Äquivalent finden kann.

Die Übersetzung gibt Frank MacShane's Edition *Selected Letters of Raymond Chandler* (New York 1981) vollständig und in originalgetreuer Anordnung wieder. Sie muß den aufmerksamen Leser des Bandes *Die simple Kunst des Mordes* (Zürich 1975), der umfangreiche Auszüge aus Chandler-Briefen enthält, hier und da überraschen, wie die Originalausgabe der *Selected Letters* den Kenner des Bandes *Raymond Chandler Speaking* (New York 1962) überrascht hat. Als ich ihn vor 15 Jahren ins Deutsche übertrug, standen mir keine Möglichkeiten zur Verfügung, die editorische Korrektheit der von Dorothy Gardiner und Kathrine Sorley Walker herausgegebenen Textvorlage zu bewerten, und erst durch MacShanes philologisch präzisere Ausgabe wurde erkennbar, wie bedenkenlos die früheren Herausgeberinnen mit Chandlers Brieftexten umgegangen waren. Die Kritik daran stehe dahin; es bleibt nur festzuhalten, daß so auch zwangsläufig zwischen dem Wortlaut der vorliegenden deutschen Ausgabe und dem der in der ‹Simplen Kunst› wiedergegebenen Briefauszüge Abweichungen bestehen – und daß diese sich nicht aus einer etwaigen Willkür des Übersetzers erklären, sondern aus der philologisch getreueren Textgestalt des Originals. Das mit ihr zugleich gegebene erweiterte Verständnis bot freilich darüber hinaus Gelegenheit, einige Fehler zu verbessern.

Da es sich bei den *Selected Letters* um eine Auswahl mit festem Editionsprinzip handelt, verbot sich eine Ergänzung um diejenigen Briefe und Briefteile, die aus der ‹Simplen Kunst› bekannt sind, vom Herausgeber aber nicht aufgenommen wurden; dem Bedauern des Übersetzers werden Kenner vielleicht zustimmen. Ebenso konnte dem Wunsch, die eher zurückhaltenden Anmerkungen durch eine reichere Kommentierung zu ersetzen, nicht nachgegeben werden, und interessierte Leser bleiben darauf angewiesen, zur Vergegenwärtigung der in den Briefen gespiegelten Kulturszene (Autoren, Bücher, Filme etc.) die zuständigen lexikalischen Hilfsmittel beizuziehen. Nur in ganz wenigen Fällen habe ich, wo die Übersetzung selbst der Erläuterung bedurfte, zusätzliche, als [Anm. d. Ü.:] gekennzeichnete Anmerkungen beigegeben.

Werktitel werden, aus vielerlei Gründen, in Übersetzungen oft umgeformt oder, namentlich bei Filmen, gar durch gänzlich andere ersetzt. Um hier Verwirrung zu vermeiden und umständliche bibliographische Einzelanmerkungen unnötig bleiben zu lassen, schien es mir angebracht, wie die Zeitschriften- und Institutionsnamen, so auch die literarischen und filmischen Werktitel grundsätzlich im Original wiederzugeben. Die folgende Liste möge dem Leser die Orientierung in den zur Zeit verfügbaren deutschen Chandler-Ausgaben erleichtern:

Raymond Chandlers Werke
in chronologischer Folge ihrer Erstveröffentlichung

Blackmailers Don't Shoot (1933), Erzählung
Deutsch: Erpresser schießen nicht
Übersetzung: Hans Wollschläger
In: Erpresser schießen nicht, Zürich 1980

Smart-Aleck Kill (1934), Erzählung
Deutsch: Der superkluge Mord
Übersetzung: Hans Wollschläger
In: Erpresser schießen nicht, Zürich 1980

Finger Man (1934), Erzählung
Deutsch: Einfache Chancen
Übersetzung: Hans Wollschläger
In: Erpresser schießen nicht, Zürich 1980

Killer in the Rain (1935), Erzählung
Deutsch: Mord im Regen
Übersetzung: Hans Wollschläger
In: Mord im Regen, Zürich 1976

Nevada Gas (1935), Erzählung
Deutsch: Nevada-Gas
Übersetzung: Hans Wollschläger
In: Erpresser schießen nicht, Zürich 1980

Spanish Blood (1935), Erzählung
Deutsch: Spanisches Blut
Übersetzung: Hans Wollschläger
In: Der König in Gelb, Zürich 1980

Guns at Cyrano's (1936), Erzählung
Deutsch: Schüsse bei Cyrano
Übersetzung: Hans Wollschläger
In: Der König in Gelb, Zürich 1980

The Man Who Liked Dogs (1936), Erzählung
Deutsch: Der Mann, der Hunde liebte
Übersetzung: Hans Wollschläger
In: Mord im Regen, Zürich 1976

Noon Street Nemesis (1936), Erzählung
Später: *Pick-up on Noon Street*
Deutsch: Straßenbekanntschaft Noon Street
Übersetzung: Hans Wollschläger
In: Gefahr ist mein Geschäft, Zürich 1980

Goldfish (1936), Erzählung
Deutsch: Zierfische
Übersetzung: Hans Wollschläger
In: Der König in Gelb, Zürich 1980

The Curtain (1936), Erzählung
Deutsch: Der Vorhang
Übersetzung: Hans Wollschläger
In: Mord im Regen, Zürich 1976

Try the Girl (1937), Erzählung
Deutsch: Cherchez la femme
Übersetzung: Hans Wollschläger
In: Mord im Regen, Zürich 1976

Mandarin's Jade (1937), Erzählung
Deutsch: Mandarin-Jade
Übersetzung: Hans Wollschläger
In: Mord im Regen, Zürich 1976

Red Wind (1938), Erzählung
Deutsch: Roter Wind
Übersetzung: Hans Wollschläger
In: Der König in Gelb, Zürich 1980

The King in Yellow (1938), Erzählung
Deutsch: Der König in Gelb
Übersetzung: Hans Wollschläger
In: Der König in Gelb, Zürich 1980

Bay City Blues (1938), Erzählung
Deutsch: Bay City Blues
Übersetzung: Hans Wollschläger
In: Mord im Regen, Zürich 1976

The Lady in the Lake (1939), Erzählung
Deutsch: Die Tote im See
Übersetzung: Hans Wollschläger
In: Mord im Regen, Zürich 1976

Pearls Are a Nuisance (1939), Erzählung
Deutsch: Perlen sind eine Plage
Übersetzung: Hans Wollschläger
In: Gefahr ist mein Geschäft, Zürich 1980

Trouble Is My Business (1939), Erzählung
Deutsch: Gefahr ist mein Geschäft
Übersetzung: Hans Wollschläger
In: Gefahr ist mein Geschäft, Zürich 1980

I'll Be Waiting (1939), Erzählung
Deutsch: Ich werde warten
Übersetzung: Hans Wollschläger
In: Erpresser schießen nicht, Zürich 1980

The Bronze Door (1939), Erzählung
Deutsch: Die Bronzetür
Übersetzung: Hans Wollschläger
In: Englischer Sommer, Zürich 1980

The Big Sleep (1939), Roman
Deutsch: Der große Schlaf
Übersetzung: Gunar Ortlepp
Zürich 1974

Farewell, My Lovely (1940), Roman
Deutsch: Lebwohl, mein Liebling
Übersetzung: Wulf Teichmann
Zürich 1976

No Crime in the Mountains (1941), Erzählung
Deutsch: Keine Verbrechen in den Bergen
Übersetzung: Hans Wollschläger
In: Mord im Regen, Zürich 1976

The High Window (1942), Roman
Deutsch: Das hohe Fenster
Übersetzung: Urs Widmer
Zürich 1975

The Lady in the Lake (1943), Roman
Deutsch: Die Tote im See
Übersetzung: Hellmuth Karasek
Zürich 1976

The Simple Art of Murder (1944), Aufsatz
Deutsch: Die simple Kunst des Mordes
Übersetzung: Hans Wollschläger
In: Die simple Kunst des Mordes, Zürich 1975

Writers in Hollywood (1945), Aufsatz
Deutsch: Schriftsteller in Hollywood
Übersetzung: Hans Wollschläger
In: Die simple Kunst des Mordes, Zürich 1975

Oscar Night in Hollywood (1948), Aufsatz
Deutsch: Oscar-Abend in Hollywood
Übersetzung: Wulf Teichmann
In: Englischer Sommer, Zürich 1980

The Little Sister (1949), Roman
Deutsch: Die kleine Schwester
Übersetzung: W. E. Richartz
Zürich 1975

Professor Bingo's Snuff (1951), Erzählung
Deutsch: Professor Bingos Schnupfpulver
Übersetzung: Wulf Teichmann
In: Englischer Sommer, Zürich 1980

Ten Per Cent of Your Life (1952), Aufsatz
Deutsch: Zehn Prozent vom Leben
Übersetzung: Hans Wollschläger
In: Die simple Kunst des Mordes, Zürich 1975

The Long Goodbye (1953), Roman
Deutsch: Der lange Abschied
Übersetzung: Hans Wollschläger
Zürich 1975

Playback (1958), Roman
Deutsch: Playback
Übersetzung: Wulf Teichmann
Zürich 1976

Marlowe Takes on the Syndicate (1959), Erzählung
Später: *Wrong Pidgeon* und *The Pencil*
Deutsch: Der Bleistift
Übersetzung: Hans Wollschläger
In: Gefahr ist mein Geschäft, Zürich 1980

A Couple of Writers (1962), Erzählung
Deutsch: Ein Schriftstellerpaar
Übersetzung: Hans Wollschläger
In: Die simple Kunst des Mordes, Zürich 1975

The Poodle Springs Story (1962), Fragment
Deutsch: Die Poodle Springs Story
Übersetzung: Hans Wollschläger
In: Die simple Kunst des Mordes, Zürich 1975

English Summer (1976), Erzählung
Deutsch: Englischer Sommer
Übersetzung: Wulf Teichmann
In: Englischer Sommer, Zürich 1980

Requiem (1976), Gedicht
Deutsch: Requiem
Übersetzung: Christa Hotz u.a.
In: Frank MacShane, Raymond Chandler, Zürich 1984

Von Chandlers Drehbüchern liegen vor: *Double Indemnity* (zusammen mit Billy Wilder, 1942), in: *Best Film Plays –1945*, New York 1946, und *The Blue Dahlia* (1946), Southern Illinois University Press, 1976. Die Filmskripte zu *And Now Tomorrow* (mit Frank Patros, 1944), *The Unseen* (mit Hagar Wilde, 1945), *The Innocent Mrs. Duff* (nicht produziert, 1946), *Playback* (nicht produziert, 1947) und *Strangers on a Train* (mit Czenzi Ormonde, 1951) sind bisher weder amerikanisch noch deutsch im Druck erschienen.

Hans Wollschläger

Die Briefe
1937

AN DEN HERAUSGEBER DES
*FORTNIGHTLY INTRUDER**

15. Juni 1937

Meine hochgeehrten Herren,

Ihr Essay zum Thema Blumen-Arrangement ist schier unschätzbar, ebenso wie die Typographie Ihres Blattes, aber um Himmels
willen, an welches Publikum wenden Sie sich eigentlich? Sie geben
sich hochgewählt, schreiben in einer toten Sprache und in den
zierlichen, nur gelegentlich etwas sterilen hohen Tönen des acht-
zehnten Jahrhunderts. Sie sind von anmutigem Witz und von
besänftigender, wenngleich tödlicher Ironie. Gibt es Leute, die
dergleichen neckische Possen bewundern? Ich lebe nun gute fünfundzwanzig Jahre in dieser Stadt, und da kommen auf einmal Sie
mir zu Gesicht, wie Sie, offenbar doch ebenso zur Bürgerschaft
gehörig, mit chinesischer Ruhe in einer Vergangenheit hausen, die
selbst damals schon so unwahrscheinlich war wie Richardsons
Romane. Manchmal sogar auch so fad.

Man empfängt Ihr Blättchen mit Vergnügen, und doch auch mit
einem gewissen Unbehagen, wie eine Stimme aus einem altertüm-
lichen Kamin an einem stürmischen Oktoberabend. Man hört den

---

* Eine in Los Angeles erschienene Bibliophilen-Zeitschrift, herausgegeben von William
K. Etter jr. Der Brieftext ist, einschließlich möglicher Auslassungen, hier nach dem
Abdruck in der Zeitschrift wiedergegeben.

Tod darin und ist es müde, den Tod in so vielen Dingen zu hören. Sie sind dekadent, und das in einer Umgebung, die bei noch so eleganten Beinkleidern tiefste Provinz geblieben ist. Sie haben die tödliche Glätte eines alten Pistolengriffs.

Es sind erst wenige kurze Jahre vergangen, seit man mich, mit mehr Emphase als Hoffnung, darüber aufklärte, daß der amerikanische Gentleman nicht spuckt. Ist das tatsächlich so? Dann werde ich ihm, dachte ich, eines Tages bestimmt begegnen. Und ich bin ihm natürlich begegnet, nur nicht so bald, wie ich dachte.

Wer außer jenen Unglücklichen, die vom Leben schon endgültig geschlagen sind und in der Dämmerung dahinsiechen, findet eigentlich Geschmack an einer Prosa wie der Ihren? Ich frage, weil ich es wissen will. Vielleicht stehen wir ja kurz vor einer Wiedergeburt des Klassischen. Weiß Gott, ich bin es auch sehr satt zu reden, ohne die Lippen zu bewegen. Aber ein bißchen fürchte ich doch, daß man Sie zu sehr mit Güte und zu wenig mit Verständnis liest, daß Sie als nostalgische Hoffnungsträger für das Zeitalter der Kultur erscheinen (was immer das ist – und verrotten soll es, wenn es dies ekelhafte Wort verdient), und daß Sie nur mit jenem Verzweiflungsmut akzeptiert werden, den die Damen vom Friday Morning Club sich für den Besuch bei englischen Romanciers aus den lauwarmen Vorkriegsjahren reserviert haben.

Auch Sie, meine hochgeehrten Herren, möchte ich mir liebend gern mit Gardenien auf dem Morgenrock vorstellen, mit graugestreiften Hosen aus tadelloser Vigogne, mit gescheiteltem Haar und mit dem sanften Vogelsang des Oxford-Akzents tief in der vornehmen Kehle. Aber ich fürchte, Sie tragen Kordhosen und sprechen das Platt des dehydrierten Neu-Engländers. Es kann kaum anders sein. Dieser amerikanische Schlag hat seine ganz eigene Bleichsucht. Er kann sich Gelehrsamkeit nur erwerben, indem er Blut verliert.

Ich wünsche Ihnen Erfolg – und kann Ihnen diesen, ach, doch gar nicht weissagen.

Womit ich, meine hochgeehrten Herren, verbleibe als Ihr unterthänigst gehorsamster Diener

R. C., Esqr.

AN DEN HERAUSGEBER DES
FORTNIGHTLY INTRUDER

1. Juli 1937

Ihr könnt einen ziemlich leicht auf den Arm nehmen – stimmt's, Leute? Daß ich gegen euch Klage führe, ist Quatsch mit Soße. Ich mache euch kritisch ernste Komplimente, und ihr mißversteht sie als eitel Hohn und Spott. Ich nenne euren Stil hochgewählt und lasse es den meinen selber sein. Und was die Kordhosen betrifft, so war die Bemerkung uralt. Sie ist mir aus meiner Anthologie von 1928 zugeschlüpft.

Daß Sie unbedingt auf Ihr reineres amerikanisches Spracherbgut stolz sein wollen, will mir wenig einleuchten. Das Latein kam allmählich auf den Hund, aber Französisch ist eine raffiniertere Sprache, als es Latein je war. Das beste Englisch heute wird von Amerikanern geschrieben, aber beileibe nicht im Zuge irgendeiner puristischen Tradition. Sie sind sehr unsanft mit der Sprache umgesprungen, genau so wie Shakespeare es getan hat, und haben ihr mit dem Melodrama und der Pressekabine schlimm Gewalt angetan. Sie haben Grabsteine umgestürzt und den Toten ins Gesicht gegrinst. Alles in bester Ordnung. Es gibt viel zu viele Tote und auch viel zu viel Gerede über sie.

Aber das alles ist nebensächlich, und ich ermangle noch immer der Information, derentwegen ich Ihnen das erstemal schrieb. Es war nett von Ihnen, so schnell zu antworten, und überhaupt. Aber wer liest Sie? Man weiß ja, so ungefähr jedenfalls, was für Leute das sind, die *Post, Esquire, Terror Tales, New Republic, Mercury* zu sich nehmen – und den großen alten Mann aus der Arlington Street, das *Atlantic*. Aber im letzteren Fall, wo die entschiedene Absicht besteht, Gedanken- und Ausdrucksklarheit zu wahren und gegen die schnieken Kinkerlitzchen des Cocktailmobs resistent zu bleiben, argwöhnt man nicht nur einen höchst wackligen Rückhalt – der ja eine Tatsache ist –, sondern auch eine gehörige Portion Snob-Leserschaft, deren Köpfe so vollendet marionettenhaft funktionieren wie die Fans von *** oder die Anhänger von ***.

Seh'n Sie, ich lebe hier nun schon so lange. Vielleicht habe ich ja einfach Pech gehabt, aber mir sind noch keine Leute über den Weg gelaufen, die ein Bedürfnis nach Ihrer Prosa hätten, es sei denn, jemand brächte ihnen vorher bei, sie müßten sich unbedingt erlösen lassen.

R. C., Esq.

1939

ALFRED A. KNOPF

Route 1, Box 421
Riverside, Calif
19ter Feb. 1939

Sehr geehrter Mr. Knopf: —

Empfangen Sie meinen Dank für Ihren so freundlichen Brief und glauben Sie mir bitte, ob nun ein Brief von Ihnen gekommen wäre oder nicht, ich hätte auf jeden Fall geschrieben, um Ihnen für den glänzenden Start zu danken, den Sie mir zu geben versuchen. Da ich lange mehr oder weniger im Geschäftsleben gestanden habe, weiß ich einigermaßen zu würdigen, was dies bedeutet, wenn ich auch vom Verlagsgeschäft selber gar nichts verstehe.

Mr. Conroy schrieb mir zweimal, Sie hätten sich geäußert, daß ich mich an die Arbeit an einem weiteren Buch machen solle, und ich habe ihm geantwortet, daß ich damit noch warten wolle, bis ich eine Vorstellung hätte, welche Aufnahme dieses erste hier fände. Bisher habe ich nur vier Notizen gesehen, aber zweien davon schien die Sittenlosigkeit und Unerfreulichkeit des Buches mehr zu schaffen zu machen als alles andere sonst. Tatsächlich hat mich die Rezension in der *New York Times,* die ein Ausschnittdienst mir als Köder schickte, so ziemlich entgeistert. Es ist durchaus nicht mein Wunsch, sittenlose Bücher zu schreiben. Mir ist natürlich nicht entgangen, daß in dieser Geschichte ein paar reichlich unerfreuliche Zeitgenossen herumlaufen, aber ich habe meine Prosa in einer rauhen Schule gelernt, und da habe ich auf dergleichen vermutlich nicht besonders geachtet. Weit mehr faszinierte mich eine Situation, wo das Geheimnis eher durch die Deutungs- und Verständnisarbeit einer einzelnen, stets gut sichtbaren Figur gelöst wird als durch die langsame und manchmal krampfhafte Verkettung der Umstände. Das ist ein Punkt, der die Rezensenten von ersten Büchern vielleicht nicht interessiert, aber mich interessierte er dafür um so mehr. Wie dem auch sei, heute steht jedenfalls eine sehr gute Notiz in der *Los Angeles Times*, und ich fühle mich nicht mehr ganz so als Kenner und Liebhaber des moralischen Verfalls, wie es gestern noch der Fall war. Man läßt dort Humphrey Bogart die Hauptrolle spielen, dem ich ebenfalls den Vorzug gebe.* Bleibt nur noch, Warner Brothers zu überzeugen.

Was nun die Arbeit am nächsten Roman betrifft, nur soviel zu Ihrer Erwägung: Ich würde, mit Ihrer Zustimmung, gern versuchen, ihm noch ein bißchen mehr Schliff zu geben. Natürlich muß er scharf, schnell und rassig bleiben, aber ich meine, er könnte ein bißchen weniger grob sein – oder stimmen Sie da nicht zu? Ich möchte gern etwas machen, was nicht automatisch nach dem Film verlangt und was trotzdem nicht schroff gegen das Publikum ist, das ich mir vielleicht erwerbe. *The Big Sleep* ist sehr uneinheitlich geschrieben. Es gibt Szenen, in denen alles stimmt, aber es gibt auch andere Szenen, die mir noch viel zu schwammig sind. Soweit ich dazu imstande bin, möchte ich eine objektive Methode – freilich ganz langsam – bis zu dem Punkt entwickeln, wo ich ein Publikum in einen echten dramatischen, sogar melodramatischen Roman mit hinübernehmen kann, geschrieben in einem sehr lebendigen und scharf pointierten Stil, aber nicht slangig oder übermäßig lokal-idiomatisch. Mir ist klar, daß man so etwas vorsichtig machen muß und in kleinen Schritten, aber machen läßt es sich, das glaube ich schon. An Eleganz zu gewinnen, ohne an Kraft zu verlieren, das ist das Problem. Aber ich sollte wahrscheinlich erst mindestens drei Kriminalro-

---

* Für die Verfilmung des Romans, bei der Howard Hawks die Regie führte.

mane hinter mich bringen, ehe ich mich an etwas anderem versuche.

Dank Ihnen nochmals, und ich hoffe, Sie sind, wenn die Remittenden kommen, nicht allzu enttäuscht.

Ihr sehr ergebener
Raymond Chandler

AN GEORGE HARMON COXE

Route 1 Box 421 Riverside
9ter April 1939

Lieber George: –

Danke für Ihren Brief. Ihre Anmerkungen zum Krimigeschäft im allgemeinen haben meine ganze Zustimmung. Ich hatte ein Gespräch mit Sanders*, als er hier draußen war, und seither staune ich nur noch, daß überhaupt jemand die verfluchten Sachen schreibt oder publiziert. Er hat mir zum Beispiel von Simon & Schuster erzählt, von den Mysterien bei denen im Allerheiligsten. Trotzdem werden uns jedes Jahr rund 150 Kriminalschmöker aufgetischt. Ich nehme an, wenn man gut genug ist, läßt sich das kahle Leben damit verdienen – ein sehr kahles. Aber das ist nichts Neues für mich. Ich glaube nicht, daß ich's bei den Hochglanzzeitschriften je geschafft hätte, es sei denn mit einem Typus von Erzählung, völlig verschieden von allem, was ich bislang ausprobiert habe. Ich kann das Zeug zur eigenen Belustigung einfach nicht lesen, und das ist denn wohl verhängnisvoll. Ich hätte nie für die *Black Mask* zu arbeiten versucht, wenn mir nicht jemand, zu guter Stunde, einen Fußtritt versetzt hätte, der mich aus ihrer Lektüre riß.**

Knopf scheint zu denken, wenn jemand daherkommt, der so gut schreiben kann wie Hammett, dann muß er auch Hammetts Erfolg

---

* Sydney Sanders, Chandlers erster literarischer Agent.
** *Black Mask*, berühmtes Magazin für «hartgesottene» Kriminalgeschichten, herausgegeben von Joseph T. Shaw.

haben.* Da Knopf Verleger ist, müßte er sich in seinem Geschäft eigentlich auskennen, aber ich habe das Gefühl, daß durchaus jemand daherkommen könnte, der weitaus besser schriebe als Hammett, und er müßte doch nicht annähernd Hammetts Erfolg haben. Aber natürlich kann man bei diesen Dingen überhaupt keine Prognosen stellen. Meiner Meinung nach war *Thieves Like Us* von Edward Anderson ein unendlich besseres und ehrlicheres Buch als *Of Mice and Men.*** Hat es sich irgendwo durchgesetzt? Ich bezweifle es.

Ihr Brief klingt irgendwie nicht sehr glücklich. Ich hatte die Vorstellung, daß Hollywood für längere Zeit das Richtige für Sie wäre, daß Sie genug Leichtigkeit und daß Sie genug Charakter hätten, um sich von der Talmiseite nicht beeindrucken zu lassen. Natürlich kenne ich Sie nicht sehr gut. Persönlich denke ich, daß Hollywood Gift ist für jeden Schriftsteller, der Friedhof des Talents. So habe ich immer gedacht. Aber vielleicht habe ich zu sehr auf Sichtweite gelebt.

Schrecklich leid tut mir das mit Shaw.*** Er hat mir von seinen Angelegenheiten nie etwas erzählt, hatte immer die Attitüde (jene ziemlich pathetische Attitüde des kleinen Mannes, der seinen Stolz zu behaupten sucht), daß seine Fehlschläge freie Wahl seien. Er habe die *Black Mask* aus Zweckmäßigkeitsgründen verlassen, und er habe die Agentur verlassen, bei der er war, weil da für einen Mann mit eigenem Kopf einfach zuviel passierte. So etwa die Haltung, wenn auch nicht wortwörtlich. Ich finde das auch natürlich genug. Es ist schlimm genug, wenn man einen Tritt in den Hosenboden bekommt, auch ohne daß man extra rumlaufen muß und den blauen Fleck zeigen. Aber was seine Erfolge oder vielmehr Mißerfolge als Agent betrifft, so wußte ich da absolut nichts, außer dem bißchen, was ich mir aus der Tatsache ableiten konnte, daß er keine Sekretärin besaß. Ich denke, es war für ihn ein ganz natürlicher Gedanke, daß es für einen Agententyp, der ein bißchen

---

* Dashiell Hammett, Begründer der «hartgesottenen» Schule und Verfasser von Romanen wie *The Maltese Falcon* und *The Dain Curse*.
** Roman von John Steinbeck.
*** s. Anmerkung 2 Seite 37.

mehr wollte als nur Warenhändler sein, doch Chancen geben müßte. Auf längere Sicht wäre das, wenn er durchhielt und wenn er anpassungsfähig genug war, wohl auch so gewesen. Leider ist er nicht sehr anpassungsfähig und will er seine Schreiber immer jagen. Die einzige Sorte Schreiber, die man jagen kann, sind die schlechten, die nichts zustande bringen, und bei denen lohnt sich's kaum. Das Geschäft ist zu hart für Leute, die von hinten Hilfestellung brauchen. Aber Shaw hat, sonderbar genug, sehr viel Sinn fürs Schreiben, und er kann einen Menschen, wenn der's braucht, so aufmöbeln, wie's keiner sonst schafft, den ich kenne. Das sollte irgendwo ja doch eine Menge wert sein. Ich pflichte Ihnen bei, daß er eine Zeitschrift haben sollte. Gern sähe ich ein Magazin in seinen Händen, von dem mich schon seit Jahren wundert, daß noch kein Mensch es für gründenswert gehalten hat, nämlich ein hochklassiges Groschenmagazin für Kriminalgeschichten, speziell auf den ziemlich großen Kreis von Leuten gezielt, denen die gewöhnlichen Groschenhefte meist zu pueril sind und die großen Magazine aufgrund ihrer fundamentalen Unehrlichkeit in Sachen Charakterdarstellung und Motivation nicht gefallen. Er glaubte selbst, der Markt dafür sei da, ich weiß, aber er hatte Zweifel, ob auch genügend Material nachfließen würde. In dem Punkt lag er, meine ich, falsch, weil das Magazin in kurzer Zeit sein eigenes Material hervorbringen dürfte. Wie Sanders mir sagte, hungern die großen Magazine geradezu nach Material, und dieser Hunger nimmt ständig zu, großenteils aufgrund der sinkenden Preise und des sinkenden Niveaus bei den Groschenheften. Es rücken keine neuen Schreiber nach, um die zu ersetzen, die nach Hollywood gehen und dort entweder bleiben oder lernen, wie man nicht schreiben soll, und nie darüber wegkommen. Und die neuen Schreiber rücken nicht nach, weil das Geschäft nichts mehr zu bieten hat, keine Ermutigung, seine Sache gut zu machen, und keine Anerkennung, wenn man's trotz aller praktischen Überlegungen hartnäckig weiter versucht. Ich denke, am Ende wird bei dem allen herauskommen, daß einige von den Hochglanzzeitschriften katholischer werden in ihrem Geschmack, empfänglicher für Geschichten ohne Junge-trifft-Mädchen-Motiv, sogar für Geschichten mit unbefriedigendem Ausgang. Vermutlich wird es auch eine gewisse Tarifsenkung geben, zum Ausgleich für den Verlust billiger Schnickschnackwerbung. Aber auf lange Sicht werden wir bessere und lesbarere Zeitschriften haben. Das jedenfalls ist meine Hoffnung.

Wenn Sie hier draußen an der Küste leben wollen, sollten Sie sich La Jolla ansehen, bevor Sie sich für einen Wohnsitz entscheiden. Ich finde, es ist, in jeder nur möglichen Hinsicht, ein weit besserer Ort als Laguna. Es ist teuer für eine Kleinstadt, ja, aber es hat, im Winter wie im Sommer, ein vollkommenes Klima, die schönste Küstenlandschaft auf der ganzen Pazifikseite des Landes, keine Plakatwände oder Konzessionen, oder Landstreicher am Strand, eine Atmosphäre aus kühler Dezenz und guten Manieren, die einen fast bestürzt in Kalifornien. Es hat ein paar Schriftsteller, nicht zu viele, keinen Bohemestil (aber man läßt einem durchaus seinen Drink). Es hat schöne öffentliche Tennisplätze und ein nettes Trüppchen Leute, die gut, aber nicht zu gut, Tennis spielen. Es hat gute Schulen, darunter eine sehr feine Privatschule für Mädchen, ein Krankenhaus, und wirkt so wohlhabend und blühend wie kaum eine Ortschaft sonst, die Ihnen je vor die Augen kam. Denken Sie nicht, ich würde von der Handelskammer bezahlt. Ich habe nur schlicht das Gefühl, daß La Jolla jene ungreifbare Sphäre guter Lebensart besitzt, von der man sich vorstellt, daß es sie in New England immer noch gibt, die es aber in und um Los Angeles mit Sicherheit nicht mehr gibt. Theoretisch mag man dieser Qualität vielleicht gar nicht soviel Wert beimessen. Da findet man vielleicht eine lockere und hemdsärmelige Nachbarschaft sympathisch, wo sie am Samstagabend die leeren Flaschen auf dem Gehsteig zerschlagen. Aber in der Praxis ist sie doch sehr komfortabel. Ich gedenke im Herbst dorthin zurückzugehen, weil, was immer mir fehlt, das Klima dabei kaum einen Unterschied macht und mir diese Arme-Leute-Städte verhaßt sind. Meine Idealvorstellung wäre ein Haus in La Jolla und eine sehr gute Hütte am Big Bear Lake, nicht zu nah bei Pine Knot. Vielleicht bekomme ich beides ja noch, bevor meine Gelenke ganz schlimm zu quietschen anfangen.

Beste Grüße und Wünsche. Wenn Sie wieder schreiben, geben Sie mir Nachricht von Nebel.* Ich bin ihm nie begegnet, habe aber immer eine Menge von ihm gehalten.

Ray

AN ERLE STANLEY GARDNER

Route 1 Box 421
Riverside, California
5ter Mai 1939

Lieber Erle,

[...]

Als wir über das alte Magazin *Action Detective* sprachen, vergaß ich Ihnen zu erzählen, daß ich, wie man eine Groschengeschichte schreibt, an einer der Ihren gelernt habe; sie handelte von einem Mann namens Rex Kane, der ein Alter ego von Ed Jenkins war und sich mit einer blumigen Dame in einer Prachtvilla in Hollywood einließ, wo sie eine Anti-Erpresser-Organisation leitete. Sie werden sich schwerlich noch daran erinnern. Vermutlich liegt sie bei Ihnen in der Ablage unter Nr. 54276-84. Die Idee, mit der ich wohl nicht einmal Originalität beanspruchen kann, war so gut, daß ich sie später noch bei einem anderen Anfänger auszubeuten versuchte; er mochte aber nicht einsehen, warum er die Plackerei in etwas investieren sollte, von dem er wußte, daß er's nicht verkaufen konnte, und zog es vor, sie auf neunzehn verschiedene Sachen zu verteilen, von denen er glaubte, daß er sie verkaufen könnte, und die er dann doch nicht loswurde. Ich stellte einfach eine äußerst detaillierte Synopse Ihrer Geschichte her, schrieb sie dann danach neu und verglich das Ergebnis mit dem Original, und dann setzte ich mich wieder hin und schrieb sie noch weiter um, und immer so weiter. Sie nahm sich ganz gut aus. Nebenbei fand ich

* Frederick Nebel, Schriftstellerkollege bei der *Black Mask*.

heraus, daß das Raffinierteste an Ihrer Technik die Fähigkeit war, Situationen zu vermitteln, die ans Unwahrscheinliche grenzten, beim Lesen aber ganz plausibel wirkten. Ich hoffe, Sie verstehen, daß ich dies als Kompliment meine. Mir selber ist das nie auch nur annähernd gelungen. Dumas besaß diese Fähigkeit in sehr hohem Grade. Ebenfalls Dickens. Sie ist vermutlich die Grundlage allen raschen Arbeitens, weil die rasche Arbeit natürlicherweise ein großes Maß an Improvisation enthält, und eine improvisierte Szene logisch zwingend erscheinen zu lassen, ist gar keine kleine Leistung. Wenigstens finde ich das.

Und hier sitze ich nun um halb drei in der Frühe und schreibe über Technik, obwohl ich doch fest überzeugt davon bin, daß einem Menschen in dem Augenblick, wo er anfängt, über Technik zu reden, todsicher die Einfälle ausgegangen sind.

Mit besten Grüßen an Sie alle
Chandler

AN BLANCHE KNOPF

Box 481 Big Bear Lake Calif
23ster August 1939

Sehr geehrte Mrs. Knopf:

Die Anstrengung, mir den Krieg aus den Gedanken zu halten, hat mich geistig zu einem Siebenjährigen schrumpfen lassen. Die Dinge, von denen wir leben, sind die fernen Funkelblitze von Insektenflügeln in gedämpftem Sonnenlicht. Aber [– – –]

Es hat mich so gefreut, Sie zu sehen. Einen Anflug von Wüste hat alles in Kalifornien, auch der Geist der Leute, die hier leben. In den Jahren, wo ich die Gegend haßte, konnte ich nicht weg, und nun, wo ich so weit gekommen bin, daß ich den scharfen Duft des Salbeis brauche, fühle ich mich hier noch immer ziemlich fehl am Platz. Aber meine Frau ist New Yorkerin, und die 35 dort mit dazu unbegrenzter Feuchtigkeit sind auch nicht besonders verlockend.

Wenn ich noch 12 000 Wörter zu Papier bekäme, hätte ich die Rohfassung eines Buches fertig. Ich weiß, was ich schreiben will, aber momentan ist mir der ganze Antrieb abhanden gekommen. Allerdings, so gegen Ende September sollte schon etwas vorliegen, was Ihnen Gelegenheit gäbe, Ihre sehr höfliche Nase zu rümpfen. Es ist ein ziemlich krauses Durcheinander, das sich auf rund 75 000 Wörter beläuft, wovon ich aber wahrscheinlich 5ooo streichen werde und vielleicht noch mehr. Ich werde einen ganzen Monat brauchen, um Kontur und Form hineinzubringen. Der Titel lautet, falls Sie zufällig nicht dagegen sind: *The Second Murderer*.* Schlagen Sie bitte in König Richard III. nach, I. Akt, 4. Szene.

Zweiter Mörder: Wie? Sollen wir ihn so im Schlaf erstechen?
Erster Mörder: Nein, er wird sagen, das war feige von uns, wenn er
    aufwacht...
    Wie ist dir jetzt zumute?
Zweiter Mörder: Mein' Treu, es steckt immer noch ein gewisser
    Bodensatz von Gewissen in mir.

Allerdings, das ist der Dreh dabei, ist der zweite Mörder [———]? Sanders hat mir lang und breit die schauderhafte Notwendigkeit auseinandergesetzt, eine Kriminalgeschichte so anzulegen, daß sie unter Umständen in Fortsetzungen aufgeteilt werden könnte. Da spricht nur der gesunde Menschenverstand, obwohl gute Fortsetzungsgeschichten selten auch gute Romane ergeben. Ich glaube kaum, daß dieses spezielle Opus dem entspricht, was er sucht. Dessen bin ich sogar ganz sicher. Gar nicht sicher bin ich, ob überhaupt irgend jemand danach sucht, aber es gibt hier ein Gesetz, das die Verbrennung von Altpapier während der heißen Jahreszeit wegen Feuergefahr verbietet.

Mit vorzüglicher Hochachtung
Raymond Chandler

---

* Ursprünglicher Titel von Chandlers zweitem Roman *Farewell My Lovely*.

AN GEORGE HARMON COXE

Box 481
Big Bear Lake Calif.
17ter Oktober 1939

Lieber George:

[...]

Ich habe mit dem Schreiben noch nie Geld verdient. Ich arbeite zu langsam, werfe zuviel weg, und was sich von meinen Schreibereien verkaufen läßt, ist ganz und gar nicht das, was ich wirklich schreiben möchte. Oft beneide ich diese Burschen, deren Köpfe ganz auf den Typ Geschichte eingestimmt sind, den die Hochglanzzeitschriften kultivieren – so daß sie ernstlich glauben, er wäre gut. Zu dem Gesichtspunkt kann ich mich nicht durchringen. Kürzlich habe ich eine Geschichte an die *Post** verkauft, aber geschrieben habe ich sie hauptsächlich, weil Sanders mir in den Ohren lag, doch einmal etwas für das *Collier's* zu probieren. Ich hielt nicht viel von dem Ding, als ich's schrieb – ich fand es irgendwie künstlich, unwahr und gefühlsverlogen, wie alle Hochglanzprosa es ist. Auch Sanders schien nicht viel darauf zu geben. Trotzdem hat er's verkauft. Ich weiß auch jetzt noch nicht, ob es irgendwas taugt. Als ich's im Druck las, war ich ganz angetan davon, aber der Druck kann doch sehr irreführen. Andererseits machte sich einer meiner ältesten Freunde die Mühe, mir zwei engbeschriebene Seiten lang mitzuteilen, wie lausig das Ganze wäre. Ich nehme an, Sie haben diese Erfahrung auch schon gemacht. Was man auch tut, man kriegt eine ins Gesicht, und gewöhnlich aus einem ungedeckten Winkel.

Ist Ihr Haus fertig, und sind Sie schon eingezogen? Und wie läuft es bei Ihnen so? Wahrscheinlich wüßte ich's, wenn ich nur die richtigen Zeitschriften läse. Ich würde sehr gern in den Osten kommen und mir dort irgendwo ein Fleckchen zum Leben suchen, das im Sommer nicht so heiß ist und voll von Mosquitos (bzw. Moskitos) und im Winter nicht so verdammt kalt. Gibt es so etwas, wo ein armer Mann leben kann? Ich habe Kalifornien und die Sorte Leute, die es ausbrütet, gründlich satt. Natürlich mag ich La Jolla,

---

* *Saturday Evening Post.*

44

aber La Jolla ist nur eine Art Enklave der Wirklichkeit. Es ist nicht typisch. Jedenfalls geht es dabei nicht im mindesten darum, wie gut Kalifornien ist oder wie unversöhnlich ich bin. Wenn man's nach zwanzig Jahren immer noch nicht fertigbringt, die Gegend zu mögen, dann scheint der Fall doch ziemlich hoffnungslos. Meine Frau ist aus New York. Sie mag Kalifornien, außer während der heißen Monate, aber ich denke, sie ist mit mir gleicher Meinung darin, daß der Prozentsatz windiger Existenzen in der Bevölkerung wächst. Ohne Zweifel wird in künftigen Jahren, oder Jahrhunderten, hier das Zentrum der Zivilisation liegen, wenn davon noch was übrig ist, aber das Schmelztiegelstadium jetzt ödet mich schauderhaft an. Ich mag Leute mit Manieren, Anmut, etwas Feingefühl im Umgang und mit einer Bildung, die eine Spur über den Früchten der Reader's-Digest-Lektüre liegt, Leute, deren Lebensstolz sich nicht in ihrer Kücheneinrichtung und ihren Autos ausdrückt. Ich mißtraue den Juden, wenn ich auch zugebe, daß der wirklich anständige Jude wahrscheinlich das Salz der Erde ist. Ich mag Leute nicht, die keine halbe Stunde sitzen können ohne ein Glas in der Hand, obwohl ich andererseits glaube, daß ich einen freundlichen Betrunkenen allemal Herrn Henry Ford vorziehen würde. Ich mag eine konservative Atmosphäre, einen Sinn für die Vergangenheit, ich mag alles, was die Amerikaner früherer Generationen in Europa suchten, aber zu gleicher Zeit will ich mich nicht von den Regeln binden lassen. Das alles kommt mir jetzt, wo ich's hingeschrieben habe, ein bißchen zuviel verlangt vor. An England mag ich all die Dinge, die Margaret Halsey* mochte, und auch viele von den Dingen, die sie nicht mochte, aber das liegt zum großen Teil daran, daß ich dort aufgewachsen bin und englische Sitten mir nicht bange machen. Aber Margaret Halsey selber mag ich nicht, so wenig wie jeden anderen Schriftsteller, für den ein mühsam abgefeuertes Bonmot mehr zählt als eine schlichte Wahrheit.

[…]

Lassen Sie von sich hören –

Ray

* Margaret Halsey, *With Malice Towards Some*, 1938.

AN GEORGE HARMON COXE

1265 Park Row
La Jolla Calif.
19ter Dezember 1939

Lieber George:

Danke für Ihren schönen und inhaltsreichen Brief vom 30sten Oktober, den ich, wie Sie sehen, Hals über Kopf mit meinem gewohnten Vorsturm zum Korb zu beantworten eile. Auch für das Photo von Ihrem Haus. Es muß schön sein, ein Heim zu haben. Wir haben so lange keins gehabt, daß ich mit einem Anflug von Nostalgie auf jede Wohnung zurückblicke, in der wir ganze sechs Monate gehaust haben. Auch hier werden wir wohl nicht mehr lange bleiben. Zu teuer, zu dumpfig, zu ältlich, so recht ein Fleckchen, wie ein Besucher heute nachmittag bemerkte, für alte Leute und ihre Eltern.

Wenn Sie immer noch jenes Extraexemplar von Ihrem vorletzten Buch daliegen haben, hoffe ich, Sie denken darüber auch immer noch generös. Der Bestand der Stadtbücherei hier ist sowieso immer ausgeliehen. Sie werden dort auch gar nicht geführt. Das läßt sich leider von einer Menge anderer Leute nicht sagen, denen es so gehen sollte, und so stehen dort ein paar mächtig schwache Ölgötzen der Kriminalliteratur in Reih und Glied. Was soll man mit einem Laden machen, der ein einziges Buch von Hemingway hat, nichts von Faulkner oder Hammett, zwei Bände mit ach-so-irritierenden Naseweisheiten von einem gewissen Kurt Steel*, *alles* von einem gewissen J. S. Fletcher, einem britischen Amtsbruder, der noch weit, weit öder ist, als es selbst einem britischen Amtsbruder zustünde**, nichts von Coxe, Nebel, Whitfield*** oder irgendwem sonst, den man sich als repräsentativ denken könnte. Und mein Gott kein Gardner, dafür jedoch ein

---

* Verfasser von *Murder of a Dead Man* und anderen Kriminalgeschichten.
** Verfasser von *Mill House Murder* (1937), *And Sudden Death* (1938) und vielen anderen Kriminalromanen.
*** George Harmon Coxe, Frederick Nebel und Raoul Whitfield gehörten alle zur «rabiaten» Schule der amerikanischen Kriminalliteratur.

Buch mit dem Titel *The Bigger They Come* von A. A. Fair, das die Gardner-Technik exakt kopiert und sogar Gardners Idee geklaut hat, wie Ed Jenkins' Auslieferung zu verhindern war.*

Ich mußte mein zweites Buch wegwerfen, infolgedessen ich aus den letzten sechs Monaten nichts vorzuzeigen habe und möglicherweise für die nächsten sechs nichts zu essen. Aber die Welt bleibt so bei weitem wohnlicher, als wenn ich's nicht weggeworfen hätte.

Mit der literarischen Kolonie hier sind ein paar Veränderungen vor sich gegangen, seit wir letztes Jahr hier waren. Das heißt, die paar Jungs, die ein bißchen Geld machen, spielen ihr Tennis jetzt beim Beach Club. Das alte Kastensystem wieder an der dreckigen Arbeit. Der Strandklub ist wahrscheinlich gar nicht so sehr teuer, aber schon ein paar Eier Abzug von der gewohnten Whiskyration können ja eine Schreiberinspiration in Teufels Küche bringen. Max Miller** frequentiert immer noch die öffentlichen Gerichtsverhandlungen. Er ist ein hochgewachsener eckiger Miesepeter mit mottenzerfressenem Haar und sehr kratzbürstigen Manieren und der Angewohnheit, sich dauernd leise vor sich hin zu verfluchen und laut heraus seinen Partner. Er ist ein glänzender Beleg für die Güte der Regel: Lerne nie einen Schriftsteller kennen, wenn dir sein Buch gefallen hat. Dann gibt es noch einen Schreiber von Schnüfflerschund, der unter dem Namen Dale Sowieso kritzelt – ich könnte's sicher rauskriegen. Vielleicht ist's ja Dale Carnegie.*** Der jedenfalls hat die Schultern eines Gewichthebers und sehr eigenwillige Launen, schmeißt mit Tennisschlägern und produziert sich vor dem Himmel mit tragischen Gebärden, beide Arme emporgestreckt und auf dem Gesicht einen gemarterten Ausdruck. Aus dem Stegreif würde ich sagen, er ist ein Bleigroschen, aber man weiß ja nie. Er könnte auch Der Schatten sein.****

[...]

RC

---

* Tatsächlich war A. A. Fair ein von Erle Stanley Gardner verwendetes Pseudonym.
** Verfasser von *I Cover the Waterfront* und Nachbar Chandlers.
*** Ronald Kaiser, der unter dem Namen Dale Clark schrieb.
**** Held einer beliebten Hörspielserie.

1940

AN BLANCHE KNOPF

818 West Duarte Road
Monrovia
California
17ter Januar 1940

Sehr geehrte Mrs. Knopf:

Tut mir schrecklich leid, daß ich so saumselig bin, mit einer neuen Arbeit herauszurücken. Ich habe Pech gehabt, war lange bei schlechter Gesundheit und in schlechter Stimmung. Schließlich kam eine sehr rohe Skizze zustande, aber ich war ganz und gar nicht angetan davon und mußte sie ein Weilchen beiseite legen, in der Hoffnung, später zu entdecken, ob sie schlicht und einfach lausig war oder mir nur aus einem verzerrten Blickwinkel so erschien. Inzwischen ist mir dieserhalb aber (in absentia) ein bißchen heiterer zumute geworden, da meine Nachforschungen überzeugend ergeben haben, daß «schlicht und einfach lausig» die Normaltemperatur der Kriminalgeschichte ist.

Die Beschwerden der vorrückenden Jahre haben mich von La Jolla vertrieben. Tatsächlich ist mein rechter Arm allmählich rheumatisch geworden. Wir haben noch keine endgültige Bleibe gefunden, hoffen darauf aber bald, und wenn wieder ein klein wenig Friede in diese Welt kommt, die keinen Frieden kennt – ich verlange ja nichts als ein stilles Eckchen und taubstumme Nachbarn –, werde ich mich auch wieder über das Ding hermachen. Sie könnten ohnehin im Moment gar nichts damit anfangen.

Mit hochachtungsvollen Grüßen
Ihr sehr ergebener
Raymond Chandler

AN BLANCHE KNOPF

1155 Arcadia Avenue Arcadia Calif
14ter Juni 1940

Liebe Mrs. Knopf:

Tut mir leid, daß ich immer noch keine Schnappschüsse beilegen kann. Ich weiß nicht, wieviel Zeit noch bleibt. Meine Frau wird ein paar zu machen versuchen, ein sehr qualvoller Vorgang für uns beide, da sie sehr eigen ist und ich mich dabei sehr schlecht betrage. Aufnahmen von Berufsphotographen bringen nichts. Ich komme allmählich in das Alter, wo es eine künstlerische Ader braucht, um etwas aus mir zu machen. Die Kerls, die so was haben, wollen zuviel Geld, und ich bezweifle, daß die Sache dafür wichtig genug ist. Während ich – durch das Gewicht der teils von Experten, teils von Voreingenommenen geäußerten Meinung – gezwungen bin, einzuräumen, daß ich einer der hübschesten Männer meiner Generation bin, muß ich andererseits auch zugeben, daß diese Generation jetzt ein bißchen abgerissen wirkt, mich eingeschlossen.

In letzter Zeit sind mir keine Fahnen mehr geschickt worden. Ihr Mr. Jacobs, mit dem ich über dieses und jenes gehadert habe, fand, es wäre nicht nötig gewesen. War es wahrscheinlich auch nicht. Ich habe es nie dafür gehalten. Als das Buch schließlich erschien, fanden sich, glaube ich, ganze zwei leichte Druckfehler, was eine sehr kleine Rate für diese Art Buch sein dürfte. Ganz gewiß will ich keine zwei Fahnensätze lesen, wenn ich nicht muß. Und den korrigierten Umbruch, der mir dann noch geschickt wurde, brauche ich auch nicht. Es scheint der Brauch zu sein, das alles zu versenden, aber ich bedaure sagen zu müssen, daß ich's alles verbrannt habe. Zu schwer, um es in der Hüfttasche zu tragen.

Eins hätte ich noch gern, und das sind ein paar Änderungen in der schmucken biographischen Skizze auf dem Umschlag, wenn es zu einer Neuauflage kommt. Ich habe kein Exemplar des Buches hier, da ich mein letztes einem Freund geliehen habe, der bislang noch nicht die Güte besaß, es zu retournieren. Aus dem Gedächt-

50

nis entsinne ich mich dreier Dinge, die mir nicht gefielen; eins davon war meine eigene Schuld, das zweite ein Mißverständnis, das dritte die Verwendung des Ausdrucks «wechselvolle Karriere», der für mich einen pejorativen Beigeschmack hat. Ich hatte die Bezeichnung «Steuer-Spezialist» gebraucht. Das Wort Spezialist klingt inzwischen ein bißchen mißlich. Das sollte lieber wegbleiben. Der dritte Punkt war der, daß Ihr Werbeleiter offenbar den Eindruck hatte, Dulwich College sei eine Universität. In Wirklichkeit ist's eine der größeren englischen Public Schools, im Rang nicht mit Eton, Harrow, Charterhouse oder Marlborough vergleichbar, sehr wohl aber vielen von denen überlegen, um die *Life* in der letzten Ausgabe soviel Wirbel gemacht hat. Nebenbei bemerkt scheint sich der Kenntnis der Herausgeber vollkommen zu entziehen, daß ein «School Tie» und ein «Old School Tie» völlig verschiedene Dinge sind. Allerdings sind diese pathetischen Überbleibsel einer verlorenen Welt wohl auch keine Genauigkeit mehr wert.

Vierter Punkt, und einer, in dem ich empfindlich bin, der aber anderen Amerikanern schwer verständlich zu machen ist. Ich bin kein irischer Amerikaner im Sinne dessen, was man allgemein darunter versteht. Meine Vorfahren waren Quäker auf beiden Seiten. Die irische Familie, zu der meine Mutter gehörte, hatte keinen einzigen Katholiken in der Verwandtschaft, nicht einmal durch Heirat. Überdies sind die höheren Berufsstände in Südirland großenteils nicht katholisch und waren es immer. Die paar irischen Patrioten, die Verstand hatten und auch Bosheit, waren ebenso Nichtkatholiken. Ich möchte nun nicht sagen, daß der Katholizismus in Irland einen noch nie dagewesenen Tiefpunkt an Ignoranz, Schmutz und allgemeiner Entartung der Priesterschaft erreicht habe, aber in meiner Knabenzeit stand es schlimm genug. Es gereicht den Iren sehr zur Ehre, daß aus dieser hochtrabenden Bande von engstirnigen Lügnern und Trunkenbolden nie eine wirkliche Verfolgung der nichtkatholischen Elemente entstanden ist.

Ganz herzlich Ihr
Raymond Chandler

51

AN GEORGE HARMON COXE

1155 Arcadia Avenue
Arcadia Calif.
27ster Juni 1940

Lieber George:

[...]

Auf Ihre Empfehlung hin, und auf Ihre allein, las ich Agatha Christies *And Then There Were None*, und nach der Lektüre habe ich eine Analyse zu Papier gebracht, weil das Buch im Klappentext als der schlechthin vollkommene Kriminalroman gepriesen wurde, unfähig zur Unehrlichkeit vermöge seiner Konstruktionsweise. Als Unterhaltung gefiel mir die erste Hälfte durchaus, besonders die Einleitung. Die zweite Hälfte fand ich fade. Aber als ehrliche Kriminalgeschichte, ehrlich in dem Sinne, daß kein falsches Spiel mit dem Leser getrieben wird und daß Motivation und Durchführung der Morde plausibel sind, – ist's ein Schmarren. Besonders hat mich die Grundkonzeption des Buches verdrossen. Da ist ein Richter, ein Jurist, ein Mann mit einem Anflug von Sadismus, zugleich aber ein leidenschaftlicher Verfechter der strengen Gerechtigkeit, und dieser Mann verurteilt eine Gruppe von Leuten zum Tode und ermordet sie, ohne einen anderen Beweis gegen sie zu haben als bloßes Hörensagen. In keinem Fall besaß er auch nur den Fetzen eines Belegs dafür, daß einer von ihnen tatsächlich einen Mord begangen hatte. In allen Fällen gründete sich das Urteil bloß auf irgend jemandes Meinung oder auf eine mögliche, meinetwegen sogar wahrscheinliche Schlußfolgerung aus den Umständen. Aber ein Beweis, oder auch nur die absolute innere Überzeugung, existierte nicht. Einige von den Leuten geben ihre Verbrechen zu, doch das geschieht alles erst, nachdem die Morde geplant, die Anklagen erhoben, die Urteile gefällt worden sind. Mit anderen Worten, es handelt sich um eine komplette und schamlose Düpierung des Lesers, wie's nur je eine gab. Und dabei will ich noch nicht einmal auf die Verbrechen selbst eingehen, von denen die meisten auf purem Zufall beruhten und einige real unmöglich waren. Sie zeigen auch eine abgründige Unkenntnis tödlicher Drogen und ihrer Wirkung. Aber ich bin doch sehr froh, das Buch gelesen zu haben, weil es endgültig undfür alle Zeit eine Frage in meinem Kopf geklärt hat, bei der mich zumindest doch immer noch einige Zweifel bedrängten. Die Frage nämlich, ob es möglich ist, einen strikt ehrlichen Kriminalroman vom klassischen Typus zu schreiben. Es ist nicht möglich. Um die nötigen Komplikationen herzustellen, fälscht man die Hinweise, den Zeitplan, das Zufallsspiel und nimmt als Gewißheit an, was höchstens 5o Prozent Möglichkeit enthält. Damit der Mörder am Ende eine Überraschung wird, fälscht man den Charakter, was mich am empfindlichsten von allem trifft, da ich für Charakter ein feines Gespür habe. Wenn die Leute sich so ein Spiel bieten lassen, soll's mir recht sein. Aber reden wir dann um Himmels willen doch nicht von einem ehrlichen Kriminalroman. Den gibt es nicht.

Arbeitspause, die ich benutze, um einmal tief durchzuatmen.

Der Titel meines Buches ist nicht *The Second Murderer*, und das war auch nicht der Titel, den ich im Kopf hatte, als wir miteinander sprachen. Ich habe ihn eine Weile als Arbeitstitel verwendet, aber er gefiel mir nicht, obwohl Mrs. Knopf ihn mochte. Ich wußte gar nicht, daß es so angekündigt worden war. Als ich das Manuskript einsandte, entstand ein höllisches Geheul wegen des Titels, der gar kein Krimititel ist, aber dann gab man nach. Warten wir ab. Ich meine, der Titel wird sich als Vorzug erweisen. Der Verlag meint, als Nachteil. Einer von uns muß sich irren. Da die Leute dort mitten im Geschäftsleben stehen, muß wohl ich dieser Eine sein. Andererseits habe ich vor der Fähigkeit von Herausgebern, Verlegern, Theater- und Filmproduzenten, die Neigungen des Publikums zu erraten, nie viel Respekt gehabt. Ich habe mich auf den Standpunkt gestellt, daß es im Lande beträchtlich viele intelligente Leute gibt, manche mit guter Schulbildung und manche vom Leben gebildet, die mögen, was ich mag. Das eigentliche Dilemma ist dabei natürlich, daß man von einer Riesenmenge Leute gelesen werden könnte, die keine Bücher kaufen. Mein Buch soll im August herauskommen. Die Fahnenkorrektur war ein ganz verfluchter Brocken. Ich bin grad damit durch und habe leider gar nicht das Gefühl, daß jetzt alles klar und sauber ist.

Alles Gute Ihnen –
Ray

AN BLANCHE KNOPF

449 San Vicente Boulevard
Santa Monica, 9ter Oktober
[1940]

Liebe Mrs. Knopf:

Die Adresse oben wird für sechs Monate gelten, hoffe ich. Dank für Ihren Brief vom 1. Oktober, der mich erst jetzt eingeholt hat. Das mit dem Titel und allem Drumherum tut mir schrecklich leid, auch daß der Vorverkauf so enttäuschend für uns war, aber Sie müssen sich bitte erinnern, daß ich keineswegs abgelehnt hatte, den Titel zu ändern, ich konnte mir nur keinen anderen ausdenken, Sie gaben mir ja gar keine Zeit, und obwohl ich sagte, der Titel gefiele mir, hätte Sie das ja nicht hindern müssen, Ihrem geschäftlichen Urteil zu folgen.* Jeder, den ich kenne, mag den Titel sehr, aber natürlich sind sie alle nicht aus der Branche. Und ich finde noch immer, daß auch *Zounds, He Dies*** ein guter Titel gewesen wäre. Wenn ich ein Stückchen von der Zeit gehabt hätte, die über der Herstellung hinging, ich wäre bestimmt mit einem Einfall übergekommen, der Sie zufriedengestellt hätte. Aber Sie zogen mir den Boden weg und machten mich ganz konfus.

Persönlich, und darin fühle ich mich von *einer* beruflichen Meinung bestätigt, halte ich das Handikap des Titels nur für vorübergehend, und sollte der Verkauf weiter nicht vom Fleck kommen, so hätte das mit Sicherheit einen anderen Grund. Zum Beispiel den Krieg. Eine Frau hier draußen, die eine Kette von Leihbüchereien in und um Hollywood betreibt, erzählte einem Freund von mir, daß in einer ihrer Zweigstellen zehn Exemplare des Buches ausgeliehen wären und daß sie von Kriminalromanen kaum je sonst mehr als zwei Stück angekauft hätte. Sie meinte, das sei zum Teil auf die «ganz herrliche» Besprechung in den *Hollywood Citizen*

---

* Als Mrs. Knopf Einwände gegen *The Second Murderer* erhob, schlug Chandler *Farewell, My Lovely* vor.
** Ein weiterer Vorschlag, den Chandler gemacht hatte.

News vom 21sten September zurückzuführen. Ich hoffe, die ist Ihnen zu Gesicht gekommen. Offensichtlich haben die da am Erscheinungsdatum sehr fix gezogen. Das wäre natürlich nur von lokalem Einfluß, aber die bloße Tatsache, daß ein Kritiker, der Kriminalgeschichten eingestandenermaßen nicht mag und für größtenteils Bockmist hält, dieses Buch als Prosa ernst nimmt, ist für mich von äußerster Bedeutung. Denn ich bin von Natur aus kein literarischer Tagelöhner.

Syd Sanders schickte mir einen Ausschnitt Ihrer Anzeige in der *New York Times*. Ich sehe nicht, wie Sie die wieder einbringen wollen. Wenn dadurch nicht etwas in Bewegung kommt, was nützt es dann?

Mit den freundlichsten Grüßen
Ihr Raymond Chandler

1941

AN ERLE STANLEY GARDNER

857 Iliff Street
Pacific Palisades, Calif.
1. Februar 1941

Lieber Erle:

Guter Gott, wir sind schon wieder umgezogen.

Allerbesten Dank, daß Sie mir die Brentano-Liste geschickt haben, aber wer ist dieser Bursche A. A. Fair, der ganz obenan steht?* Ich habe mir das Buch geholt und es gelesen, und es zeigte eine der drei oder vier unverkennbaren Grundtechniken der Kriminalerzählung. Und die auf eine Art gehandhabt, so lecker knusprig braun und leicht, daß sie einem im Munde zergeht. Was läuft da eigentlich? Sie wissen doch, was ich meine?

In dem großen Apartmenthaus in Santa Monica, funkelnagelneu und alles, wo wir lebten, wenn man das so nennen will, verlangte es mich nach Ihrer Ranch. Es verlangte mich nach einem Plätzchen, wo ich abends ausgehen konnte und lauschen und das Gras wachsen hören. Aber natürlich würde sich das für uns nicht lohnen, bloß für uns beide, selbst wenn ich das Geld für ein Stückchen unberührten Grund in den Vorbergen hätte. Es ist hier drüben schon besser, still, und ein Haus in einem schönen Garten. Aber gegenüber fangen sie grad mit einem Neubau an. Das stört mich freilich nicht so sehr wie die guten Nachbarn, die drüben im Apartmenthaus auf den Matratzen hopsen.

---

* Von Gardner verwendetes Pseudonym.

Tut mir schrecklich leid, daß Sie krank waren. Ich weiß, was Streptokokken in einem anrichten können. Das Sulfanilimide scheint imstande zu sein, alles zu kurieren außer einem Plattkopf, an dem *ich* leide.

Grüße an Ihre Rotte –
Ray

1942

AN BLANCHE KNOPF

12216 Shetland Lane
Los Angeles, Calif.
15ter März 1942

Liebe Mrs. Knopf:

Ihr Brief, lieb und bezaubernd wie immer, trifft zu sehr schlechter Zeit bei mir ein. Ich fürchte, das Buch wird für Sie nicht zu gebrauchen sein.* Keine Handlung, keine sympathischen Gestalten, kein gar nichts. Der Detektiv tut nichts. Soviel ich weiß, wird es zur Zeit gerade abgeschrieben, was mir wie Geldverschwendung erscheint, und Ihnen dann vorgelegt werden, und ich halte das nicht unbedingt für eine gute Idee, aber es steht nicht mehr in meinen Händen. Jedenfalls hatte ich das Gefühl, Sie von jeder Notwendigkeit entlasten zu sollen, etwa freundlich zu mir zu sein in einer Lage, wo Freundlichkeit vermutlich doch zu nichts führt. Über das alles kann ich zur Beschönigung nur sagen, daß ich mein Bestes versucht habe und daß ich mir das Ding irgendwie aus den Knochen schaffen mußte. Sonst hätte ich vermutlich noch ewig und drei Tage daran herumgeflickt.

Eins bedrückt mich ja doch ziemlich: Wenn ich etwas schreibe, was Härte und Tempo hat und voll von Mord und Totschlag ist, werde ich in die Pfanne gehauen, weil es Härte und Tempo hat und voll von Mord und Totschlag ist, und wenn ich dann versuche, das ein bißchen zu mildern und die geistige und emotionale Seite einer

---

* The High Window.

Situation herauszuarbeiten, dann werde ich in die Pfanne gehauen, weil ich das vermissen lasse, für das man mich beim erstenmal in die Pfanne gehauen hat. Der Leser hat die und die Erwartung an Chandler, weil der das früher so gemacht hatte, aber als
er's früher so machte, wurde ihm mitgeteilt, daß es vielleicht viel
besser geworden wäre, hätte er's unterlassen.

All das ist jetzt aber ziemlich eitel und egal. Wenn ich in Zukunft
Fehler mache, wie ich's ohne Zweifel tun werde, dann werden
sie nicht aus einem fruchtlosen Versuch entstehen, Fehler zu vermeiden.

Herzlich ergeben Ihr
Raymond Chandler

AN ALFRED KNOPF*

Idyllwild, Calif.
16. Juli 1942

Lieber Mr. Knopf:

[…]
Ich finde, das Buch ist eine schöne, runde Sache geworden. Besonders gefällt mir die Drucktype, die, weil sie kleiner und doch ganz
klar ist, die Seite vor dem Eindruck des Wimmligen bewahrt. Auch
der Umschlag scheint mir sehr wirkungsvoll zu sein. Meine Frau
mag das Photo auf der Rückseite nicht. Alle Photos, die ich Ihnen
schickte, waren schlecht, und dies ist vielleicht immer noch das
beste, außer dem allerersten, das mir aber nicht mehr ähnlich sieht.
Ich las anderntags in einem englischen Buch und fand da die
Bemerkung «… so ein Knilch, der sein Gesicht auf den Schutzumschlag seines Buches drucken läßt» oder so ähnlich. Das entspricht
zum guten Teil meinem eigenen Gefühl. Es ist Sitte hierzulande,
natürlich, aber die meisten Schriftsteller sehen derart grauenhaft

---

* Textwiedergabe nach einer Abschrift.

aus, daß ihre Gesichter jedes Bedürfnis, sie vielleicht sympathisch zu finden, ersticken. Kann sein, daß ich überempfindlich bin, aber solche Gesichter haben mich etliche Male schon so abgestoßen, daß ich nicht mehr imstande war, die Bücher weiterzulesen, ohne daß mir das Gesicht dazwischenkam. Besonders diese fetten krähenartigen mittelältlichen Frauengesichter.
[...]

AN BLANCHE KNOPF

Cathedral City, California
22ster Oktober 1942

Liebe Mrs. Knopf:

Vielen Dank für Ihren Brief und die Mitteilungen über den Verkauf meiner letzten Geschichte, und vielen Dank auch für die freundliche Einladung zum Lunch. Aber ach, ich sitze hier in der Wüste fest, 130 Meilen von Beverly Hills, und fürchte, daß ich's diesmal nicht schaffe. Ich versuche einen Nebenhöhlenzustand auszudörren, der mir schon jahrelang zu schaffen macht. Rechne nicht auf viel Erfolg, wollte's aber doch nicht unversucht lassen. Ich hoffe, Sie und Ihr Mann befinden sich wohl und lassen sich von den vielen Sorgen dieser Zeiten nicht unterkriegen.

Tut mir sehr leid, daß Sie beim Absatz von *The High Window* so ein schlechtes Gefühl haben.* Als Sie das letztemal hier bei mir waren, erklärten Sie, 4000 Auflage seien bei einem Kriminalroman das Maximum. Entweder haben Sie das bloß gesagt, um ein gebrochenes Herz zu trösten, oder Sie murren jetzt um nichts und wieder nichts. Wieso sollten sich denn mehr davon verkaufen? Und warum müssen Sie derart viel für Anzeigen ausgeben, dazu noch für so anspruchsvolle Anzeigen? Ich verstehe von Werbung nichts, aber als Ihr Mann hier war, nannte er mir die Beträge, die er

---

* Chandlers dritter Roman.

für die *FML*-Anzeigen* ausgegeben hatte, und sie kamen mir sehr hoch vor. Ich fragte: «Ist das denn drin?» Er sagte: «Nein.» Trotzdem machen Sie damit weiter. Warum? *The High Window* war keine so schlagend originelle Arbeit, daß man damit per Werbung einen wirklichen Blumenstrauß hätte gewinnen können. Manchen Leuten gefiel's besser als meine anderen Bemühungen, manchen gefiel's viel weniger. Aber kein Mensch ist deswegen in Schreikrämpfe gefallen, weder so herum noch so. Ich bin über den Absatz gar nicht enttäuscht. Ich finde, das Buch hat sich ganz schön durchgemogelt. Sanders denkt bestimmt auch so. Ich hoffe, das nächste wird lebendiger und besser und schneller, weil es ja, wie Sie sehr gut wissen, das Tempo ist, was zählt, nicht die Logik oder die Plausibilität, oder der Stil. Ich habe grad ein Buch mit dem Titel *Phantom Lady* gelesen, von William Irish**, wer immer das ist. Es hat einen hochkünstlichen Grundplan und ist voller kleiner, aber reichlich viel verlangender Ansprüche an die Göttin Zufall, aber es ist ein famoses Stückchen Leistung, eine, die jeder Gestalt und jeder Szene ihr Ganzes gibt und niemals, wie bei so vielen unserer überschätzten Romanciers, die Glanzpunkte blitzen läßt und es dann mit der Angst zu tun bekommt und das Weite sucht. Ich bewundere, wie es sich trifft, diese Schreibart sehr. Angezeigt gesehen habe ich das Buch nirgends, und die Rezensionen, die mir zu Gesicht kamen, zeigen eine komplette Ahnungslosigkeit gegenüber seinen technischen Meriten. Also was soll's.

Doch, wie gesagt, ich hoffe, das nächste wird besser, und eines schönen Tages tauche ich mit einem auf, das so frisch und rapide daherkommt, daß es klingelt. Am meisten hoffe ich vielleicht, in meinem ziemlich empfindsamen Gemüt, daß einmal der Tag kommt, wo ich mich nicht mehr von Hammett und James Cain herumtragen lassen muß wie der Affe eines Drehorglers. Hammett ist schon gut. Allen Respekt vor ihm. Es gibt eine Menge Sachen, die er nicht konnte, aber was er machte, das machte er glänzend. Dagegen James Cain – puh! Alles, was er anfaßt, riecht nach Ziegenbock. Er vereinigt als Autor alles auf sich, was ich verab-

---

* *Farewell, My Lovely.*
** Pseudonym des Kriminalschriftstellers Cornell Woolrich.

scheue, ein *faux naif*, ein Proust im schmierigen Overall, ein schmutziger kleiner Junge mit einem Stück Kreide und einem Bretterzaun, und keiner sieht hin. Solche Leute sind der Abschaum der Literatur, nicht weil sie über schmutzige Dinge schreiben, sondern weil sie es auf eine schmutzige Art tun. Nichts hart und sauber und kalt und gut durchgelüftet. Ein Puff mit einem Mief von billigem Parfüm im Salon vorn und einem Eimer Spülwasser am Hinterausgang. Klingt das bei mir, um Gottes willen, etwa ähnlich? Hemingway mit seinem ewigen Schlafsack ödet einen auf die Dauer auch verdammtnochmal ziemlich an, aber Hemingway sieht wenigstens alles, nicht bloß die Fliegen am Müllkübel.

Ach ja. Ich glaube, ich werde eine englische Kriminalgeschichte schreiben, eine über Superintendent Jones und die beiden ältlichen Schwestern in dem kleinen strohgedeckten Landhaus, etwas, wo Latein drin vorkommt und Musik und viktorianisches Mobiliar und ein tadelloser Gentleman: eins von den Büchern vor allem, in denen die Leute immer so schöne lange Spaziergänge machen.

Herzlich ergeben Ihr
Raymond Chandler

1943

Cathedral City,
Calif.
8ter Februar 1943

Lieber Mr. Knopf:

Dank für Ihren Brief vom 14ten Januar – er war freundlich,
verständnisvoll und willkommen wie immer. Dank auch für die
25-Cent-Ausgabe des *Big Sleep*. Ich habe hineingeschaut und fand
ihn sowohl viel besser als auch viel schlechter, als ich erwartet
hatte – oder als mir in Erinnerung geblieben war. Man hat mich
inzwischen derart als hart, ausgekocht usw. abgestempelt, daß es
fast ein Schock war, gelegentlich Spuren einer fast normalen Sensi-
tivität in der Darstellung zu entdecken. Andererseits habe ich das
Stilmittel des Vergleichs wahrhaftig in Grund und Boden gewirt-
schaftet.

William Irish ist ein Mann namens Cornell Woolrich, Autor
unter eigenem Namen und einer der ältesten Krimimacher im
Groschengeschäft. Man kennt ihn in der Branche als Ideen-Schrei-
ber, mit Vorliebe für die *tour de force* und nicht sonderlich viel
Charakter. Ich finde, sein Zeug ist sehr lesbar, aber es hinterläßt
keine Wärme.

Nein, ich glaube nicht, daß die Nebenhöhlengeschichte sich
verzieht. Der Ort hier langweilt mich. Aber ich bin grad so gut wie
überredet worden, die Berge und die Wüste ein weiteres Jahr
auszuhalten. Danach soll das Klima der Teufel holen, dann besuchen wir ein paar Leute. Das Städtchen hier hat nur einen einzigen

Laden, und die Fleischverhältnisse würden Sie zum Schreien bringen. Mittwoch morgens um 7 Uhr früh macht der Bursche auf, und sämtliche Wüstenratten sind zur Stelle und warten darauf, daß er die numerierten Marken ausgibt.* Wer sich erst das Gesicht wäscht und entsprechend später kommt, wird automatisch als Parasit eingestuft und kriegt eine hohe Nummer, wenn er überhaupt eine kriegt. Am Donnerstag um 10 schleppen die Einwohner ihre Bronchitis und ihren schlechten Mundgeruch in den Laden und gehen vor dem Fleischtresen in Stellung, und die Nummern werden ausgebrüllt. Wenn wir uns dann, da wir eine sehr späte Nummer haben, unseren Weg zu dem zusammengefallenen Haufen Hamburger gebahnt haben, werden wir mit einem nervösen Lächeln begrüßt, das die Vorstellung von einem mit der Hand im Kollektenbeutel erwischten Diakon vermittelt, und wir verabschieden uns mit grad genug Fleisch für die Katze. Dies tut sich einmal in der Woche, und das ist alles, was sich tut, im Hinblick auf Fleisch.

Natürlich gehen wir nach Palm Springs. Wenn wir das nicht vorhätten, schriebe ich jetzt nicht diesen Brief. Ich wäre dann draußen in der Wüste und versuchte, eine tote Taschenratte aufzugraben. Vor ein paar Wochen sind wir durch puren Zufall an ein Rippenstück geraten, kamen einfach rein und sagten hallo, und da lag das verdammte Ding. Sechs Abende hintereinander haben wir daran gegessen, hinter geschlossenen Vorhängen, und immer nur ganz still gekaut, damit's die Nachbarn nicht hörten.

In Washington gibt's einen Haufen toller Burschen, hochgesinnt und rein, aber ab und zu hungere ich doch nach einem Schlag dreckiger irischer Politik.

Ich hoffe, ich kriege in Kürze wieder ein Buch über die Bühne. Im Moment versuche ich noch, mir einen guten Titel auszudenken, damit Sie Lust bekommen, ihn mir zu ändern.

Ihr sehr ergebener
Raymond Chandler

---

* Im Zuge der Fleischrationierung im Krieg.

AN ALFRED A. KNOPF

Paramount Pictures Inc.
5451 Marathon Avenue
Hollywood, Calif.
13. November 1943

Lieber Alfred,

[...]

Wenn ich hier durch bin, was so gegen Ende dieses Monats sein dürfte, gehe ich wieder runter in die Wüste und versuche wenigstens den ersten Entwurf eines Buches zu schreiben, das mich vor ein gewisses Problem stellt. Vielleicht könnten Sie mir dabei helfen. Es soll die Geschichte eines Mordes sein, in den drei Männer und zwei Frauen verwickelt sind, und praktisch niemand sonst. Spielen soll das Ganze in Bel-Air, und all diese Gestalten sind reiche Leute – bis auf den Protagonisten der Geschichte. Er nun ist mein Problem. Ich würde gern eine Geschichte in der ersten Person mit Philip Marlowe machen. Ich brauchte ihn nicht sehr viel mehr zu entwickeln, als ich's schon getan habe, denn er ist der Typ, der sich immer entsprechend der Gesellschaft benimmt, in der er ist. Aber die Geschichte soll kein Kriminalfall sein, und ich hoffe vermeiden zu können, daß sie als Kriminalroman abgestempelt wird. Ist das überhaupt möglich, wenn ich eine Figur verwende, die bereits ihren Platz in der Kriminalliteratur hat?

Vermutlich gibt es allerlei dafür und dagegen zu sagen. Ich bin fest entschlossen, Marlowe am Leben zu erhalten, und habe so das Gefühl, daß ich konventionelle Kriminalromane wohl überhaupt nicht mehr schreiben werde. Auch würde der Charakter vermutlich sowieso auf Marlowe hinauslaufen, selbst wenn ich ihm einen anderen Namen gebe. Würden Sie mich bitte wissen lassen, was Sie denken?

Blanche und Ihnen die freundlichsten Grüße –
Raymond Chandler

1944

AN JAMES SANDOE

Paramount Pictures Inc.
5451 Marathon Street
Hollywood 38, Calif.
26. Januar 1944

Lieber Mr. Sandoe:

Besten Dank für Ihren sehr freundlichen Brief vom 12ten Januar.

Irgendwo habe ich unter meinen ausgelagerten Papieren auch eine komplette Liste des ganzen Krams, den ich hierzulande bis jetzt veröffentlicht habe. Meine früheren Geschichten sind allesamt für die *Black Mask* geschrieben worden, als Joe Shaw dort Herausgeber war. Die Avon Book Co. bringt irgendwann im Frühjahr einen 25-Cent-Band heraus, der fünf von diesen kurzen Sachen enthalten soll. Wenn sie sich verkaufen lassen, erscheinen vermutlich noch weitere. Aber was Ihre Zuversicht betrifft, diese alten Groschenmagazine, wo Zeug von mir drinsteht, noch auftreiben zu können, so bezweifle ich das sehr. Ein Freund von mir in Kansas City versucht schon seit Jahren, sich eine Sammlung aufzubauen, und hat bis zu zwei Dollar pro Exemplar geboten – ohne jeden Erfolg.

Was Sie über mich und Cain sagen, ist sehr nett. Es hat mich immer irritiert, mit Cain verglichen zu werden. Mein Verleger hielt es für einen pfiffigen Einfall, weil er mit *The Postman Always Rings Twice* einen großen Erfolg hatte, aber was immer mir als Schriftsteller eignet oder fehlt, wie Cain bin ich nicht im mindesten. Cain gehört als Autor zum Faux-naif-Typ, der mir besonders wenig behagt.

Sie sind gewiß nicht ohne Gesellschaft bei Ihrem Wunsch, daß man «etwas gegen die nachteilige Abgrenzung des Kriminalromans vom ‹Roman› bei den Buchbesprechungen, ja die Ausgrenzung in den Rotlaternenbezirk tun könnte». Alle Jubeljahre einmal wird ja ein Kriminalschriftsteller da als richtiger Schriftsteller behandelt, aber doch sehr selten. Trotzdem, glaube ich, gibt es ein paar sehr gute Gründe dafür, daß dem so ist. Zum Beispiel: (a) Die meisten Detektivgeschichten sind miserabel geschrieben. (b) Ihre Hauptabnehmer sind die Leihbüchereien, die eine rein kommerzielle Orientierung haben und Rezensionen gar nicht beachten. (c) Ich glaube, daß die Detektivgeschichte falsch vermarktet wird. Es ist absurd zu erwarten, daß die Leute dafür mehr zahlen, als sie fürs Kino ausgeben würden. (d) Die Detektiv- oder Kriminalgeschichte ist als Kunstform so gründlich erforscht worden, daß sich einem Schriftsteller heute geradezu das Problem stellt, die Charakteristik des Krimis zu meiden, während er, äußerlich gesehen, einen schreibt. Freilich ändert keiner dieser Gründe, mögen sie nun zutreffend sein oder nicht, etwas an dem zutiefst ärgerlichen und verstörenden Wissen des Autors, daß seine Krimigeschichte, wie gut und gekonnt er sie auch hinbringt, in der Zeitung doch nur in einem einzigen kurzen Absatz behandelt wird, während jeder viertrangige, schlecht konstruierte, pseudoernste Bericht vom Leben eines Häufchens Baumwollpflücker im tiefen Süden auf anderthalb Spalten respektvoller Aufmerksamkeit rechnen kann. Die Franzosen sind das einzige Volk, das ich kenne, für die Schreiben in erster Linie Schreiben ist. Die Angelsachsen sehen zuerst nach Thema und Stoff und dann erst, in zweiter Linie, wenn überhaupt, nach der Qualität.

Dank nochmals für Ihren Brief – und achtungsvolle Grüße

Ihres
Ray Chandler

AN JAMES M. CAIN

1040 Havenhurst Drive
Hollywood 46
20ster März 1944

Lieber Jim:

Es war sehr freundlich von Ihnen, mir ein Exemplar Ihres Buches mit Widmung zu schicken, und ich danke Ihnen recht schön. Wir sind einen Monat unten in der Wüste gewesen und hatten armseliges Pech mit dem Wetter. Dies soll keine Entschuldigung dafür sein, daß ich Ihnen nicht eher geschrieben habe; ich war nur nach neun Monaten Paramount so vollkommen ausgelaugt, daß ich mich nicht einmal zum Schreiben eines Briefes bewegen konnte. Habe einfach nur dagesessen und grämlich aus dem Fenster gestarrt auf die Sanddünen.

Sehr erfreut zu hören, daß Warners die *Mildred Pierce** gekauft haben. Wie es aussieht, habe ich eine Chance, für sie daran zu arbeiten, aber die Paramount war nicht allzu scharf darauf, mich auszuleihen. Jedem, der *Double Indemnity*** gesehen hat, gefällt's (jedem wenigstens, der mit mir gesprochen hat). Der Eindruck ist allgemein der, daß es ein recht schöner Film geworden ist und daß diesmal eine emotional geschlossene Geschichte genau in der Stimmung, in der sie geschrieben wurde, auf die Leinwand gekommen ist. Ich glaube nicht, daß eine von den Änderungen, die wir vorgenommen haben, Ihrer Grundkonzeption zuwiderläuft. Tatsächlich hätten Sie selber sie vornehmen müssen. Ich bezweifle nicht, daß manche davon besser hätten gemacht werden können, aber gemacht werden mußten sie. Die emotionale Geschlossenheit geht nicht zuletzt auf die Tatsache zurück, daß die drei Burschen, die an der Sache gearbeitet haben, sich keinen Augenblick uneins darüber waren, was sie erreichen wollten, sondern immer nur in Hinsicht auf das Wie.

---

* Ein Roman von Cain, erschienen 1941.
** Chandler und Billy Wilder schrieben zusammen das Drehbuch für den Film nach *Double Indemnity*.

Auf eine merkwürdige Sache würde ich Sie gern noch aufmerksam machen – obwohl Sie sich damit vermutlich längst selber auseinandergesetzt haben –, und die betrifft Ihren Dialog. Er ist so natürlich und leicht und pointiert, wie nur etwas sein kann, und trotzdem läßt er sich nicht spielen. Wir haben es probiert, indem wir zwei Schauspieler eine Szene direkt aus dem Buch machen ließen. Der Effekt war auf eine seltsame Art vage, die ich mir gar nicht erklären konnte. Dann ging mir auf, daß die Wirkung Ihres geschriebenen Dialogs nur teilweise auf Klang und Sinn beruht. Den Rest macht das Erscheinungsbild auf der Seite. Diese ungleichmäßig geformten Brocken dahinfliegender Rede treffen das Auge mit einer Art Explosionseffekt. Man liest die Sätze in ganzen Schüben, nicht unterteilt in Rede und Gegenrede. Auf der Leinwand geht dies völlig verloren, und die vollkommene Geschmeidigkeit der Phrasierung erweist sich als Mangel an Schärfe. Man sagt mir, das sei eben der Unterschied zwischen dem photographierten Dialog und dem geschriebenen. Für die Leinwand muß alles geschärft und pointiert und, wo immer nur möglich, durch Weglassungen zusammengedrängt werden. Aber natürlich wissen Sie darüber weit mehr als ich.

Ich hoffe, Sie bekommen ein ebenso gutes Skript von der *Mildred Pierce*. Es muß nicht ganz so scharf sein. Arbeiten Sie selber daran?

Alles Gute Ihnen –
Ray

AN CHARLES MORTON

Paramount Pictures Inc.
5451 Marathon Street
Hollywood, Calif.
17. Juli 1944

Sehr geehrter Mr. Morton:

Sydney Sanders, mein Agent in New York, schrieb mir vor einiger Zeit, Sie wären vielleicht daran interessiert, von mir für das *Atlantic* einen kurzen Aufsatz über die moderne Detektivgeschichte zu bekommen. Natürlich war diese Anregung für mich ebenso schmeichelhaft wie interessant.

So habe ich mich denn, als sich letzterzeit eine Gelegenheit ergab, an einem rohen Entwurf zu einem solchen Aufsatz versucht, aber nur um die Entdeckung zu machen, daß ich nicht die leiseste Ahnung hatte, wie so etwas anzufassen war. Zum Teil lag der Haken offenbar darin, daß ich nicht genug Kriminalromane gelesen hatte, um die sattsam bekannte, ins volle greifende Gelehrsamkeit entfalten zu können, und zum anderen Teil darin, daß ich das Element des Geheimnisvollen im Kriminalroman offenbar wirklich nicht so ernst nehme, wie ich sollte. Das Hauptdilemma bei den meisten Kriminalromanen ist nach meiner Sicht dies: daß die Leute, die sie schreiben, so schlechte Schreiber sind. Aber das wäre ja keine sehr fesselnde Prämisse für einen Aufsatz. Die Detektivgeschichte, wie ich sie kenne und mag, ist ein nicht allzu erfolgreicher Versuch, die Attribute zweier grundverschiedener Verstandestypen zu kombinieren; der Verstand, der ein kühl durchdachtes Rätsel austüfteln kann, vermag in der Regel weder das Feuer noch den Elan zu entwickeln, die beide für lebendiges Schreiben notwendig sind.

Ich werde wohl in naher Zukunft ein bißchen Luft bei der Filmarbeit bekommen, und da könnte ich mich auf einen Versuch mit diesem Aufsatz einlassen. Wenn Sie irgendwelche Vorstellungen haben, was Sie darin gern zur Sprache gebracht sähen, würde ich mit dem größten Vergnügen von Ihnen hören. Ich nehme an, daß auch die Umfangsfrage nicht unwichtig ist.

Mit vorzüglicher Hochachtung
Raymond Chandler

AN CHARLES MORTON

6520 Drexel Avenue
Los Angeles 36, Calif.
12ter Oktober 1944

Lieber Charles Morton:

[...]

Dank für Ihre zwei freundlichen Briefe. Es tut mir leid, daß irgendwer nun einen oder zwei Artikel aus marmorner Prosa verlieren soll, um für Gedanken wie die meinen Platz zu machen, die dazu auch noch so schlampig geschneidert sind.* Vom *Big Sleep* hätte ich Ihnen unzählige Exemplare besorgen können, hätte ich's nur gewußt. Von der Frühstückspreis-Ausgabe, heißt das. Als ich das letztemal im Büro meines Agenten war (nicht dem von Sanders, sondern dem Glitzerpalast am Strip, wo mein anderer Agent** seinen Daimler parkt), bemerkte ich dort eine ganze Reihe davon, die nur Regalplatz wegnahm und für niemanden mehr von Nutzen war, denn das Ding ist jetzt an Warners verkauft und Howard Hawks eben dabei, einen Film danach zu drehen – mit Bogart und einem neuen Mädchen, das er in *To Have and Have Not* herausgebracht hat.*** Bill Faulkner und ein Mädchen namens Leigh Brackett haben das Skript geschrieben. Es ist ganz ordentlich. Hawks dreht mehr oder weniger aus dem Stegreif, sagt er mir, er benutzt bloß ein Rohskript, um seine Szenen zu probieren, und schreibt sie dann erst am Drehort aus. Ich habe nicht daran mitarbeiten können, weil mein Vertrag mit der Paramount mir nicht erlaubt, für jemand andern zu arbeiten, selbst wenn ich gar nicht für die Paramount tätig bin.

Den Aufsatz, die Schmähschrift oder was weiß ich sonst, über die Drehbuchschreiberei würde ich schon arg gern machen, aber ich kann überhaupt keinen Termin dafür angeben. Ich bin grob zur

---

* *The Simple Art of Murder*, ein Aufsatz, den Chandler für das *Atlantic Monthly* schrieb, erschien im Dezember 1944.
** Chandlers Agent in Hollywood war H. N. Swanson.
*** Lauren Bacall, Hauptdarstellerin in beiden Filmen.

Hälfte mit einem Marlowe-Buch durch, und es kann sein, daß ich noch eine ganze Weile zu nichts anderem komme. Ich wünschte ja, ich könnte's, aber ich bin ein Mensch, der 30 000 Wörter schreibt, um fünf davon am Ende einzuschicken, und so etwas macht eine Menge Arbeit. Ich stimme ja ganz mit Ihnen überein, daß es selbst einem Schriftsteller nicht schadet, wenn er sein stagnierendes Gehirn von Zeit zu Zeit mit etwas Nachdenken über dieses und jenes beschäftigt, und ich bin ja auch durch keinerlei finanzielle Rücksichten behindert. Aber ich werde langsam alt, mein Großhirn knarrt, mein Kleinhirn quietscht, und ich muß irgend etwas Buchähnliches zuwege bringen, bevor man mich vergessen hat. Ein Mensch mit Talent würde es in einem Monat schreiben, ein Könner ohne Talent in zwei Monaten, und ein Genie würde es überhaupt nicht schreiben. Mich dagegen wird es noch gut drei Monate mehr kosten, auch nur den ersten Entwurf zu Papier zu bringen.

Jüngst dachte ich an Ihre Anregung zu einem vorsätzlich beleidigenden Artikel über die Polizei von Bay City (Santa Monica). Ein paar Untersuchungsbeamte der Bezirksstaatsanwaltschaft hatten einen Tip über eine Spielhölle in Ocean Park bekommen, einem lockeren Anhängsel von Santa Monica. Sie fuhren hin und holten sich unterwegs ein paar Bullen von Santa Monica dazu, denen sie sagten, sie wollten einen Laden hochnehmen, ohne aber zu verraten, wo. Die Bullen zogen mit, erfüllt von der natürlichen Abneigung guter Bullen, dem Gesetz gegen einen zahlenden Kunden zur Geltung zu verhelfen, und als sie feststellten, um welchen Laden es sich drehte, murmelten sie gebrochen: «Da sollten wir aber lieber erst mit Captain Brown reden, bevor wir das machen, Jungs, Captain Brown wird das gar nicht gefallen.» Die Staatsanwaltsleute drängten sie herzlos vorwärts in den Chip-Salon, mehrere angebliche Spieler wurden in den Knast geschafft, und die als Beweismittel beschlagnahmte Ausstattung (ein ganzer Lastwagen voll) wurde im Hauptquartier der Ortspolizei in Schränken deponiert. Als die Jungs von der Staatsanwaltschaft am nächsten Morgen wiederkamen, um alles durchzugehen, war nichts mehr da außer einer Handvoll weißer Poker-Chips. An den Schlössern war nicht herumgepfuscht worden, und von dem Lastwagen mitsamt

Fahrer fehlte jede Spur. Die Plattfüße schüttelten verdutzt die ergrauten Schädel, und die Untersuchungsbeamten fuhren zurück in die Stadt, um dem Ausschuß die Geschichte hinzublättern. Folgen wird es nicht geben. Folgen gibt es nie. Fragen Sie noch, warum ich Bay City so liebe? Ein Jammer, daß es seine schwimmenden Spielkasinos nicht mehr hat. Der gegenwärtige Gouverneur von Kalifornien ist dadurch ins Amt gekommen, daß er mit ihnen aufgeräumt hat. Andere hatten das (wenigstens vorgeblich) Jahre um Jahre versucht. Aber immer kam die Rechtsfrage dazwischen, ob die 12-Meilen-Zone nun von diesem Ort oder von jenem aus zu messen sei. Warren löste sie schließlich sehr simpel, und fraglos ganz illegal.* Er kommandierte genügend Boote und Beamte ab, einen Ring um die Schiffe zu bilden und jeden am Verlassen oder Betreten zu hindern. Dann blieb er einfach in Wartestellung, bis sie aufgaben.

Eine richtige klinische Fallstudie über so eine Stadt wäre eine faszinierende Lektüre.

Ergebenst
Raymond Chandler

---

* Earl Warren, Gouverneur von Kalifornien und später Chief Justice der Vereinigten Staaten.

AN CHARLES MORTON

6520 Drexel Avenue
L.A. 36
20ster Nov. 1944

Lieber Charles:

Ihr Briefe haben mich fast ein bißchen beängstigt, besonders der wunderbare Brief, den Sie über sich selber geschrieben haben. Vielleicht sollte ich in Boston leben. Die zivilisierte Intelligenz ist hier draußen im Westen ziemlich rar. Das klingt, so hingesagt, nach Snob, aber ich lebe hier nun schon lange und bin nur sehr wenigen Leuten begegnet, die nicht in dieser oder jener Hinsicht grün und halbgar waren Hollywood wimmelt von sehr cleveren Leuten, manche von ihnen sind noch viel mehr als clever, aber die harte, glattpolierte Patina aus Schneid und Gerissenheit, wie sie sich in Hollywood und New York findet, deprimiert mich. Man begegnet den hellen Köpfchen, die irgendwas Erfolgreiches geschrieben haben, arriviert sind und für diesen Umstand ein verdammt waches Bewußtsein haben. Man begegnet munteren jungen Männern, die wirklich scharf darauf sind, gute Filme zu machen, wenn das überhaupt möglich ist. Aber man begegnet nie dem ruhigen, zurückhaltenden, wohlerzogenen und unauffällig intelligenten Typus, der in England so gut wie die Regel ist und, stelle ich mir vor, auch in Neu-England. Wenigstens hoffe ich das.

Irgendwann nächsterzeit werde ich Ihnen etwas über mich selber schreiben. Sonst laufen die Dinge nicht allzugut. P. Marlowe macht Sperenzien, ich habe viele Unterbrechungen gehabt, und dann gab es auch ein langwieriges Gerangel mit der Paramount wegen eines Vertrags. Ich wünschte, ich hätte ein Gehirn, dem dauernd ohne große Anstrengung Handlungen einfallen, wie Erle Gardner oder was weiß ich wem. Ich habe gute Ideen für etwa vier Bücher, aber der Gedanke, sie in Handlungen einbauen zu müssen, treibt mir den Schweiß auf die Stirn. Es wäre weitaus am besten, wenn Sie nichts von mir erwarteten, bevor Sie es haben. Es muß Ihnen dann nicht gefallen, aber das Gefühl, das *Atlantic* brauche Unterstützung von mir, ist furchterregend. Natürlich erkenne ich, ganz unabhängig von jeder Erwägung des Eigennutzes, eine gewisse Pflicht an, mich hinzusetzen und Ihre Seiten hier und dort mit ein paar kleinen arroganten Unsinnigkeiten zu verzieren.

Es gab eine Zeit, da hätte ich für Ihre Art Tätigkeit geschwärmt, wäre aber unfähig gewesen, sie selber auszuüben. Ich habe nie wirklich den Drang verspürt, erzählende Prosa zu schreiben, die ja auch mehr und mehr von Pseudokunst an sich hat. (In dem Einfall steckt ein Aufsatz). Aber ihr Burschen habt auch eine Verpflichtung. Und die besteht darin, pompöses Gequatsche zu vermeiden und die Sorte Stumpfsinn, die herauskommt, wenn ihr aufgeblähte Ärsche mit päpstlicher Miene über Dinge urteilen laßt, von denen sie nicht mehr verstehen als der nächstbeste Mensch, wenn überhaupt soviel. Ein (für mich) schockierendes Beispiel dafür steht im November-Harper's, überschrieben «Salut für die Literaten».* Sehn Sie sich das an:

«Denn Schriftsteller sind Menschen mit ganz eigener Sensibilität für die Winde der Doktrin, die mit besonderer Heftigkeit in Zeiten rascher Veränderung wehen – manche mehr als andere, aber keiner, außer dem ausgesprochenen Lohnschreiber, vollständig immun.»

Ich betrachte diesen Satz als eine Schande für die englische Prosa. Er sagt nichts und sagt es umständlich, in abgedroschener Manier und ohne Syntax. Das «manche» bezieht sich offensichtlich, dem Sinn nach, auf «Schriftsteller», aber ebenso offensichtlich der Konstruktion nach auf «Winde der Doktrin». (Können wir dergleichen Sätze nicht Somerset Maugham überlassen?) Wie ausgesprochen ist ein Lohnschreiber? Und wie vollständig immun ist immun? Pfui Teufel. Ich fahre fort:

«Sie reagieren auf diese Weise oder jene; sie leisten den Strömungen Widerstand und laufen mit ihnen: Und während die einen Werke von geringem Wert nach literarischen oder irgendwelchen anderen Begriffen produzieren, zeigen die andern, die größere Fähigkeit und Substanz und daher auch grö-

---

* C. Hartley Grattan, *Salute to the Litterateurs*, in *Harper's Magazine*, November 1944.

ßere Bedeutung besitzen, dieselben Tendenzen in Schriften von hochgradiger Vorzüglichkeit.»

Ist da irgendwas gesagt, was sich nicht mit einem simplen Nachtischrülpser besser sagen ließe? Etwas später heißt es dann:

»Als der gegenwärtige Krieg sich in der Vorbereitung befand, lagen die bezeichnendsten Ausschläge auf dem literarischen Seismographen im Rot.»

Als ich das meinem kleinen Seismographen zeigte, fing er an, mit allerlei unanständigen Ausdrücken in ein sehr garstiges Purpurbräunlich auszuschlagen, und mußte in ein dunkles Zimmer gesperrt werden.

«Bezeichnendst», «literarischer Seismograph», «mit der Strömung laufen» – zweitausend Jahre Christentum, und das ist nun in einer Literaturzeitschrift dabei herausgekommen. Schande über euch Kerls!

Ich hatte einen Onkel in Omaha, der Lokalpolitiker war – ein falscher Fuffziger, wenn ich nur irgendwie Charakter beurteilen kann. Ich bin so ein- oder zweimal dort gewesen. Als ganz kleiner Junge wurde ich immer für einen Teil des Sommers nach Plattsmouth verschickt. Ich erinnere mich noch an die Eichen und die hohen hölzernen Gehsteige zu seiten der Schlammstraßen und an die Hitze und die Glühwürmchen und die Gespenstheuschrecken und eine Menge seltsamer Insekten und an die Wildtraubenlese im Herbst, wo dann Wein gemacht wurde, und an das tote Vieh und hin und wieder einen toten Mann, die den lehmigen Fluß heruntergetrieben kamen, und an das vornehme Drei-Löcher-Klo hinter dem Haus.

Ich erinnere mich an Ak-Sar-Ben und die Tage, wo man noch Bryan zu wählen versuchte.* Ich erinnere mich an die Schaukelstühle, die in Reih und Glied vor dem Hotel an der Gehsteigkante standen, und an den Tabaksaft, der überall hingespuckt wurde. Und ich erinnere mich an eine Probefahrt auf einem Postwagen, mit einer Maschine, die mein Onkel erfunden hatte und mit der man ohne Anhalten Post aufnehmen konnte; aber es kam ihm jemand damit zuvor, und er sah nie einen Heller.

* Ak-Sar-Ben (= Nebraska, rückwärts gelesen) war eine Sozialorganisation.

Danach dann kam ich nach England und wurde mit Latein und Griechisch großgezogen, wie Sie selber auch. Ich arbeitete für die *Westminster Gazette* und den *Daily Express* und ein sehr hochnäsiges Wochenblatt, das sich *The Academy* nannte; es gehörte Oscar Wildes Gspusi, Lord Alfred Douglas, und später einem Mann namens Cowper, der für sich in Anspruch nahm, ein direkter Nachkomme des Dichters zu sein.* Ich habe damals die ekligsten Buchbesprechungen verfaßt, die je geschrieben wurden. Ich besprach Farnols *The Broad Highway* und sagte seinen ungeheuren Erfolg voraus.** Ich besprach Elinor Glyn, und wie.*** Ich glaube nicht, daß mir die Schulbildung je besonders geschadet hat.

Immer Ihr
Ray

AN JAMES SANDOE

6520 Drexel Avenue
Los Angeles 36
17ter Dez. 1944

Lieber Sandoe:

Danke für Ihre Karte. Ich hatte eine ganze Zeitlang im Sinn, Ihnen zu schreiben, wie auch einer Menge anderer Leute, aber hab's nicht getan. Was Sie (in diesem Zusammenhang) mit der Wendung «von Anstößigkeiten bereinigt» meinen, ist mir nicht klar. Ich hab's nicht nachgeprüft, aber ich hatte hier und da den unbestimmten Eindruck, daß man mich ganz behutsam ein bißchen gemildert hat. Kürzen mußten die Leute, das weiß ich wohl, einfach weil das Ding zu lang geraten war und noch jetzt, wie es dasteht, Überlänge hat. Ich hatte einen sehr schicken Anfang, den sie mir gestrichen

---

* Cecil Cowper, Herausgeber der *Academy*.
** Jeffrey Farnol, englischer Populärschriftsteller.
*** Englischer Populärschriftsteller, geboren in Kanada.

80

haben, weil er wirklich nicht das geringste mit Detektivgeschichten zu tun hatte. Es war einfach ein allgemeiner Ausdruck der Verachtung für das, was man so «ein bedeutendes Werk» nennt. Den ganzen verdammten Aufsatz habe ich nur geschrieben, nachdem Charles Morton mich wie mit Hunden gehetzt hatte. Irgendein besonderes eigenes Verlangen danach hatte ich nicht, und finanziell war's für mich natürlich ein Verlust. Nicht daß es darauf nun ankäme; ab einem gewissen Punkt bedeutet Geld nichts. Ich will mich auch gar nicht beklagen; die Streichungen hätte ich auf den Fahnen selber vornehmen können. Ich wußte nur nicht, wie. Wie es sich trifft, habe ich noch genügend Material übrigbehalten für einen zweiten Aufsatz. Aber ich finde, das meiste kritische Schreiben ist Papperlapapp, und die gute Hälfte ist unehrlich (das heißt, bedingt von Informationen über den Vorverkauf), und es hat keinen Sinn, daß ich nun auch noch meinen Senf dazugebe. Jedenfalls ist es nur eine Abkürzung des Wegs in die Vergessenheit. Das Denken in abstrakten Begriffen zerstört die Kraft, in Begriffen des Gefühls und der Empfindung zu denken. Ich vermute, ich habe, wie andere Leute auch, gelegentlich den albernen Drang, jedem, der's hören will, zu erklären, woher es kommt, daß mich der ganze Apparat des Intellektualismus anödet. Aber um das zu tun, muß man selber die Sprache des Intellektualismus verwenden. Was ein Witz ist. Das Geschäft eines Erzählers ist, die Illusion des Lebens nachzuschaffen. Die Kenntnis des theoretischen Wie ist ihm dabei, wenn er's denn kann, nicht die mindeste Hilfe.

Gruß!
Chandler

AN CHARLES MORTON

6520 Drexel Avenue
Los Angeles 38
18ter Dez. 1944

Lieber Charles:

Ihren Brief vom 14ten Dez. erhalten – Fröhliche Weihnachten Ihnen – die ganze Weihnachtsidee hat in diesem Jahr irgendwie die ausgesprochen abscheuliche kommerzielle Falschheit des Muttertags in Peoria angenommen.

Ich sah Mr. De Votos Bemerkungen über Chandler und hatte nicht übel Lust, ihm zu schreiben und ihn zu bitten, den Gebrauch von Wörtern wie «Sittengesetz» und Ideen wie «funktionaler Stil» doch einzustellen, nicht aber aufzuhören, die Leute nach Takt und Noten zu verreißen. Aber dies Schreibgeschäft, das Schreiben an Schreiber, ist eine Karriere für sich. Am Ende ist man so weit gekommen, daß einem zu jedem Menschen was Persönliches einfällt und man seine Meinung über nichts und wieder nichts zum besten gibt.

Bekam einen Brief von einem alten unbekannten Freund an der U. von Colorado*, Bibliothekar dort, der fragt mich, ob mein Vortragsstück im *Atlantic* von Anstößigkeiten befreit worden sei. Meine Antwort war, ich hätte's nicht nachgeprüft, aber den unbestimmten Eindruck gehabt, daß es hier und da von ganz behutsamer Hand gemildert worden sei – und natürlich auch ein wenig gekürzt, was aber an mir gelegen habe. Aber dies soll Ihnen nur zeigen, daß ein Mensch, wenn er anfängt, über den Apparat des Intellektualismus zu schreiben, wie von selbst in etwas hineingerät, was wie die Sprache des Intellektualismus selber klingt – eine ekelerregende Sprache. Ich las den *Atlantic*-Artikel noch einmal durch und machte die verwirrende Entdeckung, daß ich in gut dreißig Jahren eines schlecht- und rechten Lebens platterdings nichts über die englische Sprache dazugelernt habe. Sie geht mir

---

* James Sandoe; vgl. den vorangegangenen Brief.

immer noch über alle Begriffe. Ich habe noch alte Essays von mir, geschrieben für die *Academy*, und Skizzen, geschrieben für die *Westminster Gazette*, vor langer Zeit, als ich noch ein eleganter junger Spund war, mit einem alleynischen* Hutband an einem sehr schmucken korbgewobenen Strohhut; sie zeigen denselben kindischen Mutwillen und dasselbe verkrampfte Bemühen, aus einem Nichts von Anlaß Brillanz zu entfachen.

Ich kann meinen Artikel über Drehbuchschreiber und das Drehbuchschreiben aus dem simplen Grund nicht fertigstellen, daß ich mich nicht ehrlich dabei fühle. Mag sein, es kommt mir morgen, wenn ich aufwache, anders vor, aber Sie können mich nicht dahin drangsalieren, daß ich Ihnen etwas schicke, dessen ich so todunsicher bin. Es gibt ein paar wichtige Punkte wie die folgenden, aber wenn man sich auf sie einläßt, gerät man in Teufels Küche. Z.B.: Es gibt keine reife Drehbuchkunst, und mit reif meine ich nicht intellektuell oder jungakademisch oder feinsinnig schick à la Kleinzeitschriften. Ich meine eine Kunst, die weiß, was sie tut, und die nötigen Techniken hat, es zu tun. 2. Eine erwachsene, das heißt schmutzige oder freimütige Leinwandkunst könnte sich jederzeit entfalten, wenn das Hays Office (Titel für einen Essay über selbiges: «Drecksgesinnung als Karriere») und die örtlichen Zensurstellen sie ließen, aber sie wäre auch nicht reifer, als *Going My Way* es ist. 3. Es steht keine greifbare Sammlung von Drehbuchliteratur zur Verfügung, weil diese den Produktionsgesellschaften gehört, nicht den Verfassern, und die sie nicht herzeigen. Ich habe zum Beispiel ein Skript des *Maltese Falcon* von Warners zu leihen versucht; sie wollten es mir nicht geben. Der Schreiber kann nichts tun als sich die Filme ansehen. Wenn er in einer Filmfirma arbeitet, kann er die Skripte dieser Firma bekommen, aber seine Zeit gehört dort nicht ihm. Er kann nicht in Muße studieren und die Probleme rekonstruieren. 4. Es gibt keine *Lehre* in der Kunst des Drehbuchs, weil es nichts zu lehren gibt; wenn man nicht weiß, wie Filme gemacht werden, kann man unmöglich wissen, wie man sie anlegt. Kein Außenseiter weiß das, und kein Schreiber würde sich damit abgeben, es sei denn, er wäre arbeitslos oder ohne Fortune. 5. Das

---

* Edward Alleyn war der Gründer von Dulwich College, 1617.

Drehbuch, das am Ende herauskommt, ist das Ergebnis eines erbitterten und langanhaltenden Ringens zwischen dem Schreiber (oder den Schreibern) und den Leuten, deren Ziel es ist, sein Talent auszubeuten, ohne ihm die Entfaltung seines Talents zu gewähren.

6. Es ist grad wenig über 3 Jahre her, daß die größeren (und in diesem Jahr erst auch die kleineren) Produktionsgesellschaften nach langem und erbittertem Ringen zu dem Zugeständnis gezwungen wurden, den Schreiber mit einem Minimum an Geschäftsmoral zu behandeln. In dieser Auseinandersetzung haben die Drehbuchschreiber keineswegs gegen die Filmindustrie gekämpft; sie kämpften gegen jene mächtigen Elemente darin, die bislang immer den ganzen Ruhm und alles Prestige eingestrichen hatten und das weiterhin nur schaffen konnten, indem sie sich der Welt als die Schöpfer der Filme verkauften. Dieser Kampf geht noch weiter, und die Schreiber sind dabei, ihn zu gewinnen, aber sie gewinnen ihn auf die falsche Art: indem sie selber Produzenten und Regisseure werden, Show-Leute also statt kreative Künstler. Das wird der Kunst des Drehbuchs keinerlei Nutzen bringen und Schaden jenen Schreibern, die für die Show-Rolle untauglich sind (und das sind immer die besten von ihnen). 7. Der Schreiber hat noch immer nicht annähernd das Recht gewonnen, ein Drehbuch ohne Dreinreden von seiten seiner Produktionsfirma zu schaffen. Warum? Weil er nicht weiß, wie, und weil es im Interesse der Produzenten und Regisseure liegt, ihn am Lernen des· Wie zu hindern. Wenn auch nur ein Viertel der *hochbezahlten* Drehbuchautoren von Hollywood (mal all die Leute beiseite gelassen, die an Nebenfilmen arbeiten) ein vollkommen geschlossenes und durchweg filmbares Drehbuch produzieren dürfte, mit nur grad soviel Intervention und Diskussion, wie für die Firma im Hinblick auf den Schutz der Gagenfinanzierung und die Absicherung gegen Verunglimpfungs- und Zensurschwierigkeiten notwendig sind, dann würde der Produzent zum geschäftlichen Organisator und der Regisseur zum bloßen Interpreten eines abgeschlossenen Werks, anstatt, wie zur Zeit, der eigentliche Schöpfer des Films zu sein. Sie werden beide auf den Tod dagegen kämpfen.

Ich habe einen Drei-Jahres-Vertrag mit der Paramount, mit 26 Wochen Arbeit pro Jahr und einem Riesensalär (nach meinen

Verhältnissen). Nichts von dem, was ich oben gesagt habe, dürfte bei der Firma wohl sonderliches Ärgernis erregen, eine Menge davon aber würde mir von vielen Personen zutiefst übelgenommen werden und mich in permanente Debatten verwickeln, denen meine Nerven nicht gewachsen wären. Aber es bliebe auch noch viel mehr zu sagen, und das ist gar noch schlimmer. Ein System wie dieses bringt, wenn es sich über eine längere Zeitperiode hält, eine Klasse von Tintenkulis hervor, die keinerlei Initiative, Unabhängigkeit oder Kampfgeist mehr besitzen; sie existieren nur noch in der konformen Anpassung an die Maßstäbe von Hollywood, können aber doch Kunst nur dadurch schaffen, daß sie ihnen Trotz bieten. Ein paar, ein ganz paar wenige von ihnen sind in der Lage, sich ihren Lebensunterhalt als selbständige Schreiber zu verdienen, aber man wird sie immer mit heranziehen müssen, denn in ganz Hollywood findet sich nie genügend Talent, um mehr als ein Zehntel der Filme auch nur leidlich gut zu machen. Zugegeben, daß viel zu viele gemacht werden; sie werden aber weiterhin gemacht, oder die Theater bleiben dunkel. Riesige berechtigte Interessen und das Auskommen von ungezählten Tausenden von Leuten sind da berührt. Zugegeben nochmals, daß neunzig Prozent von Hollywoods Filmen nicht wirklich wert sind, gedreht zu werden; ich sage auch, daß neunzig Prozent der Bücher, Theaterstücke und Kurzgeschichten, nach denen sie gedreht werden, nicht wert sind, daß man sie ansieht oder liest, nach denselben Maßstäben. Und wir beide, Sie und ich, wissen, daß diese Maßstäbe sich in unserer Zeit nicht ändern werden.

Doch ein Schriftsteller wie ich, der wenig Erfahrung in Hollywood hat und der sich trotzdem herausnimmt, die Schriftsteller von Hollywood einer Erörterung zu unterziehen, muß entweder lügen oder aussprechen, daß sie zum größten Teil übertrieben gekleidete, übertrieben bezahlte, servile und inkompetente Lohnschreiber sind. Aller Fortschritt in der Kunst des Drehbuchs hängt von ein paar ganz wenigen Leuten ab, die in der Lage sind (und das Naturell mitsamt der nötigen Hartnäckigkeit dafür haben), um Qualität zu kämpfen. Hollywood liebt sie dafür und ist geradezu darauf erpicht, sie dadurch zu belohnen, daß es sie zu etwas anderem als Schreibern macht. Hollywoods Haltung gegenüber seinen Schreibern wird notwendigerweise von der Masse seiner Schreiber bestimmt, nicht von den wenigen, die das besitzen, was es Integrität nennt. Es liebt dieses Wort, da es selber so wenig von dem hat, was es meint. Doch es ist nicht fair von mir, im Druck zu sagen, daß die Schriftsteller von Hollywood sind, was sie sind; sie bilden eine Zunftgemeinschaft, und es mag sein, daß sie in einer so großen Industrie als Gruppe kämpfen müssen; es liegt auf der Hand, daß ich nichts getan habe, ihnen erreichen zu helfen, was sie erreicht haben, und es wahrscheinlich auch nicht tun werde, außer indirekt, indem ich ein paar Filme herausbringen helfe, die ein bißchen oberhalb des Durchschnitts liegen. Es ist nicht einmal fair, sie überbezahlt zu nennen; denn andere Schriftsteller als Gruppe sind schockierend unterbezahlt; Hollywood ist die einzige Industrie in der Welt, die ihre Arbeiter soviel Geld verdienen läßt, wie es in anderen Industrien sonst nur Kapitalisten und leitende Angestellte schaffen. Wenn es auch einiges weniger als ideal ist, so ist's doch die einzige Industrie, die sich wenigstens um Idealismus bemüht; wenn sie schlechte Kunst macht, so macht doch keine andere überhaupt Kunst, es sei denn als Nebenprodukt des Geldmachens. Wenn sie Geld aus armseligen Filmen macht, so könnte sie doch noch mehr Geld aus guten machen, und sie weiß das und versucht sie zu machen. Es gibt schlichtweg nicht genug Talent auf der Welt, womit das zu schaffen wäre, nach jedem denkbaren Maß. Ihre Filme kosten zuviel und müssen deshalb abgesichert sein und großen Rückfluß bringen; aber warum kosten sie zuviel? Weil sie die Leute bezahlt, die ihr die Arbeit machen, nicht die Leute, die Zinscoupons schneiden. Wenn sie das gesamte Schreibtalent der Welt an sich zieht und dann fortfährt, es durch ihre Behandlungsweise zu zerstören, wieso ist sie dann überhaupt imstande, dieses Talent an sich zu ziehen? Weil sie weiß, wie sie für Talent bezahlen muß. Der Mann, der meine Bücher verlegt, hat mehr durch mich verdient als ich durch ihn, und das nicht durch den Verkauf der Bücher, sondern indem er bei Rundfunk-, Film- und Nachdrucklizenzen, die ihn keinen Pfennig gekostet haben, seinen Schnitt gemacht hat. Ist er bei den Büchern irgendein Wagnis eingegangen? Natürlich nie, nicht für einen Heller. Gegen Verluste war er durch die Leihbüchereien abgesichert. Er hat nicht einmal eine Ahnung, wie man meine Art Bücher verkauft, wie man Werbung für sie macht oder wie man Besprechungen davon kriegt. Er sitzt einfach da und wartet, daß was passiert, und wenn es passiert, reibt er sich die Hände und schneidet sich eine schöne fette Scheibe davon ab. Aber Hollywood zahlt mir ein großes Salär lediglich für den Versuch, irgendwas zu Papier zu bringen, was es vielleicht brauchen kann. Und wenn ich dann was schreibe, was sich auszahlt, dann zerreißt es meinen Vertrag und schreibt mir einen besseren. Ich kann eine Industrie, die das tut, nicht verachten, und ich kann nicht sagen, die Männer in ihr sind schlechte Künstler, weil sie keine bessere Kunst hervorbringen. Doch wenn ich es ehrlich mit der Kunst meine, kann ich nur das und nichts anderes sagen. Da ist es doch besser, ganz den Mund zu halten, oder? Jedenfalls im Moment.

Puh! Ich bin erschöpft. Und was verstehe ich denn überhaupt von Kunst? Dem Himmel sei Dank, daß ich, als ich Romane zu schreiben versuchte, soviel Verstand hatte, es in einer Sprache zu tun, die nicht ganz von Phrasen verkleistert war. Trotz aller Freundlichkeit und allem Verständnis von Ihrer Seite fange ich langsam an, Sie zu hassen. Es hat mich zwanzig Jahre gekostet, über diese Sorte Quatschstil wegzukommen, und nun sehen Sie mich an!

Ray

P.S. Ich habe glatt vergessen, Ihnen für den Fahnenabzug von Nabokovs Phantasie zu danken.* Irgendwo habe ich einen Roman von ihm stehen. Er ist exquisit komponiert und ganz entzückend. Ich habe so das seltsame Gefühl, daß ich dem schönen Schlußvergleich schon einmal begegnet bin. Er klingt nach T. S. Eliot. Ich kann die Stelle aber nicht nennen und muß daher annehmen, daß es eine Gedächtnistäuschung ist (Paramnesie für Sie). Das müde Hirn ist oft damit geschlagen.

R

---

* *Time and Ebb*, erschienen in *The Atlantic Monthly*, Januar 1945.

1945

AN CHARLES MORTON

6520 Drexel Avenue
Los Angeles 36, Calif.
1. Jan. 1945

Lieber Charles:

Ein Glückliches Neues Jahr Ihnen und dem Eierlikör! Und was für schauerlich lange Briefe dieser Kerl, der Chandler, schreibt! Der Anblick des Exemplars, das ich mit «Exzerpt» bezeichnet hatte, war wie das Bild in einem unerwarteten Spiegel, just nachdem man die Treppe runtergefallen ist. Nein, ich hebe keine Durchschläge davon auf. Manchmal meine ich, daß ich's tun sollte, aber meistens bin ich weit glücklicher, wenn ich nichts weiß. Den *New Yorker* vom fraglichen Tag habe ich nicht gesehen, aber ein Mann namens McNulty, den die Paramount hier draußen verführt hat (er sieht auch schon ganz grauenerregend aus), will mir sein Exemplar vorbeibringen. Er hat zum *New Yorker* gehört und sich noch immer kein Hundszahn-Sportsakko gekauft.* Leider muß ich Ihnen sagen, daß morgen schon wieder die Arbeit ruft. Die Aussicht darauf hat meine Stimmung so tief sinken lassen, daß mir das Kinn über den Bordstein schrammt. Ich habe gestern und heute den ganzen Tag gearbeitet und versucht, einen Aufsatz für Sie zu Papier zu kriegen. Er muß Ihnen nicht gefallen, denn ich hätte ihn sowieso geschrieben, und sei's nur, um mir das Thema vom Hals zu schaffen. Ihren Standpunkt in Sachen Hollywood verstehe ich,

* John McNulty, Verfasser von *Third Avenue* (1936).

und vielleicht haben Sie ja ganz recht. Nicht unmöglich, daß ich selbst nach einer Weile dabei lande.

Es war sehr freundlich von Ihnen, mir Diarmuid Russels Artikel zu schicken, und von ihm sehr nett, ihn zu schreiben.* Ich weiß schon seit geraumer Zeit, daß ich mich in einem ausgefahrenen Geleis bewege, aber er, als Agent, hätte wissen sollen (und weiß es, privatim, vielleicht auch), daß das Buch, mit dem man Kasse macht, nicht notwendig auch das ist, das man am besten hingekriegt hat; es kann zufällig das sein, das endlich Erfolg hat, weil die andern den Weg bereitet haben. Jedenfalls, früher oder später mußte ich ja meine Verbeugung vor den Huren und Zuhältern von Hollywood in einer Marlowe-Geschichte machen, die besseren und neueren Geschmacks einfach nicht sein konnte. Ich habe eine andere Geschichte im Kopf, die ich noch hinzukriegen hoffe, bevor ich sterbe; sie wird an der Oberfläche fast überhaupt keine Härte und Verruchtheit haben, aber die Scher-dich-zum-Teufel-Haltung, die bei mir keine Pose ist, dürfte trotzdem genügend herauskommen.

[...]

Eine einzige Beanstandung könnte ich zu Russells Bemerkungen noch vorbringen: Wenn man sich schon die Mühe macht, nette Sachen über einen Menschen zu sagen, und gar noch so sehr nette Sachen wie hier, dann sollte man sich ein paar davon für den Schluß aufheben und den Leser mit einem gelinden Zuckergeschmack im Mund entlassen. Ich meine, ich hätte selber einfach ein paar freundliche Worte aufgespart, um damit zu schließen, Worte, die in gar keiner Weise etwa modifiziert hätten, was im kritischen Teil stand, sondern es nur ein wenig anders arrangiert. Aber das ist ja nun gar nicht meine Sache.

Der bewußte (nur angeheiratete) Onkel von zweifelhafter Rechtschaffenheit hieß Ernest Fitt, und er war Dampfkessel-Aufseher oder so was Ähnliches, wenigstens dem Namen nach. Er lebt nicht mehr. Ich entsinne mich seiner noch sehr gut. Er kam immer abends nach Hause (in der Plattsmouth-Zeit), stellte die Zeitung

---

* Sohn des irischen Dichters A.E. und Gründer der literarischen Agentur Russell & Volkening, New York. Er rezensierte Chandler in der *New York Times Book Review*.

auf den Notenständer und improvisierte, während er sie las. Irgendwo habe ich gelesen, daß Harold Bauer seine Programme durchzuspielen pflegte, während er eine Zeitung las, aber er war für mich immer ein langweiliger Pianist, und so überraschte mich das nicht. Mein Onkel hatte Talent, aber keine musikalische Ausbildung. Er hatte noch einen Bruder, und der war ein erstaunlicher Charakter. Er war Angestellter oder Direktor einer Bank in Waterford, Irland (wo sämtliche Verwandten meiner Mutter herstammen – übrigens alle keine Katholiken), und hatte Geld unterschlagen. Er räumte eines Samstags die Schalterkasse aus und schlüpfte der Polizei mit Hilfe der Freimaurer durch die Maschen, hinüber auf den europäischen Kontinent. In irgendeinem Hotel in Deutschland wurde ihm dann sein Geld gestohlen, jedenfalls der größte Teil. Als ich ihn kannte, lange später, war er ein hochrespektabler alter Bursche, immer makellos gekleidet und von unglaublicher Knauserigkeit. Einmal lud er mich zum Essen ein und zu den Ak-Sar-Ben-Festivitäten. Nach dem Essen beugte er sich herüber und flüsterte mir vertraulich zu: «Wir zahlen jeder getrennt.» Dabei kein Tropfen Schottenblut weit und breit. Reine protestantische Mittelstandsiren. Ich habe eine große Menge irische Verwandte, manche arm, manche nicht arm, und allesamt Protestanten, und manche für den Sinn Fein und manche vollkommen pro-britisch eingestellt. Das Haupt der Familie ist, wenn er noch lebt, ein sehr wohlhabender Rechtsanwalt, der die Juristerei haßte, sich aber verpflichtet fühlte, seines Vaters Firma weiterzuführen. Er hatte eine Haushälterin, die aus einer Landfamilie kam und meinen Onkel (den Juristen) nie ganz als Gentleman ansah, weil er Rechtsanwalt war. Sie pflegte zu sagen: Es gibt für einen Gentleman nur vier Laufbahnen, bei der Armee, bei der Marine, bei der Kirche und bei Gericht. Ein Barrister war ein Gentleman, aber ein Rechtsanwalt nicht. Dies trotz der Tatsache, daß sein Sohn Leutnant in der Royal Navy und ein anderer seiner Verwandten Generaladjutant der Royal Marines war. Bei ihr hat er den Makel, bloß Anwalt zu sein, nie durch einen noch so tadellosen Lebenswandel in Vergessenheit bringen können. Ein erstaunliches Volk, diese Anglo-Iren. Sie haben sich gesellschaftlich nie mit den Katholiken gemischt. Ich erinnere mich, daß ich mit einigen örtlichen Snobs in einer Kricketmannschaft gespielt habe, und einer der Spieler war ein katholischer Junge, der immer in einer mordsprächtigen Kalesche angefahren kam, mit Dienern in Livree; aber nach dem Spiel wurde er nie mit den andern zum Tee gebeten. Er hätte natürlich auch nicht angenommen. Die Leute hier drüben verstehen die Iren schlechterdings nicht. Ein Drittel der Bevölkerung von Irland ist protestantisch, und das ist bei weitem das bestgebildete und einflußreichste Drittel. Fast alle großen irischen Rebellen waren Protestanten, und die ganze Charakterlage der gegenwärtigen Nation ist eher kalvinistisch als katholisch. Ich bin mit einer schauerlichen Verachtung für alles Katholische aufgewachsen und habe selbst heute noch meine Schwierigkeiten damit. Jene versnobte Haushälterin meines Onkels duldete grundsätzlich keine katholischen Bediensteten im Haus, obwohl die vermutlich viel besser waren als das Gesocks, das sie statt dessen hatte. Was für eine Welt! Die ziemlich amüsante Entwicklung im Fall meines Onkels war die, daß er sich in London eine jüdische Mätresse nahm, ihren Sohn aufzog, der ein illegitimer Sproß einer Sassoon-Verbindung war, selber zwei illegitime Kinder mit ihr hatte und sie dann heiratete. *Aber er nahm sie nie mit nach Irland!* Ich könnte über diese Leute ein Buch schreiben, aber ich bin selber doch zu sehr Ire, um derart die Wahrheit über sie zu sagen.

Nun, Hollywood ist auch komisch genug. Die hatten einen Vertrag mit mir, aber keine Geschichte, an der ich hätte arbeiten können. Also kochte ich mir selber eine aus und ging damit hin und erzählte sie ihnen, und sie rieben sich die Hände und sagten allerliebst: Wann fangen wir an? Aber als mein Agent sich dann erkundigte, was sie für Honorarvorschläge für meine Idee hätten, rissen sie ihre Kleider in Fetzen und häuften sich Asche aufs Haupt. Es brauchte diverse Wochen erbitterten Ringens, sie so weit zu kriegen, daß ihnen ein Licht aufging. Mir ist das Geld ja völlig egal, ich kämpfe nur einfach gern. Ich bin ein müder alter Mann, aber wie es aussieht, braucht's schon mehr als eine Filmgesellschaft, um mich herumzuschubsen.

Alles Beste –
Ray

AN DALE WARREN

7ter Januar 1945

Lieber Warren:

Von Ihrem Brief im *Atlantic* über meine kleine Tirade angespornt, habe ich endlich aus einer wüsten Masse Korrespondenz, deren Eingangsdaten bis zum Bürgerkrieg zurückreichen, Ihre freundlichen Zeilen hervorgesucht. Glauben Sie nicht, ich hätte Ihnen nicht schreiben wollen. Meine Frau betrachtet Sie als einen etwas seltenen Vogel, da Sie mir zweimal geschrieben haben, ohne die Tatsache zu erwähnen, daß Sie mit einem Verlagshaus verbunden sind. Der Aufsatz im *Atlantic* hat mir eine ganze Menge Schwierigkeiten eingebrockt. Mr. P. Marlowe, ein simpler vulgärer Alkoholiker, der nie mit seinen Klientinnen schläft, solange er im Dienst ist, versucht mir auf die feine Tour zu kommen. «Was zum Teufel», sagt er, «soll das heißen, daß du mich die ganze Zeit im Parterre gelassen hast? Jetzt hast du dich selber entlarvt, und wie stehst du da? Als ein Bursche, der Englisch schreiben kann – so mit Ach und Krach jedenfalls. Also spute dich und schreib was über mich!» Ich kann mir das Ergebnis lebhaft vorstellen. Wenn noch ein Aufsatz von mir im *Atlantic* erscheint, wird er Gamaschen fordern und ein Monokel und anfangen, altes Zinn zu sammeln.

Es bringt gewisse Nachteile mit sich, wenn man den Leuten auffällt, selbst wenn es sich so in Grenzen hält wie bei mir. Sie fangen an, einem zu schreiben, wie man's machen müßte, und dann fängt man selber an und versucht es so zu machen. Als ich mit dem Schreiben begann, wollte ich einzig und allein mit einer faszinierenden neuen Sprache spielen, versuchsweise, ohne daß jemand es merkte, um zu sehen, ob sie als Ausdrucksmittel etwas würde leisten können, was vielleicht auf der Ebene ungeistigen Denkens blieb, zugleich aber auch die Kraft besaß, Dinge zu sagen, die gewöhnlich nur mit großem literarischen Aufwand gesagt werden. Es war mir in Wirklichkeit schnurzegal, was für eine Sorte Geschichten ich schrieb; ich schrieb melodramatisch, weil das, als ich mich umsah, weit und breit die einzige Schreibweise war, die noch relativ ehrlich daherkam und doch nicht versuchte, irgendein bestehendes Parteiprogramm anzuzapfen. Und so gibt es heute Burschen, die auf einmal groß und breit von «Prosa» reden, und andere Burschen, die mir mitteilen, ich hätte ein soziales Gewissen. P. Marlowe hat soviel soziales Gewissen wie ein Droschkengaul. Er hat ein persönliches Gewissen, was eine ganz, ganz andere Sache ist. Es gibt Leute, die sind der Meinung, ich hielte mich zu sehr bei der häßlichen Seite des Lebens auf. Gott helfe ihnen! Wenn sie auch nur einen blassen Schimmer hätten, wie wenig ich ihnen davon erzählt habe! P. Marlowe interessiert sich einen Dreck dafür, wer Präsident ist; ich ebenso, weil ich weiß, es wird ein Politiker sein. Es gab sogar mal einen komischen Kauz, der mich darüber aufklärte, daß ich einen guten proletarischen Roman schreiben könnte; in meiner beschränkten Welt gibt es so ein Tierchen nicht, und wenn's es gäbe, wäre ich der letzte auf der Welt, der es leiden könnte, weil ich aus Tradition und langer Übung ein vollkommener Snob bin. P. Marlowe und ich verachten die oberen Klassen nicht, weil sie immer schön sauber gebadet sind und Geld haben; wir verachten sie, weil sie vor Verlogenheit stinken. Und so weiter. Und nun sehe ich vor mir entweder eine bedenkliche Befangenheit gegenüber schlichten Dingen, die zu erklären mir nie im Traum eingefallen wäre, oder die Notwendigkeit, sie lang und breit und verbissen zu erklären, und zwar in eben dem Jargon, den ich zu vergessen versucht hatte. Denn das ist die einzige Sprache, in der Leute, die Erklärungen verstehen können, sie akzeptieren.

Ich habe hier den Brief einer Freundin von Ihnen, Mary Lasswell.* Muß ihn noch beantworten, habe aber nie etwas von ihr gelesen, was die Sache etwas kompliziert. Ich habe auch ein Schreiben von einer Dame aus Caracas, Venezuela, die mich fragt, ob ich nicht ihr Freund sein wollte, wenn sie nach New York kommt.

Das wieder bringt mir eine schwache Erinnerung an einen anderen Brief, den ich einmal von einem Mädchen in Seattle bekam; sie

---

* Verfasserin von *Suds in Your Eyes*, 1943.

schrieb mir, sie sei an Musik interessiert und an Sex, und vermittelte mir den Eindruck, daß ich, wenn ich unter Zeitdruck stünde, mir nicht einmal die Mühe machen müßte, meinen eigenen Pyjama mitzubringen. Vermutlich hatte sie Pusteln.

Raymond Chandler

AN HAMISH HAMILTON

Paramount Pictures Inc.
5451 Marathon Street
Hollywood 38, Calif.
11. Januar 1945

Lieber Hamish Hamilton:

Blanche Knopf schickte mir eine Kopie Ihres Briefes an sie vom 5ten Dezember. Ich ersehe daraus, wie wenig heutzutage ein Schriftsteller mit seinem Verleger offenbar zu tun hat. Ich nehme an, es liegt weitgehend am Agenten. Gelegentlich höre ich noch von Alfred oder Blanche Knopf. Ihre Briefe sind immer freundlich, aber irgendwie wirken sie im ganzen distanziert. Auch von Ihnen habe ich irgendwann in grauer Vorzeit einmal einen Brief bekommen, wenn ich mich recht erinnere.

Eine andere Sache, die mich betroffen macht, ist der Umstand, daß ein Verleger die Aufmerksamkeit eines Kollegen auf etwas lenkt, was Sie «eine blendende Reklame in den *Book Society News*» nennen, und auf etwas von Desmond MacCarthy in der *Sunday Times*.* Aber dem Autor teilt kein Mensch solche Sachen mit. Ich frage mich, warum. Mir ist von allem, was ich geschrieben habe, noch nie eine englische Besprechung zu Gesicht gekommen, außer einer – etwas aus der *Times*, glaube ich.

Sie schreiben dann noch: «Ich nehme an, er ist jetzt ein sehr großes Tier in Hollywood und nimmt es vielleicht übel, wenn ihm

* Englischer Biograph und Literat, Rezensent für die *Sunday Times*, London.

jemand gute Ratschläge gibt, egal wer das ist und wie gut sie gemeint sind.» Da bin ich ja nun doch wirklich von den Socken. Ich bin kein großes Tier in Hollywood und habe auch keinerlei Verlangen danach, es zu werden. Ich bin, ganz im Gegenteil, äußerst allergisch gegen große Tiere aller Sorten, wo man sie auch trifft, und lasse keine Gelegenheit vorübergehen, sie zu beleidigen, sooft ich nur die Chance habe. Im übrigen ist mir guter Rat durchaus lieb und wert, und wenn ich ihn sehr selten annehme, etwa auf dem Gebiet des Schreibens, so liegt das nur daran, daß ich praktisch noch keinen erhalten habe außer von meinem Agenten Sydney Sanders, und der hat sich so ziemlich auf den Versuch konzentriert, mich so weit zu bringen, daß ich was für die Zeitschriften schreibe, die man bei uns hier drüben «schick» nennt. Das heißt, für die auf Hochglanzpapier gedruckten großen nationalen Wochen- und Monatsblätter, die grundsätzlich dem Frauengeschmack schmeicheln. Ich bin mir für diese Art Schreiben immer ganz und gar untauglich vorgekommen. Da ziehe ich Hollywood doch bei weitem vor, mit all seinen Schattenseiten.

Ich hätte durchaus Lust, einen ernsteren Typus von Kriminalroman zu schreiben, und habe auch einen schon fest im Kopf. Aber wie Sie selber sehr gut wissen, muß man in diesem wunderlichen Gewerbe, wenigstens auf einige Zeit, einem anderen Pfad folgen. Ich bin auf diesem Pfad vermutlich jetzt so weit gegangen, wie es sich zu gehen lohnt, aber gelohnt hat es sich mit Sicherheit, so weit zu gehen.

Warum probieren Sie's nicht mal gelegentlich bei mir mit einem kleinen guten Rat? Ich bin sicher, daß ich alles, was von Ihnen kommt, mit dem größten Respekt behandeln würde, und hören würde ich in jedem Fall gern von Ihnen.

Stets ergeben Ihr
Raymond Chandler

AN CHARLES MORTON

Paramount Pictures Inc.
5451 Marathon Street
Hollywood 38, Calif.
15ter Jan. 1945

Lieber Charles:

[...]

Jawohl, ich weiß verdammt gut, daß Harry Fitt einer vom Clan aus Limerick war. Ich wußte nicht, daß er trank, aber der Hang zur Schnapsflasche war ein Familienlaster. Wer ihm entkam, wurde entweder religiös oder ein Schürzenjäger wie mein Onkel Gus. Harry, der Lohnarbeiter Ihres Vaters, muß ein Vetter meines Onkels gewesen sein. Er gehörte nicht zur näheren Verwandtschaft, und ich kannte ihn kaum, aber als ich Ihren Brief las, erinnerte ich mich, daß es da einen Harry Fitt gegeben hatte, daß er in Omaha lebte und daß er in einem Eisenwarenladen arbeitete. Da ich damals frisch von England gekommen war und ein Eisenwarenladen zur «Händler»-Sphäre gehörte, bestand kaum Aussicht, daß ich mit ihm auf einen auch nur annähernd familiären Fuß kam. Jungejunge! Gleich zwei Tiefschläge, zackzack!

Ich stecke wieder in der Tretmühle, und Sie können mir eine Weile dorthin schreiben. Es macht keinen Unterschied. (Vielleicht wollen Sie mir ja aber auch überhaupt nicht mehr schreiben). In weniger als zwei Wochen habe ich eine Originalstory von 90 Seiten wie dieser hier geschrieben. Alles diktiert und nichts davon wieder angesehen, bis es fertig war. Es war ein Experiment, und für einen Burschen, der von früher Kindheit an für Handlungsverstopfung anfällig war, kam es einer Offenbarung gleich. Einiges von dem Zeug ist gut, anderes wieder ganz und gar nicht. Aber ich sehe nicht ein, warum man die Methode nicht auch aufs Romanschreiben anwenden sollte, ich jedenfalls sollte es vielleicht. Man improvisiert die Story, so gut man kann, so detailliert oder flüchtig, wie die Stimmung es einem gerade eingibt, man schreibt Dialog oder läßt ihn aus, aber sieht zu, daß Handlung und Charaktere zügig vorankommen, und bringt das Ding zum Leben. Mir geht langsam auf, was für eine riesige Anzahl Storys uns überpeniblen Leuten durch die Lappen geht, bloß weil wir lieber unsern Verstand über den Mängeln einfrieren lassen, als ihn eine Weile an die Arbeit zu schicken, ohne daß der kritische Aufseher wie ein Hekkenschütze gleich auf alles schießt, was nicht vollkommen ist. Ich sehe durchaus, daß aus dieser Art des Schreibens auch ein spezielles Laster erwachsen kann; genaugenommen sind es sogar zwei: der sonderbare Wahn, daß etwas, was auf dem Papier steht, Bedeutung habe, weil es auf dem Papier steht. (Mein verehrter HJ* fiel regelrecht aus allen Wolken, als er zu diktieren begann.) Und die Tendenz, Produktion um ihrer selbst willen anzubeten. (Daran leidet Gardner ganz schlimm; aber den zum Schriftsteller zu bestimmen ist dem lieben Gott sowieso nicht im Traum eingefallen. Desgleichen Edgar Wallace. Aber Dumas Pre würde wirklich etwas fehlen, wenn er sein Zeug nicht durch die Wurstmaschine gedreht hätte.)

Bekam einen netten Brief von Dale Warren, wünschte aber, die Leute würden aufhören, Briefe über die verkannten Werke von Raymond Chandler zu schreiben. Ich bin so wenig verkannt, daß mich die allgemeine Aufmerksamkeit oft regelrecht in Verlegenheit bringt. Auch haben sich zwischen dem *Big Sleep* und *Farewell My Murder My Sweet*** in der einen oder anderen Form fast dreiviertel Millionen Exemplare verkauft.

Alles Beste Ihnen –
Ray

AN CHARLES MORTON

21ster Jan. 1945

Lieber Charles:

[...]
Über eins muß ich mich beklagen, und das ist eine alte Geschichte – das kalte Schweigen nämlich und die Hinhaltemanöver, die sich entfalten, wenn eine Einsendung nicht recht ist oder nicht gelegen kommt. Darüber ärgere ich mich und werde ich mich immer ärgern. Es erfordert nicht Wochen, einem Menschen (durch reitende Boten) mitzuteilen, daß sein Beitrag falsch gepolt ist, wenn man ihm innerhalb von Tagen sagen kann, daß er richtig liegt. Redakteure machen sich Feinde nicht dadurch, daß sie Manuskripte zurückweisen, sondern durch die Art, wie sie das tun, durch den atmosphärischen Wechsel, das Hinauszögern, den unpersönlichen Bescheid, der dann angekrochen kommt. Ich hasse Macht und hasse den Handel, und doch lebe ich in einer Welt, in der ich auf brutale Art Handel treiben und jedes Quentchen Macht ausbeuten muß, das ich vielleicht besitze. Aber im Umgang mit dem *Atlantic* war das alles nicht gegeben. Ich schreibe für Sie nicht um Geld oder um Prestige, sondern aus Liebe, aus der seltsamen, immer noch lebendigen Liebe zu einer Welt, in der Menschen in kühlen Subtilitäten denken und in der Sprache fast vergessener Kulturen reden dürfen. Von dieser Welt ist nur wenig noch da; noch da ist eine blasse Imitation von ihr, geschaffen von Leuten wie Barzun.* Ich bin dieser Welt zugetan, und ich würde bei Gelegenheit meinen Schlaf und meine Ruhe und eine erkleckliche Menge Geld opfern, um ihr geziemend beitreten zu können. Das wird nicht gewürdigt. Es ist etwas, was man nicht kaufen kann. Es ist etwas, was, selbst wenn die Geste unvollkommen ist, Respekt verdient. Ich kann (manchmal) in zwei Tagen 5000 Dollar machen, aber ich bringe Wochen über dem Versuch zu, für 250 oder so dem *Atlantic* gefällig zu sein. Glauben Sie, ich will Geld? Und was das

---

* Jacques Barzun, Historiker und Kriminalromankritiker.

Prestige betrifft, was ist das? Welches größere Prestige kann ein Mann wie ich (nicht übermäßig begabt, aber leidlich verständig) sich wohl erwerben als das, eine billige, schundige und völlig auf den Hund gekommene Schreibweise hergenommen und aus ihr etwas gemacht zu haben, um das sich die Intellektuellen reißen? Was könnte ich mehr verlangen als die Muße und die Befähigung, ein paar Novellen von der Art zu schreiben, die mir als Ziel vorschwebt, und als ein Publikum, das auf sie wartet und das ich mir selber geschaffen habe? Das kann mir das *Atlantic* mit Sicherheit nicht bieten.

[...]

Alles Beste –
Ray

AN HAMISH HAMILTON

Paramount Pictures Inc.
5451 Marathon Street
Hollywood 38, Calif.
26. Februar 1945

Lieber Hamish Hamilton:

[...]

Es ist schön, von Ihnen zu hören und Ihnen zu schreiben. Ich nehme an, Agenten sind für einen Schriftsteller notwendig, weil der Schriftsteller, der in der Regel ein mehr oder weniger zurückgezogenes Leben führt, unmöglich wissen kann, was sich in der literarischen Welt so alles tut, was für Aussichten seine Sachen dort haben und zu welchen Bedingungen er sie verkaufen sollte. Aber ich meine, da endet die Funktion des Agenten auch schon. In dem Moment, wo er versucht, den Autor in seiner Arbeit zu beeinflussen, macht er sich zum Ärgernis. Ich kann Ihnen versichern, daß zwischen uns beide, Sie und mich, in irgendwelchen anderen als den banalsten finanziellen Angelegenheiten kein Agent zu treten braucht.

[...]

Ich hoffe Sie eines schönen Tages in London kennenzulernen. Vermutlich würde es über einige meiner Kritiker wie ein Schock kommen, wenn sie erführen, daß ich in Dulwich auf die Schule gegangen und mit Latein und Griechisch großgeworden bin.

Die freundlichsten Grüße und besten Wünsche
Ihres ergebenen
Raymond Chandler

AN CHARLES MORTON

Paramount Pictures Inc.
5451 Marathon Street
Hollywood 38, Calif.
19. März 1945

Lieber Charles:

[...]

Ein Mann namens Inkstead* hat vor einiger Zeit für *Harper's Bazaar* ein paar Photos von mir aufgenommen (warum, ist mir bis heute schleierhaft), und eins davon, das mich mit meiner Sekretärin auf dem Schoß zeigt, ist wirklich gut gelungen. Wenn das Dutzend Abzüge da ist, das ich bestellt habe, bekommen Sie einen. Die besagte Sekretärin, das sollte ich vielleicht hinzufügen, ist eine schwarze Angorakatze, 14 Jahre alt, und ich nenne sie so, weil sie, seit ich mit dem Schreiben angefangen habe, um mich gewesen ist. Gewöhnlich saß sie auf dem Papier, das ich grad benutzen wollte, oder auf dem Manuskript, das ich überarbeiten wollte; manchmal lehnte sie sich an die Schreibmaschine, und manchmal blickte sie auch nur ruhig von einer Ecke des Tisches aus dem Fenster, so als wollte sie sagen: «Das Zeug, was du da machst, ist reine Zeitverschwendung, mein Lieber.» Sie heißt Taki (ursprünglich Take, aber wir kriegten es satt, immer wieder zu erklären, daß das ein japanisches Wort sei, das Bambus bedeute und zweisilbig gespro-

---

* *Recte*: John Engstead.

chen werden müsse), und sie hat ein Gedächtnis, wie es sich kein Elefant auch nur erträumen könnte. Sie ist in der Regel höflich distanziert, aber von Zeit zu Zeit hat sie einen polemischen Anfall, und dann kriegt man geschlagene zehn Minuten lang was zu hören. Ich gäbe einiges drum, wenn ich wüßte, was sie einem dann sagen will, aber ich fürchte, es läuft am Ende alles auf eine sehr sarkastische Version des Satzes «Das hätte ich nicht von dir gedacht!» hinaus. Ich bin mein Leben lang ein Katzenliebhaber gewesen (ohne damit etwas gegen Hunde zu haben, außer daß sie soviel Unterhaltung beanspruchen), und doch war ich nie richtig imstande, sie zu verstehen. Taki ist ein vollkommen ausgeglichenes Wesen und weiß immer, wer Katzen mag; mag einer sie nicht, so kommt sie nie auch nur in seine Nähe, und mag sie einer wirklich, so geht sie stracks auf ihn zu, ganz gleich, ob sie ihn erst seit kurzem kennt oder gar überhaupt nicht. Sie widmet dem Betreffenden jedoch nicht sonderlich viel Zeit; sie nimmt nur ein bescheidenes Streichelquantum entgegen und schlendert dann davon. Sie hat noch eine andere sonderbare Eigenart (die selten sein mag oder auch nicht), die nämlich, daß sie niemals etwas tötet. Sie bringt, was sie gefangen hat, lebendig an und läßt es sich dann wegnehmen. Sie hat schon mehrmals Tiere ins Haus gebracht, eine Taube etwa, einen blauen Sittich und einen großen Schmetterling. Der Schmetterling und der Sittich waren völlig unverletzt geblieben und flogen alsbald weiter, wie wenn gar nichts geschehen wäre. Die Taube hatte ihr ein bißchen Schwierigkeiten gemacht, weil sie offenbar nicht erpicht darauf war, sich herumschleppen zu lassen, und hatte so einen kleinen Blutfleck auf der Brust. Aber wir haben sie zu einem Vogelmenschen gebracht, und schon ganz bald ging es ihr wieder gut. Bloß ein bißchen gedemütigt wirkte sie. Mäuse findet Taki langweilig, aber sie fängt sie, wenn sie's denn partout nicht anders wollen, und dann muß ich sie umbringen. Ein gewisses müdes Interesse bringt sie Goffern entgegen, und ein Gofferloch nötigt ihr durchaus einige Aufmerksamkeit ab, aber Goffer beißen, und wer, zum Teufel, will schließlich überhaupt einen Goffer haben? Also gibt sie sich einfach nur den Anschein, als könnte sie jederzeit einen fangen, wenn ihr danach wäre.

Wenn wir eine Reise machen, geht sie immer mit, egal wohin, behält alle Orte, an denen sie schon gewesen ist, im Gedächtnis und fühlt sich normalerweise überall wie zu Hause. Nur einer oder zwei gehen ihr gegen den Strich – ich weiß nicht, wieso. Sie hat sich da einfach nie eingewöhnen wollen. Nach einiger Zeit wußten wir genug, um den Wink zu verstehen. Es besteht die Möglichkeit, daß da einmal ein Axtmord begangen worden ist, und wir wären anderswo viel besser aufgehoben. Der Kerl könnte wiederkommen. Manchmal sieht sie mich mit einem ganz eigenartigen Ausdruck an (sie ist die einzige Katze meines Bekanntenkreises, die einem gerade und offen in die Augen sieht), und dann habe ich den Verdacht, daß sie ein Tagebuch führt, weil der Ausdruck zu besagen scheint: «Bruder, du glaubst wohl, du bist die meiste Zeit ziemlich gut, was? Ich überlege, wie dir wohl zumute wäre, wenn ich mich entschlösse, mal was von dem Zeug zu veröffentlichen, das ich so gelegentlich zu Papier gebracht habe.» Zu bestimmten Zeiten hat sie die Angewohnheit, eine Pfote locker in die Höhe zu halten und sie grübelnd zu betrachten. Meine Frau glaubt, sie will uns damit zu verstehen geben, daß sie eine Armbanduhr haben möchte; zwar hat sie die praktisch nicht nötig – ihr Zeitgefühl ist besser als meins –, aber schließlich muß man ja auch etwas Schmuck besitzen.

Ich weiß gar nicht, wieso ich das alles hier schreibe. Es muß wohl daran liegen, daß ich im Moment an schlechthin nichts anderes denken konnte, oder – also jetzt wird die Sache doch unheimlich – bin überhaupt nicht ich es, der es schreibt? Könnte es sein, daß – nein, es muß doch ich sein. Sagen Sie mir, daß ich es bin. Mir wird bange.

Ray

AN ALFRED A. KNOPF

Paramount Pictures Inc.
5451 Marathon Street
Hollywood 38, Calif.
24. März 1945

Lieber Alfred:

Ich weiß gar nicht, was ich Ihnen auf Ihren Brief vom 19ten März antworten soll. Privat und mündlich mache ich kein Geheimnis aus meinem Alter, aber es auf den Umschlag eines Buches zu drucken, erschiene mir doch als schlechte Psychologie. Ich meine nicht, daß es das Publikum etwas angeht, und sehr leicht kann's einen falschen Eindruck vermitteln. Meine Frau denkt in diesem Punkt sehr kategorisch, und in Sachen des Geschmacks habe ich sie noch nie irren sehen.

Gewißlich räume ich ein, daß, wenn ein Schriftsteller überhaupt von einigem Interesse für das Publikum ist, auch die Dinge um ihn herum, die ihn als Schriftsteller zu etwas Besonderem gemacht haben, von Interesse sind. Ich will, in meinem eigenen Fall, auch zugeben, es könnte *möglicherweise* von Interesse sein, daß bei mir Erziehung und sozialer Hintergrund in fast grellem Kontrast zu meinem schriftstellerischen Programm stehen. Ich will zugeben, daß es von Interesse sein könnte zu wissen, daß ein Mann, der in England aufwuchs, in literarischer Hinsicht ganz und gar Amerikaner ist; daß ein Mann, der ehedem einmal ein klassisch Gebildeter war (was man halt so nennt), jetzt aus freien Stücken im amerikanischen Dialekt schreibt. Aber ich gebe nicht zu, daß mein Alter, meine Badegewohnheiten, die Augenfarbe meiner Frau oder der Zeitpunkt meines morgendlichen Aufstehens, kurz, irgendwelche Umstände rein persönlicher Natur relevant sind. Das Eindringen berühmtheitssüchtiger Leute ins Privatleben von Schriftstellern kommt mir unsagbar vulgär vor. Herauszufinden, daß meine Bücher nicht ohne Distinktion geschrieben sind, bedurfte es einzelner, eigen-sinniger Männer, von denen ich nie etwas gehört oder gesehen hatte. Die Waschzettelschreiber konnten immer nur das Reißerische sehen.

Ein Photograph, der für *Harper's Bazaar* arbeitet, hat ein Bild von mir und meiner Katze gemacht, das nach meinem Dafürhalten genau das ist, was Sie für Ihre Zwecke brauchen. Wenn *Harper's Bazaar* es bringt, kann es anderweitig nicht mehr verwendet werden. Aber es ist eins von mehreren, und vielleicht macht man dort keinen Gebrauch davon – in welchem Fall ich's Ihnen schicken werde.

Blanche und Ihnen die freundlichsten Grüße
Ihres
Ray

AN JAMES SANDOE

18ter August 1945

Lieber Sandoe:

[...]
Ich habe *The Small Back Room** und mir tatsächlich gleich mehrere Exemplare gekauft. Habe sogar mit der Idee gespielt, einen Film daraus zu machen; die ist mir aber wieder verflogen. Er müßte in England gedreht werden. Daß es ein großes Stück Prosa ist, war mir klar, ein wenig beeinträchtigt nur von der Beziehung des Mannes und seines Mädchens. Ich weiß nicht, auf welchen logischen Gründen sie beruht, wenn überhaupt solchen, aber ich finde es unmöglich, eine Frau zu achten, die mit einem Mann zusammenlebt. Sie kann mit ihm schlafen, verfluchtnochmal, sooft es ihr paßt, sie kann überhaupt schlafen, mit wem es ihr paßt und wo es ihr paßt, aber diese geschmacklose Imitation von Familienhäuslichkeit geht mir auf die Nerven.
[...]

Gruß!
R. C.

---

* Von Nigel Balchin.

P.S. Sitze über der Arbeit an einem Film-Treatment der *Lady in the Lake* für MGM.* Langweile mich dabei zu Tode. Das letztemal, daß ich aus einem eigenen Buch ein Drehbuch mache. Ist doch nur Wühlerei in alten Knochen.

AN CHARLES MORTON

Big Bear Lake, Calif.
13ter Oktober 1945

Lieber Charles:

[...]

Was Ihre Bemerkung betrifft, daß von Hammett in der Vergangenheitsform geredet werde und zu reden sei**, so hoffe ich, daß dem nicht so ist. Soweit ich weiß, lebt er noch und ist gut beisammen, aber er hat so lange nichts mehr geschrieben – wenn man die paar Drehbücher außer acht läßt, die, von Gerüchts wegen, in Wirklichkeit La Hellman*** für ihn gemacht hat (die Kommata sind, wie ich meine, nicht ganz unnötig) –, daß ich nicht sicher bin. Er war einer von den vielen Burschen, die Hollywood nicht hinnehmen konnten, ohne den Versuch zu machen, Gott von seinem hohen Thron zu schubsen. Mir fällt da ein Vorgang ein, den man mir erzählt hat. Hammett hatte eine ganze Suite im Beverly-Wilshire belegt. Jemand wollte ihm irgendeinen Vorschlag machen, sprach am späten Morgen bei ihm vor, wurde von Hammetts Hausdiener in einen Salon geführt, und nach sehr langem Warten öffnete sich eine Tür, und der große Mann erschien darin, in einen teuren Hausmantel gehüllt (zweifelsohne mit seinen Initialen auf

---

* Chandlers vierter Roman.
** Der Kriminalschriftsteller Dashiell Hammett starb 1961. Sein letzter Roman *The Thin Man* erschien 1934.
*** Die Dramatikerin Lillian Hellman, Hammetts langjährige Gefährtin.

der Tasche), ein Tuch höchst modisch um den Hals drapiert. Er stand schweigend, während der Mann sich erklärte. Als der zu Ende gekommen war, sagte er höflich: «Nein.» Er wandte sich um und entschwand, die Tür schloß sich wieder, der Hausdiener geleitete den Herrn hinaus, und Stille senkte sich herab, unterbrochen nur vom Gurgeln einer Scotch-Flasche aus dem Nebenzimmer. Wenn Sie Hammett je gesehen haben, werden Sie sich Würde und Pathos dieser kleinen Szene leicht vergegenwärtigen. Er ist ein sehr distinguiert wirkender Bursche, und ich kann mir vorstellen, daß er sein «Nein» ohne wahrnehmbare Spur von Brooklyner Akzent herausgebracht hat. Er war mir sehr sympathisch – und als Trinker von erstaunlicher Standfestigkeit, was ich, da mein eigener Kopf bei Schnaps leicht ins Wackeln gerät, offenbar grundsätzlich bewundere. Ein wahrer Jammer, daß er mit dem Schreiben aufgehört hat. Ich habe nie herausgekriegt, warum. Vielleicht war er in einem bestimmten Stil am Ende seiner Möglichkeiten angelangt, und es mangelte ihm die intellektuelle Tiefe, das dadurch auszugleichen, daß er sich an etwas anderem versuchte. Aber sicher bin ich da nicht. Ich finde, der Mann ist sowohl über- als auch unterschätzt worden. Ihr Freund Dale Warren las kürzlich den *Falcon**, zum erstenmal auch noch, und konnte wenig dran finden. Aber ich habe soviel von diesem Erzähltypus gelesen, daß mir die Kluft zwischen Hammett und den bloß rabiaten Jungs doch riesig vorkommt. Der alte Joe Shaw hat vielleicht genau die schwache Stelle getroffen, als er sagte, Hammett habe sich auf seine Charaktere nie wirklich eingelassen.

Ich weiß gar nicht, ob dies nun ein lockerer Ferienbrief ist oder nicht. Ich fange ganz langsam an, mich ein bißchen von der Anspannung zu erholen. Der Ort hier liegt 7000 Fuß hoch, am Rand eines 20 Meilen langen Sees. Die Natur ist nicht mehr unverdorben, hat aber immer noch ihre Punkte. Die Luft ist dünn und trocken wie in der Wüste (die Mohave beginnt gleich unten am Berg im Osten), und um diese Jahreszeit ist es sehr ruhig, bei Tage warm und ziemlich kalt des nachts. Wir haben erst einmal vor dem Abend schon Feuer machen müssen. Zu tun gibt es nichts, und das

---

* *The Maltese Falcon*, ein Roman von Hammett.

tue ich. Wir gehn in den Wäldern spazieren, und ich hacke Knorren und Äste von den gefallenen Bäumen und breche ein paar Stumpen Eisenholz oder Bergmahagoni, ein sehr hartes rötliches Holz, das wie Kohle brennt. Die Arbeit suche ich mir aus dem Kopf zu halten, was mir aber nicht ganz gelingt. Die Zeit bei MGM war schlimm, sehr schlimm.* Daran sind nicht die Leute dort schuld, sie waren sehr nett zu mir. Nach den ersten beiden Tagen konnte ich ganz zu Hause arbeiten, was gegen ihre Regeln ist; sie machten eine Ausnahme. Die Schwierigkeit war die, daß ich die Nase schon zu voll hatte, als daß ich, ganz gleich an welchem Skript, noch gute Arbeit hätte leisten können: daß ich keine Lust habe, eine eigene Geschichte zu bearbeiten, die für mich längst alt und abgestanden ist, und daß ich bei Beginn annahm, ein vorläufiges, nur skizziertes Skript wäre alles, was man im Moment erwartete – denn es dauert dort immer endlos, bis die Dreharbeiten beginnen. Als ich's dann aber einzureichen begann, stellte sich heraus, daß sie es direkt als Drehplan (zum hinterherigen Schneiden) betrachteten und keinen anderen Schreiber mehr dransetzen wollten. Das brachte mich in Druck, und ich fing an, nervös zu werden. Die MGM hat in den 13 Wochen, seit sich die Gesellschaft organisiert hat, kein einziges Skript gehabt, und hier sprachen sie nun davon, im November in die Produktion zu gehen. Als mir dann gegen Ende aufging, daß ich jeden Tag mechanischer wurde, versuchte ich ihnen zu erklären, daß sie einen Fehler machten, daß diese Arbeit voller loser Enden und abgenutzter Attitüden sei, und wenn sie wirklich derart bald mit dem Drehen beginnen wollten, dann brauchten sie einen Schreiber, der einige Begeisterung mitbrächte. Taube Ohren. Natürlich sind diese Leute nie ganz ehrlich mit einem. Was fast mit Sicherheit passieren wird, wenn sie mich einmal leergemolken haben, ist dies – daß irgendwer aus der Chefetage über dem Produzenten aufsteht und sagt: Paßt mal auf, wir haben hier einen ganzen Haufen hochbezahlter Schreiber im Betrieb; um Himmels willen, setzt einen davon auf das Ding an und laßt ihn zeigen, daß er sein Geld wert ist. Der betreffende Schreiber wird sich dann sehr bemühen, oder jedenfalls so sehr, wie sie ihn lassen, genügend

* Chandler arbeitete an dem Drehbuch nach seinem Roman *The Lady in the Lake*.

Änderungen vorzunehmen, daß das Skript seine Handschrift zeigt und ihm Anerkennung bringt. Die Anerkennung neide ich ihm nicht, aber die Vergeudung meiner eigenen schwindenden Kräfte nehme ich ziemlich übel. Andererseits muß ich in aller Fairness sagen, daß die MGM mich ewig und drei Tage weiter an dem Skript hätte sitzen lassen, hätte ich nur bleiben wollen. So hat denn wohl doch alles seine Richtigkeit.*

[...]

Alles Beste –
Ray

AN CHARLES MORTON

6520 Drexel Ave.
Los Angeles 36, Calif.
12ter Dezember 1945

Lieber Charles:

Ich schulde Ihnen schon so gräßlich lange einen Brief, daß Sie sich vermutlich fragen, ob ich überhaupt noch am Leben bin. Ich frage mich das selber, manchmal. Bevor ich mich nun in Ihre beiden Briefe einbuddle, lassen Sie mich berichten, daß mein Schuß vor den Bug von Hollywood hier mit frostigem Schweigen aufgenommen worden ist.** Ich glaube, kein einziges Lokal- oder Firmenblatt hat ihn auch nur erwähnt (kann das aber nicht sicher sagen); Irving Hoffman tat's in seiner Kolumne, ganz kurz, aber er hat hier keine Funktion, obwohl sein Zeug im *Hollywood Reporter* erscheint. In Anbetracht des Gegenstandes und, von der Reputation des Verfassers einmal ganz abgesehen, im Hinblick auch auf das *Atlantic*, scheint mir die Annahme logisch zu sein, daß die Stellungnahmen dazu auf Verlangen der Publicityspitze unterdrückt

---

* Das Drehbuch wurde fertiggestellt von Steve Fischer, und Chandler lehnte jede Verantwortung für den Film ab.
** *Writers in Hollywood*, erschienen im *Atlantic Monthly*, November 1945.

worden sind. Ich kann mich irren, aber das ist die Erklärung, zu der ich neige. Auf verschiedenen Umwegen kam mir zu Ohren, daß der Aufsatz nicht gerade Begeisterung geweckt hat. Meinem Agenten wurde vom Story-Redakteur der Paramount erzählt, daß ich mir bei den Produzenten der Paramount sehr geschadet hätte. Charlie Brackett, der bläßliche Witzbold, sagte: «Chandlers Bücher sind nicht gut genug und seine Filme nicht schlecht genug, um diesen Artikel zu rechtfertigen.» Ich habe ein wenig Zeit daran verschwendet herauszufinden, was das wohl bedeuten sollte. Es scheint zu bedeuten, daß man, um über Hollywood offen seine Meinung sagen zu dürfen, (a) entweder ein Versager in Hollywood selbst oder (b) eine Berühmtheit irgendwo anders sein muß. Ich würde Mr. Brackett erwidern, wenn meine Bücher schlechter wären, so hätte man mich wohl schwerlich nach Hollywood eingeladen, und wären sie besser, so wäre ich nicht gekommen. Natürlich wissen wir beide, Sie und ich, genau: Die Qualifikation, sich mit Hollywood auf eine derart drastische Weise anzulegen, hat nur jemand, der genug Reputation besitzt, um auch Gehör zu finden, der noch nicht lange genug in Hollywood ist, um seinen Sinn für Proportion verloren zu haben, aber doch lange genug dort war und genug dort geleistet hatte, daß sich von ihm nicht sagen ließ, er hätte bloß eine Branche heruntergemacht, in der er's zu nichts gebracht hatte.

Ich habe bemerkt, daß Sie (anders als die *Post*) meine Verehrerbriefe nicht aufgemacht haben. Zu schade, daß Sie darauf nicht zu sprechen kamen, denn dann hätte ich Ihnen gesagt, daß Sie's gern tun könnten. Viele waren es ja nicht, aber ein sehr bezaubernder Brief von Beirne Lay war darunter und auch einer von Studs Lonigan, den ich noch zu beantworten habe.* Er meint, ich sei nicht weit genug gegangen, ich hätte Hollywood mit den Sozialproblemen der Zeit koordinieren sollen. Das ist das Schlimmste, was von diesen tiefsinnigen Denkern kommt. Sie können einfach nicht zulassen, daß man seinen Part spricht, dann den Hut nimmt und nach Hause geht. Für sie ist alles bloß ein Kapitel in der

---

* Beirne Lay, Verfasser von *Twelve O'Clock High*; Studs Lonigan ist vermutlich James T. Farrell.

Entwicklung des menschlichen Ringens um anständigen Ausdruck oder wie ein weiterer Band von Jules Romains.* Natürlich haben sie in gewisser Hinsicht recht, mehr jedenfalls als Wolcott Gibbs zum Beispiel, der den, intellektuell faulen, Standpunkt zu vertreten scheint, daß schlecht praktizierte Kunst einfach schlechte Kunst sei (ich frage mich, ob er je *Clarissa Harlowe* gelesen hat), und den, sozial und faktisch faulen, Standpunkt, daß ein Mann notwendigerweise intelligenter sei als seine Köchin.** Sein Artikel gefiel mir durchaus, weil ich die Art mag, wie er die Dinge sagt; ich mag auch den etwas arktischen Stil des *New Yorker*, ohne freilich danach zu lechzen, ihn selber zu praktizieren. Er hat aus zu vielen Leuten, die vielleicht eigenständige Schreiber hätten sein können, *New-Yorker*-Schreiber gemacht. Aber Wolcott würde ich doch ganz gern einmal fragen, ob er wirklich glaubt, das Medium, das *The Last Laugh, Variety, M., Mayerling, Night Must Fall, Intolerance, The Little Foxes* (die Filmfassung), *The More the Merrier* usw. usw. hervorgebracht hat, stehe niedriger als das Medium, dem wir *Dear Ruth, The Voice of the Turtle, Mrs. Tanqueray's Past, The Lion and the Mouse, Oklahoma, Dear Brutus, Getting Married* usw. usw. verdanken. Und wenn er mir beipflichtet, dies treffe nicht zu, würde ich ihn des weiteren gern fragen, ob die Kritik irgendeine Funktion habe in der Entwicklung und Selbsterziehung einer Kunst; denn wenn das der Fall ist, dann sagt er im Grunde nichts weiter, als daß er Filme nicht rezensieren mag, weil sie schlecht sind und ihn langweilen, wohingegen er Theaterstücke gern rezensiert, weil sie gut sind und ihn nicht langweilen. Das mag ja sein Vorrecht sein, aber es ist mit Sicherheit keine kritische Position.

Für den Fall, daß Sie immer noch planen, diesen Artikel in Ihre Anthologie aufzunehmen, möchte ich, wenn noch Zeit dafür ist, gern auf ein paar Fehler hinweisen. Sie sind nicht sehr wichtig, aber wir sollten das Ding doch ruhig in Ordnung bringen. An wen wende ich mich? Manche sind vermutlich reine Druckfehler. Aber

---

* Verfasser einer langen Reihe von Romanen mit dem Titel *Les hommes de bonne volonté.*
** Gibbs war Theaterkritiker des *New Yorker.*

auf einen möchte ich ganz gern noch zu sprechen kommen, weil er typisch für etwas ist, was ich wohl nie begreifen werde. Er steht in der neuntletzten Zeile des Drucks. Da heißt es: «und das künstlerische Ergebnis nicht allzu kritisch unter die Lupe nehmen.» Geschrieben hatte ich dagegen: «und nicht allzu kritisch das künstlerische Ergebnis unter die Lupe nehmen.» Ich glaube, bin aber nicht sicher, daß es in letzterer Form auch im Fahnenabzug stand, vielleicht aber nicht mehr im revidierten Umbruch. Es liegt auf der Hand, daß da jemand, aus keinem anderen Grund als dem, daß er den Stil verbessern zu können meinte, die Wortstellung geändert hat. Die Länge ist dieselbe; da kann also das Motiv nicht liegen. Ich bekenne, daß ich vor dem literarischen Selbstverständnis, das sich hier zum Ausdruck bringt, vollkommen entgeistert stehe. Denn es ist eine Haltung, die mich schafft: daß irgendein redaktioneller Mietling der Auffassung ist, er könne besser schreiben als der Mann, der das Zeug eingeschickt hat, er verstehe mehr von Ausdruck, Tonfall und Wortplazierung, und daß er sich nicht bedenkt, dabei auch dem Sinn um eine winzige Nuance Gewalt anzutun.* Mir kommt es nicht darauf an, daß der Bursche im Unrecht ist. Das wiegt nichts. Es könnte sich hier, in gewissen Grenzen, sogar um eine Frage handeln, in der man verschiedener Meinung sein kann, obwohl ich das nicht finde. Aber hier kommt ein Jemand daher, der sich offenbar aus rein eigenen Geistesmitteln die Überzeugung geleistet hat, Chandler habe eine rhetorische Wortstellung gewählt, was ja auch der Fall war, habe nicht gewußt, was zum Teufel er da tat, ja habe nicht einmal gewußt, daß er hier rhetorisch wurde, und er, das Bübchen Irgendwer mit seinem dicken Rotstift, sei Manns genug, ihm einmal zu zeigen, wie schief er da lag, indem

* [Anm. d. Ü.:] Die Wendung, deren Bearbeitung Chandler kritisiert, heißt im Original: *and not examine the artistic result too critically* (Druck) bzw. *and not too critically examine the artistic result* (Manuskript). Da es sich um ein Zitat handelt, konnte für die Übersetzung nicht auf ein Äquivalent ausgewichen werden, das erlaubt hätte, alle kritischen Einzelheiten auch im Deutschen zu demonstrieren. Der Schlußsatz der Stilkritik, in der Übersetzung durch die allgemeine Wendung «daß er sich nicht bedenkt … Gewalt anzutun» ersetzt, heißt bei Chandler genauer: «daß er tatsächlich denkt, ein Satz mit einer starken (betonten) Silbe am Ende, die eben dorthin gesetzt wurde, weil sie stark war, werde dadurch verbessert, daß man die Wortstellung ändert und den Satz mit einer schwachen adverbialen Bestimmung enden läßt.»

er's auf den Stil umstellte, den der Chefredakteur des Hinterwäldler Kreisblatts in seinem wöchentlichen Leitartikel pflegt, wenn er sich darüber verbreitet, wie man von Eiern der Güteklasse AA mit Stahlwolle den Hühnerdreck entfernt. Herr im Himmel!

Während ich immer noch hysterisch in meine Nierenschale huste, danke ich Ihnen für die freundlichen Bemerkungen, die Sie mir von der Frau des Harvard Nieman Fellow weitergaben. Leicht benommen bin ich dagegen immer noch von einigen Äußerungen, die Ihr Spezi Dale Warren über den *Maltese Falcon* getan hat, ein Buch, das für ihn offenbar tief unter dem *Leavenworth Case* rangiert (den sollten Sie übrigens aus Jux einmal lesen, wenn Sie's noch nicht getan haben). Ich habe den *Falcon* vor nicht langer Zeit noch einmal vorgenommen, und ich geb's auf. Jemand in diesem Raum hat eine Zwangsjacke verloren. Das muß wohl ich sein. Frank und frei gesagt, ich kann mir durchaus einen besseren Schreibstil vorstellen als den des *Falcon*, auch eine zartere und wärmere Einstellung zum Leben, auch einen blumigeren Schluß; aber bei Gott, wenn Sie mir zwanzig Bücher zeigen können, die vor etwa 20 Jahren geschrieben wurden und heute noch soviel Schneid und Lebenskraft aufweisen, dann freß ich sie zwischen Scheiben aus Edmund Wilsons Kopf.[*] Wirklich fange ich an, ganz ernsthaft zu überlegen, ob überhaupt noch jemand weiß, was «Schreiben» ist, ob das ganze verdammte Geschäft nicht derart schon von Aspekten des Stoffes und der Aktualität überwuchert ist – und wer wohl den Friedenspreis kriegt, und was er für die Filmrechte gekriegt hat, und wenn man nicht mindestens Molekularbiologe ist, dann ist man ungebildet, und so weiter –, daß es schlicht und einfach keinen Menschen mehr gibt in der ganzen Runde, der noch ein Buch lesen und sagen kann, ob der betreffende Bursche sich aufs Schreiben verstanden hat oder nicht. Sogar der arme alte Edmund Wilson, der schreibt, als säße ihm die Gaumenplatte locker (war das DeVoto, von dem das stammt?), hat sich vor erst wenigen kurzen Wochen im *New Yorker* voll in die

---

[*] Edmund Wilsons Artikel *Who Cares Who Killed Roger Ackroyd?* im *New Yorker* war ungünstig für die meisten Kriminalschriftsteller; Chandler war von dem Verdikt ausgenommen.

Hosen gemacht, aus Anlaß einer Besprechung von Marquands letztem Buch.* Da schreibt er: «Ein Roman von Sinclair Lewis, wieviel Einwände man dagegen auch vorbringen mag, ist wenigstens das Buch eines Schriftstellers – das heißt: ein Phantasiewerk, das aus atmosphärischen Mitteln Wirkung entfaltet, eine Schöpfung, die ihre Farben und Formen von individueller Künstlerhand empfangen hat.» Ist das alles, was ein guter Schriftsteller machen muß? Zum Teufel, das hab' ich mir ja immer so vorgestellt, aber zum Teufel, ich habe nicht gewußt, daß auch Wilson es wußte.

Kann ich einen Artikel für Sie machen, der *The Insignifance of Significance* heißt? Ich will darin, in dem von mir schon gewohnten Bordellstil, darlegen, daß es schnurzegal ist, wovon ein Roman handelt, daß die einzige Prosa zu allen Zeiten in allen Jahrhunderten jene war und ist, die Magie mit Worten treibt, und daß der Stoff bloß das Sprungbrett für die Einbildungskraft des Autors ist; daß die Prosakunst, wenn denn davon heute noch die Rede sein kann, in bloß 300 Jahren aus dem Nichts zu einer künstlichen Synthese gewachsen ist und jetzt einen solchen Grad an mechanischer Perfektion erreicht hat, daß man die Romanschreiber nur noch danach auseinanderhalten kann, ob sie über Bergarbeiter in Butte, Kulis in China, Juden in der Bronx oder Börsenmakler auf Long Island schreiben, oder was es sonst ist; daß sämtliche Frauen und die meisten Männer genau dasselbe schreiben oder zumindest zwischen einem halben Dutzend durchweg standardisierter Rezepte wählen; und daß trotz gewisser unvermeidlicher leichter Unterschiede (sehr leichter allerdings auf lange Sicht) das ganze verdammte Geschäft von einer Maschine erledigt werden könnte und jetzt fast jeden Tag schon werden kann; und daß die einzigen noch übrigen Schriftsteller, die etwas zu sagen haben, jene sind, die über praktisch nichts schreiben und mit allerlei wunderlichen Verfahrensweisen, das zu tun, herumspielen.

Ich glaube, Ihr seid alle verrückt. Ich gehe ins Filmgeschäft. Womöglich werde ich sogar Produzent.

Ray

* *Repent in Haste* von John P. Marquand (1893-1960).

114

1946

6520 Drexel Ave.
Los Angeles 36 Calif.
9. Jan. 1946

Lieber Jamie:

[...]

Ich wäre längst verhungert, wäre ich auf das angewiesen, was Knopf mir zahlt. Dabei bin ich ganz sicher, daß er sein möglichstes getan hat; nur ist bei Kriminalromanen die ganze Tradition gegen größere Auflagen bei der Erstausgabe. Und die Verleger haben den Leihbüchereischwindel über eine Reihe von Jahren in so unendlich guter Laune mitgemacht, daß selbst ich, der die Situation des Autors kennt und sich den Kauf von Krimis leisten kann, dies nur sehr selten tue, es sei denn in billigen Zweitausgaben. Zu sagen, ein Buch sei den Kauf nur wert, wenn es das Wiederlesen wert sei, ist keine Antwort. Praktisch lohnt kein einziger der Romane, die heute erscheinen, eine zweite Lektüre, und verdammt wenige lohnen die Lektüre überhaupt. Doch wenn ein Buch in *Time*, im *New Yorker* oder im *Newsweek* usw. gut besprochen wird, bin ich geneigt, es unbesehen zu bestellen (was natürlich oft mit einem Reinfall endet). Krimis kaufe ich nicht, wenn ich nicht weiß, was ich kaufe. Irgendwie sitzt in dem allen der Wurm. Ich besitze ein Buch mit dem Titel *Mr. Bowling Buys a Newspaper*, das habe ich wohl ein halbdutzendmal gelesen und es rechts und links gekauft, um es zu verschenken.* Ich halte es für eins der faszinierendsten Bücher der letzten zehn Jahre, und ich weiß in meinem begrenzten Bekanntenkreis niemanden, der mir darin nicht beistimmt. Doch zweifle ich, ob hier drüben mehr als 5000 Exemplare davon verkauft worden sind. Irgend etwas stimmt nicht mehr im Buchgeschäft. Am besten beurteilen kann Bücher ja vermutlich der Verleger, aber er ist einfach nicht in der Lage, sie durchzusetzen. Entweder verkaufen sie sich von selbst (in welchem Fall er auf Werbung setzen und sie blitzschnell aufbauen kann), oder sie verkaufen sich nicht. Natürlich sind wir hier drüben alle halbgebildet, und wenn ein Buch nicht «wichtig»** ist, halten wir's für Schrott. Und mit «wichtig» meinen wir, daß es das Denken für uns besorgt. Weiß Gott, wir kriegen das auch selber nicht mehr hin. Es gibt natürlich einen Gärstoff aus überragend intelligenten Leuten, aber der «gebildete» Durchschnittsamerikaner hat die geistige Rundumausrüstung eines Viertklässlers in einer englischen Public School. Nun – genug gemeckert.

Ich bin bei der Paramount in den Streik getreten – einen Ein-Mann-Streik. Das heißt, ich lehne es ab, unter meinem Vertrag zu produzieren, und sie lehnen mir bis zur Stunde ab, diesen aufzulösen. Es wird viel von Geld geredet, aber das ist Kulissennebel. Ab einem bestimmten Punkt bedeutet Geld nur noch Komplikationen. Man hat Ärger und Kosten, weil man's ja anlegen und sichern muß, und keine Gelegenheit, es auszugeben. Der Grundertrag ist Freiheit. Mir steht nur noch eine begrenzte Anzahl nützlicher Jahre zur Verfügung, und ich will sie nicht dazu benutzen, das bißchen Talent zu ruinieren, das ich habe. Es ist möglich, gute Filme zu machen – in Grenzen –, aber dazu muß man mit guten Leuten arbeiten können. Es gibt sie in Hollywood, aber sie sind verstreut, und im Moment ist bei der Paramount keiner für mich verfügbar. Die Firma steht jetzt unter der Kontrolle eines Mannes, dessen Einstellung zum Filmemachen ganz simpel diese ist: Man

---

* Von Donald Henderson.
** [Anm. d. Ü.:] Im Original «significant», ein bis heute im amerikanischen Gesellschaftsgeschwätz um die Literatur gängiger, völlig sinnleerer Ausdruck; er vertritt dort etwa die Funktion, die bei uns das Adjektiv «gesellschaftskritisch» lange hatte, und wird im folgenden, wo der Sinn sich damit deckt, auch mit diesem gelegentlich wiedergegeben.

besitzt 1600 Kinos und braucht deshalb nichts weiter zu tun, als das Produkt so rasch und wirtschaftlich wie möglich rauszudrükken. Ich kann in dieser Atmosphäre nichts machen, nur Zeit verstreichen lassen und Honorar einstecken. Sie ist nicht gut genug. Der letzte Film, den ich gemacht habe, hat mich fast umgebracht. Der Produzent war in Ungnade gefallen – er ist inzwischen draußen –, und der Regisseur war ein abgehalfterter alter Lohnschreiber, der dreißig Jahre lang Regie geführt hatte, ohne es auch nur ein einzigesmal zu einem wirklichen Ruf zu bringen. Ersichtlich schaffte er das nie. Also stand ich da, ein bloßer Schriftsteller, und ein müder dazu, mußte in der Zentrale brüllen, um den Produzenten zu schützen, und dann anschließend auf die Szene, um Regie zu machen – von der ich gar nichts verstehe –, um das ganze Projekt wenigstens davor zu bewahren, daß es sang- und klanglos den Bach runterging. Nun, es wurde gerettet. Nach den Maßstäben des Films ist es sogar ganz munter geraten. Kein Klassiker, aber auch kein Ramsch.* Aber um welchen Preis! Und dann mußte ich zu MGM, um an der *Lady in the Lake* zu arbeiten, die mich so zum Gähnen langweilte, daß ich die Geschichte praktisch neu geschrieben habe, um etwas Frisches vor die Augen zu kriegen. Abgeschlossen habe ich's nicht, und vermutlich ist's inzwischen völlig verhunzt (wenn's nicht von mir selber schon verhunzt war), aber als das Ding endlich hinter mir lag, hätte's einen Schlag mit dem Baseballschläger auf den Kopf gebraucht, um mich aus einem Sessel hochzukriegen.

Ich sitze jetzt an einer Marlowe-Geschichte, und offen gestanden, ich wünschte, sie wäre besser. Gäb's da nicht die praktischen Gründe, so hätte ich tatsächlich nicht übel Lust, Mr. Marlowe mitsamt seinem Drumherum auf diverse Jahre zu vergessen. Aber ich muß ihn irgendwie am Leben halten. Es sind Rundfunkprogramme in Sicht und andere niedere Wege, Geld zu machen. Für die Zeit danach, wenn das einmal erledigt ist, habe ich einen Roman im Kopf, der (wenn ich ihn fertigbringe) eine Steigerung sein sollte. Es kommt ein Mord darin vor, aber es ist kein Kriminalroman. Der Schauplatz sollte strenggenommen nach England ver-

---

* *The Blue Dahlia.*

legt werden, weil die Geschichte danach ist, aber das kann ich nicht machen. Es ist zu lange her, daß ich dort weg bin. Übrigens betrachte ich mich immer noch als Exilanten und möchte zurückkehren. Aber ich vermute, daß noch Jahre vergehen müssen, ehe sich das mit Überlegung machen läßt.

Ihr stets ergebener
Raymond Chandler

AN ALFRED KNOPF

6520 Drexel Ave.
Los Angeles 36, Calif.
12ter Jan. 1946

Lieber Alfred:

Gute Wünsche für Sie und die Ihren und vielen Dank für das Buch von Max Beerbohm. Es war für mich eine melancholische Lektüre. Es gehört noch zur Epoche des Geschmacks, zu der auch ich einmal gehört habe. Es hat mich zu weit zurückgetragen, hin zu dem ersten schmalen unsterblichen Band, den ich immer noch besitze.* Was für ein glänzender Schriftsteller der alte Knabe irgendwie doch nicht geworden ist! Ein halbes Jahrhundert zu spät geboren, möchte ich meinen.

Beiliegend finden Sie einen Brief von einer jüdischen Dame zu einem jetzt wohlbekannten Thema** sowie meine Antwort. Es ist das der einzige, den ich überhaupt beantwortet habe. Würden Sie wohl die große Freundlichkeit haben, mir eine Kopie meines Briefes zu schicken, für den Fall, daß ich Anlaß bekomme, noch weiteren Gebrauch davon zu machen? Das heißt natürlich, nur wenn Sie mit dem Inhalt einverstanden sind. Wenn nicht, würde ich die Sache gern mit Ihnen durchdiskutieren.

---

* *The Works of Max Beerbohm*, 1896.
** s. den unmittelbar folgenden Brief an Miss Aron.

118

Ich habe keine Sekretärin mehr, weil ich keinen Job beim Film mehr habe. Ich bin das, was man technisch «suspendiert» nennt. Weil ich es abgelehnt habe, unter einem Vertrag zu arbeiten, der nicht der angemessene Ausdruck meiner Stellung im Filmgeschäft ist. Ich verlangte die Annullierung, aber das wurde mir abgeschlagen. Einen moralischen Aspekt hat die Sache nicht, da die Firmen die moralische Basis von Verträgen selber längst zerstört haben. Sie zerreißen sie wie banales Papier, sooft es ihnen paßt. Wenn sie einen Schreiber loswerden wollen, läuft das über etwas, wofür sie den Ausdruck «Vertragsanpassung» haben, was bedeutet, daß sie ihm mit der Drohung, seine Idee auf Eis zu legen, bis die Option abgelaufen ist, ein paar Wochen weiter Gehalt zahlen, wobei jeder weiß, daß ihm keinerlei Aufgabe zugeteilt wird und daß kein Produzent auf dem Filmgelände ihn will. Das wirkt in beiden Richtungen. Ich habe keinerlei nennenswerten Beistand in dieser Kontroverse gehabt, da der Hollywood-Agent, wie nett er als Mensch auch sein mag, ein ausgesprochener Sonntagskrieger ist. Syd hat an Mealand, den Story-Redakteur der Paramount, einen sehr scharfen Brief geschrieben, und man hatte dort Angst, ihn Ginsberg zu zeigen, dem Chef der Firma.*

Die Paramount hat sich auf den Rechtsstandpunkt gestellt, daß ich nicht für mich selber schreiben dürfe, solange ich suspendiert bin. Das war alles mit Vorbedacht und von langer Hand ausgeheckt. Ihr Standpunkt ist unwirksam, soweit ich das übersehen kann, aber sie verfügen über die Maschinerie, mir Schwierigkeiten zu machen, ohne daß es sie selber was kostet, und ich habe nicht die Absicht, mein schwerverdientes Geld (Gott, ja, es *war* schwer verdient) in Prozessen zu vergeuden. Dann ginge ich eher wieder hin und machte ihnen die zwei Filme, die ich ihnen noch schulde.

Eine der Schwierigkeiten besteht darin, daß es offenbar ganz unmöglich ist, jemanden davon zu überzeugen, daß ein Mensch einem klotzigen Gehalt – klotzig nach dem Maßstab einer normalen Lebensführung – den Rücken kehren könnte, *ohne* im taktischen Hinterhalt darauf zu hoffen, auf diese Art zu einem noch

---

* Sydney Sanders war Chandlers Agent, Richard Mealand Chef der Hauptabteilung Story, und Henry Ginsberg Generaldirektor der Produktion.

klotzigeren Gehalt zu kommen. Was ich will, ist etwas ganz anderes: Freiheit von Terminen und unnatürlichem Druck sowie das Recht, mir zur Mitarbeit die wenigen Leute in Hollywood zu suchen, die das Ziel haben, innerhalb der Grenzen, die einer populären Kunstform nun einmal gezogen sind, die bestmöglichen Filme zu machen und nicht bloß immerzu die alten vulgären Formeln zu repetieren. Und davon auch nur ein kleines bißchen.

Die Ethik dieser Industrie läßt sich anhand des folgenden Vorfalls ermessen: Gestern am späten Abend rief mich ein sehr wichtiger unabhängiger Produzent an und bat mich, ihm das Drehbuch zu einem der am lautesten annoncierten Projekte des Jahres zu schreiben, heimlich, ganz im stillen, wobei er genau wußte, daß dies eine Vertragsverletzung sein würde. Das bedeutete ihm nichts; daß er mich damit beleidigte, kam ihm auch nicht von weitem in den Sinn. Vielleicht habe ich, trotz meiner Fehler, doch noch ein Gefühl für Ehre. Ich mag ja ein Streithammel sein, aber wenigstens lege ich die Sache, um die es geht, klar und offen vor mich auf den Tisch. Ich bin jederzeit bereit, mir die Ärmel nach versteckten Karten durchsuchen zu lassen. Aber das dürften diese Filmleute kaum wirklich wollen. Sie würden einen Mordsschrecken bekommen, wenn sie sie leer fänden. Sie haben's gar nicht gern mit ehrlichen Menschen zu tun.

Ich versuche die Marlowe-Geschichte fertigzumachen. Dabei stecke ich in einem kleinen Dilemma. Die praktische Notwendigkeit, die Figur am Leben zu halten, ergibt sich aus vielerlei Gründen, darunter eine drohende Rundfunkserie, die endlich ausreifen muß und möglicherweise jahrelang laufen wird. Aber eine Passion für dies Zeug habe ich längst nicht mehr. Ich fühle mich wie einer, der sich selber zum Narren hält. Das freut mich, und ich finde's amüsant, aber ich habe den Verdacht, daß die eigentliche Qualität, die diesen Geschichten am Ende zum Erfolg verholfen hat, eine Art kontrollierte halb-poetische Gefühlssphäre war. Den Sinn für die Mord- und Totschlaggeschichte scheine ich verloren zu haben. Oder es liegt daran, daß ich so viele andere Dinge sehe, die ich gern machen würde. Ich habe zwei Romane im Kopf, die ich unbedingt schreiben will. Nicht daß ich den Ehrgeiz hätte, Autor intellektueller Paradestücke zu werden; ich kenne das Publikum, mit dem ich's zu tun habe, und was dieses Publikum nicht liest, das ist in den Sand geschrieben. Von Anfang an, seit der ersten Groschengeschichte, ging es mir – nun, natürlich zuerst um die Technik, überhaupt eine Geschichte zu schreiben, aber dann vor allem darum, das Zeug mit einem Etwas zu durchziehen, vor dem die Leute nicht zurückscheuten, das sie vielleicht nicht einmal bewußt wahrnahmen, das sich ihrem Inneren aber unmerklich übermittelte und dort ein Nachglühen hinterließ. Wer einigermaßen realistisch denken kann, der kann nicht mehr für Intellektuelle schreiben. Es gibt zu wenige davon, und die meisten sind Blender. Er kann auch nicht vorsätzlich für Leute schreiben, die er verachtet, oder für die schicken Hochglanzzeitschriften (da ist die Arbeit in Hollywood noch weniger degradierend), oder fürs Geld allein. Es gehört Idealismus dazu, aber ebenso auch Geringschätzung. Solche Redereien wirken vielleicht ein bißchen lächerlich, wenn sie von mir kommen. Es ist möglich, daß ich wie Max Beerbohm ein halbes Jahrhundert zu spät geboren bin und ebenfalls in eine Epoche gehöre, in der es noch Tugenden gab. Ich hätte kinderleicht alles werden können, wofür unsere Welt keine Verwendung mehr hat. Also habe ich für die *Black Mask* geschrieben. Was für ein Treppenwitz.

Ganz fraglos habe ich eine Menge von Hollywood gelernt. Glauben Sie bitte nicht, daß ich den Betrieb da komplett verachte, denn das tue ich wirklich nicht. Der beste Beweis dafür mag sein, daß ich für jeden Produzenten, für den ich je gearbeitet habe, wieder arbeiten würde und daß auch jeder von ihnen, trotz meiner gelegentlichen Koller, froh wäre, wenn ich wiederkäme. Aber das «Gesamtbild», wie die Leutchen so gerne sagen, ist das eines auf den Hund gekommenen Vereins, dessen Idealismus sogar noch weitgehend Getue ist. Die hochtrabende Nichtigkeit, der ganze schwindelhafte Enthusiasmus, die permanente Sauferei und Hurerei, die pausenlose Balgerei ums Geld, die Allgegenwärtigkeit des Agenten, die Blasiertheit der Großkopfeten (und ihre im Regelfall umfassende Unfähigkeit, irgend etwas zustande zu bringen, was sie sich in den Kopf setzen), die unablässige Angst, dieses ganze märchenhafte Gold zu verlieren und wieder das Nichts zu werden, das sie in Wirklichkeit immer geblieben sind, die verschlagenen

Tricks, die ganze verdammte Wurstelei, all das ist nicht von dieser Welt. Es wäre ein großes Sujet für einen Roman – das allergrößte vermutlich, an das sich noch keiner gemacht hat. Aber wie man das mit einem leidlich ebenen Kopf bewältigen soll, das ist die Frage, die mich verwirrt und an der ich scheitere. Das Ganze ist wie eine dieser südamerikanischen Palastrevolutionen, die von Offizieren in Operettenuniformen angezettelt werden – erst wenn die Geschichte vorbei ist und die zerfetzten Toten reihenweise vor den Mauern liegen, weiß man auf einmal, das alles ist gar nicht komisch, das ist der römische Zirkus und verdammt nah am Ende einer Zivilisation.

Ray

AN MISS ARON

6520 Drexel Ave.
Los Angeles 36, Calif.
11. Jan. 1946

Sehr geehrte Miss Aron:

Ich hoffe Sie korrekt anzureden. Ich nehme an, Sie hätten darauf hingewiesen, wenn es «Mrs.» heißen müßte. Ich danke Ihnen für Ihren Brief vom 30sten November und bin mit Ihnen der Meinung, daß er eine Antwort verdient. Aber ich fürchte, sie kann nicht besonders gut ausfallen, einfach weil ich nicht weiß, worum es eigentlich geht. Vielleicht darf ich sagen, daß ich rund ein Dutzend Briefe zu diesem Thema bekommen habe; sie reichen von der pathologischen Schmähung bis zur höflichen Erkundigung (welch letztere Gruppe der Ihre als einziges Beispiel vertritt).

Das fragliche Buch erschien 1942.* Es ist also ziemlich lange schon im Buchhandel und in den Leihbüchereien verfügbar. Für den plötzlichen Gefühlsausbruch war anscheinend die 25-Cent-

---

* *The High Window.*

Ausgabe verantwortlich Früher sind mir keine noch so leisen Klagen zu Ohren gekommen. Ich habe viele jüdische Freunde. Ich habe sogar jüdische Verwandte. Mein Verleger ist Jude. Gehören Sie zu denen, die gegen dieses Wort protestieren? Wenn ja, was schlagen Sie mir dann als Ersatz vor? Ich frage dies nicht sarkastisch. Ferner: *sämtliche* Briefe kamen aus dem Osten. Hier draußen scheinen die Juden auf einem vielversprechenden Weg zu sein, ihren Minderwertigkeitskomplex zu verlieren. Dieser Ansicht ist jedenfalls mein Arzt. Er ist auch Jude.

Sie fragen, warum ich nicht eine Figur als «dünnblütigen Katholiken oder sauertöpfischen Episkopalen» einführe. Ganz einfach darum, meine Liebe, weil die Religion damit gar nichts zu tun hat. Sie mögen zufällig eine orthodoxe Hebräerin sein, aber es gibt römisch-katholische Juden und Juden in der Christian Science und Juden ohne jede Religion und Juden – sehr, sehr viele –, die nur einmal im Jahr Hebräer sind, nämlich am Versöhnungsfest. Ich bezeichne aus rein intellektuellen Gründen gelegentlich eine Figur als Juden, weil es, außer auf den höchsten Ebenen der Persönlichkeit, auch eine jüdische Art des Denkens gibt.

Der Jude ist ein Typus, und für Typen habe ich etwas übrig, so weit jedenfalls, wie ich gegangen bin. Er besteht natürlich aus vielerlei Einzeltypen: Manche erkennt man eine Straßenecke weiter, manche erst nach eingehendem Studium, manche überhaupt kaum. Ich habe zwei Sekretärinnen gehabt, die mir das erzählten; beide waren jüdische Mädchen. Es gibt da eine bestimmte Nuance in der Stimme, es gibt einen gewissen Blick, es gibt einen Farbton. Es ist, meine sehr geehrte Dame, keine Frage der Nasen.

Sie haben die Freundlichkeit, mich nicht des Antisemitismus zu bezichtigen. Dafür bin ich dankbar, denn ich bin des ganzen Themas herzlich überdrüssig. Und zugleich tun mir diese zerquälten Geister schrecklich leid, die es nicht ruhen lassen können, die es immer wieder aufstören und so heikel halten, wie es ist. Im SRL* hat kürzlich jemand geschrieben, was die Juden verlangten, sei nicht das Recht auf Genies, sondern das Recht auf Schurken. Ich stimme dem zu. Und ich verlange das Recht, eine Figur mit dem

* *Saturday Review of Literature.*

Namen Weinstein einen Dieb zu nennen, ohne gleich bezichtigt zu werden, ich hätte alle Juden Diebe genannt. Dieses Recht habe ich, bei gewissen Leuten, nicht.

Übrigens ist Dr. Carl Moss ein Porträt meines Verlegers Alfred Knopf. Nicht genau, aber mit dem lässigen Respekt gezeichnet, der alles ist, was Philip Marlowe für andere Leute aufbringt. Und ich bin *nicht* Philip Marlowe.

Lassen Sie mich Ihnen in aller Freundlichkeit noch ein abschließendes Wort sagen. Sie selber sind nicht der Typus, aber wenn sich bei Ihren Freunden die Neigung meldet, auf Antisemiten-Hexenjagd zu gehen, dann mögen sie ihre Feinde doch nicht unter denen suchen, die einen Juden einen Juden nennen, die jüdische Figuren in ihren Büchern bringen, weil es in ihrem Leben viele Juden gibt, alle interessant und alle verschieden, manche edel und manche ziemlich garstig – wie in anderen Gruppen auch –, sondern sie mögen sich unter dem Kroppzeug danach umsehen (das sie leicht erkennen können) und unter den Snobs, die überhaupt nicht von Juden sprechen.

Bei freimütigen Menschen wie mir sind Sie sicher – und mehr als sicher – aufgehoben.

Ergebenst
Raymond Chandler

AN ERLE STANLEY GARDNER

6520 Drexel Ave.
Los Angeles 36, Calif.
29. Jan. 1946

Lieber Erle:

Das meiste von dem, was Sie mir da schreiben, ist eine gelungene Überraschung für mich – einschließlich des Einfalls, daß Sie ein lausiger Schreiber seien. Ich darf vielleicht später das Privileg erbitten, vor dem Gericht über diesen Punkt zu plädieren. Ich habe, glaub' ich, nie gewußt, daß Phil Cody Herausgeber der *BM** gewesen war oder daß Hammett und Sie und andere jahrelang in den Heften gestanden hatten. Ich habe das Magazin erst 1932 oder 1933 kennengelernt, obwohl mir später ein paar ältere Exemplare unter die Hände kamen. Angesichts der Tatsache, daß ich mit Latein und Griechisch aufgewachsen bin und einstens Essays und Rezensionen für ein sehr schöngeistiges englisches Wochenblatt verfaßt habe, mag die Geschichte, wie ich zum vielfachen Mörder geworden bin, einer gewissen Pikanterie nicht entbehren, aber jetzt ist keine Zeit, darauf einzugehen. Ich wußte auch nicht, daß Cody der eigentliche Entdecker Hammetts war und seine erste starke Ermutigung. Diese Dinge sollten, meine ich, einmal an die frische Luft gehängt werden. Ich hatte immer von Shaw den entschiedenen Eindruck (empfangen aus seiner geplanten Einleitung zu seiner geplanten Anthologie), daß eigentlich er die hartgesottene Schnüfflergeschichte erfunden habe, unter Hammetts geneigter Assistenz.** Mit Sicherheit enthält nichts von dem, was ich von Shaws eigener Schreiberei gesehen habe, auch nur den Ansatz dazu. Es ist alles absolut totes Zeug, auf vermeintlich professionellem Niveau. Ich weiß nicht, was Hammett geschrieben hat, bevor er und Shaw den Geistesblitz hatten, aber klar ist mir jetzt – und wäre's mir schon früher geworden, wenn ich über den Gegenstand

---

* *Black Mask.*
** Joseph Shaw war Codys Nachfolger als Herausgeber der *Black Mask.*

125

wirklich ernsthaft nachgedacht hätte –, daß sich das keineswegs schlagartig zugetragen hat. Es muß Experimente gegeben haben und Diskussionen und die Notwendigkeit, vom Boss das Okay zu kriegen. Shaws Talente als Herausgeber erscheinen mir jetzt genau in dem Licht, in das Sie sie gestellt haben. Er hatte eine freundschaftliche Art und schien immer Zeit zu haben, ausführlich mit einem zu korrespondieren und zu argumentieren. Für manche von uns war er, glaube ich, insofern eine echte Inspiration, als wir, just wie Sie sagen, für ihn besser schrieben, als wir für irgendwen sonst hätten schreiben können. Beweis dafür ist, daß einige Autoren, die wir beide kennen, nie wieder den Standard erreicht haben, den sie unter Shaw in der *BM* gewonnen hatten. Ich schließe mich auch ganz Ihrer Meinung an, daß er blind für jede Art Schreiben war, das er nicht im Moment für das beste hielt. Ich glaube nicht, daß Cornell Wollrich oder Cleve Adams unter seiner Herausgeberschaft es je in die *BM* geschafft haben, obwohl beide vermutlich weit bessere Leute waren als manche seiner regelmäßigen Beiträger. Auch Norbert Davis, der seine Morde ziemlich leicht nahm, wenn es ging, hat's nur zwei- oder dreimal in die *BM* geschafft.* Er sagte, Shaw sei ihm zu pedantisch und nehme die ganze Sache zu ernst. Ich bin ganz sicher, daß Shaw nie im Leben eine Geschichte von mir veröffentlicht hätte, in der ich mal aus Ulk der harten Schnüfflergeschichte die Hosen ausgezogen habe, aber Ken White hat's gemacht.**

[...]

Ich wende mich nunmehr, mit Verlaub, an das Gericht in Sachen eines gewissen Gardner, angeblichen Kriminalschriftstellers. Ich habe hier, während ich zu Ihnen spreche, zwei kompakte Reihen Gardners vor mir stehen, und auf meinen Streifzügen durch die Buchhandlungen versuche ich immer noch, die Sammlung zu komplettieren. Von den wesentlichen Qualitäten guten Schreibens verstehe ich, möchte ich meinen, so viel wie jeder sonst, der heute darüber diskutiert. Ich diskutiere diese Dinge aber nicht professio-

---

* Adams und Davis gehörten zur «hartgesottenen» Schule der Kriminalromanciers.
** *Pearls Are a Nuisance*, erstmals erschienen im *Dime Detective Magazine*, herausgegeben von White.

nell, und zwar aus dem simplen Grund, daß ich's nicht für der
Mühe wert halte. Ich bin nicht daran interessiert, mich den Intellektuellen durch literarische Kritiken anzudienen, weil die literarische Kritik als Kunst in unsern Tagen ein zu schmales Wirkungs-
feld und ein zu begrenztes Publikum hat, ganz ähnlich wie die
Poesie. Ich glaube nicht, daß es zu den Aufgaben eines Schriftstellers gehört, zu einer toten Generation von Müßiggängern zu reden, die einstens Zeit hatten, sich die Delikatessen kritischen
Denkens schmecken zu lassen. Die Kritiker von heute sind müde
Bostoner wie Van Wyck Brooks oder Schlauköpfe wie Fadiman,
oder ehrliche, von der Sinnlosigkeit ihres Jobs verwirrte Leute wie
Edmund Wilson. Das Leserpublikum ist intellektuell erwachsen
nur im günstigsten Fall, und es liegt auf der Hand, daß man ihm
das, was man so «wichtige Literatur» nennt, nur mit genau denselben Methoden verkaufen kann, mit denen man Zahnpasta, Ab-
führmittel und Automobile verkauft. Ebenso liegt auf der Hand,
daß dieses Publikum, da man ihm das Lesen mit roher Gewalt
beigebracht hat, zwischen seinen kleinen Ringkämpfen mit dem
neuesten «wichtigen» Bestseller Bücher lesen will, die ihm Spaß
bereiten und Aufregung. Folglich wendet es sich, wie zu allen
Zeiten jede halbgebildete Leserschaft, erleichtert dem Mann zu,
der eine Geschichte erzählt und nichts sonst. Wenn man da sagt,
was dieser Mann schreibt, sei keine Literatur, könnte man ebenso
gut auch sagen, ein Buch, das einem Lust zum Lesen mache, könne
nichts taugen. Wenn ein Buch, gleich welchen Genres, eine gewisse Intensität der künstlerischen Darstellung erreicht, wird es
Literatur. Diese Intensität kann sich im Stil zeigen, in der Situation, in den Charakteren, im inneren Ton oder in der Idee, oder in
einem halben Dutzend anderen Dingen. Sie kann auch in der
Vollkommenheit der Kontrolle über den Handlungsverlauf bestehen, ähnlich der Kontrolle, die ein großer Werfer beim Baseball
über den Ball hat. Diese Kontrolle haben Sie für mich mehr als
alles andere und mehr als alle anderen. Dumas Pre hatte sie.
Dickens hatte sie, wenn man einmal von seiner viktorianischen
Verworrenheit absieht; daß Edgar Wallace ihr nahegekommen sei,
möchte ich aber, mit Ihrer gütigen Erlaubnis, bezweifeln. Seine
Geschichten starben ihm auf der ganzen Linie unter den Händen

weg und bedurften immer neuer Wiederbelebung. Die Ihren nicht. Jede Seite wirft da den Kurvball nach der nächsten. Ich nenne das eine Art Genialität. Ich betrachte mich als ziemlich anspruchsvollen Leser; Kriminalgeschichten an sich bedeuten mir nichts. Da ist eins wohl offenkundig: Wenn ich ein halbes Dutzend ungelesener Bücher neben meinem Sessel liegen habe, von denen eins ein Perry Mason ist, und ich greife nach dem Perry Mason und lasse die andern warten, dann muß dieses Buch doch Qualität haben.

Sonderbarerweise habe ich dieses Gefühl nicht immer gehabt, und ich denke, daß auch Shaw es aus demselben Grund nicht hatte. Ich war derart durchdrungen von dem ruppigen Zeug der Jahre, daß mir gar nicht aufging, wie stumpfsinnig es sein kann, wenn es nicht blendend gut gemacht ist. Heute könnte ich ein Buch von Coxe oder Adams so wenig mehr lesen, wie ich ein Känguruh fressen könnte. Ich glaube auch mit Ihnen darin einig zu sein, daß Sie Ihr Bestes nicht für die *BM* geliefert haben. Tatsächlich sind Sie auf den Gipfel erst in den letzten vier oder fünf Jahren gelangt. Mir ist auch ziemlich klar, warum das so ist. Sie sind nie ein *Black-Mask*-Schreiber gewesen, wie Shaw den Begriff verstand. Sie waren nie wirklich rabiat. Sie verdanken Hammett oder Hemingway nichts. Ihre Bücher enthalten weder Brutalität noch Sadismus, nur sehr wenig Sex, und das Blut fällt nicht ins Gewicht. Was zählt, zumindest für mich, ist eine äußerst geschickte Kombination aus der Innenqualität des Detektivromans und der Eigenbewegung des Krimi-Abenteuers. Ich lese die Geschichten von Doug Selby und mag sie, und ich versuche rauszukriegen, wo zum Teufel wohl Madison City liegt (das nächste, worauf ich komme, ist Riverside, doch das stimmt nicht ganz), aber irgend etwas fehlt ihnen. Ich mochte auch die Geschichten von A. A. Fair, besonders die ersten, aber sie zeigen am Schluß dieselbe Schwäche wie die Sachen mit Nero Wolfe: eine exzentrische Charakterfigur verschleißt ihren Kredit. Die Figur, die Bestand hat, ist ein ganz gewöhnlicher Bursche mit ein paar außergewöhnlichen Eigenschaften. Perry Mason ist der vollkommene Detektiv, weil er die intellektuelle Einstellung des Juristenverstands und zugleich die Rastlosigkeit des Abenteurers besitzt, der nicht untätig zusehen will. Ich finde, darin ist er so gut wie vollkommen. Also nichts mehr von dem

Unsinn à la «als Literatur stinkt mein Zeug immer noch». Wer hat denn das gesagt – William Dean Howells?

Was mich betrifft, so bin ich nicht sehr tätig und auch in keiner irgendwie nennenswerten Weise erfolgreich. Ich kriege nicht aufs Papier, was ich schreiben will, und verheddere mich hoffnungslos in dem, was ich schreibe. Ich habe im vergangenen Jahr eine Menge Geld gemacht, aber die Regierung hat die Hälfte davon eingestrichen, und die Hälfte vom Rest verschlangen die Spesen. Ich bin nicht arm, aber ich bin auch nicht annähernd in einer Lage wie Sie und werde es auch nie sein. Meine Frau war zehn Tage lang von einer Grippe unpäßlich, will aber unbedingt, wie auch ich, einmal wieder zu Ihnen kommen. Ich arbeite zu Hause, weil ich es abgelehnt habe, vor der Paramount zu dienern; ich habe mich suspendieren lassen. Meinen Vertrag zu zerreißen, hat man sich geweigert. Ein Schriftsteller hat beim Film praktisch keine Chance, es sei denn, er findet sich bereit, Produzent zu werden, und das ist mir zu rabiat. Der letzte Film, an dem ich gearbeitet habe, war bloß eine einzige lange Querele.* Der Produzent war hervorragend, aber schon auf dem Sprung nach draußen. Der Regisseur hatte bereits dreißig Jahre in Hollywood gedient, ohne je was Erstklassiges hinzukriegen – so wenig allerdings, sollte ich fairerweise hinzufügen, wie was ganz Miserables. Aber es war mein Film, den ich von Grund auf geschrieben hatte, und ich hatte mir denn doch ein paar Finessen mehr erhofft, als ich dann bekam. Trotzdem heißt's, er sei gut, und gute Originaldrehbücher sind in Hollywood fast so selten wie Jungfrauen.

Ray

---

* *The Blue Dahlia.*

AN WILLIAM W. SEWARD

6520 Drexel Drive
Los Angeles, California
27. März 1946

Sehr geehrter Herr Professor Seward:

Vor einiger Zeit sandte ich Ihnen auf Ihre Bitte hin eins meiner
Bücher. Ich überlege, ob Sie es wohl erhalten haben. Es kommt mir
seltsam vor, daß Sie es nicht bestätigt haben sollten, wenn es bei
Ihnen einging.
Warum ich Ihnen diese Zeilen schreibe, weiß ich eigentlich nicht.
Es ist so oder so nicht sonderlich wichtig. Ich vermute, daß ich den
Vorfall ziemlich schockierend finde.

Hochachtungsvoll
Raymond Chandler

AN BLANCHE KNOPF

6520 Drexel Ave.
Los Angeles 36, Calif.
27. März 1946

Liebe Blanche:

Danke für Ihr Briefchen – es ist immer ein Vergnügen, von Ihnen
zu hören. Ich bin ganz gut in eine Marlowe-Geschichte eingestie-
gen, hatte aber einen bösen Grippeanfall und gehe seither ziemlich
am Stock. Auch bin ich mit der Paramount überquer und muß
vielleicht wieder hin und ein paar Sachen für sie zu Ende bringen.
Mangels eines Klagegrunds, den Vertrag zu annullieren, scheint es
keinen anderen Weg zu geben, mit der Situation fertig zu werden.
Und sogar eine Billigkeitsklage kostet Zeit und Geld und ist ungewiß. Ich habe in puncto Verträge eine regelrechte Phobie ausgebil-

det und scheine unfähig, als freier Mensch zu funktionieren, wenn ich nur irgendwie gebunden bin. Alles sehr albern, zweifellos, aber so ist es nun einmal. Die bloße Tatsache, daß ich manchmal in ein Studio muß, um da irgendeine Arbeit zu absolvieren, scheint zu verhindern, daß ich irgend etwas Ordentliches für mich selber mache. Hollywood ist in vielerlei Hinsicht ein peinliches Fleckchen Erde, aber wenigstens bezahlt es einen für die Plackerei.

Die Situation mit diesen Lizenzausgaben verstehe ich überhaupt nicht. Es gibt einen Betrachtungskodex, nach dem sich die Zahlungsgebräuche der Taschenbuchleute wie ein ausgemachter Diebstahl ausnehmen. Ich verstehe nicht, wieso ein Verleger beim Buch eines Autors dreimal soviel *an Tantiemen* einstreichen sollte, wie der Verleger dem Autor an Tantiemen auf die Originalausgabe zahlt. Ich habe so das Gefühl, daß sich da etwas entwickelt hat, was dringend der Klärung bedarf. Warum wird es nicht erklärt? Ist es recht, daß der Verkauf von einer Million Exemplaren eines 25-Cent-Nachdrucks dem Mann, der die verkaufte Ware geschaffen hat, lumpige 7500 Dollar einbringt? Das bedarf doch einer Antwort. Ich meine *nicht*, daß es recht ist. Ich meine, daß der Autor von *allen* Ausgaben eine Mindesttantieme von zehn Prozent vom Ladenpreis erhalten sollte. Alles, was darunter liegt, wirft die Frage auf, was da eigentlich vor sich geht. Kein Wunder, daß Schriftsteller die Bedingungen von Hollywood akzeptieren und das Bücherschreiben zum Teufel wünschen. Sollen's doch die Frauen machen. Ist sowieso alles nur mechanische Konstruktion plus Reklame. Wie ich meinem Freund Morton vom *Atlantic* erst kürzlich geschrieben habe, ist die Technik der vermarktbaren Literatur inzwischen fast gänzlich geschlechtslos geworden. Es wird nicht lange mehr dauern, und jemand erfindet eine Maschine, die Romane schreibt. Wie oft noch greife ich nach einem Buch und sage, «das hat ein Mensch geschrieben, der sich mit keinem anderen vergleichen läßt, ein einzigartiger Kopf»? Praktisch nie mehr.

Aber nehmen Sie mich nicht zu ernst. Ich werde langsam ein rechter Sauertopf von Mitmensch. Sogar Hemingway hat mich im Stich gelassen. Ich habe jüngst eine Menge von seinem Zeug wiedergelesen. Ich hätte gesagt, da ist Einer, dem sein Schreiben ganz ähnlich sieht, und damit hätte ich recht gehabt, wenn auch nicht so, wie ich's meinte. Neunzig Prozent davon sind die gottverdammteste Selbstimitation. Er hat tatsächlich nur eine einzige Story geschrieben. Der ganze Rest ist dasselbe in verschiedenen Hosen – oder auch ohne verschiedene Hosen. Und seine ewige Beschäftigung mit dem, was zwischen den Bettlaken passiert, wird einem am Ende nur noch zum Ekel. Man kommt in ein Lebensalter, wo die Limericks an den Wänden von Bedürfnisanstalten nicht einfach mehr obszön sind, sondern grauenhaft stumpfsinnig. Dieser Mann hat nur ein einziges Thema, und das macht er lächerlich. Ich stelle mir vor, wie sein Epitaph aussähe, wenn er's selber wählen könnte: «Hier liegt ein Mann, der verdammt gut im Bett war. Schade, daß er allein hier liegt.» Aber der springende Punkt ist, daß ich langsam zweifle, ob er's je war. Man muß nicht derart verbissen an Sachen arbeiten, in denen man gut ist – oder?

Ich danke Ihnen.
Ray

AN ERLE STANLEY GARDNER

6520 Drexel Ave.
Los Angeles 36 Calif.
4ter April 1946

Lieber Erle:

Danke für Ihre freundliche Botschaft. Ich glaube, weder meine Frau noch ich könnten wandern oder reiten. Sie hatte vor etwa einem Jahr eine Operation am Fuß, und der ist immer noch schwach. Reiten können wir auch gar nicht. Ich bin ein komplettes Nervenwrack, und theoretisch könnte ich wohl ein paar Meilen zu Fuß schaffen, aber vermutlich nicht auf die Art, wie Sie's verstehen. Hab' sowieso auch nicht die Ausrüstung. Wir hatten uns einfach nur erhofft, so um die Mittagszeit zu Ihnen runterzukommen und ein paar Stunden mit Ihnen zu verbringen. Wir haben in Riverside ein bißchen geschäftlich zu tun, gedachten drüben in der

Mission Inn Station zu machen und dann am Morgen nach Temecula zu fahren.

Allerdings, mein Krieg mit der Paramount ist wieder aufgeflammt, und ich klebe hier jedenfalls bis nächste Woche fest und muß dann vielleicht nach Santa Barbara. So werden wir erst einmal den Dingen ihren Lauf lassen müssen. Ich bemühe mich seit nun sechs Monaten, meinen Vertrag mit der Paramount annulliert zu kriegen. Hab' mich geweigert, an die Arbeit zu gehen, sie stießen Drohungen hervor, ich antwortete (manchmal) mit würdigem Schweigen. Wir sind jetzt dabei, einen Waffenstillstand zu schließen, dem ein Friedensvertrag folgen soll. Die große Schwierigkeit im Umgang mit einer Filmfirma ist die, daß die Männer, mit denen man da umgeht, ihrerseits einer New Yorker Hierarchie verantwortlich sind, die mit dem Filmemachen selber gar nichts zu tun hat, sondern nur mit dem Wettbewerb und der Reklame. Für die ist ein Film genauso ein Industrieprodukt wie eine Dose Bohnen. Sie können keine Rücksicht auf Persönliches nehmen, weil sie dem nie begegnen. Ich glaube schon, daß ich und mein Anwalt und Agent tatsächlich einen bemerkenswerten Sieg errungen haben, der allerdings von der Rechtsabteilung der anderen Seite immer noch so hingebogen werden kann, daß er wie ein praktischer Sieg für die Firma aussieht. Und das ist's natürlich, was sie aus gesichtskosmetischen Gründen haben müssen.

Ich war sehr erpicht darauf, mit Ihnen die Lizenzensituation zu besprechen. Soviel habe ich begriffen, daß Sie in der Tantiemenfrage nicht mit dem Standpunkt von Rex Stouts Komitee einig gehen; ich glaube aber nicht, daß ich den Grund dafür begriffen habe. Ich persönlich meine, daß die Tantieme *für den Autor* bei jedem Lizenzdruck nicht unter 10 Prozent vom Ladenpreis liegen sollte. Es mutet wie reiner Diebstahl an, daß der Taschenbuchverlag bei einer Millionenauflage schäbige fünfzehn Riesen blecht und der Originalverleger davon die Hälfte einstreicht. Ich mag da ja ganz auf dem Holzweg sein, aber mit Sicherheit bekommen die Verleger einen aberwitzigen Anteil aus dem Ertrag von Märkten, die noch nicht einmal existierten, als sie ihre Verträge schlossen, und die zu erschließen sie fast nichts getan haben. Natürlich gebe ich zu, daß man nie bekommt, was einem eigentlich zusteht.

Keiner außer dem Zwischenhändler kriegt das. In Hollywood wird jetzt anerkannt, daß die Drehbuchkosten an die zehn Prozent der Filmkosten ausmachen dürfen, aber wenn ein einzelner Autor den ganzen Job allein erledigt, bekommt er bei weitem nicht soviel, wenn er sich nicht auf ein Prozentgeschäft einläßt. Ich rede da gar nicht vom Erwerb der Filmrechte, sondern von den reinen Kosten der Erstellung des Drehbuchs selbst, des Skripts, nach dem gedreht wird. Das große Geld geht immer noch an die falschen Leute. Trotzdem bezahlt Hollywood den Autor durchaus leidlich, wenn er einigermaßen gut ist. Der Buchhandel bezahlt ihn hundsmiserabel, falls er nicht Bestseller schreibt, und das heißt Bestseller in der Originalausgabe. Sie und ich, wir mögen in diesem Sinne nie einen Bestseller schreiben, selbst einen mäßigen nicht, und doch besteht nach unseren Sachen eine unvergleichlich kontinuierliche Nachfrage. Ich finde, wir werden bei den Lizenzen schlicht begaunert. Ein Autor, von dessen Buch sich, alle Ausgaben zusammengenommen, eine Viertel- oder halbe Million Exemplare verkauft, sollte eigentlich ein sehr gemachter Mann sein. Wir sind das nicht. Sie kommen einigermaßen über die Runden, weil Sie so viele Titel laufen haben. Auf dem Weg kann ich's nicht schaffen, denn ich bin ein langsamer Schreiber. Natürlich schaffen auch Sie es nicht wirklich. Sie machen einfach eine Menge Geld, aber damit ist noch lange nicht gesagt, daß Sie mit derselben Leistung nicht noch fünfmal soviel verdienen sollten.

Ich hab's abgelehnt, für Shaws Anthologie eine Einleitung zu schreiben. Weiß nicht, ob er deswegen beleidigt ist oder nicht.

Ray

AN HAMISH HAMILTON

30ster Mai 1946

Lieber Jamie:

[...]

Wenn Sie sich *The Big Sleep* ansehen (die erste Hälfte jedenfalls), werden Sie merken, was ein Regisseur, der ein Gespür für die Atmosphäre und für den erforderlichen unterschwelligen Sadismus hat, aus so einer Geschichte alles machen kann. Bogart ist, als rabiater Bursche, natürlich auch soviel besser als jeder andere Darsteller, daß er die Ladds und Powells zu bloßen Landstreichern macht. Wie wir hier sagen: Bogart wirkt auch ohne Kanone rabiat. Außerdem hat er Sinn für einen Humor, der den bekannten heiseren Unterton der Verachtung enthält. Ladd ist hart, bitter und gelegentlich charmant, aber schließlich kommt er doch nicht über die Vorstellung hinaus, die sich der kleine Moritz von einem rabiaten Burschen macht. Bogart ist da absolut echt. Wie Edward G. Robinson, als er noch jünger war, braucht er nur den Schauplatz zu betreten, und er beherrscht ihn schon. Der *Big Sleep* hat eine unglückliche Geschichte gehabt. Das Mädchen, das die mannstolle Schwester darstellt*, war so gut, daß sie Miss Bacall komplett an die Wand spielte. Folglich wurde der Film so geschnitten, daß ihre besten Szenen sämtlich wegfielen, bis auf eine. Das Ergebnis war reiner Unsinn, und Howard Hawks drohte Warners mit einer einstweiligen Verfügung gegen die Freigabe des Films. Nach langem Hin und Her hat er dann, wie ich höre, eingelenkt und eine Menge Szenen nachgedreht. Was dabei herausgekommen ist, habe ich noch nicht gesehen. Der Film ist noch nicht einmal in geschlossener Vorführung gezeigt worden. Aber wenn Hawks sich durchgesetzt hat, wird's der beste Film seiner Art sein. Da ich selber nichts damit zu tun hatte, sage ich das durchaus mit leichtem Bedauern. Nun, ganz stimmt das auch wieder nicht, weil Hawks von Mal zu Mal unzufriedener wurde mit seinem Skript und auf

---

* Martha Vickers.

das Buch zurückgehen wollte und Szenen direkt danach drehen. Es gab da auch eine wunderbare Szene, die wir, er und ich, zusammen im Gespräch entworfen hatten. Am Schluß des Films werden Bogart und Carmen in Geigers Haus von dem Eddie Mars und seinen Totmachern erwischt. Das heißt, Bogart (Marlowe) ist dort in die Falle gegangen, und das Mädchen kommt vorbei, und sie lassen sie reingehen. Bogart weiß, daß sie eine Mörderin ist, und er weiß auch, daß die erste Person, die dort durch die Tür hinaus ginge, in den Kugelhagel von Maschinenpistolen laufen würde. Das Mädchen weiß das nicht. Marlowe weiß ferner, daß die Bande, wenn er das Mädchen hinaus in den Tod geschickt hat, schleunigst türmen und er selber so fürs erste sein Leben retten würde. Ihm ist ganz und gar nicht danach, den lieben Gott zu spielen oder seine Haut durch die Preisgabe Carmens zu retten. Ebensowenig mag er Sir Philip Sidney spielen, um ein wertloses Leben zu retten. Also stellt er's Gott anheim, indem er eine Münze wirft. Bevor er sie wirft, spricht er gewissermaßen ein lautes Gebet. Der Inhalt dieses Gebets ist der, daß er, Marlowe, sein Bestes getan habe und ohne eigene Schuld in die Zwangslage geraten sei, eine Entscheidung treffen zu müssen, zu der Gott ihn zu zwingen kein Recht habe. Er will diese Entscheidung von der Instanz gefällt wissen, die es zu diesem ganzen Durcheinander hat kommen lassen. Wenn die Münze kopfoben niederfiele, würde er das Mädchen gehen lassen. Er wirft, und sie fällt kopfoben. Das Mädchen denkt, das sei eine Art Verzögerungsspiel, um sie für die Polizei festzuhalten. Sie schickt sich an zu gehen. Im letzten Moment, als sie schon die Hand auf dem Türknauf hat, wird Marlowe weich und stürzt ihr nach, um sie aufzuhalten. Sie lacht ihm ins Gesicht und richtet eine Pistole auf ihn. Dann öffnet sie die Tür einen oder zwei Zollbreit, und man sieht, sie wird unbedingt schießen und genießt die Situation. In diesem Augenblick mäht eine Maschinenpistolengarbe quer über die Tür und reißt sie in Stücke. Die Killer draußen haben in der Ferne eine Sirene gehört, sind in Panik geraten und haben blind eine Salve ins Haus geschickt, sozusagen als Visitenkarte – ohne Erwartung, jemanden zu treffen. Ich weiß nicht, was aus dieser Szene geworden ist. Vielleicht haben die Kerls sie nicht schreiben wollen oder nicht können. Vielleicht wollte Mr. Bogart

sie nicht spielen. Man weiß das in Hollywood nie. Ich weiß nur, daß es, falls gut gemacht, eine haarsträubende Sache geworden wäre. Ich werde mich, denk ich, selber irgendwann daran versuchen.
[...]

Alles Beste –
Ray

AN CHARLES MORTON

Paramount Pictures
5451 Marathon Street
Hollywood 38, Calif.
14. Juni 1946

Lieber Charles:

[...]
Was Wolcott Gibbs im *New Yorker* darüber zu sagen hat*, bedeutet mir nicht das geringste. Die Tatsache, daß Gibbs (zusammen mit anderen kritischen Köpfen beim *New Yorker*) eine Begabung für abfälliges Kritisieren hat, macht ihn noch lange nicht zu einem guten Kritiker. Ich entsinne mich noch gut – damals, es ist lange her, als ich in London Buchrezensionen machte, war immer mein erster Impuls, irgendwas schick Gescheites und Garstiges zu finden, was ich sagen konnte, weil die Art Schreibe soviel leichter ist. Trotz seines oberflächlichen Intellektualismus scheint mir der *New Yorker* seiner ganzen Attitüde nach diesen selben Anflug von Studentensarkasmus zu haben. Ich finde diese Art jugendlich unreif. Tatsächlich kommt mir, mag das auch ketzerisch scheinen, der *New Yorker* allmählich wie ein richtig dummes Blatt vor.

Freundlichste Grüße –
Ray

* Über *The Hucksters* von Frederic Wakeman.

AN H. N. SWANSON

Sonntag, 4ter August [1946]

Lieber Swanie:

Danke Ihnen für Ihren Brief vom 31sten Juli. Eigentlich, finde ich, sollte jeder auf dieser Seite des Paradieses mal Samuel Goldwyn besuchen; ich hab' gehört, er fühlt sich immer so gut, wenn er mal Pause macht. Aber da die ganze Sache auf der Voraussetzung basiert, daß ich für ihn arbeite, und ich das nicht tun werde, ist's dann der Mühe wert? Ich weiß es nicht. Ich weiß überhaupt nichts, außer daß die übliche Methode, mit Schreibern zu arbeiten, für mich nichts ist. Ich meine, daß sie bei 80% der Schreiber in Hollywood insofern funktioniert, als die Firmen irgendwie zu Filmen kommen, zu denen sie nie gekommen wären und eigentlich auch nie kommen sollten, wenn sie sich auf die paar Schriftsteller verließen, die eine leidliche Vorstellung davon haben, was ein Film ist. Ich glaube aber nicht, daß das System bei den Schreibern funktioniert, denen – egal, was sie sonst für Fehler haben – nur dann eine effektive Arbeit gelingt, wenn sie sich die Illusion bewahren können, daß sie ihre eigene Arbeit tun, nach ihrem eigenen Sinn für das, was richtig ist. Wenn die Paramount soviel Verstand gehabt hätte, mich meine eigene Vorstellung von einem Rohdrehbuch der *Mrs. Duff* zu Papier bringen zu lassen, ohne daß ein Produzent mit seinen Einfällen dazwischenfunkt, mit seinem Ehrgeiz und seiner Versessenheit, ein Projekt zu seinem eigenen Vorteil zu beherrschen, dann hätte sie in vergleichsweise kurzer Zeit etwas bekommen, was ihr auf den ersten Blick gezeigt hätte, wo der Film war.* Es hätte nicht vollkommen sein müssen oder auch nur richtig. Es wäre ein Treatment in Drehbuchform gewesen (mit vermutlich einer Menge brauchbarer Szenen), wie's mich zu schreiben interessierte. Aber nein, sie können sich einfach nicht vorstellen, daß, was sie von mir wollen, eben das ist, was ich auf

---

* Chandler arbeitete am Drehbuch von *The Innocent Mrs. Duff*, einem Roman von Elisabeth Sanxay Holding.

meine ganz eigene Weise schreibe; sie denken, sie können das kriegen – und zu gleicher Zeit jeden Zug kontrollieren, den ich mache, und jede Idee, die ich habe. Das geht einfach nicht. Was ich ihnen zu geben habe, ist nicht handwerkliches Können, sondern eine ganz bestimmte Qualität. Wenn sie diese Qualität wollen, ist sie nirgends sonst zu haben. Wenn sie die Steve Fischers mit ins Spiel bringen, meine Arbeit aufzupolieren, dann kriegen sie etwas völlig anderes – warum sich also überhaupt mit mir abgeben?* Ich vermute, Sie halten Dudley Nichols für einen großen Drehbuchschreiber, und auch ich würde das nicht bestreiten. Aber was an seiner Arbeit ist wirklich Nichols? Gibt es etwas in den *Bells of Saint Mary*, in *Scarlet Street* und *Stagecoach*, was einem einzigen Mann zugehört, und einem einzigen allein? Wenn es so ist, dann sehe ich's nicht. Vielleicht ja wäre's jemandem ersichtlich, der mehr Erfahrung hat im Filmgeschäft. Für mich könnten diese drei Filme, und beliebig noch andere von ihm, die Sie nennen mögen, sofern ich sie gesehen habe, allesamt von verschiedenen Schreibern stammen. Soweit es um individuellen Stil geht, sind sie alle vollkommen anonym. Das ist nicht die Art Arbeit, die mir für Filme vorschwebt. Wenn das die einzige Art Arbeit ist – oder eine noch weit minderwertigere Tätigkeit, technisch –, die man mir gestattet, dann habe ich dort nichts beizusteuern. Aus diesem Grund werde ich für herrschende Leute wie Selznick oder Goldwyn nicht arbeiten. Wenn man mir das Recht raubt, nach meinem eigenen Kopf zu schreiben, so bleibt fast nichts übrig.

Wir gehen morgen für ein paar Tage nach La Jolla.

Was mich mit dem Buch nicht vom Fleck kommen läßt, ist dies: daß ich in der angewiderten (und widerlichen) Geistesverfassung, in der ich bin, nicht wagen darf, einen Blick darauf zu werfen.

Liebe Grüße
Ray

---

* Fischer schrieb das Drehbuch von *The Lady in the Lake* zu Ende.

P.S. La Valencia Hotel, Glencoe 52175 (San Diego) – für den Notfall. Ein Notfall wäre nach meinem Dafürhalten eine Menge Geld für nichts.

R.

AN DALE WARREN

6005 Camino de la Costa
La Jolla, California
2ter Oktober 1946

Lieber Dale Warren:

[. . .]

Ich nehme an, Sie haben gelesen, daß hier bei uns ein Buchhändler des Vertriebs unzüchtiger Schriften für schuldig befunden wurde, weil er Edmund Wilsons *Memoirs of Hecate County* verkauft hat. Sehr entmutigend. Das Buch ist unanständig genug, natürlich, und in der anstößigsten Weise – ohne Leidenschaft, wie ein Phallus aus Teig. Nun wird das verdammte Ding zu 25 Dollar pro Exemplar unterm Ladentisch gehandelt. Dabei ist's nicht einmal den ursprünglichen Preis wert. Als Kenner der Volldampffurzerei, der ich wie alle, die in Hollywood gearbeitet haben, ein bißchen doch bin, plaziere ich Mr. Wilson weit oben auf der Liste. Seine gründlichen und schwunglosen und manchmal ziemlich intelligenten Buchbesprechungen verleiten einen zu der Annahme, es müsse in seinem Kopf noch was anderes sein als Schleim. Ist aber nicht.

Nachdem ich diese Absätze beide mit Ich angefangen habe – auf der Schule wurde mir beigebracht, das gehöre sich nicht –, lassen Sie mich hinzufügen, daß ich (mit Frau) jetzt endgültig nach La Jolla umgezogen bin, so endgültig jedenfalls, wie heutzutage etwas sein kann. Wenn ich weiter für Hollywood arbeite, was vermutlich der Fall sein wird, kann ich's zu neun Zehnteln hier zu Hause tun. Das heißt, falls es mir gelingt, eine Sekretärin zu finden. Wir wohnen ganz nah am rauschenden Meer – brauchen dorthin nur über die Straße und eine flache Felsenklippe hinunter –, aber der Pazifik benimmt sich gewöhnlich sehr gesittet. Wir haben ein viel schöneres Heim, als ein ausrangierter Groschenheftschreiber eigentlich erwarten dürfte.

Die Geschichte, an der ich arbeite, scheint mir einiger Qualitäten der nobleren Art doch zu ermangeln. Überdies finde ich sie öde. Ich frage mich, ob ich vielleicht endgültig ruiniert sein könnte. Möglich ist es. Schon bessere Männer als ich sind in Hollywood vor die Hunde gegangen.

[…]
                                    Ihr ergebener
                                    Raymond Chandler

AN HAMISH HAMILTON

                                    La Jolla
                                    6ter Oktober 1946

Lieber Jamie:

Ihr Brief vom 30sten September macht mir leichtes Unbehagen. «Eine neue Philip-Marlowe-Geschichte von Raymond Chandler, provisorisch *The Little Sister* genannt, handelt von einigen ziemlich zwielichtigen Figuren in Hollywood, gar nicht zu reden von einem unschuldigen kleinen Mädchen aus Kansas, das möglicherweise nicht so unschuldig ist, wie es aussieht.» Das ist praktisch alles, was ich Ihnen im Moment darüber sagen kann.

Ich habe da so etwas wie eine «Macke», wie ihr Leute das nennt: ich kann nicht über etwas debattieren oder schreiben, was ich noch nicht hinter mich gebracht habe. Ich bin nie ganz sicher, ob ich auch wirklich damit zu Rande komme. Vielleicht brennt plötzlich so auf Seite 250 (das heißt von den albernen anderthalbzeiligen Halbseitchen, auf denen ich tippe) bei mir eine Sicherung durch, und ich lege das ganze Projekt zu den Akten.

Drei Jahre Hollywood hinterlassen ihre Spur. Meine Schreibweise braucht eine gewisse Qualität an gehobener Stimmung und Impertinenz. Ich bin ein müde gewordener Mann, ein abgenutzter Groschenheftschreiber, ein ausrangierter Lohnskribent. Auch sollte ich, als geistiges Hindernis, vielleicht erwähnen, daß ich, obwohl es mir als geschäftlicher Schachzug fast unumgänglich erscheint, eine Marlowe-Geschichte zu machen, noch ein paar andere Ideen in petto habe, die auszuarbeiten ich viel lieber versuchen würde.

Mein Titel dürfte nicht besonders gut sein. Er ist bloß der beste, der mir ohne große Anstrengung einfiel. Ich habe von Titeln so meine eigenen Vorstellungen. Sie sollten nie offen provokant sein, noch etwas von Mord sagen. Sie sollten ziemlich indirekt und neutral daherkommen, in der Wortprägung aber zugleich auch ein bißchen ungewohnt. Hier habe ich das nicht geschafft. Trotzdem, ein guter Titel ist, wie ein großer Verleger einmal bemerkt hat, der Titel eines erfolgreichen Buches. Kein Mensch hätte *The Thin Man* auf Anhieb für einen großen Titel gehalten. *The Maltese Falcon* ist einer, weil er Klangharmonie und Rhythmus hat und den Verstand zu Fragen herausfordert.

Was die Verleger betrifft, so frage ich mich, ob sie überhaupt etwas von Titeln verstehen. Knopf veranlaßte mich bei *The High Window* zur Titeländerung, aber wie ich sehe, hat die Twentieth Century-Fox den Originaltitel wiederhergestellt. Knopf wandte sich vehement gegen *Farewell, My Lovely,* und doch ist das, nach dem Urteil meiner Freunde in Hollywood (die in diesen Dingen recht zuständig sind), einer der großen, rein magischen Titel, die selten gelingen. Knopf denkt wohl immer noch, daß der Titel dem Absatz des Buches schadet. Vielleicht hat er auch recht. Aber der Taschenbuchverlag konnte keinen Nachteil darin sehen.

Ah ja, das Buch wird, hoffe ich, nicht mehr als 70000 Wörter Umfang haben, vielleicht weniger.

Mein Agentenproblem habe ich nie wirklich gelöst. Über die Agenten als Stand denke ich immer noch genauso wie früher: daß sie oft eine Plage sind und manchmal große Dummheiten machen. Da ich aber hier unten in La Jolla wohne und es nicht fertigbringe, eine Sekretärin dauernd im Hause um mich zu haben, sehe ich für mich keine Möglichkeit, ohne Agenten auszukommen. Was mir an den Agenten so auf die Nerven geht, ist nicht der Umstand, daß sie Fehler machen, sondern daß sie die niemals zugeben.

Alles Beste –
Ray

AN WILLIAM TARG*

6005 Camino de la Costa
La Jolla, California
14ter Nov. 1946

Sehr geehrter Mr. Targ:

Dank für Ihr Schreiben vom 12ten Nov., das ich an meinen Holly-
wooder Agenten, Mr. H. N. Swanson, 8523 Sunset Boulevard,
Hollywood 46, Calif., weiterschicke. Was er zur Vorstellung in
New York in die Wege leiten wird, weiß ich noch nicht.

Die Bedingungen in diesem Handel überlasse ich ganz ihm. Was
mich selber angeht und beschäftigt, ist die Frage, was in das Buch
hinein soll und ob ein doch einigermaßen intellektueller Aufsatz
wie der im *Atlantic* eine geeignete Einleitung zu einer Sammlung
darstellt, die doch schließlich und endlich bloß aus alten Groschen-
romanen besteht. Offen gestanden, ich bin in diesem letzten Punkt
einfach ratlos. Der Aufsatz vertritt die, mir immer noch triftig
erscheinende, Ansicht, daß der liebe altmodische Detektivroman,
der den Grundstock der Leihbüchereien bildet, zu einem guten
Teil buntes Geschwätz ist, und zwar a) weil er nie von was wirklich
Realem handeln kann, und b) weil er unter seinen eigenen Regeln
schlappmacht. Dann sage ich, das einzige, was wirklich was tauge,
sei der realistische Detektiv- oder Kriminalroman. Und *dann* gehe
ich her und überreiche dem Publikum einen Strauß Geschichten,
die, was immer auch an Vorzügen oder Mängeln in ihnen stecken
mag, mit Sicherheit nicht das waren, worauf ich in dem Essay die
ganze Zeit hinauswollte. Ich hätte sie selbst damals viel besser
hinkriegen können, aber der springende Punkt ist, daß man
mich nicht gelassen hat. Und darauf kann ich mich ja nicht gut herausreden.

Ich kann mich einfach des Gedankens nicht erwehren, daß die
Verwendung des Essays als Vorwort zu meinen eigenen frühen

---

* Targ, damals bei der World Publishing Company, hatte eine Anthologie von Chandlers
  Black-Mask-Geschichten vorgeschlagen, die Chandlers *Atlantic*-Aufsatz *The Simple
  Art of Murder* als Vorwort einleiten sollte.

Schreibereien mich doch recht albern dastehen läßt. Ich nehme an, Sie haben das bedacht. Ich nehme an, Sie haben ein Argument dagegen.

Was nun die tatsächliche Auswahl der Geschichten betrifft, die ja alle bereits in Taschenbüchern zu 49 und 25 Cents wiederveröffentlicht sind, so vermute ich, daß ein umfangreicheres Buch in derselben Preislage wohl keinen Schaden anrichten würde. Ich weiß, Sie wollen ein richtig dickes Buch, um Ihren Preis zu rechtfertigen. Aber es gibt unter den Geschichten einige, die ich ganz gern aus dem Verkehr gezogen sähe, aus mehrerlei Gründen. Diese Gründe möchte ich ebenfalls erst mit meinem Agenten besprechen. Ich treffe mich nächste Woche mit ihm.

Ihr sehr ergebener
Raymond Chandler

AN H. N. SWANSON

6005 Camino de la Costa
La Jolla, California
20. Dezember 1946

Lieber Swanie:

Hiermit möchte ich Ihnen sehr, sehr herzlich für Ihr Weihnachtsgeschenk danken, das kleine Radio.

Aus seiner Form schloß ich, daß es für ein Bücherregal vorgesehen war. Ich habe es deshalb zwischen Rogets *Thesaurus* und Bartletts *Quotations* gestellt, und ich muß wirklich lachen, wenn der schwachsinnige Dialog der Serie «Wenn ein Mädchen heiratet» ausgerechnet zwischen diesen beiden Büchern hervorkommt.

Meine Frau sagte (leicht paraphrasiert): «Warum zum Teufel sollte Swanson dir immer neue Geschenke machen, wenn du selber kein verdammtes bißchen für ihn tust, außer ihm einen Haufen Sorgen zu machen, und besonders wenn du ihm überhaupt nichts wiederschenkst?»

Ich werde darum nach einem Paar zwölfhundert Jahre alter Ming-Vasen Ausschau halten, um sie Ihnen zu Ihrem nächsten Geburtstag zu verehren, und ich hoffe, sie werden groß genug sein, um Ihnen als Behälter für Ihre abgelegten Klienten dienen zu können.

Die freundlichsten Grüße und besten Wünsche für Sie und die Ihren —

AN MRS. ROBERT J. HOGAN*

27. Dezember 1946

Sehr geehrte Mrs. Hogan:

[...]

Meine Erfahrung mit dem Versuch, Leuten beim Schreiben zu helfen, ist begrenzt, war aber äußerst intensiv. Ich habe da alles getan, habe angehenden Schriftstellern Geld zum Leben gegeben, habe Geschichten für sie entworfen und umgeschrieben, und dabei habe ich immer wieder festgestellt, daß alles eitle Mühe war. Die Leute, denen von Gott oder der Natur bestimmt ist, Schriftsteller zu werden, finden ihre eigenen Antworten, und denen, die fragen müssen, ist einfach nicht zu helfen. Sie möchten einfach nur gern Schriftsteller sein, das ist alles.

[...]

Mit freundlichen Grüßen
Raymond Chandler

---

* Lehrerin in New Jersey, die Chandler geschrieben und ihn um einen Rat für die Jugend gebeten hatte.

1947

AN CHARLES MORTON

6005 Camino de la Costa
La Jolla, California
Sonntag, 5ter Jan. 1947

Lieber Charles:

[...]

Bin eben mit der Lektüre von *Command Decision* fertig geworden – dem Buch, nicht dem was im *Atlantic* stand.* Ich nehme an, es ist dort einiges ausgelassen worden. Ich konnte's absolut (oder fast) nicht aus der Hand legen und empfand's zugleich als vollkommene Zeitverschwendung, ähnlich wie Gardners Perry-Mason-Geschichten, die ich ebenfalls nicht aus der Hand kriege. *B. F.'s Daughter* – ist genauso, dringt aber ein bißchen tiefer in die Charaktere ein.** Bei Büchern wie diesem komme ich immer mehr dazu, mir Gedanken zu machen, wohin die Literatur eigentlich steuert – ohne daß ich freilich sehr weit damit komme. Ich habe Ihnen einmal in einer Laune von ruppigem Sarkasmus geschrieben, daß die Techniken der Belletristik inzwischen derart hochstandardisiert seien, daß demnächst wohl eine Maschine das Romanschreiben erledigen würde. Was mich an diesem Buch, *Command Decision*, und anderen seinesgleichen so stört, ist die Tatsache, daß es alles hat, was ein guter Roman haben sollte, Können, Vorstellungsfülle, Witz und Ehrlichkeit. Es hat ein Thema – etwas, was ich noch nie gehabt habe; es

---

* William Wister Haines, *Command Decision*, 1947.
** Von John P. Marquand.

hat einen scharfen, unmittelbaren Sinn für das Leben, wie es gegenwärtig läuft. Ich würde mich schwertun, wenn ich sagen sollte, was es denn nun *nicht* hat, aber eben das, was es nicht hat, egal was das sein mag, ist wichtiger als das, was es hat. Davon bin ich felsenfest überzeugt, wenn ich auch nicht erwarte, daß mir jemand anders den Einfall abkauft. Ihr Mr. Weeks, der ein viel intelligenterer Mann ist als ich, hält Marquand für einen ernsthaften Schriftsteller.* Ich finde das nicht. Ich meine, er ist einfach ein flinker und gewiefter Journalist. Ich meine, er wird fünf Jahre nach seinem Tod gründlich vergessen sein, von allen, bis auf ein paar wenige Leute. Liegt es daran, daß diese Bücher so rasend schnell geschrieben werden, wie in einer Art Fieber? Keine Antwort; das gleiche trifft auf eine Menge Literatur zu, die ganz schön lange überdauert hat. Das Tempo der Niederschrift hat nichts damit zu tun; manche Köpfe destillieren eben viel schneller als andere. Liegt es daran, daß die Verfasser dieser Bücher ausschließlich mit entliehenen Techniken arbeiten und man folglich nie das Gefühl hat, eine wirkliche Schöpfung vor sich zu haben, sondern eher nur einen Bericht, eine Reportage? Näher dran, aber immer noch nicht die eigentliche Antwort. Zweifellos bekommen wir eine Menge gekonnter Reportage, die sich als Roman verkleidet, und das wird auch weiter so gehen, aber was ihr im wesentlichen mangelt, ist, glaube ich, eine emotionale Qualität. Selbst wenn diese Art Roman vom Tod handelt, und das tut sie ja oft, hat sie nichts Tragisches. Eigentlich ist das wohl auch nicht anders zu erwarten. Ein Zeitalter, das unfähig ist zur Poesie, ist zu *jeder* Art Literatur unfähig, außerhalb jener Gewieftheit, die zur Dekadenz gehört. Die Jungens können alles sagen, ihre Szenen sind in fast ermüdender Weise sauber und gefällig, sie bringen alle Fakten und alle Antworten, aber sie sind kleine Leute, die vergessen haben, wie man betet. Wie die Welt immer winziger wird, so wird auch der Verstand der Menschen immer winziger, kompakter und leerer. Diese Schreiber sind die Maschinenwärter der Literatur.

Ray

* Edward Weeks, Herausgeber des *Atlantic Monthly*.

AN EDWARD WEEKS

6005 Camino de la Costa
La Jolla, California
18ter Jan. 1947

Lieber Mr. Weeks:

Ich fürchte, Sie haben mir regelrecht die Sprache verschlagen. Ich hielt *Juju Worship in Hollywood* für einen tadellosen Titel.* Wieso man damit Verbrechen und Heimlichkeit assoziieren müßte, ist mir schleierhaft. Aber Sie sind der Boss. Als ich über die Schriftsteller schrieb, ist Ihnen dieser Einfall nicht gekommen. Ich habe an alle möglichen Titel gedacht, zum Beispiel *Bank Night in Hollywood, Sutter's Last Stand, The Golden Peepshow, All it Needs is Elephants, The Hot Shot Handicap, Where Vaudeville Went it Died* und dergleichen Schmonzes. Aber nichts, was einem auf der Zunge zergeht. Übrigens, seien Sie doch so gut, dem Puristen, der bei Ihnen Korrektur liest, mein Kompliment zu übermitteln und ihm mitzuteilen, daß ich in einer etwas heruntergekommenen Mundart schreibe, die so ähnlich klingt, wie ein Schweizer Kellner redet, und wenn ich einen Infinitiv teile, dann teile ich ihn, gottverdammtnochmal, damit er geteilt bleibt, und wenn ich die samtene Glätte meiner mehr oder minder literarischen Syntax mit ein paar jähen Wörtern aus der Sphäre der Bars aufreiße, dann geschieht das mit weit offenen Augen und einem zwar entspannten, aber durchaus wachen Verstand. Das Verfahren mag nicht vollkommen sein, aber ich wende es nun einmal an. Ich glaube, Ihr Fahnenleser hat sich das freundliche Ziel gesetzt, mir unter die schwachen Arme zu greifen, aber so sehr ich die liebenswürdige Bemühung zu schätzen weiß, fühle ich mich doch imstande, selber einen leidlich klaren Kurs zu steuern, vorausgesetzt, ich habe beide Gehsteige und die Straße dazwischen zur Verfügung.

Wenn mir noch etwas einfällt, werde ich Ihnen telegraphieren.

Freundlichste Grüße –

---

* Aufsatz über die Hollywood Academy Awards, erschienen unter dem Titel *Oscar Night in Hollywood* im *Atlantic Monthly*, März 1948.

AN MRS. ROBERT HOGAN

8ter März 1947

Sehr geehrte Mrs. Hogan:

Besten Dank für Ihren eleganten Brief. Es war ganz zauberhaft von Ihnen, mir so ausführlich zu schreiben. Und es befriedigt mich sehr, daß es außer mir noch jemand anderen gibt, der lange Briefe schreibt. Ein paar Anmerkungen zu Ihrem Fragebogen. Mein erstes Schreibstück war, möchte ich sagen, ein Gedicht. Dann habe ich, als ich noch ganz jung war, ausgedehnte Erfahrungen durch die Arbeit für Tageszeitungen und Wochenblätter in England gesammelt, aber obwohl ich mich dabei ganz wie die meisten Leute ins Zeug gelegt habe, war ein anständiger Lebensunterhalt damit doch nicht zu gewinnen. So bin ich, als ich in dieses Land kam, ins Geschäftsleben gegangen. Groschengeschichten zu schreiben habe ich während der Depression angefangen, als mein hochbezahlter Geschäftsführerposten über Bord ging. Das besondere Medium, das ich mir wählte, ergab sich aus meiner Überzeugung, daß (a) die Groschenliteratur der Zeit damals teilweise doch über eine sehr ehrliche, redliche Substanz verfügte, daß (b) der literarische Standard flexibel war und die Chance einer «bezahlten Lehrzeit» bestand, und daß es (c) durchaus möglich sein mußte, die Geschichten, die in der *Black Mask* im Durchschnitt nicht allzugut waren, doch wesentlich besser zu schreiben, ohne ihre Aussichten bei der Leserschaft zu schmälern.

Für die Hochglanzzeitschriften habe ich nur eine einzige Geschichte geschrieben. Sie ging an die *Post*, und dort mochte man sie und wünschte sich mehr vom selben Genre. Aber gegen den Rat meines (zankenden und schließlich fast zornigen) Agenten hatte ich die Überzeugung gewonnen, daß die Oberflächenglätte der Hochglanzprosa etwas Natürliches nur war, wenn sie weiblich war, und daß es mir, wenn ich's darin zu etwas brachte (was für den Rückblick leicht zu sein scheint, mir damals aber gar nicht so vorkam), am Ende noch verdammt leid tun würde. Was ich machte, lief – von außen gesehen – auf ein glattes Verlustspiel hinaus. Ich schrieb meine Groschengeschichten mit demselben Aufwand an Sorgfalt wie Hochglanzprosa. Die Arbeit, die ich so investierte, machte sich armselig bezahlt. Ich folgte gehorsam dem Schema, weil es mir ehrlich gefiel, aber ich war unentwegt mit dem Versuch beschäftigt, es zu erweitern, gleichsam auf kleine Inseln der Beschreibung auszuweichen, die nicht unbedingt notwendig waren, von denen aber nach meinem Gespür doch selbst auf die halbgebildeten Leser eine unbewußte Wirkung ausging; ich hatte irgendwie das Gefühl, daß mit dieser Art von Geschichte zu etwas zu gelangen sei, was einfach eine Bereicherung der Textur darstellte, und daß man sie mit den Mitteln der Hochglanzprosa nicht erreichen konnte. Oder daß zumindest ich das nicht konnte. Am Ende gelang mir das auch, und es liegt auf der Hand, daß Leute wie zum Beispiel Charles Morton vom *Atlantic*, wenn sie die Ansicht äußern, einer meiner Groschenromane sei besser als alles, was Hammett je schrieb, nicht von den geläufigen Krimiqualitäten reden, von der Verbrechensaufklärung oder vom Stoffplan überhaupt, sondern von diesem Reichtum der Textur. Ich selber mag meine alten Geschichten nicht mehr und bin ein bißchen ängstlich bei dem Gedanken, daß sie in einem Sammelband wiedererscheinen. Aber ich mag durchaus noch, was ich in ihnen versucht habe.

Eine meiner schriftstellerischen Eigenheiten und Schwierigkeiten besteht darin, daß ich nichts wegwerfen kann. Wie ich gehört habe, ist das unprofessionell, und überhaupt soll es eine typische Dilettantenschwäche sein, nicht richtig zu merken, wann das Zeug sich festgefahren hat und im Kreis dreht. Ich merke das bei meinen Sachen sehr wohl, wenn ich sie vor mir liegen habe, aber ich kann mich einfach nicht über die Tatsache hinwegsetzen, daß ich ja doch einmal einen Grund, ein Gefühl hatte, das mich bewog, es niederzuschreiben, und dann erscheint's mir wie ein Armutszeugnis, wenn ich nicht damit zu Rande käme. Ich habe durch diese Sturheit schon Monate Zeit verloren. Trotzdem, nachdem ich in Hollywood gearbeitet habe, wo die Analyse von Handlungsverlauf und Motivation tagtäglich mit ausgemachter Rücksichtslosigkeit vorangetrieben wird, ist mir klar, daß es immer eine Handlungsschwierigkeit war, was mich aufhielt. Ich habe einfach nie weit genug im voraus geplant. Ich schrieb etwas hin, was mir gefiel, und dann kostete es mich regelmäßig eine höllische Zeit, es in die Struktur einzupassen. Daraus resultierten oft mancherlei Wunderlichkeiten in der Konstruktion, die mich aber nicht weiter stören, weil mich die Handlung im Grunde kaum interessiert.

Eine andere meiner Eigentümlichkeiten (und an die glaube ich nun unerschütterlich) ist die, daß ich nie wirklich weiß, wie meine Geschichte aussehen wird, bevor ich nicht den ersten Entwurf niedergeschrieben habe. So betrachte ich diesen ersten Entwurf auch stets als Rohmaterial. Was mir darin einen lebendigen Eindruck macht, gehört dann in die Geschichte selbst. Selbst wenn der gefällige Fluß dabei verlorengeht, bewahre ich doch alles, was diese Wirkung hat: auf eigenen Füßen daherzukommen. Eine gute Geschichte kann man sich nicht einfach ausdenken; sie muß destilliert werden. Auf lange Sicht ist, wie wenig man auch darüber spricht oder auch nur darüber nachdenkt, das Dauerhafteste an der ganzen Schriftstellerei der Stil, und der Stil ist das Wertvollste, in das ein Schriftsteller seine Zeit investieren kann. Das zahlt sich nur langsam aus, der Agent wird's begrinsen, der Verleger mißverstehen, und es braucht Leute, von denen man noch nie gehört hat, um beide nach und nach davon zu überzeugen, daß der Autor, der seiner Schreibweise einen individuellen Stempel aufdrückt, sich immer auszahlen wird. Er kann das nicht, indem er's einfach versucht, weil die Art Stil, an die ich hier denke, eine Projektion der Persönlichkeit ist, und diese Persönlichkeit muß man erst einmal haben, bevor man sie projizieren kann. Aber selbst wenn man sie hat, bekommt man sie auch nur dann aufs Papier, wenn die Gedanken auf etwas anderes gerichtet sind. Hierin liegt eine gewisse Ironie; es ist der Grund dafür, nehme ich an, daß ich inmitten einer Generation von «gemachten» Schriftstellern immer noch behaupte, daß man einen Schriftsteller gar nicht machen kann. Vertiefung in das Problem Stil bringt noch lange keinen hervor. Kein noch so großer Aufwand an Bearbeitung und Glättung hat irgendeine nennenswerte Wirkung auf die Atmosphäre, die in der persönlichen Schreibweise eines Autors entsteht. Stil ist das Ergebnis der Qualität seines Empfindens und seiner Perzeption; erst die Fähigkeit, beide zu Papier zu bringen, macht ihn zum Schriftsteller – im Gegensatz zu den zahlreichen Leuten, deren Empfinden und Perzeption zwar ebensogut und lebhaft sind, die aber von der Realisierung auf dem Papier immer Lichtjahre entfernt bleiben. Ich kenne verschiedene gemachte Schriftsteller. Hollywood ist natürlich voll davon; ihr Zeug vermittelt oft unmittelbar den Eindruck geballter Kompetenz und Welterfahrung, aber darunter ist es hohl, und man greift nie mehr darauf zurück. Ich jedenfalls nicht.

Wenn jemand mich um einen Rat für anfangende Schriftsteller bäte, so würde ich vermutlich ganz aufrichtig sagen, daß ich gar nicht genug weiß, um einen Rat von genereller Verbindlichkeit geben zu dürfen. Sie dagegen, Sie sind zum großen Teil mit dem Problem beschäftigt, Leuten zu zeigen, wie man seinen Stoff marktfähig macht. Vermutlich, oder mit Sicherheit, verstehen Sie davon eine Menge mehr als ich. Jedenfalls habe ich bei dem Versuch, jemandem dabei zu helfen, nie eine glückliche Hand gehabt. Weisheiten, wie ich sie aus meinen eigenen Kämpfen vielleicht inzwischen gewonnen habe, sind nur à la longue nützlich, denn sie laufen so ziemlich auf die Meinung hinaus, daß zuviel Beschäftigung mit der Mechanik des Schreibens unweigerlich ein Zeichen für schwaches Talent ist oder für überhaupt keins.

Sehr ergeben
Raymond Chandler

AN JAMES SANDOE

6005 Camino de la Costa
La Jolla, California
8er März 1947

Lieber Sandoe:

Dank für Ihren Brief vom 19ten Feb. Hatte die Grippe und bin just dabei, mich wieder zu bekraxeln. Habe *Blondes' Requiem* noch nicht abgeschickt, hoffe's aber Montag zu schaffen. Nein, unternehmen möchte ich nichts.* Ich bin nur einer von diversen plagiierten Schriftstellern, und ein meßbarer Schaden ist vermutlich nicht entstanden. Ich habe versucht, meinen Verleger zu veranlassen, an den Verleger von BR zu schreiben und ihm die Tatsachen mitzuteilen, nur für den Fall, daß er Gelegenheit hätte, eine Taschenbuchausgabe herauszubringen. Sieht aber so aus, als hätte sein Anwalt Angst, auch nur so weit zu gehen. Ich finde das falsch.

Ich möchte noch gern über den Punkt *Pin to see Peepshow* in Bezug auf Hamlet etc. mit Ihnen rechten.** Ich meine, *Hamlet, Macbeth,* die großen griechischen Tragödien, *Anna Karenina* und Dostojewski etc. sind etwas ganz anderes, gar nicht so sehr, weil sie besser sind, wie weil sie im selben Sinne die Nerven weniger erregen. Es ist (für mich wenigstens) ein großer Unterschied zwischen einem tragischen Ende und einem elend unglückseligen Schluß. Man kann Tragödien nicht auf dem Niveau des Vorstadtromans schreiben; da hat man nur das Elend, ohne das reinigende Element der hohen Gefühle. Und natürlich sind die Gefühle in ihrer Qualität eine Sache des Wurfs, wie man's eben hinkriegt, was zur Gänze auf Stilwirkung hinausläuft. Es ist nicht damit getan, nur einfach Leute von heroischem Format auftreten zu lassen.

Die *Lady in the Lake* habe ich mir nicht angesehen. Das ist nur

---

* Von Raymond Marshall, Pseudonym für Rene Raymond, der auch unter dem Namen James Hadley Chase schrieb. Chandlers Verleger verklagte ihn erfolgreich auf Entschädigung für Plagiate an Werken von Chandler, Dashiell Hammett und Jonathan Latimer.

** F. Tennyson Jesse, *A Pin to See the Peepshow*, 1934.

fair, denke ich. *The Brashear Doubloon** ist entschieden schlecht: armselige Schauspielerei, armselige Regie, ein jämmerliches Drehbuch. Eigentlich hätte's der beste Film von allen werden sollen. Zwar habe ich die Story verpfuscht, aber die Story war da. Ich verstehe schon, warum Haycraft in seiner Anthologie nicht begreifen kann, wieso Sie *The High Window* über *Farewell My Lovely* gestellt haben.** Ich war da ganz mit Ihnen einig. *The High Window* war, bei all seinen Schwächen, mehr als nur ein rabiat stilisierter Krimi.

Nein, ich arbeite nicht an einer Mordgeschichte ohne Aufklärung. Ich habe so eine Geschichte zwar im Kopf, bin aber noch nicht weiter dazu gekommen. Ich bin, oder vielmehr war, mit einem weiteren Marlowe beschäftigt, weil ich den Burschen aus geschäftlichen oder beruflichen Gründen für zu wertvoll halte, als daß ich ihn einfach in der Versenkung verschwinden lassen dürfte. Aber ich komme mir mehr und mehr dabei wie ein Schwindler vor. Als nächstes mache ich dann allerdings was für die Universal, und zwar habe ich da den ungewöhnlichsten Vertrag, der je in Hollywood geschlossen wurde; jedenfalls hat man mir das gesagt.*** Die Leute zahlen mir eine große Summe und beteiligen mich prozentual am Einspielergebnis, nur damit ich ihnen ein Drehbuch schreibe, und davon kriegen sie auch nur die Filmrechte. Das Ungewöhnliche an der Sache – Ihnen vielleicht gar nicht so auffällig, wie es, versichere ich Ihnen, ist – besteht darin, daß sie mich nicht anstellen, sondern sich nur einverstanden erklären, die Filmrechte an etwas zu erwerben, was ich auf meine eigene Weise und ohne jede Beaufsichtigung schreiben darf. Natürlich kann ich nicht kontrollieren, was sie dann bei der Produktion damit anstellen. Das habe ich noch durchzusetzen versucht, doch war's ein bißchen zuviel für ihren Blutdruck. Es ist, wie wenn eine Filmfirma die Rechte an einem Drehbuch kauft, das ein Autor ganz auf eigenen Füßen geschrieben hat, mit dem Unterschied nur, daß sie ihren Einsatz machen, bevor ich auch nur ein Wort geschrieben habe.

---

* Filmfassung von *The High Window*.
** Howard Haycraft, *Art of the Mystery Story*.
*** Für das Originaldrehbuch von *Playback*.

[…]

Ich bin ein verdammter Narr, daß ich keine Romane schreibe. Ich beziehe im Jahr immer noch 15 000 Dollar aus denen, die ich geschrieben habe. Wenn ich in naher Zukunft mit einem wirklich guten Buch herauskäme, würde ich wahrscheinlich eine Menge damit verdienen. Seltsamerweise habe ich mein – relativ – bestes Publikum in England, wo mein Verleger, trotz der gräßlichen Papierknappheit, alle meine Bücher wieder auflegt. Und da drüben werden sie auch von den Spitzenkritikern wie Desmond Mac-Carthy und Elizabeth Bowen besprochen. MacCarthy hat mich in die Pfanne gehauen, er schrieb, die Rabiatheit wäre zum großen Teil Bluff (was durchaus stimmt), aber angesichts der Tatsache, daß er – für den *Observer* oder die *Sunday Times*, ich weiß nicht mehr – bloß einen Artikel pro Woche macht und diesen hier ausschließlich einem meiner Bücher gewidmet hat, beschäftigt mich weniger seine kritische Beurteilung als der Platz, den sie ihm wert war.

Freundlichste Grüße –
RC

AN B. D. ZEVIN*

6005 Camino de la Costa
La Jolla, California
9ter März 1947

Sehr geehrter Mr. Zevin:

Daß ich Ihnen nicht eher geschrieben habe, kann ich nur damit entschuldigen, daß ich eine schlimme Form der Grippe hatte, die sich viel länger hinzog als gewöhnlich, und erst jetzt langsam beginne, wieder frech zu werden.

Dank Ihnen aber für das Sandburg-Buch. Diese Gedichte lesen sich jetzt doch recht seltsam. Als sie zuerst erschienen, wirkten sie

---

* Von der World Publishing Company.

ausgesprochen barsch und verteufelt brutal. Jetzt dagegen machen sie, wenn überhaupt einen, dann einen schlichten, zurückhaltenden Eindruck. Sie enthalten eine Menge whitmaneskes Geschwätz um Knab' und Mägdelein etc., das einem wunderlich gezwungen vorkommt, wie bei einem Groschenheftschreiber, der, um seiner Geschichte Kraft zu verschaffen, grobe Wörter hinschreibt statt grober Sachen. So der Stil à la «sie erschlüsselte sich den Zugang zum Zimmer». Gelegentlich finde ich dergleichen in meinen alten Geschichten, aber ich glaube nicht, daß es durch mich dort hineingekommen ist. Die Herausgeber haben sich seinerzeit mir gegenüber eine Menge Freiheiten herausgenommen. Ich habe von Sandburg ein paar Briefe erhalten, alle sehr nett und sehr freundlich. Sie sind im selben aufgedrehten Jargon geschrieben, der ihn, nehme ich an, inzwischen ganz natürlich anmutet, ursprünglich aber wohl ziemlich viel Schweiß gekostet hat.

Grüße und beste Wünsche –
Raymond Chandler

AN DIE HERAUSGEBER
VON HARPER'S MAGAZINE*

An die Herausgeber:

Es war ein ziemlich unglückseliges Zusammentreffen, daß DeVotos Attacke gegen die Ansprüche des professoralen Schreibens [*The Easy Chair*, März 1947] in derselben Nummer erscheinen mußte wie Eric Bentleys eleganter Aufsatz *Broadway and Its Intelligentsia*, das einzige intelligente, nichtrotzfreche Prosastück über die Theaterwelt, das ich seit Jahren gelesen habe. (Ich nehme nicht für mich in Anspruch, alles darüber gelesen zu haben.) Bent-

---

* Dieser Brief war die Antwort auf einen polemischen Artikel gegen die Schreibweise englischer Professoren von Bernard DeVoto: *The Easy Chair*, März-Heft 1947. Textwiedergabe nach dem Abdruck in der Zeitschrift.

ley schreibt bei weitem zu subtil, als daß er sich in irgendeiner denkbaren Verallgemeinerung unterbringen ließe, aber wenn ein Professor – irgendeiner – so gut schreiben kann wie dieser, dann macht diese ganze pseudokomplizierte Unterscheidung zwischen dem Professionellen und dem Dilettanten doch wohl nicht viel Sinn. Einen solchen Unterschied gibt es nicht und hat es nie gegeben. DeVoto sagt, der Unterschied sei «kein gradueller, sondern einer der Art. Er (der Professionelle) ist von anderer Nerven-, Muskel- und Seelenkonstitution. Sein Kopf hat einen anderen Metabolismus».

Was ist das nun wieder für ein hochtrabender Unsinn! Denkt DeVoto nach, bevor er schreibt, denkt er, während er schreibt, oder läßt er seinen ziemlich konfusen Sprachgeschmack das Denken für ihn besorgen? Ich habe den Verdacht, das letztere trifft zu. Ich glaube, er drechselt sich ein paar schöne glatte Sätze zusammen und richtet dann sein Denken nach ihnen, damit er sie nicht wegschmeißen muß. Das ist, leider, bei Schriftstellern ein nur zu gewöhnlicher Vorgang.

Dies ganze Gerede über «Profis» ist selber der schiere Dilettantismus. So etwas wie Professionalismus gibt es beim Schreiben gar nicht. Würde DeVoto Miss Nancy Bruff und Miss Kathleen Winsor für professioneller halten als weiland Sir Walter Raleigh? Hält DeVoto sich selbst für einen besseren Schriftsteller als J. B. S. Haldane oder Denis Brogan?* Und wenn, was müssen die tun, um einen Mitgliedsausweis zu kriegen – einen Fortsetzungsroman fürs *Collier's* schreiben?

Raymond Chandler

---

* Kathleen Winsor und Nancy Bruff schrieben populäre Romane, Denis Brogan und J. B. S. Haldane waren Fachhistoriker, deren Bücher viel gelesen wurden.

AN EDGAR CARTER*

[...]
Übrigens, haben Sie jemals die Bibel gelesen? Sehr oft vermutlich nicht; ich aber hatte neulich abend die Gelegenheit, und glauben Sie mir, man kann daraus lernen, wie man nie und nimmer fürs Kino schreiben darf. Die allerschlimmste Zeilenschinderei. Ganze Kapitel, die sich in einem einzigen Abschnitt hätten erzählen lassen. Und der Dialog! Ich wette mit Ihnen, bei Macmillan ärgern die sich zu Tode, daß sie das Ding nicht im Programm haben. Sie hätten's leicht zum Bestseller gemacht. Und um es in Boston verboten zu kriegen, müßten sie, denk ich, das Schmutz-und-Schund-Komitee nicht einmal schmieren, die rote Laterne dran aufzuhängen.

Grüße und feste Pünsche –
Ray

AN JEAN BETHEL

6005 Camino de la Costa
La Jolla, California
20ster April 1947

Liebe Jean:

[...]
Den wirklich guten Kriminalfilm gibt es noch nicht, wenn man von Hitchcock absieht, der aber eine ganze andere Art von Film macht. Der *Maltese Falcon* kam ihm noch am nächsten. Der Grund ist der, daß der Detektiv im Film immer in irgendein Mädchen vernarrt sein muß, während es doch zu seinen eigentlichen Persön-

---

* Textwiedergabe nach einer Abschrift.

159

lichkeitsmerkmalen gehört, daß er sich, als Detektiv, in niemanden vernarrt. Er ist die rächende Gerechtigkeit, der Ordnungsbringer im Chaos, und wenn man sein Handeln zum Halbpart einer abgedroschenen Junge-trifft-Mädchen-Story macht, wird's einfach blöd. Aber in Hollywood kann man keinen Film machen, der nicht in erster Linie eine Love-Story wäre, will sagen eine Geschichte, in der Sex das Hauptmotiv ist.*

[...]

Ray

AN DALE WARREN

6005 Camino de la Costa
La Jolla, California
2. Juni 1947

Lieber Dale:

[...]

Der Status meiner Romanschreiberei ist quo. Ich hab' sie in den Spind gehängt, sehr zu meinem Bedauern, um ein Drehbuch zu machen. Mit dem sollte ich so im Oktober fertig sein, vorzugsweise sogar 1947. Danach gedenke ich mich wieder dem Roman zu widmen, falls ich um die Zeit nicht in einer Zwangsjacke stecke.

[...]

Ich habe die Buchklubs immer gehaßt und war immer schon der Ansicht, daß der Verleger viel zuviel aus den Nebenrechten der Bücher, die er druckt, in die Tasche steckt. Die Tatsache, daß er gelegentlich einem etablierten Schriftsteller gegenüber Konzessionen macht, ändert nichts an seiner Praxis gegenüber den nicht-etablierten Schriftstellern. Vielleicht könnte er sich ja rechtfertigen, aber er rückt nie mit irgendwelchen Zahlen heraus. Er sagt einem nicht, was seine Bücher ihn kosten, er sagt einem nicht, wie hoch seine Generalien sind, er sagt einem praktisch überhaupt

---

* [Anm. d. Ü.:] Im Original «... in which sex is paramount» (= vorherrschend, an der Spitze stehend): unübertragbares Wortspiel mit dem Namen der Filmfirma.

nichts. Er berichtet einem nicht einmal geziemend, verständlich und pünktlich, wie die eigenen Bücher gehen. Versucht man mit ihm vom Geschäft zu reden, so spielt er sofort den Gentleman und Gelehrten, und will man ihm auf der Ebene der moralischen Integrität kommen, so fängt er prompt vom Geschäft an.

Freundlichste Grüße –
Ray

AN ERLE STANLEY GARDNER

6005 Camino de la Costa
La Jolla, California
1. Juli 1947

Lieber Erle:

Sie haben nichts versäumt letzte Woche mit der Philip-Marlowe-Show.* Es war eine rundweg platte Angelegenheit. Heute abend wird's hoffentlich besser.

Joe Sistrom (Produzent bei U-l) war übers Wochenende hier, und wir haben die Story kleingeschnipselt und sie so wieder zusammengesetzt, daß sie ein bißchen mehr nach des Herzens Wünschen ist.** Aber ich werde wohl kommenden Montag nach Los Angeles müssen und das Ding Szene für Szene aufs Reißbrett bringen, eine Aufgabe, die wohl die ganze Woche braucht. Man erwartet von mir, daß ich am 1. August ein erstes Rohdrehbuch abliefere, aber daran ist gar nicht zu denken. Mein Gehirn quält sich schon seit geraumer Weile nur noch im ersten Gang um die Runden.

Ich bin wieder ohne Sekretärin. Die letzte war eifrig und willig und gab sich große Mühe, hatte aber einfach nicht den nötigen Bildungshintergrund für die Arbeit, und da sie schon in den Vierzi-

---

 * Rundfunk-Bearbeitung von Chandlers Geschichten.
** Drehbuch zu *Playback*.

gern stand, war auch wenig Aussicht, daß sie noch was dazulernte. Alles, was sie schrieb, mußte korrigiert und neu geschrieben werden, und selbst dann war's selten richtig. Ich habe Briefe rausgehen lassen, die grobe Zeichensetzungsfehler enthielten, bloß aus schierem Überdruß. Bei den Plattendiktaten schrieb sie ein Zeug hin, das absoluter Unsinn war, und merkte nicht einmal, daß es Unsinn war. Nicht ein einziges Mal ist sie zu mir gekommen und hat gesagt: Hier, so klingt das für mich, aber das kann wohl nicht stimmen, weil es keinen Sinn ergibt. Sie schrieb's einfach hin, wie sie's hörte, und der Sinn war ihr wurscht. Ich kann ja noch verstehen, daß so eine nicht imstande ist, «promissory» richtig zu buchstabieren, und es «promisary» schreibt, wenn sie kein Lexikon zur Hand hat. Aber ich kann nicht begreifen, daß sie's nicht nachsieht, wenn ein paar Schritt von ihrem Schreibtisch ein kompletter Webster steht. Es war nicht eigentlich Nachlässigkeit; ihre Kenntnis der Schriftsprache wies nur derartige Wüstenflächen auf, daß sie von vornherein damit rechnete, die Hälfte von dem, was sie schrieb, nicht kapieren zu können.

Alles Beste –
Ray

AN JAMES SANDOE

6005 Camino de la Costa
La Jolla, California
10ter August 1947

Lieber Sandoe:

Die *Partisan Review* ist eingetroffen. Ich verstehe nicht ganz, warum Sie sich soviel Mühe machen. Sie ist eine recht gute Zeitschrift in ihrer Art. Sie hat keinen Cyril Connolly oder Orwell, und gewiß steht sie weit unter dem alten *Dial*, für das ich in den frühen zwanziger Jahren eine ziemlich verbitterte Verehrung hegte. Diese superschlauen Leute sind eine nützliche Katharsis für den mehr praktisch denkenden Schriftsteller, der, ob er nun auf Geschäftserfolge aus ist oder nicht, gewöhnlich lange genug gelebt hat, um nicht jedes Bündel neu auftauchender Meinungen allzu ernst zu nehmen. In meinen sehr jungen Jahren, als Shaws Bart noch rot war, hörte ich in London einmal einen Vortrag von ihm über Kunst um der Kunst willen, was damals offenbar etwas bedeutet hat. Die Sache paßte Shaw natürlich nicht; ihm paßten überhaupt nur sehr wenige Sachen, wenn er nicht als erster drauf gekommen war. Aber Kunst um der Propaganda willen, das ist noch schlimmer. Und eine kritische Zeitschrift, deren Primärziel nicht ist, intelligent zu denken, sondern die nur darauf aus ist, ein Sortiment politischer Ideen gleich welcher Farbe auszuschlachten, kommt am Ende unweigerlich dahin, daß sie kritisch nur noch im umgangssprachlichen Sinn ist und intelligent nur noch im Sinn eines permanenten und ziemlich krampfigen Bemühens, andere Meinungen über die Dinge zu finden, als andere Leute sie gefunden haben. Folglich gehen diese Zeitschriften nach einer Weile alle ein; sie gewinnen nie wirkliches Leben, sondern nur einen Abscheu vor anderer Leute Ansichten vom Leben. Aus ihnen spricht die Intoleranz der sehr Jungen und die Anämie geschlossener Räume und zuviel Mitternachtsraucherei. Und Gott stehe Ihnen bei, wenn Sie Vertrauen zu den Burschen haben und ihnen dann in Person begegnen! Aber dies letztere ist eine ziemlich unfaire

Stichelei, weil man das von den meisten Schriftstellern sagen könnte. Es ist eine ganz gräßliche Sache, das Buch eines Menschen zu bewundern und ihn dann persönlich kennenzulernen: da ruinieren einem ein paar selbstgefällige Attitüden das ganze Vergnügen an seinem Werk, so daß man am Ende nicht nur ihn als Persönlichkeit nicht mehr leiden, sondern auch nie mehr mit offenem Sinn etwas von ihm lesen kann. Sein garstiges kleines Ego feixt einen dauernd zwischen den Zeilen an.

[...]

Ganz der Ihrige –
Chandler

AN JAMES SANDOE

6005 Camino de la Costa
La Jolla, California
2ter Oktober 1947

Lieber Jim:

[...]

Der Verriß der *Blue Dahlia* im *New Writing* soll mir recht sein. Mit vielem darin stimme ich ganz überein. Ich habe den glücklichen Zustand erreicht, vollkommen unempfindlich gegen feindliche Kritiken zu sein, während ich bei freundlichen vor Freude glühe. Wenn ich der Typ des Leserbriefschreibers wäre, würde ich mir ein bißchen Zeit dafür nehmen, ein paar Punkte zu bestreiten. Z.B. ist es absolut lachhaft zu behaupten, ein Schriftsteller in Hollywood hätte, und wenn er noch so störrisch wäre, «freie Hand» bei einem Skript; er mag freie Hand haben beim ersten Entwurf, aber dann geht's unfehlbar los mit dem Dreingerede. Auch was beim Drehen passiert, entzieht sich völlig der Kontrolle des Autors. In meinem Fall hier habe ich gedroht, das Ganze vor Abschluß hinzuschmeißen, wenn dem Regisseur nicht bedeutet würde, er habe sich seiner eigenen albernen Dialogeinfälle zu enthalten. Was die gewalttätigen Szenen betrifft, so habe ich sie in dieser Form gar nicht geschrieben. Auch das Massaker nicht. Die Sache mit dem gebrochenen Zeh war ein Unfall. Der Mann hatte sich wirklich den Zeh gebrochen, und so schlug der Regisseur sofort Kapital daraus.

Der Punkt, um den es sich hier wirklich dreht, ist die Frage, ob physische Gewalttätigkeit schlimmer ist als psychologische. Das Element des Burlesken ist von diesem Kritiker ebenfalls ganz übersehen worden. Gründlich daneben haut er, ohne es zu wissen, wo er den Film schlecht geschnitten nennt. In Wirklichkeit meint er, die Regie sei so schlecht gewesen, daß der Schnitt, den ein großer Könner gemacht hat, darüber nicht hinwegtäuschen konnte. So oft man einen überragend gut geschnittenen Film sieht, z.B. *Air Force, Murder My Sweet, The Big Sleep*, kann man sicher sein, daß entweder der Regisseur selber einmal Cutter gewesen ist oder daß bei den Dreharbeiten ein Cutter dabei war und bei den einzelnen Aufnahmen jeweils vorher mit zu Rate gezogen wurde. Der beste Cutter in Hollywood kann eine verhatschte Regie nicht wieder in Ordnung bringen; er kann nicht Szenen in Fluß bringen, die staccato geschossen sind, ohne Bezug zu ihrer filmischen Bewegung. Wenn der Cutter eine Überblendung machen will, um einen abrupten Übergang zu verdecken, dann kann er das nur, wenn er genügend Filmmaterial für die Überblendung hat. Wenn jeder Viertelmeter in einer Szene für die wesentliche Handlung benötigt wird, bleibt fürs Überblenden eben nichts übrig. Der Regisseur hat die Notwendigkeit einer Überblendung nicht bedacht (weil er nicht wußte, daß die Szene nach der, die er grad drehte, vielleicht wegfallen würde), deshalb hat er kein Filmmaterial dafür genehmigt. Nehmen Sie ein simples Beispiel. Zwei Personen sprechen über einen Brief, den die eine von ihnen erwartet. Sie befinden sich in einer Wohnung, ein Mann und ein Mädchen. Der Mann sagt: «Er schreibt mir postlagernd. Der Brief liegt wahrscheinlich schon da.» Sagt das Mädchen: «Warum gehst du nicht hin und holst ihn?» Sagt der Mann: «Bist du auch noch da, wenn ich wiederkomme?» Das Mädchen sagt: «Sicher.» und lächelt rätselhaft. Der Regisseur nun, ein schlechter Regisseur, hält sich an das rätselhafte Lächeln und hält sich lange genug dran, daß es für eine Überblendung reicht. Dann erscheint die Post von außen. Der Mann fährt im Taxi vor, zahlt den Fahrer, geht die Treppe rauf. Eingangstür in Großaufnahme, der Mann geht rein, Szene in der Schalterhalle, Mann durchquert sie, Großaufnahme des Schalters für postlagernde Sendungen, Mann erscheint davor und fragt nach dem Brief. Der Beamte sieht die Briefe durch und händigt ihm einen aus und so weiter und so weiter. Nun weiß der Cutter, das alles ist Quatsch, zum Gähnen, ein abgestandener Überrest aus den frühen Tagen des Films, wo die Bewegung selber noch aufregend war. Was man wirklich braucht, ist bloß der Postschalter und der Bursche, der einen Brief in Empfang nimmt. Aber der Regisseur hat sich diese Szene verdorben, indem er auf dem rätselhaften Lächeln des Mädchens abblendete und das Publikum so auf die Frage brachte, was dieses Mädchen wohl im Schilde führe. Folglich mußte das dann durch eine gänzlich unnötige Serie von Einstellungen, die das Eintreffen beim Postamt zeigten, wieder verwischt werden. Der Regisseur hat versucht, einen Akzent an eine Stelle zu setzen, die zu diesem Zeitpunkt der Handlung noch gar keine Bedeutung hat, und dadurch den Schnittmechanismus zum Ausrasten gebracht.

Der Akzent sitzt auf der Erwartung, ob ein bestimmter Brief angekommen ist. Eine Hand reicht ihn über den Schaltertisch, und der Mann nimmt ihn entgegen. Das ist alles. Aber es ist nicht das, woran die vorhergehende Szene einen denken ließ. Die ließ einen nämlich überlegen, was das Mädchen wohl vorhaben könnte, während der Bursche auf der Post war. Und da muß nun der arme Cutter, um seinen Akzent hinzukriegen, meterweise Film vergeuden, damit das Publikum Zeit hat, das zu vergessen. Und nicht nur das, er muß ihm auch noch meterweise Langeweile vorsetzen. Hitchcock hat mir, bei der einzigen Gelegenheit, wo ich mit ihm zusammengetroffen bin, einen Vortrag über diese Art der Vergeudung gehalten. Sein Standpunkt lief darauf hinaus, daß es in Hollywood (und ebenfalls in England) von Regisseuren wimmle, denen es einfach nicht gelungen sei, das alte Biograph zu vergessen. Sie dächten immer noch, der Film interessiere die Leute vor allem deswegen, weil er «bewegte Bilder» zeige. In den frühen Tagen des Films, sagte er, ging das zum Beispiel so: Ein Mann besuchte eine Frau in ihrem Haus. Sie waren alte Liebesleute, die sich jahrelang nicht mehr gesehen hatten. Der schlechte Regisseur drehte das folgendermaßen: Der Mann nahm ein Taxi, man sah ihn im Taxi durch die Gegend fahren, man sah die Straße und das Haus, das Taxi hielt, der Mann stieg aus und zahlte, er sah die Treppe hinauf, er ging die Treppe hinauf, er schellte, das Dienstmädchen erschien, er sagte: Ist Mrs. Gilgooley da? Das Dienstmädchen sagte: Ich werde nachsehen, Sir. Welchen Namen darf ich melden? Der Mann sagte: Finnegan. Das Dienstmädchen sagte: Hier entlang bitte. Inneres des Hauses, Flur, offene Tür, das Dienstmädchen steht in der offenen Tür, der Mann tritt ein, das Dienstmädchen geht die Treppe hinauf, der Mann sieht sich im Wohnzimmer um, zündet sich eine Zigarette an. Das Dienstmädchen klopft oben an eine Tür, eine weibliche Stimme ruft herein, es öffnet die Tür. Inneres des Zimmers, das Mädchen sagt: Ein Mr. Finnegan möchte Sie sprechen, gnä' Frau. Mrs. Gilhooley sagt verwundert: Mr. Finnegan? Dann, langsam: Gut, Ellen, ich komme sofort hinunter. Geht zum Spiegel, macht sich zurecht, rätselhaftes Lächeln, geht hinaus, man sieht sie die Treppe hinuntersteigen und das Wohnzimmer betreten, nach einem leichten verwirrten Zögern an der Tür. Inneres des Wohnzimmers. Sie tritt ein. Finnegan steht auf. Sie sehen sich schweigend an. Dann lächeln sie, ganz langsam. Der Mann heiser: Hallo, Madge. Du hast dich kein bißchen verändert. Mrs. Gilhooley: Es ist lange her, George. Lange, lange her. Und dann beginnt die Szene.

Jeder Meter von diesem Zeug ist toter Film, weil alle Akzente, wenn es da überhaupt welche gibt, in der Szene selbst gesetzt werden können. Der Rest ist nur das Geschnurre einer in die bloße Bewegung verliebten Kamera. Klischee, platt, abgestanden und heute ohne jede Bedeutung. Nun ja, ich weiß gar nicht, warum ich mich darüber eigentlich auslasse. Vermutlich weil ich es irgendwie frappierend finde, daß es trotz all dem vielen Geld, all der Zeit, all der Arbeit, all der Diskussion und Reflexion doch immer noch kaum ein paar Leute gibt, die wirklich etwas vom Filmemachen verstehen.

Was die *Chimera* betrifft, falls ich Ihnen nicht schon dazu geschrieben habe, so hat mir das meiste darin großes Vergnügen gemacht.* Dieser Bursche Barzun amüsiert mich doch immer wieder; er lebt in einem Narrenparadies.** Er denkt, die Detektivgeschichte ist tot, weil die Sorte Detektivgeschichte, die er als Götzenbild verehrt, tot ist. Aber nicht einen Augenblick lang kommt ihm in den Sinn, daß es sie nie gegeben hat. Was es gab, das war ein ausgeklügeltes Schema, das Publikum zu der Überzeugung zu bringen, es bekomme etwas, was es in Wirklichkeit nie bekam; und nach einer Weile flog der Schwindel eben auf. Die Tricks wurden bekannt, und hinter den Tricks war Luft. Das war ja ein Weilchen ganz amüsant, aber weiter kam die menschliche Erfindungskraft nicht. Das Stückchen von der gesprungenen Uhrfeder, das Dr. Thorndyke hinter dem Sofakissen auflas, bedeutete für Dr. Thorndyke eine Menge, aber wir übrigen hatten keine Laboratorien.*** Für uns bedeutete es nichts. Und nach einer Weile ging uns langsam auf, daß der wesentliche Schlüssel, augenscheinlich offen hingelegt, ein Schlüssel nur war, wenn er in einen speziellen Hintergrund paßte, und dem Leser wurde dieser Hintergrund nicht mitgeteilt. Wo der Schlüssel nicht hinter einem wissenschaftlichen oder antiquarischen Schirm verborgen lag, befand er sich in einem Drumherum von so vielen anderen Belanglosigkeiten, daß nur ein ganz wundersamer Mnemotechniker im entscheidenden Moment danach greifen konnte. Selbst der Autor mußte immer wieder zurückblättern, um sich nicht hoffnungslos zu verfahren. Die eigentliche Grundlage des Kriminalromans besteht darin, daß es ein Problem gibt, das durch gespannte Aufmerksamkeit für sinnlich wahrnehmbare Schlüsselhinweise und durch deren korrekte Deutung gelöst werden kann. Meine Erfahrung beim Lesen – und ich habe von den Sachen soviel gelesen wie die meisten Leute – war die, daß einem die Schlüsselhinweise nur zum Teil gegeben werden. Der materielle Anhaltspunkt A hat Bedeutung nur, wenn er sich dem psychologischen Anhaltspunkt B hinzuaddiert. Und B wird entweder immer falsch dargestellt oder

---

* Zeitschrift, herausgegeben von Barbara Howes.
** Jacques Barzun, Professor an der Columbia University und Kriminalromankritiker.
*** Dr. John Evelyn Thorndyke, Held zahlreicher Kriminalromane von R. Austin Freeman, 1862-1943.

beruht auf verborgener Kenntnis, oder seine Bedeutung enthüllt sich nur durch eine spezielle Interpretation. Ansonsten ist das Problem durchsichtig, und das Interesse richtet sich, wie in so vielen von Austin Freemans Geschichten, nicht auf die Lösung des Falls, die zutage liegt, sondern auf die exakte Rekonstruktion des Verbrechens. Dieser ganze Typus von Roman erfordert eine Pointe zur rechten Zeit, einen bestimmten Kenntnisstand, eine bestimmte Frische der Kleinarbeit, die nicht zu halten ist, und eine bestimmte psychologische Falschheit, die sich nur vor psychologisch Ahnungslosen bewerkstelligen läßt. Der Kriminalroman erzieht das Publikum nach und nach zu seinen eigenen Schwächen, die selber er nicht beseitigen kann, weil sie ihm inhärent sind. Er kann blühen und gedeihen nur, bis genügend Leute sein Vokabular kennen.

RC

AN ERLE STANLEY GARDNER

6005 Camino de la Costa
La Jolla, California
23ster Oktober 1947

Lieber Erle:

[...]

Würden Sie zwei Beanstandungen erwägen, die ich gegen Ihren Stil habe, oder kränkt Sie das? Beides Kleinigkeiten, aber sie liegen mir im Magen. Einmal sagt Mason: «Ich weiß nicht mehr, wie ich Ihnen erzählt habe.» Ein andermal sagt er: «Wen soll ich um Auskunft angehen?» Meine These lautet nun: Den ersten Satz, der nicht mehr nur Umgangssprache ist, sondern falsche Grammatik, könnte vielleicht ein Anwalt sprechen, der an der Volkshochschule Kurse gibt; Perry Mason würde's nicht, da bin ich sicher. Und: Der Mann, der wie im ersten spricht, würde den zweiten nicht formulieren, weil der nämlich vom Umgangssprachlichen her steif und pedantisch klingt. Soviel ich weiß, sind Ihre Sekretärinnen hier zuständig. Ich entsinne mich nicht, ob ich den ersten in einem der beiden letzten Bücher gesehen habe. Vielleicht bin ich auch bloß verrückt. Diese Sachen bringen mich immer aus der Ruhe. Hin und wieder werden ja auch die Fahnen nachlässig gelesen. Das habe ich übrigens mehr als einmal bemerkt: daß bei schnellem Dialog der Sprecherwechsel durcheinanderkommt. Siehe Seite 108 des *Lazy Lover*, gleich unter dem einzelnen «Ja», untere Hälfte. Mason hat da zwei Redezeilen, die im Druck so dastehen, als gehörte eine zu Drake. «Ich weiß alles darüber»: Mason. «Ja»: Drake. «Dann muß er ja sehr vertraut usw.»: Mason. «In Ordnung, machen Sie also usw»: ebenfalls Mason. Dies ist mir schon ein paarmal in verschiedenen Büchern begegnet.

Liebe Grüße –
Ray

AN CHARLES MORTON

6005 Camino de la Costa
La Jolla, California
28ster Oktober 1947

Lieber Charles:

[...]

Ende der Woche müssen wir nach Los Angeles und dort lange bleiben – mehrere Wochen, in denen ich mein Drehbuch auf Hochglanz bringen soll. Das ist ein ekelhafter Job, der darin besteht, alles rauszuschneiden, was einem gefällt, und dann auf dem Rest herumzupfuschen und die armen müden Zeilen und Szenen so lange zu prügeln, bis ihnen der letzte Sinn ausgetrieben ist. Ich habe darüber letzten Sonntag mit Joe Sistrom gesprochen, meinem Produzenten, und wehmütig zu wissen verlangt, wieso es einem Schreiber so unmöglich sei, richtig mit Lust für den Film zu schreiben. Das Filmemachen ist ja doch eine sehr interessante

Arbeit, auch wenn man's dabei mit Schauspielern zu tun kriegt, aber der Schreibepart ist die schiere Schinderei. Ich weiß immer noch nicht, warum das so sein muß.

Ich hatte schon vor einiger Zeit den Gedanken, daß ich ganz gern einmal einen Aufsatz über den «Moralischen Status des Schriftstellers» schreiben würde – beziehungsweise, frivoler ausgedrückt, über das Thema «Zum Teufel mit der Nachwelt – meine Zeit ist jetzt!» Der Aufsatz selber sollte gar nicht frivol sein. Ich habe bei der ganzen Keiferei darüber, daß Schriftsteller sich an Hollywood verkaufen oder den Zeitschriftenschick, oder an irgendeine flüchtige Propaganda-Idee, statt aufrichtig aus dem Herzen über das zu schreiben, was sie um sich herum sehen, den Eindruck, daß die Leute, die solche Beschwerden vorbringen – und darunter fällt praktisch jeder Kritiker, der sich selber ernst nimmt –, die Tatsache übersehen (wie sie das fertigbringen, verstehe ich nicht, aber es ist so), daß noch kein Schriftsteller jemals einen Blankoscheck in die Hand bekommen hat. Immer mußte er Bedingungen akzeptieren, die ihm von außen auferlegt wurden, gewisse Tabus respektieren, gewissen Leuten zu gefallen trachten. Es konnte die Kirche sein oder ein reicher Gönner, oder ein allgemein anerkannter Standard der Eleganz, oder die kommerzielle Weisheit eines Verlegers oder Herausgebers, oder sogar ein Schwall politischer Theorien. Wenn er sie nicht akzeptierte, dann revoltierte er dagegen. In beiden Fällen bestimmten sie sein Schreiben. Kein Schriftsteller hat je exakt das geschrieben, was er schreiben wollte, weil noch nie etwas von sich aus, etwas rein Individuelles in ihm war, was er tatsächlich schreiben wollte. Es ist alles auf die eine oder andere Art eine Reaktion.

Ach, zum Teufel damit. Ideen sind Gift. Je mehr man nachdenkt, desto weniger kann man noch erschaffen.

Ray.

1948

AN CHARLES MORTON

> 6005 Camino de la Costa
> La Jolla, California
> Erster Januar 1948

Lieber Charlie:

Mein erster Brief im neuen Jahr geht an Sie. Wir sind ja sozusagen alte Freunde und haben noch nie den Vorzug genossen, uns nicht leiden zu können. Meine Frau sagt mir, ich hätte einen bildschönen Charakter. Haben Sie auch so eine kleine Lügnerin zu Hause? Ich gehöre zu den Leuten, die man in genau der richtigen Menge kennen muß, um sie zu mögen. Fremden gegenüber verhalte ich mich reserviert, eine Form der Schüchternheit, die sich früher mit Whiskey kurieren ließ, als ich noch imstande war, ihn in den erforderlichen Quantitäten zu mir zu nehmen. Ich habe schrecklich derbe Manieren, weil ich in jener englischen Tradition erzogen worden bin, die einem Gentleman ein fast unbegrenzt rüdes Benehmen gestattet, wenn er dabei nur seine Stimme gedämpft hält. Es gründet sich auf die dreiste Gewißheit, daß ein Faustschlag auf die Nase die Antwort nicht sein wird. Amerikaner kennen solche Manieren schlechterdings nicht; sie benehmen sich, wie es aus ihrer Natur kommt, und wenn die lieb und nett ist, haben sie die besten Manieren von der Welt, ausgenommen nur die der Aristokraten, der wirklichen, einer jetzt natürlich sterbenden Rasse. Mir fällt in diesem Zusammenhang immer eine Geschichte ein, die Logan Pearsall Smith passiert ist. (Kann sogar sein, daß ich sie im *Atlantic* gelesen habe.) Nämlich wie er sich auf allerlei gewundenen Wegen eine Einladung auf einen Landsitz verschaffte, wo es eine sehr alte Bibliothek gab, in der er zu forschen wünschte; wie der alte Gentleman, sein Gastgeber, unablässig herumstapfte und gelegentlich durch die Bibliotheksfenster hineinspähte, wo Smith vor sich hin schmökerte; wie er aber nie den Raum betrat; wie Smith nun Tag für Tag mit der Familie beim Essen saß und doch niemand je eine Frage stellte, was er in der Bibliothek eigentlich suche; und wie sie denn bei seiner Abreise ebenso ratlos zurückblieben, wie sie's bei seiner Ankunft gewesen waren – Tribut an eine Erziehung, auf die nur ein sehr weiser Mann hat verfallen können.

Und da fällt mir, als komische Umkehrung davon, Trains Besuch in Bewly ein – oder Beaulieu, wie die Widerlinge es schreiben –: wie da eine altmodische Droschke ihn am Bahnhof erwartete, um ihn nach Beaulieu Castle zu bringen, wie er liebenswürdig und unzudringlich bewirtet wurde, auf eine Art, als erweise er den Leuten durch seine bloße Gegenwart einen Gefallen; und wie dann, im Augenblick der Abreise, der Butler, nachdem er sein Trinkgeld empfangen, ihm eine Rechnung für die Anmietung der Droschke präsentierte.

Und schließlich noch, aus meinem eigenen Erfahrungskreis, die Geschichte mit der schottischen Moorschneehühnerjagd, bei deren Abschluß der Gast, nicht vertraut mit solchen Dingen oder mit der Mischung aus Arroganz und Jovialität, die von einigen Leuten aus der Oberkruste gern zur Schau gestellt wird, dem Oberwildhüter ein paar glänzende goldene Sovereigns als Trinkgeld gab – genauer, sie ihm zu geben versuchte – und der Oberwildhüter geringschätzig darauf niederblickte und die Bemerkung tat: «Ich akzeptiere nur Papier», was in jenen Tagen nicht weniger bedeutete als eine Fünfernote. Und wie dann, als der Gast sich daraufhin erbost weigerte, ihm überhaupt ein Trinkgeld zu geben, der OW sich seinerseits weigerte, dem Gast seine Jagdwaffen auszuhändigen; und wie der hochwohlgeborene Gastgeber, hiervon in einem höflichen, doch frostigen Brief aus London unterrichtet, erwiderte, er mische sich nie ein in solche Angelegenheiten; und wie es am Ende eines Anwalts bedurfte, um dem nun endgültig-von-der-britischen-Gastfreundschaft-genug-habenden Gast die Waffen wiederzuverschaffen. Sie werden mir gewiß beipflichten, wenn ich sage, daß der amerikanische Gentleman zu jeder dieser Faxen völlig unfähig wäre. Interessanter Stoff, trotzdem.

[...]

Segen auf Ihre Tage.
Ray

AN E. C. THIESSEN

6005 Camino de la Costa
La Jolla, California
19. Januar 1948

Sehr geehrter Mr. Thiessen:

Durch Mr. Weeks bin ich in den Besitz Ihres Schecks in Höhe von $ 300 für einen Beitrag in *The Atlantic Monthly* gelangt, den Sie bequemlichkeitshalber nicht mit dem bislang endgültigen Titel, sondern mit *Crime Night* bezeichnen. Wie ich erfahre, soll dieser Artikel im März-*Atlantic* mit Umschlagsanzeige groß herausgestellt werden. Ich betrachte die Höhe Ihrer Honorarzahlung als nicht angemessen. Für meinen letzten Beitrag wurden mir $ 500 gezahlt. Würden Sie wohl so freundlich sein, mir zu erklären, auf welcher Berechnungsgrundlage Sie zu diesen Zahlen gelangen? Obwohl ich mir natürlich im klaren darüber bin, daß die Entscheidung bei Mr. Weeks liegt, erscheint es mir taktvoller, das Thema mit Ihnen zu erörtern.

Damit es, indem ich diese Frage aufwerfe, keinerlei Mißverständnis hinsichtlich meiner Motive gibt, lassen Sie als vereinbart gelten, daß der Artikel Ihnen gehört und daß Sie, wenn denn ein Bedürfnis danach bestünde, mir gern ein symbolisches Honorar von $ 10 anweisen könnten. Ich erwarte nicht, durch *The Atlantic Monthly* meinen Lebensunterhalt zu verdienen, und tatsächlich habe ich indirekt, zu seinem Gewinn wie zu meinem, ohne jede Vergütung nicht wenig Arbeit geleistet. Ich habe Ideen für Aufsätze entwickelt und sie mit Mr. Morgan diskutiert, gelegentlich in der Hoffnung, daß sie ihm gut genug gefallen möchten, jemanden anderen an das Thema zu setzen, wenn ich selbst dazu nicht in der Lage war. Wäre dieser Aufsatz hier eine Sache der Freundschaft, so würde ich nur eine Zahlung wünschen, die Ihre normalen Verwertungsrechte zur Abgeltung brächte; geht es aber um eine geschäftliche Transaktion, so will ich das Spitzenhonorar, denn ich bin gewohnt, das Spitzenhonorar zu bekommen. Nicht jeder, das weiß ich, kann Aufsätze schreiben, die für das *Atlantic* annehmbar sind; aber von denen, die es können und tun, haben wiederum nur relativ wenige etwas wirklich Brandneues zu melden und den inneren Expertenblick für Themen von breitem Allgemeininteresse. Wenn der Aufsatz passend genug kommt und gut genug ist, um Ihre Begeisterung zu wecken, dann sollte er nach dem höchsten Honorarsatz bezahlt werden, den Ihr Budget erlaubt. Dies ist die einzige Art von Geschäftsbeziehung, die mich interessiert, und einzig vom Geschäft reden wir hier. Mir ist durchaus geläufig, daß Zeitschriftenherausgeber, wie der Römergott Janus, notwendigerweise zwei Gesichter haben müssen, eines, um dem Literaturbeiträger ein wohlwollendes Lächeln zu schenken, und das andere, um ingrimmig die Frage seiner Entlohnung zu betrachten. Das ist Teil seiner Aufgabe, wie es Teil meiner Aufgabe als Geschäftsmann ist, ihm die seine nicht allzuleicht zu machen.

Mit vorzüglicher Hochachtung
Raymond Chandler

AN JAMES SANDOE

6005 Camino de la Costa
La Jolla, California
27. Januar 1948

Lieber Jim:

[...]

Ich gehe ganz einig mit dem, was Sie über das Fassungsvermögen des Publikums schreiben und über seine Aufnahmefähigkeit für eine Unterhaltungsqualität, die ihm zuzumuten die maßgeblichen Dösköppe offenbar Angst haben. Ich habe seit Äonen keine gute Detektivgeschichte mehr gesehen – oder Sie? Ja, George Orwells Essay *The British People* würde ich sehr gern lesen. Orwell kann freilich, wie andere schlaue Leute, Sie und mich vermutlich inbegriffen, bei guter Gelegenheit auch ein rechter Esel sein. Aber das sagt nichts dagegen, daß er immer interessant, einsichtsreich und sehr intelligent ist.

Grad bin ich nun mit *The Iceman Cometh* durch, und ich wünschte, es würde mir jemand erklären, was eigentlich so wunderbar an diesem Burschen O'Neill sein soll. Natürlich habe ich das Stück nicht gesehen. Ich hab's nur gelesen. Tatsächlich war das einzige Stück von ihm, das ich je gesehen habe, *Strange Interlude*, und das schenke ich Ihnen nicht nur, sondern bezahle Ihnen auch noch, wenn nötig, den Abtransport zum Müll. Es ist ein untilgbares Charakteristikum des zweit- oder drittrangigen Talents, daß es Wirkung nur dann erreicht, wenn es sich stofflich ins Phantastische begibt. Wenn man Atmosphäre hat, kann man sich ohne tiefere Charakterkonzeption durchmogeln. Wenn O'Neill nicht so finstere Ziele hätte und nicht gar so feierlich dächte, wäre ich geneigt zu sagen, daß er als Dramatiker neben Pinero und Henry Arthur Jones bestehen könnte; daß er ausgesprochen gekünstelt daherkommt und daß nichts von dem, was er schreibt, irgendeinen wirklichen Bezug zur Realität besitzt. Ich hatte an *Ah, Wilderness* durchaus mein Vergnügen, aber hinterlassen hat es in mir auch keine dauerhaftere Erinnerung als zum Beispiel *Kiss and Tell*. Ich bin kein fanatischer Bewunderer von Saroyan, aber ich meine ja doch, neben *The Time of Your Life* wirkt *The Iceman Cometh* wie eine bemühte, großspurig daherkommende Aufarbeitung längst

177

abgedroschener Stoffe. O'Neill gehört zu der Sorte von Leuten, die ein ganzes Jahr in schäbigen Herbergen zubringen könnten und schäbige Herbergen erforschen, um dann ein Stück über schäbige Herbergen zu schreiben, das nicht realistischer ausfiele als das Stück eines Menschen, der nie in schäbigen Herbergen gewesen ist, sondern nur darüber gelesen hat. Wenn ich da völlig schief liege, belehren Sie mich bitte.

Sie haben mich nach meiner Meinung über das Hollywood-Spektakel in Washington gefragt. Nun, ich finde es ziemlich schlimm, daß eine Untersuchung dieser Art von einem Mann geleitet wird, der *Abie's Irish Rose* für einen Roman hält.* Auch glaube ich nicht, daß die Gründerväter im Hinblick auf die Durchführung dieser Sorte Untersuchung an Mikrophone, Blitzlichtbirnen und Filmkameras gedacht haben. Abgesehen davon aber kann ich, bis der Oberste Gerichtshof die Befugnisse von Kongreß-Komitees definiert und sie beschneidet (und unser gegenwärtiger Oberster Gerichtshof ist ja nicht gerade ein Klub von Meisterjuristen), nicht recht sehen, wo das Komitee seine Befugnisgrenzen überschritten haben sollte. Wenn die kommunistische Partei in den Vereinigten Staaten eine legale Organisation ist und die Mitgliedschaft in ihr zu denjenigen Personaldaten gehört, die für eine Behörde der Regierung der Vereinigten Staaten zugänglich sind, dann ist die Frage an einen Menschen, ob er der kommunistischen Partei angehöre oder je angehört habe, kein Einbruch in seine Privatsphäre. Sie unterscheidet sich kaum von der Frage, ob er eingetragenes Mitglied der Republikaner sei, und das ist ja nicht dasselbe wie die Frage, ob er republikanisch wähle. Ich meine, die zehn Männer, die da zitiert wurden, waren juristisch sehr schlecht beraten. Sie hatten Angst zu sagen, daß sie Kommunisten wären, wie zu sagen, daß sie keine Kommunisten wären; deshalb versuchten sie auf ein ganz falsches Problemgleis auszuweichen. Wenn sie die Wahrheit gesagt hätten, wäre ihr Fall vor den Gerichten weit aussichtsreicher, als er's jetzt ist, und im Hinblick auf ihre Bosse in Hollywood stünden sie ganz gewiß nicht schlechter da.

---

* Der Kongreßabgeordnete J. Parnell Thomas, Vorsitzender des vom Repräsentantenhaus der Vereinigten Staaten eingesetzten Komitees für Unamerikanische Umtriebe, das auch die Drehbuchschreiber von Hollywood überprüfte.

Wenn Jack Warner mich feuert, weil ich zugebe, Kommunist zu sein, ist seine Rechtsposition weit wackliger, als wenn er dasselbe tut, weil ich durch die Weigerung, die Fragen des Kongreß-Komitees zu beantworten, die Filmindustrie in Verruf gebracht habe. Wir sind doch alle keine Kinder und wissen ganz genau, daß, wenn die kommunistische Partei in diesem Land vom Gesetzgeber verboten wird, die aktiven Berufskommunisten ohne Zögern weitertreiben werden, was sie treiben, nur unter einem anderen Etikett und mit leicht geänderter Technik. Wenn ich recht sehe, gibt es nur zwei Gründe, aus denen man sich weigern darf, die Fragen eines Kongreß-Komitees zu beantworten. Der eine ist, daß man sich selbst belasten würde, d.h., daß die wahrheitsgemäße Antwort ein Verbrechensgeständnis bedeutete; da die Mitgliedschaft in der kommunistischen Partei kein Verbrechen ist, trifft das hier nicht zu. Der andere Grund ist, daß die Frage den Rahmen der Zweckbestimmung überschritte, für die das Komitee eingesetzt wurde. Es wäre das eine vorsätzliche Probe aufs Gesetz, und es hätte wenigstens den Anstrich der Ehrlichkeit. Selbst wenn einer dann auf eine solche Verweigerung hin wegen Mißachtung verurteilt würde, ist es unwahrscheinlich, daß er mehr als eine reine Nominalstrafe bekäme; denn die Gerichte würden anerkennen, daß dieser Mann eine klare faktische und rechtliche Streitfrage aufgeworfen und nicht versucht hatte, einer solchen durch endloses Geschwätz auszuweichen, bis er aus dem Zeugenstand geworfen wurde. Sie nennen die Verteidigung geradlinig. Was ist denn geradlinig daran? Mich mutet sie wie ein einmalig untauglicher Versuch an (ein teilweise unbewußter vielleicht), die legalistische Schwäche des Demokratiesystems zu benutzen, um das Funktionieren eben dieses Systems selber zu unterminieren oder zu sabotieren. Ich meine nicht, daß diese zehn Männer alle überzeugte und erklärte Kommunisten sind. Ich denke, drei von ihnen sind es wohl, mindestens zwei sind's entschieden nicht, und der Rest hat keine Ahnung, worum es eigentlich geht. Aber ich sollte, um meine Bemerkungen über die Jungs zu modifizieren, noch hinzufügen, daß ich – auch wenn ich keinerlei Sympathie für sie hege und nicht glaube, daß ihnen etwas besonders Schreckliches passieren wird, außer daß sie eine Menge Geld an Rechtsanwälte verlieren werden, und zwar an die schlimmste Sorte – mir meine wirkliche Verachtung für die Filmmogule reserviere, die in gemeinsamer Konferenz beschlossen haben, sie aus ihrer Industrie zu verbannen. Ein Geschäft, so groß wie das des Films, sollte von Männern mit einigem Mumm betrieben werden, von Männern, die über genügend moralische und intellektuelle Integrität verfügen, um festzustellen, daß, solange diese Sachen sich *sub iudice* befinden und diese Männer von den Gerichten keines Verbrechens für schuldig erklärt worden sind, die Produzenten sie auch nicht wie Schuldige behandeln dürfen. Sie müssen sie ja nicht eigens einstellen, wo sie nicht unter Vertrag stehen, aber sie können sie, wenn sie einmal unter Vertrag sind, gut und gern zwölf Wochen im Jahr in Ruhe lassen und ihnen für die restliche Zeit ihr Gehalt zahlen, ohne ihnen irgendeine Arbeit zu geben. Das alles können sie ohne öffentliches Tamtam machen und ohne jedes tugendhafte Mienenspiel. Es würde sie vielleicht ein bißchen Geld kosten, aber vor einem riesigen Packen wirklicher Verachtung retten. Manchmal tun mir die armen Kerle richtiggehend leid. Sie haben eine Heidenangst, sie könnten ihre zweite oder dritte Million nicht mehr einfahren. Tatsächlich haben sie einfach nur eine Heidenangst, basta. Was für eine wunderbare Sache wäre es gewesen, wenn die Motion Pictures Producers Association zu Mr. Thomas gesagt hätte: «Sicher, vermutlich haben wir in Hollywood Kommunisten. Wer sie sind, wissen wir nicht. Wieso erwarten Sie das von uns? Wir sind nicht das F.B.I. Aber selbst wenn wir's wüßten, gibt's ja immer noch einen Generalstaatsanwalt in diesem Land. Er hat diesen Männern keinerlei Verbrechen zur Last gelegt. Und der Kongreß hat keinerlei Gesetz erlassen, das ihre gegenwärtige oder zukünftige Mitgliedschaft in der kommunistischen Partei zum Verbrechen stempelte, und bis er das tut, schlagen wir vor, sie genau so zu behandeln, wie wir's bei jedermann tun.» Wissen Sie, was passieren würde, wenn die Produzenten den Mumm hätten, so was zu sagen? Sie würden auf einmal auch anfangen, gute Filme zu machen, weil es dazu nämlich ebenfalls Mumm braucht. Ganz genau dieselbe Art Mumm.

Ich hoffe, Sie ärgern sich über nichts, was ich da geschrieben habe. Wenn doch, wenn Sie selber ein extremer Linksaußen sind zum Beispiel, könnten wir uns auf sehr lustige Art darüber in die Haare geraten. Ich hab' immer schon wissen wollen, wie diese Burschen ticken, und wenn Sie zufällig einer davon sind, sollte ich eine intelligente Antwort bekommen.

Mit den freundlichsten Grüßen

AN JAMES KEDDIE, JR.

6005 Camino de la Costa,
La Jolla, California
18. März 1948

Lieber Mr. Keddie:

Danke für Ihren Brief vom 14. Februar. So ohne weiteres kann ich mich nicht erinnern, wieso Frances Wallace auf die Idee gekommen ist, ich läse lieber den englischen Typus von Kriminalroman, denn in dieser Bestimmtheit stimmt das nicht. Tatsächlich lese ich überhaupt nicht sonderlich viele Kriminalromane irgendwelcher Art. Ich glaube nicht, daß das, was man den zweitrangigen englischen Kriminalroman nennen könnte, eine bessere Lektüre darstellt als die entsprechende Leistung hier drüben. Aber ich finde, die besten amerikanischen Kriminalromane sind den besten englischen voraus, aus dem Grunde nämlich, daß sie die inhärente Unlogik der Form anerkennen und akzeptieren; wohingegen die englischen Fachleute da lieber nicht hinsehen und weiter von Logik und Deduktion reden, als ob diese Wörter in diesem Zusammenhang tatsächlich eine Bedeutung hätten. Vom englischen Standpunkt her sind die Romane von Freeman Wills Crofts und R. Austin Freeman, die Sie beide anführen, unerbittlich ehrlich, einfach weil sie keine Lügen erzählen oder materielle Fakten unterschlagen oder, wie Agatha Christie es so oft tut, erhebliche Charakterveränderungen einschmuggeln, um eine unerwartete Motivation zu rechtfertigen. Dennoch könnte kein normaler Leser einen Crofts-Fall lösen, weil kein normaler Leser ein derart exaktes Gedächtnis für belanglose Einzelheiten hat. Und kein normaler

181

Leser könnte einen Austin-Freeman-Fall lösen, denn obwohl Freeman die Fakten sämtlich mitteilt, gibt er doch die esoterisch-wissenschaftliche Deutung dieser Fakten nicht mit bei, und sie einem als Leser zuzumuten hat er kein Recht. Wie ich die Dinge sehe, ist der wahrhaft ehrliche Detektiv- oder Aufdeckungsroman (dies vielleicht eine korrektere Bezeichnung) einer, in dem der Leser alles Material zur Lösung des Rätsels erhält, wo nichts Wichtiges unter- und nichts Unwichtiges übergewichtet wird und wo die Fakten selbst ihre Deutung tragen und man sie nicht extra in ein Laboratorium schaffen und unter dem Mikroskop analysieren muß, um ihren Sinn herauszukriegen. In groben Worten: Der englische Aufdeckungsroman ist entweder durchsichtig oder gewissermaßen ein psychologischer Betrug. Wenn Sie einen kennen, der das beides nicht ist, würde ich ihn gern genannt bekommen. Ich denke, es war die Verwirklichung dieser Dinge, die in England zur Entwicklung des sogenannten «invertierten Kriminalromans» geführt hat – und in diesem Land hier dazu, das Gewicht mehr auf Charakter und Handlung zu verlagern als auf eine Serie von Schlüsselhinweisen.

Was die Begeisterung für Sherlock Holmes betrifft, so scheint sie mir heutzutage teils auf Nostalgie und Tradition zu beruhen und teils auf Qualitäten, die ursprünglich gar nicht das Hauptinteresse der Holmes-Geschichten ausgemacht haben. Doyle hat sich darauf verstanden, von der Exzentrizität vollen Gebrauch zu machen, aber für jemanden, der auch nur ein bißchen von der Polizei weiß und von ihrer Vorgehensweise, sind seine Polizisten ausgesprochen absurd. Seine wissenschaftlichen Voraussetzungen sind sehr unsolide, und das Element des Rätsels für ein differenziertes Gehirn gibt es häufig gar nicht bei ihm. Beispiel: *The Red-Headed League*. Natürlich haben wir nicht das Privileg, Holmes frisch aus der Druckerpresse zu lesen.

Mit den freundlichsten Grüßen
Ihr
Raymond Chandler

AN JOE SISTROM

23. März 1948

Lieber Joe:

[...]
Neulich abend habe ich noch einmal *Open City* gesehen.* Man sieht beim zweitenmal immer mehr. Ich stellte zum Beispiel fest, daß der Film genausoviel Dialog hat wie unsere langatmigen Streifen, daß dieser Dialog aber so dynamisch überkommt, daß man schlechterdings nirgends den Eindruck hat, die Handlung würde dadurch verschleppt. Ich frage mich doch langsam, ob das Statische so vieler Filme nicht einfach eher auf armseliges Darstellerspiel zurückzuführen ist als auf Drehbuchmängel oder phantasielose Regie. Beziehungsweise, wenn ich mich berichtigen darf, ich frage mich das nicht langsam; ich bin überzeugt davon.

Stets Ihr

AN JOHN HERSEY

6005 Camino de la Costa
La Jolla, California
29. März 1948

Lieber John Hersey:

Was für eine bezaubernde, altmodische Geste, jemandem einen durchweg handgeschriebenen Brief zu schicken! Ich wünschte, ich könnte das Kompliment erwidern, aber meine Handschrift ist von der nervösen, unleserlichen, verkrakelten Art, und ich fürchte, Sie hätten mit dem Lesen Ihre liebe Not.

---

* Von Roberto Rosselini.

Das Magazin habe ich lange nicht mehr gesehen.* Ich war ganz-ganz leicht irritiert, daß man mich am Anfang nie gebeten hat, ein bißchen Geld hineinzustecken; aber das ist vermutlich nur gut so, denn ich bin ein sehr schlechter Vereinsmeier. Was nun den Antrag betrifft, eine Kriminal-Kurzgeschichte von fünf- oder sechstausend Wörtern Umfang für Sie zu schreiben, so muß ich sagen, daß ich einfach keinen rechten Sinn für die Kurzgeschichte habe. Von Zeit zu Zeit bekomme ich Briefe von Leuten wie Ellery Queen und Rex Stout und manchmal von den großen Magazinen, die mir für Geschichten oder Novellen schmeichelhaft hohe Preise bieten (mir ist schon ein voller Dollar pro Wort geboten worden); aber ich finde immer, entweder ist man ein Kurzgeschichtenschreiber oder man ist's nicht. Gelegentlich hat ein Autor das, was man einen zwingenden Einfall nennen könnte, und ich nehme an, ich habe dergleichen gehabt, wenn auch nicht in solcher Anzahl, wie ein richtiger Kurzgeschichtenschreiber es von sich sagen könnte; aber ich stelle immer fest, daß ich sie ohne jede Schwierigkeit wegwerfe – sonst fangen sie an zu wachsen und zu wachsen und geraten vor lauter Verzweigungen ganz durcheinander. Meine einzige Kurzgeschichte vom Typ, den Sie erwähnen, stand vor einigen Jahren in der *Saturday Evening Post.*** Ich denke, ich bin einfach kein Ideenmensch, und eine gute Kurzgeschichte braucht nun wirklich eine Idee.

Das soll nicht heißen, daß ich's nie versuchen werde. Es könnte durchaus sein, daß ich eines Tages, wenn mir kein Hollywood-Produzent seinen Atem in den Nacken bläst, eine Kurzgeschichte schreibe und sie mir dann ansehe und sie leidlich gut finde und zu dem Urteil komme, daß sie offenbar kein Schema F ist und auch nicht neurotisch genug, um den höflichen Taschendieben der «kleinen» Zeitschriften zu gefallen. Aber warum sollte ich mir die Mühe machen? Sie sind Schriftsteller und werden verstehen. Die Sache ist nämlich die, daß ich nie auch nur die Hälfte dessen, was mir im Kopf herumspukt und in diesem Moment nach der Niederschrift verlangt, zu Papier bekomme. Geld ist kein zwingendes

---

* Die Zeitschrift hieß einfach *Magazine* und trug die Nummer als festen Zusatz im Titel (*Magazine 1, Magazine 2* usw.) Sie erschien in New York.
** I'll Be Waiting.

Motiv mehr, es sei denn ich könnte's mit Bücherschreiben machen. Wenn das nicht klappt, kann ich's immer noch im Schlachthaus Hollywood verdienen, bis zu den Knöcheln im Blut und schreiend wie ein Sarazene. Was das Prestige betrifft, so ist das Magazin, das es verschaffen könnte, nicht mehr am Leben. Prestige von gewisser Art habe ich bereits, und wenn ich auch, durch pures Glück oder den Stumpfsinn des Publikums, vielleicht noch mehr davon erwerben könnte, so würde ich mir doch privatim immer sagen müssen: «Jawohl, das ist alles ganz schön, aber erinnere dich daran, daß du *Hiroshima* nicht geschrieben hast und es auch nie könntest.» Natürlich habe ich immer noch ehrgeizige Projekte – die allerdings unmerklich wechseln. Ich würde gern ein Buch phantastische Geschichten schreiben. Nicht pseudowissenschaftlich. In jedem Sinn realistische Geschichten, nur daß jede eine Unmöglichkeit enthält. Und ich würde gern einen guten Film schreiben. Das Problem hier liegt aber nicht im Schreiben, sondern darin, irgendwie die Umstände zu schaffen oder zu ersinnen, unter denen es möglich wäre, die Arbeit zu tun. Aber die Kriminal-Kurzgeschichte – da kann ich nichts anderes sagen als warum?

Ihr sehr ergebener
Raymond Chandler

AN FREDERICK LEWIS ALLEN

7. Mai 1948

Lieber Mr. Allen:

Dank für die freundlichen Worte im Zusammenhang mit Ihren P&O-Anmerkungen zu Eric Bentley. Ich habe mich der Lage nicht gewachsen gezeigt. Ich hatte Angst, es zu versuchen. Solche Sachen können zu einer Routine des Um-den-Bart-Gehens werden, die das Publikum verdammt schnell satt bekommt.

Wie dem auch sei, ich denke aber, daß Bentleys Razzia auf die Theaterstücke alles war, was man sich nur wünschen könnte. Es wäre gehässig von mir, zu bemerken (selbst wenn ich wüßte, wovon ich rede), daß Bentley vermutlich der beste Theaterkritiker in den USA ist und, möglicherweise mit Ausnahme von Mary McCarthy, auch der *einzige* Theaterkritiker in den USA. Der ganze restliche Klüngel besteht bloß aus Notizenschreibern, deren Themen zufällig Theaterstücke sind. Sie haben kaum ein anderes Interesse, als mit ihrem persönlichen bißchen Wortgeklingel hausieren zu gehen. Sie sind witzig und lesbar und manchmal allerliebst, aber man erfährt von ihnen so gut wie nichts über die Theaterkunst und das Verhältnis des fraglichen Stücks zu dieser Kunst.

Es genügt für einen Kritiker nicht, daß er recht hat, denn gelegentlich wird er unrecht haben. Es genügt nicht, daß er plausible Gründe vorträgt. Er muß eine vernünftige Welt erschaffen, in die sein Leser blindlings eintreten und in der er sich seinen Weg zum Stuhl am Feuer ertasten kann, ohne daß ihm der unerwartete Besen die Schienbeine lädiert. Der stachlige Ausdruck, das mit Fleiß ausgefallene Wort, der intellektuell affektierte Stil – das alles ist amüsant, aber nutzlos. Es rückt nichts an die ihm zukommende Stelle und vermag auch die Zeitstimmung nicht zu vermitteln. Die großen Kritiker, von denen es nur so jammervoll wenige gibt, bauen ein Haus für die Wahrheit.

In seiner Rezension von *The Iceman Cometh* sagt George Jean Nathan, der immer blasser werdende Witzbold und müde gewordene Nadelspitzenhäkler: «Mit dem Erscheinen dieses langerwarteten Werks ist unser Theater zu neuem dramatischen Leben erwacht. Neben ihm wirken die meisten Stücke…, die während der über zwölf Jahre von O'Neills Abwesenheit herausgekommen sind, vergleichsweise wie ein Stoß feuchter Tempo-Taschentücher.» Allerliebst und ganz einfach, und mit zwei Sätzen scheint die Unechtheit einer ganzen Karriere entlarvt dazustehen. Ein Kritiker, der dies Gesabber über O'Neills Gesabber hinschreiben konnte, ist hors concours. Nachsichtig könnte man sagen, er habe den Kontakt mit seinem Verstand eingebüßt; genauer gesagt wäre, er habe bloß eine Wahrheit öffentlich gemacht, die privatim von Anfang an bekannt war: daß George Jean Nathans Ruf als Kritiker nicht auf seinem Sachverstand für das beruht, wovon er redet, da er ihn ersichtlich nicht hat und vermutlich nie hatte, sondern auf einer gewissen persönlichen Geschicklichkeit in der Wahl und Anordnung von Wörtern.

Dieses Stück, *The Iceman Cometh*, ist eine Art Prüfstein. Wenn der Sie betrügt, sind Sie ein Knallkopp, der auf bloße Angebereien hereinfällt. Mehr gibt's dazu nicht zu sagen; es ist ganz einfach, ganz niederschmetternd, und an der Position ist nicht zu rütteln. Ich werde vermutlich nie wieder eine Zeile von Nathan lesen. Ich weiß, es steht nichts drin. Ich habe den Verdacht, daß nie etwas drinstand.

Der Prüfstein des laufenden Jahrs ist *A Streetcar Named Desire*.* Bentley haut ihn in die Pfanne, McCarthy ebenfalls. O'Neill mit bloß besserem Drehplan. Das ist alles. Kunst gleich Null, eins oder möglicherweise eins mit Stern im Hinblick auf den Umstand, daß, wo keine Kunst ist, ein erfinderischer Bursche immer noch ihre Simulation hinkriegen kann, ohne sein Geld zu verlieren.

Es ist falsch, gegen die New Yorker Kritiker grob zu werden, wenn man nicht im selben Atemzug zugibt, daß es zu ihren Existenzbedingungen gehört, in unterhaltendem Stil etwas zu beschreiben, was nur ganz selten des Beschreibens überhaupt wert ist. Das führt oder zwingt sie förmlich dazu, eine Technik der Pseudosubtilität und Abstrusität zu entwickeln, die ihnen, wenn einmal erworben, gestattet, ganz triviale Dinge so abzuhandeln, als wären sie von werweißwelcher Tragweite. Das ist die Basis aller erfolgreichen Werbetexterei. Kritik ist unmöglich in einer Welt, in der es nicht mehr darauf ankommt, recht zu haben und Richtiges zu sagen oder auch nur die Gründe dafür zu kennen, sondern darauf, eine Kolumne über ein Stück zu schreiben – irgendein beliebiges hinterletztes Stück – welche Kolumne, egal wie belanglos ihr vorgebliches Thema auch ist, über eins jedenfalls keinen Zweifel läßt, darüber nämlich, wie belangvoll seine Besprechung sei. Diese Leute schreiben gar nicht über Stücke; sie schreiben über ihre Neurosen. Wie sonst wohl könnten sie den Ball in der Luft halten? Gutes Rezensieren ist erkennbar an der Perzeption und Bewertung seines Gegenstandes; schlechtes nur an der Notwendigkeit, das Berufsinteresse des Rezensenten zu pflegen.

* Von Tennessee Williams.

DeVoto's Artikel über die Trinkgewohnheiten des Großen Amerikanischen Yahoo fand ich ganz wunderbar.* Derart indirekt, und zugleich doch derart niederschmetternd, entfaltet er die furchtbare Wahrheit, daß man, wo eine Zivilisation auf dem Weg zur Müllhalde ist, die Spuren des Mülls überall in den Vorstädten findet, im Leben und in den Häusern der ganz scheinbar gewöhnlichen anständigen Leute. Wenn sie langsam zur Teufelsanbetung herunterkommen, ist die Krankheit vermutlich zu weit fortgeschritten, als daß sie noch heilbar wäre. Jedenfalls wäre das so in jedem Land außer diesem. Auden macht mich verwirrt und ratlos. Sein Aufsatz über Detektivgeschichten war in seiner klaren, kalten, klassischen Manier brillant. Aber weshalb mich mit hineinziehen? Ich bin bloß einer, der ein paar billige Heftchen-Storys auf Buchformat hochgetrimmt hat. Wie sollte mich wohl die Detektivgeschichte als Form interessieren? Ich suche doch nach nichts weiter als einem Vorwand für bestimmte Experimente mit dramatischem Dialog. Um die zu rechtfertigen, brauche ich Plot und Situation; aber im Grunde ist mir beides fast egal. Alles, woran mir wirklich liegt, ist das, was Errol Flynn «die Musik» nennt, die Zeilen nämlich, die er zu sprechen hat. Da sitze ich nun hier, grad halb durch mit einer neuen Marlowe-Geschichte, und amüsiere mich sogar ein bißchen dabei (bis ich steckenbleibe), und auf einmal kommt dieser Kerl, der Auden, daher und teilt mir mit, was mich beim Schreiben interessierte, wären ernste Milieustudien auf dem Gebiet der Kriminalität. Also sehe ich mir an, was ich so alles geschrieben habe von dem neuen Ding, und sage mir dabei: Denk immer daran, alter Knabe, das muß hier unbedingt eine ernste Milieustudie auf dem Gebiet der Kriminalität werden. Bist du auch ernst? Nein. Ist das da auch ein richtiges Milieu? Nein, bloß durchschnittlich korruptes Leben, mit leichter Überbetonung des melodramatischen Elements, nicht weil ich auf Melodramen scharf wäre um ihrer selbst willen, sondern weil ich Realist genug bin, um die Regeln des alten Spiels zu kennen.

Vor langer Zeit, als ich noch für die Groschenzeitschriften schrieb, schob ich in eine Geschichte wohl mal einen Satz ein wie

---

* Bernard DeVoto, Kolumnist beim *Harper's*.

etwa: «Er stieg aus dem Wagen und ging über den sonnengetränkten Bürgersteig, bis der Schatten der Eingangsmarkise über sein Gesicht fiel wie die Berührung kühlen Wassers.» Das strichen sie mir dann raus, als die Geschichte gedruckt wurde. Ihre Leser schätzten so was nicht: Das hielte bloß die Handlung auf. Und ich nahm mir vor, sie zu widerlegen. Meine Theorie ging dahin, daß die Leser nur *dächten*, sie interessierten sich für nichts als die Handlung; daß sie sich in Wirklichkeit aber, obwohl sie's nicht wußten, sehr wenig an der Handlung interessiert seien. Was sie in Wirklichkeit interessierte, ganz so wie mich auch, sei die Entstehung von Gefühl durch Dialog und Beschreibung; was ihnen im Gedächtnis bliebe, was sie verfolgte, sei zum Beispiel nicht bloß einfach die Tatsache, daß ein Mann umgebracht wurde, sondern daß er im Augenblick seines Todes gerade versuchte, eine Heftklammer von der polierten Schreibtischplatte aufzunehmen; sie entschlüpfte ihm immer wieder, so daß sein Gesicht einen Ausdruck der Anstrengung zeigte und der Mund ihm in einer Art von gequältem Grinsen halb offen stand, und das allerletzte auf der Welt, an das er gedacht hätte, war der Tod. Er hörte ihn nicht einmal an die Tür klopfen. Diese verdammte kleine Heftklammer schlüpfte ihm immer wieder aus den Fingern, und es wollte ihm einfach nicht gelingen, sie zur Kante der Tischplatte zu schieben und sie aufzufangen, wenn sie fiel.

Mit den freundlichsten Grüßen

AN CHARLES MORTON

6005 Camino de la Costa,
La Jolla, California
7. Mai 1948

Lieber Charlie:

Ihr hochglänzendes Prosastück über Hochzeitsgeschenke wurde
beim letzten Treffen des La Jolla Hermosa Writers Club zur Vorlesung gebracht. Am Schluß herrschte einen Moment lang tödliche
Stille, die an jenes Schweigen gemahnte, das Lincoln nach seiner
Gettysburger Ansprache so entmutigte. Diese abgehärteten Vete-
ranen der Ramschtische, die Schriftsteller von La Jolla, saßen
zuerst wie vom Donner gerührt vor Ihrer Beredsamkeit. Tränen
strömten ihnen über die zerfurchten Gesichter, und ihre im Dienst
der Musen schwielig gewordenen Hände krampften sich konvulsi-
visch zu Knoten aus Sehne und Bein. Dann plötzlich, mit der
Gewalt eines riesigen Brechers auf einem Riff, schwoll der Ap-
plaus zum Donner an. Alle sprangen auf wie ein Mann, obwohl
neun Zehntel von ihnen Weiber waren, und kreischten vor Begeisterung. Brüllend verlangten sie den Verfasser! Den Verfasser!!
Den Verfasser!!!, und als die Vorsitzende schließlich (vermittels
Winken mit ihren handgestrickten Pumphosen) die Ordnung wiederhergestellt hatte und erklärt worden war, daß der Verfasser auf
der anderen Seite des Kontinents in einer Ortschaft namens Boston (Gelächter!) ansässig sei, wurde eine Entschließung verab-
schiedet, er möge alsbald zu einer Reihe von Vorträgen über «Das
amerikanische Zuhause und wie man es vermeiden kann» verpflichtet werden.

Danach wurde mit Holunderbeerwein auf Ihre Gesundheit getrunken und von einem erst kürzlich exhumierten Mitglied der
britischen Kolonie, einem alten Surbitonier, komplett mit Krawatte, ein Toast ausgebracht. Diesem folgte die Darbietung verschiedener Arien aus *Madame Butterfly* von seiten des Chors
der Gefangenen Frauen aus dem Strand- und Tennisclub von La
Jolla, und das Programm endete passend mit dem geschlossenen

Absingen des Horst-Wessel-Liedes auf Jiddisch, gefolgt von der Palestinensischen Nationalhymne, die auf Hebräisch erklang, während der Gesangverein der Handelskammer La Jolla die der Vereinigung der Kredithändler von San Diego County geweihte Hymne intonierte. Diese wurde in einer Sprache geboten, die in der Gegend hier als Englisch gilt.

Ich glaube, Sie wären sehr angetan gewesen und stolz und gerührt (denn was immer Sie an sich hatten – eine Menge von uns kennen keine regelmäßigen Mahlzeiten). Der Vorgang nahm einen für La Jolla höchst geordneten Verlauf. Zwei Ausfälle mit Spazierstöcken, ein Angriff mit einer perlverzierten Hutnadel, ein paar Spritzer aus Füllfederhaltern und einige fliegende Papierkügelchen waren das einzige, was die Harmonie der Stunde störte. Gegen Ende bestand eine leichte Neigung zu Getümmel, und eine alte Dame erhielt von einer anderen alten Dame einen Schubs, als sie ihr empfahl, sich das Hörrohr ins eigene Ohr zu stecken, wenn sie es benutzen müsse. Einen Augenblick lang schien es, als könnte diese Meinungsverschiedenheit in einem allgemeinen Haareausreißen enden, aber die Vorsitzende besaß die Geistesgegenwart, alsbald mit der Vorlesung einer Kurzgeschichte aus ihrer eigenen Werkstatt zu beginnen, und so leerte sich die Halle in einem Hui.

Mit ausgezeichneter Hochachtung
Ihr
Raymond Chandler

AN CARL BRANDT

6005 Camino de la Costa
La Jolla, California
11ter Mai 1948

Sehr geehrter Mr. Brandt:

Ab Herbst, so um Michaelis, werde ich einen literarischen Agenten brauchen. Zweck dieses Briefes ist die Erkundigung, ob Ihr Büro daran interessiert wäre.

Im Moment ist nicht viel zu tun. Ich könnte eine Rundfunkserie bekommen, wenn sich zur richtigen Zeit die richtigen Leute dahintersetzten. Aber ich glaube nicht, daß sich da jetzt viel machen läßt. Ich sitze über einem Kriminalroman, der halb fertig ist. Sprachlich ist er von unvergleichlicher Brillanz, aber mit der Story ist irgend etwas schiefgegangen. Ein altes Leiden bei mir. Das Gehirn ist sehr, sehr müde. Ich habe kürzlich ein Drehbuch für Universal-International beendet, möchte diesen Krimi zum Abschluß bringen und einen weiteren Roman machen, der zwar auch von einem Mord handelt, aber kein Kriminalroman ist. Montag gehe ich für einen Monat in den Norden.

Was ich machen möchte und was ich mache, ist leider nicht immer von denselben Eltern. Natürlich steht die übliche Sammlung kleinerer Plackereien an, portugiesische Rechte etwa, italienische Rechte, die Penguin-Book-Rechte für ein Bündel Geschichten, die in England noch nicht erschienen sind (und den Druck vielleicht gar nicht lohnen). Alles Sachen, die ärgerlich sind, aber nicht lukrativ. Als Hochglanzschreiber habe ich keine Ambitionen.

Meine Referenzen sind armselig. Ich war acht Jahre bei Sydney Sanders, dem es ein Vergnügen sein würde, Sie vor mir zu warnen, käme ihm das nicht undiplomatisch vor. Nach dem Weggang von Sanders habe ich über meinen Hollywooder Agenten H. N. Swanson zu arbeiten versucht, einen guten Kerl und netten Burschen, mit dem ich mich ausgezeichnet stehe, aber nicht ganz in der richtigen Ausstattung bin, abgesehen von der Filmarbeit, die er zweifellos glänzend macht.

Sie sind für mich fremd, und ich kann für Sie nicht gut mein Haar herunterlassen, aber ich möchte auch nicht, daß Sie gar zu sehr im dunkeln tappen. Ich bin kein durchweg liebenswürdiger Typ, so wenig wie ich ein leichthändiger und fruchtbarer Schreiber bin. Ich tue mich mit den meisten Sachen schwer, und ich leide dabei eine ganze Menge. Sehr viel steckt vielleicht sowieso nicht mehr in mir drin. Fünf Jahre Kampf gegen Hollywood haben mir nicht mehr viele Energiereserven gelassen. Ob ich einen nennenswerten Erfolg gehabt habe, würde Ihr Vertreter in Hollywood Ihnen sagen können, und falls Sie ihn danach fragen sollten (wer immer er ist, und das weiß ich nicht), so hoffe ich, daß er's diesmal für sich behält.

Mit vorzüglicher Hochachtung
Raymond Chandler

AN CARL BRANDT

6005 Camino de la Costa,
La Jolla, California
1. Juni 1948

Sehr geehrter Mr. Brandt:

Beigeschlossen finden Sie annähernd die erste Hälfte des Kriminalromans, von dem ich Ihnen erzählt habe. Es geht gegen alle meine Prinzipien, Ihnen das in diesem Stadium schon zu zeigen, aber ich glaube, unter den gegebenen Umständen haben Sie ein Recht, es sich anzusehen, wenn Sie das wollen. Bitte denken Sie immer daran, daß dieses Material samt und sonders auf ein Diktaphon gesprochen worden ist, ein Instrument, das ich bei der Filmarbeit sehr angemessen gefunden habe, dessen Nützlichkeit fürs Romanschreiben mir aber zweifelhaft bleibt. Sie werden zu viele «sagte er» und «sagte sie» bemerken. Einige davon wurden absichtlich eingefügt, damit meine Sekretärin bei der Transkription der Platten wußte, wo jeweils ein anderer Sprecher kam. Ich werde vermutlich eine große Menge davon wieder tilgen, wenn ich das Konzept durchgehe. Meiner Schätzung nach beläuft sich dieser Stoß Material auf rund 30 000 Wörter.

Die Begegnung und das Gespräch mit Ihnen waren sehr angenehm. Ich hoffe, wir werden Freunde.

Mit vorzüglicher Hochachtung
Raymond Chandler

AN CARL BRANDT

6005 Camino de la Costa
La Jolla, California
9. Juni 1948

Lieber Mr. Brandt:

Letzten Sonntag hatte ich eine nette Unterhaltung mit Ray Stark. Er macht auf mich den Eindruck eines äußerst intelligenten und lebendigen jungen Burschen, und ich kann Ihre Begeisterung für ihn verstehen. Er wirkte zudem sehr offen und ehrlich, bis zu dem Punkt sogar, daß er zugab, es sei in Hollywood nicht immer möglich, offen und ehrlich zu sein, jedenfalls nicht in seinem Geschäft.

Mit getrennter Post schicke ich Ihnen ein paar Bücher mit Novellen von mir. Sie sind ursprünglich als Avon-Bücher für 25 Cent erschienen und dann später erst in dieser Ausgabe der World Publishing Company. Vor längerer Zeit habe ich gegenüber meinem englischen Verleger Hamish Hamilton einmal die Frage aufgeworfen, ob diese Novellen oder einige von ihnen nicht in England veröffentlicht werden könnten, nicht notwendigerweise in seinem Verlag, aber vielleicht bei den Penguin-Book-Leuten, die grad ein paar von meinen anderen Büchern herausbringen. Ich habe darauf nichts weiter mehr gehört, aber ich weiß, daß er in diesem Jahr zwei Feuerkatastrophen gehabt und vermutlich deshalb nur für die allerdringendsten Dinge Zeit hat. Meinen Sie, es würde sich lohnen, die Bücher einmal an Ihren englischen Vertreter zu schicken, wer immer das ist? Ich habe noch weitere Exemplare, falls Sie solche brauchen.

Die vier Kriminalromane, die Knopf herausgebracht hat, wurden für Sydney Sanders in England alle vom Büro Farquharson betreut, und der Nachfolger von Farquharson ist, wie Sie vermutlich wissen, jetzt Innes Rose, auch wenn er noch immer Farquharsons Namen benutzt. Es sind auch bestimmte ausländische Übersetzungsrechte verkauft worden, aber ich müßte erst eine Tabelle zeichnen, um genau angeben zu können, welche: französische, schwedische, norwegische, dänische, spanische und ein paar italienische Rechte, denke ich. Innes Rose vertrat den Standpunkt, daß der Agent in England, der die Originalausgabe der Bücher betreue, nach englischer Handelspraxis auch berechtigt sei, sämtliche anderen Publikationen, Nachdrucke, ausländischen Übersetzungen und so weiter auf Dauer zu betreuen, ohne Rücksicht auf das Ablaufen seiner Agentur-Vertreterschaft. Ich dagegen vertrat den Standpunkt, das sei ein ausgemachter Schwindel: Jedes Recht sei eine Unterabteilung des Copyrights, und er sei lediglich berechtigt, an Verträgen zu partizipieren, die er tatsächlich selber abgeschlossen habe, und sein Recht, solche abzuschließen, sei erloschen, als seine Agentur erlosch. Er ist diesem meinem Standpunkt gewichen, ohne aber den Grundsatz aufzugeben. Ich wollte dies in England vor die Society of Authors bringen, habe es aber bis jetzt noch nicht getan. Sie wissen darüber vermutlich weit mehr als ich. Der springende Punkt ist, daß es noch unverkaufte Rechte gibt – von welchem Wert, kann ich allerdings nicht sagen. Ich nehme an, Sie werden dieses Feld schließlich auch übernehmen und darum nachsehen wollen, was noch nicht geschehen ist.

Bei Ihrem Besuch hier waren wir uns ganz allgemein darin einig, daß es wohl ein Fehler wäre, ohne einen bestimmten Grund den Verleger zu wechseln, aber ich überlege, ob nicht doch ein zureichender Grund in der Tatsache liegt, daß ich zehn Jahre lang mit Knopf in einer Art Bündnis gestanden habe, ohne auch nur das leiseste Gefühl von Freundlichkeit oder Wärme dabei empfinden zu können. [– – –] Knopf hat mit seinem Anteil an den Lizenzhonoraren weit mehr Geld gemacht, als er mir für sämtliche von ihm selbst herausgebrachten Ausgaben gezahlt hat. Ich schulde ihm gewißlich nicht das mindeste. Seine Öffentlichkeitsarbeit, worin sie auch bestand, habe ich immer für miserabel gehalten. Sie reichte flächendeckend von ärgerlich bis vollidiotisch. Vielleicht hat er ja wirklich so viele Bücher verkauft, wie das Publikum aufnehmen wollte, aber ganz überzeugt bin ich davon nie gewesen, nachdem mein englischer Verleger, mit nur einem Drittel Bevölkerung als Absatzgebiet, genauso viele verkauft hat. Ich hege für Alfred Knopf eine gewisse Bewunderung, weil er eine Menge Bücher herausgebracht hat, an denen sich schwerlich etwas verdienen ließ, und bis jetzt darauf verzichtet, eine von diesen fetten Schwarten aus der Südstaatengeschichte zu produzieren, die auf den Bestsellerlisten heutzutage fast ganz obenan stehen. Ich habe nichts eigentlich Gewichtiges gegen den Verlag, aber ich meine, nach so langer Zeit müßte ich etwas Gewichtiges *für* ihn empfinden, und das ist nicht der Fall. Ich sehe nur die kalte Pracht einer Fassade. Auf Armeslänge Abstand habe ich mit Leuten nie zurechtkommen können.

Mit den freundlichsten Grüßen
Raymond Chandler

AN CHARLES MORTON

6005 Camino de la Costa
La Jolla, California
28. Juli 1948

Lieber Charlie:

[...]

Ihr Eindruck, ich lebte so, daß ich nicht im mindesten aufs Geld schauen müßte, ist grundfalsch. Meine Ausgaben sind entsetzlich hoch, und ich bin nicht einmal sicher, daß ich mir mit dem Romanschreiben meinen Lebensunterhalt verdienen könnte. Ich bin sogar ziemlich sicher, daß ich's nicht könnte, es sei denn, ich schriebe einen Bestseller (was unwahrscheinlich ist) oder verkaufte Serienrechte an eine der großen Zeitschriften. Ich will einfach nicht mehr für Hollywood arbeiten. Es kommt nichts dabei heraus als Bekümmerung und Erschöpfung und Mißvergnügen. Es ist überhaupt kein Schreiben im eigentlichen Sinne. Es bringt einem nichts von dem, was das Schreiben befriedigend macht. Keinerlei Gefühl, sein Medium zu beherrschen. Keinerlei Freiheit, eventuell auch versagen zu dürfen. Ich werde wohl noch ein bißchen weitermachen müssen, aber lieber würde ich's nicht. Und wenn ich's muß, dann werde ich's immer zynischer tun. Als praktischer Herausgeber wie auch als seltener Schlaukopf wissen Sie, daß es nur einen Weg für mich gibt, über die Runden zu kommen, nämlich irgendwelches Zeug an die großen Hochglanzzeitschriften zu verkaufen. Ich muß 50 000 Dollar im Jahr haben; trotzdem geht nur ganz wenig von dem Geld für meine persönlichen Ausgaben weg. Wenn ich Gehalt bezöge, könnte ich mit der Hälfte auskommen. Aber ich muß für alles mögliche bezahlen, was von Berufs wegen auf einen zukommt. Das Haus hier hat nur drei Schlafzimmer, von der Dienstmädchenkammer abgesehen, und zwei davon sind ausschließlich fürs Geschäft, wenn man davon absieht, daß ich in einem auch schlafe. Wenn ich ein solches Einkommen nicht zusammenbringen kann, muß ich meinen ganzen Lebensstil ändern. Das wäre an sich gar nicht so unangenehm – und wäre nichts gegen das, was ich nach 1930 durchgemacht habe. Unter uns beiden gesagt: Das Schreibgeschäft hat sich bei mir allmählich zu einer einzigen Plage ausgewachsen. Viel zuviel Büroarbeit, viel zuviel Aktenkram, Buchhaltung, Steuergewusel aller Art, viel zuviel Kleinigkeitenkrämerei. Manchmal hat man das Gefühl, als könnte man erst dann wirklich zum Schreiben kommen, wenn all diese Dinge erledigt sind; und dann ist man selber erledigt.

Herzlich Ihr
Ray

AN HAMISH HAMILTON

6005 Camino de la Costa
La Jolla, California
10ter August 1948

Lieber Jamie:

[...]

Kaum nötig zu sagen, daß ich dies hier selber tippe; habe keine Sekretärin mehr, weil keine Vollbeschäftigung für sie, wenn ich nicht in Hollywood arbeite. Ich werde's vermutlich noch bedauern, kann's aber nicht ändern. Muß sowieso ein bißchen kürzer treten. Alles hier ist, was den Preis anlangt, furchtbar übermäßig.

Das Ärgerliche mit diesem Marlowe ist: Man hat zuviel über ihn geschrieben und geredet. Er wird immer selbstbewußter und versucht, sein Leben so umzustellen, wie es seinem Ruf bei den Pseudointellektuellen entspricht. Der alte Knabe ist leicht aus dem Gleichgewicht. Früher war er ohne weiteres imstande, auszuspukken, hart zuzupacken und aus dem Mundwinkel zu sprechen.

[...]

Ich versuche verzweifelt, mit der *Little Sister* zu Ende zu kommen, und müßte eigentlich nur noch einen Tag haben, um die Rohfassung zu schaffen, aber eben einen Tag mit vollem Dampf. Tatsache ist allerdings, daß nichts drin ist als Stil, Dialog und Charakterzeichnung. Die Handlung ächzt und knarrt wie ein kaputter Fensterladen im Oktoberwind.

[...]

Lese grad *The Heart of the Matter*, jeweils ein Kapitel in einem Zug.* Es hat alles in sich, was Literatur ausmacht, außer Verve, Witz, Geschmack, Musik und Magie; eine kühl geplante und elegante militärische Operation, als Duftwolke drumrum Flüsternde Lichtungen. Noch im schlechtesten Kapitel von Dickens oder Thackeray steckt mehr Leben, und die beiden haben ziemlich grausliche Kapitel geschrieben.

Alles Beste –
Ray

---

* Von Graham Greene.

AN DALE WARREN

6005 Camino de la Costa
La Jolla, California
18. August 1948

Lieber Dale:

Die Bücher sind angekommen, und ich danke Ihnen ganz vielmals für Ihre Freundlichkeit. Die Kurzgeschichten habe ich mir sofort aus den Augen geschafft, und es war noch keine Gelegenheit, einen Blick darauf zu werfen. In die Anthologie über das Schreiben habe ich kurz die Nase gesteckt, aber nichts gefunden außer einer Bemerkung von Gertrude Atherton über Galsworthy. Wie andere, die sich über literarische Fragen den Kopf zerbrechen, stehe ich oft völlig ratlos vor der Überlegung, was das denn nun eigentlich sei, was Schriftsteller wie Galsworthy und Cronin und Marquand an sich haben und was sie so lesbar und zugleich doch wieder in gewisser Hinsicht so belanglos macht. Ein Bursche namens Nevil Shute hat das auch. Gestern abend habe ich bis zwei Uhr in der Frühe über der Lektüre von *No Highway* gesessen – konnte's einfach nicht weglegen. Und dennoch weiß ich, daß es keine wirkliche literarische Kunst enthält, nichts von jenem eigentümlichen Zauber, der ein Prosastück, ganz unabhängig von seinem Schema oder Zweck, wie eine frisch geschlagene Münze wirken läßt, die noch niemand berührt hat. Gertrude hält das für Technik. Ich nicht.

Das Buch von Dorothy Baker wird mir unweigerlich gefallen.* Ich habe mich, als ich bei der Paramount war, verdammt ins Zeug gelegt, um die Leute dahin zu bringen, *Trio* für mich anzukaufen, damit ich ein Drehbuch daraus machen konnte. Ich habe ihnen gesagt, der lesbische Aspekt könnte leicht so behandelt werden, daß die Schnüffelköppe überhaupt nicht merken würden, daß er da war, daß er nicht einmal dazusein brauchte. Es könnte die Geschichte eines netten jungen Mädchens sein, das versucht, der

---

* *Our Gifted Son.*

Dominanz einer strahlenden, bezaubernden und kraftvollen Frau zu entkommen, die so sehr war, was sie selber gern gewesen wäre und nicht sein konnte, daß sie sich wie in Knechtschaft an sie gebunden fühlte. Wenn man das hinkriegt, sitzt alles an seinem Platz. Aber Tatsache ist, diese Filmleute denken selber derart dreckig, daß sie Schmutz sogar wittern, wo gar keiner ist. Ein Bursche, der das Drehbuch zur *Blue Dahlia* gelesen hatte, teilte mir mit: «Mir hat besonders der homosexuelle Aspekt gefallen.» Ich fragte: «Was für ein homosexueller Aspekt?» Er sagte, zwischen den beiden Jungs, die in demselben Apartment wohnten. Ich sagte: «Ah ja. Sie teilten sich eine Wohnung und nahmen gemeinsam die Mahlzeiten ein. Und deshalb sind sie homosexuell, was?» Worauf er ein beleidigtes Gesicht machte.

[...]

Sicher, ich finde auch, daß Sie gute Verleger sind. Der Haken ist nur, zu entscheiden, ob es irgendeinen gewichtigen Grund gibt, den Verleger zu wechseln. Ich meine, er müßte schon sehr schwerwiegend sein, bevor man das tut. Deshalb wollte ich eigentlich fürs erste meine Falltür noch geschlossen halten und die klügeren Münder sprechen lassen. Was mein Impuls sagt, weiß ich.

Alles Beste –
Ray

AN HAMISH HAMILTON

6005 Camino de la Costa
La Jolla, California
19ter August 1948

Lieber Jamie:

Der Schluß von Greenes Buch war großartig. Er hat für Mängel entschädigt, die ich vorher spürte.

Ihr Brief vom 16ten hat einen von mir gekreuzt, deshalb hebe ich die Novellen-Frage für später auf. Bei der *Little Sister* ist die Sachlage so: Ich habe, grob gerechnet, etwa 85000 Wörter auf dem Papier stehen, und es fehlen mir gegen Schluß noch zwei oder drei Szenen. Carl Brandt hat die Hälfte der Rohfassung gesehen, noch bevor ich sie selber durchgelesen hatte, und sie gefiel ihm. Aber mein Kopf ist sehr, sehr müde. Ich kann das Ding überhaupt nicht einschätzen, und ich kann nicht kontinuierlich schreiben. Der Krempel von Hollywood hat mich wirklich erschöpft. Ich will diese Sache zu Ende bringen, damit ich was zum Veröffentlichen habe, und obwohl ich keine Wunder davon erwarte, will ich doch auch nicht, daß jemand zu sehr enttäuscht davon ist.

Die Handlung hat Schwächen. Sie ist episodisch, das Schwergewicht verlagert sich von Figur zu Figur, und für einen Kriminalroman ist sie überkompliziert, während sie als Geschichte von Menschen wieder sehr simpel ist. Sie kommt völlig ohne Brutalität aus; alle Gewalttätigkeit spielt sich hinter den Kulissen ab. Spannung und bedrohliche Atmosphäre sind da, sie liegen im Stil. Ich glaube, daß manches doch recht schön geschrieben ist, aber meine Reaktionen sind da höchst unzuverlässig. Ich schreibe eine Szene, lese sie durch und finde, sie stinkt. Drei Tage später (ich habe inzwischen nichts weiter gemacht als geschmort) lese ich sie erneut und finde sie großartig. Dann sitze ich da. Auf mich ist kein Verlaß. Ich bin vielleicht völlig am Ende.

Neulich habe ich den Versuch gemacht, meine Lebensführung so zu vereinfachen, daß ich nicht mehr von Hollywood abhängig sein muß. Ich habe keinen Geschäftsführer mehr und auch keine

Sekretärin. Aber ich bin nicht glücklich dabei. Ich brauche ganz dringend ein bißchen Ruhe, und ich kann mich doch nicht ausruhen, bevor das Ding fertig ist, und manchmal denke ich, wenn es dann fertig ist, dann wird es so müde sein wie ich, und man wird's ihm ansehen.

Einmal angenommen, nur für den Moment, es taugt doch was, so können Sie, meine ich, darauf rechnen, daß in einem Monat ein Typoskript zu Ihnen kommt. Es braucht vielleicht noch weitere Arbeit, aber es gibt Ihnen immerhin Gelegenheit, nachzuschauen, ob ich verrückt bin oder nicht. Carl Brandt würde es Ihnen wohl auch erzählen, und zwar haarklein.

Ich hoffe, dies hilft etwas weiter.

Ray

P.S. Es kommt die netteste Hure darin vor, der ich in meinem ganzen Leben nie begegnet bin.

AN CLEVE ADAMS

4ter Sept. 1948

Lieber Cleve:

Es war nett, von Ihnen zu hören, selbst unter so eigenartigen Umständen. Was ist denn die Quelle Ihrer Information? Vielleicht muß ich gegen jemanden wegen übler Nachrede vorgehen.

Ich kenne Roy Huggins nicht und habe ihn nie zu Gesicht bekommen. Er schickte mir ein signiertes Exemplar seines Buches *Double Take* mit der Entschuldigung, die Verleger hätten ihn die Widmung nicht hineinsetzen lassen. In meinem Dankesbrief schrieb ich ihm, seine Entschuldigung sei entweder unnötig oder aber unzulänglich, und ich könnte ihm drei oder vier Autoren namhaft machen, die so weit gegangen wären wie er, ohne sich aber so offen darüber zu äußern. Namen habe ich keine erwähnt.

Hätte ich Namen erwähnt (was ich natürlich hätte tun können), so wäre gewiß keiner dabei gewesen, mit dem ich persönlich bekannt war oder der für die Groschenmagazine geschrieben hat, als ich das tat.

Ich habe die knallharte Mordgeschichte nicht erfunden, und ich habe nie ein Geheimnis aus meiner Auffassung gemacht, daß Hammett hier das meiste oder gar das ganze Verdienst zukommt. Als Anfänger ahmt jeder nach. Stevenson hat das «den emsigen Affen spielen» genannt. Ich persönlich meine, daß der vorsätzliche Versuch, einem Schriftsteller seine Tricks zu stehlen, und das heißt ja sein Geschäftskapital, seine Manierismen, seine Materialbehandlung, durchaus zu weit gehen kann – bis zu dem Punkt, wo das eine Art von Plagiat wird, und zwar eine abscheuliche Art, weil das Gesetz dagegen keinen Schutz gewährt. Es ist abscheulich aus zwei Hauptgründen. Es macht den Autor befangen gegenüber seinem eigenen Werk; ein Beispiel dafür wäre eine Rundfunksendung, die den Gebrauch extravaganter Vergleiche (welchen Trick ich wohl selber erfunden habe) in Grund und Boden richtete – bis zu dem Punkt, wo ich selber behindert war, noch weiter so zu schreiben wie gewohnt. Der zweite Grund ist der, daß es den Markt mit Falschgeld überschwemmt, und das entwertet das echte. Aber an keinem dieser Dinge läßt sich etwas ändern. Selbst wenn man mir die absolute Vollmacht übertrüge, solche Praktiken zu unterbinden, bezweifle ich, daß ich wüßte, wo die Grenze zu ziehen wäre. Denn man muß ja vor Augen behalten, daß einem der Stil, wenn man einen hat, nicht gestohlen werden kann. Gestohlen werden können einem nur die Fehler und Schwächen.

Da Hammett seit 1932 nichts mehr für die Veröffentlichung geschrieben hat, bin ich von einigen Leuten zum führenden Vertreter der Schule ernannt worden. Das ist sehr wahrscheinlich auf die Tatsache zurückzuführen, daß nicht *The Maltese Falcon* den Trend zum hochaufwendigen Krimifilm ausgelöst hat, obwohl er das eigentlich hätte tun sollen. Auslöser waren *Double Indemnity* und *Murder My Sweet*, und mit beiden war mein Name verbunden. Das Resultat ist, daß jeder, dem früher vorgeworfen wurde, er schreibe wie Hammett, jetzt vielleicht den Vorwurf hört, er versuche wie Chandler zu schreiben.

Jemand, der Huggins' Buch gelesen hat, erzählte mir, es sei voller Szenen, die bis in die Einzelheiten solchen in meinen Büchern nachgebildet seien, grad so weit modifiziert, daß sie noch durchgehen könnten. Mir selber war das anscheinend nicht aufgefallen. Ein anderer – ich mache mir selbst Ihnen gegenüber nicht die Mühe, ihn auf dem Papier zu nennen – teilte mir mit, daß die Verleger Huggins, als er das Manuskript von *Double Take* einreichte, dem Sinn nach den Bescheid gaben, es sei schlimm genug für ihn, daß er Zugriff und Methode oder was sonst noch bei mir gestohlen habe; daß er mir aber auch die Charaktere stehle, gehe ein bißchen zu weit. Soviel ich weiß, wurde dann einiges umgeschrieben, doch kann ich dafür nicht die Hand ins Feuer legen. Mehr Macht für Mr. Huggins. Wenn er eine größere Strecke mit geborgtem Benzin zurückgelegt hat, wird die Zeit kommen, wo ihm nichts anderes übrig bleibt, als seinen eigenen Mageninhalt in den Tank zu rülpsen.

Das Gesetz erkennt kein Plagiat an, außer es handelt sich um die Grundfabel. Es hinkt mit seinen Vorstellungen von diesen Dingen weit hinter der Zeit her. In Hollywood hat man mir laufend meine Ideen plagiiert, und ich bin selber des Plagiats bezichtigt worden, von einem Burschen, der behauptete, *The Blue Dahlia* sei bei ihm abgekupfert worden. Zum Glück war die Paramount in der Lage nachzuweisen, daß seine Geschichte die Story-Abteilung nie verlassen hatte. Unbewußtes Plagiat ist weit verbreitet und unvermeidbar. Quer durch sein Stück *The Iceman Cometh* verwendet O'Neill den Ausdruck «der große Schlaf» als Synonym für Tod. Er steht offenbar unter dem Eindruck, das sei eine geläufige Wendung aus Unterwelt oder Halbwelt, während es aber eine reine Erfindung von mir ist. Wenn ich lange genug im Gedächtnis bleibe, wird man mich vermutlich eines Tages bezichtigen, den Ausdruck von O'Neill gestohlen zu haben, denn er gehört zu den Großkopfeten. Ein Bursche drüben in England namens James Hadley Chase, der distinguierte Autor von *No Orchids for Miss Blandish* (eine Pfennigschundschreibe schlimmster Sorte), hatte in einem seiner Bücher in aller Ruhe Passagen aus den meinen und denen von Jack Latimer und Hammett wörtlich oder fast wörtlich abgeschrieben. Er wurde schließlich gezwungen, sich in der englischen Entsprechung des *Publisher's Weekly* öffentlich zu entschuldigen.* Außerdem mußte er die Prozeßkosten von drei Verlegern bezahlen, die ihn zu dieser Entschuldigung gerichtlich gezwungen hatten. Der Anwalt meines amerikanischen Verlegers wollte nicht einmal riskieren, in dieser Sache einen Warnbrief an Chase's amerikanischen Verleger zu schreiben. In England gibt es eben doch immer noch so etwas wie Geschäftsmoral.

Wenn ich mich über dies alles zu sehr zu verbreiten scheine, dann liegt das einfach daran, daß ich mich für das Thema sehr interessiere. Doch kurios genug: Als ich letztes Jahr ein Rundfunkprogramm hatte und das einzige, was ich zu verkaufen hatte, eine Figur war, stellte es sich als unmöglich heraus, einen Schreiber zu finden, der diese Figur präsentieren oder Dialog verfassen konnte, der nach ihr klang. Solange das so ist – warum sollte ich mich grämen?

Was Sie und Ballard betrifft, so wüßte ich nicht, was das eigentlich sollte.** Wir sind alle sozusagen zusammen großgeworden, wir haben alle dasselbe Idiom geschrieben und sind ihm alle mehr oder weniger entwachsen. Viele der *Black-Mask*-Storys klangen einander ähnlich, ganz so, wie viele elisabethanische Stücke einander ähnlich klingen. Das passiert immer, wenn eine Gruppe eine neue Technik auswertet. Aber selbst als wir alle für Joe Shaw schrieben, der die Vorstellung hatte, jeder müßte genau wie Hammett schreiben, gab es subtile und offenkundige Unterschiede, die jedem Schreibenden sichtbar waren, wenn nicht gar auch den Nichtschreibenden. Nie hätte man Ihre Sachen mit den meinen oder meine mit den Ihren verwechseln können.

[...]

Immer Ihr
Ray

---

* *Publisher's Weekly* ist das «Börsenblatt» der amerikanischen Buchindustrie. Das britische Äquivalent ist *The Bookseller*.
** W. T. Ballard, fruchtbarer Verfasser von Western- und Detektivromanen.

AN JAMES SANDOE

6005 Camino de la Costa
La Jolla, California
23. September 1948

Lieber Sandoe:

[...]

Shelley Smith's *The Woman in the Sea* werde ich bestellen. Klingt kaufenswert. Aber sehr gern würde ich Ihr Exemplar der *Famous American Trials* sehen. *Wide Boys Never Work** hat mich nicht weiter beschäftigt, doch könnte ich nicht sagen warum, außer daß es zu der Klasse Bücher gehört, die ich nicht lesen kann, weil sie mich nervös machen. Sie sind finster und deprimierend, ohne tragisch zu sein. Graham Greenes Buch hat diese Eigenschaft auch; sehr überschätzt nach meinen Maßstäben. Der Schluß ist sehr gut, aber der Charakter des Scobie kommt nicht recht über, hauptsächlich weil Greene so ausgesprochen humorlos ist. Meine Reaktion erinnert mich an den ziemlich engstirnigen Kommentar eines englischen Freundes zu *Brief Encounter*.** «Der springende Punkt ist der, daß Leuten dieser Art Sachen dieser Art einfach nicht passieren.» Er meinte natürlich in England. Ich konnte ihm so weit nicht folgen, obwohl ich halber Brite bin.

Was Sie über Ihre Familie berichten, klingt wunderschön, die Tiere eingeschlossen. Unsere Katze wird langsam ausgesprochen tyrannisch. Wenn sie sich irgendwo allein fühlt, stößt sie ein Geheul aus, daß einem das Blut in den Adern gerinnt, und das hält sie durch, bis jemand angelaufen kommt. Sie schläft auf einem Tisch in der Seitenveranda und verlangt jetzt, daß man sie hinauf und hinunter hebt. Sie kriegt abends gegen acht ihre warme Milch und fängt bereits um halb acht an, danach zu schreien. Wenn sie ihr Näpfchen endlich hat, trinkt sie ein bißchen, geht dann beiseite und setzt sich unter einen Stuhl; dann kommt sie wieder und

---

* Von Robert Westerby.
** Von Noel Coward.

schreit sich wieder die Lunge aus dem Hals, bis jemand sich neben sie stellt, während sie sich erneut der Milch zuwendet. Wenn wir Gäste haben, sieht sie sich die Leute kurz an und trifft fast augenblicklich die Entscheidung, ob sie ihr sympathisch sind. Sind sie's, so spaziert sie zu ihnen hinüber und läßt sich dort auf den Boden plumpsen, grad weit genug von ihnen entfernt, um ihnen die Möglichkeit, sie zu kraulen, nicht allzuleicht zu machen. Sind sie ihr aber unsympathisch, so setzt sie sich mitten ins Wohnzimmer, wirft einen verächtlichen Blick in die Runde und geht dann daran, sich den Rücken zu putzen – oder vielmehr den verlängerten Rücken. Mitten in dieser reizenden Vorstellung hält sie ganz plötzlich inne, hebt den Kopf, ohne ansonsten ihr Haltung zu ändern (ein Bein kerzengerade gegen die Decke gerichtet), starrt in den Raum, um dabei irgendein abstruses Problem zu durchdenken, und widmet sich dann wieder der Reinigung ihres Hinterteils. Diese Arbeit wird stets in der öffentlichsten Weise verrichtet. Als sie noch jünger war, feierte sie das Scheiden von Besuchern stets dadurch, daß sie wie wild durchs Haus raste, um schließlich mit einem Krallensprung auf der Couch zu landen, dem schönen Stück, das mit Baumwollbrokat bezogen und für Katzenkrallen wie geschaffen ist, da sich der Stoff leicht in Streifen herunterreißen läßt. Aber jetzt ist sie träge geworden. Will nicht einmal mehr mit ihrer Katzenminzenmaus spielen, es sei denn, diese ist so niedrig gehängt, daß sie im Liegen damit spielen kann. Ich werde Ihnen ein Bild von ihr schicken. Leider bin ich auch mit drauf, aber darüber müssen Sie eben hinwegsehen. Ich glaube, ich habe Ihnen schon berichtet, daß sie alle möglichen sehr zerbrechlichen Lebewesen zu fangen und grundsätzlich völlig unverletzt ins Haus zu bringen pflegte. Ich bin sicher, sie hat noch keinem absichtlich weh getan. Katzen sind doch sehr interessant. Sie haben einen unheimlichen Sinn für Humor und fühlen sich, ganz anders als Hunde, weder verwirrt noch gedemütigt, wenn man über sie lacht. Es gibt in der Natur nichts Schlimmeres, als wenn man mit ansehen muß, wie eine Katze sich müht, aus einer halbtoten Maus noch ein paar letzte hoffnungslose Versuche, ihr zu entkommen, herauszulocken. Mein enormer Respekt vor unserer Katze gründet sich zum großen Teil darauf, daß ihr dieser diabolische Sadismus vollkommen fehlt. Als sie noch Mäuse zu fangen pflegte – wir haben seit Jahren jetzt keine mehr gehabt –, brachte sie die kleinen Tiere immer lebend und unverletzt an und ließ sie sich von mir aus dem Maul nehmen. Ihre Haltung schien dabei zu besagen: «So, hier hast du die verdammte Maus. Ich hab' sie zwar fangen müssen, aber in Wirklichkeit ist sie dein Problem. Schaff sie gefälligst sofort weg.» Von Zeit zu Zeit durchstöbert sie sämtliche Schränke und Wandschränke nach Mäusen und veranstaltet so eine regelrechte Inspektion. Sie findet zwar nie mehr eine, aber offenbar hat sie das Gefühl, das gehöre zu ihren Pflichten.

Mein Buch habe ich gestern an Carl Brandt in New York abgeschickt.* Das einzige Exemplar, das ich hatte. So was ist ganz irre, aber ich fand niemanden, der es mir in der Schnelle abgeschrieben hätte, und ich fing an, zuviel daran herumzuschnitzeln. Weiß nie genau, wann man so ein Ding in Ruhe lassen muß. Allmählich geht mir auf, daß ich ein sehr unorthodoxes Verhältnis zur Fabel habe. Die meisten Schriftsteller denken sich eine solche Fabel aus, mit einer spannenden Situation, und gehen dann daran, die Figuren entsprechend einzupassen. Für mich ist die Fabel, wenn man's denn überhaupt so nennen kann, etwas Organisches. Sie wächst, und oft wuchert sie. Ich sitze in einem fort mit Szenen da, die ich nicht ausrangieren will und die doch nicht hineinpassen wollen. So daß mein Fabel-Problem unveränderlich in dem verzweifelten Versuch gipfelt, eine Menge Material zu rechtfertigen, das, wenigstens für mich, lebendig geworden ist und am Leben zu bleiben verlangt. Das ist wohl schon eine irre Art zu schreiben, aber eine andere scheine ich nicht zu kennen. Der bloße Gedanke, ich wäre von vornherein einem bestimmten Muster ausgeliefert, treibt mir die Haare zu Berge.

Die Mordgeschichte, die Sie erwähnten, sollte als nächstes geschrieben werden, wenn ich sie hinkriege. Ich bin da aber gar nicht sicher.

Alles Beste –
Ray Chandler

* *The Little Sister*, Chandlers fünfter Roman.

AN CHARLES MORTON

6005 Camino de la Costa
La Jolla, California
27. September 1948

Lieber Charlie:

Vor einem oder zwei Abenden, als ich just damit beschäftigt war, meinen Intellekt mit dem Kleinen Waisenkind Annie etwas heraufzustimmen, und unsere Katze Taki sich durch die letzte *Time*-Ausgabe blätterte, stieß sie auf einmal einen Klageton heftiger Betrübnis aus, schlüpfte zu Boden und verkroch sich unter einem Stuhl. Als ich den Fetzen daraufhin in Augenschein nahm, erblickte ich – mit ein wenig scheelem Ausdruck, wie ihm aber zugestanden sei – niemand anderen als den stämmigen, untersetzten, rundköpfigen, erkahlenden, henkelohrigen, karneolmäuligen, grellkrawattigen *Atlantic*-Herausgeber Morton. Also wirklich, Leute, daß mich der Blitz treffe – sieht so das Gesicht aus, das tausend Witze vom Stapel gelassen und auf dem schneebedeckten Hochplateau von Henry Luce glühende Kohlen gesammelt hat? Es ist ein nettes Gesicht, ein netter grundehrlicher Kobold von einem Gesicht. Es könnte von Barry Fitzgerald gespielt sein. Es zeigt Charakter und gute Laune. Der Schlips sitzt ein bißchen nachlässig, als sei er mit einer Hand gebunden worden, während die andere sich eben dem allmorgendlichen Frühstück aus Tomatensaft mit einem Schuß Worcestersauce und zwei Schüssen Alte Kanzlei widmete, welch letzteres die reguläre Nummer vier auf der Speisekarte unserer einheimischen Gastronomie bildet, der Casa de Maana (saubere Betten). Aber irgendwie war es nicht das, was ich erwartet hatte.

Wo blieb das hagere Falkenprofil, das lässige Monokel vor dem sardonisch blitzenden Aug', die Balkan Sobranje in den langen, wohlgeformten, fast blutlosen Fingern, das gespaltene knochige Kinn, das trocken verächtliche und doch höfliche Lächeln? Alles einfach nicht da. Omaha, o Omaha, was für einen Wolkenbruch von Bourbon hat es gebraucht, dieses Riechorgan zu tönen, oder war es die Sonne auf den Eisbergen, oder die olfaktorische Irritation durch unverlangt eingesandte Manuskripte?* Was nützt es zu spekulieren. Da steht er jedenfalls, ein freundlicher Familienvater und gelegentlich tugendhafter Gatte, nehmt denn alles nur in allem. Jedenfalls war Ihr Aufsatz über die Studentenverbindungen eine helle Freude. (Wozu sage ich das überhaupt?)

Helf' mir Gott, ich habe grad ein Buch über den Krieg gelesen, von einem englischen General namens Fuller, der, glaube ich, von der Armee auf der Höhe seiner Manneskraft in Pension geschickt wurde, weil er einen unheilbar schweren Fall von Intelligenz darstellte.** Das Buch macht den Krieg plausibler als alles, was ich bislang gelesen habe, und auch das Doppelkreuz von Versailles, das wir Clemenceau den Deutschen auferlegen ließen, nachdem sie bedingt kapituliert hatten. Der Verfasser ist ein Mann, der absolut keinerlei Vorurteil zugunsten seiner eigenen Landsleute hegt, der sogar Montgomery ohne alberne Anekdoten gerecht werden kann, der in einem kurzen glanzvollen Kapitel deutlich macht, daß MacArthurs Inselsprung-Krieg im Südpazifik ein Meisterstück an Wagemut, Phantasie und Courage war, wie zugleich die Schlacht um Italien ein sinnloses und unglaublich schwaches Stück strategischer Stümperei darstellte. Sein – sowohl moralischer als auch praktisch-militärischer – Abscheu vor den sogenannten strategischen Luftangriffen ist vernichtend und präzis. Er hält uns trotz unserer glänzenden taktischen Fähigkeiten für eine Nation von militärischen Amateuren, und weiß Gott, die Geschichte gibt ihm recht. Selbst die Engländer, die Fuller, dessen bin ich ganz sicher, für unfähig zu einem totalen Angriffskrieg hält, weil immer irgendein Schafskopf an hoher Stelle bereit steht, eine gute Idee abzuwürgen oder eine kühne zu blockieren – selbst die Engländer hatten begriffen, daß wir, wären wir nicht am Ende in Berlin und Wien gewesen, einen Krieg um nichts und wieder nichts geführt hätten. Ich glaube nicht, daß er Eisenhower völlig verachtet, obwohl sein Temperament ihn für Männer wie Bradley und

---

* Morton stammte aus Omaha, Nebraska.
** Generalmajor John Frederick Charles Fuller, Verfasser von *The Second World War*, 1948.

Patton anfällig macht, aber er ist ganz deutlich der Auffassung, daß Eisenhower kein genügend starker Mann war für seinen Posten und daß er zu einem kritischen Zeitpunkt im September 1944 einen raschen Sieg verschenkt hat, weil er sich weder gegen Montgomery noch gegen Bradley durchsetzen konnte, sondern mit beiden Kompromisse schließen mußte. Das ist mal wirklich ein Buch. Was sich durch alles hindurchzieht, ist Fullers Ansicht, daß eine unabhängige Luftwaffe einen grausigen Fehler darstellt, weil sie immer darauf besteht, mit der kostspieligsten, unrentabelsten und unnützlichsten Zerstörungswaffe zu kämpfen, nämlich dem schweren Bomber, während ihre wahre Funktion die Bodenunterstützung ist, die Unterbindung von Verkehr und Nachschub, und die Logistik. So oft sie dazu eingesetzt wurde, gewöhnlich gegen ihren Willen, war die Wirkung unmittelbar und zum Staunen; als sie zur Flächenbombardierung von Städten wie Hamburg, Berlin und Leipzig benutzt wurde, war der Effekt militärisch gering, und moralisch hat es uns direkt neben den Mann gestellt, der Belsen und Dachau betrieb.

Ray

AN RAY STARK

Oktober 1948

Lieber Ray:

[...]

Bei Marlowe ist vor allem nicht zu vergessen, daß er eine Ich-Erzähler-Figur ist, ob er in dem Rundfunkskript nun als solche aufscheint oder nicht. Ein Ich-Erzähler bringt den Nachteil mit sich, daß er gegenüber dem Leser als besserer Mensch dastehen muß, als er's sich selbst gegenüber ist. Zu viele solcher Figuren machen einen ekelhaft hochnäsigen Eindruck. Das ist schlecht. Um es zu vermeiden, darf man ihm nicht immerfort die Knalleffekte zuweisen oder die großen Abgänge. Ja, die nicht einmal oft. Lassen Sie den andern Figuren die tollen Pointen. Lassen Sie ihn ohne jeden Gag. Soweit das möglich ist jedenfalls. Howard Hawks, ein sehr kluges Haus, machte, als er *The Big Sleep* drehte, mir gegenüber einmal die Bemerkung, er halte für einen von Marlowes wirksamsten Tricks den, immer dem anderen den Trick zu überlassen und selber überhaupt nichts zu sagen. Das läßt dem anderen die Luft raus. Ein umwerfender Knalleffekt verliert eine Menge von seiner Durchschlagskraft, wenn er keinerlei Antwort hervorruft, wenn der andere eine offene Tür einrennt. Dann müssen Sie entweder selber eins draufsetzen oder das Feld räumen.

Lassen Sie Marlowe keine Sachen sagen, bloß um die anderen Figuren unterzukriegen. Wenn er mit einem schlagenden Bonmot überkommt, sollte es ihm rein emotional herausfahren, so daß sich ein Gefühl entlädt und nicht etwa die Absicht, jemanden mit einer scharfen Entgegnung k.o. zu schlagen. Wenn Sie Vergleiche benutzen, sehen Sie zu, daß sie immer zugleich extravagant und originell sind. Und dann bleibt noch die Frage, in welchem Ton die Entgegnung erfolgt. Je schärfer pointiert sie ist, desto weniger gewaltsam sollte sie formuliert sein. Es darf keine hämische Wirkung entstehen. All das ist eine Frage des Geschmacks. Wenn man den nicht hat, kriegt man's auch mit Hilfe von Regeln nicht hin. Es gibt in Hollywood eine Menge durchaus gescheiter Leute, die sich dauernd übernehmen, weil sie nicht sehen, wo die Grenze ist. Im Film ist das schlimm genug, aber im Rundfunk wirkt sich's verheerend aus, weil die Stimme da alles ist und man keinen Gesichtsausdruck vor sich hat, der die Wörter wieder zurechtrückt. Man kann da einfach keine Zeile unter den Tisch spucken, als ob sie etwas wäre, was schlecht geschmeckt hat, wenn sie einem erst einmal auf die Zunge gekommen ist.

Schon gut, ich hab' die Weisheit auch nicht immer mit Löffeln gegessen.

Herzlich
Ray

AN H. N. SWANSON

6005 Camino de la Costa
15. Oktober 1948

Lieber Swanie:

Das war ein sehr netter und sehr gescheiter Brief. Wer zum Teufel hat Ihnen verraten, daß ich Joe Ugly heiße! Ich bin bisher der erfolgreichste Pseudonymiker der Branche gewesen. Die Uglies (oder in diesem Fall wohl besser Uglys) sind ein kleiner, aber zäher Clan von Nagelstiefelträgern, wohlbekannt und wenig beliebt ob ihrer Gewohnheit, an Samstagabenden in kleinen ekligen Gäßchen abseits der Mile End Road ihre Frauen zu Tode zu küssen. So manches Mal, wenn ich als Kind in den Jagdhosen meines alten Herrn (dem Ersatzpaar) schlief, habe ich gesehen, wie der Inspektor Sir Marmaduke Fitzboodle (von den East Riding Fitzboodles) sein Wasser in die Porter-Kanne meines Alten abschlug und ein paar inquisitorische Fragen nach all dem Blut auf dem Fußboden in der Zimmerecke stellte. Einmal, entsinne ich mich, wollten sie sogar den Boden aufgraben, der zwanzig Fuß tief aus festgestampftem Fisch mit Pommes frites bestand, aber mein Alter lachte bloß und wischte sich mit des Inspektors gestricktem Schal die Nase. Die Uglies haben sich um die Bullen nie groß gekümmert, außer wenn sich Gelegenheit bot, einem bei dickem Nebel in den Hintern zu treten. Ach ja, es ist lange her, daß ich mit meinen Stiefeln auf einem Proletarierkind herumgetrampelt bin.

Doch, das Buch ist fertig – wenn das die richtige Bezeichnung ist für diese schlechtgeschriebenen und schlechtkonstruierten 75000 Wörter Eselbohrerei.* Was damit wird, weiß ich nicht. Es ist ein bißchen saftig für den Transporthandel und ein bißchen zu literarisch für die Demokraten; außerdem kommen nur sechs Morde darin vor. Aber ich bin eben noch nicht zum Mann gereift. Meine fünf Jahre in den Salzbergwerken haben mich zu einem typischen Fall von Entwicklungshemmung gemacht, und je mehr

* The Little Sister.

213

ich mich vom Filmgeschäft zurückziehe, desto besser gefällt es mir. Sie wissen vielleicht, daß Joe Sistrom von Universal weg ist, und der Spitzenpreis der Paramount für eine Neuerwerbung sind fünf Riesen. Jeden Moment jetzt wird Henry the Gin den Handel um ein Remake des Königs der Könige abschließen, mit Alan Ladd als Christus, Cecil B. de Mille als liebem Gott und Betty Hutton als Jungfrau Maria. Aber ich wette, Bill Bendix klaut ihm den Film als Maria Magdalena. Mit Ihnen zum Lunch gehe ich erst, wenn meine Kanone Ladehemmung hat.

Ray

AN JAMES SANDOE

6005 Camino de la Costa
La Jolla, California
17. Oktober 1948

Lieber Sandoe:

[...]

Es gibt keinerlei erstrangige Kritik für den Mord- oder Kriminalroman, ob nun auf Tatsachen gegründet oder sonstwie. Ein Buch wie Pritchetts *The Living Novel* könnte sehr interessant sein, vielleicht nicht allzu ergiebig als Dollarquelle, aber vom Gesichtspunkt des Prestiges her doch lohnend.[*] Weder hierzulande noch in England hat es von seiten der Kritik je die Anerkenntnis gegeben, daß in die besten dieser Bücher weit mehr Kunst eingeht als in jede beliebige Anzahl dicker Wälzer über die Südstaatengeschichte oder irgendeinen «gesellschaftskritischen» Kokolores. Die psychologische Grundlage für die immense Beliebtheit des Romans, der von Mord oder Verbrechen handelt, bei allen möglichen Leuten ist noch nie auch nur angeritzt worden. Ein paar oberflächliche und ein paar leichtfertige Versuche, aber nichts davon sorgfältig,

* V. S. Pritchett, *The Living Novel*, 1946.

kühl und mit Muße betrachtet. Es ist an diesem Thema mehr dran, als die meisten Leute ahnen, selbst jene, die daran interessiert sind. Es ist immer ganz obenhin behandelt worden, weil man offenbar, und sehr zu Unrecht, als selbstverständlich voraussetzte, daß Mordromane, weil sie leicht zu lesen sind, auch leichte Lektüre seien. Dabei sind sie keine leichtere Lektüre als *Hamlet, Lear* oder *Macbeth*. Sie grenzen an die Tragödie und werden doch nie gänzlich tragisch. Ihre Form verlangt eine bestimmte Konturenklarheit, die sich sonst nur in den kompliziertesten «richtigen» Romanen findet. Und nebenbei gesagt – ganz nebenbei natürlich – hat ein sehr beträchtlicher Teil der am Leben gebliebenen Weltliteratur sich mit gewaltsamem Tod in irgendeiner Form befaßt. Und wenn man denn unbedingt «Gesellschaftskritik» haben muß (die zu fordern unweigerlich das Abzeichen einer halbgaren Kultur ist) – es wäre doch durchaus möglich, daß die Spannungen in einem Mordroman das einfachste und doch umfassendste Muster der Spannungen darstellen, unter denen wir in dieser unserer Generation leben.

RC

AN CARL BRANDT

6005 Camino de la Costa
La Jolla, California
12. November 1948

Lieber Carl:

[...]

Wir hatten auf dem ganzen Weg nach San Francisco und zurück liebliches Wetter. In der Nacht, die wir in Carmel verbrachten, regnete es, aber am Morgen war es wieder schön. Carmel, das Sie vermutlich kennen, ist ein ganz allerliebster Ort, sieht aber leicht unwirklich aus, so als wäre es auf dem Drehgelände von MGM erbaut worden. Man hat es mit La Jolla verglichen, und es ähnelt

215

ihm auch insofern, als es kaum Reklamewände und andere häßliche Dinge gibt, aber damit ist die Ähnlichkeit auch schon am Ende. Ich finde es durchaus attraktiver als La Jolla, und es hat den Vorteil, daß es nicht in der Nähe einer Großstadt liegt. La Jolla wimmelt von müden alten Männern und müdem alten Geld; Carmel scheint mehr der Mittelstandstypus zu sein. Wenn Sie je nach Santa Barbara fahren, steigen Sie im Biltmore in Montecito ab. Das ist wirklich einmal ein Hotel. San Francisco hat mir gefallen, aber die Hotels dort stinken. Das Fairmont besitzt eine prachtvolle Halle, aber das ist auch schon alles. Das Mark [Hopkins] hat einen schönen Grillroom (und das Dachrestaurant natürlich), aber das Essen dort ist unerschwinglich, die Halle hat keine Spur von Stil, und das ganze Haus wimmelt von Gaunergesichtern, die aussehen, als hätten sie Angst, sie könnten aus Versehen mal einen Produzenten nicht anlächeln. Nächstesmal wollen wir's mit dem Clift versuchen, wo wir oft gewohnt haben, als Clift noch am Leben war, aber seither nicht mehr. Leider muß ich gestehen, daß ich die Adressen, die Bernice mir schickte, alle zu Hause gelassen hatte, aber ich hätte mich vermutlich sowieso nicht bei den Leuten gemeldet, weil wir unsere ganze Zeit mit Einkäufen bzw. dem Versuch dazu verbracht haben.* Was ich an S.F. so liebe, ist der Schert-euch-zum-Teufel-Stil, der dort herrscht. Die engen Straßen sind gesäumt von uneingeschränkten Parkverbotsschildern, und zugleich sind sie gesäumt von parkenden Automobilen, die aussehen, als stünden sie dort schon den ganzen Tag. Zum erstenmal in meinem Leben habe ich einen weiblichen Verkehrspolizisten gesehen, einen richtigen Polizisten auch, komplett mit Nickelstern und Trillerpfeife. Ich sah auch noch einen anderen Polizisten. Er fuhr mit einem Stück Kreide am Ende eines langen Stocks herum, und ungefähr einmal pro Block fitschte er damit nach irgendeinem Hinterreifen, bloß um die Hand drinlassen zu können. Die Taxifahrer sind ebenfalls hinreißend. Sie gehorchen keinen Gesetzen außer dem der Schwerkraft, und wir hatten sogar einen, der die Straßenbahnen links überholte, ein Verstoß, für den man in Los Angeles vermutlich neunzig Tage kriegte. Falls Sie je denken

---

* Bernice Baumgarten von der Agentur Brandt & Brandt.

sollten, ich wäre im Hinblick auf die Polizei zu zynisch, so lassen Sie sich sagen, daß man das gar nicht sein kann. Ein Richter-Komitee vom Oberlandesgericht in L.A. hat sich mit dem Habeas-Corpus-Geschäft befaßt, das ihnen allzu reichlich zu blühen und zuviel Gerichtszeit in Anspruch zu nehmen schien. Der Vorsitzende machte seinem Ärger mit einer Erklärung Luft, in der er verkündete, er habe die Nase voll von dem Schwindel, daß dauernd Buchmacher oder vermeintliche Buchmacher verhaftet und dann per Habeas-Corpus-Verfügung wieder rausgeholt würden, gegen 500 Dollar Kaution und mit zwischen 200 und 500 Dollar Gerichtskosten. Er sagte, die Jungens von der Sitte hätten da ein regelrecht perfektes System geschaffen: Sie buchten vermeintliche Buchmacher ein, und kaum sind sie im Knast, kommt schon ein Anwalt und ein Bürge mit einer Verfügung daher; wird der Fall dann aufgerufen, haben die Bullen den Beweis verloren. Richter Ambrose sagte ganz deutlich und hörbar, daß die Polizei von Los Angeles in Hinsicht auf die Beweissicherung einen sehr schlüpfrigen Griff bekommen habe. Fünf oder sechs dieser Operationen pro Nacht könnten im Lauf der Zeit ganz lukrativ sein. Die Gerichte müssen zu all diesen Verfügungen Argumente hören, und das frißt Zeit. Jeder, der nicht ein verdammter Narr ist, muß wissen, daß dieser Fischzug im voraus vollständig geplant ist und ein Ersatz für die frühere Methode, daß ein «Absahner» bei den Spielhöllen rundzog und seinen Schnitt machte. Es hat auch den Vorteil, daß es ganz legal aussieht. Der springende Punkt ist natürlich, daß jede dieser Verhaftungen und Entlassungen einen korrupten Richter, einen korrupten Anwalt, einen korrupten Bürgen und ein paar korrupte Bullen erfordert. Kein ehrlicher Richter würde die Kaution so hoch ansetzen, daß die Bürgschaft 500 Dollar kosten würde. Gestern abend bekamen ein paar von den Jungs keine Entlassungsverfügung. Sie mußten im Knast bleiben, und waren die sauer! Der Richter hatte kalte Füße bekommen. Was mich an unserer reizenden Zivilisation so schafft, ist die vollständige Gleichgültigkeit, mit der das Publikum solche Enthüllungen begrüßt. Wir rechnen einfach gar nicht mehr damit, daß jemand ehrlich ist. Vor ein paar Wochen zum Beispiel erwischte die *Times* ein Photo von einer mangelhaften Vorlage an der Torlinie. Sie war mangelhaft, weil der Schlußmann oder Hinterspieler, der der Empfänger war, mit seinem rechten Arm fest zwischen linkem Arm und Körper des Verteidigers blockiert war. Das ganze dreckige Foul war auf dem Photo sonnenklar. Das Photo wurde ohne Kommentar veröffentlicht – einfach als Photo vom Spiel; auf das ersichtliche Foul erfolgte überhaupt keinerlei Reaktion. Ja, um Himmels willen, wenn wir den Jungs die krumme Masche schon auf dem College beibringen, was will man dann noch erwarten? Und sie *wird* ihnen da beigebracht, ganz kalt, vorsätzlich und abgefeimt.

[...]

All meine besten Grüße –

Ray

AN HAMISH HAMILTON

6005 Camino de la Costa
La Jolla, California
20. November 1948

Lieber Jamie:

[...]

Meine Interpunktion ist manchmal unorthodox, aber Fehler aus Unkenntnis mache ich nicht. Es handelt sich dann immer um absichtliche Verletzungen der Standardpraxis. Nett von Priestley, daß er mein Zeug lesen will.* Segne's ihm der liebe Gott! Ich entsinne mich, daß er davon sagte: «So schreibt man in Dulwich aber nicht.»** Das mag immer sein, aber wenn ich nicht mit Griechisch und Latein aufgewachsen wäre, wüßte ich wohl kaum so genau die haarfeine Grenze zwischen dem zu ziehen, was ich lokal-idiomatisch nenne, und dem, was ich als ungebildeten oder *faux-naif*-Stil bezeichnen würde. Es ist, für mich wenigstens, ein höllisch großer Unterschied.

[...]

Herzlich Ihr
Ray

---

* J. B. Priestley.
** Chandlers Schule in England.

AN CARL BRANDT

6005 Camino de la Costa
La Jolla, California
26. November 1948

Lieber Carl:

[...]

Ich habe einmal bei der MGM gearbeitet, in dem Eiskasten, den sie das Thalberg Building nennen, dritter Stock. Hatte einen angenehmen Produzenten, George Haight, ein netter Kerl. Um die Zeit etwa hatte grad irgendein Grützkopf, vermutlich Mannix*, entschieden, die Schriftsteller bekämen keine Couch mehr in ihr Zimmer, weil sie mehr arbeiten würden, wenn sie sich nicht langlegen könnten. Folglich stand auch in meinem Büro keine Couch. Nun war ich nie ein Mann, der sich von Bagatellen umschmeißen läßt; ich holte mir also eine Wolldecke aus dem Auto, breitete sie auf dem Fußboden aus und legte mich drauf. Kurz darauf kam Haight zu mir rein, auf einen Höflichkeitsbesuch, sah mich, stürzte zum Telephon und bellte den Story-Redakteur an (den Namen hab' ich vergessen und den Mann nie auch nur zu Gesicht bekommen), ich wäre ein horizontaler Schriftsteller, und man sollte mir um Himmels willen eine Couch raufschicken. Trotzdem, die Kühlschrankatmosphäre ging mir auf die Nerven, und der Klüngel am Drehbuchschreibertisch desgleichen. Ich sagte, ich würde zu Hause arbeiten. Worauf man mir antwortete, Mannix hätte angeordnet, daß kein Schriftsteller zu Hause arbeiten dürfe. Worauf wieder ich sagte, ein so großer Mann wie Mannix sollte das Privileg haben, seine Meinung zu ändern. Also arbeitete ich zu Hause und ging nur drei- oder viermal hinüber, um mit Haight zu reden. Ich habe nur in drei Filmfirmen gearbeitet, und die Paramount war die einzige, die mir gefiel. Man wahrt da in gewissem Grade noch die Landklubatmosphäre. Am Tisch der Drehbuchschreiber bei der

---

* Edgar J. Mannix, Assistent von Thalberg und später Generalmanager der Filmfirma MGM.

Paramount habe ich einige der besten Witze gehört, die mir in meinem ganzen Leben zu Ohren gekommen sind. Manche von den Jungs laufen zu ihrer Höchstform auf, wenn sie nicht schreiben. Ich erinnere mich noch an Harry Tugends wundervollen Witz über [– – –]; Tugend versuchte sich damals als Produzent und haßte den Job von Herzen. Er sagte: «Also wißt ihr, das ist eine lausige Plackerei. Da muß man endlos rumsitzen und mit dieser hirnrissigen Ziege ernstlich darüber debattieren, ob die und die Rolle wohl auch gut für ihre [– – –] Karriere sei oder nicht, und die ganze Zeit hat man alle Hände voll zu tun, um nicht vergewaltigt zu werden.» Woraufhin ein ziemlich unschuldiger junger Mann aufjaulte: «Wollen Sie damit etwa sagen, daß sie eine Nymphomanin ist?» Harry schaute mit gerunzelter Stirn in die Ferne, seufzte und sagte dann langsam: «Tja, wahrscheinlich wäre sie das, wenn man ihr Temperament ein bißchen drosseln könnte.» Ein anderer Witz wurde von einem Mann namens Seton Miller beigesteuert, der ein lausiger Schreiber war, aber in anderen Dingen einen sehr annehmbaren Kopf hatte. Jemand sprach von dem Film, der Miss Lauren Bacall die Unsterblichkeit verschafft hat, *To Have and Have Not*, und von ihrer Gesangsdarbietung darin. Ein Unschuldslamm meinte: «Das Lied, das haben die doch sicher einsynchronisiert.» Worauf Seton Miller schrie: «Um Jesu Christi willen, du verdammter Idiot, glaubst du etwa, da ist jemand losgelaufen und hat nach so einer Stimme auch noch extra gesucht?»

[...]

Alles Beste –
Ray

AN CARL BRANDT

6005 Camino de la Costa
La Jolla, California
5. Dezember 1948

Lieber Carl:

[...]

Was Dore Schary betrifft, so bin ich überzeugt davon, daß er ein fähiger Mensch ist und ein netter Kerl, aber wie sehr viele intellektuelle Juden hat er's mit der Gesellschaftskritik.* Er glaubt an Filme, die eine Botschaft bringen. Für mich ist das nur eine Facette im Erwachsenen-Infantilismus Hollywoods. Ich finde das ganze Getue um die «Gesellschaftskritik» bei Filmen zum Gähnen. *Gentleman's Agreement* brauchte für mich nur zwanzig Minuten zu laufen, bis ich das Kino verließ. Es war für mich einer der schlimmsten Filme, die ich je auszusitzen versucht habe, eine Beleidigung für meine Intelligenz, weil seine sogenannte Botschaft auf ein Niveau veranschlagt war, das ich nur als Zwergschule bezeichnen kann. Als Europäer von Erziehung, wenn auch nicht von Geburt, teile ich das europäische Gefühl, bei Hollywoods Versuchen, gesellschaftliche und politische Ideen auszubreiten, dem ganzen Phrasengedresche um Demokratie und dergleichen, handle es sich nur um die Symptome einer halbgaren Kultur. «Im Kino kann man nichts über Politik lernen; in Filmen lernt man nur etwas über Menschen.»

Ray

---

* Filmproduzent und Bühnenautor.

AN JAMES SANDOE

6005 Camino de la Costa
La Jolla, California
6. Dezember 1948

Lieber Sandoe:

[...]

Ich habe einmal einen Bankier aus Aberdeen, Washington, gekannt, der zwei oder drei Jahre im Bundesgefängnis absitzen mußte, weil er ungesicherte Darlehen an die Rancher vergeben hatte, von denen die Bank lebte. Er war ein vollkommen ehrlicher Mann, er verdiente persönlich keinen Cent an dem, was er tat. Es war während der Depression, und die Rancher brauchten Geld, oder sie wären bankrott gegangen. Wenn sie bankrott gingen, war auch die Bank pleite, weil ihre Hypothekenbriefe dann wertlos waren. Mit Hilfe der Bank konnten die Rancher die Depression möglicherweise überwinden. Wenn ihnen das gelang, konnten sie die Darlehen zurückzahlen. Diese Bank hat fraglos die Bankgesetze gebrochen. Er gab das zu. Aber wen betrog er denn damit? Die Aktionäre der Bank? Er gehörte selber zu ihnen, und die anderen waren allesamt Grundbesitzer der Gegend. Das Stammkapital wurde nicht verhandelt. Er machte lediglich, mit dem einzigen Mittel, das er sah, den Versuch, die Einkommensquelle der Bank vor dem Kollaps zu bewahren. Er wurde vor Gericht gestellt und verurteilt, und die Bank mußte schließen. Aber bis zu diesem Zeitpunkt hatte die Bank der Depression widerstanden, wie es sehr vielen anderen Staatsbanken nicht gelungen war. Zwar ist nicht auszuschließen, daß sie ohnedies untergegangen wäre, denn die ganze Gegend war direkt oder indirekt abhängig vom Bauholzhandel, und der Bauholzhandel erholte sich nicht wieder, bis wir mit der Aufrüstung für den Zweiten Weltkrieg begannen. Aber der Mann tat sein Bestes. Irgend etwas ist tragisch falsch an einem Justizsystem, das aus ehrlichen Menschen Kriminelle machen kann und macht und Gangster und Schieber nur dann hinter Gitter zu bringen vermag, wenn sie ihre Steuern nicht bezahlen. Natürlich muß ich, um fair zu sein, dabei zugeben, daß irgend etwas falsch auch an einem Finanzsystem ist, das dafür garantiert, daß in Zeiten der Depression jeder Firmengeschäftsführer bei dem Bemühen, seine Firma vor der Pleite zu retten, ein dutzendmal im Monat Gefängnis riskiert. Ich persönlich glaube, und ich bin kein Sozialist oder sonstwas von der Sorte, daß unser Finanzsystem an einem grundsätzlichen Irrtum krankt. Es impliziert einfach einen fundamentalen Betrug, einen unehrlichen Profit, einen nichtexistenten Wert.

[...]   Ray

AN MIKE GIBBUD, ESQ.
VON TAKI CHANDLER, ESQ.*

[Ohne Datum;
Weihnachten 1948]

Lieber Mike:

verbindlichen Dank für Ihre Karte und die darin ausgesprochenen guten Wünsche, welche ich erwidere. Nicht erwidern kann ich hingegen die doch reichlich übertriebene Vertraulichkeit Ihrer Anredeform, denn soweit ich mich erinnere, sind wir uns nie offiziell vorgestellt worden. Was nun die Verdächtigungen betrifft, die Sie gegen Ihre «alte Dame» aussprechen (versuchen Sie doch, auch hier von diesen plump-vertraulichen Manierismen loszukommen), so sind dieselben vermutlich zur Gänze unfundiert und aus einem gewissen Minderwertigkeitskomplex zu erklären, welcher wiederum das Produkt Ihres gemischten Blutes ist. Aber machen Sie sich dieser Dinge wegen nur keine Gedanken. Wir leben in einem Zeitalter heraldischer Minderwertigkeit. Ein Schrägbalken im Wappen ist heute keine größere Schande, als er es im Mittelalter war. Ihr Vater mag ja durchaus ein Gentleman gewesen sein, selbst wenn Ihre Mutter keine Dame war. Ihr Rattenschwanz ist übrigens durchaus jetzt überall modern. Ich ziehe einen buschigen, aufrecht getragenen Schwanz vor. Sie sind Sia-

* Taki war Chandlers Katze. Wiedergabe des Briefs nach einer Abschrift.

mese, und Ihre Vorfahren haben noch auf Bäumen gelebt. Die meinen lebten in Palästen. Man hat mir gelegentlich zu verstehen gegeben, ich sei ein bißchen versnobt. Wie wahr! Ich bin es leidenschaftlich gern.

Kommen Sie doch gelegentlich einmal vorbei, wenn Sie ein sauberes Gesicht haben; wir werden dann den gegenwärtigen Weltlauf diskutieren, die Albernheit der Menschen, das Überhandnehmen des Pferdefleisches, obwohl wir doch ein zartes Lendenbeefsteak viel mehr zu schätzen wissen, und die uns beiden gemeinsame Schwierigkeit, Türen zur rechten Zeit geöffnet und Mahlzeiten häufiger und in kürzeren Abständen serviert zu bekommen. Ich habe meine Leute jetzt immerhin auf fünfmal pro Tag gebracht, aber es bleibt doch noch vieles reformbedürftig.

Was Ihren abschließenden Grußwunsch «Glückliche Mäusejagd!» betrifft, so können Sie bei seiner Niederschrift nicht ganz nüchtern gewesen sein. Katzen meines Geblüts jagen keine Mäuse.

AN BERNICE BAUMGARTEN

6005 Camino de la Costa
La Jolla, California
29. Dezember 1948

Liebe Bernice:

[…]

Von Jims Büchern habe ich *Guard of Honor, The Just and the Unjust, S.S. San Pedro.** Was sollte ich sonst noch von ihm lesen? Ich meine, gibt es welche, bei denen die Aussicht besteht, daß sie mich enttäuschen? Wenn das möglich ist. Zu Weihnachten habe ich *The Young Lions* bekommen.** Es macht stellenweise doch einen verdammt windigen Eindruck. Wie zum Beispiel tut man etwas «mit reiflicher Überlegung»? Und: «Aber des Mädchens

---

* Von James Gould Cozzens, Bernice Baumgartens Mann.
** Von Irwin Shaw.

Ausdruck hatte sich nicht verändert. Sie hatte ein Reis von einem Busch gebrochen und strich abwesend damit auf der steinernen Umzäunung entlang, als sänne sie darüber nach, was er eben gesagt hatte.» Die Schlußwendung und das «abwesend» machen die Wirkung zunichte. Entweder beschreibt man einen Vorgang und läßt den Leser daraus auf die innere Reaktion schließen, die er ausdrückt, oder man beschreibt die innere Reaktion und läßt von innen sehen, was außen passiert. Beides zu gleicher Zeit geht nicht. Eine Kleinigkeit, aber sie stellt das Zeug für mich an seinen Platz. Nicht wahr, ich bin ein regelrechtes Scheusal? Ich bin's mit Vergnügen.

Immer Ihr
Ray

1949

AN CARL BRANDT

23ster Januar 1949

Lieber Carl:

Ich habe Ihre letzte Mitteilung verlegt, aber ich glaube, Sie schrieben, daß Sie so Mitte Februar in LA sein würden. Da werde ich wohl bei Ihnen einmal aufkreuzen können. Bin grad von dort zurück, wo ich ein Gespräch mit Stark hatte, soweit man mit einem Hollywood-Agenten in seiner Räuberhöhle überhaupt ein Gespräch haben kann. Was einen englischen Abschluß betrifft, so stehen die Aussichten nicht besonders. Sieht so aus, als müßte's auf meine eigenen Kosten gehen und als müßte ich mich sputen, wenn ich eine Reservierung kriegen will. Stark kam mit einem Geistesblitz über, von wegen einer Marlowe-Geschichte, wo er nach London geht, und Montgomery spielt ihn, und schon hing er (Stark) am Telephon und brüllte nach Montgomery, was aber wenig Zweck hatte. Nachdem ich gesehen habe, wie die Jungs beim Drehbuch von *The Saxon Charme* unter M zu leiden hatten (was natürlich auch durchaus an ihnen gelegen haben kann), bin ich nicht sonderlich scharf drauf, außer daß er für einen Schauspieler ein anständiger Kerl ist. (Mein Lieblingsproduzent hat einmal, unmittelbar nach einem Interview mit einem dieser Mimen, in verstummter Verzweiflung die Bemerkung gemacht: «Einen Schauspieler *wirklich* mögen, das kann wahrhaftig keiner!») Was mich im Hinblick auf die Englandreise so schafft, ist der gräßliche Haufen Papierkram, sind die Reservierungen, die drängenden Termine und daß ich nicht weiß, wo ich hin soll. (Bestimmt nicht ins Dorchester,

227

dann könnte ich gleich auch in dem Stinkloch da bleiben, dem Berverly Hills Hotel.)

Diese Hollywood-Leute sind phantastisch, wenn man eine Weile nicht dagewesen ist. In ihrer Gegenwart klingt jede in Ruhe ausgesprochene feinere Bemerkung wie gefälscht. Ihre Konversation besteht aus einem Wust aus angestaubten Superlativen, unterbrochen von vier Telephongesprächen pro Satz. Stark ist ein netter Kerl. Ich kann ihn gut leiden. Jeder in seinem Bagno ist nett. Mit der Rundfunk-Show hat er gute Arbeit geleistet. Sie könnte schon fünf Jahre durch den Äther laufen, wenn ich ihn von Anfang an gehabt hätte. Sie hat, sagt man mir, eine bessere Einschaltquote als einige sehr teure Shows. Trotzdem bin ich deprimiert wieder abgefahren. Ich weiß wirklich nicht, wieso. Vielleicht liegt's einfach an Beverly Hills. Das war so ein reizendes Städtchen, bevor die Phönizier es einnahmen. Jetzt ist's nur noch ein Tummelplatz dreistester Bauernfängerei.

Ray

AN HAMISH HAMILTON

6005 Camino de la Costa
La Jolla, California
24ster Januar 1949

Lieber Jamie:

[...]

Ich würde gern eins der kleineren Schiffe von der Cunard nehmen.* Aber es widerstrebt mir, im Dorchester abzusteigen und mir da das Gemenge der Phönizier aus Hollywood und New York anschauen zu müssen. Was wäre ein gutes Hotel, wo die Verpflegung einen am Leben hält und wo man's warm hat (es wird uns

---

* Jahrelang plante Chandler, nach England zu fahren; zur Ausführung kam dieser Plan aber erst 1952.

dort ja wohl fürchterlich kalt vorkommen nach so vielen Jahren Südkaliforniens)? Was für Kleidung brauche ich für besondere Anlässe, falls es die gibt? Brauche ich einen Smoking usw.? Und dürfte ich – zu dem ohne Zweifel gewissenlosen Zweck, den Paßamtsleuten zu sagen, wo ich hin will – Ihre Privatadresse angeben? Wenn ja, wie lautet sie? Wir leben im Zeitalter des ungehobelten Benehmens. Sie reisen per Flugzeug, aber meine Frau will das nicht, und ich kann nicht ohne sie. Ich habe daran gedacht, den Lebensmittelmenschen hier zu veranlassen, mir ein paar Freßpakete zu schicken. Ich habe zwar allerlei gelesen, aber es ist für uns doch immer noch ein bißchen schwierig, uns ein sicheres Bild zu machen, wie das Leben in England aussieht. Wann, würden Sie raten, sollte ich kommen? Mai oder Juni oder was?

Ihre Bemerkungen über ausgerollte rote Teppiche, so liebenswürdig sie auch gemeint waren, ängstigen mich ein bißchen. Ich bin entschieden ein Mensch für den Hintergrund, und mein Charakter ist eine unschickliche Mischung aus äußerer Schüchternheit und innerer Arroganz. Ich mache nichts von dem, was Autoren heutzutage wie selbstverständlich machen; ich preise keine Kollegen-Bücher an und erwarte nicht, daß Kollegen für die meinen auf dem Markt trommeln; ich halte keine Signierstunden ab, besuche keine Buchmessen und mache auch bei keinem dieser schlauen kleinen Interviews mit, die von den Werbeleuten zur Hebung des Umsatzes arrangiert werden. Hierzulande ist das «branchenüblich»; für mich ist's das, was erst eine Branche daraus macht. In England liegen die Dinge fraglos ein bißchen anders. Aber ich komme nach England auch nicht als rundreisender Autor, Gott behüte, sondern als ein Mensch, der England geliebt hat, als sein Herz jung war, und der nie wieder so geliebt hat seither, noch je wieder lieben wird.

Natürlich entzücken mich die Bücher. Ich habe brütend über der Liste gesessen und war nahe dran, eine Anzahl davon zu bestellen. Es ist ja sehr freundlich von Ihnen, soviel Aufhebens von dem zu machen, was für mich eine ganz schlichte Sache ist. Was tue ich denn schließlich? Und wenn's denn wirklich was Besonderes wäre, was es nicht ist, so fiele mir dazu nur eine unvergeßliche kleine

Geschichte ein, von einigen Freunden, die vor ein paar Jahren Luxemburg besuchten. Sie stiegen in einem sehr netten Hotel ab, wo Speisen und Getränke ausgezeichnet waren. Die Atmosphäre war fröhlich, Leute aus allen Ländern Europas, fast, waren da und erholten sich. An zwei Tischen saßen Engländer, nur an zweien. An dem einen ein älteres Ehepaar, früher wohlsituiert, jetzt nicht mehr so wohlsituiert. Am anderen ein aus dem Militärdienst entlassener Panzeroffizier mit seiner Mutter. Auf sämtlichen Tischen im Speisesaal des Hotels außer auf diesen beiden standen Weinflaschen. Dies ist eine wahre Geschichte. Die Engländer konnten sich Wein nicht leisten. Die, welche nie kapituliert hatten, tranken Wasser, damit jene, die kapituliert hatten, Wein trinken konnten. Ich finde diese Geschichte wunderbar. Sie ist haargenau wahr, und das macht sie noch soviel wunderbarer.

Ray

AN CARL BRANDT

6005 Camino de la Costa
La Jolla, California
[o.D.; Februar 1949]

Lieber Carl:

Ich probiere eine neue Corona aus, deshalb wird mein Getippe noch schlimmer ausfallen als gewohnt. Jahrelang habe ich eine geräuschlose tragbare Maschine benutzt, dann bekam ich eine gewöhnliche Remington, und seither war ich für die geräuschlosen allesamt verloren. Aber ich muß eine tragbare haben, die ich unterwegs mitnehmen kann.

Danke für Ihren Brief vom 26. Jan. Vielleicht hätte ich doch lieber niemanden mit Bitten um Rat für einen England-Reisenden behelligen sollen, bevor ich nicht sicher war, daß ich auch wirklich hinfahre. Ich habe ein paar sehr knifflige persönliche Probleme zu lösen − jedenfalls kommen sie mir knifflig vor, was aufs selbe hinausläuft. Da wäre zuerst die Hausfrage. Das Haus ist reizend, eins der reizendsten in La Jolla, aber es scheint hier unmöglich zu sein, eine tüchtige Hilfe zu bekommen. Jedermann hier hat farbige Dienstboten, und die taugen einfach nicht für uns, verdammt. Meine Frau kann es mit dem Dreck, den sie liegenlassen, schlicht nicht aufnehmen. Das Haus wird ihr zuviel, und selbst wenn es ihr in körperlicher Hinsicht nicht zuviel würde, käme sie vor lauter Versorgung, Marktgehen, Kochen und Putzen zu gar nichts anderem mehr. Ich denke, wir werden alle langsamer und müder, je älter wir werden. Von mir weiß ich's ziemlich genau. Ich bin immerzu müde. Abgesehen davon aber kommt uns das Haus auch zu teuer. Der Investition und der Steuern einmal ganz ungeachtet, finden wir, daß in La Jolla alles zuviel kostet, jede Dienstleistung überzogen berechnet wird, jeder jeden begaunert. Früher einmal lohnte es sich hier. Aber wir haben jetzt auch nicht mehr die alte Abgeschiedenheit. Es ist immer noch weit besser als Los Angeles oder das einst bezaubernde und jetzt ruinierte Städtchen von Beverly Hills. Und dann liegt es zu nah am Meer. Ich habe eine Menge Ärger mit meinen Nebenhöhlen. Natürlich wissen wir noch nicht, wo wir hingehen könnten. Wäre der Smog nicht, so hätten wir's mit San Marino versucht, auf der anderen Seite von Los Angeles. Das San Fernando Valley ist vom Hollywood-Klüngel korrumpiert. Der verschandelt alles, was er anfaßt. In Umkehrung von Johnsons Epitaph für Goldsmith könnte man von der Filmindustrie sagen: NIHIL QUOD TETIGIT NON CORRUPIT (Sie hat nichts angefaßt, was sie nicht verdarb.) Das Schlimme mit dem Tal ist die Hitze dort im Sommer. Andererseits wollen wir sehen, daß wir eine Hütte am Big Bear Lake bekommen, aber die soll nicht mehr als ein paar Fahrstunden weit weg sein. Alles zusammen ist das schon ein Problem.

[...]

Ich habe keine Ahnung, auf was für Einkünfte ich rechnen kann. Ich schneide mir selber die Kehle durch, wenn ich meine Zeit und Energie damit verbrauche, Sachen zu machen, die nichts mit dem Schreiben zu tun haben. Aber ich kann mich auf keine festen Verpflichtungen einlassen, bevor ich weiß, wie und wovon ich leben werde. Ich verstehe nicht, wie ein Schriftsteller – außer er ist Verfasser von Bestsellern, was ich wahrscheinlich nicht sein soll – anders existieren kann als auf die bescheidenste Weise, wenn er nicht in Hollywood Geld verdient oder ständig Fortsetzungsromane in den großen Zeitschriften laufen hat. Auf den Rundfunk oder den Verkauf von Filmrechten kann man sich nicht verlassen. Dergleichen ist zu sehr vom Glückszufall abhängig. Wenn ich ein Jahr lang an einem Buch schreibe, kann ich vermutlich auf Einkünfte von 25 000 Dollar rechnen, aber damit läßt sich mein Leben hier nicht bestreiten. Herrgott, wenn ich denke, was man sich von so einem Einkommen alles hätte leisten können, als ich noch in England zur Schule ging! Eine Villa auf großem Grundstück, drei oder vier Dienstboten, einen vollbeschäftigten Gärtner und Kutscher, ein paar schöne Pferde für den Brougham, und so weiter. Hohe Preise und schwere Besteuerung zerstören eine Gesellschaft genauso wirksam wie ein Krieg. Können Sie sich noch an das Wutgeheul erinnern, als die englische Einkommensteuer einen Schilling pro Pfund erreichte?

Ich habe einen Artikel über das Schreiben in Hollywood für Charlie Morton verfaßt. Jedenfalls habe ich ihn auf Platte, aber abgetippt ist er noch nicht. Er ist zu lang und enthält vielleicht auch Wiederholungen, aber ich mußte ihn mir von der Brust schaffen. Wenn er sich zu bitter ausnimmt, muß er ja nicht gedruckt werden. (Vielleicht mag Morton ihn ja auch nicht.) Aber ich mußte ihn schreiben. Ich sehe keinen Sinn mehr darin, diese Vögel mit Samthandschuhen anzufassen. Es ist eine schändliche Sache, daß kein angesehener Schriftsteller für Hollywood arbeiten kann, ohne daß am Ende Zynismus und Ekel stehen. Aber selbst auf die Gefahr hin würde ich lieber beim Film arbeiten als für die Hochglanzblätter Fortsetzungen schreiben, falls ich das könnte.

Ich habe ein Buch im Kopf, mit dem ich nur noch nicht angefangen habe, weil es noch einen dritten Akt braucht, oder vielmehr einen besseren dritten Akt. Die Idee ist gut, und es sollte ursprünglich einen englischen Schauplatz bekommen, aber das ginge im Moment wohl nicht. Alles in allem herrscht bei mir ersichtlich einige Konfusion, nicht wahr?

[...]

Gott, was für ein langer und mißvergnügter Brief! Tut mir leid.

Ray

AN BERNICE BAUMGARTEN

6005 Camino de la Costa
La Jolla, California
13ter Febr. 1949

Liebe Bernice:

Wahrscheinlich, ja mit Sicherheit, ist es sehr unbesonnen von mir, Ihnen das Beigeschlossene in dieser Form zu schicken, aber ich muß es einfach loswerden.* Ich kann weder aufhören, daran herumzuflicken, noch bringe ich den Mut auf, es wegzuschmeißen. Irgend jemand wird das für mich tun müssen. Falls es doch Ihre Billigung findet, hat Charlie Morton eine moralische Option darauf, es zu sehen und zu nehmen, wenn er's will.**

Was drinsteht, mußte ich mir einfach von der Brust schaffen, sei das nun unüberlegt, undiplomatisch und was noch sonst. Es hat schon länger an mir genagt, aber das heißt nicht, daß es veröffentlicht werden muß. Ich habe einen Horror davor, ich könnte aus bloßer Furcht, Hollywood zu beleidigen, aus bloßer Angst, die Beleidigung würde mir irgendwie indirekt schaden, nämlich wohl finanziell, meine Schläge nur mit halber Wucht austeilen. Wenn ich schon darüber schreibe, dann will ich auch schreiben, was ich denke. Vielleicht liege ich ja falsch damit, aber ich bin ehrlich. Aber ich muß natürlich nicht schreiben darüber, und ich hoffe, ich lasse mich nie verleiten, es noch einmal, gar in ernster Stimmung, zu tun. Doch diesen Artikel mußte ich einfach zu Papier bringen. Ich mußte vor mir selber die Überzeugung rechtfertigen, daß der «Professionalismus» des Hollywood-Films den Film selber umbringt und daß kein noch so großer Aufwand an Schönem Schein, an Publicity, an Zanuckismus ihn auf lange Sicht davor rettet, wenn die imaginative Basis des Films zerstört wird.*** Und das habe ich die ganze Zeit passieren sehen.

---

* Aufsatz mit dem Titel *The Film and the Writer*. Er ist nicht erhalten und wurde in der Folge ersetzt durch *A Qualified Farewell*, später veröffentlicht als *Farewell, My Hollywood* in *Antaeus*, Frühjahr/Sommer 1976.
** Herausgeber beim *Atlantic Monthly*.
*** Bezug auf Darryl Zanuck von der Filmgesellschaft Twentieth Century Fox.

Ich bin ganz und gar nicht sicher, ob ich vom Romanschriftsteller als denkendem Wesen eine gute Meinung habe. Es ist durchaus möglich, daß sein ganzes Denken im Solarplexus stattfindet und daß er das kritische Zeug den Jungens überläßt, die sonst nichts zuwege bringen. Aber es gibt zwei Themen, die mich anscheinend immer wieder aufregen und in mir das Bedürfnis wecken, zu toben und zu brüllen. Eins ist die dünkelhafte Annahme von so unbefangenen Pornographen wie dem feinen Herrn, der über jenes gewisse County geschrieben hat*, daß der Kriminalroman per Definition minderwertige Literatur sei, weil sehr viele von den Schaustücken minderwertige Literatur sind, während doch in seinem speziellen Phantasieraum keineswegs weniger Leben ist als in dem des Liebes- oder des Sittenromans. Sie alle sind Phantasie, und was in der Literatur etwas taugt, steht ohnehin fast immer nur zwischen den Zeilen. Das andere Thema ist jenes, über das ich mich in diesem Artikel verbreitet habe. Und es ist mir wirklich egal, was Sie damit machen, solange Sie mich nur nicht mehr daran herumpfuschen lassen.

Morgen, Montag, fahren wir nach Riverside, es sei denn, es schüttet draußen (was in diesem Moment der Fall ist), und ich nehme an, daß Carl dann schon hier draußen sein wird.

Herzlich Ihr
Ray

---

* Edmund Wilson, Verfasser von *The Memoirs of Hecate County*, 1949.

AN JAMES SANDOE

La Jolla
25. Februar 1949

[...]
Ich weiß aus eigener Kenntnis, daß im Ersten Weltkrieg, während des endgültigen deutschen Rückzugs von der Hindenburg-Linie, die Maschinengewehr-Mannschaften, die zurückgelassen wurden, um den Vormarsch so lange wie möglich aufzuhalten, fast immer bis auf den letzten Mann bajonettiert wurden, obwohl sie aus den Gräben kamen und sich zu ergeben versuchten. Diese Kriegsverbrecherprozesse jetzt haben etwas Heuchlerisches, und das tut weh. Generäle, Politiker und Konzentrationslagerleute zu hängen, ist sehr schön, aber wenn's zu den Rängen weiter unten kommt und zu den Unteroffizieren, fühle ich mich durchaus unbehaglich. Ihre Freiheit der Wahl scheint mir wenig mehr als die Freiheit zu sein, den Tod der Schande vorzuziehen, und das heißt, von der menschlichen Natur zuviel verlangen.

AN BERNICE BAUMGARTEN

6005 Camino de la Costa
La Jolla, California
11ter März 1949

Liebe Bernice:

[...]
Es versetzt mir doch immer wieder einen Schock, wenn ich mich mit anderen Augen gesehen sehe. In der laufenden Nummer der *Partisan Review* (in der, nebenbei bemerkt, verschiedene sehr gute Sachen stehen) schreibt ein Mensch über *Our Mutual Friend* und sagte: «Es ist möglich, daß die Frage nach der Lebensechtheit gar nicht aufgekommen ist und daß Dickens' Zeitgenossen seine düstere Vision von England und London ... ganz ebenso bereitwil-

lig hingenommen haben, wie wir heute Raymond Chandlers Kalifornien mit seinen brutalen und neurotischen Killern und Privatdetektiven hinnehmen...» usw. Ein anderer Beitrag in einer avantgardistischen Zeitschrift verleiht mir die Bezeichnung eines «Cato der Grausamkeiten». Abgesehen von dem ersichtlichen Kompliment, überhaupt beachtet worden zu sein von den hochfeinen Intellektuellen, die für diese Organe schreiben – und eigentlich sollte ich sie ja gut verstehen, wo ich doch jahrelang selber einer von ihnen war –, kann ich einfach nicht fassen, wo bei ihnen der Humor geblieben ist und der Sinn dafür. Oder lassen Sie mich's etwas besser ausdrücken: Wie kommt es nur, daß die Amerikaner – die doch von allen Menschen am fixesten dazu imstande sind, ihre Launen ins Gegenteil zu verkehren – nicht das starke burleske Element in meiner Schreibweise sehen? Oder sind es nur die Intellektuellen, denen das abgeht? Fast sieht es so aus, als erwartete das Publikum, selber höchst unbeständig in seinen Emotionen, daß der Autor in den seinen streng beständig sei. Und was die Lebensechtheit betrifft, so glaube ich nicht, daß diese Wolkenkukkucksheimer sonderlich viel von der Art Welt verstehen, in der sie leben, und von der Art Welt, in der Dickens lebte. Der Kriminalroman enthält ein starkes Element von Phantasie; das enthält jede Prosa, die sich in einem akzeptierten Schema bewegt. Das Material des Kriminalschriftstellers ist Melodrama, und das heißt: Übertreibung von Gewalttat und Angst über das hinaus, was einem normalerweise im Leben widerfährt. (Ich sage normalerweise; dem Leben in den Konzentrationslagern der Nazis ist noch kein Schriftsteller nahegekommen.) Die Mittel, die er anwendet, sind realistisch in dem Sinne, daß solche Dinge Leuten wie diesen und an Orten wie diesen allerdings passieren. Aber dieser Realismus ist nur oberflächlich; das Gefühlspotential ist überladen und überlastet, die Kompression von Zeit und Ereignis tut der Wahrscheinlichkeit Gewalt an, und obwohl solche Dinge passieren, passieren sie doch nicht in so rascher Folge, in so engem logischen Rahmen und in einer so fest miteinander verknüpften Gruppe Menschen.

Herzlich Ihr
Ray

AN HAMISH HAMILTON

6005 Camino de la Costa
La Jolla, California
12ter März 1949

Lieber Jamie:

[...]

Es tut mir leid, daß ich's sagen muß, aber ich finde Elizabeth Bowens letztes Buch absolut unlesbar; stellenweise ist's eine reine Parodie auf Henry James.* Wenn man HJ liest, egal wie dünn und dürftig das Gewebe ist, das er spinnt, so nimmt man zuletzt und zumindest doch wahr, daß er bemüht ist, etwas präzise zu sagen, in einer fast zu überspitzten Präzision. Aber die arme liebe Elizabeth verfällt dauernd in den traurigen Fehler, sich einzubilden, daß die sprachliche Schlichtheit notwendigerweise einen gedanklichen Tiefsinn verhülle. Fehlanzeige; sie verhüllt ein Vakuum. Ich habe solche Sachen in meinen Dreißigern selber gemacht, aber Gott hatte mir zuviel Sinn für Humor mitgegeben, als daß ich auf die Dauer dabeigeblieben wäre. Mir tun Schriftsteller ganz schrecklich leid. Sie plagen sich derart ab, sie sind derart verwundbar, und sie stehn derart albern da, wenn sie sich einmal überanstrengen. Ich sollte wahrlich dankbar sein, daß ich die Phase des Künstler- und Intellektuellen-Getues so jung hinter mich gebracht habe und ihr so vollständig entwachsen bin, daß sie mir bei anderen immer ein bißchen jünglich und unreif vorkommt, egal wie alt sie sind. Ich habe mich als Schriftsteller nie sehr ernst genommen und immer gewußt, daß ich zu den Leuten gehöre, die fast alles leidlich gut hinkriegen und deshalb nichts wirklich überragend hinkriegen. Und wenn ich bedenke, was für eine wüste Menge Talent und Intelligenz es in diesem Land gibt, von England einmal ganz zu schweigen, dann bin ich immer wieder doch ein bißchen verwirrt, daß noch niemand dahergekommen ist und mich auf den Drei-Groschen-Platz verwiesen hat. Aber mit Ausnahme einer gele-

---

* Elizabeth Bowens *The Heat of the Day*, 1948.

gentlichen Tour de force wie *The Big Clock* oder *Mr. Bowling Buys a Newspaper* hat das noch keiner.* Ich sehe weit und breit am Horizont hier keinen Kriminalschriftsteller, mit dem es wirklich etwas auf sich hat, und wenn es so einen gibt, dann ist er mir entgangen. Ich habe einmal gedacht, daß Jack Iams es zu etwas bringen könnte, aber sein letztes Buch beweist mir zwingend, daß er ganz drittrangig ist.** Gardner läßt sich natürlich blendend gut verkaufen, aber Schriftsteller ist er sozusagen nur ehrenhalber, im literarischen Sinne. Wir haben einfach keine wirklich guten Prosa-Autoren, von denen sich zu reden lohnte, auf jedem Gebiet. Die Schundigkeit unseres Erziehungssystems beginnt sich langsam in einer erschreckenden Oberflächlichkeit des Denkens zu zeigen. Vergleichen Sie die Qualität der Aufsätze im *Atlantic* und im *Harper's* mit dem Artikel auf der ersten Seite des *Times Literary Supplement*, und Sie sehen sofort, was mit uns passiert ist. Und wir erkennen Qualität nicht, wenn sie uns unter die Augen kommt. Cozzens' *Guard of Honor* läßt sämtliche anderen Kriegsromane aussehen wie dilettantische Übungen in finsterem Mienenspiel, aber keiner der Berufskritiker war imstande, es richtig einzustufen. Die Kerls verstehen einfach nicht genug vom Schreiben.

Herzlich immer Ihr
Ray

---

* *The Big Clock* von Kenneth Fearing; *Mr. Bowling Buys a Newspaper* von Donald Henderson.
** Jack Iams, *The Body Missed the Boat*, 1947.

AN ALEX BARRIS

6005 Camino de la Costa
La Jolla, California
18. März 1949

Sehr geehrter Mr. Barris:

Vor ein paar Tagen habe ich von diesem verwahrlosten Nest ein paar Schnappschüsse gemacht, und wenn sie einigermaßen geworden sind, sollen Sie Abzüge bekommen. Ich bin leider gar nicht gut mit der Kamera, obwohl ich das sein sollte, bei einer Kodak Spiegelreflex mit 3,5-Objektiv. Wir leben in einem fast zu großen Bungalow-Haus an der Ecke einer Straße, hinter der gleich das Meer kommt. La Jolla liegt, wie Sie vielleicht nicht wissen, auf einer Landzunge nördlich von San Diego, und es ist dort nie wirklich heiß oder kalt Folglich haben wir zweimal Touristensaison, im Winter und im Sommer. Vor zehn Jahren war die Stadt sehr still, exklusiv, teuer und fast so öde wie Victoria, B.C., an einem nassen Sonntagnachmittag im Februar. Jetzt ist sie bloß noch teuer. Es gibt eine Menge Strandkies und Schotter hier und eine Menge niedriger Klippen aus weichem Sandstein, aus denen das Meer sehr wunderliche Formen gebildet hat, aber nur sehr wenig Strand, außer am Nordende der Stadt, wo es viel weniger geschützt ist als hier unten, wo wir wohnen. Unser Wohnzimmer hat ein Panoramafenster, von dem man nach Süden über die Bucht bis Point Loma sieht, dem westlichsten Teil von San Diego, und des Abends liegt uns eine lange erleuchtete Küstenlinie fast im Schoß. Ein Rundfunkautor war einmal hier, um mich zu besuchen, und er hat da am Fenster gesessen und geweint, so schön war es. Aber wir wohnen hier eben, und zum Teufel damit.

Meine Frau wünscht keine Publicity, darin ist sie ziemlich rigoros. Sie malt nicht und schreibt auch nicht. Sie spielt auf einem Steinway-Flügel, wenn sie Zeit hat. Da wir bis zu zwei Dritteln unserer Zeit ohne Köchin sind, hat sie keine Zeit. Sie ist New Yorkerin und mit der Familie verwandt, aus der Clarence Days Mutter stammte. Meine Schwägerin heißt Vinnie (von Lavinia), und so hat auch Clarences Mutter geheißen. Ich beeile mich hinzu-zufügen, daß ich niemanden von diesen Leuten je persönlich ken-nengelernt habe.

Wie Sie vielleicht wissen, bin ich ein Mischling. Mein Vater war Amerikaner und stammte aus einer Quäker-Familie in Pennsylva-nia, und meine Mutter war Anglo-Irin, ebenfalls aus einer Quäker-Familie. Sie wurde in Waterford geboren, wo es, glaube ich, heute noch eine berühmte Quäker-Schule gibt – berühmt bei den Quä-kern jedenfalls. Ich bin in England aufgewachsen und habe im Ersten Krieg bei der 1. Kanadischen Division gedient. Als Junge bin ich viel in Irland gewesen, und ich habe von den Iren keinerlei romantische Vorstellungen.

Von diesen ganzen Rundfunkmenschen kenne ich niemanden, so daß sie Ihnen nicht das mindeste über mich erzählen könnten. Ich habe auch gar nichts mit der Show zu tun, außer daß ich Einfälle, die mir vielleicht kommen, durch meinen Hollywood-Agenten weiterreiche. Dort muß man ihnen aber nicht die leiseste Aufmerksamkeit schenken. Wenn die Show gut ankommt, geht das ganze Lob an die Schreiber, Schauspieler und Produzenten. Der Charakter Philip Marlowes, wie ich ihn sehe, kommt in diesem Programm nicht sonderlich zum Ausdruck, aber das ist auch in den Filmen, die über ihn gedreht worden sind, nicht der Fall. Kaum weiter überraschend.

Was ich so von Tag zu Tag mit mir anfange? Ich schreibe, wenn ich kann, und ich schreibe nicht, wenn ich nicht kann; immer am Morgen oder früh am Tag. Abends hat man wohl sehr fidele Einfälle, aber sie halten nicht stand. Das habe ich schon vor langer Zeit festgestellt. Ich bin jetzt schon ein paar Jahre nicht mehr bei der Paramount gewesen und stehe bei keiner Filmgesellschaft mehr unter Vertrag, Gott sei Dank. Mein Gefühl gegenüber Holly-wood ist kein bißchen anders als bei der Niederschrift jenes Arti-kels, und ich wüßte auch nicht, weshalb irgendein Schriftsteller ein anderes haben sollte, obwohl es sicher freundlichere Möglichkei-ten gäbe, es auszudrücken. Aber die Leute, die Filme machen, sind nicht allesamt Idioten. Sie führen sich nur so auf.

Es dürfte Ihnen nicht entgangen sein, daß ich meine Sachen selber tippe. Ich bin auch noch nicht recht an diese Corona hier gewöhnt. Bei der Arbeit an Drehbüchern habe ich immer einer Sekretärin diktiert. Das tun viele Drehbuchschreiber nicht; es bringt sie durcheinander, aber ich hab's immer nur so gekonnt. Und Sekretärinnen sind so ungefähr die nettesten Menschen, die es in Hollywood gibt. Was diese Mädchen alles durchstehen, was für einen Quatsch sie hinschreiben, was für eine Begeisterung sie aufbringen müssen für was für lausige Skripte! Sie stehen einem immerzu bei gegen die Welt, und manchmal sind sie die einzigen Freunde, die ein Schreiber in Hollywood hat. Und dankt man's ihnen? Teufelnocheins, nein. Die meisten dieser hochdotierten Schreiber sind gottverdammtnochmal viel zu schäbig, um ihren Sekretärinnen unter der Hand auch nur ein kleines Extratrinkgeld zuzustecken. Und wenn der Kassenerfolg zu wackeln beginnt, sind's immer die Sekretärinnen, die als erste entlassen werden.

Als wir hierhergezogen sind, habe ich mir ein Diktaphon zugelegt und die Filmskripte hineindiktiert, aber für meine Bücher verwende ich es nie. Fast alle Schriftsteller, die diktieren, leiden an Logorrhö. Wenn man sich dazu aufraffen muß, alle seine Wörter selber hinzuschreiben, ist man eher bereit, darauf zu sehen, daß sie auch Gewicht haben.

Ich bekomme dauernd kleine Artikel zu Gesicht, in denen Autoren sich darüber auslassen, daß sie grundsätzlich nie auf Inspiration warten; sie setzen sich einfach jeden Morgen um acht an ihren kleinen Schreibtisch, ob's regnet oder ob die Sonne scheint, ob sie einen Kater haben oder einen gebrochenen Arm oder was weiß ich sonst, und knallen ihr bißchen Pensum hin. Wie leer ihr Kopf auch sein mag und wie öde alles, was ihnen durch die Gehirnwindungen trudelt, mit solchem Quatsch wie Inspiration haben sie nichts im Sinn. Ich entbiete ihnen meine Bewunderung und gehe ihren Büchern sorgfältig aus dem Wege. Ich selber hingegen, ich warte auf Inspiration, obwohl ich sie nicht unbedingt bei diesem Namen nenne. Ich glaube, daß alles Schreiben, das auch nur etwas Leben in sich hat, aus dem Solarplexus kommt. Es ist harte Arbeit insofern, als man hinterher todmüde sein kann, sogar total erschöpft. Im Sinne bewußter Bemühung freilich ist es überhaupt keine Arbeit. Wichtig ist dabei vor allem eins: Der Berufsschriftsteller sollte einen bestimmten Zeitraum haben, sagen wir mindestens vier

Stunden am Tag, wo er nichts anderes tut als schreiben. Er muß nicht um jeden Preis schreiben, und wenn ihm nicht danach ist, dann sollte er's auch nicht versuchen. Er kann aus dem Fenster schauen oder einen Kopfstand machen oder sich auf dem Fußboden ringeln. Aber er soll nichts gänzlich anderes tun, soll nicht lesen, Briefe schreiben, in Zeitschriften blättern oder Schecks ausstellen. Entweder schreiben oder gar nichts. Es ist das dieselbe Disziplin wie das Ordnunghalten in der Schule. Wenn man die Schüler so weit bringt, daß sie sich benehmen, dann lernen sie auch was, einfach schon um nicht zu veröden. Ich finde, das funktioniert. Zwei ganz einfache Regeln: a) Man muß nicht schreiben. b) Man kann nichts anderes tun. Der Rest kommt von selbst.

Ich hasse Publicity, ganz aufrichtig. Ich habe mich durch die Interviewmühle drehen lassen und betrachte's als reine Zeitvergeudung. Der Bursche, der in diesen Interviews unter meinem Namen daherkommt, ist gewöhnlich ein Ganeff, den ich nicht zu meinen Bekannten rechnen möchte. Ich bin ein intellektueller Snob, der, wie es sich trifft, eine Vorliebe für das amerikanische Idiom hat, hauptsächlich weil er mit Latein und Griechisch aufgewachsen ist. Ich mußte Amerikanisch wie eine fremde Sprache lernen. Um es zu lernen, mußte ich's studieren und analysieren. Ergebnis: Wenn ich Slang verwende, Umgangssprachliches, Gaunerjargon oder alle möglichen Sorten von Vulgärsprache, dann tue ich das mit vollem Bedacht. Die literarische Verwendung des Slang ist ein Studium für sich. Ich habe die Erfahrung gemacht, daß es überhaupt nur zwei Arten gibt, die etwas taugen: Slang, der in die Tagessprache eingegangen ist, und Slang, den man selber erfindet. Bei allem übrigen muß man darauf gefaßt sein, daß es passé ist, noch ehe es in Druck geht. Aber mit diesem Thema will ich jetzt lieber aufhören, sonst schreibe ich eine Woche lang.

Mit freundlichen Grüßen
Raymond Chandler

P.S. Sie fragten noch, wie ich für dieses Rundfunkprogramm bezahlt worden bin. Ich bekomme ein Honorar für die Verwendung der Figur. Das ist alles.

RC

AN HAMISH HAMILTON

6005 Camino de la Costa
La Jolla, California
21ster März 1949

Lieber Jamie:

[...]

Ich erinnere mich noch, wie vor mehreren Jahren, als Howard Hawks den *Big Sleep* machte, den Film, er und Bogart in Streit gerieten, ob eine der Figuren nun eigentlich ermordet worden sei oder Selbstmord begangen habe. Sie schickten mir ein Telegramm (das auch noch einen Witz für sich bildete), um mich zu fragen, und verdammtnochmal, ich wußte's selber nicht. Natürlich wurde ich ganz schön ausgepfiffen. Den Extrawitz lieferte Jack Warner, der Oberboß von Warner Bros. Glauben Sie's oder nicht, jedenfalls sah er das Telegramm, das Telegramm kostete die Firma siebzig Cents, und da rief er Hawks an und fragte ihn, ob es denn wirklich nötig gewesen wäre, wegen so einer Sache ein Telegramm zu schicken.

So kann man natürlich auch ein Geschäft führen.

Gerade traf Ihr Brief ein, und ich beeile mich zu sagen, daß ich mir nicht im mindesten Sorgen gemacht habe, Sie könnten mit den Sachen vielleicht nicht klarkommen, denn ich weiß, wie sorgfältig die englischen Hauskorrektoren Fahnen lesen. Allerdings erinnere ich mich im Zusammenhang mit *Farewell My Lovely*, daß am Schluß von Kapitel 34 ein Druckfehler durchging, obwohl da ersichtlich etwas nicht stimmte, denn was dastand, gab keinen Sinn. (Andererseits können die Drucker natürlich auch angenommen haben, es müsse einen Sinn geben, nur eben nicht für sie.) Aber ein Autor, der ein lokales Idiom schreibt und bei Gelegenheit sogar seine eigene Sprache spricht, kann durchaus feststellen, daß der Drucker ihm Dinge korrigiert hat, die er für Fehler hielt, die aber tatsächlich genau so gemeint waren, wie sie dastanden. Knopfs Drucker hatten einmal die größten Schwierigkeiten, sich mit einem Satz abzufinden, der lautete: «Da ist ein Mensch, und man sieht ihn, und dann ist er nicht mehr da, und man sieht ihn nicht einmal nicht.» Das war für sie klipp und klar eine doppelte Verneinung, für mich aber einfach eine nachdrücklichere Form für «man vermißt ihn nicht», was eindeutig und konventionell wäre, aber ohne Leben.

[...]

Alles Beste –
Ray

AN BERNICE BAUMGARTEN

6005 Camino de la Costa
La Jolla, California
21ster März 1949

Liebe Bernice:

[...]

Mit *Point of No Return* bin ich durch.* Sonderbar, daß eine so gute Prosa in mir so wenig das Gefühl hinterläßt, etwas von auch nur winziger Wichtigkeit gelesen zu haben. Abgesehen von den ewigen Rückblenden und dem Herumgehopse in der Zeit, irritiert mich die Geschichte gerade durch ihre Kompetenz. Man hat kein Recht, derart gut zu schreiben und am Ende so wenig zu sagen. Wenn alles gesagt und getan ist, wen zum Teufel kümmern dann noch die Charley Grays dieser Welt? Die Leute, die immerzu das Richtige tun und sagen, denken und tragen und die doch das ganz vage und schwache Bewußtsein haben, daß es das Richtige nur ist, weil ein bißchen mehr Geld dabei herausspringt. So hat das Leben ihn ganz durcheinandergebracht, und das ist eine Tragödie. Au Backe, das ist's. So wollte er das Mädchen, aber nicht genug, um ihrem Vater zu sagen, er könne sich seine Pleite an den Hut stecken. Und wenn er sie gekriegt hätte, welchen Unterschied würde das machen? Was hat dieser Bursche Marquand mitgekriegt, was ihn so gut macht? Na, egal was es ist, er hat es. Er

---

* Von John P. Marquand.

schreibt den perfekten viktorianischen Roman, traurig, aber nicht zu traurig, romantisch auf eine epizönische Art, wunderhübsch genau in der Beobachtung, und die Gesamtwirkung ist die eines Stahlstichs ohne jede Farbe. Ich schätze, Gott hat Boston an einem nassen Sonntag erschaffen.

Wenn ich nicht so aus der Puste wäre, könnte ich, glaub ich, meinen Spleen abreagieren, indem ich eine Ballade «Lamento für Stellvertretende Vorsitzende» schriebe, und der Refrain könnte sein: «Dann zieh ich halt heut meinen Fischgrät an.»

Manchmal frage ich mich, wie Marquand wohl zum Ruf eines Satirikers gekommen ist. Ich bin nicht abgeneigt, dem Verdacht Raum zu geben, daß John O'Haras Bemerkung über Sinclair Lewis der Wahrheit auch hier ziemlich nahe kommt: «Ich habe mir immer vorgestellt, daß Lewis eines Tages aufgewacht ist und sich als Satiriker bezeichnet fand – und daß er dann einer wurde, indem er einfach sein Spielchen weiterspielte. Er ist der König der Kitschszene – und dies dadurch, daß er sich dort hätscheln läßt.»

Vergleichen Sie dieses Buch mit *Guard of Honor*,* und Sie haben den Unterschied zwischen einem wirklichen Künstler und einem beflissenen Lohnschreiber, der in technischer Hinsicht soviel am Hut hat, daß man vor Staunen schier vergißt, was für ein kleiner Kopf daruntersteckt.

Ich gehe für eine Woche nach Palm Springs, um zu versuchen, endlich diesen Husten abzuwimmeln.

Alles Beste -
Ray

* Von James Gould Cozzens.

AN MRS. HOLTON*

6005 Camino de la Costa
La Jolla, California
26. März 1949

Sehr geehrte Mrs. Holton:

Ich schicke Ihnen heute mein einziges Exemplar der *LS* per Luft-post-Express.** Ein weiteres Exemplar liegt wohl im Büro von Brandt und Brandt. Ich hoffe das jedenfalls. Aber Jamie Hamilton hat das Buch bereits in umbrochenen Fahnen.

Keine Widmung. Keine Vorspannsachen von mir, es sei denn, Sie wollen die übliche Schutzklausel auf der Titelrückseite variie-ren und etwa sagen: «Personen und Ereignisse in diesem Buch sind nicht gänzlich frei erfunden. Manches ist wirklich geschehen, wenn auch nicht zur angegebenen Zeit oder am angegebenen Ort, und manche der Figuren wurden durch wirkliche Menschen ange-regt, lebende sowohl wie tote. Der Autor bedauert jede Ähnlich-keit mit der Wirklichkeit, die sich auf den Seiten dieses Buches finden läßt, und bedauert insbesondere, daß er gelegentlich von den Namen wirklicher Schauplätze Gebrauch gemacht hat. Er gesteht voller Scham, daß es tatsächlich einen Ort namens Holly-wood gibt und einen Ort namens Los Angeles. Sie haben Straßen, und er hat einige davon beim Namen genannt. Sie haben ein Polizeipräsidium, und er hat darauf Bezug genommen. Los Ange-les County hat einen Bezirksstaatsanwalt, und besagter Bezirks-staatsanwalt hat ein Büro. All diesen Wirklichkeiten hat der Autor Rechnung getragen. Wie unüberlegt von ihm! Er hätte Los Angeles in Smogville umbenennen sollen. Er hätte das Polizeipräsidium dort als Besserungsministerium bezeichnen sollen. Der Bezirks-staatsanwalt hätte weit imponierender als Vorsitzender der An-waltskammer erscheinen und das Büro dieses Amtsträgers auf eine imaginäre Insel verlegt werden sollen, irgendwo vor der Küste

---

* Von der Houghton Mifflin Company.
** Chandlers fünfter Roman *The Little Sister*.

eines imaginären Staates in einem imaginären Land. Die Personennamen in der Geschichte hätten schließlich, zur zusätzlichen Absicherung, in Lettern des griechischen Alphabets wiedergegeben werden sollen.»

Mit vorzüglicher Hochachtung
Raymond Chandler

AN JAMES SANDOE

26. März 1949

Lieber Sandoe:

[...]

Meine Frau hat Doyle immer für einen fürchterlichen Ödling gehalten.* Für mich war er ein Jemand, den man entweder ungeheuer mag oder zum Davonlaufen findet. Jetzt fand ich eine 25-Cent-Ausgabe des *Hound of the Baskervilles*. Gott, was für ein Plunder. Anscheinend hatte Lincoln doch unrecht. Man kann alle Leute allezeit zum Narren halten.

RC

---

* Sir Arthur Conan Doyle.

AN BERNICE BAUMGARTEN

6005 Camino de la Costa
La Jolla, California
31. März 1949

Liebe Bernice:

[...]

Red Barrow, mein juristischer Spießgeselle und nebenbei ein gewaltiger Bewunderer des Cozzensschen Talents, gab mir das Zeug von Francis Steegmuller aus der *New York Times*, die ich sonst nie zu Gesicht bekomme. Mr. Steegmuller ist ein ganz toller Hecht. Er zitiert mich nicht nur in Anführungszeichen, sondern auch ohne. Und wo habe ich je gesagt, daß einzig mein Typus von Kriminalgeschichte ernste Literatur sei? Meine These ist und war immer lediglich die, daß es so etwas wie ernste Literatur gar nicht gibt, daß die Überbleibsel des Puritanismus im amerikanischen Denken mit Ausnahme der Höchstgebildeten sämtliche Leute unfähig gemacht haben, von Literatur anders zu denken als unter dem Aspekt dessen, was sie «wichtig» nennen und «gesellschaftskritisch», und daß der allergrößte Teil dieser sogenannten ernsten Literatur oder Prosa das flüchtigste Zeug von der Welt ist; im Augenblick, wo seine Botschaft überholt ist, zack, ist's schon totes Zeug.

Daß man nicht mehr so jung ist, wie man's mal war, bietet ja immerhin ein paar (wenige) Reize, und einer davon ist der, daß man in aller Ruhe Kopf und Kragen riskieren kann, weil's einem egal ist. Wenn ein junger Autor einem unumschränkten Publikumsliebling was am Zeug flickt, kann er des Neids und der Bosheit bezichtigt werden, und das kränkt ihn und macht ihn vorsichtig. Mir dagegen macht's einen diebischen Spaß, die populären Ballons mit kleinen Nadeln anzustechen. Die phantastischste Blamage im Moment ist Elizabeth Bowens letztes Buch, das sich stellenweise wie eine schreiende Parodie auf Henry James ausnimmt. Jamie Hamilton schrieb mir, daß die englischen Kritiker sich vor dem Ding in Artigkeiten überschlagen (weil sie natürlich wissen, daß die Dame möglicherweise eine gute Autorin ist), wobei ihnen die ganze Zeit klar ist, daß das arme Mädchen nur öffentlich ausstellt, was passiert, wenn eine überernste Poetesse komplett ihren Sinn für Humor verliert. Mir geht's gut, seit ich nach Palm Springs gefahren bin. Wünschte, ich hätte dort ein Haus, aber wie alles sonst in Kalifornien ist der Ort heillos überteuert.

Ray

P.S.

[...]

Um den Academy* ist ein allerliebster Streit im Gange. Die Kerls schämten sich schließlich so, daß sie sich bewegen ließen, den Preis mehr oder weniger nach dem Gesichtspunkt künstlerischer Meriten zu vergeben (außer dem Musik-Preis, der zum Himmel stank), worauf sich die fünf Firmen, die sich an den Kosten der Show beteiligen wollten, zurückzogen. «Also alles, was recht ist, Leute», konnte man hören, ohne daß sie's sagten, «wir wollen auch, daß die Oscars an die besten Filme gehen, schon gut, aber wir sind nicht aus Gesundheitsgründen im Geschäft. Die besten Filme aus Hollywood, kapiert?» Es ist ihnen schnurzegal, wer der beste ist, solange sie's nur sind.

Ray

* [Anm. d. Ü.:] = den Academy Award, nämlich den Oscar.

AN CARL BRANDT

6005 Camino de la Costa
La Jolla, California
3. April 1949

Lieber Carl:

[...]

Die letzte tatsächliche Ermittlung, die ich durchgeführt habe, war 1945, als ich *The Blue Dahlia* schrieb, nebenbei die erste Geschichte, die dem Publikum die Tatsache verriet, daß der Chef der Mordkommission, damals ein sehr netter Bursche namens Thad Brown (Captain), nicht einmal ein Privatbüro besaß. Sein Schreibtisch stand direkt neben dem einer Sekretärin und seine Tür immer offen. Draußen schloß sich ein ziemlich großer kahler Raum an, in dem die Schnüffler herumlungerten und buchstäblich nicht genug Stühle hatten, um sich gleichzeitig alle zu setzen. Den Eingang dazu bildete eine quergeteilte Tür (die wir im Film aber nicht gebracht haben), und die beiden Räume zusammen hätten leicht in unser Wohnzimmer hier gepaßt. Das war absolut alles, womit die Jungs arbeiten mußten. Nun handelte es sich mitnichten um einen Spitzenfilm, hauptsächlich weil Veronica Lake die Liebesszenen nicht spielen konnte und zuviel weggeschnitten werden mußte, aber er zeigte immerhin den sehr mageren Komfort, mit dem die Mordkommissionsleute ihre Arbeit bestreiten müssen. Tatsächlich wurden die beiden Räume mitsamt Halle maßstabgetreu nachgebaut, und einige der Einstellungen vermittelten eine Wirkung von Enge und Wirrwarr, die richtig saß. Aber natürlich sieht niemand so was in Filmen. Ein sehr guter Film über Bullen, den ich mir kürzlich angeschaut habe, nämlich *He Walked by Night*, zeigt ein paar ausgezeichnete technische Sachen, aber die Aufnahmen im Polizeipräsidium wirken viel zu geräumig. Man bekommt den Eindruck einer sehr komplexen und hocheffizienten Organisation, die unzählige Menschen beschäftigt. In Wirklichkeit handelt es sich um ein ziemlich beschränktes Häufchen Leute, das auf dem geistigen Niveau von Klempnern herummurkst.

[...]

Herzlich
Ray

AN HAMISH HAMILTON

6005 Camino de la Costa
La Jolla, California
4. April 1949

Lieber Jamie:

[...]

Übrigens, haben Sie je das Zeug von Erle Gardner gelesen? Vermutlich nicht, denn Sie haben ja keinen berufsmäßigen Anlaß dazu. Ich kenne ihn sehr gut und mag ihn. Er ist eine schreckliche Quasselstrippe, macht einen völlig fertig, aber er redet kein dummes Zeug. Er redet nur zu laut und zuviel. Das jahrelange Gekläff in ein Diktaphon hat die Qualität seiner Stimme ruiniert, die jetzt das ganze zarte Chiaroscuro einer französischen Taxihupe besitzt. Seine Produktionsmethoden setzen mich in Erstaunen (er kann mit Leichtigkeit ein ganzes Buch in einer Woche oder zehn Tagen schreiben), und hin und wieder gelingt ihm sogar etwas leidlich Gutes. Aber bei seinem letzten Perry Mason ist mir einfach der Mund offen geblieben. Das erste Kapitel ist hauptsächlich mit der Frage beschäftigt, wieviel von den Beinen eines Mädchens Perry gesehen hat, als sie die Feuerleiter herunterkam. Er diskutiert darüber mit der Dame und durchsucht sie anschließend nach einer Kanone. Das gibt Gelegenheit zu ein paar vagen Schlüpfrigkeiten, und die sexuellen Implikationen werden von Gardner mit dem vollen Aplomb behandelt, mit dem ein Gymnasiallehrer einige etwas deutlichere Passagen im griechischen Drama paraphrasiert. Gardner ist sich sehr wohl bewußt, daß ein Appell an den Aficionado französischer Postkarten nicht ohne einen gewissen kommerziellen Wert ist (ein Gesichtspunkt, den er nie aus dem Auge verliert), und so versucht er hier und da ein bißchen Bein unterzubringen, ohne damit die vorstädtische Heuchelei des *Ladies Home Journal* zu stören. Das Ergebnis hat – für mich jedenfalls – den ganzen schmuddeligen Charme eines ältlichen Perversen, der in einer öffentlichen Bedürfnisanstalt beim Onanieren überrascht wird. Der arme liebe Kerl ist in seinem Herzen bloß ein blutiger Viktorianer. Wenn er einen ganz kurz mal einen Blick auf Della Streets wohlgefüllte Nylons werfen läßt, während sie grad anmutig aus einem Auto schlüpft, scheint er zu denken, der außer sich geratene Leser müsse auf der Stelle nach einer Flasche Brom-

251

konzentrat greifen, um nicht die nächstbeste Putzfrau zu vergewaltigen. Was mich betrifft, so finde ich die Aufregung nicht ganz so dramatisch. Sex läßt sich in diesem Drei-Kissen-Stil nicht darstellen. Man muß ihn direkt angehen oder ganz in Ruhe lassen. Alles sonst ist nur leicht übelkeiterregend.

[...]

Offengestanden habe ich keine Ahnung, wieso man bei Houghton Mifflin derart langsam nur mit den Fahnen überkommt. Vielleicht hat man sich in dem klotzigen Job verhaspelt, den Churchill zu publizieren. Knopf pflegte Fahnen immer ziemlich schnell mit einer Miene furioser Eiligkeit zu expedieren, per Luftpost und Eilboten und was nicht sonst, und wenn ich sie dann ebenso eilig durchsah, von höchster Dringlichkeit erfüllt, und zurückschickte, dann geschah Monate und Monate lang absolut nichts. Ich habe nie entdecken können, warum sie's derart eilig hatten und was dann passierte, als sie die Fahnen zurückerhielten. In Hollywood begegnet einem genau dasselbe: Alles stürzt wie wild in Konferenzen, um über einen Vertragsabschluß zu verhandeln, vereinbart dann erschöpft die Bedingungen, und dann wird in vollendeter Muße – ja, ausgesprochen zögerlich – der Vertrag ausgefertigt. Ich entsinne mich eines Vorgangs bei der Paramount, nachdem ein neuer Vertrag ausgehandelt worden war, der einen mir langsam lästig gewordenen älteren ersetzen sollte: Die Rechtsabteilung ließ Wochen verstreichen, ohne auch nur mit einem Entwurf herauszurücken, und während der ganzen Zeit wurde ich natürlich nicht bezahlt. Da habe ich die Rechtsabteilung denn angerufen und höflich mitgeteilt, es bestehe keine Notwendigkeit mehr, den neuen Vertrag überhaupt aufzusetzen, da sie den alten durch Einstellung der Honorarzahlungen gebrochen hätten, und wir befänden uns jetzt in einem vertragslosen Zustand. Die Sache lief sehr lustig; das Geschrei war mehrere Straßen weit zu hören. Ich habe immer gern mit Juden Geschäfte gemacht. Sie sind so leicht erregbar, so oberflächlich scharf und verschlagen, aber im Grunde sehr verläßlich. Sie dramatisieren jeden Handel und führen sich richtig rabiat auf, und dann plötzlich geben sie auf die gewinnendste Weise nach.

Ray

AN JAMES SANDOE

6005 Camino de la Costa
La Jolla, California
14ter April 1949

Lieber Sandoe:

Habe *The Moving Target* von John MacDonald gelesen und bin, auf eine ganz eigenartige Weise, doch recht beeindruckt davon.* Tatsächlich könnte ich's leicht als Sprungbrett für eine Predigt über den Text «Wie stellt man's an, kein geistreichelnder Schriftsteller zu werden» benutzen. Was Sie über Nachahmung schreiben, ist natürlich ganz richtig, und die einzelnen Handlungselemente sind sichtbar hier und da entlehnt. Z.B. stammt die Eingangsszene mehr oder weniger aus *The Big Sleep*: Mutter gelähmt statt des Vaters, Geld aus Öl, Atmosphäre verdorbenen Reichtums, und der schurkische Freund und Anwalt ist direkt aus *The Thin Man* geangelt; aber ich persönlich bin in solchen Dingen ein bißchen elisabethanisch, finde nicht, daß sie besonders viel ausmachen, da alle Schriftsteller im Anfang imitieren müssen, und wenn man versucht, das Eigene in eine anerkannte Form zu gießen, ist es nur natürlich, zu Beispielen zu greifen, denen bereits Aufmerksamkeit oder Erfolg beschieden war.

Was mich an dem Buch betroffen macht (und ich glaube, ich würde mich darüber hier gar nicht auslassen, wenn ich nicht das Gefühl hätte, daß an dem Autor was dran ist), das ist zuerst eine Wirkung von ziemlich abstoßender Art. Es paßt da nichts richtig zueinander; wir haben einen Mann vor uns, der das primitive, auf Rohheit und Gewalt geeichte Kriminalroman-Publikum sucht und zugleich doch auch klarstellen möchte, daß er persönlich ein hochliterarischer und von allen Künsten beleckter Typ ist. Ein Auto hat einen «Rostausschlag», ist keineswegs nur einfach verrostet. Krit-

* John Ross Macdonald; er legte später den ersten Namen ab, um Verwechslungen mit John D. Macdonald zu vermeiden, einem anderen Kriminalschriftsteller. Textwiedergabe nach einer Abschrift.

zeleien an Toilettenwänden sind «Sgrafitti» (wir können auch Italienisch, heißt das); einer spricht von «Podex-Oskulation» (Medizinerlatein ebenfalls, bin ich nicht Klasse?). «Die Sekunden häuften sich, schwankend wie ein Turm aus Poker-Chips», usw. Ein Vergleich, der darum nicht recht zum Zuge kommt, weil unklar bleibt, was eigentlich sein Zweck ist.

Die Szenen sind gut disponiert, es steckt eine Menge Erfahrung hinter dieser Schreibweise, und ich wäre gar nicht weiter überrascht, wenn sich herausstellte, daß der Name ein Pseudonym für einen Romancier ist, der's in einem anderen Genre zu was gebracht hat. Was mich interessiert, ist die Frage, ob bei dieser Prätention in Ausdruck und Wortwahl ein besserer Stil herausspringt. Das ist nicht der Fall. Sie ließe sich nur rechtfertigen, wenn die Story selber auf dem gleichen hochgezüchteten Niveau angelegt wäre, und träfe das zu, so wären keine tausend Exemplare davon zu verkaufen. Wenn man «Rostflecken» sagt (oder «Rostnarben», und ich würde sogar fast, wenn auch nicht ganz, bis zu «Pickeln» gehen), vermittelt man sofort ein einfaches optisches Bild. Aber wenn man von «Rostausschlag» redet, wird die Aufmerksamkeit des Lesers augenblicklich von der beschriebenen Sache auf die Pose des Autors abgelenkt. Das ist natürlich nur ein sehr einfaches Beispiel für den stilistischen Mißbrauch der Sprache, und ich glaube, daß gewisse Schriftsteller geradezu unter dem Zwang stehen, in weithergeholten Ausdrücken zu schreiben, weil ihnen das einen gewissen Mangel an natürlichem, animalischem Gefühl kompensieren hilft. Sie empfinden nichts, sie sind literarische Eunuchen, und deshalb ziehen sie sich auf eine schiefe Terminologie zurück, um ihre Distinktion zu beweisen. Das ist die Geisteslage, der die avantgardistischen Zeitschriften ihr Leben verdanken, und es ist ganz interessant, einen Versuch zu sehen, sie auch auf das Gebiet des Romans dieses Genres übergreifen zu lassen.

R.C.

AN ALEX BARRIS

16. April 1949

Lieber Barris:

Entschuldigung für das gelbe Papier, das schmierige Farbband usw. Schreibe dies auf einer Geräuschlosen, und irgendwas geht schief.

Bin amerikanischer Bürger von Geburt. Erzogen in England, anglo-irische Mutter. Immer stark probritisch eingestellt und auch prokanadisch, seit vor langer Zeit in der CEF gedient und Monate in Victoria (Gordon Highlands, Kanada) verbracht.* Kenne das östliche Kanada überhaupt nicht, nur das Gebiet um Puget Sound. Wenn ich Victoria öde nannte, so war's zu meiner Zeit jedenfalls öde wie eine englische Kleinstadt an einem Sonntag: alles geschlossen, Kirchgangsatmosphäre und so weiter. Hatte nicht die Absicht, die Leute selber öd zu nennen. Kannte dort einige sehr nette.

Black Mask: Groschenzeitschrift, die in den Dreißigern die hartgesottene Krimitechnik entwickelte, berühmt natürlich durch Hammett, aber nicht allein. Gardner hat auch dafür geschrieben, Coxe, und viele andere, die's damals besser konnten als seither. Erschöpfend zum Thema: mein *Atlantic*-Artikel *The Simple Art of Murder*, erhältlich in der Pocket-Books-Anthologie und in Haycrafts *Art of Mystery Story*. Zeitschrift existierte noch, soviel ich weiß, aber verkauft an Popular Publications, weil Auflagenrückgang, wohl durch zu rigide Spezialisierung.

[...]

Marlowe aus Charakteren entwickelt, die in kurzen Erzählungen verwendet; erste namentliche Bezeichnung im *Big Sleep*. Meine Ansichten über Hammett ausgedrückt in obengenanntem Artikel. Er war Klasse. Oft überlegt, warum er nach dem *Thin Man* mit Schreiben aufgehört. Getroffen nur einmal, sehr nett aussehend, groß, still, grauhaarig, schreckliches Fassungsvermögen

---

* CEF: Canadian Expeditionary Force (Kanadische Expeditionsstreitkräfte).

für Scotch, wirkte auf mich ganz unverdorben. (Zeit, das Farbband zu richten.)

[...]

Glaube, *Farewell, My Lovely* gilt als bestes meiner Bücher, *The High Window* als schlechtestes, habe aber Leute gekannt, die jedes einzelne gegen den Rest ausspielen würden. In mancher Beziehung ist mein letztes das beste, noch nicht veröffentlicht.* Aber ein Tempo wie im *Big Sleep* oder eine Handlungsverknüpfung wie in *FML*, so etwas werde ich wohl nie wieder erreichen. Vermutlich will ich's auch gar nicht; es kommt die Zeit, wo man zu wählen hat zwischen Tempo und Tiefenschärfe, zwischen Handlung und Charakter, Bedrohlichkeit und Witz. Ich bin heute so weit, daß ich mich in jedem Fall für das zweite entscheide.

Ob ich meinen eigenen Kram lese, wenn er erschienen ist? Ja, und auf die sehr große Gefahr hin, als egoistisches Rindvieh dazustehen, muß ich sagen: Ich finde es verteufelt schwer, das Ding dann wieder aus der Hand zu legen. Selbst ich, der doch alles schon weiß, was passiert. Es muß am Ende doch so etwas wie ein magischer Zauber im Stil stecken, aber den nehme ich nicht als mein Verdienst in Anspruch. So etwas gibt es halt, wie rotes Haar. Aber irgendwie finde ich es blamabel, daß ich mir ein Buch von mir selber hernehme, um irgendwas nachzusehen, und mich dann zwanzig Minuten später dabei ertappe, daß ich immer noch dasitze und lese, wie wenn's jemand anders geschrieben hätte.

Die Kamera-Auge-Technik in *Lady in the Lake* ist in Hollywood ein uralter Hut.** Jeder junge Schriftsteller oder Regisseur hat sich daran versuchen wollen; just so kam es auch, daß Bob Montgomery in einer technischen Position war, wo er erzwingen konnte, daß man's ihn machen ließ. Ich schrieb ihm im ersten Drehbuchentwurf (für die Endfassung habe ich dann die Verantwortung abgelehnt) eine Sequenz oder eine Teilsequenz in der bewußten Manier, aber es wäre lächerlich, wollte ich daraus den Anspruch ableiten, Montgomery inspiriert zu haben. «Machen wir doch aus der Kamera eine Handlungsfigur»; der Satz ist praktisch an jedem

---

* *The Little Sister.*
** In diesem Film ist Marlowe die Kamera; alle Vorgänge werden mit seinen Augen gesehen.

Mittagstisch in Hollywood irgendwann schon einmal gefallen. Ich habe einen Burschen gekannt, der wollte die Kamera zum Mörder machen; was aber ohne einen Riesenbetrug nicht funktionieren würde. Die Kamera ist dafür zu ehrlich.

Ob ich seit der «Erschaffung» Marlowes außerhalb der Drehbücher noch eine andere Zentralfigur verwendet habe? Ja, in verschiedenen Geschichten, die nach dem *Big Sleep* entstanden.

Und ob ich *Hamlet* für den besten Film von 1948 halte? Entschieden nicht. Olivier war hinreißend, Felix Aylmer ganz große Klasse, aber die Kameraführung machte mir Halsschmerzen, und die Schauspielerei war zum großen Teil kaum akzeptabel. Aber ich bin froh, daß Hollywood sich so weit geschämt hat, daß es sich veranlaßt sah, ihn [den Oscar] trotz alledem an einen ausländischen Film zu vergeben.

Gruß
Chandler

AN CARL BRANDT

6005 Camino de la Costa
La Jolla, California
18ter April 1949

Lieber Carl:

Das war wirklich sehr nett von Ihnen, daß Sie mir über Norbert D. telegraphiert haben.* Ich werde ihm nun allerdings doch, ob richtig oder falsch, die zwei Hunderter schicken. Wer bin ich denn, daß ich über eines anderen Menschen Bedürfnisse oder Verdienstlichkeiten richten sollte? Es ist doch eine ziemlich elende Geschichte, draußen auf dem Land zu wohnen und mitanzusehen, wie sie alle

---

* Chandler hatte Brandt um Rat gebeten, ob er Norbert Davis, einem früheren *Black-Mask*-Kollegen, 2oo Dollar leihen solle.

zurückkommen und Angst haben. Er sagt, er hat in diesem letzten Jahr von fünfzehn Sachen eine verkauft. Ob das nun seine eigene Schuld ist, ob er einen Kater hatte oder besoffen war, oder einfach faul, oder was weiß ich – was macht das schon für einen Unterschied! Man leidet genauso, wenn man im Unrecht ist. Sogar noch mehr. Schreiben wir's in den Schornstein, nennen wir's vergeudet und vertan, vergessen wir's – wobei man nur hoffen kann, daß der Junge einen nicht haßt, weil man ihm geholfen hat oder weil er einen um Hilfe hat bitten müssen. Ich kann diese haarfeinen Unterschiede einfach nicht machen. Ich weiß nur, daß ich mir für zweihundert Eier den Schlüssel zum Himmel nicht kaufen kann, aber es hat Zeiten gegeben, wo es mir leicht danach ausgesehen hätte, als könnte ich's, und wo ich sie nicht hatte und keiner in der Nähe war, der sie mir hätte schenken können. Ich habe noch nie im Park übernachten müssen, aber verdammt nah daran bin ich auch schon gewesen. Ich bin mal fünf Tage lang ohne was zu essen rumgelaufen, nur einmal Suppe, und dabei war ich auch noch krank. Umgebracht hat's mich nicht, aber meine allgemeine Menschenliebe ist dabei auch nicht grad gewachsen. Die beste Methode, um zu ermitteln, ob man Freunde hat, ist pleite zu gehen. Wer am längsten bei einem ausharrt, ist ein Freund. Ich meine aber nicht die Kletten, die auf immer und ewig an einem hängen. Die gehören nicht dazu.

Herzlich
Ray

AN DALE WARREN

6005 Camino de la Costa
La Jolla, California
20. April 1949

Lieber Dale:

[...]

[– – –] Priestley hat mir einen für seine Verhältnisse sehr eleganten Artikel in seiner neuen Kolumne im *New Statesman* gewidmet.* Sein Originalkommentar beim ersten Blick in Chandlers Schlachthof lautete: «So schreibt man in Dulwich aber nicht.» Wie wahr.

Ich kann mich anscheinend nicht in Gang bringen, irgendwas zu machen. Das ist für mich immer eine schlimme Plackerei, dies Mich-in-Gang-Bringen. Je mehr die Leute über einen sagen, desto deutlicher hat man das Gefühl, man säße im Examen, und es wäre gar nichts Eigenes mehr, was man schreibt, und man müsse dauernd auf kritische Autoritäten Rücksicht nehmen und dürfe sie ja nicht brüskieren. Schriftsteller, selbst wenn sie Zyniker sind wie ich, müssen sich immer gegen den Impuls wehren, jemandes anderen Vorstellung von dem, was sie seien, nachzuleben. Die Geschichte, an der ich herumgemurkst habe, sollte jedenfalls einen englischen Schauplatz haben. Ich dachte, ich könnte Bel Air benutzen, aber wenn man das ganze Talmileben von Hollywood mit reinnimmt – da hat man dann nur noch Kulissen, Auf-Projektionen, Matte-Verfahren, Miniatur-Aufnahmen, Felsen aus Pappmaché, Bäume in Kübeln, Sintfluten von tropischem Regen, aus dem die Figuren, nachdem sie stundenlang drin herumgestapft sind, mit feuchtem Rockaufschlag und zwei leicht verschobenen Haarsträhnen auftauchen. Einen Filmmeter später ist der Anzug gebügelt, und der Bursche trägt eine frische Nelke im Knopfloch.

Nun ja, alles nicht so schlimm wie wenn einem Kavallerieroß ein posthumes V.C.** an die Satteldecke gesteckt wird, was sie in *Lives of a Bengal Lancer* fertiggebracht haben.

---

* J. B. Priestley, der englische Romancier.
** [Anm. d. Ü.:] V.C. = Victoria Cross, ein englischer Orden.

Aus der *Sunday Times* ersehe ich, daß Ihr Film *He Walked by Night* von Dilys Powell nicht viel abbekommen hat, außer einer Bemerkung über die Jagd durch die Kloakenkanalisation.* Die Dame ist auch verdammt gut und gewöhnlich sehr fair gegenüber amerikanischen Filmen. Was ist mit dem Film bloß los? Ich zermartere mir das Hirn nach einer Antwort, und da kommt mir immer wieder der seltsame Gedanke, daß es gar nichts Spezifisches ist, die Filme sind gar nicht so schlecht, bloß sie sind einfach nicht mehr das Neuste. Das Medium, samt allem, was man damit machen kann, hat den Biß verloren. Wir stehen wieder da, wo der Stummfilm stand, als die Warners das Vitaphon kauften. Außer der Scharfeinstellung hat es in fünfzehn Jahren kaum einen wirklichen technischen Fortschritt gegeben, und man merkt nicht einmal, was die Scharfeinstellung alles bringt, wenn man sich daneben nicht einen Film aus den mittleren Dreißigern anschaut und feststellt, daß bei einer gewöhnlichen Nahaufnahme alles, was weiter als zehn Fuß von der Kamera entfernt ist, einen verschwommenen Brei bildet.

[...]

Ray

---

* *He Walked by Night*, ein Film von 1949, in Nachahmung von *Naked City* gedreht. Regisseur war Alfred Werker, Produzent Brian Foy; das Drehbuch stammte von John C. Higgins und Crane Wilbur. Dilys Powell war Filmkritikerin bei der *Sunday Times*, London.

AN BERNICE BAUMGARTEN

6005 Camino de la Costa
La Jolla, California
21ster April 1949

Liebe Bernice:

Vielen Dank, daß Sie mir so prompt zur Mystery Guild geantwortet haben.* Ich bin absolut dagegen, und soweit es in meiner Macht steht, werde ich mich weigern. [...] Der ökonomische Druck hat mich noch nicht erwischt, obwohl das durchaus einmal so kommen mag. Das Geld ist nicht genug und die Ausrede, das Ding werde den im Handel befindlichen Ausgaben keine Konkurrenz machen, reinweg Quatsch mit Soße. Ich verkenne nicht, daß der Absatz eines Krimis mit seinem Erscheinen praktisch schon wieder endet, oder jedenfalls kurz danach. Aber es steht für mich so ziemlich außer Frage, daß, wenn mein Zeug irgendeinen wirklichen Wert hat, dieser nicht in Krimiqualitäten besteht. Andere Schriftsteller machen viel bessere Krimis. Die Handlung als solche langweilt mich bloß. Die Leute, die meine Bücher wirklich mögen, tun das nicht weil, sondern obwohl es sich um Krimis handelt. Dorothy Sayers hat versucht, den Sprung vom Kriminalroman zum Gesellschaftsroman zu tun und dabei den Krimi mit hinüberzunehmen. Sie wollte mit ihrem gesamten Gepäck umziehen, von den Leuten, die zwar eine Handlung ersinnen, aber nicht schreiben können, zu den Leuten, bei denen es mit dem Schreiben zwar klappt, mit der Handlung aber nur allzuoft hapert. Sie hat es in Wirklichkeit nicht geschafft, weil der Gesellschaftsroman, den sie ins Auge faßte, an sich eine zu leichte Sache war, als daß man Bedeutendes daraus hätte machen können. Es war nur der Austausch des einen Genres populärer Trivialliteratur durch ein anderes. Ich bin mir durchaus nicht im klaren darüber, ob das Ganze schlechterdings unmöglich

---

* Hardwick Moseley von Houghton Mifflin hatte Chandler den Vorschlag gemacht, er möge das Angebot der Mystery Guild annehmen, *The Little Sister* als Auswahlband für ihre Mitglieder zu bringen. Vgl. den Brief an Moseley vom 23. April 1949.

sein soll und ob nicht doch irgendwann einmal, irgendwo, vielleicht nicht im Moment oder gar von mir, ein Roman geschrieben werden kann, der ganz offen ein Krimi ist und die ganze Würze des Krimis bewahrt, aber tatsächlich zugleich Charakter und Atmosphäre bietet, mit einem Oberton aus Gewalttat und Furcht. Wenn die Leute mein Buch bloß wieder als einen weiteren Krimi bezeichnen, kann ich's nicht ändern, aber bei Gott, ich habe nicht die mindeste Lust, das selber zu tun.

[...]

Men and Brethren und *Ask Me Tomorrow* fand ich hier in der Stadtbücherei.* Zu kaufen bekam ich sie nicht. Ich hatte keinen Benutzerausweis, und als ich mir einen erbat, sagte die ältliche, weißhaarige, spitzmündige Bibliothekarin: «Ach, Sie sind Raymond Chandler, der Schriftsteller. Ich habe eins von Ihren Büchern gelesen, als ich letztes Jahr im Krankenhaus lag.» «Hoffentlich ging es Ihnen danach nicht schlechter», sagte ich. «Ich wollte es erst aus dem Fenster schmeißen, so wütend hat es mich gemacht», sagte sie, jetzt grantig. «Aber ich hab's dann doch nicht getan. Irgendwas war da dran, wie es geschrieben war.»

Ein vollkommener Ausdruck der Mentalität von La Jolla.

Ray

---

* Beide von James Gould Cozzens, Bernice Baumgartens Ehemann.

AN HAMISH HAMILTON

6005 Camino de la Costa
La Jolla, California
22ster April 1949

Lieber Jamie:

Danke für Ihren höchst vergnüglichen Brief. Ich hoffe, ich habe
eines Tages noch Gelegenheit, diesem Lümmel, dem Wilson, eins
auszuwischen.* Einen gewissen bescheidenen Erfolg in diese Richtung habe ich zuzeiten durchaus gehabt. Da Sie (nebenbei) Spender** erwähnten – zufällig habe ich grad vier Auszüge aus einer
bevorstehenden Selbstbiographie gelesen, erschienen bei uns in
der *Partisan Review*, die einer nicht vom Englisch-Lehrgang einer
Uni herausgegebenen intellektuellen Zeitschrift hier am nächsten
kommt. Ich fand die Schreibweise durchweg vergnüglich, klar,
ehrlich und schön, und gar nicht protzig im Ausdruck (wie Connolly es manchmal ist, finde ich). J. A. Spender, sein Onkel, war
der erste Herausgeber, der mir freundlich entgegenkam. Die Empfehlung an ihn stammte von einem wunderbaren alten Knaben
namens Roland Ponsonby Blennerhasset, Barrister mit einer
Oberhaus-Praxis, wohlhabender irischer Großgrundbesitzer (ihm
gehörte eine geradezu fabelhafte Anzahl Morgen in Kerry), Ange-
höriger, wie ich von meinem Onkel in Waterford erfuhr, einer
dieser sehr alten titellosen Familien, neben denen Earls und Marquis oft wie reine Parvenüs wirken. Spender kaufte mir eine
Menge Zeug ab, Verse, Skizzen und ungezeichnete Sachen wie
etwa Artikel, die aus ausländischen Zeitungen geklaut waren. Er
brachte mich auch in den National Liberal Club, wo ich freien
Zugang zum Lesesaal hatte; Bürgschaft leistete mir sein politischer
Karikaturist, ein berühmter Mann damals, aber ich habe seinen
Namen vergessen. Im Fleische ist er mir nie begegnet. Mit all dem
kam ich auf etwa drei Guineen die Woche, aber das reichte nicht.

* Edmund Wilson.
** Stephen Spender.

Ich habe auch für einen Mann namens Cowper gearbeitet, der Lord Alfred Douglas als Besitzer der *Academy* ablöste, und einen Haufen Buchbesprechungen für ihn gemacht, dazu ein paar Essays, die ich heute noch habe; sie sind stilistisch unerträglich preziös, aber schon hübsch garstig im Ton. Ich bekam selten die besten Bücher zur Besprechung, und tatsächlich war das einzige von einiger Bedeutung, das mir unterkam, *The Broad Highway*,* dessen Verfasser, damals unbekannt, ich, wie ich mit Freude sagen kann, eine enorme Popularität prophezeite. Es ging mir wie jedem jungen Frechdachs: Ich fand's sehr leicht, vom hohen Roß herunter zu verreißen, und sehr schwer, ein Lob auszusprechen, ohne sofort hoffnungslos naiv zu werden. Ich mag den Burschen, den Spender, sehr gern. Tatsächlich ist er mir lieber als Auden, dem gegenüber ich immer Vorbehalte hatte. Ich bin auch etwas verstört von Ihrer Bemerkung, daß Connolly kein Gewissen habe. Sein Bericht von der üppigen Barbarei in Eton ist ganz wunderbar, natürlich, und die Art, wie diese Burschen gedacht, geschrieben und geredet haben, zu einer Zeit, wo die Amerikaner noch kaum ihre eigenen Namen buchstabieren konnten, ist ebenfalls höchst eindrucksvoll. Trotzdem hat das literarische Leben doch mancherlei an sich, was mich abstößt: dieses ganze verzweifelte Luftschlösserbauen, dieses erbitterte, sich endlos hinziehende Ringen darum, einer Sache Gewicht zu geben, von der wir alle wissen, daß es in wenigen Jahren endgültig vorbei damit ist, dieses Miasma des Scheiterns, das mir fast so widerlich ist wie die billige Protzerei des populären Erfolgs. Ich glaube, die wirklich guten Leute haben unter allen Umständen ihren Erfolg; das bekannte «arm sein, aber schön» ist höchstwahrscheinlich viel eher ein moralisches Versagen als ein künstlerischer Erfolg. Shakespeare hätte sich in jeder Generation durchgesetzt, weil er sich schlicht geweigert hätte, irgendwo im Winkel zu sterben; er hätte die falschen Götter angenommen und sie umgekrempelt; er hätte die gängigsten Formeln übernommen und ihnen etwas abgezwungen, was geringere Menschen ihnen niemals zugetraut hätten. Lebte er heute, so würde er zweifellos Drehbücher schreiben und Filme, Stücke und Gott weiß was sonst

* Roman von Jeffrey Farnol.

noch inszenieren. Statt zu sagen «Dieses Medium taugt nichts», würde er sich seiner bedienen und es dahin bringen, daß es etwas taugt. Wenn manche Leute manches in seinem Werk billig nennten (was manches auch ist), dann würde er sich einen Dreck darum scheren, weil er wüßte, daß es ohne eine gewisse Vulgarität keinen ganzen Menschen gibt. Das Gekünstelte und Verfeinerte als solches würde er hassen, denn es ist immer ein Rückzug, ein Zurückweichen, und er war aus viel zu hartem Holz, als daß er vor irgend etwas zurückgewichen wäre.

[...]

Ray

AN HARDWICK MOSELEY

6005 Camino de la Costa
La Jolla, California
23. April 1949

Lieber Hardwick:

Vielen Dank, daß Sie mir so liebenswürdig Ihren Standpunkt gegenüber der Mystery Guild erklärt haben. Bernice schrieb mir ebenfalls dazu, und ich glaube (was sie Ihnen aber lieber selbst sagen sollte), ihre Position ist die, daß sie es in diesen Zeiten (oder vielleicht zu allen) nicht würde verantworten wollen, Geld für einen Autor zurückzuweisen, aber gern ein wenig mehr Zeit haben würde, um die Wirkung von Unternehmungen à la Mystery Guild zu beobachten.

Ich bedaure, daß ich den Eindruck erwecke, als wäre ich im Umgang mit Verlegern in allen Dingen ein Starrkopf. Ich habe ein hitziges Temperament, aber ich bin kein Heimtücker. Ich bin gegen diese Sache – entschieden dagegen. Es ist für einen Autor in fast jeder Hinsicht sehr schlecht, mit wirklichem Geld in Berührung zu kommen, aber bei Entscheidungen dieser Art hilft es doch. 25oo Dollar sind für mich einfach keine wirkliche Knete; es lohnt nicht, deswegen ein Opfer zu bringen, ein Risiko einzugehen für einen Ruf, der schließlich gegen sämtliche Regeln zustande gekommen ist. Vor mir liegt das *PW** mit einer Liste der Auswahlbände der Mystery Guild bis einschließlich September, woraus hervorgeht, daß die Auswahlbände bereits bekannt sind, wenn die Bücher von den Verlegern ausgeliefert werden. Ich weiß ja nicht, aber mir kommt das alles falsch vor. Eins dieser Bücher (Auswahlbände Mai bis September) hat eine gewisse literarische Prätention: *The Moving Target* von John MacDonald (sehr wahrscheinlich ein Pseudonym).** Eins, *Port Afrique*, ist mir vollständig fremd.*** Die anderen sind von Leuten, die wir kennen und von denen wir wissen, daß sie, wie gewandt und wohlbeschlagen sie auf ihrem Gebiet auch sein mögen, als Schriftsteller nicht in Betracht kommen, es sei denn in rein kommerzieller Hinsicht. Sich in diese Gesellschaft begeben, heißt sich selbst klassifizieren, und dafür ist das Entgelt zu klein. Bei weitem zu klein. Ich kann mir mein Geld in Hollywood holen, wenn ich was brauche. Ich kenne mich im Geschäft aus und krieg's dort en masse. Ich gebe mir viel Mühe – und habe mir von allem Anfang an immer viel Mühe gegeben –, etwas aus der Kriminalgeschichte zu machen, was ihr noch niemand ganz abverlangt hat. Hammett war nahe dran, auf seine Art; auf eine andere war's die Sayers. Aber beide haben es nicht fertiggebracht, die Emotion den richtigen Nerven zuzuleiten. Sie spürten sie nicht. Mein eigener Versuch (und wenn ich damit scheitere, wird's einem anderen einmal gelingen) ging keineswegs dahin, gut genug zu werden, um einen «richtigen Roman» schreiben zu können; das hätte ich schon längst schaffen können, ganz so wie ich mich hätte trainieren können, Fortsetzungen für die Hochglanzzeitschriften zu schreiben, wenn ich's wirklich darauf angelegt hätte. Es geht vielmehr darum, den letzten Tropfen aus dem Medium zu pressen, mit dem man umzugehen gelernt hat. Das Ziel ist kein wesentlich anderes als das der griechischen Tragödie, aber wir haben es mit einem Publikum zu tun, das nur halbgebildet ist,

---

* *Publishers Weekly.*
** John Ross Macdonald. Der Name ist tatsächlich ein Pseudonym; bürgerlich heißt der Autor Kenneth Millar.
*** *Port Afrique* von B. V. Dryer, 1949.

und wir müssen eine Kunst aus einer Sprache machen, die es versteht.

Wenn ich das tue, muß ich gewisse Handikaps in Kauf nehmen. Kein Snobappeal, keine Erbauungstiraden, keine naseweise Gesellschaftskritik. Ganz leicht ablehnbar, bloß wieder ein hartgesottener Krimi, und so weiter. Aber es ist eine komische Sache: Um es zu was zu bringen, muß man die Spitzenintellektuellen interessieren. Unser Ziel ist nicht der süchtige Krimileser. Der weiß nichts und behält nichts im Kopf. Er kauft sich Billigbücher oder leiht sie aus. Alles geht zum einen Ohr hinein und durchquert das Vakuum zum andern. Uns beide zwingen die Umstände, den Dollar im Auge zu behalten; aber nur im einen Auge.

Diese 2500 würden Ihrem Werbeetat aufhelfen. Nun gut, dann vergessen Sie den Werbeetat. Sie brauchen ihn nicht. Sie können aus mir keinen rasanten Bestseller machen und würden bloß Geld vergeuden, wenn Sie's versuchten. Lassen Sie mich einfach durchsickern. Ich werde mein Publikum schon finden, fast ohne jede Assistenz der Werbetrommel. Aber tun Sie so wenig wie möglich, um mich im öffentlichen Bewußtsein mit so glatten und platten Machern wie Marsh und Stout und der Christie zusammenzuwerfen. Sehr wahrscheinlich schreiben die bessere Krimis als ich, aber ihre Wörter stehn nicht auf und wandeln. Meine tun das, obwohl es leicht verstörend ist, das selber sagen zu müssen.

Der Grundstücksmarkt hier ist ziemlich tot. Mein Haus ist auf ungefähr 75 000 Dollar geschätzt, gegenwärtiger Verkehrswert, und das ist für alle zuviel Geld, den Transporthandel ausgenommen. Sicher, in Kalifornien ist alles im Fluß. Und herzlichen Dank jedenfalls für Ihre Anregung, über die durchaus ernsthaft nachzudenken wäre. Ich würde ganz furchtbar gern nach England fahren, aber ich fürchte mich vor der Plackerei. Man kann sich nicht einfach mehr aufmachen und irgendwo hingehen. Man muß alles planen, bis man das ganze Vorhaben satt hat.

Stets Ihr
Ray

AN JAMES SANDOE

3. Mai 1949

Lieber Sandoe:

[...]

Houghton Mifflin scheint eine billige Sammelausgabe meiner alten Geschichten herausbringen zu wollen. Ich habe dagegen geltend zu machen versucht, daß sie weit genug verbreitet und ohnehin nur Groschengeschreibsel seien, aber die Leute bestehen darauf, die Sachen wieder herauszubringen, und meinen, es gebe «rundherum nichts, was sich damit messen könnte». Da habe ich doch sehr meine Zweifel.

Ich glaube, ich werde an der *Little Sister* doch einiges umschreiben müssen, und davor graut mir sehr. Am Schluß stand ich vor der Wahl, entweder deutlich, aber öde zu erklären, wer denn nun wen erschossen hatte und warum und wo usw., oder aber nach dem Motto «Wen interessiert das schon» alles mehr oder weniger in der Luft hängen zu lassen: Es wäre ja doch kein richtiger Krimi und brauchte darum auch nicht so zu tun, als wäre es einer. Aber da hat mir mein Unterbewußtsein dann doch keine Ruhe gelassen, und ich denke, ich werde ein paar Fragen beantworten müssen, die mir die Verlagsleute (als Gag) gestellt haben, weil ihnen einiges gar nicht klar war. Als Konstrukteur habe ich einen gräßlichen Fehler: Ich lasse die Szenen mit den handelnden Figuren durchgehen und sträube mich dann, Szenen, die nicht passen, rauszutun. Am Schluß finde ich mich dann gewöhnlich auf dem Prokrustes-Bett wieder. Das System klappt, wenn sämtliche zwölf Zylinder auf vollen Touren laufen, aber im Moment sind mir ein paar Zündkerzen verrußt. Allerdings (und da dieser verdammte Brief sowieso schon unmöglich egoistisch geworden ist, kann ich auch das noch sagen) – ich habe auch einen großen Vorzug. Ich betrachte mich immer noch als Amateur und bestehe darauf, daß mir die Arbeit ein bißchen Spaß machen muß. Ich kann mich einfach nicht ernst genug nehmen, um anders zu sein.

AN DALE WARREN

6005 Camino de la Costa
La Jolla, California
5. Mai 1949

Lieber Dale:

Die Verkäufe des *Cosmopolitan* in La Jolla sind nicht eben sensationell, was beweist, daß der Wettbewerb bei Artikeln über Impotenz nicht sonderlich hoch wogt, während das Vorkommen besagten Leidens in La Jolla vermutlich höher anzusetzen ist als in jeder anderen Ortschaft oder Organisation, ausgenommen das Jahrestreffen von uns Chickamauga-Veteranen.

Die Empfehlung von Pat Novack ziehe ich zurück.* Mußte's letztesmal abdrehen, als ich mich herbeizulassen versuchte. Die Affektiertheit des Geschreibsels ist mir einfach zuviel. Der Gebrauch von Vergleichen geht auf keine Kuhhaut mehr und ist (zugegeben, von dem ursprünglichen Verfasser des Programms) aus meinen Sachen kopiert, und die Grenze zur reinen Absurdität ist längst überschritten. Der Typ kann nicht einmal mehr den Hut abnehmen, ohne mitzuteilen, daß die Luft, die ihm die Geheimratsecken kitzelt, so irritierend sei wie ein Jasager, der nein sagt, oder dergleichen Kappes mehr. Alles ist immerzu wie sonst was. Man kriegt dauernd eine Gänsehaut, weil man den nächsten Hammer schon kommen spürt. Also ignorieren Sie den ganzen Ramsch und schalten Sie auf den neuen Dick Powell um, der von Philip Marlowe geklaut ist, der von Sam Spade geklaut ist, der von Orson Welles geklaut ist, nämlich seiner Hörspieltechnik, die Ich-Erzählung direkt ins dramatische Geschehen übergehen zu lassen. Ich weiß nicht, ob Welles sie erfunden hat, aber mit Sicherheit verdankt sich ihm die Anwendung aufs Melodrama. Diese Rundfunkleute sind mit Abstand die kleinlichsten Traditionshüter auf der Welt. Nie werden die irgendwas Neues probieren. Ich bin auf meinen schwieligen Knien hingerutscht zu ihnen und habe ver-

---

* Chandler-Serie im Rundfunk.

269

sucht, ein Krimihörspiel mit Geräuscheffekten statt der Musik-
überleitungen zu machen. Entgeisterte Gesichter. Die Geräusch-
technik ließe sich zum tollsten Effekt der Welt entwickeln und
sollte dazu auch entwickelt werden, aber die Kerls haben einfach
nicht den Mut zum eigenen Handwerk. Norman Corwin hat sehr
gut mit Geräuscheffekten gearbeitet, aber leider wollte er's sich
nie nehmen lassen, alles immerzu mit «Gesellschaftskritik» einzu-
sudeln. Hergottnochmal, wie ich dieses Wort hasse – mitsamt
allem, was dranhängt.

SCHALTEN SIE DIE DICK-POWELL-SENDUNG EIN UND
BLEIBEN SIE AM APPARAT! ES SPRICHT DICK POWELL
PERSÖNLICH! DER GRÖSSTE PRIVATDETEKTIV ALLER ZEI-
TEN, DER TENOR SINGT!

Wenn ich ein Buch schriebe, das nicht Erfindung wäre, käme am
Ende vermutlich die Selbstbiographie einer gespaltenen Persönlichkeit dabei heraus. Und von Hitchcock gesprochen – in der
laufenden Nummer der *Theatre Arts* steht ein guter Artikel über
ihn (zum Henker mit dem in der Luft baumelnden Partizip). Aber
ich glaube, der Mann ist zu dem alten Hitch doch nicht ganz fair.
Wenn man einen Film macht, so gut wie *Shadow of a Doubt*, und
er wird ein Reinfall, dann reißt's einem das Herz aus dem Leib.
Dasselbe gilt für *Night Must Fall* und *The Ox-Bow Incident*. [...]
Sie haben noch Joan Fontaine erwähnt und sie eine gute Freundin
genannt. Ich bin ihr nur einmal begegnet, bei einem Essen mit John
Houseman, aber ihren Mann, Bill Dozier, habe ich ganz gut gekannt. Er hat mich seinerzeit zur Paramount geholt und meinen
Holzkopp von Agenten mit dem Salär in einer Weise über den
Löffel balbiert, die sich sehen lassen konnte; das blieb eine offene
Wunde, bis ich Dozier dann hundert Riesen abluchste, als er Chef
bei der U-I war.* Die Paramount hat einen schockierenden Fehler
begangen, als sie ihn gehen ließ. Bei der U-I war das verständlich,
weil er dort von Rechts wegen nur die Vertragsproduzenten unter
sich haben sollte, während die unabhängigen Produktionsver-
bände Bill Goetz unterstanden. Aber die machten bald einer nach
dem andern schlapp und zogen sich zurück, so daß Goetz schließ-

---

* Universal-International.

lich dasaß und nichts mehr zu tun hatte. Als ich einmal aus Joe Sistroms Fenster auf das U-I-Gelände blickte, sah ich zufällig, wie die großen Jungs in lockerem Haufen vom Essen im Speisesaal zurückgeschlendert kamen. Ich fühlte mich von einem geradezu finsteren Vergnügen durchdrungen. Sie sahen haargenau so aus wie eine Bande von erstklassigen Chicago-Gangstern, die einziehen, um das Todesurteil über einen geschlagenen Konkurrenten zu lesen. Wie ein Blitz ging mir auf, welche sonderbare psychologische und geistige Verwandtschaft zwischen den Operationen der Geldwirtschaft und denen der Syndikate besteht. Dieselben Gesichter, derselbe Ausdruck darauf, dieselben Manieren. Dieselbe Art sich zu kleiden auch und dieselbe überzogene Lässigkeit in den Bewegungen.

[...]

Ray

AN HAMISH HAMILTON

6005 Camino de la Costa
La Jolla, California
13. Mai 1949

Lieber Jamie:

[...]

Ich weiß nicht, was mit der Schriftstellerei in diesem Land eigentlich los ist. Ich kriege da ein Angebot über 1200 Dollar im Jahr für die Verwendung meines Namens auf dem Titel eines neuen Kriminalmagazins, *Raymond Chandler's Mystery Magazine*. Ich habe nichts zu tun mit dem Ding, keine Kontrolle über den Inhalt und keinerlei Kontakt zum Redaktionsstab. Die Leute haben auch nicht die leiseste Ahnung, daß ihr Angebot eine Beleidigung darstellt und daß es für einen Schriftsteller nicht statthaft ist, mit seiner Reputation Handel zu treiben, ohne noch etwas anderes in die Waagschale zu werfen. Man kann seine Arbeit verkaufen, wie immer es einem paßt, man kann sie in kleine Stücke schnipseln und sie einzeln verhökern, aber der Wert, den das Publikum einem beimißt, der gehört einem nicht selbst – den hat man nur treuhänderisch zu verwalten. Ich bin mir darüber im klaren, daß offenbar diverse reputierliche Leute mir da nicht zustimmen. Wie man mir erzählt hat, nehmen sie Geld dafür, Bücher hochzujubeln (mir sind selbst solche Angebote gemacht worden), und machen in aller Selbstverständlichkeit Autogramm-Tourneen, reden auf Buchmessen und lassen sich gelegentlich als «Prominente» photographieren, ein Glas Whisky-Verschnitt in der Hand, den ich nur im Notfall in den Ausguß schütten würde, aus Angst nämlich, er könnte die Leitungsrohre zerfressen. Woolcott hat sich bewegen lassen, gegen Geld persönliche Briefe an seine Freunde zu schreiben, in denen er eine bestimmte Scotch-Marke empfahl.* Ich will mir ja hier gewiß keinen altmodischen Bratenrock anziehen, aber ich meine doch, daß man da irgendwo eine Grenze ziehen muß, und ich mache mich sogar anheischig zu beweisen, daß man diese Grenze schon aus Gründen der Geschäftspolitik auch dann ziehen muß, wenn einem die Moral schnuppe ist – vorausgesetzt, man hat auch nur ein bißchen Ahnung. Aber die Brutalisierung der Geschäftsmoral ist in diesem Land derart weit fortgeschritten, daß kein Mensch mehr ein besseres Gefühl kennt als das, einen leichtverdienten Dollar zwischen den Fingern zu haben.

[...]

Herzlich immer Ihr
Ray

---

* Alexander Woolcott, Theaterkritiker.

AN BERNICE BAUMGARTEN

6005 Camino de la Costa
La Jolla, California
15. Mai 1949

Liebe Bernice:

[...]

Ich koche immer noch. Wenn ich ein kommerziell wichtiger
Autor wäre, einer mit Riesenauflagen, was ich nicht bin, wie ich
sehr wohl weiß, dann würde wegen dieser Sache jetzt ein Kopf
rollen.* Man kommt damit bei mir nicht durch, wenn man so etwas
tut, denn indem man es tut, erklärt man seine Stupidität, Nachlässigkeit oder Inkompetenz, sein vollkommenes Unvermögen zu
begreifen, wozu man da ist. Wie die Dinge liegen, wird natürlich
nichts weiter dabei herauskommen als der Satz «Leider sind ein
paar Exemplare hinausgegangen, bevor die Korrektur erfolgte»
oder dergleichen Geschmuse mehr, von dem ich kein Wort glauben würde und von dem die Leute dort, wenn sie nur einigermaßen bei Verstand sind, wissen dürften, daß ich kein Wort davon
glauben würde. Ein paar Exemplare – ach du lieber Gott, wie viele
Buchhändler mögen ihrer Meinung nach wohl das *Publisher's
Weekly* lesen – wie viele tausend? Ich habe in Hollywood viel mit
den Werbeabteilungen zu tun gehabt, und obwohl dort intelligente Individuen arbeiten, ist der ganze Aufwand doch bloß Humbug. Das ist der Große Amerikanische Schwindel, dieser pseudo-
religiöse Glaube, daß Geschäftstüchtigkeit wichtiger ist als Qualität und daß man alles verkaufen kann, wenn man nur genug Lärm
darum macht. Nichts, was man sagt, braucht zu stimmen; es muß
nur laut sein und unablässig wiederholt werden. Wenn diese Leute
mit Zahnpasta handeln oder Rasierwasser, Waren also, die absolut
keinerlei Eigenwert besitzen, dann mag's recht sein. Wenn sie aber

---

* Trotz Chandlers Weigerung, seine Zustimmung zur Lizenzvergabe der *Little Sister* an
den Mystery Book Club zu geben, annoncierte Houghton Mifflin, daß das Werk von
diesem Buchklub übernommen worden sei.

mit Büchern handeln, helf' uns Gott, dann zerstören sie das Fundament, auf dem das ganze Geschäft ruht. Pfui!

Ich ringe immer noch mit Charlie Morton um den Hollywood-Artikel. Ich habe ihm mit aller Sorgfalt und Geduld erklärt, daß er jetzt schon überholt ist und daß er im Herbst (wo sie, sagt er, die Veröffentlichung planen) nicht mehr bloß überholt sein wird, sondern eine Antiquität; daß das nicht angehe und so weiter und so fort, und daß ich ihn einfach nicht mehr veröffentlicht haben will. Ich habe nicht gesagt, obwohl dies offenkundig ist, daß man ihn dort ja nie formell angenommen hat, daß man mir nie einen Fahnenabzug geschickt und nie die Gelegenheit gegeben hat, die ich erbat und mir vorbehielt, die Veröffentlichung abzulehnen, falls ich das Gefühl haben sollte, die zusammengestrichene Version stelle unzulänglich dar, was ich zu sagen versucht hatte.

Vermutlich läßt mich dies alles nach einem sehr streitsüchtigen Menschen aussehen. Ich wünschte, ich könnte diesen Eindruck vermeiden. Ich bin's in Wirklichkeit nicht. Ich mache nur keine gute Miene zum bösen Spiel von Narren und lasse mir nicht ohne Protest die Rumschuberei gefallen, die zur Behandlung von Autoren gehört und vor der die gewöhnlich klein beigeben. Hollywood hat mich zu kämpfen gelehrt, und zwar hart zu kämpfen. Es hat mich nicht sauber zu kämpfen gelehrt, aber ich habe festgestellt, daß es einen sauberen Kampf respektiert. Das Schlimme ist, daß man so müde wird. Nie ist der Kampf wirklich entschieden. Ich bin haarsträubend schlecht behandelt worden, als ich nach Hollywood kam, und habe zwei Jahre gewöhnlich recht ruhiger Argumentation gebraucht, um Sydney Sanders – einen Mann, den man nicht leicht von irgendwas überzeugt – nun eben doch davon zu überzeugen, daß es so war, aber ich glaube nicht, daß er sich innerlich je auch nur die mindeste Verantwortung dafür zugeschrieben hat. Das ist eine lange Geschichte, und ich habe nicht vor, Sie damit zu langweilen. Nichts davon hätte mit Carl oder Ray Stark passieren können. Ich erwähne es nur, weil ich offenbar bei Houghton Mifflin in eine mir altvertraute Atmosphäre zurückgerutscht bin, nämlich die einer unerwarteten, reizend netten Stupidität. Jeder macht mal Fehler, und die meisten Leute stellen gelegentlich was

Blödsinniges an, aber es gibt einen Typus von Fehler, der auf mich wirkt wie das rote Tuch auf den Stier, einen Typus von Fehler, der einzig schlechten Organisationen unterläuft. Wenn es dazu kommt, spürt man, etwas ist faul.

Herzlich wie immer
– und bitte entschuldigen Sie –
Ray

AN HAMISH HAMILTON

6005 Camino de la Costa
La Jolla, California
17. Juni 1949

Lieber Jamie:

[...]

Mir ist sehr beklommen zumute. Ich scheine allen Ehrgeiz verloren zu haben und habe überhaupt keine Einfälle mehr. Ich will eigentlich gar nichts mehr machen beziehungsweise meine eine Hälfte will's, und die andere will's nicht. Eine der Strafen, die auf den auch nur gelinden Erfolg gesetzt sind, ist die Gleichgültigkeit diesem gegenüber, und der Antrieb, etwas zu machen, was Interesse und Lob findet, stellt etwas dar, was zu verlieren ganz jammerschade ist. Ich lese da all diese profunden Diskussionen, sagen wir in der *Partisan Review*, über Kunst, was das sei, über Literatur, was das sei, über das gute Leben und den Liberalismus und den endgültigen Standort Rilkes oder Kafkas, und den Schrott über die Bollingen-Preisverleihung an Ezra Pound, und es kommt mir alles völlig belanglos vor. Wen interessiert das? Es sind zu viele gute Männer schon zu lange tot, als daß es drauf ankäme, was einer von diesen Leuten macht oder nicht macht. Wofür arbeitet ein Mensch? Für Geld? Ja, aber in einem rein negativen Sinne. Ohne ein bißchen Geld geht nichts, aber wenn man es einmal hat (und ich meine nicht ein Vermögen, sondern bloß ein paar tausend Pfund im Jahr), dann sitzt man da und zählt's und weidet sich dran. Alles, was man zuwege bringt, beseitigt einen Grund, etwas zuwege bringen zu wollen. Wünsche ich mir, ein großer Schriftsteller zu sein? Will ich den Nobel-Preis gewinnen? Nicht, wenn ich dafür schwer arbeiten muß. Zum Teufel, der Nobelpreis geht an zu viele zweitrangige Leute, als daß ich deswegen noch groß in Aufregung geriete. Außerdem müßte ich nach Schweden fahren, mich schnieke anziehen und eine Rede halten. Ist der Nobelpreis das alles wert? Verdammtnochmal, nein. Oder ich lese da in irgendeinem Buch wie Haycrafts *Art of the Mystery Story* verschiedene sogenannte kritische Essays über den Detektivroman – und was für zweitklassiges Zeug ist das alles! Das ganze Geschäft findet auf einer Ebene des Minderwerts statt; alles beeilt sich beständig, die Kriminalgeschichte als Literatur zu verwerfen, aus lauter Angst, der Verfasser des jeweiligen Artikels könnte sonst in den Verdacht geraten, er hielte sie für eine wichtige Prosaform. Diese beschränkte Betrachtungsweise könnte durchaus das Ergebnis des Niedergangs der Klassiker sein, eine Art intellektueller Beschränktheit selbst, die keine historische Perspektive hat. Schriftstellern wie mir wird immer wieder von Leuten nahegelegt: «Sie schreiben doch so gut, wieso versuchen Sie sich nicht mal an einem ernsten Roman?» Worunter sie dann irgendwas von Marquand oder Betty Smith verstehen. Sie wären vermutlich beleidigt, wenn man sie darauf hinwiese, daß der ästhetische Abstand zwischen einem guten Krimi und dem besten ernsten Roman der letzten zehn Jahre, wenn überhaupt, so gut wie nicht meßbar sei auf einer Skala, auf der man den Abstand zwischen dem ernsten Roman und irgendeiner Vertretung der attischen Literatur des vierten Jahrhunderts v. Chr. zu messen hätte, irgendeiner Ode von Pindar oder Horaz oder Sappho, irgendeinem Chor von Sophokles und so weiter. Es kann keine Kunst geben, wenn es keinen öffentlichen Geschmack gibt, und es kann keine öffentlichen Geschmack geben, ohne daß ein Sinn für Stil und Qualität das gesamte Sozialgefüge durchdringt. Wunderlicherweise scheint dieser Sinn für Stil nur sehr wenig mit Kultiviertheit oder gar mit Humanität zu tun zu haben. Er kann in einer wilden und dreckigen Zeit bestehen, aber nicht bestehen kann er im Zeitalter von Milton Berle, Mary Margaret McBride*, dem Book of the Month Club, der Hearst-Presse und der Coca-Cola-Maschine. Man kann Kunst nicht durch Versuchsanordnungen hervorbringen, durch technische Gebrauchsanweisungen, durch Gerede über kritische Quisquilien, durch die Flaubert-Methode. Sie entsteht in aller Leichtigkeit, fast wie aus dem Ärmel, und ohne alles Selbstverständnis. Man kann nicht darum schon schreiben, weil man all die vielen Bücher gelesen hat.

[...]

Alles Beste –
Ray

AN HAMISH HAMILTON

6005 Camino de la Costa
La Jolla, California
22. Juni 1949

Lieber Jamie:

[...]

Mein Gott, was ein Autor bei der Fahnenkorrektur zu leiden hat! Wenn das verdammte Buch aus der Maschine ist, haßt er es. Und dann kommen die Fahnen – o du mein lieber Gott! Nun, trotzdem gab's hier und da Szenen, die wunderbar saßen. Wenig aussprechen und viel damit vermitteln, die Stimmung der Szene mit einem vollkommen irrelevanten Bonmot brechen, ohne daß die Stimmung ganz verlorengeht – diese kleinen Dinge machen für mich die eigentliche Leistung aus. Meine Prosatheorie (die vermutlich keiner ernsthaften Rede wert ist) geht dahin, daß die objektive Methode noch kaum auch nur angeritzt worden ist, daß man, wenn man sie zu handhaben weiß, in einem einzigen Absatz mehr sagen kann, als die gründlich vorgehenden Autoren in einem ganzen Kapitel zusammenbringen. Gestern abend habe ich an

---

* Eine Rundfunkpersönlichkeit.

einem Brocken von prätentiösem Quatsch herumgelesen; er hieß *Edge of Doom*, von einem gewissen Leo Brady, und kam von Liam O'Flaherty aus Paddys Schweinestall. Man sagt alles dreimal. Zuerst schreibt man's als mehr oder minder platte Tatsache hin. Dann dringt man in die darunterliegenden Feinheiten ein und formuliert's als seelische Reaktion neu. Dann drückt man's in Vergleichen und Metaphern aus. Und das Ganze ist dann das, was von sehr stumpfsinnigen Leuten als sehr feinsinnige Prosa betrachtet wird. Der große Goldwyn hat einen ganzen Sack Zucker für diesen Psychothriller hingelegt, und nun hab ich's geschickt bekommen, damit ich's unter dem Gesichtspunkt lese, vielleicht ein Drehbuch daraus zu machen. Nun, mit Geduld und unter Ruin diverser geistiger Gesundheiten wird Goldwyn sich zweifellos eine Art Rustikalversion des *Informer* daraus fabrizieren lassen. Aber nicht mit Hilfe meiner Wenigkeit. Laut meinem Hollywood-Agenten, Ray Stark, läßt Goldwyn hin und wieder einen richtigen Goldwynismus vom Stapel. Als über ein Drehbuch geredet wurde, trommelte er mit den Fäusten auf den Schreibtisch und brüllte: «Ich hab' die Schreiber satt, die den Produzenten in Hollywood immerzu mit ihren Mogeleien kommen! Hier liegt das Ding. Nehmt's, wie's ist, oder freundet euch damit an.»

Meine Lieblingsgeschichte um Hollywood ist, denke ich, die von den Warner-Brüdern, Jack und Harry. Am Tag nachdem Hal Wallis (der in der Firma Produktionschef gewesen war) den Kram hingeschmissen und sie sitzengelassen hatte, herrschte am Mittagstisch der Chefetage eine ausgesprochen düstere Katastrophenstimmung. Sämtliche Jungs drückten sich am unteren Ende der Tafel herum, um möglichst weit weg von Jack Warner zu sitzen, wenn er kam. Alle außer einem, einem jungen Streber von Produzenten namens Jerry Wald (der von manchen für das Original des Sammy Glick in *What Makes Sammy Run* gehalten wird) – der setzt sich ganz oben an den Tisch. Jack und Harry Warner kommen rein. Jack nimmt zu Häupten der Tafel Platz und Harry neben ihm um die Ecke. Jerry Wald sitzt ganz nah und der übrige Haufen so weit wie möglich entfernt. Jack betrachtet sie angeekelt und wendet sich zu Harry.

Jack: Dieser Lumpenhund, der Wallis.

Harry: Ja, Jack.

Jack: Ein lausiger Werbemensch mit fünfzig Dollar die Woche. Wir haben ihn aus dem Nichts aufgebaut. Wir haben ihn zu einem der Größten in Hollywood gemacht. Und was macht er mit uns? Er nimmt seinen Hut und geht und läßt uns eiskalt sitzen.

Harry: Ja, Jack.

Jack: Das ist Dankbarkeit. Und nimm mal diesen Lumpenhund Zanuck. Ein lausiger Schreiber mit hundert die Woche, und wir haben ihn in die Hand genommen und aufgebaut und zu einem der Größten in Hollywood gemacht. Und was hat er mit uns gemacht? Hat seinen Hut genommen und uns kalt sitzenlassen.

Harry: Ja, Jack.

Jack: Das ist Dankbarkeit. Wahrhaftig, wir könnten jeden Lumpenhund nehmen, den wir gemocht haben und aufgebaut aus dem Nichts und zu einem der Größten in Hollywood gemacht.

Harry: Ja, Jack.

Jack: Jeden Beliebigen, egal wen. (Er dreht sich um und sieht Jerry Wald an.) Wie heißt du?

Wald: Jerry Wald, Mr. Warner.

Jack (zu Harry): Jerry Wald. Wahrhaftig, Harry, wir könnten diesen Burschen hier nehmen, diesen Jerry Wald, und ihn aufbauen aus dem Nichts und ihn zu einem der Größten in Hollywood machen, stimmt's, Harry?

Harry: Ja, Jack, das stimmt.

Jack: Und was hätten wir davon? Wir würden ihn aufbauen, daß er ein großer Mann wird, ihm Macht und Ansehen geben, ihn zu einem der größten Namen in Hollywood machen, und weißt du, was dann passierte, Harry? Der Lumpenhund würde gehen und uns eiskalt sitzenlassen.

Harry: Ja, Jack.

Jack: Also, was warten wir eigentlich noch, Harry? Schmeißen wir den Lumpenhund doch sofort raus.

Ray

AN DALE WARREN

6005 Camino de la Costa
La Jolla, California
Neunter Juli 1949

Lieber Dale:

Seit langem schon schulde ich Ihnen einen Brief, und seit langem schon fällt mir das Briefeschreiben sehr schwer. Wenn meine Arbeit nicht vom Fleck kommt, scheine ich ganz allgemein zu erstarren. Im Buch der Laski steckt, meinte ich, eine große Idee, aber sie hat weder Stil noch komische Erfindung genug, um damit überzukommen.* Hätte Waugh es geschrieben, so wäre es richtig was geworden. Was *Strangers in the Land*** betrifft, so fand ich's in seiner negativen anonymen Art gut geschrieben, aber das Thema hat mich abgestoßen. Es sollte einen guten Roman über Homosexualität geben, aber dieser hier ist es nicht. Er ist viel ehrlicher als *Fall of Valor**** (der mir frisiert vorkam), aber insgesamt scheint es, daß ich für das Homoproblem in der Gesellschaft nicht viel Interesse aufbringe. Was meiner Ansicht nach interessant sein könnte, wäre ein Bild der ganz eigentümlichen Mentalität des Homosexuellen, seines Sinns für Geschmack, seiner Oberflächenbrillanz oft, seiner grundsätzlichen Unfähigkeit, irgend etwas zu Ende zu bringen. Connolly hat ein paar gute Bemerkungen darüber in *Enemies of Promise*, aber ich habe vergessen, was genau er sagt. Als moralisch Geächteten kann ich den Homosexuellen nicht ernst nehmen. Das ist er nicht mehr als die anderen Rebellen gegen eine frömmler- und heuchlerische Gesellschaft. Es gibt keinen widerlicheren Anblick als den Geschäftsmann auf einer Herrenparty, und genau das ist der Typ des Mannes, der den Abnormen am gemeinsten zusammenstauchen würde. Die Schwierigkeit, über einen Homo zu schreiben, besteht in der ent-

---

* Marghanita Laski, *Little Boy Lost*, 1949.
** Von Ward Thomas.
*** Von Charles Reginald Jackson, Verfasser von *The Lost Weekend*.

schiedenen Unmöglichkeit, sich in sein Inneres zu versetzen, wenn man nicht selber einer ist, und wenn man das ist, kann man sich wieder nicht ins Innere des Heterosexuellen versetzen. Wenn Sie einmal das Kreuzverhör gelesen haben, das Edward Carson mit Wilde anstellte, in dem Prozeß gegen Queensberry, dann werden Sie, glaube ich, zugeben müssen, daß sich da zwei Leute über Ozeane des Mißverstehens hinweg angebrüllt haben. Beim Pöbel ist der Antrieb, den Homo zu vernichten, wie der Antrieb beim Wolfsrudel, über den kranken Wolf herzufallen und ihn in Stücke zu reißen, oder wie der menschliche Antrieb, vor einer aussichtslosen Krankheit davonzulaufen. Das ist vermutlich eine sehr alte und sehr grausame Geschichte, aber auf ihrem untersten Grund liegt eine Art Horror, ganz wie bei einer Frau, die sich vor einem Skorpion entsetzt. Alle Grausamkeit kommt aus einer Art von Furcht. Tief in unserm Inneren müssen wir erkennen, wie fragil die Bande sind, die unsere geistige Gesundheit zusammenhalten, und diese Bande sind von abscheulichen Insekten bedroht und von abscheulichen Lastern. Und die Laster sind abscheulich nicht per se, sondern durch ihre Wirkung auf uns. Sie bedrohen uns, weil uns unsere eigenen normalen Laster zuzeiten mit derselben Art Abscheu erfüllen.

Gott, wieso schreibe ich eigentlich derartiges Zeug? Wer will mich schon plappern hören?

[...]

Da wir von Miss Laski sprachen, was ich aber gar nicht weiter tun will – zufällig habe ich kürzlich die Übertragung der Wählerversammlung eingeschaltet, die aus London, über die Freiheit im sozialistischen Staat, ob's die gibt und so weiter. Einer der Sprecher war Miss Laskis Onkel, Professor Laski, ein Bursche, den ich nach Stimmstärke, Akzent und Podiumsmanieren ohne jede weitere Ermittlung mit Vergnügen als meinen Wunschkandidaten für den *Mann, den man am liebsten in eine Kloake tunken würde* nominieren täte. Die forensische Ironie, das Kokettieren mit der Galerie, die professorale Pomposität, Winkelzügigkeit und Umschweifigkeit, all das mit einem schleimigen Gossenjargon von irgendwoher aus den Slums unterlegt, ergaben ein Gebräu, das ich schlicht zum Erbrechen fand. Mir tat's um Max Lerner leid, einen ernsten und ehrlichen Mann, der sich allerdings irrt, wenn er meint, daß er mit einem so elenden Scharlatan in einem Gespann gehen muß. Es heißt, dieser Kerl sei der Kopf der britischen Sozialisten. Das ist hirnrissig. Leute wie Atlee, Herbert Morrison, Bevin und Cripps würden ihn nicht einmal als Wischlappen für den Spülküchenboden benutzen. Der einzige in der Bande, der einigermaßen mit ihm verwandt ist, soweit ich sehe, ist der Mobaufwiegler Nye Bevan, der eine Art linker Huey Long ist, aber noch eher eine Art Brechmittel.*

[...]

Stets Ihr
RC

AN PAUL BROOKS**

6005 Camino de la Costa
La Jolla, California
19. Juli 1949

Lieber Mr. Brooks:

In Erwiderung Ihres Schreibens vom 12ten Juli lassen Sie mich zuallererst sagen, daß ich persönlich keinen guten Grund sehe, weshalb diese Geschichten neu erscheinen sollten, daß mir aber von anderen Leuten mit objektiverem Blick gesagt worden ist, es sollte geschehen. Und wie ich Bernice Baumgarten schon schrieb, habe ich mir vorgestellt: Paul Brooks war immer Manns genug, um mir auch jetzt Bescheid zu stoßen, wenn die Sachen ungeeignet wären. Mein englischer Verleger wollte sie nicht bringen; er hatte das Gefühl, es sei frühe Arbeit, und sie könnte meinem Ruf schaden. Ich habe ihm erwidert, Krimischreiber hätten hier drüben

---

* Clement Atlee war damals Premierminister; Morrison, Ernest Bevin, Sir Stafford Cripps und Aneurin Bevan gehörten seinem Kabinett an. Huey Long war Gouverneur und später Senator von Louisiana. Er wurde 1935 ermordet.
** Brooks hatte Chandlers frühe Geschichten in Buchform veröffentlichen wollen.

keinen Ruf, und es gehe dabei bloß um einen schnellen Dollar. So, damit wäre die Luft nun rein.

Es ist Ihnen vermutlich klar, daß ich den Kram werde revidieren und richtig neu herausgeben müssen. Es stehen hier und da Rohheiten drin, die ich nicht mehr ertragen kann. Das Schlimmste an ihnen, die Riesenanzahl Morde, kann ich freilich nicht ändern. Die Summe aus sämtlichen Geschichten dürfte ziemlich phantastisch sein – nah an die hundert. Es gibt noch zwei weitere Geschichten, *Pick-up on Noon Street* und *No Crime in the Mountains* mit Titel, die ebenfalls in Frage kämen. Die erste davon ist in irgendeiner Form im Druck, aber der verdammte Herausgeber hat mich vier oder fünf Nigger darin weißwaschen lassen, und die Originalfassung ist bei den Avon-Leuten verlorengegangen, bei denen die Liebesmüh' von Tränen und flehentlichen Bitten ebenfalls verloren wäre. Die zweite weist ein paar Nazi-Elemente auf, die für die Handlung nicht von Bedeutung sind, und die sollte ich rausschreiben, was mir sowieso ein Vergnügen wäre.

Der nächste Punkt ist, daß ich mich entschieden gegen die Verwendung des *Atlantic*-Artikels *(S.A.O.M.)** als Einleitung wehre, und zwar weil die Geschichten die von ihm geweckte Erwartung oder Hoffnung in gar keiner Weise erfüllen. Lieber sollte er an den Schluß kommen, und als Einleitung könnten Sie mich einen neuen Text schreiben lassen, der in mehr persönlicher Weise erklärt, wie ein übersensibler Bursche wie ich dazu gekommen ist, derart rabiat zu werden. So um 3000 oder 4000 Wörter, oder auch weniger, wenn nötig.

Ich bin ganz Ihrer Ansicht, daß ein Verleger, der einem Autor einen Band Kurzgeschichten vorschlägt, unter gewöhnlichen Umständen vorher mit seinem Kopf zu Rate gehen sollte. Haben Sie das getan? Und ist Ihnen – woran ich nicht zweifle – auch klar, daß diese Geschichten in der einen oder anderen Form eine sehr weite Verbreitung gefunden hatten? Ich will damit sagen, daß sie auf dem Markt ohne den Anreiz der Neuigkeit wären. Es geht da schlicht um die Frage, ob genügend Leute es lohnend finden, sie alle in einem Band beisammenzuhaben.

---

* *The Simple Art of Murder*, erschienen in *The Atlantic Monthly*, Dezember 1944.

Sie sagen, einige davon würde ich zweifellos tilgen wollen. Mit anderen Worten: sie stinken. Welche? Ich bin mir nicht sicher, ob ich selber da der beste Richter bin. Also, lassen Sie uns in dieser Frage kein Blatt vor den Mund nehmen. Wenn etwas veraltet ist oder Ihnen sonstwie gegen den Strich geht, raus damit. Handelt es sich um eine Einzelheit, die repariert werden kann, werde ich sie zu reparieren suchen. Wenn sie unlösbar zur Handlung gehört, kann ich das nicht. Nehmen Sie die Geschichte *Blackmailers Don't Shoot*, die erste, die ich überhaupt geschrieben habe. Ich habe fünf Monate dazu gebraucht, es passiert darin genug für fünf Geschichten, und das ganze Ding ist eine gottverdammte Theaterpose. *Finger Man* war die erste Geschichte, bei der ich mich in meinem Element gefühlt habe. *Smart Aleck-Kill* und *BDS* sind pure Nachahmung. Als ich seinerzeit anfing, erzählende Prosa zu schreiben, befand ich mich in der mißlichen Lage, absolut kein Talent dafür zu haben. Ich kriegte die Figuren nicht in die Zimmer rein und wieder raus. Sie verloren ihren Hut, und so ging's mir selbst. Wenn mehr als zwei Leute auf dem Schauplatz waren, konnte ich einen von ihnen nicht mehr am Leben erhalten. Diese Schwäche hängt mir natürlich bis zu einem gewissen Grade heute noch an. Geben Sie mir zwei Leute, die sich über einen Tisch weg anrotzen, und ich bin glücklich. Eine übervölkerte Leinwand bringt mich nur durcheinander. (Ich könnte dasselbe von einigen ziemlich distinguierten Schriftstellern sagen, nur daß die keine Ahnung davon haben, während ich's weiß.) Ich wüßte mal gern, wer ursprünglich jener Idiot gewesen ist, der einem Autor den Rat gab: «Kümmern Sie sich nicht um das Publikum. Schreiben Sie einfach, was Sie schreiben wollen.» Kein Schriftsteller will irgendwas schreiben. Er will nur bestimmte Wirkungen reproduzieren oder vermitteln, und zu Beginn hat er nicht den mindesten Begriff, wie er das anstellen soll.

Herzlich
Raymond Chandler

AN JAMES SANDOE

6005 Camino de la Costa
La Jolla, California
15. August 1949

Lieber Sandoe:

Sie scheinen ja einen sehr fruchtigen Sommer gehabt zu haben. Meiner war ein totaler Reinfall. Ich mag das Rundfunkprogramm nicht und wünschte, sie würden's einstellen. Es könnte wohl gut sein, aber nicht mit solcher Routine in Text und Handlung. Wir gehen morgen nach Lake Arrowhead (Arrowhead Lodge) und bleiben so lange, wie wir die örtliche Fauna aushalten. Wenn ich zurück bin, werde ich Ihnen eine sonderbare kleine Broschüre schicken, die mir von einem gewissen G. Legman, New York, mit der Post ins Haus kam. Offenbar ein Privatdruck, enthält sie Wörter, die selbst ich noch nicht gedruckt gesehen hatte. Inhaltlich handelt es sich um eine bitterböse und möglicherweise neidische Attacke auf alle Arten von Mordbüchern, Verbrechensschilderungen, realistischen Sex-plus-Mord-Sachen, und zwar auf Basis der Theorie, daß, da wir in der Literatur mit Sex nicht ehrlich umgehen können, die einzig angemessene Sublimation der Sadismus sei. Vor ein paar Jahren schrieb dieser Bursche mir schon einmal und stellte mir einige Fragen, die zu beantworten ich keine Lust hatte, woraufhin er mich mit einem garstigen Brief beehrte, in dem er mich «aus Gründen innerer Wahrscheinlichkeit» einen Homosexuellen nannte. Hier allerdings randaliert er gegen alle und jeden und macht en passant auch Hackfleisch aus Hemingway. Der Mann ist, wie so viele solche Murr- und Wirrköpfe, nicht ohne Talent, aber alles, was er sagt, hinterläßt im Mund einen widerlichen Geschmack. Und das hat nichts mit dem zu tun, was er zufällig noch alles über mich sagen könnte. Ich bin mit Sicherheit genügend Mann von Welt, um immer mal wieder mit solchen Rempeleien rechnen zu können.
[...]

Habe einen ziemlich guten Thriller gelesen, *Thin Edge of Violence*, vom Verfasser von *Repeat Performance*.* Ich denke, es steckt ein Film drin, aber Hollywood ist heutzutage so verdammt zimperlich, daß ihnen der Film flöten ginge, noch während sie ihn drehten. Meiner Überzeugung nach wird Hollywood nie zu sich selber finden, solange es nicht den Mut aufbringt, den Katholiken zu sagen, sie sollten sich zum Teufel scheren.** Ich hoffe, ich bin nicht beleidigend, aber ich glaube (und meine, die wissen das ebenfalls), daß die politische Macht der katholischen Kirche von Übel ist, daß sie ohne Skrupel oder Fairneß zu nur einem einzigen Zweck benutzt wird – diese Macht selbst zu behaupten, und daß der ganze übrige Zinnober, den sie reden, bloß der Vernebelung dient.

Herzlich Ihr
RC

AN JAMES SANDOE

6005 Camino de la Costa
La Jolla, California
14. Sept. 1949

Lieber Sandoe:

[...]
Manchmal überlege ich, wie ich mich wohl politisch verhielte, wenn ich in England lebte. Kann mir nicht vorstellen, daß ich für den Sozialismus stimmte, nachdem seine gräßlich bürokratische Seele jetzt offenbar geworden ist. Wenn man aber für die Konservativen stimmt, wofür stimmt man dann? Man tut's gar nicht, man stimmt bloß gegen. Ganz ähnlich wie bei der letzten Wahl hier. Alles ja schön und gut, was man so über die patriotische Pflicht

---

 * William O'Farrell.
** Bezug auf die Legion of Decency, eine römisch-katholische Organisation, die sich als inoffizielle Zensurinstanz der Künste aufspielte.

zum Wählen redet und so weiter, aber wieso eigentlich sollte es meine Pflicht sein, mich für einen von zwei Kandidaten zu entscheiden, wenn ich der Ansicht bin, daß beide im Weißen Haus nichts zu suchen haben? Meine englischen Freunde meinen, die Labour-Partei werde die nächste Wahl mit einer knappen Mehrheit gewinnen, und um die Zeit werde im Land ein derartiges Durcheinander herrschen, daß es in der Labour-Partei eine Spaltung gäbe, und zwar zwischen den Gemäßigten wie Crossman und Atlee und den Wilden wie Nye Bevan. Das kann ich nicht wissen. Am Ende, fürchte ich, werden sogar in England die Schurken die Revolution beerben. Das haben sie immer, wo die Revolution real und intern war, nicht der Aufstand gegen eine Fremdherrschaft. Und das ist, um das Thema endgültig zu erledigen, der Punkt, wo ich die katholische Kirche mit den Kommunisten nicht mehr einordnen kann. Die katholische Kirche ist trotz ihrer Sünden und ihrer Heuchelei und ihrer politischen Ränke und ihrer faschistischen Tendenzen und ihrer widerlich gewissenlosen Boykottanwendung doch zur inneren Auseinandersetzung und Entwicklung fähig, ohne ihre besten Elemente zu liquidieren. Sie kann Ketzerei tolerieren und hat keine Angst, hinauszugehen unter die Heiden. (Ich habe den Blanshard bekommen, aber noch kein Wort davon gelesen.)* Sie macht beständig Proselyten, aber sie schießt Leuten nicht in den Hinterkopf, bloß weil sie achtundvierzig Stunden hinter der Parteilinie herhinken.

[...]

Wie kommen Sie denn mit Ihrer Klassifizierung der Kriminalliteratur voran? Ich bedaure zugeben zu müssen, daß mein Interesse am Standardsystem mehr und mehr abnimmt, und es ist möglich, daß die Dinge, auf die Sie aus sind, mich gar nicht mehr bewegen. Angenommen, die lebendigeren Bestandteile sind vorhanden, so gibt ein guter Krimi ihnen Zweck und Bedeutung, aber mir will es scheinen, als bekäme man das alles einfach nicht unter einen Hut. Irgend etwas muß auf der Strecke bleiben. Ich wäre ja fast bereit, mit Barzuns Auffassung einig zu gehen, was ein «Kriminaler» alles

---

* Paul Blanshard, *American Freedom and Catholic Power*, 1949.

sein sollte, wenn das je das Problem war. Aber das ist nicht der Fall. Wie lange ist es her, daß Sie einen Krimi gelesen haben, in dem die Hauptsache ein wirklich faszinierendes Problem und eine wirklich bezwingende Lösung waren? Und übrigens, was ist mit [Josephine] Tey? Hatten Sie mir nicht noch einen versprochen? [...]

Herzlich Ihr
RC

AN DALE WARREN

6005 Camino de la Costa
La Jolla, California
15. September 1949

Lieber Dale:

Von hier nur lauter morsche Nachrichten. Nervös, müde, entmutigt, der Chauffeur-mit-Cadillac-Atmosphäre überdrüssig, zu Tode gelangweilt von der endlosen Bemühung um eine Hilfe, angewidert vom Fehlen jeder Perspektive, bei gleichzeitigem Fehlen der Einsicht, daß diese Lebensart für mein Temperament untauglich ist. Vermutlicherweise ja ist mein Geschäft das Schreiben. Tatsächlich bleibt das auf die paar dürftigen Ressourcen angewiesen, die beim Kampf mit den Banalitäten überleben. Bin auch krank gewesen und hatte eine Menge Schwierigkeiten mit den Fingern, die sich in ihre Bestandteile auflösen wollten. Aber das kommt jetzt langsam in Ordnung, durch Röntgenbestrahlung. Natürlich brauchte ich eigentlich eine Sekretärin, die mir die Post erledigt und die Buchhaltung macht und Schecks ausschreibt und an das verdammte Telephon geht und dem Gärtner in den Allerwertesten tritt und so fort. Aber irgendwie, obwohl ich mir's leisten könnte, scheine ich's nicht fertigzubringen, mich hinreichend ernst zu nehmen. Um mit einer Sekretärin klarzukommen, muß man die Überzeugung haben, daß wichtig ist, was man macht, daß die Gedanken und Worte, die einem einfallen, absolute Gültigkeit besitzen, daß die Abgeschiedenheit, in der man lebt, ein berechtigtes Interesse darstellt. Kurz, man muß ein leidlich eingebildeter Esel sein. In einem Büro ergibt sich das natürlich genug, weil die Sekretärin und man selbst beide Teil des Mechanismus sind. Im eigenen Haus aber bildet man selber den Zweck und die Mittel. Mein Ich, immer sich selbst so skeptisch gegenüber wie anderen, will sich mit dieser Rolle einfach nicht befreunden.

Wir haben so Vorstellungen, uns ziemlich bald einfach in ein Auto zu setzen und nach Kanada zu fahren. Ich hatte daran gedacht, mit meinem guten Freund John Houseman ein Drehbuch zu machen, aber das ist auch ein ganz lausiges Geschäft. Kann ich ein Jahr lang an einem Buch schreiben und dabei mein Leben fristen? Ich weiß es nicht. Kommt darauf an, was man unter Leben versteht. In gewisser Hinsicht habe ich, scheint mir, in Hollywood ziemlich schiefgelegen. Ich hab die Hand auf der Tasche gehalten. Kein Swimmingpool, keine Steinmardermäntel für ein Apartment-Liebchen, kein laufendes Konto im Romanoff, keine Partys, keine Ranch mit Pferdesport, nichts von den ganzen Lebensbeilagen überhaupt. Wobei herausgekommen ist, daß ich weniger Freunde habe, aber eine Menge mehr Geld.

[...]

Noch etwas zu dem Kommentar zur *LS*,* den Sie freundlicherweise von mir zitieren. Ich bin ganz und gar nicht der Ansicht, daß die Geschichte bei weitem meine beste sei. Ich halte *Farewell, My Lovely* für die Spitze und glaube nicht, daß ich jemals noch wieder dieselbe Kombination der Ingredienzien erreichen werde. Das Knochengerüst war viel solider, die Erfindung flüssiger und weniger forciert, und so weiter. Schriftsteller, über die geschrieben wird, kommen aus dem Gleichgewicht. Sie entwickeln die beklagenswerte Gewohnheit, sich selbst mit den Augen anderer Leute zu betrachten. Sie sind nicht mehr allein, sie haben ein Kapital aus Kritikerlob und glauben das schützen zu müssen. Das führt zur Diffusion der Kräfte. Der Schriftsteller beobachtet sich selbst bei der Arbeit. Er entwickelt mehr Subtilität und bezahlt dafür mit

* *The Little Sister.*

einem Verlust an organischem Schwung. Aber da er einen wirklichen Erfolg im kommerziellen Sinne oftmals gerade dann erreicht, wenn er auch dies Stadium bedauerlicher Verkünstelung erreicht hat, hält er sich selber zum Narren und bildet sich ein, daß sein letztes Buch sein bestes sei. Das ist es gar nicht. Sein Erfolg ist das Ergebnis einer langsamen Akkumulation. Das Buch, das den Anlaß zum Erfolg gibt, ist nur in den seltensten Fällen auch dessen Ursache.

Ray

AN JAMES SANDOE

6005 Camino de la Costa
La Jolla, California
20. Sept. 1949

Lieber Sandoe:

[…]
Ich habe einen ungekürzten Liddell/Scott, und für meine alten Tage nehme ich mir vor, zur klassischen Literatur zurückzukehren – wobei ich mich fraglos an Loeb's Library halten werde, die Ausgaben mit parallelen Texten. Ich hasse Übersetzungen. Die aus dem Griechischen ins Englische stammen zumeist von Gymnasialprofessoren, die – Sie werden mir bestimmt verzeihen – entweder Pedanten sind oder Bübchen. Griechisch ist eine hochintrikate Sprache mit unendlichen Bedeutungsschattierungen, und bei der Übersetzung gehen zwei Drittel davon verloren. (Was natürlich auch alles nur ein Traum sein kann.)
[…]
Ich bin jetzt dabei, den Blanshard zu lesen. Äußerst ordentliches Buch. Wie immer würde ich gern eine vernünftig geurteilte Erwiderung sehen, aber wo sollte man die herkriegen? Die Jesuiten scheinen ein Monopol auf diese Sorte Hausarbeit zu haben, und ihre kasuistische Doppelzüngigkeit wäre ekelhaft, wäre sie nicht zugleich auf eine so logische Weise komisch. Sobald sie auf gefährliches Terrain geraten, erklären sie einfach, daß seine Solidität eine

Sache der Glaubensvorschrift und von den Gläubigen nicht in Frage zu stellen sei. Die anderen sind Ketzer, die ohnehin in der Hölle brennen werden.

Ich nehme an, ich mache mir darüber bloß Gedanken, weil ein verschlossener Geist der ärgste Feind der Freiheit ist. Die Intellektuellen, phantastisch wie sie manchmal sind, scheinen so ungefähr die einzige Leute zu sein, auf die wir uns im Hinblick auf eine ständige Herausforderung dessen, was als die Wahrheit daherkommt und durchgeht, verlassen können. Deswegen lese ich auch die *Partisan Review*. Es steht eine Menge Unsinn drin, und manches von der Terminologie, die von diesen Vögeln wie Allen Tate benutzt wird, treibt mir fast das Essen hoch. Aber sie nehmen dort zumindest nichts als unabänderlich gegeben hin. In der laufenden Nummer steht ein wunderschöner Aufsatz von William Barrett, bei dem mir warm ums Herz geworden ist.

Wie wohl viele andere Menschen auch, habe ich mich hartnäckig und sogar verzweifelt immer wieder gefragt, wieso Leute, und zwar Leute von der freundlichen Art, die ich eigentlich mögen und bewundern sollte, zum Katholizismus übertreten oder Kommunisten werden oder Mitläufer. Der Grund ist ersichtlich weder Gemeinheit noch Stupidität. Wie ein anständiger Mensch nach dem Wald von Katyn und den Moskauer Hochverratsprozessen, der Hungersnot in der Ukraine, den Gefangenenlagern in der Arktis, der unsagbar abscheulichen Vergewaltigung Berlins durch die mongolischen Divisionen noch Kommunist werden kann, geht fast über mein Begreifen, falls es sich bei mir nicht um die Denkverfassung handelt, die einfach nichts glauben kann, was sie nicht mag. Wie kann der nämliche anständige Mensch zu einem religiösen System übertreten, das mit Franco in Spanien Ball gespielt hat und immer noch spielt, das überhaupt quer durch die Weltgeschichte immerzu mit jedem Schurken Ball gespielt hat, der gewillt war, die Kirche zu schützen und zu bereichern? Na ja, ich weiß schon, darüber will von mir wohl niemand was hören.

[...]

Herzlich Ihr
RC

AN HAMISH HAMILTON

6005 Camino de la Costa
La Jolla, California
5ter Oktober 1949

Lieber Jamie:

[...]

Ich finde Ihre Verkäufe der *LS* ganz wunderbar, wenn man bedenkt, um was für ein Buch es sich da handelt.* Der Vorverkauf bei Houghton Mifflin lag unter 10000 Exemplaren, und das ist nicht allzugut, da bei Krimis der Vorverkauf durchaus einen Großteil des gesamten Absatzes ausmachen kann, und dann bleibt auch noch die Frage der Remissionen. Ein Buchhändler hier am Ort hat sich 50 Exemplare hingelegt. Ich glaube nicht, daß er mehr als die Hälfte davon verkauft. Die amerikanischen Besprechungen, die ich gesehen oder von denen ich gehört habe, sind generell günstig. *Time* schrieb, ich sei in Gefahr, ein talentierter Lohnschreiber zu werden. Das ist in Zeiten wie diesen gar kein so unangenehmes Schicksal. Der Mann beim *Atlantic* hat das Buch unter der freimütig ausgesprochenen Voraussetzung rezensiert, daß er über Kriminalromane ähnlich denke wie Edmund Wilson, aber dafür in beträchtlicher Länge. Ich gönne Rezensenten ja durchaus ihr trauriges Vergnügen, aber es liegt doch etwas ziemlich Komisches darin, daß so ein Mann die Rezension eines Buches mit dem Satz beginnt, er möge die Gattung nicht, zu der das Buch gehöre, und dann daran geht, es in netter Weise dafür zu verreißen, daß es nicht das ist, was es nie zu sein beabsichtigte. Eine gute Feststellung hat er allerdings gemacht: daß meine «Tugenden [...] bloße Ablenkungsmanöver seien, mit dem Zweck vorgenommen, die Leser zu unterhalten und zu amüsieren. Es handelt sich dabei um Verzierungen, nicht um Kernelemente, die das Genre selbst verwandeln». Nun, gut ist diese Feststellung eher in dem Sinne, daß sie in einfacher Sprache klarmacht, was ich schon lange gearg-

* *The Little Sister.*

wöhnt habe: Je besser ein Krimi geschrieben ist, desto deutlicher demonstriert er, daß der Krimi in Wirklichkeit nicht wert ist, geschrieben zu werden. Die besten Krimischreiber sind die, deren geistiger Horizont nicht über ihren Stoff hinausreicht. Die Christie und Gardner zum Beispiel, oder der Mann bei Ihnen da, John Dickson Carr, dessen literarische Leistung derart verheerend ist, daß ich ihn trotz seiner raffinierten Handlungskonstruktionen nicht lesen kann. Wenn einer so gut schreibt wie ich (das wollen wir doch ganz ehrlich sehen), dann schafft er einen Spalt zwischen der melodramatischen Übertreibung seiner Geschichte und der Art seiner Beschreibung. Allerdings bleibt noch der Gesichtspunkt, daß die Detektivfigur in einem Krimi genügend Substanz aufnehmen kann, um das alles zu kompensieren. Kein Mensch, der heutzutage die Sherlock-Holmes-Geschichten wiederliest, kann sich etwas anderes dabei denken, als daß sie *als Geschichten* ziemlich dünne Milch sind. Aber das verkleinert die Figur Holmes selber in gar keiner Weise. Er ragt über sie hinaus und wird ein Jemand, über den die Leute weiteres lesen wollen, selbst wenn er sich albern aufführt. Unglücklicherweise langweilt just dies den Autor. Er ertappt sich dabei, daß er grad um die Zeit, wo das Publikum seiner Figur Anhänglichkeit bezeigt, diese selbst satt bekommt. Und der intellektuelle Kritikertyp muß sich von einem Buch wie der *LS* wohl oder übel belästigt fühlen. Die Tatsache, daß er's überhaupt rezensiert, verdankt sich einem ungewöhnlichen Verdienst oder Ruf, doch wirklich mögen kann er das Buch nicht. Wenn es gut geschrieben ist, sollte es bittschön kein Krimi sein.
[...]

Herzlich immer Ihr
Ray

AN JAMES SANDOE

6005 Camino de la Costa
La Jolla, California
14. Oktober 1949

Lieber Sandoe:

[...]

Im Moment lese ich Marquands *So Little Time*. Soweit ich mich erinnere oder zu erinnern glaube, wurde es ziemlich abfällig besprochen, als es herauskam, aber für mich hat es viel guten scharfen Witz und Lebensfülle, und ich finde es insgesamt viel befriedigender als *Point of No Return*, das mir in seiner Gesamtwirkung langweilig vorkam, wenn auch nicht langweilig während der Lektüre. Habe auch mit *A Sea Change* von Nigel Dennis begonnen; sieht gut aus. Aber mir gefallen sowieso immer die falschen Bücher. Und die falschen Filme. Und die falschen Leute. Und ich habe die schlechte Angewohnheit, ein Buch anzufangen und immer nur grad so weit zu lesen, daß ich die Gewißheit habe, es wirklich lesen zu wollen, und mich drauf freue – dann lege ich's auf die Seite, um bei ein paar anderen das Eis zu brechen. Auf die Weise habe ich, wenn ich mich öde und deprimiert fühle, was nur zu oft vorkommt, immerhin etwas für den späten Abend zu lesen, wo meine Lektüre meist stattfindet, und nicht so das gräßlich leere Gefühl, daß kein Mensch da ist, mit dem ich reden oder dem ich zuhören kann. Was die Krimis betrifft, so sieht's da wohl hoffnungslos aus. Es scheint keine mehr zu geben, die der Mühe wert wären. Ich hatte mir da ein Ding gegriffen, das *Arm Chair in Hell* heißt, von Henry Kane; es kommt derart großkotzig rabiat und selbstbewußt daher, daß schließlich eine Burleske draus wird, nur daß es für eine Burleske nicht komisch genug ist. Es wäre exzellent, wenn gerade jetzt jemand mit einem guten, kühlen, analytischen Krimi herauskäme – zum Teufel mit Spannung und witzigem Dialog, sehen wir uns nach neuen Grundlagen um. Die ganze Form hat ihre Richtung verloren, das Schwergewicht sich auf Nebensächlichkeiten verlagert. Wieso um Gottes willen hören diese Idioten von Verlegern nicht auf, Autorenphotos auf ihre Schutzumschläge zu drucken? Da kaufe ich mir ein vollkommen gutes Buch, [– – –], bin vorbereitet, es zu mögen, habe darüber gelesen, und dann fällt mein Blick ganz kurz nur auf das Bild von dem Burschen, und er ist offensichtlich ein Patentekel, eine ausgemachte Gruseltype (vom Standpunkt der Photogenität gesprochen), und ich kann das verdammte Buch nicht mehr lesen. Der Mann ist vermutlich ganz in Ordnung, aber für mich ist er dieses Photo, dieses ach so posenlos posierte Photo, mit der geschmacklosen, lässig schief gezogenen Krawatte, mit der feschen Sitzhaltung auf der Schreibtischecke, die Füße dabei im Sessel (so sitzt er immer, er kann dann besser denken). Ich habe diese Photographier-Prozeduren ebenfalls durchgemacht; ich weiß genau, was sie einem antun. Aber was sie erst dem empfindsamen Leser antun!

RC

AN JOHN HOUSEMAN*

[etwa Oktober 1949]

Ihr Artikel in *Vogue* ist hier viel bewundert worden. Ich finde, er ist wunderschön geschrieben und hat eine Menge Stil. Für mich persönlich hatte er aber eine deprimierende Wirkung (Nachgeschmack wäre das bessere Wort), und das weckte meinen Widerstand. Er ist künstlerisch gönnerhaft, intellektuell unehrlich und logisch gestört. Es ist das letzte Winseln des Little-Theatre-Denkens in Ihnen. Trotzdem bin ich ganz für Ihren Anspruch, daß Filme, sogar rabiate Filme, und besonders die rabiaten Filme, einen moralischen Gehalt besitzen. (*The Big Sleep* hatte keinen; aber ich ärgere mich ein bißchen über Sie, weil Sie nicht erkannt haben, daß das Buch sehr wohl einen hohen moralischen Gehalt besitzt.) *Time* nennt diese Woche Philip Marlowe «amoralisch».

* Textwiedergabe mit freundlicher Genehmigung nach John Houseman, *Front and Center* (New York: Simon and Schuster, 1979), S. 184/85.

Das ist purer Unsinn. Angenommen, seine Intelligenz ist so hoch wie meine (höher könnte sie ja auch kaum sein), angenommen auch, seine Chancen im Leben, das eigene Interesse zu fördern, sind so zahlreich, wie sie's sein müssen, wieso arbeitet er dann für einen derartigen Hungerlohn? Die Antwort darauf ist die ganze Geschichte, die Geschichte, die immer indirekt beschrieben wird und doch nie vollständig oder gar klar dasteht. Sie ist der Kampf aller grundehrlichen Menschen, sich in einer korrupten Gesellschaft anständig ihren Lebensunterhalt zu verdienen. Das ist ein aussichtsloser Kampf; er kann ihn nicht gewinnen. Er kann arm sein und bitter und sich mit klugen Sprüchen und gelegentlichen Amouren schadlos halten, oder er kann korrupt sein und liebenswürdig und roh wie ein Hollywood-Produzent. Denn die bittere Tatsache bleibt, daß außerhalb von zwei oder drei technischen Berufen, die lange Jahre Vorbereitung erfordern, für einen Mann seines Alters absolut keine Möglichkeit besteht, es auf anständige Art zu etwas Überfluß im Leben zu bringen, ohne sich bis zu einem gewissen Grad zu korrumpieren, ohne das kalte, klare Faktum zu akzeptieren, daß Erfolg immer und überall Schiebung ist.

Die Geschichten, die ich geschrieben habe, waren vorgeblich Krimis. Nicht geschrieben habe ich die Geschichten hinter den Geschichten, und zwar weil ich nicht gut genug schreiben konnte. Das ändert nichts an der Tatsache, daß Marlowe ein ehrenwerterer Mann ist als Sie oder ich. Ich meine nicht den Marlowe, den Bogart spielt, und ich sage das auch nicht so, weil ich ihn erschaffen habe. Ich habe ihn gar nicht erschaffen; ich habe Dutzende von Männern gesehen, die ihm in allen wesentlichen Zügen glichen, außer den paar farbigen Eigenschaften, die er brauchte, um in einem Buch zu leben. (Einige wenige hatten selbst die.) Sie waren alle arm; sie werden immer arm sein. Wie sollten sie auch wohl anderes sein.

Wenn Sie diese Frage beantwortet haben, können Sie ihn einen Zombie nennen.

Liebe Grüße
Ray

AN BERNICE BAUMGARTEN

6005 Camino de la Costa
La Jolla, California
15ter Oktober 1949

Liebe Bernice:

[...]

Ich verstehe nicht, was mit meinem Buch los ist, der *LS*.* Es hat
einige wunderbare Besprechungen gegeben, und Martindale in
Beverly Hills, mein Lieblingsbuchhändler, schreibt mir, es geht
wie rasend weg und jeder liebt es. Doch die zwei größten Buchhandlungen in San Diego konnten mir kein einziges Exemplar
zeigen. Ich habe nicht gefragt, weil ich für so was viel zu schüchtern bin, aber mich umgesehen und das verdammte Ding nicht
finden können. Ich bin ziemlich verärgert wegen der *Newsweek*-
Sache – verärgert über mich selbst, nicht über jemand anders, weil
ich mich wieder einmal auf die alte Schindmähre habe setzen
lassen und wieder einmal prompt im Graben gelandet bin.** Nach
allem, was mir vor ein paar Jahren mit *Time* passiert ist, hätte ich
eigentlich wissen sollen, was mir blühte. Aber der Werbemensch
von HM hatte mir ausdrücklich versichert, *Newsweek* wäre nicht
so. Also gibt man den Kerls alles, was sie wollen, redet sich dumm
und dämlich, posiert bis zur Erschöpfung für Gott weiß wie viele
Aufnahmen, läßt Reproduktionen von älteren Bildern für sie machen, und am Ende geben sie einem nicht nur nichts von dem, was
sie versprochen haben, sondern rezensieren nicht einmal das
Buch. Sie ignorieren es völlig. Was dabei weh tut, ist nicht nur das
Schuldgefühl, sondern daß die Tat, wegen der man's empfindet,
auch noch ohne Lohn geblieben ist – wie bei einem Taschendieb,
der ein leeres Portemonnaie erwischt hat. Wenn man sich zu
einem Handel wie diesem überreden läßt, so weiß man ihm Her-

---

* *The Little Sister.*
** Chandler hatte von der Werbeabteilung von Houghton Mifflin die Zusicherung erhalten, die Zeitschrift *Newsweek* werde eine Titelgeschichte über ihn bringen.

zen, daß er stinkt, aber man ist just korrupt genug, ihn sich mit der Hoffnung zu beschönigen, er werde den Absatz steigern. Dann wird man sitzengelassen, und das Gefühl der Demütigung ist gar nicht angenehm. Es gibt bei der Publicity keine halben Sachen. Entweder nimmt man sie, wo und wann man sie kriegt, in jeder Form, egal wie vulgär, oder eben man hält sich an seine Instinkte und sagt: «Ich bin an persönlicher Publicity nicht interessiert, in keiner Form, zu keiner Zeit, an keinem Ort, zu keinem Zweck.» [...]

Meine Finger sind wieder wohlauf, Gott sei Dank, aber was für eine seltsame Sache so eine Allergie ist! Man hat mir jetzt geraten, kein Kohlepapier und keine frischen Zeitungen mehr mit bloßen Händen anzufassen. Also muß ich mit Handschuhen lesen, wie eine welkende Bühnenschönheit.

Ray

AN HAMISH HAMILTON

6005 Camino de la Costa
La Jolla, California
17. Oktober 1949

Lieber Jamie:

[...]

Das Büchergeschäft ist wirklich phantastisch, in mancher Hinsicht so lächerlich wie der Rundfunk. Bill Townend, ein englischer Freund und selber Schriftsteller, hat mir erzählt, daß von *Dinner at Antoine's* in England binnen weniger Wochen 148 000 Exemplare verkauft worden sind; er las es daraufhin und hielt's für reinrassigen Schrott, und er ist ein sehr toleranter Bursche. Ich hab' es selber noch nicht gelesen. Und O'Haras Buch *A Rage to Live*, das ich habe, aber auch noch nicht gelesen habe, ist hier der Bestseller Nr. 1, bei vollkommen verheerender Presse. Dies letztere tut mir leid, denn ich bin ein großer O'Hara-Bewunderer. Aber es sieht allmählich so aus, als gehörte es zu den wesentlichen Bedingungen, daß ein Buch lang und figurenreich ist. Ich weiß nicht, wieso, aber fast alle erfolgreichen Bücher hier sind lange Bücher gewesen. Und so aus dem Handgelenk könnte ich, glaub' ich, kein einziges namhaft machen, das erstklassige Prosa wäre, mit Ausnahme von Thornton Wilders *Ides of March*. Marquands *Point of no Return*, ein Renner, ist ein ödes Buch, dieselbe alte Geschichte wie gehabt, und in Witz und Schärfe *So Little Time* bei weitem unterlegen, was ein ziemlich armseliges Presseecho hatte, vergleichsweise.

[...]

Herzlich Ihr
Ray

AN BERNICE BAUMGARTEN

6005 Camino de la Costa
La Jolla, California
8. Nov. 1949

Liebe Bernice:

[...]

Ich hätte ja liebend gern Ihre Liste mit den Krimisachen für das Buch.* Es gibt niemanden, dessen Urteil ich mehr achten könnte. Sie scheinen mir etwas errungen zu haben, was die besten Filmproduzenten auszeichnet, selbst wenn sie es nicht zeigen, nämlich die Fähigkeit, künstlerisch einsichtig zu sein und sich zur gleichen Zeit einen Sinn für das Praktische und Mögliche zu bewahren. Ich bin selber so ein Extremist. Ich bin bei den Avantgarde-Zeitschriften ebenso zu Hause wie in der rauhen und rabiaten Umgangssprache. Die Gesellschaft, mit der ich partout nicht klarkomme, ist die pseudoliterarische Angeberpose der, sagen wir, *Saturday Review of Literature*. Die vereinigt so ungefähr alles in sich, was ich in unserer Kultur verachte, einschließlich der auf den Hund gekom-

---

* *The Simple Art of Murder*, 1950.

menen Professoren, die maliziös gegen jeden zetern, der Verstand und Mumm genug hat, um sich einen Zehner zu verdienen. Aber um spezieller auf unser Thema zu kommen: *The Bronze Door* würde ich eigentlich lieber herauslassen, weil ich gern ein Bändchen phantastischer Geschichten machen möchte, in das dies Stück dann gehören würde, wenn sie überhaupt je veröffentlicht werden (beziehungsweise geschrieben, werden Sie hinzufügen). Diese Geschichten, etwa zehn insgesamt, längere Kurzgeschichten, würden alle in irgendeinem Sinne von Mord handeln oder von der Beseitigung einer unbequemen Person, alle mehr oder weniger von ungefähr, mit stark magischem Anteil am Tathergang, alle realistisch im Ton, mit einem Schuß Humor, und alle irgendwie als Parodien auf irgendeinen Typus der Mordgeschichte angelegt. Ich tüftle im Moment an einer herum, die sozusagen das altbekannte Rätsel des verschlossenen Zimmers ad absurdum führt.

[...]

Immer Ihr
Ray

AN HAMISH HAMILTON

6005 Camino de la Costa
La Jolla, California
11. November 1949

Lieber Jamie:

[...]

Während auf Rezensionen ja schon ganz allgemein kein sonderlicher Verlaß ist, wird das englische Rezensieren, das glaube ich wirklich, langsam doch ein bißchen absurd. Es gibt bei weitem viel zu viele Romanciers, die andere Romanciers besprechen. Es finden auch viel zu viele Bücher Berücksichtigung, die ersichtlich nirgendwohin führen, und es gibt viel zu wenig Verständnis für das, was in Büchern steckt, die ihr Publikum dazu bringen, sie zu lesen.

Und es gibt eine geschlossene Gruppe von Kritikern oder Rezensenten, die mit der monotonen Bereitschaft antreten, fast jedem Buch überhaupt etwas Nettes nachzusagen. Das können Sie aus Ihren eigenen Anzeigen ersehen. Diese Namen, vermutlich einflußreich, können einen wirklichen Einfluß gar nicht haben, weil ihnen jede nennenswerte Unterscheidungsfähigkeit abgeht. [...] Und am anderen Extrem steht das lächerliche Publikationsorgan *The Times Literary Supplement*, kompiliert offenbar aus den Absonderungen eines Grüppchens betagter Granden, deren Vergleichsmaßstäbe, Bezugsinstanzen oder was sonst noch anscheinend in dem Jahr steckengeblieben sind, wo Jowett den Platon übersetzte. Können Sie sich vorstellen, daß ein sogenannter intelligenter Rezensent Faulkners *Intruder in the Dust* so bespricht, als handle es sich nur wieder um einen weiteren Thriller? Man fragt sich doch langsam, ob diese Leute überhaupt irgendeine Vorstellung davon haben, was Prosa ausmacht.

[...]

P.S. Dies kennen Sie vermutlich schon, aber ich finde es hinreißend, aus *Fontemara*, von Ignazio Silone:

Über allem steht Gott, der Herr des Himmels.
Dann kommt der Fürst Torlonia, Herr der Erde.
Dann kommt die gepanzerte Garde des Fürsten Torlonia.
Dann kommen die Hunde der Garde des Fürsten Torlonia.
Dann niemand mehr.
Und nochmals niemand mehr.
Und nochmals wieder nichts und niemand mehr.
Dann kommen die Bauern.

AN BERNICE BAUMGARTEN

6005 Camino de la Costa
La Jolla, California
17ter Nov. 1949

Liebe Bernice:

[...]
Ich habe hier einen Brief vom PEN-Club liegen, der mich zum Beitritt einlädt. Ich weiß nicht, was ich da machen soll. Offenbar betrachtet man die Aufforderung als große Ehrung, und mir selber ist sie schnurzegal. Wenn die wüßten, was für ein Hund ich war, würden sie mich schwerlich wollen. Das Präsidium weist die Namen einiger Leute auf, die ich für Vollidioten halte, aber doch nicht alle, und sagen könnte ich ihnen das ja auch nicht gut.

Herzlich Ihr
Ray

AN HAMISH HAMILTON

6005 Camino de la Costa
La Jolla, California
4. Dez. 1949

Lieber Jamie:

[...]
Pride and Prejudice traf ein; seien Sie mir bedankt. Ich danke Ihnen im voraus auch schon für das «extra gebundene Exemplar der *Little Sister*»; mein Gott, was kann das sein? Ich meine nicht, daß meine «Werke» einen Extraeinband wert sind, mein guter Jamie, aber der Gedanke ist verdammt lieb von Ihnen. Ihr Mann Hodge ist ein überragender Herausgeber, ein Kopf von der rarsten

Art.* Diese abgerichtet robbenden Patentkritiker, selbst die besten von ihnen, langweilen mich zumindest zwei Drittel der Zeit. Geben Sie einem Mann Namen und Prestige, und er ist bereits auf dem besten Weg, ein Esel zu werden. Damit will ich nicht sagen, daß es Alan Hodge an Prestige gebräche; er lebt vielmehr immer noch in dem glücklichen Gebiet, wo wichtiger als der Name, den man hat, das ist, was man sagt. Ganz gewiß könnte niemand bessere Einleitungen verfassen. Die Betjemans (kann sein, ich habe das falsch geschrieben), die Quennels, die Mortimers usw. sind alle ein bißchen sehr erpicht darauf, vor ihrem bewundernden Publikum eine gute Figur zu machen.** Hodge liegt das Buch am Herzen, und alles andere kann ihm gestohlen bleiben.

[...]

Über das Stückeschreiben habe ich mich schlecht ausgedrückt. Natürlich hat Maugham recht wie immer. Es ist *schwieriger*, Stücke zu schreiben, härtere Arbeit, das bezweifle ich nicht, obwohl ich mich selber nie daran versucht habe. Es ist auch sehr viel schwieriger, Drehbücher zu schreiben als Romane. Aber es erfordert, meiner Ansicht nach, *nicht* denselben Grad von Talent. Vielleicht erfordert es einen schärferen Einsatz des Talents, mehr konzise Bastelarbeit, ein feineres oder aufnahmefähigeres Ohr für die Umgangssprache einer bestimmten Sorte Menschen, aber im ganzen gesehen ist es doch viel oberflächlicher. Nehmen Sie irgendein gutes, aber nicht großes Stück und bringen Sie es in Romanform, und Sie haben eine sehr dürftige Angelegenheit. Kein Reichtum, keine Ausblicke, keine Obertöne, keine Spürbarkeit der Landschaft hinter dem Berg. Alles kommt klar und wortwörtlich und unmittelbar. Der Romancier gibt einem, wenn er gut ist, tausend Dinge, die er direkt gar nicht ausspricht. Übrigens, wenn ich Maugham kennte, was zu meinem Leidwesen wohl nie der Fall sein wird, würde ich ihn um ein signiertes Exemplar von *Ashenden* bitten. Ich habe noch nie einen Autor um ein signiertes Buch

* Schriftsteller und – zusammen mit Robert Graves – Herausgeber von *The Reader Over Your Shoulder*.
** John Betjeman, der Dichter; Peter Quennel, der Historiker; Raymond Mortimer, der Kritiker. Alle drei waren häufig als Rezensenten für Londoner Blätter tätig.

gebeten, und eigentlich messe ich solchen Dingen auch sehr wenig Wert bei. (Ich hätte freilich nichts dagegen, das Soufflierbuch des *Hamlet* zu besitzen.) Und ich nehme an, es bezeichnet die Grenzen meines Geschmacks, daß ich mir gerade *Ashenden* heraussuche. Aber für melodramatische Effekte bin ich ein bißchen Fachmann, und *Ashenden* ist allen Spionagegeschichten, die je geschrieben wurden, weit voraus, während M's Romane, die besten von ihnen, so gut sie auch sind, das Feld nicht in den Schatten stellen. Ein Klassiker spricht mich in jeder Hinsicht mehr an als der dicke Ölschinken. *Carmen*, wie Mérimée sie geschrieben hat, *Herodias, Un Cœur Simple, The Captain's Doll, The Spoils of Poynton, Madame Bovary, The Wings of the Dove* und so weiter und so weiter (*A Christmas Holiday* weiß Gott auch), sie alle sind vollkommen.* Lang oder kurz, heftig oder still, sie haben etwas zuwege gebracht, was es so gut nie wieder geben wird. Die Liste ist, Gott sei Dank, lang und umfaßt viele Sprachen.

Was für eine verquere Einstellung die besseren Köpfe doch dem Kriminalroman gegenüber haben! «Ach, das ist bloß ein Krimi, ein Thriller, ein Detektivschmöker. So was lese ich im Bett, damit ich einschlafen kann. So was lese ich, wenn ich krank bin. So was lese ich, wenn ich zu müde bin für ernste Lektüre.» Die Abfälligkeit ist mit Händen zu greifen, aber gibt jemand je zur Antwort: «Und was, mein werter Herr, würden Sie machen, wenn Sie krank wären oder müde, oder nicht einschlafen könnten, und es gäbe keine Krimis?» Grad die Leute, die erklären, sie läsen sie so runter und vergäßen sie sofort, erklären im selben Atemzug, sie könnten nicht ohne sie leben. Und dabei wissen sie gottverdammt gut, daß sie sehr wohl unbegrenzt lange ohne die gewichtigeren Klassiker leben könnten.

Sehr schlimm, daß Sie so ein uralter Mann von 50 sind, oder jedenfalls fast (das fünfzigste Jahr bedeutet hier drüben das nach dem 49. Geburtstag). Wirklich sehr schlimm. Ich empfinde Mitgefühl mit Ihnen. Es ist ein schlimmes Alter. Mit 50 ist ein Mann nicht

---

* *Herodias, Un Cœur Simple* und *Madame Bovary* von Gustave Flaubert; *The Captain's Doll* von D. H. Lawrence; *The Spoils of Poynton* und *The Wings of the Dove* von Henry James; *A Christmas Holiday* von W. Somerset Maugham.

jung und nicht alt, nicht einmal mittelältlich. Der Wind ist weg und die Würde noch nicht eingetroffen. Für die Jungen ist er schon betagt und abgestanden. Für die wirklich Alten ist er ein fetter Prahler und Gierschlund. Eine reine Freude ist er nur für Bankiers und Steuereintreiber. Wieso erschießt er sich nicht, und fertig? Denken Sie an das Grauen, das noch vor Ihnen liegt. Es könnte sogar ein bärtiger Langweiler wie Shaw aus Ihnen werden, eine geschwätzige Zikade, ein antediluvianischer Szenenklau.

Ray

1950

AN HAMISH HAMILTON

6005 Camino de la Costa
La Jolla, California
5. Jan. 1950

Lieber Jamie:

Ashenden mit sehr hübscher Widmung sicher eingetroffen.*
Warum zum Teufel haben Sie soviel Geld für das Versandporto
ausgegeben? Das war eine lächerliche Extravaganz, wenn auch
äußerst generös. Natürlich werde ich dem alten Knaben schreiben
und dabei versuchen, nicht zu ehrerbietig auf der einen und nicht
zu hemdsärmelig auf der anderen Seite zu sein. Ich habe so das
Gefühl, daß er im tiefsten Grunde ein ziemlich trauriger Mensch
ist, ziemlich einsam. Seine Beschreibung seines siebzigsten Ge-
burtstags liest sich einigermaßen grausam. Ich könnte mir denken,
daß er alles in allem ein einsames Leben geführt hat, daß seine
erklärte Einstellung, er mache sich gefühlsmäßig nicht viel aus
Menschen, ein Abwehrmechanismus ist, daß er der Oberflächen-
wärme ermangelt, von der Leute angezogen werden, und zu gleicher Zeit weise genug ist, um zu wissen, daß, wie oberflächlich und
zufällig die meisten Freundschaften auch sind, das Leben ohne sie
doch eine ziemlich düstere Angelegenheit wäre. Damit will ich
natürlich nicht sagen, er hätte keine Freunde; dazu weiß ich gar
nicht genug von ihm. Ich habe mein Gefühl nur aus seiner Schreibweise gewonnen, das ist alles. Im konventionellen Sinn hat er

* Von W. Somerset Maugham.

vermutlich viele Freunde. Aber ich glaube nicht, daß sie für ihn viel Feuer gegen die Finsternis darstellen. Er ist ein einsamer alter Adler. Ich möchte meinen, daß es nie einen Schriftsteller gegeben hat, der es vollkommener von Profession war als er. Er hat den absolut exakten, furchtlosen Blick für die eigenen Gaben, deren größte gar nicht einmal literarisch ist, sondern eher jene saubere, unerbittliche Perzeption von Charakter und Motiv, die zum großen Richter gehört oder zum großen Diplomaten. Er hat keinerlei Magie und nur sehr wenig Geschmack. Sein Stil, der ja ausnehmend gepriesen worden ist, kommt mir wie ein gutes, sachverständiges Mandarin-Englisch vor, das oft nur mit knapper Not der Verödung entgeht. Er kann das Bewegungsfeld für Gefühle darstellen und vermitteln, aber die Gefühle selbst so gut wie nicht. Seine Fabeln sind kühl und tödlich, und seine Zeitdisposition ist absolut makellos. Als Techniker ist er den guten Zweitrangern wie Galsworthy und Bennett und J. P. Marquand weit voraus. Er bringt einen nie so weit, daß man den Atem anhält oder den Kopf verliert, weil er ihn selber nie verliert. Ich bezweifle, daß er je eine Zeile geschrieben hat, der man die Frische des frisch Geschaffenen anspürte, und viele geringere Schriftsteller haben das. Aber er wird sie alle mit Leichtigkeit überdauern, weil er ohne Torheit oder alberne Einfalt ist. Er hätte einen großen Römer abgegeben. [...]

Ray

AN HAMISH HAMILTON

6005 Camino de la Costa
La Jolla, California
11. Jan. 1950

Lieber Jamie:

[...]

Ich wundere mich oft, warum sich so viele englische Intellektuelle dem Katholizismus zuwenden, grad so wie mein Lehrerfreund auf der Schule sich oft hörbar zu wundern pflegte, wieso derart viele sonst intelligente und normale Leute nach Cambridge gingen. (Das hätte Ihnen ausnehmend gefallen.) Aber ich wundere mich über so viele Dinge, und im Zuge des Alterns habe ich immer weniger Respekt vor dem menschlichen Verstand und immer mehr vor dem menschlichen Mut. Hier drüben sind die Katholiken zahlreich, mächtig und meistens ganz umgänglich, aber die Hierarchie ist in überwältigender Mehrheit irischer Herkunft, und die irischen Katholiken, immer die Jesuiten von Maynooth ausgenommen, sind ziemlich ungehobelte Vertreter hochkatholischen Denkens, verglichen mit den französischen, englischen, schottischen und italienischen Prälaten. Natürlich wundere ich mich auch, warum sich Leute überhaupt der Religion zuwenden. Als junger Mann bin ich sehr hochkirchlich und sehr fromm gewesen. Aber ich war mit einem analytischen Verstand geschlagen. Er plagt mich noch heute. Aber das ist ein delikates Thema, wenn man nicht sicher weiß, ob man den anderen nicht kränkt.

Ich brauche für mehrere Dinge drüben Ihren Trost und Rat. Sie hatten mir ein Hotel nördlich vom Park genannt, aber das muß ich erst wieder nachschlagen und finden. Angenommen einmal, wir wären etwa vier Monate drüben, meinen Sie, wir müßten dann sämtliche Reservierungen für Unterkunft und Reise vorher ausplanen? So was ist mir verhaßt, aber ich würde es lieber rechtzeitig wissen. Wir haben noch nicht einmal eine Ahnung, wohin wir eigentlich wollen. Nach Paris, hoffe ich, und zu anderen Städten auf dem Kontinent, aber welchen? Ein bißchen England hier und da auch, und sogar Schottland, aber nicht mit dem Zug. Wie macht man das alles? Und wie steht es mit der Verpflegung? Schließlich kann man in Hotels nicht gut seine Freßpakete verzehren. Wäschereien? Seife? Kann man Hemden und Socken und so weiter frei kaufen? Das ist für mich alles sehr schwerwiegend; ich will nicht in einer ranzigen Dunstwolke herumlaufen. Ich bin kein sehr geduldiger Mensch, ich habe allerlei Krankheit hinter mir, nichts Ernstliches freilich, und ich habe nicht mehr viel Widerstandskraft. Cissy, meine Frau, hat mehr, aber ein Dampfroß ist sie ebenfalls nicht. Verdammt, das alles muß völlig verblödet für Sie klingen, aber wir leben eben lange schon in einem sanft enervierenden Klima. Es ist alles so schwierig, vielleicht sollte ich lieber einfach wieder still zu Bett gehen. (Ich habe so das allmählich an Überzeugung grenzende Gefühl, als würde ich langsam ein fürchterlicher Langweiler.)

[...]

Ich glaube nicht an eine sonderliche Aussicht, daß irgendein Filmladen hier die Rechte für die *LS* erwirbt.* Man hat die Privatdetektivgeschichten satt (hat sie selber mit einer Serie von Imitationen sich zu Tode laufen lassen), und das Buch ist auch für Hollywood nicht allzu schmeichelhaft. Im Grunde ist es aber wohl eine Frage des Geldes. Massenhaft Storys werden jetzt für fünf- oder zehntausend Dollar verhökert. Ich verlange fünfzig. Es gab bei Warner's einen Produzenten namens Harry Kurnitz, der wollte's machen, aber Jack Warner hat offenbar nein gesagt. Ich mag auch nicht glauben, daß es da irgendwelche Ressentiments gegen mich als Antisemiten gibt. Schließlich habe ich in Hollywood mit Dutzenden und Aberdutzenden von Juden zu tun gehabt, und nie hat mir einer von ihnen so etwas vorgehalten. Die Leute, die den Punkt aufbringen, gehören zum äußersten Rand derer, die es schon übelnehmen, wenn einer das Wort Jude überhaupt in den Mund nimmt. Einige meiner treuesten Anhänger sind Juden. Mein Hausarzt ist Jude. Er sagte einmal: «Ein bißchen Antisemitismus steckt in uns allen, Juden wie Heiden gleichermaßen.» Was sie einem anscheinend verübeln, ist die Wahrnehmung, daß der Jude einen ausgeprägt rassischen Typus darstellt, daß man ihn an seinem Gesicht, an der Tonart seiner Stimme und bei weitem zu oft

---

* *The Little Sister.*

310

auch an seinen Manieren überall erkennen kann. Kurz, in gewissem Maße sind die Juden immer noch Fremdlinge, besonders die mitteleuropäischen. In England war es, als ich noch zur Schule ging, nicht so. Ich muß dort jüdische Mitschüler gehabt haben, kann mich aber nicht mehr erinnern, welche das waren. Man dachte darüber gar nicht nach. Das einzige Mal, daß ich einen Mann in England als Juden habe bezeichnen hören, kam das aus dem Mund eines seiner engsten Freunde, und er wollte damit nur sagen, daß jener ein orthodox gläubiger Hebräer war. Hier drüben ist das anders. Da gibt es alle Religionen und keine. Wenn man da jemanden einen Juden nennt, denkt man nicht an seine Religion, sondern an eine bestimmte Charakteristik in Erscheinung und Auftreten, und das mögen die Juden nun gar nicht, weil sie nämlich wissen, daß genau zutrifft, was man meint. Sie wollen sein wie alle anderen, ununterscheidbar von ihnen, aber sie wollen sich zugleich auch vor sich selber und vor ihresgleichen als Juden aufführen, und sie wollen das Recht haben, Nichtjuden als Heiden zu bezeichnen. Doch selbst dann sind sie noch nicht glücklich, weil sie sehr wohl wissen, daß man einen Menschen nicht beleidigen kann, indem man ihn einen Heiden nennt, während man ihn durchaus beleidigen kann, nennt man ihn einen Juden. Solange das so ist, sehe ich nicht, wie man erwarten kann, daß die Juden nicht überempfindlich sind, aber zugleich sehe ich auch nicht ein, wieso ich auf diese Überempfindlichkeit so unnatürlich rücksichtsvoll reagieren soll, daß ich das Wort Jude überhaupt nicht mehr gebrauche. Das ist gar nicht so einseitig. Ich habe in einer jüdischen Umgebung gewohnt und mit angesehen, wie einer Jude wurde, und es war ziemlich gräßlich. Ich kenne die Antwort auf diese Frage nicht, und es wird sicher noch lange Zeit brauchen, sie zu finden. Manchmal hat man wirklich den Eindruck, daß die Juden zuviel von uns verlangen. Sie gebärden sich wie ein Mensch, der darauf besteht, namenlos zu bleiben und ohne Wohnadresse, zugleich aber den Anspruch erhebt, zu allen besseren Partys eingeladen zu werden.

Herzlich immer Ihr
Ray

AN SOMERSET MAUGHAM

6005 Camino de la Costa
La Jolla, California
13. Jan. 1950

Sehr geehrter Mr. Maugham:

Im Vorbeigehen, doch offenbar nicht genügend leichten Schritts, erwähnte ich Jamie Hamilton gegenüber, daß ich Sie, sollten wir uns höchst unwahrscheinlicherweise einmal kennenlernen, um ein signiertes Exemplar von *Ashenden* bitten würde und daß ich so etwas noch niemals sonst von einem Schriftsteller erbeten oder gar begehrt hätte. Aber für Jamie ist eine Andeutung schon so elektrisierend wie für andere Leute ein Tritt in die Zähne. Das Buch hat sich eingestellt, mit einer sehr hübschen Widmung, für die Ihnen in Worten so elegant und einzig danken zu können, wie der Mensch es ist, dem sie gelten würden, ich mir wohl vergebens nur wünschen muß. Doch ich will mich nicht theatralischer aufführen als ich bin, und Ihnen darum nur ganz einfach danken und sagen, daß der Zusammenschluß Ihres Namens mit dem meinen auf der Titelseite eines Buches die größte Nähe darstellt, in die ich zum literarischen Rang wahrscheinlich je werde gelangen können, und jedenfalls eine erheblich größere als ich verdiene.

Warum *Ashenden* lieber als etwas, was Sie vermutlich selber viel höher schätzen? Weil ich ein bißchen Fachmann für melodramatische Effekte bin und weil *Ashenden* da einzig ist. Was an Verdienst dafür als großen Roman Sie auch beanspruchen dürfen — oder andere für Sie in Anspruch nehmen —, es gibt andere große Romane. Es gibt aber keine anderen großen Spionagegeschichten — überhaupt keine. Ich habe mich umgetan und kenne mich aus. Das ist eine sonderbare Sache. Die Form scheint gar nicht so sehr schwierig zu sein. Offenbar ist sie nicht zu schaffen. Es gibt ein paar gute Abenteuererzählungen mit Spionageelementen oder etwas ähnlichem, aber sie überspielen immer ihr Blatt. Zuviel Bravour, der Tenor singt zu laut. Sie sind *Ashenden* so ähnlich wie die Oper *Carmen* der tödlichen kleinen Erzählung, die Mérimée schrieb.

Ich finde es ziemlich schade, daß Sie auf Ihrem Weg, nachdem Sie, wie ich sehe, Zeit für so viele Dinge hatten, nicht irgendwo auch eine Detektivgeschichte geschrieben haben. Sie hätte uns nicht nur etwas gegeben, nach dem wir hätten schießen können, sondern hätte auch meine Verärgerung über jene Leute beschwichtigt, die von der «klassischen» Detektivgeschichte faseln. Zumindest wären wir dann im Besitz eines Musters, auf das sich die Bezeichnung ohne Idiotie würde anwenden lassen.

Der Wertschätzung, die Ihnen entgegengebracht wird, vermag ich nichts hinzuzufügen. Aber ich kann mich dankbar bekennen für die Freundlichkeit, die mir erlaubt, Ihnen zu schreiben.

Ihr sehr ergebener
Raymond Chandler

AN DALE WARREN

6005 Camino de la Costa
La Jolla, California
15ter Jan. 1950

Lieber Dale:

Bernice schickte mir das Beiliegende, das wie ein Original aussieht, ohne jede Instruktion, was ich damit anstellen sollte (will sagen, ob behalten oder zurückschicken). Also gehe ich auf Nummer Sicher.*

Das Dokument ist von der Sorte, die Schriftsteller dazu bringt, sich mit samtener Smokingjacke, einem Barett mit Troddel und einer Pfeife voll Craven Mixture auszustaffieren, doof herumzustehen und sich selber zu bewundern, statt ein paar Zeilen sorgfältiger, aber holpriger Prosa zu basteln. Das Stück ist ein Mirakel an Übertreibung. Was ist mit meinem klassischen Profil, meinem

---

* Vermutlich ein biographischer Abriß, der auf einem Schutzumschlag Verwendung finden sollte.

wellenden braunen Haupthaar, das noch kaum an den Schläfen dünn wird, meiner aufrechten Haltung, dem Lächeln um meine irischen Augen und meiner nie versagenden Höflichkeit gegenüber sozial unterlegenen Mitmenschen? Wo bleiben die frühen Tage im Hintergrund einer Bar an der Fifth Street, wo ich mit meinen Hemdschößen Spucknäpfe auswische und die Reste der mit Sägespänen verlängerten freien Mahlzeit verschlinge? Wo ist der Prügelknabe der Zuhälter, der Intimfreund der Dirnen, der Sündenbock der verschämten Alkoholiker? Wo die Zeit im Schatten von Saint Sulpice und die kurze, aber berauschende Affäre mit einer Demoiselle aus Luxemburg – jener Dame, die nachher weltweit bekannt wurde –, doch nein, das ist gefährliches Terrain. Selbst in Luxemburg gibt es Verleumdungsparagraphen – in drei Sprachen sogar. Und was ist mit den verlorenen sechs Monaten, die ich im Höllenthal mit dem Versuch zubrachte, eine Seilbahn zu überreden, in der Waagerechten zu laufen? Ihr Kerls laßt immer soviel aus, was passiert ist, und steckt soviel rein, was nicht passiert ist. Wo sind die mailichen Morgenstunden vor dem Dôme – Garçon, deux Pernods, s'il vous plait, und bitten Sie doch den Herrn mit dem Calvados da, sein Hemd in die Hose zu stopfen und mir nicht immerfort mit der Muleta in die Augen zu knallen. Es würde ihm auch nicht sonderlich schaden, wenn er sich den Stoppel von der Schnauze schaben würde, und auch ein heißes Bad wäre nicht schlecht für ihn, falls Sie ihn durch ein besonders billiges Angebot dafür gewinnen können.

[...]

Ich würde sagen, daß der Bursche, über den Sie da schreiben, durchaus zu erkennen ist. In der Diskussion über Schriftsteller macht das schon viel aus. Die meisten sind das, wovon Sie sagten, daß die größten davon in Washington säßen.

Herzlich immer Ihr
Ray

314

AN SOMERSET MAUGHAM

6005 Camino de la Costa
La Jolla, California
15. Febr. 1950

Sehr geehrter Mr. Maugham:

Hier die Sonderdrucke aus einem *Pocket Atlantic* mit einer leicht revidierten Fassung des Aufsatzes, den Sie wünschten.* Ich schicke ihn mit Vergnügen und habe noch eine Anzahl anderer Artikel, die ich gern schicken würde (wenn ich sie zurückhaben darf), für den Fall, daß sie Ihnen noch nicht vor die Augen gekommen sind. Ich muß sie erst durchsehen, um genau zu wissen, was ich habe, aber ich entsinne mich, daß zwei Aufsätze von Edmund Wilson aus dem *New Yorker* dabei sind, ein Aufsatz von Joseph Wood Krutch, einer von Jacques Barzun aus der *SRL*** und eine Reihe von Sachen aus einer Avantgarde-Zeitschrift namens *Chimera,* die sich verschieden in Lob und Schmäh ergehen. Ich habe auch Ihren alten Aufsatz aus der *Post,* und unvergeßlich steht mir Edith Wharton vor Augen. Wäre sie nicht peinlich berührt gewesen, wenn Sie ihr gegenüber *The Turn of the Screw* erwähnt hätten? Das hätte ihr gefallen *müssen,* weil sie selber eine Art Wanderbühnenausgabe von Henry James ist. Und wenn es kein Thriller ist, dann möcht' ich wohl wissen, was einer wäre.

Ich hätte diesen Brief mit doppeltem Abstand schreiben sollen, aber ich bin fürchterlich ungeschickt an der Maschine und habe im Moment keine Sekretärin.

Sehr ergeben Ihr
Raymond Chandler

---

* Maugham bereitete seinen Essay *The Decline and Fall of the Detective Story* vor und hatte Chandler um Unterlagen zum Thema gebeten.
** *Saturday Review of Literature.*

AN CARL BRANDT

6005 Camino de la Costa
La Jolla, California
26. Febr. 1950

Lieber Carl:

[...]

Hier zwei Beispiele von unfreiwilligem Humor, die mich fasziniert haben. 1. Unsere Köchin lebt in einer eigenen Wohnung und
hat immer die Zeitschriften mit heimgenommen, wenn wir damit
durch waren, hauptsächlich zum Lesen für ein Mädchen, das bei
ihr wohnt. So nahm sie unter anderem auch ein paar *SRL*-Num-
mern mit, und ich entdeckte, daß mir eine fehlte, von der Dale
Warren gesagt hatte, daß ein Aufsatz von ihm drinstünde.* Ich bat
sie also, diese Nummer doch wiederzubringen. Sie brachte sie
auch, mit noch verschiedenen anderen, und berichtete, ihre Freundin hätte die *SRL* durchgeblättert und dann halb verwirrt und halb
gekränkt die Bemerkung getan: «Da steht nichts zum Lesen drin.
Das sind alles Artikel.» 2. Irgendwo in La Jolla hier hausen zwei
gnomartige Weiber, die immer mit großen, tief ins Gesicht gezogenen Filzhüten auf dem Kopf herumlaufen, in bauschig unförmigen
Kleidern unter alten Regenmänteln, auf Krückstöcke gestützt. Sie
gehen jeden Tag bei uns am Haus vorbei, aber nie nebeneinander,
sondern immer die eine ein paar Schritt hinter der andern, so als
hätten sie sich verzankt, wären aber durch ein unzerreißbares
Band zusammengehalten. Sie sehen aus wie aus Grimms Märchen
entsprungen. Eines Tages, als sie vorbeigingen, war ein Grund-
stücksmakler bei uns, um das Haus zu taxieren, und zufällig warf
er einen Blick aus dem Fenster und sah sie. Er starrte ein paar
Sekunden lang mit offenem Mund hinüber und fragte dann plötzlich: «Sagen Sie, in welchem Land befinden wir uns hier?»

Ray

* *Saturday Review of Literature.*

AN DALE WARREN

6005 Camino de la Costa
La Jolla, California
4. April 1950

Lieber Dale:

[...]

Gut, daß ich Ihren Aufsatz noch erwischt habe, denn ich will mein Abonnement der *Saturday Review* nicht mehr fortsetzen.* Sie langweilt mich mehr und mehr. Die Besprechungen taugen absolut nichts. Die Leitartikel überschlage ich. Manche der Briefe sind ganz amüsant und manche von Cerfs Sachen auch.** Aber das ist schwerlich ein zureichender Grund, noch eine weitere Zeitschrift in ein Haus kommen zu lassen, das von Zeitschriften ohnehin schon wimmelt. Wahrscheinlich schlägt der Einfall ja ganz groß an, Leuten, die sich für Intellektuelle halten, etwas zu verkaufen, was wie eine intellektuelle Perspektive aussieht. Aber ich muß wohl einer der wenigen lebenden Amerikaner sein, die es nicht danach verlangt, sich den Horizont erweitern zu lassen. Ich weiß bereits zuviel. Ich wäre glücklicher, wenn ich weniger wüßte. Was mich endgültig bestimmt hat, diese Straßentheaterversion des gebildeten Denkens aus der Postzustellung zu streichen, war eine Auseinandersetzung zwischen Mr. Eric Johnston*** und Mr. Norman Cousins zum Thema Film. Es war das entschieden das Treffen zweier Vier-Runden-Boxer, die zur Aufnahmeprüfung gekommen und von einem unglücklichen Zufall in die Hauptarena bugsiert worden sind. Mr. Cousins besitzt einige angenehme Eigenschaften, darunter den Mut, auf diesem roten Symposion in New York da aufzustehen und den Kommunisten zu sagen, wohin sie sich scheren sollen. Glauben Sie mir, dazu braucht es wirklich Mut.

---

* Warren hatte einen Aufsatz über Conférenciers geschrieben.
** Bennett Cerf, ein Verleger, hatte eine Kolumne in *The Saturday Review*.
*** Eric Johnston war Direktor der Motion Picture Association; sein «Production Code» bestimmte die Richtlinien für Sexualität und Moral in Hollywood-Filmen. Norman Cousins war Herausgeber der *Saturday Review*.

Aber er stellt einen derart extremen Fall von sozialem Gewissen dar, daß er für ein Empfinden wie meines einfach ein Langweiler ist und zwangsläufig bleiben muß. Was Mr. Eric Johnston betrifft, Hollywoods Sonderbotschafter, so meine ich, daß er dem Filmgeschäft einen gräßlichen Dienst erweist, indem er es genau so verblödet darstellt, wie seine schlimmsten Feinde es nennen. Ich entsinne mich noch, wie er sich vor ein paar Jahren, bei einer Akademiepreis-Geschichte, ans Mikrophon klebte und in hochgewölbtem Ton verkündete, daß der Film die größte Kunstform seit dem griechischen Drama sei. Man hätte mich mit einem Baby-Austin über den Haufen fahren können. Ich fühlte mich animiert, einen unbezahlten Beitrag für den, inzwischen leider verblichenen, *Screen Writer* zu schreiben und darin die Empfehlung auszusprechen, diesen wuchtigen Satz ja nicht sterben zu lassen, sondern ihn in einen alten Flaschenverschluß einzugravieren und diesen zur Sicherstellung einem der Affen im Griffith-Park-Zoo auszuhändigen.

[...]

Herzlich immer Ihr
Ray

AN MORRY RABIN*

6005 Camino de la Costa
La Jolla, California
11. April 1950

Sehr geehrter Mr. Rabin:

Dank für Ihren Brief — und ich will lang hinschlagen, wenn ich irgendeinen Grund dafür weiß, daß ich auf Ihrer Deppenliste stehe. Keinen Dank dem, der mich draufgesetzt hat. Ich bin nie ein berufstätiger Zeitungsmann gewesen. Ich war lediglich früher einmal freier Journalist und Buchrezensent bei einem literarischen Wochenblatt in London.

Mit dem größtmöglichen Widerwillen füge ich Ihnen einen Scheck über 25 (fünfundzwanzig) Dollar bei. Der Betrag ist hoch genug, um mich zu ärgern, und zu klein, um Sie hysterisch zu machen. Ich schicke ihn nur aus dem einzigen Grund, daß ich mir, wenn ich soviel ausgäbe, um jemanden ins Romanoff zum Essen einzuladen, nicht besonders den Kopf deswegen zerbrechen würde. Warum sollten Sie mich billiger zu stehen kommen.

Wollen Sie, daß ich Ihnen irgendwas von meinen Sachen schicke? Ich habe mir immer mal wieder, besonders um die Zeit, wo die Rechnungen ins Haus geflattert kommen, einen Essay über La Jolla vorgenommen, betitelt *A Sweet Little Town and You Can Have It*. Aber solange ich hier lebe, wäre das nicht sehr klug. Irgendwo in meiner Ablage fliegt noch ein Artikel herum, der *Advice to a Young Critic* heißt. Ich wollte ihn immer für das *Atlantic* herrichten, habe ihn aber nie so recht zur Verdichtung bringen können. Aber, wie der Bauernjunge sagte, als er den Eimer voll dünner Milch zum Nachbarn trug: «Mutti meint, es ist bloß Magermilch, aber zum Verschenken gut genug.»

Ich sollte noch hinzufügen, daß ich keinerlei Publicity irgendwelcher Art wünsche. «Bevor es bei Ihnen geklickt hat und Sie

---

* Präsident der San Diego Newspaper Guild. Der Brief wurde wahrscheinlich nie abgesandt.

einen Namen bekamen», schreiben Sie in Ihrem Brief und meinen mich. Wenn es bei mir je geklickt hat, dann habe ich's nicht gehört. Wenn ich einen Namen habe, dann ist das ein Fehler, den ich gern korrigieren würde. Ich habe Pseudonyme immer verachtet, und mir ist zu spät aufgegangen, wie falsch das war.

Bestens
Raymond Chandler

AN LEROY WRIGHT

6005 Camino de la Costa
La Jolla, California
12. April 1950

Lieber Mr. Wright:

Wie viele andere Leute muß ich oft die Feststellung machen, daß ich nicht recht weiß, wovon ich rede. Nach jahrelangem Geschichtenschreiben über das Polizeipräsidium von Los Angeles, die Mordkommission usw. habe ich mich ein bißchen in der Wirklichkeit umgetan und gesehen, wie dort tatsächlich gearbeitet wird. Ich war ein bißchen überrascht von der Bescheidenheit der Einrichtungen. Dasselbe auch bei den Privatdetektiven. Ich will mich da sachkundig machen. Würden Sie vielleicht irgendwann, wenn Sie nicht zu beschäftigt sind oder wenn irgendwer in Ihrem Büro nicht allzuviel zu tun hat, so gut sein, mir ein paar Auskünfte über den gegenwärtigen Status des zugelassenen Privatermittlers zu geben? Speziell die folgenden (die aber nicht alles einschließen):
Welche Behörde vergibt die Lizenz? Wie muß er sich qualifizieren? Was sind seine Rechte, Privilegien und Pflichten? Welche Informationen gibt er, und was steht auf der Lizenz? Muß diese sichtbar an der Wand seines Büros hängen? Wie hoch ist seine Bürgschaft? Sind seine Fingerabdrücke bei der örtlichen Polizei und beim FBI registriert? Hat er automatisch das Recht, Waffen zu tragen, oder muß er es sich wie jeder andere auch erwerben? Fällt

dies in die Zuständigkeit des Sheriffs oder wessen? Werden seine Waffen registriert und getestet? Von wem?

Wie läuft eine Beschwerde gegen ihn – a) seitens eines Privatmanns, b) seitens einer Polizeibehörde? Wie wird im Verfolg einer solchen Beschwerde vorgegangen (angenommen, es dreht sich nicht um eine Verbrechensbeschuldigung)? Aufgrund welcher Verstöße kann seine Lizenz eingezogen werden? Wenn sie für einen begrenzten Zeitraum ausgestellt ist (wie hoch ist die Gebühr?), wird sie dann automatisch verlängert oder muß er einen neuen Berechtigungsnachweis erbringen?

In welchem Umfang besteht Schweigepflicht für Informationen, die er von einem Klienten erhält? (In vielen Geschichten spielt das eine Rolle.) Hat er eine irgendwie größere Festnahmebefugnis als der gewöhnliche Bürger? Kann er selber ohne Bürgschaft als wichtiger Zeuge nach dem Ermessen der Staatsanwaltschaft festgehalten werden? Hat er irgendein Abzeichen (nachdem er ja kein uniformierter Sonderbeamter ist wie die Männer, die auf Baseballplätzen, Filmgeländen usw. patrouillieren)? Welche Ausweispapiere *muß* er bei sich tragen?

Der Privatdetektiv der Romanliteratur ist natürlich reine Phantasie. Es gibt ihn nicht und konnte ihn nie geben. Er ist die Personifikation einer Attitüde, die Übertreibung einer Möglichkeit. Aber das sollte für ihn noch kein Grund sein, nicht die Vorschriften zu kennen, unter denen er operiert. (Der Privatdetektiv im wirklichen Leben ist, nebenbei bemerkt, in dieser Hinsicht oft ziemlich ahnungslos.)

Besten Gruß
Raymond Chandler

AN HAMISH HAMILTON

6005 Camino de la Costa
La Jolla, California
18. Mai 1950

Lieber Jamie:

Ich muß mich bei Ihnen noch für den Turgenjew aus Ihrer Roman-
bibliothek und für Eric Partridges *Here There and Everywhere*
bedanken. Übrigens, woher kommt diese Schreibweise von Turge-
nev? Warum ist das *i* nach dem *n* verschwunden? Im Russischen
gibt es einen Buchstaben, der wie *ny* ausgesprochen wird, wie
spanisch *n* mit Tilde oder portugiesisch *nh*. Ich frage mich, wer
wohl diesen hirnverbrannten modernen Brauch aufgebracht hat,
fremdländische Eigennamen buchstäblich zu übertragen – ohne
Rücksicht auf die Tatsache, daß die fremden Buchstaben, obwohl
mit den englischen scheinbar identisch, im Klang doch nicht damit
übereinstimmen.

Partridge ist interessant, bereitet mir aber auch Unbehagen.
Diese gelehrten Spezialisten für Umgangssprache, Dialekte, Jargon, Slang usw. behandeln ein riesiges Gebiet, und man wundert
sich manchmal, wie akkurat sie sich dabei anstellen, wenn man
zufällig einen kleinen Teil ihres Gebiets ziemlich genau kennt und
die Feststellung macht, daß sie bei aller Akkuratesse doch durchaus nicht immer ins Schwarze treffen. Nehmen Sie zum Beispiel
S. 104, 1.16: *chiv*. Das bedeutet nicht *razor*. *Chiv*, oder gebräuch-
licher *shiv*, bedeutet *knife, a stabbing or cutting weapon*, vielleicht
(aber ich glaub's nicht recht) gelegentlich auch *razor*, aber das ist
nicht die Grundbedeutung. S. 105, 1.15: *flop* bedeutet *to go to bed*
und enthält somit auch den Gedanken des Schlafens, bedeutet
aber nicht *to sleep*. *Flophouse* ist ein *cheap transient hotel*, wo
eine Menge Menschen in großen Sälen schlafen. Ich bezweifle
auch die Übersetzung von *gay-cat* mit *look-out man or finder*. Ein
gaycat ist ein *young punk who runs with an older tramp*, und das
Wort enthält stets eine Konnotation von Homosexualität. Dann
wieder könnte er auch ein *look-out (outside man)* oder ein *finder
(Finger* bzw. *finger man)* sein, aber das ist eine abgeleitete oder
nur gelegentliche Bedeutung und nicht exakt. Auf derselben Seite:

piped bedeutet nicht *found,* sondern *saw* oder *spotted (with the eyes)*. *Flivvers* sind nicht *cheap cars;* es sind Fords und nur Fords, wenigstens hier in der Gegend. Ich habe das Wort nie auf ein anderes Fabrikat anwenden hören. Natürlich gab es 1926, als das Buch geschrieben wurde, keine anderen Autos, die so billig waren. Am nächsten kam noch der Chevrolet, der immer *chevvy* heißt – *(a couple of flivvers and a chevvy).* S. 107, 1.18: *case dough.* Das heißt in Wirklichkeit dasselbe wie *nest egg,* nicht *money for a trial,* was höchstens eine von vielen, vielen Nebenbedeutungen sein könnte. Es ist schlicht *the theoretically untouchable reserve for emergencies* – das und nichts weiter. *(I am down to case dough* bedeutet *I've spent all my spare money and have nothing left but a get-away stake* usw.) In seiner Analyse des *queer* ist Partridge ohne Zweifel historisch korrekt und alles, aber im modernen amerikanischen Slang hat es nur zwei Bedeutungen: *counterfeit* und *sexually abnormal.* Irgendwo in der Gegend bringt oder zitiert er *beak* mehrmals in der Bedeutung *judge.* In England, ja, aber nicht in Amerika. Jeder, der sich einmal einen älteren Richter mit seiner Perücke auf dem Kopf angesehen hat, weiß, warum der Mann *beak* genannt werden könnte. Hier aber greift das nicht. Auch ist *Walla Walla* (S. 106) nicht ein *penitentiary for women.* Es ist das *Washington State Penitentiary,* ganz wie Sing-Sing oder San Quentin. Im Kapitel über den Soldaten-Slang grast er ein weites Feld ab, auf dem ich mich nicht auskenne. Aber manche seiner Anmerkungen wollen mir nicht in den Kopf. *P.B.I.* (S. 64) nennt er *a term rarely used by the «poor bloody infantry» themselves.* Dabei war das in meiner Einheit immer eine gängige Bezeichnung. Hat er nicht auch einige der gebräuchlichsten Ausdrücke übersehen? Zum Beispiel *bombproofer, cushy job, bivvy* und vor allem *napoo, strafe* (mit langem a) für *bombardment (the morning strafe), street cars* für *heavy long range shells, whizzbangs* für *rapid small shells,* und das unnachahmliche amerikanische *gold-brick,* das dem englischen *leadswinger* ebenso überlegen ist wie *milk run* (aus dem letzten Krieg) dem englischen *piece of cake.*

Was mich bei diesen gelehrten Exkursionen in die Unterwelt der Sprache immer verstört, ist der Umstand, daß ihre Ergebnisse so nach Lexikon riechen. Die sogenannten Experten auf diesem Gebiet schauen dauernd in die Bibliothek und sehr selten nur dem Volk aufs Maul. Es geht ihnen einfach nicht auf, welch großer Anteil dieser Cant-Ausdrücke (wobei ich den Begriff *cant* sehr weit fasse, ein bißchen zu weit vielleicht) literarischen Ursprungs ist, wie viele davon erst in den Mund von Gaunern und Polizisten gelangt sind, *nachdem* Schriftsteller sie erfunden hatten. Es ist für einen Literaten sehr schwierig, zwischen einem echten Gaunerwort (wie *back-door parole,* Knast-Slang fürs Sterben im Gefängnis) und einem erfundenen (wie *Chicago overcoat* für den Sarg) zu unterscheiden. Wie sagt man einem Menschen in harter Sprache, daß er sich entfernen soll? *Scram, beat it, take off, take the air, on your way, dangle, hit the road* und so weiter. Alles ganz schön. Aber nun nennen Sie mir doch den klassischen Ausdruck, den Spike O'Donnell gebraucht hat (einer von den O'Donnell-Brüdern in Chicago, dem einzigen kleinen Grüppchen, das den Mumm hatte, der Capone-Bande zu sagen, sie solle sich zum Teufel scheren). Er sagte: *Be missing.* Die Zurückhaltung, die darin liegt, ist tödlich.

Quer durch sein ganzes Stück *The Iceman Cometh* hat O'Neill den Ausdruck *the big sleep* als Synonym für Tod gebraucht. Er hat das, soweit man da nach dem Kontext urteilen kann, mit aller Selbstverständlichkeit getan, offenbar in dem Glauben, es handle sich dabei um einen gängigen Unterweltausdruck. Sollte das zutreffen, so wüßte ich gern, woher er kommt, denn ich habe den Ausdruck erfunden. Es ist durchaus möglich, daß ich ihn nur nacherfunden habe, aber im Druck ist er mir, bevor ich ihn verwendete, nie begegnet, und solange ich nicht den Gegenbeweis in Händen habe, werde ich weiterhin glauben, daß O'Neill ihn von mir übernommen hat, direkt oder indirekt, und nur des Glaubens war, ich gebrauchte da einen Standardausdruck. Der ganze Tenor seiner Schreibweise in diesem Stück zeigt, daß er sehr wenig von seinem Thema versteht.

[...]

Ich bitte Mr. Partridge um Entschuldigung, aber wenn er sich auf dieses Gebiet begibt, muß er darauf gefaßt sein, es mit Leuten wie mir zu tun zu bekommen.

[...]

AN DALE WARREN

6005 Camino de la Costa
La Jolla, California
14. Juni 1950

Lieber Dale:

[...]

Es muß rund zwanzig Jahre her sein, daß ich aufgehört habe, einen Hut zu tragen. Ich entsinne mich, daß ich noch jahrelang danach immerzu von Leuten gefragt worden bin, ob ich ihn irgendwo vergessen hätte. Und wieso eigentlich sieht ein Mann, der jahrelang keinen Hut getragen hat, noch immerzu aus wie ein Clown mit Hut? Oder hat er immer so ausgesehen?

[...]

Wunderliche Dinger, die Augen. Nehmen wir zum Beispiel die Katze. Die Katze hat, um Gefühl auszudrücken, nichts als ihre beiden Augen und ein bißchen Hilfestellung seitens der Ohren. Doch nun erwägen Sie, wie breit die Ausdrucksspanne ist, zu der eine Katze mit so kleinen Mitteln fähig ist.

Und dann denken Sie an die Riesenanzahl menschlicher Gesichter, in die Sie schon geblickt haben müssen und die nicht ausdrucksfähiger waren als eine gepellte Kartoffel. Was für eine Materialvergeudung da.

Ich habe einen Verleger in meinem neuen Buch, von dem ich das erste Kapitel geschrieben habe, und ich neige zu der Ansicht, daß dieses erste auch das letzte sein wird. Ich bin nie auf den Gedanken verfallen, Sie könnten den Wunsch haben, ein Exemplar meiner Novelle geschickt zu bekommen. Jedenfalls glaube ich auch nicht, daß ich noch eins habe, das ich Ihnen schicken könnte. Der *Cosmopolitan* hat sie gerade abgelehnt, und so fühle ich mich ziemlich klein und häßlich. Offenbar wechselt da im Moment wieder mal das Programm oder der Stil oder wie man diese Sachen bei einer Zeitschrift nennt. Warum zum Teufel können die Kerls nicht wenigstens gelegentlich mal was ablehnen, einfach weil es Mist ist?

»Sehr geehrter Herr, Ihre Erzählung ‹Mitternacht bei Morgendämmerung› ist von unserer Redaktion sorgfältig geprüft worden. Wir reichen sie Ihnen beiliegend zurück und empfehlen Ihnen, eine Büroschublade damit auszulegen.«
[...]
Sehr unzusammenhängender Brief. Tut mir leid.

Herzlich
Ray

AN HAMISH HAMILTON

6005 Camino de la Costa
La Jolla, California
23. Juni 1950

Lieber Jamie:

Was Sie über Ihre Paris-Reise schreiben, klingt nach der typischen Lustfahrt des Verlegers – jede Mahlzeit ein Interview, und vom Morgen bis zum Abend Autoren, die ihm zu den Taschen rein- und rauskrabbeln. Ich weiß nicht, wie Verleger diese Touren aushalten. Ein einziger Schriftsteller schon würde erreichen, daß ich eine ganze Woche total erledigt wäre. Und Sie haben zu jeder Mahlzeit einen. Es gibt in der Verlagsarbeit so manches, was mir durchaus gefallen könnte, aber der Umgang mit Schriftstellern gehört nicht dazu. Ihre Egos verlangen zuviel Streicheleinheiten. Sie führen ein überspanntes Leben, in dem viel zu viel Menschlichkeit für viel zu wenig Kunst geopfert wird. Ich glaube, das ist auch der Grund, weshalb ich schon vor Jahren beschlossen habe, nie etwas anderes zu sein als ein Amateur. Wenn ich das Talent hätte, zur ersten Garnitur zu gehören, würde mir doch immer der harte Kern der Selbstsucht fehlen, der notwendig ist, wenn man so ein Talent voll ausbeuten will. Der schöpferische Künstler scheint fast die einzige Art Mensch zu sein, dem man nie auf neutralem Boden begegnen kann. Man kann ihm nur als Künstler begegnen. Er sieht nichts

objektiv, weil sein eigenes Ego bei jedem Bild dauernd im Vordergrund steht. Selbst wenn er einmal nicht von seiner Kunst redet, was selten genug vorkommt, denkt er aber doch immer daran. Wenn er Schriftsteller ist, neigt er dazu, nur mit anderen Schriftstellern zu verkehren und mit den diversen Schmarotzern, die sich vom Schreiben mästen. Für all diese Leute ist die Literatur mehr oder weniger die zentrale Tatsache des Daseins. Wohingegen sie für eine Unzahl durchaus intelligenter Menschen eine unwichtige Nebensache ist, ein Mittel zur Entspannung, zur Flucht, eine Informationsquelle, und manchmal eine Inspiration. Aber sie könnten weit leichter ohne sie auskommen als ohne Kaffee oder Whiskey.
[...]

Herzlich stets Ihr
Ray

AN JAMES KEDDIE

6005 Camino de la Costa
La Jolla, California
15. August 1950

Lieber Mr. Keddie:

[...]
Dank Ihnen auch für Ihren Bericht über die Verfahrensweisen von *The Speckled Band*. Nein, ich glaube nicht, daß Sie mich bekehren konnten. Das liegt nicht daran, daß ich etwa hochmütig wäre gegenüber den Gläubigen oder gar gegenüber dem großen Sherlock selbst. Es ist einfach so, daß sich in meinem Leben anscheinend kein Hohlraum mehr findet, den der Kult um den Meister allein ausfüllen könnte. Wenn es mich zu irgendwelchen esoterischen Aktivitäten dieser Art hinzöge, würde ich sie, denke ich, wohl in einer Gruppe entfalten, die sich der verzweifelten Analyse gewisser wirklicher, nie zufriedenstellend aufgeklärter und natürlich auch nie mehr aufklärbarer Verbrechen widmete. Denken Sie

zum Beispiel an den Fall Maybrick, an den Fall Julia Wallace, an das Verschwinden von Richter Crater und so weiter und so fort. Oder, um es anders zu verdeutlichen, ich würde untersuchen mögen, wie und durch welchen grotesken Akt legalistischer Schlußfolgerung die besten juristischen Köpfe in England (mit einer Ausnahme) imstande waren, sich davon zu überzeugen, daß der verstorbene William Joyce, Lord Haha, seinem obersten Landesherrn, der Majestät des Königs, loyale Untertanentreue schuldig gewesen sei, und ihn aus dieser Auffassung heraus wegen des Verbrechens, Ermutigung und Beistand zu bringen des Königs Feinden, zu verurteilen, und zwar auf das Zeugnis (und dies war der einzige Beweis, der im Prozeß erbracht wurde) eines einzelnen Kriminalinspektors hin, der einmal auf einer Versammlung in England William Joyce gehört hatte und einmal eine Rundfunksendung von Lord Haha gehört hatte und behauptete, es handle sich um denselben Mann.* Die Geschichte der tatsächlichen Prozesse ist so voll von diesen wunderschönen und unmöglichen Wirrknäueln, daß eine Beschäftigung mit den Quisquilien des Lebens von Sherlock Holmes mir eher wie Energieverschwendung vorkommt − wogegen natürlich nichts einzuwenden wäre. Ich würde sagen, sie ließe sich mit der Abfassung sapphischer Oden vergleichen oder dem Studium des provenzalischen Französisch.

Mit den freundlichsten Grüßen
Raymond Chandler

---

* Joyce wurde wegen Hochverrats (Rundfunkpropaganda für Deutschland während des Zweiten Weltkriegs) verurteilt.

AN BERNICE BAUMGARTEN

6005 Camino de la Costa
La Jolla, California
13. September 1950

Liebe Bernice:

[…]

Ich schinde mich immer noch für Warner Brothers ab, mit diesem Hitchcock-Ding, von dem Sie vielleicht oder vielleicht auch nicht gehört haben.* An manchen Tagen finde ich's ganz lustig, und an anderen kommt's mir wie eitel Narrheit vor. Das Honorar nimmt sich sehr ansehnlich aus, ist's aber in Wirklichkeit nicht. Ich bin zu gewissenhaft, und obwohl ich nicht mehr annähernd so fix arbeite, wie ich's vor zwanzig Jahren gekonnt hätte, geht mir der Job doch ein gut Teil schneller von der Hand, als er's verlangt oder von Rechts wegen erwarten dürfte. Zum größten Teil ist die Arbeit langweilig, unwirklich, und ich habe nie das Gefühl, daß sie was wäre, was ich besser könnte als sonst wer. Spannung als absolute Qualität ist mir nie besonders wichtig erschienen. Bestenfalls ist sie ein Zuwachs sekundärer Art und schlimmstenfalls der bloße Versuch, etwas aus nichts zu machen.

[…]

Mit den freundlichsten Grüßen
Ray

---

* Das Drehbuch zu *Strangers on a Train*, Regie Alfred Hitchcock.

AN HAMISH HAMILTON

6005 Camino de la Costa
La Jolla, California
28. September 1950

Lieber Jamie:

Nun, da wären wir denn (wie der liebenswürdige Typ in der Operette sagte) wieder auf dem Schauplatz unserer früheren Triumphe. Ich habe die letzte Lieferung meines Filmskripts Dienstag abend abgeschickt.* Sie traf bei Warner Bros am Mittwoch morgen ein – anscheinend gegen 8.30 früh. Um neun erhielt ich ein Telegramm von meinem Agenten, daß meine Gehaltszahlungen beendet seien. Nun stellen Sie sich einmal die rasende Geschwindigkeit vor, mit der sich diese Kerls, und auch noch so zeitig am Morgen, ins Zeug gelegt haben, um mich ja nicht noch einen halben Tag oder so extra bezahlen zu müssen! Die Lumpen; kein Wunder, daß noch nie, oder kaum je, ein Mensch den Versuch gemacht hat, ihnen auf ethischer Basis zu begegnen. Eine Woche lang während der Zeit hatte ich eine leichte Lebensmittelvergiftung und konnte nicht viel arbeiten, und so lehnte ich es ab, Geld dafür zu nehmen. Trotzdem habe ich dann, um einen Ablieferungstermin einzuhalten, von dem ich gar nichts wußte, als ich den Job übernahm, samstags und sonntags durchgearbeitet, um aufzuholen. Ich hätte ebenso leicht auch die Schlußseiten noch bis Ende dieser Woche zurückhalten können. Aber ich sagte mir: Laß, du hast es hier nicht mit Geizkrägen zu tun. Das war falsch. Es sind mickrige Geizkrägen. Sie heuern sich Schreiber als ein notwendiges Übel an, weil all die brillanten Zweitbeurteiler, die einem genau sagen können, was alles falsch ist an dem, was man gemacht hat, selber nichts zustande bringen. Sie heuern sich Schreiber an, sagte ich, und manchmal zu einem hohen Gehalt (meins ist für die gegenwärtigen Verhältnisse in Hollywood sehr hoch), aber sie hassen sie jede Minute. Sie würden lieber tausend Eier einsparen,

---

* Drehbuch zu *Strangers on a Train*.

indem sie einem Schreiber den Hahn zudrehen, noch ehe er hat Luft holen können, als fünfzigtausend durch etwas mehr Gehirntätigkeit während der Produktion.

Der Film wird schwerlich besser als *Stage Fright,* der hier nicht besonders hoch bewertet wird. Man scheint bei Hitchcock ganz allgemein das Gefühl zu haben, daß er zu große Töne gespuckt hat, aber das ist bei einem Mann von Begabung immer eine gefährliche Annahme. Er *ist* entschieden ein Mann von Begabung, aber er gehört zu dem Typus, der außerhalb seines Spezialtalents ziemlich beschränkt ist. Manche Filmemacher scheinen, wie auch manche Schriftsteller, bei ihrer Arbeit immer nur einen kleinen Teil ihrer wirklichen Fähigkeiten einzusetzen. Die gehören zu der Klasse, die ich Amateure nenne; sind sie groß genug, so sind sie Genies. Andere können irgendwas Spezielles äußerst gut über die Bühne bringen, aber daß dergleichen in ihnen steckt, würde man nie vermuten, wenn man ihnen bloß beiläufig begegnet. Das sind die Techniker. Ich würde sagen, daß Hitch zu dieser Gruppe gehört, aber natürlich kenne ich den Mann nicht wirklich. Ich hatte ein paar Diskussionen mit ihm, und dann blieb er für mich unsichtbar. Es ist sehr ungewöhnlich für einen Schreiber, ein ganzes Drehbuch ohne eine einzige Konferenz mit dem Produzenten zu machen. Vielleicht war er zu der Überzeugung gelangt, das sei die beste Art, mich zu behandeln. In bestimmter Hinsicht war das schlau von ihm. Ich arbeitete für meine Verhältnisse sehr schnell. Selbst wenn mein Skript nicht so vollkommen war, wie es bei etwas mehr Diskussion über hakige Stellen hätte werden können, bekam er's ziemlich billig, wenn man bedenkt, wie wenig noch dran zu machen war. Das Buch hatte eine Idee, und das war alles. Aber ich habe derart schnell nicht gearbeitet, um Hitchcock oder den Warners zu gefallen. Ich habe schnell gearbeitet, weil ich das Gefühl hatte, daß 10 oder 12 Wochen das Äußerste seien, was ich auf einen Filmjob verwenden könnte. Schließlich streiche ich jetzt Kapital ein. Mehr ist der Job nicht wert. Die meisten der Jungens gehen davon aus, daß sie ja, solange sie arbeiten, bezahlt werden: also woll'n wir mal langsam machen, Leute. Ich dagegen habe die Einstellung, daß die Arbeit beim Film eine zu wertvolle Verbindung darstellt, als daß man sie ganz aufgeben sollte, aber nicht wertvoll genug, um sich das ganze Leben davon beherrschen zu lassen. Lohnschreiberei ist in kleinen Dosen gar nicht schlimm, aber man muß diese Dosen wirklich klein halten. Ich weiß, daß Krimiautoren in gewissen Kreisen als Lohnschreiber gelten, einfach weil sie Krimiautoren sind. Das ist eine Geistesverwirrung, meiner Meinung nach. Ein Schriftsteller, der ein bestimmtes Schema akzeptiert und damit arbeitet, ist nicht mehr Lohnschreiber, als Shakespeare es war, der sich, um sein Publikum zu fesseln, zu einer gewissen Portion Gewalt und einer gewissen Portion niedriger Komödie bequemen mußte, nicht mehr Lohnschreiber, als die Renaissance-Maler es waren, die der Kirche zu Gefallen die religiösen Motive ausbeuten mußten. Meine Definition geht dahin, daß ein Lohnschreiber ein Mann ist, der sich von jemand anderem sagen läßt, wie und was er zu schreiben hat, der, wenn er ein Schriftsteller ist, nicht nach einem akzeptierten Schema arbeitet, sondern nach der Definition, die irgendein Herausgeber diesem gibt. Aber die Grenze bleibt immer fließend.

[...]

Herzlich immer Ihr
Ray

AN JAMES KEDDIE

6005 Camino de la Costa
La Jolla, California
29. September 1950

Lieber Mr. Keddie:

[...]

Ja, ich kenne die Bücher von Austin Freeman und Freeman Wills Crofts sehr gut. Ich denke, meine Lieblings-Freemans sind *Mr. Pottermack's Oversight* und *The Stoneware Monkey*. Freemans sind sehr schwer zu bekommen. *The Stoneware Monkey* habe ich seit meiner ersten Lektüre nicht wieder ergattern können.

Auch *Pontifex, Son and Thorndike* ist sehr gut. Die Hansom-Ära wirkt auf mich sehr anheimelnd. Und ich freue mich immer an den langen Spaziergängen durch London, die Thorndike und Jervis ganz wie selbstverständlich zu unternehmen scheinen. Ihre Beine werden offenbar nie müde. Tatsächlich ist Freeman als Schriftsteller ziemlich armselig, verglichen mit Conan Doyle. Wenn man ihn laut liest, muß man lachen, so gestelzt kommt er daher. Und Thorndike ist zuweilen doch ein rechter Langweiler, besonders wenn er Jervis erklärt, daß er nun doch alle Tatsachen beisammen habe und, wenn er sich hinsetze und sie studiere, eigentlich mit ein paar Ideen überkommen müsse. Kann's denn die Möglichkeit sein, daß der scharfsinnige Dr. Thorndike jemals ernstlich annimmt, Jervis werde mit einer Idee überkommen? Dr. Watson, obwohl ebenfalls kein Geistesriese, sah sich bei Gelegenheit doch immerhin imstande, eine in Maßen verständige Bemerkung zu machen. Nicht so Dr. Jervis. Sein Kopf ist ein absolut leerer Raum. Einige der köstlichsten Momente bei Freeman sind für mich die Szenen, wo Thorndike sich bei Jervis höflich erkundigt, ob er am folgenden Tag auch nicht zu viele Verpflichtungen habe, um ihn auf einer Expedition zu begleiten. Natürlich ist Jervis immer frei. Er wird immer Zeit haben. Man kann sich kaum vorstellen, daß jemand ihn zu einer Aufgabe heranziehen würde, die mehr Begabung erforderte als das Abschreiben einer Wäscheliste. Ob Freeman wirklich gute Detektivgeschichten schreibt oder nicht, ist eine ganz andere Frage. In Fällen, wo es, wie zum Beispiel in *The Mystery of 31 New Inn*, keine Analyse von wissenschaftlicher Evidenz gibt, sind sie stellenweise äußerst transparent. Wo die Lösung eines Kriminalfalls jedoch über die korrekte Analyse von wissenschaftlicher Evidenz läuft, erhebt sich die Frage der Ehrlichkeit. Ich weiß sehr wohl, daß sie ein großes Problem bei Detektivgeschichten bildet – einfach, was Ehrlichkeit sei. Aber wenn man die Grundprämisse akzeptiert, wie ich's tue, daß nämlich bei einem Kriminalroman der Leser selbst imstande sein sollte, das Problem zu lösen, wenn er allen gegebenen Hinweisen die angemessene Aufmerksamkeit geschenkt und die richtigen Schlüsse aus ihnen gezogen hat, dann, sage ich, hat er keinerlei Chance, sobald von ihm, besagte Hinweise auszuwerten, Expertenkenntnisse in Archäologie, Physik,

Chemie, Mikroskopie, Pathologie, Metallurgie und verschiedenen anderen Wissenschaften gefordert werden. Wenn ich, um zu wissen, wo ein Mensch ertrunken war, die in seiner Lunge gefundenen Fischschuppen identifizieren muß, dann darf von mir als Leser eben nicht erwartet werden, daß ich sagen kann, wo er ertrunken war. Es sollte von mir nicht erwartet werden. Und wenn ich, um den Fall zu lösen, gerüstet sein muß, diesen speziellen Lösungsweg zu begehen, dann ist der Hinweis, jedenfalls was mich betrifft, im Effekt genauso wertlos, als wäre er überhaupt nicht gegeben worden. Trotz alledem aber habe ich eine sehr hohe Meinung von Freeman. Sein Schreiben ist gestelzt, aber es ist nie so beschränkt, wie Crofts' Schreiben beschränkt ist. Das soll heißen, es wird niemals platt. Es ist bloß altmodisch. Seine Probleme sind immer in sich interessant, und die Erklärungen am Schluß sind Meisterstücke luzider Analyse. Thorndike ist ein bei weitem genauerer Denker als Sherlock Holmes. Er ist der einzige Experte in der Romanliteratur, der den wirklichen Experten wie Sir Bernard Spillsbury gewachsen gewesen wäre – und, meine ich, noch mehr als gewachsen.

Mit den freundlichsten Grüßen
Raymond Chandler

AN DALE WARREN

6005 Camino de la Costa
La Jolla, California
4. Oktober 1950

Lieber Dale:

[...]

Ein freundlicher Freund im Osten berichtet mir, daß ich in der *New York Times* von einem John Dickson Carr eine stinkschlechte Rezension abgekriegt habe, so stinkschlecht etwa wie die, die Anthony Boucher mir verpaßt hat. *Time* spricht davon, er habe mich «tödlich genau anvisiert». Ich habe die Besprechung selber nicht gesehen. Offensichtlich sind Leute wie Boucher und Carr schon im voraus entschlossen, mich nicht leiden zu können, weil ihnen nicht verborgen geblieben ist, daß ich ihre Art der Kriminal-story wohl für die schiere Langweilerei halte, selbst wenn sie ein Erkleckliches besser geschrieben ist, als sie je schreiben könnten. Das einzig Tödliche dabei liegt in der Voraussetzung, daß der geeignete Mann, ein Buch zu rezensieren, jemand ist, der nach einer Gelegenheit geifert, dem Autor sein Messer in den Leib zu rennen, eine schädlich gemeine Theorie der Kritik, die nichts schmecken kann als ihre eigene Galle. Wenn diese Leute meine Ansichten nicht mögen, warum setzen sie sich nicht hin und wider-legen sie auf derselben Ebene, statt nur zu warten, bis ich etwas anderes geschrieben habe und dann daran ihren Spleen auszulas-sen? Ich könnte eine bessere Verteidigung des deduktiven Krimis schreiben als sie.

[...]

Es sollte im Rezensionsgeschäft doch ein paar ethische Regeln geben. Wenn mir ein Buch von Mr. John Dickson Carr angeboten wird – vorausgesetzt, ich machte überhaupt Buchbesprechungen –, stürze ich mich dann auf die Gelegenheit, weil ich weiß, es wird mir sicher mißfallen und ich mache mir einen Festtag daraus, Giftigkeiten darüber abzusondern? Nein, danke bestens, ich bin nicht der richtige Mann für diesen Job. Ich bin voreingenommen. Ein Rezensent muß vielleicht nicht unbedingt so gerecht sein wie Aristides, aber er sollte wenigstens in der Lage sein, das Gute in Büchern zu sehen, die ihm persönlich nichts bedeuten. Wenn der Chefredakteur des Feuilletons der *Times* die Tatsachen kennt und bietet die Rezension mit Vorbedacht jemandem an, der just ein scharfes Messer hat und damit auf den Autor wartet, dann ist der Chefredakteur des Feuilletons der *Times* kein ehrenwerter Mann. Natürlich ist das eine heillos blauäugige Art, die Dinge zu sehen. Der Mann ist vermutlich bloß ein ängstlicher Lohnschreiber, der um seinen Job fürchten muß, wenn er nicht genügend ganzseitige Anzeigen reinholt. Und Ihr Verleger deckt ihn dabei. Für euch ist der Spaltenraum alles, was zählt. Ihr hättet zwar auch lieber eine gute Besprechung, aber eine schlechte ist besser als gar keine. Eine schlechte von einer Spalte Länge ist besser als eine gute von nur einer Viertelspalte. Und nach allem, was ich weiß, mögt ihr da sogar recht haben. Ich ahne nicht, wieviel Platz die *Times* für diesen letzten Job zur Verfügung gestellt hat. Ich denke, sie hat der *Little Sister* eine ganze Spalte eingeräumt. Aber da überlege ich denn doch – hat sie diesen Platz Mr. John Dickson Carr gegeben, oder hat sie ihn mir gegeben, oder hat sie ihn nur auf Ihre ganzseitige Anzeige hin gegeben? Interessanter Gedanke, nicht? Mein Gott, was für ein elend dünnes Geschäft die Zeitungs- und Zeitschriftenkritik doch geworden ist! Wie viele Kritiker könnten Sie nennen, deren Meinungen oberhalb bloßer Kaminplauderei oder bezahlter Kundenwerbung für die Leihbüchereien auch nur irgendwie von Belang wären? Wie viele, die wirklich etwas vom Schreiben verstehen, über den Umstand hinaus, daß sie selber ihre Rülpser damit ablassen? Wie viele könnten Sie nennen, die in der Lage wären, eine Buchseite zu lesen und genau zu erkennen, ob der Verfasser ein echter Schriftsteller ist, ungeachtet seiner Ansichten zur laufenden gesellschaftlichen und politischen Szene? Wohl sicher nicht sehr viele. Sehn Sie sich an, was die Kerls mit dem alten Schlachtroß Hemingway gemacht haben, was sie ihm nun schon seit vielen Jahren antun. Er hätte schon viel früher aufgehört zu schreiben, hätte er nur den leisesten Verdacht gehabt, sie wüßten wirklich, wovon sie reden, es wäre keine Bosheit in ihrem System, und sie schössen aus dem Hinterhalt auf ihn gar nicht bloß deswegen, weil er sich durchgesetzt hatte. Machen wir uns doch nichts vor. Eine der Strafen für jede Art von Erfolg besteht darin, daß die Schakale einem nach den Haxen schnappen. Sie hassen einen nicht, weil man schlecht ist. Sie sagen, man ist schlecht, weil sie einen hassen wollen.

Immer Ihr
Ray

AN CHARLES MORTON

6005 Camino de la Costa
La Jolla, California
9. Oktober 1950

Lieber Charlie:

Eine ziemliche Lücke in unserer einmal so interessanten Korrespondenz, finden Sie nicht auch? Das ist natürlich meine Schuld, denn der letzte Brief kam von Ihnen. Und Sie haben nur zu sehr recht, wenn Sie sagen, daß ich Ihnen einen Brief schulde. Seit langer Zeit schon bin ich praktisch jedem einen Brief schuldig. Warum? Offenbar wirkt sich da aus, was die Jahre einem antun. Das Pferd, das früher nur einen Schenkeldruck brauchte, muß heute mit der Peitsche angetrieben werden, damit es ein bißchen mehr leistet als seinen üblichen Paßgang. Statt bereit zu sein, jeden hart anzugehen, der daherkommt, ertappt man sich dabei, daß man sich jedesmal erst gut zureden muß, bevor man einen Fehdehandschuh aufnimmt. «Los, du Trödelsack, fang an und hau in die Tasten.» Soviel Energie dabei draufgeht, die Uhr aufzuziehen, so wenig bleibt übrig, sie in Gang zu setzen. Wir haben immer noch Träume, aber wir wissen jetzt, daß aus den meisten nichts mehr werden wird. Und wir wissen höchst glücklicherweise auch, daß es wirklich nichts ausmacht. Walter Bagehot hat mal geschrieben (ich zitiere aus einem zunehmend unzuverlässigen Gedächtnis): «In meiner Jugend hatte ich die Hoffnung, einmal große Sachen zu machen. Jetzt will ich's zufrieden sein, wenn ich ohne Aufsehen über die Runden komme.» In gewissem Sinne bin ich viel besser dran, als er's war, denn ich habe nie erwartet, daß ich große Sachen machen würde; und tatsächlich ist mir alles viel besser geraten, als ich's je erhoffen konnte. Aber je mehr die Energien schrumpfen, desto knausriger geht man damit um. Normalerweise sollte der Mensch sein Tagewerk tun, egal, was es ist, und dann ein paar Briefe schreiben, um mit Leuten, die er mag und persönlich nicht sehen kann, Verbindung zu halten. Aber ich stelle immer wieder fest, daß ich, wenn ich das hinter mich gebracht habe, was bei mir so das Tagewerk wäre, einfach wie ausgelaugt bin. Ich habe in den verdammten Briefen nichts mehr zu sagen. Ich fange sie an, bringe sie aber nicht zu Ende. Ich habe einen Ablagekasten, vollgestopft mit Durchschlägen von Briefen, die ich vor fünfzehn Jahren an bloß einen Menschen irgendwo hier geschrieben habe. Mein Gott, was hab' ich da alles zu sagen gehabt und wie gut im ganzen hab' ich's gesagt. Jetzt macht's mir langsam ein bißchen Mühe, überhaupt noch was zu sagen. Mir ist nur zu gut bewußt, daß ich das alles früher schon gesagt habe und besser gesagt habe.

Meine Komplimente an Mr. Weeks dafür, daß er zu der sehr kleinen Minderheit von Kritikern gehört, die es nicht für notwendig befunden haben, Hemingway seines letzten Buches wegen in seine Schranken zu weisen.* Was bringt die Kerls nur derart auf? Spüren sie, daß der alte Wolf verwundet ist, und wittern sie die gute Gelegenheit, ihn zu Boden zu reißen? Ich habe das Buch gelesen. Frank und frei, es ist nicht das beste, was er gemacht hat, aber es ist immer noch höllisch viel besser als alles, was seine Verleumder zustande brächten. Handlung ist nicht viel drin, es passiert kaum was, gibt kaum irgendwelche Szenen. Und grad aus diesem Grund, denke ich, treten die Manierismen irgendwie hervor. Man kann von Messerwerfern natürlicherweise keine Nachsicht erwarten; das Messerwerfen ist ihr Geschäft. Aber man sollte meinen, daß manche von ihnen sich doch vielleicht gefragt hätten, was er da eigentlich versucht hat. Offensichtlich hat er nicht versucht, ein Meisterwerk zu schreiben, sondern: in einem Charakter, seinem eigenen nicht ganz unähnlich, die Haltung eines Mannes zusammenzufassen, der am Ende ist und es weiß und der verbittert und wütend darüber ist. Offenbar ist Hemingway vorher sehr krank gewesen und nicht sicher, ob er wieder auf die Beine kommen würde, und da hat er eben ganz kursorisch zu Papier gebracht, was er in diesem Zustand für die Dinge im Leben empfand, die ihm am meisten bedeutet hatten. Wahrscheinlich sind diese affigen Besserwisser, die sich Kritiker schimpfen, der Meinung, er hätte das Buch überhaupt nicht schreiben sollen. Die meisten an

---

* Edward Weeks, Redakteur beim *Atlantic Monthly,* hatte Ernest Hemingways *Across the River and into the Trees* besprochen.

seiner Stelle hätten es auch nicht. Wenn ihnen so zumute gewesen wäre wie ihm, hätten sie gar nicht mehr den Mumm gehabt, noch etwas zu schreiben. Ich zum Beispiel hätte ihn nicht gehabt, da bin ich verdammt sicher. Das ist der Unterschied zwischen einem Baseball-Champion und einem Messerwerfer. Der Champion mag seine Kondition verlieren – zeitweise oder für immer, das kann er genau nicht wissen. Aber wenn er keinen harten Hochball mehr werfen kann, dann wirft er statt dessen sein Herz. Irgend etwas wirft er. Er geht nicht einfach vom Pitcher-Stand und heult. Mr. Cyril Connolly gibt in einer etwas gelinderen Messerwerferei, als die meisten der Besserwisser sie fertigbrächten, die Anregung zum besten, Mr. Hemingway sollte sich sechs Monate zurückziehen und bei sich Inventur machen. Der Sinn ist offenbar der, daß Hemingway die Halbstarken-Attitüde, die ihm viele so liebend gern zuschreiben, voll ausgeschlachtet habe und sich nun langsam intellektuell entwickeln und erwachsen werden sollte. Aber wieso denn? In dem Sinn, mit dem Connolly das Wort definieren würde, hat Hemingway nie das Verlangen gehabt, erwachsen zu sein. Manche Schriftsteller sind eben, wie manche Maler, die geborenen Primitiven. Eine Nasevoll Kafka entspricht keineswegs ihren Glücksvorstellungen. Ich vermute, die Schwäche, gar die Tragödie von Schriftstellern wie Hemingway liegt darin, daß die Sorte Stoff, die sie behandeln, eine immense Vitalität verlangt; und ein Mann entwächst nun einmal seiner Vitalität, unglücklicherweise ohne seiner Befassung damit zu entwachsen. Was Hemingway beschreibt, das kann nicht von einer Gefühlsleiche beschrieben werden. Was Connolly schreibt, kann's und wird's. Es hat seine kritischen Punkte. Manches davon ist sehr gut, aber man muß lebendig sein, um es schreiben zu können.

[…]

Mit den freundlichsten Grüßen
R.C.

AN HAMISH HAMILTON

6005 Camino de la Costa
La Jolla, California
13. Oktober 1950

Lieber Jamie:

[...]

Nein, ich verachte Hollywood durchaus nicht. Warum sollte ich? Die Leute dort sind in Geldsachen rabiat und hartgesotten, aber sie werden selber auch fürchterlich hergenommen und begaunert, nämlich von den Agenten, den Gewerkschaften, den Darstellern. Ihr Benehmen ist miserabel. Wie ein Freund von mir es mal ausgedrückt hat: «Sie sind arrogant, wo sie Bescheidenheit, und ängstlich, wo sie Mut zeigen sollten.» Sie geben sich extrem freundlich, wenn sie etwas wollen, und brutal gleichgültig, wenn das nicht der Fall ist. Ich habe zum Beispiel innerhalb von zehn Wochen ein Treatment und ein Drehbuch aus einer Story gemacht, von der außer der Idee nichts brauchbar war. Als ich anfing, sagte man mir, es hätte überhaupt keine Eile; auf der Hälfte etwa brachte ich in Erfahrung, daß es für den Drehbeginn einen äußersten Termin gab. Ich habe daraufhin so manche Nacht durchgearbeitet, auch samstags und sonntags, um das Ding rechtzeitig fertigzukriegen. Für eine Woche habe ich das Gehalt zurückgewiesen, weil ich von einer kleinen Lebensmittelvergiftung teilweise außer Gefecht gesetzt war und die volle Wochenarbeit nicht leisten konnte, wenn ich auch weiter dranblieb, so gut es ging. Ich habe dieses Drehbuch, was die Handlungsführung usw. betraf, nach besten Kräften so geschrieben, wie Hitchcock es wollte, und doch kein einziges Wort der Dankbarkeit oder Anerkennung dafür gehört, weder von Hitchcock selbst noch von irgendwem sonst bei Warners. Vielleicht mochten sie das Skript ja nicht. Aber wenn das so war, dann konnten sie das schon früher sehen, nämlich als es stückweise bei ihnen einging, und sie hätten mich nicht dranbleiben lassen müssen, denn ich hatte einen wochenweisen Vertrag. Ich finde einfach, daß man Leute nicht so behandelt, und auch vom rein praktischen Gesichtspunkt her sollte man's nicht tun. Auf die Art holt man nicht das Beste aus ihnen heraus. Aber das alles bedeutet nicht, daß es mir an Respekt für die vielen Leute mangelte, die in Hollywood sehr gute Arbeit leisten und das selbst dann noch versuchen, wenn sie die beste nicht hinbringen. Schließlich sind auch Intrige und Verleumdung dort nicht schlimmer als in anderen Großunternehmen oder auf der höheren Ebene im Staatsdienst. Zwei nichtsemitische Schreiber und ich haben einmal beisammengesessen und darüber gelästert, was für ein Schweinestall das Ganze wäre, und da machte einer von ihnen die völlig triftige Bemerkung: «Nun, schließlich und endlich wissen die Juden zu bezahlen, was sie kriegen. Wenn das Filmgeschäft von einem Haufen irischer Katholiken betrieben würde, müßten wir alle für fünfzig Dollar die Woche arbeiten.»

[...]

Herzlich immer Ihr
Ray

AN BERNICE BAUMGARTEN

6005 Camino de la Costa
La Jolla, California
16. Oktober 1950

Liebe Bernice:

[...]

Ich entnehme Ihrem Brief, daß wir mit den Büchern eine Saure-Gurken-Zeit haben. Laut Mr. Maugham (Somerset Maugham) hat das amerikanische Publikum mit dem Lesen Schluß gemacht und verbringt seine Zeit jetzt vor dem Fernseher. Nun, ich habe kürzlich selber ein bißchen Zeit damit verbracht, mir erstmals das Fernsehen anzuschauen, und meine Meinung ist, daß die Leute, die auf längere Strecken und mit einiger Regelmäßigkeit fernsehen, durchaus nicht mit dem Lesen Schluß gemacht haben. Sie haben nie damit angefangen. Es ist großenteils wie bei dem Schimpansen, der Violine spielt. Es klingt nicht rein; er spielt auch nichts, was sich als Melodie erkennen ließe; er hält den Bogen schief; er setzt die Finger falsch. Aber, du lieber Himmel, ist es nicht herrlich, daß er überhaupt Violine spielen kann?

[...]

Herzlich immer Ihr
Ray

AN FINLAY McDERMID

6005 Camino de la Costa
La Jolla, California
2. November 1950

Sehr geehrter Mr. McDermid:

Ich bin ein Flegel, daß ich mich noch nicht eher für Ihre beiden Briefe vom 7. Juli und 22. August erkenntlich gezeigt habe. Dabei erinnere ich mich sehr wohl noch der Stunde, da Sie mich (zu der gottlosen Zeit von 9.30 früh morgens) zu einem Projektionsraum brachten, wo ich dann allein saß und mir *The Big Sleep* anschaute. Ich versuchte mich damals für M.G.M. an einem Drehbuch der *Lady in the Lake,* und wir wollten uns äußerst ängstlich vergewissern, daß wir nicht sämtliche Effekte imitierten, die Warners in dem Howard-Hawks-Film hatten.

Was nun in der Arbeit an *Strangers on a Train* die Woche betrifft, die mir nicht bezahlt worden ist – was für ein verdammter Narr bin ich da gewesen! Ich hatte mir im Dienst, nämlich bei einem Essen mit Hitchcock, eine leichte Lebensmittelvergiftung zugezogen; und drei Tage lang saß ich bloß herum und blies Trübsal, um dann allerdings den Rest der Woche, einschließlich Samstag und Sonntag, weiterzuarbeiten. Tatsächlich habe ich während der ganzen Zeit, wo ich an dieser Aufgabe saß, auch an Samstagen und Sonntagen gearbeitet. Welche wunderliche Gewissensgrille mich veranlaßt hat, der Sache Gewicht beizumessen, ist mir schleierhaft. Ich muß wohl gedacht haben, ich hätte es mit Leuten zu tun, die in diesen Dingen genau so korrekt dächten wie ich.

Als ich den Auftrag übernahm, wurde mir von Mr. Hitchcock gesagt, es hätte keine Eile – absolut keine Eile; er wolle keinen Druck ausüben – absolut keinen Druck. Auf der Hälfte etwa hörte ich dann von seinem Faktotum, der Drehbeginn sei auf den 1. Oktober festgesetzt worden, weil Mr. Hitchcock in den Osten müsse, noch ehe die Blätter fielen, und er müsse das fertige Skript ein klein wenig vorher haben bzw. wünsche sich dies sehr; und es bestehe sogar die Möglichkeit (was allerdings bloßes Gerede gewesen sein mag), daß Mr. Hitchcock, wenn nicht noch vor dem 1. Oktober im Studio eine Seite mit dem Wort «Ende» eingetroffen sei, keine Erlaubnis zum Beginn der Dreharbeiten bekäme. So legte ich mich, wie's die Redensart sagt, ganz schön ins Zeug und vielleicht ein wenig mehr als nur ganz schön. Ich schloß das Skript am Dienstag abend, 26. September, ab, schickte es per Eilboten an Sie, und es muß am nächsten Tag in aller Frühe in Ihren Händen gewesen sein, denn ich bekam am nächsten Tag in aller Frühe telegraphisch Nachricht von Ray Stark, daß meine Gehaltszahlungen mit Wirkung von Montag abend beendet seien. Nebenbei, oder vielmehr nicht nebenbei, bin ich also für Dienstag, den 26. September, nicht bezahlt worden. Ich habe diesen Punkt mehrmals und an mehreren Stellen vorgebracht, und ich bin immer noch nicht bezahlt für Dienstag, den 26. September.

Natürlich bin ich von dem Gedanken ausgegangen, daß ich für die ganze Woche bezahlt würde. Unter den gegebenen Umständen wäre das gewiß nur ein Minimum an Anstand gewesen. Ich hätte die Arbeit sehr leicht noch bis zum Wochenende hinziehen können. Fast alle Schreiber, mit denen Sie zu tun haben, hätten das getan. Und in Anbetracht der Art, wie Hollywood seine Schreiber behandelt, wäre das, denke ich, sogar gerechtfertigt gewesen. Ich bin darüber bekümmert, Mr. McDermid. Ich giere nicht besonders nach Geld, aber ich giere nach fairer Behandlung.

Haben Sie eigentlich zur Kenntnis bekommen, daß dieses Drehbuch geschrieben wurde, ohne daß nach Beginn der Niederschrift auch nur eine einzige Besprechung mit Mr. Hitchcock stattfand? Nicht einmal ein Telephongespräch. Nicht ein Wort der Kritik oder der Anerkennung. Schweigen. Leeres Schweigen seither und bis heute. Sie sind viel zu klug, um zu glauben, ein Schriftsteller könnte unter solchen Bedingungen sein Bestes leisten. Es gibt immer Dinge, die man diskutieren muß. Es gibt immer Stellen, wo der Schreiber etwas falsch macht, weil er selber ja kein Meister der Kamera ist. Es gibt immer knifflige kleine Punkte, wo erforderlich wird, daß sich die Meinungen einigen, die Standpunkte annähern. Das alles war mir verwehrt. Ich finde das einigermaßen befremdlich. Ich finde es einigermaßen rücksichtslos. Ich finde es fast beispiellos ungezogen. Und ich meine, in Ihrem innersten Innern müßten Sie mir darin eigentlich beistimmen.

Ihr sehr ergebener
Raymond Chandler

AN FLEUR COWLES*

7. Nov. 1950

Sehr geehrte Mrs. Cowles:

Besten Dank für Ihren sehr netten Brief vom 21. Oktober und für die Zeit, die Sie sich zum Schreiben genommen haben. Ich muß gestehen, daß mir noch nie ein Heft von *Flair* unter die Augen gekommen ist, und die Höflichkeit legt wohl nahe, daß ich hinzufüge «zu meiner Schande». Ich hatte die Vorstellung, daß es sich dabei um eine fast phantastisch gescheite, geistreiche, intellektuelle Zeitschrift handle, und keine dieser Qualitäten nehme ich für mich in Anspruch. Natürlich werde ich mir jetzt ein Exemplar besorgen, denn ich sehe, daß mir einige Dinge entgangen sind, besonders Artikel wie *The New Expense Account Society* von John O'Hara und *The New Society in Crime* von Robin Harris.

---

* Herausgeberin der Zeitschrift *Flair*. Textwiedergabe nach einer Abschrift.

Was Ihren Vorschlag betrifft, einen Aufsatz für Sie zu schreiben, so würden Sie ihn vermutlich nicht machen, wenn Sie nicht dächten, daß ich ihm gewachsen sei; aber ich muß Ihnen sagen, daß ich vor geistreichen Ansprüchen sehr leicht ängstlich werde. In den Tagen, als ich noch den *Esquire* las, hat mich die spritzig spröde Qualität, besonders der Briefe in der Sparte «Schall und Wahn», ziemlich erschreckt. Mein Gott, dachte ich, wenn es da für nichts und wieder nichts schon so geistreich zugeht, wie würde das erst aussehen, wenn es Honorar dafür gäbe. Ich mußte aufgeben. Als erstes hätte ich sonst Champagner zu meinem Käsebrot verlangt und Caesar-Salat zum Frühstück.

Ich schicke eine Kopie Ihres Briefes an Carl Brandt in New York. Es zahlt sich immer aus, seinen Agenten wissen zu lassen, daß man in der Oberschicht Freunde hat.

AN HAMISH HAMILTON

6005 Camino de la Costa
La Jolla, California
10. November 1950

Lieber Jamie:

[...]

Wieso eigentlich wollen die Leute biographisches Material? Was liegt daran? Und wieso muß ein Schriftsteller über sich als Person reden? Das ist doch alles ganz langweilig. Ich bin in Chicago, Illinois, geboren, vor so verdammt langer Zeit, daß ich wünschte, ich hätte das Datum nie jemandem mitgeteilt. Meine Eltern stammten beide von Quäkern ab. Sie waren aber beide keine praktizierenden Quäker. Meine Mutter wurde in Waterford, Irland, geboren, wo es eine sehr berühmte Quäkerschule gab und vielleicht heute noch gibt. Mein Vater kam aus einer pennsylvanischen Farmerfamilie, wahrscheinlich einer aus dem Haufen, der sich mit William Penn dort ansiedelte. Im Alter von sieben hatte ich Scharlach in einem Hotel, und das ist, soweit ich weiß, eine sehr seltene Leistung. Ich erinnere mich hauptsächlich an das leckere Eis und an den Spaß, den ich daran hatte, mir während der Genesung die sich lösende Haut abzupellen. Ich verbrachte fünf Jahre in Dulwich und lebte anschließend noch zwei Jahre in Frankreich und Deutschland. Um die Zeit galt ich als britischer Untertan, da meine Mutter ihre britische Staatsangehörigkeit wiedergewonnen hatte, als ich noch minderjährig war. Infolgedessen wurde ich bei meiner Rückkehr in die Vereinigten Staaten, wie aus den Papieren hervorgeht, als britischer Staatsbürger zugelassen. Es bedurfte einer endlos langen Anstrengung und schließlich einer Klage gegen den Justizminister der Vereinigten Staaten, um das ändern zu lassen. Der entscheidende Rechtsgrund war, daß ein Minderjähriger nicht ausgebürgert werden kann, und ich weiß nicht, warum das für die Leute so schwer zu schlucken war. Es hat mich eine Menge Geld gekostet, es bei ihnen durchzusetzen. Ich hatte in London mehrere Jahre lang freien Journalismus gemacht, in ziemlich unauffälliger Weise. Ich schrieb Buchrezensionen, Essays usw. für die alte *Academy,* Skizzen und Verse für die *Westminster Gazette,* allerlei kuriosen Kleinkram hier und da usw. Ich diente in der I. Division der Canadian Expeditionary Force bei dem Unternehmen, das allgemein der Große Krieg hieß, und wurde später der R.A.F. zugeteilt, hatte aber die Fliegerausbildung noch nicht abgeschlossen, als der Waffenstillstand kam. Bis dahin hatte ich wenig Talent fürs Schreiben gezeigt, und das wenige war zersetzt von intellektuellem Snobismus. In Kalifornien traf ich mit schicker Garderobe ein, einem Public-School-Akzent, keinerlei praktischen Begabungen für den Erwerb des Lebensunterhalts und einer soliden Verachtung für die Einheimischen, die sich, wie ich mit Bedauern sagen muß, in einigem Maß bis auf diesen Tag gehalten hat. Ich mußte mich weidlich plagen, um auf meine Lebenskosten zu kommen. Einmal habe ich zehn Stunden pro Tag auf einer Aprikosenplantage gearbeitet, für zwanzig Cent die Stunde. Ein andermal für ein Sportartikelgeschäft, wo ich für 12 Dollar 50 die Woche Tennisschläger bespannen mußte, 54 Stunden pro Woche. Ich brachte mir dann selber Buchhaltung bei, und von da an war mein Aufstieg so rapide wie der Wuchs eines Mammutbaums. Das Geschäftsleben war mir fatal, aber trotzdem brachte ich's schließlich zum Vorstandsmitglied bzw. Direktor eines halben Dutzends unabhängiger Ölgesellschaften. Die Depression machte dem ein Ende. Während ich im Auto die Pazifikküste rauf- und runterfuhr, fing ich an, Schundmagazine zu lesen, einfach weil sie billig genug waren, daß man sie wegschmeißen konnte, und weil ich dem Zeug, das man so Frauenzeitschriften nennt, nie habe Geschmack abgewinnen können. Das war in den großen Tagen der *Black Mask* (falls ich das große Tage nennen darf), und es machte mich betroffen, daß manches von dem Geschreibsel stilistisch Kraft besaß und ehrlich war, auch wenn es in reichlich roher Form dastand. Ich gelangte zu der Ansicht, daß es gar nicht schlecht wäre, auf diesem Weg den Versuch zu machen, die Romanschriftstellerei zu erlernen und zugleich auch noch ein bißchen Geld dabei einzustreichen. Ich verbrachte fünf Monate über einer Novelle von 18 000 Wörtern und wurde sie für 180 Dollar los. Danach habe ich nie mehr zurückgeschaut, auch wenn mir beim Blick nach vorn noch so manchesmal recht unbehaglich zumute wurde. Den *Big Sleep* habe ich in drei Monaten geschrieben, aber eine ganze Menge darin war neu aufpolierter Stoff aus zwei Novellen. Das verlieh ihm Substanz, machte das Schreiben aber keineswegs leichter. Ich war immer ein langsamer Arbeiter. Im besten Monat, den ich je hatte, schrieb ich zwei Novellen zu je 18 000 Wörtern und eine Kurzgeschichte, die an die *Post* verkauft wurde. Für Gardner wäre das die Arbeit von ein paar Tagen, aber für mich war es eine phantastische Produktion, und ich habe seither nie wieder etwas Ähnliches erreicht. 1943 ging ich nach Hollywood, um mit Billy Wilder an *Double Indemnity* zu arbeiten. Das war eine mörderische Erfahrung und hat mir wahrscheinlich das Leben verkürzt; aber ich habe daraus auch soviel gelernt übers Drehbuchschreiben, wie ich zu lernen imstande bin, was allerdings nicht sehr viel ist. Ich stand danach dann bei der Paramount unter Vertrag und machte verschiedene Filme dort, darunter ein Originaldrehbuch, *The Blue Dahlia,* das aus dem Stand (das heißt ohne vorgegebene Story) geschrieben und innerhalb von zwanzig Wochen komplett gedreht wurde. Man sagte mir damals, das sei eine Art Rekord für einen hoch ausgestatteten Film. Alle meine Bücher, außer der *Little Sister,* sind verfilmt worden, zwei davon zweimal.

Wie jeder Schriftsteller, oder fast jeder Schriftsteller, der nach Hollywood geht, war ich am Anfang überzeugt, es müsse doch irgendeine Methode zu entdecken sein, beim Film zu arbeiten, ohne daß dabei das bißchen Schöpfertalent, das man zufällig vielleicht besitzt, vor die Hunde ginge. Aber wie andere vor mir machte ich die Entdeckung, daß ich da einem Traum nachhing. Das ist niemandes Schuld; es gehört zur Struktur der Industrie. Zu viele Leute haben dem Schreiber zuviel dreinzureden in seine Arbeit. Sie hört auf, seine eigene zu sein. Und nach einer Weile hört er selber auf, sie als ein Stück von sich zu sehen und zu umsorgen. Wohl überkommt ihn gelegentlich noch Begeisterung, aber sie wird ihm erstickt, noch ehe sie sich richtig zu entfalten vermag. Leute, die nicht schreiben können, sagen ihm, wie man schreibt. Er trifft gescheite und interessante Menschen, und mit manchen schließt er vielleicht sogar eine dauerhafte Freundschaft, aber das alles ist im Hinblick auf sein eigentliches Geschäft, das Schreiben, völlig nebensächlich. Wer als Drehbuchschreiber klug ist, trägt in Ruhe, künstlerisch gesprochen, seinen zweitbesten Anzug und nimmt sich die Dinge nicht allzusehr zu Herzen. Er sollte einen Hauch Zynismus haben, aber nur einen Hauch. Kompletter Zynismus ist für Hollywood so nutzlos wie für ihn selbst. Er sollte sein Bestes tun, ohne sich dabei zu überanstrengen. Er sollte gewissenhaft und ehrlich sein bei der Arbeit, aber er sollte nicht umgekehrt auch Gewissenhaftigkeit und Ehrlichkeit erwarten. Er würde enttäuscht werden. Und wenn er genug hat, sollte er mit einem Lächeln auf Wiedersehen sagen, denn er kann nie wissen, ob er nicht eines Tages vielleicht doch wiederkommen will.

Gegen Ende 1946 hatte ich genug. Ich zog nach La Jolla. Seither habe ich zwei Drehbücher geschrieben, eins unter nur gelegentlichen Besuchen im Studio, um die Story zu besprechen, und eins ganz ohne Besuche im Studio überhaupt. Ich werde vermutlich noch weitere machen, und wenn das der Fall sein sollte, werde ich sie so gut machen, wie ich's verstehe; aber mein Herz werde ich dabei für mich behalten.

Ich bin seit 1924 verheiratet und habe keine Kinder. Ich gelte als hartgesottener Autor, aber das besagt nichts. Was in meinen Büchern hartgesotten wirkt, ist bloß Projektionsmethode. Persönlich bin ich empfindlich und sogar schüchtern. Hin und wieder kann ich äußerst bissig und streitsüchtig sein; zu anderen Zeiten bin ich sehr sentimental. Ich bin kein guter Gesellschafter, weil ich mich sehr leicht langweile, und der Durchschnitt ist mir nie gut genug, weder bei Menschen noch sonstwo. Ich arbeite ziemlich sprunghaft, ohne feste Stunden, was heißen soll, daß ich überhaupt nur schreibe, wenn mir danach ist. Ich bin immer wieder überrascht, wie leicht es einem dann zu fallen scheint und wie müde man sich doch hinterher fühlt. Als Kriminalschriftsteller bin ich wohl eine gelinde Anomalie, denn die meisten Krimiautoren der amerikanischen Schule sind nur halbgebildete Leute; und ich gehöre nicht nur zu den Gebildeten, sondern zu den Intellektuellen, so sehr mir der Begriff auch mißfällt. Man könnte ja meinen, daß klassische Bildung für das Schreiben von Romanen in einem hartgesottenen Idiom eine ziemlich schlechte Voraussetzung sei. Ich erlaube mir da anders zu denken. Klassische Bildung bewahrt einen davor, sich von einer Anmaßung narren zu lassen, von der die meisten Gegenwartsromane randvoll sind. In diesem Land sieht man auf den Kriminalschriftsteller als auf einen Subliteraten herab, bloß weil er Kriminalromane schreibt, und dieses Verdikt trifft ihn viel eher als, zum Beispiel, den Verfasser irgendeines gesellschaftskritischen Quarks. Für einen Kenner des Klassischen – selbst einen sehr eingerosteten – gibt solch eine Haltung nur eins zu erkennen: die Unsicherheit des Parvenüs. Wenn Leute mich, wie es gelegentlich vorkommt, fragen, warum ich mich nicht mal an einem ernsten Roman versuche, dann streite ich nicht mit ihnen; ich frage nicht einmal zurück, was sie denn unter einem ernsten Roman verstünden. Das wäre nutzlos. Sie wüßten es nicht. Die Frage ist Papageiengeschwätz. Das Problem, was «wichtige» Literatur sei, überlasse ich fetten Langweilern wie Edmund Wilson – einem Mann von vielen Verdiensten, von denen ich persönlich am höchsten die Leistung verehre, die Darstellung der Unzucht (in den *Chronicles of Hekate County*) in eine Veródung getrieben zu haben, daß sie sich liest wie ein Eisenbahnfahrplan.

Während ich einiges von dem, was ich oben geschrieben habe, noch einmal überlese, kommt der Ton mir hier und da doch ziemlich hochmütig vor. Das läßt mich in keinem sehr schönen Licht dastehen, ist aber leider nun einmal wahr. Es gehört dazu. Ich bin tatsächlich in mancher Hinsicht ein hochmütiger Mensch. Es würde mich nicht im mindesten überraschen, wenn es auch in dem, was ich schreibe, zutage träte. Und es kann durchaus sein, daß es dies ist, was arme Würstchen wie John Dickson Carr und Anthony Boucher in derart dreschflegelhafte Rage bringt.

[...]

Herzlich immer Ihr
Ray

AN DALE WARREN

6005 Camino de la Costa
La Jolla, California
13. November 1950

Lieber Dale:

[...]

Sie klingen gar nicht zufrieden mit dem Fitzgerald-Buch.* Ich bin traurig darüber, denn Fitzgerald ist ein Thema, das niemand zu verpfuschen ein Recht hat. Nur das Allerbeste ist für ihn gut genug. Ich meine, daß er die wirkliche Größe als Schriftsteller nicht erreicht hat, und der Grund liegt so ziemlich auf der Hand. Wenn der arme Kerl schon in seinen Collegetagen Alkoholiker war, ist's ein Wunder, daß er's überhaupt dann noch so weit gebracht hat. Er besaß eine der seltensten Eigenschaften in aller Literatur, und es ist eine wahre Schande, daß das Wort dafür von den Gangstern der Kosmetikbranche derart entwertet worden ist, daß man sich fast schämt, es noch zur Beschreibung einer wirklichen Distinktion zu verwenden. Sei's drum, das Wort ist Charme – in dem Sinn, wie es Keats verwendet hätte. Wer hat ihn heute noch? Es geht dabei

---

* Bezug vermutlich auf Budd Schulbergs Roman *The Disenchanted,* der auf einer Episode aus Fitzgeralds Leben basiert.

nicht um gefällige Schreibweise oder klaren Stil. Es geht um eine Art gedämpften Zaubers, etwas Kontrolliertes und äußerst Empfindliches, so die Art Sphäre, die von guten Streichquartetten ausgeht. Ja, wo könnte man das heute noch finden?

[...]

Herzlich immer Ihr
Ray

AN EDGAR CARTER

6005 Camino de la Costa
La Jolla, California
15. Nov. 1950

Lieber Eddie:

[...]

Ich habe eine Fehde mit Warners. Ich habe eine Fehde mit dem Gärtner. Ich habe eine Fehde mit einem Mann, der den Garrard-Wechsler montieren sollte und mir zwei Langspielplatten ruiniert hat. Ich hatte verschiedene Fehden mit den Fernsehleuten. Überlegen wir doch mal, wer noch in Frage kommt – ach, Schwamm drüber. Sie kennen Chandler ja. Immer muß er über irgendwas meckern.

Herzlich immer Ihr
Ray

AN CHARLES MORTON

6005 Camino de la Costa
La Jolla, California
22. November 1950

Lieber Charlie:

[...]

Vielleicht sollte man in gewissem Sinn sagen: Je schlechter das Fernsehen ist, desto besser. Wie ich höre, sitzen eine Menge Leute vor dem Bildschirm, die's lange schon drangegeben hatten, Radio zu hören. Vielleicht geht genügend vielen dieser Leute nach einer Weile auf, daß sie da in Wirklichkeit nur sich selber anstarren. Das Fernsehen ist ja wahrhaftig das, worauf wir unser Leben lang gewartet haben. Ins Kino zu gehen machte doch beträchtliche Mühe. Jemand mußte bei den Kindern bleiben. Dann mußte man extra den Wagen aus der Garage holen. Das war eine schwere Arbeit. Und dann mußte man ja auch noch fahren und sich einen Parkplatz suchen. Manchmal mußte man sogar einen halben Block weit zu Fuß gehen, um ins Kino zu kommen. Und dann saßen Leute mit unförmigen Köpfen vor einem und gingen einem auf die Nerven. Lesen war zwar körperlich weniger mühselig, aber da mußte man sich wieder ein bißchen konzentrieren, selbst wenn man bloß einen Krimi las oder einen Western, oder einen von diesen historischen Romanen, den sogenannten. Und alle Nase lang stolperte man womöglich über eins von diesen schwierigen Wörtern, die mehr als zwei Silben haben. Da konnte einem schon der Kopf rauchen. Das Radio war da schon wesentlich besser, aber da wußte man wieder nicht, wo man hingucken sollte. Der Blick wanderte ziellos im Zimmer herum, und unter Umständen fing man dann an und dachte an andere Sachen – Sachen, an die man gar nicht denken wollte. Man mußte sogar ein bißchen Phantasie aufwenden, um sich aus dem bloßen Ton und Geräusch ein Bild von dem zu machen, was da vor sich ging. Aber das Fernsehen ist schlechterdings vollkommen. Man dreht ein paar Knöpfe, bedient ein paar von den mechanischen Einstellvorrichtungen, in denen es die höheren Affen so herrlich weit gebracht haben, und lehnt sich zurück und läßt alle Gedanken aus seinem Kopf wegsickern. Und dann sitzt man da und betrachtet die Blasen im Urschlamm. Konzentrieren muß man sich nicht dabei. Reagieren muß man auch nicht. Man braucht sich an nichts zu erinnern. Seinen Verstand vermißt man nicht, weil man ihn gar nicht benötigt. Herz, Leber und Lunge funktionieren weiterhin normal. Davon abgesehen ist alles friedlich und still. Man befindet sich im Nirwana des kleinen Mannes. Und wenn ein garstiger Mensch daherkommt und sagt, man sähe aus wie eine Fliege am Müllkübel, dann beachtet man ihn einfach gar nicht. Wahrscheinlich verdient er bloß nicht genug, um sich einen Fernseher zu leisten.

Herzlich immer Ihr
Ray

AN GENE LEVITT

6005 Camino de la Costa
La Jolla, California
22. November 1950

Lieber Gene:

[…]

Ich hätte schon ganz gern eine Fernsehshow, glaube aber nicht, daß ich sie kriege. Tatsächlich ist mir von Century Artists einmal ein Fernsehvertrag geschickt worden. Es war ein neuer Höhe- bzw. Tiefpunkt bodenloser Unverschämtheit. Ich bin erst seit kurzem Besitzer eines Fernsehapparats. Das ist ein sehr gefährliches Medium. Das Radio war schon schlimm genug, aber wenigstens mußte man's nicht ansehen. Man mußte nicht Augenzeuge einer Regie und Kameraarbeit werden, die beim Film schon vor fünfundzwanzig Jahren als lächerlich unfähig beurteilt worden wäre. Und was die Werbung betrifft – nun, mir ist klar, daß dieser Absud ein ganzes Geschäft für sich bildet, ein Geschäft, neben dem sich die Prostitution oder der Drogenhandel geradezu ehrbar ausnehmen. Es war schon schlimm genug, daß der Rundfunk von diesen untermenschlichen Marktschreiern abhängig war, aber im Fernsehen wird einem etwas angetan, was das Radio nie geschafft hat. Diese Kiste hindert einen daran, sich ein Bild im Kopf zu formen, und zwingt einen statt dessen, eine Karikatur anzustarren. Da gibt es kein Entrinnen. Nehmen Sie die Show, die Ralph Bellamy macht. *Man Against Crime* heißt sie, glaube ich. Die Schreibe ist wohl nicht schlimmer, als sie's in Massen von Rundfunksendungen war, aber dadurch daß sie zudringlicher ist, *wirkt* sie schlimmer. Sie ist fürs Fernsehen so wenig zu gebrauchen wie für einen x-beliebigen Film, es wäre denn der allerbilligste, so das Zeug, was PRC* macht, oder der Typ Western, den *Republic* en gros vertreibt und der nie in Nachbarkinos gezeigt wird. Wenn man fünfzehn Jahre damit verbracht hat, eine Romanfigur aufzubauen, eine ziemlich komplizierte Charakterfigur, dann kann man die nicht Leuten ausliefern, die solche Shows machen. Ich halte die Handlung nicht für so schrecklich wichtig. Aber den Darsteller und den Dialog, die halte ich für sehr wichtig – so sehr, daß ich, wenn man mir eine Fernsehshow anböte (was nicht geschehen ist), sowohl den Schauspieler, der den Philip Marlowe spielt, als auch das Skript von meiner Zustimmung abhängig machen würde. Ich kann es mir einfach nicht leisten, mir diese Figur von einem Haufen Deppen ermorden zu lassen. Eine Stimme wie die von Gerald Mohr vermittelte einem eine Persönlichkeit, die man ganz nach der eigenen Phantasie ausfüllen konnte. Aber das Fernsehen stopft einem den ganzen Brei direkt in den Schlund. Und wenn der Darsteller eine platte, stumpfsinnige, armselige Zeile aufsagt, dann sticht das hervor wie ein Leuchtturm im Unwetter.

[...]

Mit den freundlichsten Grüßen an Sie beide
immer Ihr
Ray

---

* Die Producers Releasing Corporation, oder kurz PRC-Film, die Filme wie *Swamp Woman, Wife of Monte Cristo* und *Why Girls Leave Home* zur Aufführung freigab.

AN ALFRED HITCHCOCK

6005 Camino de la Costa
La Jolla, California
6. Dezember 1950

Lieber Hitch:

Trotz Ihrer umfassenden und großzügigen Nichtbeachtung meiner Mitteilungen zum Thema des Drehbuchs *Strangers on a Train** und trotz Ihres Verzichts auf jegliche Anmerkung dazu, und obwohl ich seit Beginn der Niederschrift des Drehbuchs selbst kein einziges Wort von Ihnen gehört habe – weswegen ich Ihnen, darf ich sagen, durchaus nicht grolle, einfach weil dies Verhalten nur der gewohnten Sittenlosigkeit Hollywoods entspricht –, trotz alledem und trotz dieses äußerst klobigen Satzes auch habe ich das Gefühl, ich sollte Ihnen, und sei's für die Akten, doch noch ein paar Anmerkungen zu dem übermitteln, was nun die «Letztfassung» des Drehbuchs heißt. Ich könnte verstehen, wenn Sie unter diesem oder jenem Gesichtspunkt Mängel in meinem Skript gefunden hätten, wenn Sie der Ansicht wären, daß diese oder jene Szene zu lang sei und dieser oder jener Mechanismus zu plump. Ich könnte verstehen, wenn Sie hinsichtlich der Dinge, an denen Ihnen besonders lag, Ihre Meinung geändert hätten, weil Ihnen manche dieser Änderungen möglicherweise von außerhalb aufgedrängt worden sind. Nicht verstehen aber kann ich, wie Sie zulassen konnten, daß ein Drehbuch, das immerhin nicht ganz ohne Leben und Vitalität war, derart auf einen schlappen Brei von Klischees reduziert wurde, auf ein Grüppchen gesichtsloser Figuren und auf eine Sorte Dialog, vor der jeder Drehbuchschreiber gewarnt wird – die Sorte, die alles zweimal sagt und nichts der Vermittlung durch den Darsteller oder die Kamera überläßt. Natürlich müssen Sie Ihre Gründe gehabt haben, aber, um eine von Max Beerbohm geprägte Wendung zu benutzen, es brauchte «einen weit weniger glänzenden Kopf als den meinen», um zu erraten, welche das wohl waren.

---

* Chandler hatte die Endfassung des Drehbuchs von *Strangers on a Train* zugeschickt bekommen. Der Brief wurde nie abgesandt.

Ungeachtet der Frage, ob mein Name im Vor- und Nachspann auf der Leinwand erscheint, bin ich ohne Besorgnis, daß jemand glauben könnte, ich hätte dieses Zeug geschrieben. Man wird verdammt gut wissen, daß ich's nicht war. Ich hätte nicht das mindeste dagegen gehabt, hätten Sie ein besseres Drehbuch produziert – glauben Sie mir, bestimmt nicht. Aber wenn Sie etwas mit Magermilch geschrieben haben wollten, warum um alles in der Welt sind Sie dann als erstes zu mir gekommen? Was für eine Geldverschwendung! Was für eine Zeitverschwendung auch! Der Satz, daß ich doch gut bezahlt worden sei, ist keine Antwort. Niemand kann für die Vergeudung seiner Zeit angemessen entschädigt werden.

Es gibt in dieser Konstruktion, in der Handlungsführung oder sonstwo kleinere Änderungen, die mich überhaupt nicht stören, wie etwa den betrunkenen Professor im Zug, obwohl der Einfall nicht besonders originell ist und ich einfach keinen Moment lang glaube, der Professor würde sich nüchtern nicht einmal der Existenz des Liedes erinnern, das er, als er betrunken war, sang. Der Gedanke, mehr Handlung in die Züge zu verlegen, ist ebenfalls in Ordnung. Aber ich nahm doch mit Sicherheit an, ich hätte Ihnen diesen Hennessy-Unsinn ausgeredet, daß die Polizei von Washington, oder irgendeine Polizei irgendwo, rund um die Uhr, vierundzwanzig Stunden lang, einen Mann überwachen läßt, gegen den kein anderer Beweis vorliegt als ein mögliches Motiv, und daß sie dies zu keinem anderen ersichtlichen Zweck tut als dem, ihn, falls er den einen Mord begangen hat und genügend beschattet wird, bei der Begehung eines weiteren auf frischer Tat zu ertappen. Die Leichtigkeit, mit der Guy dieser Überwachung entwischt, macht die ganze Prozedur zur Albernheit. Ferner meine ich, daß es ein schwerer Fehler von Ihnen war, die Szenen zwischen Guy und Bruno und zwischen Guy und der Familie Burton unmittelbar nach Miriams Ermordung umzustellen. Die große Schwierigkeit der Story bestand immer darin, einem Publikum glaubhaft zu machen, daß Guy sich natürlicherweise so unsinnig benahm, wie er's tat. Um einer Erklärung auch nur nahezukommen, muß man notwendigerweise zuerst die Szene mit der Familie Burton gesehen haben, weil man dann nämlich begreift, was für Leute das sind und welche Verwandtschaftsbeziehungen zu Guy und untereinander bei ihnen bestehen; erst dann versteht das Publikum auch, daß Guy, als er herausfindet, daß Bruno der Mörder ist, nicht allein von der Angst um sich selbst davon abgehalten wird, zur Polizei zu gehen. Ich könnte noch hinzufügen, daß die ausdrückliche Feststellung von Guy und Anne, nun, wo Miriam ermordet worden sei, stehe ja ihrer Eheschließung nichts mehr im Wege, vermutlich ausgepfiffen wird. Oder nehmen Sie Stellen wie die Szene 134 auf Seite 47. Es ist die nach der zwischen Guy und Bruno. Überlegen Sie, wie das wirkt, wenn Guy am Telephon zu Anne sagt: «Aber du klingst so aufgeregt. Ist was nicht in Ordnung?» Das sollten Sie lieber ganz schnell streichen, Hitch. Wirklich ganz schnell.

Etwas anderes, was mir dramaturgisch falsch erscheint, ist das Fehlen von Brunos ausdrücklicher Erklärung, warum er nach Metcalf zurückgeht. Man schließt es, und erwartet auch vom Publikum diesen Schluß, aus der Tatsache, daß er sagt, er habe eine Verabredung mit dem Mond – ein Einfall, so verrückt, daß nur Bruno darauf käme. Freilich wirken diese Dinge auf der Leinwand oft weniger irrational als auf dem Papier des Skripts. Ich halte Sie für einen Regisseur, der die Auffassung vertritt, daß Kameraführung, Bewegungsregie und allerlei interessantes Nebenspiel alle Ungereimtheiten in der Grundstory aufwiegen. Und ich finde, da liegen Sie ganz falsch. Ich meine auch, die Tatsache, daß Sie damit durchkommen, beweist keineswegs, daß Sie recht hätten, denn jeder Film besitzt eine Grundstimmung, die solide verankert ist und sich auf keine andere Weise erzeugen läßt, als indem man sie solide verankert. Ein Schweinsohr bleibt ein Schweinsohr, selbst wenn man's in einem Rahmen an die Wand hängt und als modernen Franzosen bezeichnet. Als wohlwollender Freund beschwöre ich Sie nur dies einemal in Ihrer langen und glänzenden Karriere – oder vielleicht sollte ich lieber sagen: dies einemal noch wieder –, eine solide und nervige Story in das Skript zu bringen und kein noch so kleines Teilchen dieser Solidität einer interessanten Kameraeinstellung zu opfern. Opfern Sie, wenn notwendig, eine Kameraeinstellung. Es bietet sich immer eine andere, die ebensogut ist. Aber nie ist eine andere Motivation ebenso gut.

Die handelnden Figuren haben allerlei mit sich geschehen lassen. Anne war immer ein bißchen ein Stockfisch, aber jetzt ist sie eine Fadennudel. Mrs. Antony ist nichts. Mr. Antony gibt es kaum. Und ich finde es jammerschade, daß Senator Burton die Tennismotivation eingebüßt hat – die Idee, daß er eine Art verhinderter Champion ist, der gern möchte, daß jemand anders den Titel erringt, der ihm immer versagt blieb. Ich denke, das wäre alles. Die Schlußszene stand in meinen Notizen, doch hatte ich sie nicht in mein Skript übernommen. Ich sprach sie mit meiner Sekretärin durch, und wir waren uns in etwa darin einig, daß es sich um eine ziemlich düstere Geschichte handle, die auch düster bleiben müsse und nicht mit einem Witz enden dürfe. Jedenfalls wünsche ich Ihnen allen viel Glück. Niemand kann das Schicksal eines Films voraussagen, denn es wird oft von einem bloßen Mätzchen bestimmt, das während der Dreharbeiten noch relativ bedeutungslos schien. Gute Filme werden ein Reinfall und schlechte ein Erfolg. Selbst die pfiffigsten Köpfe wissen nie ganz sicher, warum. Manchmal sieht es so aus, als müsse ein guter Film (Beispiel *Night Must Fall*) ein Reinfall werden, damit später ein ganzer Stremel von Filmen nach demselben Rezept Erfolg hat, dem nämlich, daß ein früherer Glamourstar zum Schurken oder Mörder wird. Nun, jedenfalls hat ein Hitchcock-Film immer ein gewisses Etwas.

Ihr stets ergebener
Raymond Chandler

AN JAMES SANDOE

6005 Camino de la Costa
La Jolla, California
7. Dezember 1950

Lieber Jim:

[...]

Sie sollten sich unbedingt *The Bicycle Thief* ansehen und, wenn möglich, einen englischen Film mit dem Titel *I Know Where I'm Going,* der großenteils an der Westküste von Schottland gedreht worden ist – der Küste, die den Hebriden gegenüberliegt. Ich habe noch keinen Film gesehen, der in solcher Weise nach Wind und Regen roch, auch keinen, der so wunderschön die Landschaft eingefangen hat, in und mit der die Menschen dort tatsächlich leben, anstelle dessen, was üblicherweise als «Schauplatz» vermarktet wird. Die Aufnahmen von Corryvreckan allein schon sind dazu angetan, einem die Haare zu Berge zu treiben. (Corryvreckan ist, falls Sie's nicht wissen, ein Strudel, der sich unter gewissen Gezeitenbedingungen zwischen zweien der Hebrideninseln bildet.) Aber den Hitchcock-Film vergessen Sie am besten, denn ich habe gerade die Endfassung des Drehbuchs gesehen, also das, was aus meinem Skript gemacht worden ist, und ein großer Teil ist verändert und kastriert. Tatsächlich ist es so schlecht, daß ich mit mir zu Rate gehe, ob ich meinen Namen zurückziehen soll. Ich weiß nicht, was mit Hitchcock los ist. Sie nennen ihn schlapp. Ich bin geneigt, ihn einen Idioten zu nennen, denn wenn er die Art Drehbuch wollte, in die sich dieses Ding nun verwandelt hat, warum in aller Welt hat er sich dann die Kosten gemacht, mich zu einem Drehbuch für ihn zu engagieren? Das Zeug, das er jetzt vermutlich dreht, hätte er für ein Fünftel von dem Geld kriegen können, das Warners mir gezahlt haben.

[...]

Ich habe gerade ein Buch mit dem Titel *The Beast Must Die* gelesen, von Nicholas Blake, dem Pseudonym von Cecil Day Lewis. Wieder einmal bin ich betroffen, ja förmlich niedergeschmettert davon, wie verheerend sich das Auftreten des Detektivs, Nigel Strangeways, auf die Handlung auswirkt, eines Amateurs, dem dauernd seine Ehefrau hinterherläuft – diese Frau ist eine der drei größten Forscherinnen der Welt, was sie in dieselbe piekfeine und für mich ausgesprochen alberne Klasse bringt wie die Künstlerin, die Ngaio Marshs unvermeidlichen Roderick Alleyn beweibt. Bis zu dem Punkt ist die Story verteufelt gut und auch vorzüglich geschrieben, aber der Amateurdetektiv ist einfach nicht zu verkraften. Er ginge auch dann nicht, wenn sein Bruder ein Herzog wäre und er einen Titel hätte und wer weiß wie viele Meriten als klassischer Gelehrter; als Nigel Strangeways hat er keinerlei Aussicht.* Der Privatdetektiv ist ja zugegebenermaßen immer eine Übertreibung – ein Phantasieprodukt. Aber wenigstens ist er eine Übertreibung des Möglichen. Der Amateurgentleman, der ganz Scotland Yard in Grund und Boden denkt, ist schlicht und einfach unsinnig. Vom Gesichtspunkt der Handlung her meine ich, daß Blake einen schlimmen Fehler gemacht hat, indem er seinen Protagonisten, den Verfasser des Tagebuchs, seinen flüchtigen Mörder derart schnell finden ließ. Es hätte das eine lange schwere Arbeit sein müssen, mit vielen Fehlschlägen, und sie hätte zwei Drittel des Buches beanspruchen sollen, oder jedenfalls die Hälfte. Es geht nicht nur um die Absurdität, daß ein Amateur so kinderleicht jemanden findet, den die Polizei nicht finden kann, denn das könnte ich notfalls noch schlucken; es geht darum, daß die Suche selbst immer eine eingebaute Eigenspannung hat, und diese nicht bis an die Grenze auszudehnen, heißt schlicht, einen guten Stoff verschenken. Gleichviel, in Sachen der Handlungsorganisation muß ich eingestehen, daß jedermann das Recht hat, nach seinem eigenen Geschmack zu verfahren.

Herzlich immer Ihr
Ray

---

* Anspielung auf Lord Peter Wimsey, den Detektiv in den Romanen von Dorothy Sayers.

AN CARL BRANDT

6005 Camino de la Costa
La Jolla, California
11. Dezember 1950

Lieber Carl:

[...]

Über die Frage der Namensnennung im Film selbst möchte ich gar nicht groß diskutieren, weil hier die einzige Frage für mich war, ob ich meinen Namen nicht überhaupt zurückziehen sollte, und zwar mit der Begründung, daß die Endfassung des Drehbuchs so armselig war, daß ich ihn nicht im Zusammenhang damit sehen wollte.* Vielleicht tue ich's immer noch; es kann, soviel ich weiß, auch durchaus sein, daß einer der anderen Schreiber mit seiner Plazierung unzufrieden ist und einen Schiedsspruch beantragt. Der Irrtum lag bei dem ganzen Unternehmen darin, daß ich überhaupt daran beteiligt war, denn mir ist inzwischen klargeworden, und vielen Leuten dürfte es längst klar gewesen sein, daß ein Hitchcock-Film nun einmal ganz Hitchcock sein muß. Ein Drehbuch, das auch nur Anzeichen eines eigenen Stils besitzt, muß eingeebnet oder geändert werden, bis es vollkommen harmlos ist, selbst wenn das heißt, daß am Ende eine Kinderei dasteht. Was Hitchcock mit seiner Kamera macht, seinen Schauspielern und seiner Bühnenregie, ist ganz in Ordnung. Ich habe nichts dagegen einzuwenden. Und ich will auch gar nicht andeuten, daß ihm was Besseres gelingen würde, wenn er ein bißchen mehr Sinn für dramatische Plausibilität hätte, denn vielleicht würde ihm gar nichts Besseres gelingen. Vielleicht nur noch Schlechteres. Stark scheint sich die Hände gerieben zu haben, als man ihm zu verstehen gab, mein Skript sei schlecht.** Aber es war nicht schlecht. Es

---

* Drehbuch zu *Strangers on a Train*. Chandler schrieb die erste Fassung und wurde dann durch Czenzi Ormonde ersetzt mit der zusammen er schließlich als Verfasser im Film genannt wurde.
** Ray Stark, Chandlers Agent in Hollywood, ihm zugeteilt von Carl Brandt, seinem literarischen Agenten.

war weit besser als das, was jetzt in der Endfassung steht. Es steckte nur zuviel Chandler drin und nicht genug Hitchcock. Das ist meine wohlüberlegte Ansicht, und nicht nur meine allein. Ich bin verärgert darüber, daß die Dame, die es hinter meinem Rücken umgeschrieben hat und die vermutlich wenig mehr ist als eine bloße Notizenkritzlerin für Hitchcock, von Starks Büro Schützenhilfe bekommt. Es ist schon schlimm genug, daß einem ein Dolch in den Rücken gestoßen wird, auch ohne daß sich der eigene Agent an dem Stoß beteiligt. Aber natürlich räume ich ein, daß dergleichen bei jeder Agentur passieren kann.

[...]

Mit den freundlichsten Grüßen
Ray

AN HAMISH HAMILTON

6005 Camino de la Costa
La Jolla, California
11. Dezember 1950

Lieber Jamie:

[...]

Die *Westminster Gazette* wurde damals, als ich für sie arbeitete, von J. A. Spender herausgegeben. Bei ihm eingeführt hat mich ein ganz zauberhafter alter Knabe namens Blennerhasset, Großgrundbesitzer in Irland und Barrister mit, glaube ich, einer Oberhaus-Praxis. Mir ist so, als hätte ich Ihnen bereits von ihm geschrieben. Er gehörte zu den Menschen, die es einem ängstlichen jungen Niemand möglich machten, sich in Gesellschaft der Patriziercrème gänzlich unbefangen zu fühlen. Spender seinerseits führte mich beim National Liberal Club ein, damit ich dessen Lesesaal benutzen konnte, und da habe ich dann immer die französischen und deutschen Blätter nach Neuigkeiten und Schnurren durchgestöbert, die sich übersetzen und für eine Kolumne in der *Westminster Gazette* adaptieren ließen. Spender meinte, auf die Art könnte ich auf sechs Guineen die Woche kommen, ich glaube aber nicht, daß ich's je auf mehr als etwa drei gebracht habe. Ich habe für die *Westminster Gazette* eine ganze Masse Verse geschrieben, von denen die meisten mir heute ausgesprochen kläglich vorkommen, freilich nicht alle, und außerdem einen schönen Packen Skizzen, meist satirischer Natur – die Sorte Sachen, die Saki so unendlich viel besser hingekriegt hat. Irgendwo habe ich immer noch ein paar davon liegen; sie muten mich heute, was den Ton betrifft, sehr preziös an. Aber so ganz schlecht waren sie wohl auch wieder nicht, wenn man bedenkt, auf wie wenig triftige Erfahrung sie sich stützen konnten. Natürlich dürfte damals Naomi Royde-Smith mit der *Westminster* in Verbindung gestanden haben, aber ich bin ihr nie persönlich begegnet. Tatsächlich hatte ich auch zu Spender nur eine ganz lose persönliche Beziehung. Ich schickte ihm das Zeug ein, und entweder kam's zurück, oder es kam ein Korrekturabzug. Korrigiert habe ich den Abzug nie, habe nicht einmal gewußt, ob man das von mir erwartete. Ich betrachtete ihn einfach als eine bequeme Form der Annahmebestätigung. Ich habe nie abgewartet, daß man mir das Geld schickte, sondern ich erschien regelmäßig an einem bestimmten Tag jede Woche im Büro des Kassierers, empfing mein Honorar in Gold und Silber und wurde aufgefordert, eine Penny-Stempelmarke in ein großes Buch zu kleben und als Empfangsquittung meinen Namen quer darüberzuschreiben. Wie wunderlich kommt einem diese Welt heute vor! Wahrscheinlich habe ich Ihnen schon von der Zeit erzählt, wo ich an Sir George Newnes schrieb und ihm anbot, einen Anteil an seinem erfolgreichen wöchentlichen Schundblatt *Tit-Bits* zu erwerben. Ich wurde aufs höflichste von einem Sekretär empfangen, der, eindeutig Public School, sein Bedauern ausdrückte, daß die Zeitschrift momentan kein Kapital benötige, mir aber zugleich versicherte, daß mein Anerbieten zumindest das Verdienst der Originalität besitze. Mit demselben Manöver habe ich tatsächlich auch eine Verbindung zur *Academy* zustande gebracht, deren Herausgeber und Besitzer damals ein Mann namens Cowper war, der das Blatt von Lord Alfred Douglas gekauft hatte. Er war zwar nicht geneigt, einen Anteil an seinem Magazin zu veräußern, deutete aber auf ein großes Regal mit Büchern in seinem Büro und sagte, das seien Besprechungsstücke, und ob ich nicht ein paar davon mit nach Hause nehmen wolle, um sie zu rezensieren. Ich frage mich noch heute, wieso er mich nicht seine düstere Treppe hinunterschmeißen ließ; vielleicht weil kein Mensch im Büro war, der das hätte übernehmen können, denn sein ganzer Redaktionsstab schien aus einer sanftmütigen mittelältlichen Dame und einem stillen Männchen namens Vizetelly zu bestehen, der (glaube ich) der Bruder eines anderen und berühmteren Vizetelly war – jenes, der in New York im Zusammenhang mit einer Obszönitätsklage wegen der Veröffentlichung der amerikanischen *Madame-Bovary*-Übersetzung inhaftiert wurde. Ich lernte dort auch einen hochgewachsenen, bärtigen Mann mit traurigen Augen kennen, der Richard Middleton hieß; Sie haben von ihm, denke ich, wohl schon gehört. Kurz danach beging er Selbstmord in Antwerpen, Selbstmord aus Verzweiflung, würde ich sagen. Der Vorfall machte tiefen Eindruck auf mich, weil Middleton mir eindeutig weit mehr Talent zu haben schien, als ich's selber wohl je besitzen würde; und wenn er es damit nicht schaffte, dann war's nicht eben sehr wahrscheinlich, daß es mir gelang. Natürlich gab es damals wie heute populäre und erfolgreiche Schriftsteller, und es gab gewitzte junge Leute, die sich als freie Mitarbeiter bei den zahlreichen literarischen Wochenblättern und in den noch literarischeren Feuilletons der Tageszeitungen einen ganz anständigen Lebensunterhalt verdienten. Aber die meisten, die das taten, hatten entweder noch Privateinkommen oder aber einen Job, besonders im Staatsdienst. Und ich war entschieden kein gewitzter junger Mann. Ich war auch überhaupt kein glücklicher junger Mann. Ich hatte sehr wenig Geld, obwohl davon in meiner Familie ein ganz schöner Batzen steckte. Ich war in England aufgewachsen, und meine sämtlichen Verwandten saßen entweder in England oder in den Kolonien. Und doch war ich kein richtiger Engländer. Ich hatte auch kein Zugehörigkeitsgefühl zu den Vereinigten Staaten, und doch verdroß mich die ignorante und überhebliche Kritik an den Amerikanern, die damals im Schwange war. Während meines Jahrs in Paris sind mir eine ganze Menge Amerikaner über den Weg gekommen, und die meisten machten auf mich den Eindruck, als hätten sie wirklich Schwung und Elan und fühlten sich wohl in Situationen, in denen der Durchschnittsengländer derselben Gesellschaftsschicht muffig oder total gelangweilt reagiert hätte. Aber ich gehörte nicht zu ihnen. Ich sprach nicht einmal ihre Sprache. Ich war, im Endeffekt, ein Mensch ohne Heimat. Nachdem ich ein Examen für den Staatsdienst mit drei bestanden hatte (einer Eins nach der klassischen Zensurenordnung), hätte ich einen lebenslangen und vollkommen sicheren Posten haben können, mit sechs Wochen Urlaub im Jahr und lächerlich leichten Arbeitsstunden. Und doch war mir der Staatsdienst zutiefst verhaßt. Ich hatte zuviel Irisches im Blut, um ertragen zu können, daß mich irgendwelche kleinkarierten Niemande herumschubsten. Der Gedanke, man erwarte von mir, daß ich mir vor dem Abteilungsleiter an den Hut tippte, grenzte für mich ans Obszöne. Wenn man alles zusammennimmt, hätte ich vielleicht in Paris bleiben sollen, obwohl ich die Franzosen eigentlich nicht mochte. Aber genaugenommen mußte man die Franzosen auch gar nicht mögen, um in Paris zu Hause zu sein. Und einzelne, die man mögen konnte, fand man ohnedies immer. Andererseits wieder mochte ich sehr die Deutschen, das heißt die Süddeutschen. Aber es hatte nicht viel Sinn, in Deutschland zu leben, weil es ein offenes Geheimnis war, ganz offen diskutiert, daß wir uns jeden Moment mit ihnen im Krieg befinden konnten. Ich nehme an, es war der unvermeidlichste aller Kriege. Es war nie die Frage, ob er kommen würde. Die einzige Frage hieß, wann.

[...]

Gerade habe ich mein Exemplar des *Old Alleynian Yearbook* bekommen, und obwohl Dulwich wohl noch nicht so ganz aus der obersten Schublade heraus ist, wie es anderen Public Schools blüht, hat mich doch baß erstaunt, wie erklecklich die Anzahl von distinguierten alten Knaben ist, die ellenlange Buchstabenketten hinter ihren Namen haben, Titel, Adelswürden usw. Ich stelle fest, daß zwei von uns, allerdings ganz undistinguierte, Adressen in La Jolla haben. Offenbar gibt es in ganz Kalifornien sonst nur noch einen, nämlich einen Burschen namens Gropius, der, wie es scheint, seit dreißig Jahren dieselbe Adresse in San Francisco hat und wohl irgendwann während der Regierungszeit Williams IV. zur Schule gegangen ist.

Herzlich immer Ihr
Ray

AN H. N. SWANSON und EDGAR CARTER

6005 Camino de la Costa
La Jolla, California
15ter Dez. 1950

Lieber Swanie und lieber Eddie:

[...]

Unsere kleine schwarze Katze hat gestern morgen eingeschläfert werden müssen. Wir fühlen uns recht gebrochen deswegen. Sie war fast 20 Jahre alt. Natürlich haben wir es kommen sehen, aber wir hofften, sie würde noch wieder Kräfte sammeln. Doch als sie dann zu schwach wurde, um noch aufzustehen, und praktisch keine Nahrung mehr zu sich nahm, blieb nichts anderes mehr übrig. Es wird das heute aber auf eine ganz wunderbare Art gemacht. Man injiziert Nembutal in eine Vene des Vorderlaufs, und das Tier ist einfach nicht mehr da. Es ist innerhalb von zwei Sekunden eingeschlafen. Dann, nach ein paar Minuten, folgt noch eine Injektion direkt ins Herz, einfach zur Sicherheit. Schade, daß man das bei Menschen nicht auch so machen kann. Ich habe meine Mutter unter Morphium sterben sehen, und es hat fast zehn Stunden gedauert. Sie war vollkommen bewußtlos, aber wieviel besser, hätte es nur zwei Sekunden gebraucht – wenn es denn überhaupt sein mußte.

Alles Beste -
Ray

AN BERNICE BAUMGARTEN

6005 Camino de la Costa
La Jolla, California
19. Dezember 1950

Liebe Bernice:

Ich habe grad ein Exemplar der italienischen Übersetzung der *Little Sister* bekommen, erschienen bei Mondadori. Hoffentlich haben Sie auch eins in Ihrem Büro, damit Sie einmal hineinsehen können. Ich habe den Eindruck einer ganz saumäßigen Sache. Laut Vertrag, Paragraph 2, verpflichtet sich der Verleger, eine «sorgfältige und getreue italienische Übersetzung» zu veröffentlichen. Nun ist mein Italienisch, zugegeben, sehr dürftig, aber ich kann doch immerhin schon auf der ersten Seite acht bis zehn Fehler ausmachen – Fehler, die den Verdacht nahelegen, daß der Übersetzer zwar Schulenglisch können mag, aber keine blasse Ahnung hat von der Sprache, die ich schreibe. Es sind ersichtlich Verständnisfehler. Außerdem ist der ganze erste Absatz des Buches weggelassen, und es gibt noch weitere Auslassungen im ersten Kapitel. In der Liste der handelnden Personen zum Beispiel finde ich's idiotisch von den Leuten, einfach offen hinzudrucken, daß Mavis Weld die Schwester der Quests ist. Das sollte nun wirklich nicht eher enthüllt werden, als es sich in der Geschichte enthüllt. Dr. Lagardie erscheint da als Polizeibeamter, zusammen mit den beiden Detektiven. Da muß ein komplettes Mißverständnis vorliegen. Ballou figuriert als Produzent statt als Agent. Die Beschreibung der Schmeißfliege ist völlig verdorben; man erkennt nicht einmal den Versuch zu übersetzen, was bei mir steht. Wenn der Lift italienisch «funktioniert», sagt das nicht, daß er gratis ist. Nach der Zeile «Probieren Sie's mal im Universitätsklub» auf Seite 3 meines Buches bringt der Übersetzer statt meines Textes das folgende: «Ich weiß, daß es dort ein Paar Detektive gibt, aber ich glaube nicht, daß es Ihnen gelingen würde, sie zu überreden, für Sie zu arbeiten.» Dies soll, bitteschön, offenbar in italienischer Übersetzung sein, was bei mir heißt: «Ich hab' gehört, die hätten

367

da noch ein paar übrig» (Gentlemen nämlich), «aber ich bin nicht sicher, ob man Sie an die ranläßt.» Am Schluß dieses Kapitels heißt es «die Tür schließen» statt «die Tür verriegeln». Das Ganze ist einfach lächerlich. Und das alles in anderthalb Spalten auf nur einer Seite. Gott weiß, was dann weiter noch alles kommt.

Ich bin sicher, Ihr Agent am Ort, oder Heaths Agent am Ort, wird bestätigen, was ich hier zur Übersetzung gesagt habe.* Höchstwahrscheinlich hat der Übersetzer nicht verstanden, was bei mir steht. Und wenn er's verstanden hat, dann hat er sich keine Mühe gegeben, es italienisch wiederzugeben. Ich gedenke, mein Exemplar an Jamie Hamilton zu schicken, dessen Frau Italienerin ist, und die beiden zu fragen, was sie davon halten. Ich verspüre jedenfalls keine große Lust mehr, mit diesem Verlagshaus noch weiter zu tun zu haben. Es steht zuwenig Geld auf dem Spiel, als daß es sich lohnte, sich mit so was abzufinden. Und was sonst noch auf dem Spiel steht, der literarische Ruf etwa, so liegt es auf der Hand, daß die Übersetzung eines Buches von mir in ein Italienisch, das dem Englisch von Wilkie Collins entspricht, einen Wegwurf von allem bedeutet, was darin stilistisch nur irgend Wert hat. Wenn die Franzosen Übersetzer zu finden wissen, die Amerikanisch können und es in ein idiomatisches Französisch übertragen – und sie können's und tun's –, dann müßten, meine ich, doch auch die Italiener dazu imstande sein. Kann oder will aber Mondadori die Leute nicht auftreiben, die das tun, dann will ich auch mit Mondadori nichts mehr zu tun haben.

Herzlich immer Ihr
Ray

---

* A. M. Heath and Company, Chandlers Londoner Agent.

AN CARL BRANDT

6005 Camino de la Costa
La Jolla, California
21. Dezember 1950

Lieber Carl:

[...]

Ihr Brieftelegramm, eben empfangen, zeigt mir, daß Sie das Problem sehen. Ich habe gar keine spezielle Abneigung gegen Ziff oder Queen, und ich schreibe auch nicht fünf- oder sechshundert Dollar in den Rauchfang, bloß um eine hübsche Figur zu machen, wie Sie wissen.* Was ich in dieser Situation sehe, ist schlicht und einfach eine Frage des kommerziellen Werts von Prestige. Auf dem literarischen Markt etwa in Hollywood wird, so stellt sich's mir dar, der gängige Preis eines Menschen weitgehend von der Gesellschaft bestimmt, in der er sich bewegt. Wenn man in billigen Zeitschriften publiziert, färbt die Umgebung, in der man steht, unweigerlich auf die eigene Prosa ab, und deren Qualitäten werden entsprechend mit als Billigware abgestempelt. Aber es sind ja grad diese, nicht zur Billigware gehörenden, von Zeitschriften und Verlegern zwar, aber nicht vom intelligenten Publikum übersehenen oder ignorierten Qualitäten, die letztendlich den Ruf ausmachen, den man hat. Knopf hat das nicht begriffen, und Houghton Mifflin begreift's ebenfalls nicht, jedenfalls bei seinen Werbestrategien. Das ist einer der Gründe, weshalb Jamie Hamilton beide im Absatz ständig übertrifft; für Jamie Hamilton bin ich nämlich nicht bloß ein rabiater Autor; ich bin der beste, den es in meinem Fach gibt, und der beste, den es je gegeben hat; ich bin rabiat nur ganz nebenbei; im wesentlichen bin ich ein Stilist von ganz eigener Art und ganz eigener kühner Phantasie. Für Jamie Hamilton ist es nur komisch und absurd, daß die *New York Times* John Dickson Carr erlaubt, mich höhnisch zu begrinsen, weil ich angeblich mit der

---

* Bezieht sich auf Angebote, seine Arbeiten bei Ziff-Davis und in «Ellery Queens Kriminal-Magazin» zu veröffentlichen.

englischen Sprache nicht zurechtkomme; er weiß, daß ich nicht nur in jedem Stil mit ihr umzugehen verstehe, sondern sie weiter erschaffen helfe. Wenn ich eine ausgefallene Geschichte wie *Bingo* schreibe, die meinetwegen gern gut sein mag oder schlecht, dann wäre es, finde ich, gar kein gutes Geschäft, irgendeine hinterletzte Chance zur Veröffentlichung zu nutzen, bloß weil die besseren Zeitschriften sie abgelehnt haben. Wenn diese Geschichte in einem Buch erscheint, wie's der Fall sein wird, zusammen mit einem halben Dutzend anderer, dann will ich auf der Titelrückseite keine Danksagung an irgendwelche Groschenblätter stehen haben. Ich will nicht, daß sich beim Rezensenten oder Leser die Vorstellung einschleicht, das da sei Schundkram. Ich will, daß man's als ernste Prosa in einem sehr heiklen Medium nimmt und als solche nach Verdienst bemißt. Und das will ich, nicht weil ich stolz wäre, sondern weil es sich, davon bin ich überzeugt, auf längere Sicht auszahlt. Ich bin so käuflich nur, wie auch Sie es sind – oder wie Sie's zu sein vorgeben. Eher ist es so, daß ich ein sehr ausgeprägtes Gefühl dafür habe, wie man sich am besten verkauft.

Von jetzt an werde ich, was ich schreiben will, so schreiben, wie ich es will. Manches davon geht vielleicht in die Binsen. Es wird immer Leute geben, die sagen, ich hätte den Schwung verloren, den ich mal hatte, ich brauchte zu lange jetzt, um mich auszudrükken, und kümmerte mich nicht genug um eine straffe, aktive Handlung. Aber für diese Leute schreibe ich jetzt nicht mehr. Ich schreibe für die Leute, die unter Schreiben eine Kunst verstehen und in der Lage sind, das, was ein Mensch mit Worten und Gedanken macht, von dem zu trennen, was er über Truman oder die Vereinten Nationen denkt. (Von beiden habe ich eine geringe Meinung.)

Wenn mir danach ist, eine schnelle rabiate Geschichte zu schreiben, dann werde ich sie schreiben, aber nicht weil es einen Markt dafür gibt und weil ich das früher auch gemacht habe. Ist mir danach, eine poetische oder ironische Phantasie zu schreiben, dann schreibe ich die. Es muß doch auch ein bißchen Spaß bei diesem Job abfallen, und dazu kommt man nicht, indem man Aufträge erfüllt. Dazu kommt man nicht, indem man sich selber zu etwas zwingt, an dem man das Interesse verloren hat. Wenigstens glaube ich nicht, daß man das kann. Es liegt auf der Hand, daß ich selbst von den großen Zeitschriften nicht sonderlich viel halte; ich lese ihre erzählende Prosa nie. Aber sie zahlen die Art Honorar, die man nicht zurückweisen kann.

[...]

Herzlich immer Ihr
Ray

1951

AN SOMERSET MAUGHAM

6005 Camino de la Costa
La Jolla, California
5. Januar 1951

Sehr geehrter Mr. Maugham:

Anbei ein paar Sonderdrucke von Artikeln über die Detektivgeschichte, die ich Ihnen zu schicken versprach und die Sie nun zu
empfangen gewillt sind.* Meine Sammlung ist nicht so vollständig,
wie ich dachte; ein paar Sachen sind offenbar abhanden gekommen. Eine davon war ein Aufsatz von Joseph Wood Krutch, ich
stelle aber gerade fest, daß er auch in einem Buch mit dem Titel
The Art of the Mystery Story steht, herausgegeben von Howard
Haycraft, erschienen bei Simon & Schuster 1946. Dieses Buch –
und ich setze den Fall, daß Sie es nicht kennen, da Sie sonst bereits
einiges von dem Material besäßen, das Sie von mir wollten –
enthält zahlreiche Aufsätze von verschiedener Gestimmtheit über
Kriminalgeschichten. Wenn es Ihnen irgendwelche Schwierigkeiten machen sollte, sich ein Exemplar zu beschaffen, würde ich
Ihnen gern das meine leihen. Aber Ihr New Yorker Agent kann
vermutlich leicht eins auftreiben und Ihnen viel schneller übermitteln, als es mir möglich wäre. Wenn nicht, geben Sie mir bitte einen
Wink.
Ich habe eine der Fernsehverfilmungen Ihrer Geschichten gesehen

---

* Maugham hatte Chandler um Hilfe bei seinem Aufsatz über die Kriminalliteratur
gebeten *(The Decline and Fall of the Detective Story)*.

und kann mich, so bewundernswert der Stoff auch ist, angesichts der Umsetzungsweise eines Gefühls der Unzufriedenheit nicht erwehren. Irgend etwas stimmt nicht mit diesem Medium, wie es jetzt genutzt wird. Zum Beispiel ist das Spiel der Darsteller nicht zwanglos genug. Der emphatische Bühnenstil (man könnte sogar von Pathos sprechen) hat für den Film ja schon außerordentlich reduziert werden müssen, und ich meine, er müßte fürs Fernsehen noch weiter reduziert werden. Schon der gelindeste Kunstgriff tritt grell hervor. Das Gefühl des beschränkten Raums ist so intensiv, daß man fast erwartet, der Dialog müsse in Flüstertönen weitergehen, wie bei einem Pärchen, das sich im Kleiderschrank versteckt hat. Die Kameraführung kommt mir ziemlich schlecht vor, so schlecht wie bei jenen englischen Filmen der 30er Jahre, von denen wir jetzt so viele auf dem Bildschirm zu sehen bekommen. Die Ausstattung ist durchweg zu armselig, daß man das Gefühl nicht los wird, es könnte ohne sie weit besser gehen, nur vor einem Prospekt. Aber das Schlimmste ist für mich, daß mir die Schauspieler, statt die Geschichte auszudeuten und lebendig werden zu lassen, wie Klötze zwischen der Geschichte und dem Publikum zu stehen scheinen. Ihre physische Präsenz drückt alles andere an die Wand. Noch die leiseste Bewegung von ihnen lenkt das Auge ab. Mir ist der Gedanke gekommen, daß es sich mit gutem Schauspielen ganz ähnlich verhält wie mit dem Stil im Roman. Er sollte einem nicht zu sehr bewußt werden. Er sollte sich eher an der Peripherie auswirken als im Zentrum. Aber beim Fernsehen wird einem kaum etwas anderes noch bewußt.

Mit den freundlichsten Grüßen
Ihr sehr ergebener
Raymond Chandler

AN HAMISH HAMILTON

6005 Camino de la Costa
La Jolla, California
9. Januar 1951

Lieber Jamie:

[...]

Ich habe mein Leben lang Katzen gehabt und immer gefunden, daß sie fast so unterschiedlich sind wie die Menschen auch und daß sie, ganz wie Kinder, großenteils so werden, wie man sie behandelt, höchstens daß es hier und da ein paar wenige gibt, die nicht verzogen werden können. Aber vielleicht gilt das für Kinder ebenso. Taki war von absoluter Ausgeglichenheit, was bei Tieren wie bei Menschen eine seltene Eigenschaft ist. Und sie war völlig frei von Grausamkeit, was noch seltener ist bei Katzen. Sie fing Vögel und Mäuse, ohne ihnen weh zu tun, und hatte nichts dagegen, daß man sie ihr wegnahm und wieder freiließ. Sie hat sogar einmal einen Schmetterling gefangen. Waren mehrere Leute beisammen, so pflegte sie ohne weitere Umstände auf den einen Katzenliebhaber im Zimmer zuzugehen, und war gelegentlich einmal jemand da, der erklärtermaßen nichts mit Katzen im Sinn hatte, so wurde er von ihr vollkommen ignoriert. Ich habe nie Leute gemocht, die keine Katzen mochten, weil in ihrer Gemütsanlage immer ein Element greller Selbstsucht zu finden war. Zugegeben, eine Katze bringt einem nicht die Art Liebe entgegen, die ein Hund einem schenkt. Eine Katze führt sich nie so auf, als ob man der einzige Lichtblick in ihrem sonst ganz trüben Dasein wäre. Aber damit ist nur auf andere Weise gesagt, daß die Katze kein sentimentales Wesen ist, was keineswegs bedeutet, daß sie etwa keine herzlichen Gefühle hätte.

[...]

Immer Ihr
Ray

AN EDGAR CARTER

5. Februar 1951

Lieber Eddie:

Die *Picture Post* ist für Leute, bei denen sich die Lippen bewegen, wenn sie lesen. Selbstverständlich kann das Blatt alles, was es über mich wissen will, von meinem englischen Verlag erfahren, Hamish Hamilton Ltd., 90 Great Russell Street, London W.C. 1. Die Fragen, die Sie zitieren, scheinen mir das intellektuelle Niveau der *PP*-Redaktion zu bezeichnen. Ja, ich bin genauso wie die Gestalten in meinen Büchern. Ich bin sehr rabiat und bekannt dafür, daß ich ein Wiener Hörnchen mit bloßen Händen zerbreche. Ich sehe blendend aus, bin stark wie ein Riese und wechsle regelmäßig jeden Montag mein Hemd. Wenn ich zwischen meinen Aufträgen ausruhe, wohne ich in einem provenzalischen Château am Mullholland Drive. Es ist ein nettes kleines Anwesen mit achtundvierzig Zimmern und neunundfünfzig Badezimmern. Ich speise von goldenen Tellern und lasse mich vorzugsweise von nackten Tanzmädchen bedienen. Aber natürlich gibt es auch Zeiten, wo ich mir einen Bart wachsen lassen und mich in einer Kaschemme der Main Street verkriechen muß, und es kommt durchaus auch vor, daß mich das Stadtgefängnis, allerdings nicht auf meinen Wunsch, in seiner Ausnüchterungszelle zu Gast sieht. Ich habe Freunde in sämtlichen Ecken des Lebens. Manche sind hochgebildet, und manche reden wie Darryl Zanuck.* Auf meinem Schreibtisch stehen vierzehn Telephone, darunter solche mit direktem Draht nach New York, London, Paris, Rom und Santa Rosa. Mein Aktenschrank beherbergt eine sehr gemütliche Hausbar, und der Barkeeper, der in der untersten Schublade wohnt, ist ein Mini-Liliputaner namens Harry Cohn.** Ich bin starker Raucher, und je nach Laune rauche ich Tabak, Marihuana, Maisfasern und getrocknete Teeblätter. Meine Hauptbeschäftigung besteht in Ermittlungen,

---

* Chef der Filmgesellschaft Twentieth Century-Fox.
** Chef der Filmgesellschaft Columbia.

besonders in den Apartments schlanker Blondinen. Meine Stoffe bekomme ich auf verschiedene Weise, aber mein Lieblingsverfahren (sonst auch bekannt als die Jerry-Wald-Methode) besteht darin, zur Nachtzeit die Schreibtische anderer Schriftsteller zu durchstöbern.* Ich bin achtunddreißig Jahre alt, und zwar schon seit zwei Jahrzehnten. Ich halte mich selber nicht unbedingt für einen Meisterschützen, aber mit einem nassen Handtuch bin ich ein ziemlich gefährlicher Mann. Alles in allem freilich ist meine Lieblingswaffe, glaube ich, ein Zwanzig-Dollar-Schein. In meiner Freizeit sammle ich Elefanten.

Mit respektvollen Grüßen

AN CARL BRANDT

6005 Camino de la Costa
La Jolla, California
13. Februar 1951

Lieber Carl:

[...]

Ich habe eine ganze Anzahl von diesen Möchtegernschriftstellern kennengelernt. Fraglos Sie ebenfalls. Aber in Ihrem Beruf wird man sie so schnell wie möglich wieder los; während ich ihre Bekanntschaft in mehreren Fällen doch sehr ausgiebig machen mußte. Ich habe Zeit und Geld auf sie verwendet, und es war immer verschwendet, weil sich, selbst wenn sie gelegentlich mal was verkaufen, bald herausstellt, daß sie mit fremdem Benzin gefahren sind. Ich denke, das sind die schwersten Fälle, weil sie derart darauf erpicht sind, Profis zu werden, daß es nicht sehr vieler ermutigender Worte bedarf, um sie glauben zu machen, sie seien's. Einen habe ich gekannt, der verkaufte eine Kurzgeschichte (von der nebenbei ich den größten Teil für ihn geschrieben hatte)

---

* Von der Filmgesellschaft Warner Brothers.

an dieses Halbhochglanzblatt des Verlags MacFadden, das Fulton Oursler herausgab – ich habe den Namen vergessen.* Irgendeine Billigfirma kaufte für fünfhundert Eier die Filmrechte und machte einen spottschlechten Film der Güteklasse B daraus, mit Sally Rand. Dieser Bursche fing daraufhin das Trinken an und lief herum und rümpfte über all seine Schriftstellerfreunde die Nase, weil sie für die Groschenzeitschriften arbeiteten. Ein paar Jahre später verkaufte er selber eine Kurzgeschichte an so ein Groschenblatt, und ich denke, das ist die Summe seines Beitrags zur Literatur, jedenfalls kaufmännisch gesehen. Diesen Burschen und seine Frau Geschichten diskutieren und analysieren zu hören, machte einem entgeisternd klar, wieviel einer von Technik verstehen kann, ohne imstande zu sein, selber davon Gebrauch zu machen. Wenn man genug Talent hat, kann man sich ohne Mumm so halb und halb durchschwindeln; und wenn man genug Mumm hat, kann man sich, so halb und halb, durchschwindeln ohne Talent. Aber ohne das eine oder das andere kommt man nicht über die Runden. Diese Möchtegernschreiber sind ein tragisches Völkchen, und je intelligenter sie sind, desto tragischer, weil der Schritt, den sie nicht zu tun vermögen, ihnen so winzig vorkommt, wie er in Wirklichkeit ja auch ist. Und jeder erfolgreiche oder leidlich erfolgreiche Schriftsteller weiß oder sollte wissen, in welch engem Abstand er selber diesen Schritt zu tun vermochte. Aber wenn man den nicht fertigbringt, dann bringt man ihn nicht fertig. Mehr ist dazu nicht zu sagen.

[...]

Herzlich
Ray

---

* Fulton Oursler (1893-1952) war Herausgeber von *Liberty* und Vizepräsident von MacFadden Publications.

AN HAMISH HAMILTON

6005 Camino de la Costa
La Jolla, California
14. Februar 1951

Lieber Jamie:

[...]

Priestley ist gestern vom Himmel hoch zu mir herniedergestiegen, ohne Vorwarnung, abgesehen von einem Telegramm aus Guadalajara kurz vor Ankunft, und zu einer verdammt ungelegenen Zeit, denn meine Frau ist nicht wohl und außerstande, ihn zu unterhalten.* Gleichwohl habe ich mein Bestes getan. Ich bin runter nach Tijuana gefahren und habe ihn abgeholt, eine verdammt lange unbequeme Fahrt, wie nur je eine war, und dann habe ich ihn in unserm besten Hotel untergebracht, da wir kein Gastzimmer haben. Er ist ein reizender, umgänglicher Kerl und glücklicherweise ganz groß im Reden, so daß ich praktisch nichts weiter zu tun brauchte, als gelegentlich mit der Zunge gegen die Zähne zu schnalzen. Er war mit meiner Gesellschaft nicht restlos zufrieden, was ich ihm auch wahrlich nicht übelnehmen kann, und als ich mich gestern abend spät an der Tür seines Hotels von ihm verabschiedete, machte er den sanften Vorschlag, wir könnten uns vielleicht heute abend mit ein paar Kollegen treffen. Also bin ich heute morgen gleich in Tränen ausgebrochen und habe mich Jonathan Latimer zu Füßen geworfen, der jeden kennt und jeden mag (während bei mir in beidem das Gegenteil der Fall ist), und also werde ich ihn heute abend rüber zu Latimers Haus bringen, wo eine umfangreiche Auswahl dessen versammelt sein wird, was an intelligenter Menschheit in unserer Stadt zu haben ist.**

[...]

Herzlich immer Ihr
Ray

* J. B. Priestley, der englische Romancier.
** Jonathan Latimer, ein Kriminalschriftsteller, lebte ebenfalls in La Jolla.

AN H. F. HOSE

[Februar 1951]

Lieber Hose:

[...]

Es ist höchst unwahrscheinlich, daß ich mich mit Dir um Lese-
geschmäcker oder -gewohnheiten streite. Wenn ich nicht selber
Detektivgeschichten schriebe, würde ich vermutlich auch keine
lesen. Und ich entsinne mich so aus dem Stegreif auch nicht, daß
ich mehr als drei oder vier davon gelesen hätte, ehe ich sie zu
schreiben begann. Wie Du anmerkst, sind die meisten sehr
schlecht geschrieben, und selbst die, denen man, wenigstens im
akademischen Sinne, eine gewisse Stilreinheit bescheinigen
könnte, sind gewöhnlich in anderer Hinsicht lächerlich. Ich stimme
ganz mit Dir überein, daß die überwiegende zeitgenössische Prosa
reiner Ramsch ist. Aber war das nicht immer so? Die Lage ist hier
drüben keineswegs anders, nur daß kaum noch jemand Aufmerksamkeit für Latein und Griechisch übrig hat. Ich finde, die englischen Schriftsteller haben, ganz allgemein gesehen, viel mehr
Muße und Urbanität als die unseren, aber diese Qualitäten scheinen sie auch nicht sehr weit zu bringen. Es wird wohl so sein, daß
jede Generation die Literatur hat, die sie verdient, ganz so wie es
heißt, daß sie die Regierung hat, die sie verdient.

Die meisten von uns zeigen zunehmend Ungeduld mit dem
verwahrlosten Zustand, der uns umgibt, und sind geneigt, der
Vergangenheit eine Reinheit der Blickrichtung zuzuschreiben, die
den Zeitgenossen dieser Vergangenheit nicht sichtbar war. Die
Vergangenheit hat sich schließlich gesichtet und gestrafft. Die
Gegenwart noch nicht. Die Literatur der Vergangenheit hat überlebt und bezieht daraus ihr Prestige, von ihrem anderen Prestige
ganz abgesehen. Die Gründe für dieses ihr Überleben sind komplex. Die Vergangenheit ist unsere Universität; sie hat uns unseren
Geschmack und unsere Gewohnheiten vermittelt, und wir grollen,
wenn wir für diese in der Gegenwart keine Grundlage finden. Es ist
durchaus möglich, daß sie trotzdem da sind. Man kann eine goti-

sche Kathedrale nicht mit Fließbandmethoden bauen; man kann sich künstlerische Steinmetze nicht bei der Gewerkschaft holen. Ich für mein Teil bin überzeugt davon, daß unsere Kunst, wenn denn irgendein Wert in ihr steckt, was vielleicht überhaupt nicht der Fall ist, nicht lügt, wenn sie etwas ähnlich sieht, was heute traditionell ist, aber nicht traditionell war, als es zum erstenmal hervorgebracht wurde. Wenn wir Stilisten haben, dann sind das nicht Leute wie Osbert Sitwell – Edwardianer, die zu lange aufgeblieben sind; es sind auch nicht pseudopoetische Dramatiker wie T. S. Eliot und Christopher Fry; auch nicht blutlose Intellektuelle, die bloß am Rand des Lampenlichts hocken und mit trockenen kleinen Stimmen, aus denen man wenig mehr heraushört als den Akzent von Langeweile und Desillusion, alles zu nichts zergliedern. Mir kommt es so vor, als habe es in der Geschichte der Zivilisation nur verdammt wenige Perioden gegeben, die ein Mitlebender als entschieden groß hätte erkennen können. Wenn Du Zeitgenosse des Sophokles gewesen wärst, hättest Du von ihm wohl eine fast so hohe Meinung gehabt wie jetzt. Aber ich könnte mir denken, daß Du Euripides vielleicht ein bißchen vulgär gefunden hättest. Und wenn Du in der elisabethanischen Zeit gelebt hättest, wäre Dir Shakespeare, da bin ich ganz sicher, weitgehend als Lieferant von abgestandenen Plots und überkünstelter Rhetorik vorgekommen. Ich weiß gar nicht, warum ich das alles sage. Ich versuche gar nichts zu verteidigen, und schon gar nicht würde ich wünschen, Dir das Vergnügen an dem zu verkürzen, was Dir Vergnügen macht, selbst wenn ich's könnte.

Herzlich immer Dein

AN JAMES SANDOE

6005 Camino de la Costa
La Jolla, California
20. Februar 1951

Lieber Sandoe:

Diesmal weiß ich gar nicht, ob nun ich Ihnen einen Brief schulde
oder Sie mir einen schulden, oder ob wir bei einem mexikanischen
Unentschieden halten. Ich bin nicht einmal sicher, ob ich höflich
genug war, Ihnen für die Übersendung jenes Buches zu danken.
Mir ist immer noch ein bißchen schwindlig vom Einflug des englischen Romanciers, Stückeschreibers usw. J. B. Priestley. Er hat
mich ganz schön viel Zeit gekostet und ganz schön viel Geld, und
mir ist durchaus unklar, was ich selber, wenn überhaupt etwas,
davon gehabt habe außer der Genugtuung, einem Freund meines
englischen Verlegers gegenüber so höflich wie möglich gewesen zu
sein. Er mag meine Bücher, sagt er mit verbindlichem Lächeln, um
das Thema ein für allemal vom Tisch zu haben, und dann wünscht
er, ich würde mal was ohne Mord und Totschlag schreiben. Also ist
das nicht wieder typisch? Man putzt die Mordkrimis à la Edmund
Wilson herunter, weil sie, sagt man, gewöhnlich von Leuten geschrieben sind, die nicht richtig schreiben können. Und in just dem
Moment, wo man jemanden trifft, dem man zu attestieren gewillt
ist, daß er gut schreiben kann, erzählt man ihm, er solle doch keine
Mordkrimis mehr schreiben. Haben Sie übrigens in letzter Zeit
irgendwelchen besseren Ramsch gelesen?

Ich habe doch wieder einen Blick auf den Fall Adelaide Bartlett
geworfen, Gott allein weiß, warum.* Ich glaube, eins der verwir-
rendsten Elemente darin ist der Umstand, daß Sir Edward Clarkes
Verteidigung derart brillant war, ganz im Gegensatz zu der ziemlich uninspirierten Verteidigung von Maybrick und Wallace, daß

---

* Adelaide Bartlett wurde 1886 in London vor dem Central Criminal Court wegen
Mordes an ihrem Gatten der Prozeß gemacht. Der Fall war allgemein bekannt als der
«Pimlico Poisoning Case».

man sich davon fast einlullen läßt und die Fakten vergißt. Aber die Fakten sind, wenn man sie sich mit vollem Bewußtsein anschaut, doch ziemlich vernichtend. Zum Beispiel:

Edwin Bartlett starb, weil er flüssiges Chloroform getrunken hatte. Adelaide, seine Frau, war im Besitz von flüssigem Chloroform; besorgt hatte es ihr heimlich der Geistliche Dyson, mit dem es, wenn er nicht de facto ihr Liebhaber im technischen Sinne war, doch mit Sicherheit zu hochprozentigem Geschmuse gekommen war. Der von ihr angegebene Grund für ihren Wunsch nach Chloroform ist Unsinn. Edwin war ein unattraktiver und überflüssiger Ehemann, und ein Trottel war er obendrein. Wenn er starb, bekam sie Dyson und Edwins Geld. Edwins Gesundheit war ausgezeichnet, trotz seiner dauernden Klagen. In der Nacht vor seinem Tode war sie besser noch als gewöhnlich. Seine Schlaflosigkeit war angeblich schlimm, paßt aber nicht ins Bild seines herzhaften Appetits. Sowohl Morphium als auch Chloralhydrat waren ohne Wirkung bei ihm versucht worden. Offensichtlich war er ein gegen Drogen sehr widerstandsfähiger Mensch. Siehe auch das Gas beim Zahnarzt. Das Weinglas, das man fand, roch unter dem Brandy nach Chloroform. Die Chloroformflasche war nicht zu finden. Laut Adelaide hatte sie früher auf dem Kaminsims gestanden. Das Haus wurde nicht durchsucht, und Adelaide wurde nicht durchsucht. Adelaide hatte Gelegenheit, den Rest des Chloroforms zu verstecken. Sie gab später zu, sich seiner entledigt zu haben. Es gibt drei grundsätzliche Einwände gegen ihre Schuld: 1. Ihre besorgte Pflege wirkte echt und ziemlich selbstaufopfernd. 2. Sie drängte auf eine rasche Leichenschau und verwarf selber die Möglichkeit, daß er das Chloroform selbst genommen haben könnte. 3. Die Schwierigkeit, Edwin auf diese Weise zu vergiften, war dem medizinischen Gutachten nach enorm, und es gab keinerlei frühere Berichte über einen Mord mit diesem Mittel. Aber wenn wir einmal ihre Schuld unterstellen, ist das erste Argument gegenstandslos. Was würde man wohl anderes erwarten? Wie anders hätte sich eine Giftmischerin je verhalten? Was das zweite Argument betrifft, so besteht kein Grund, die Annahme des Richters zu teilen, sie habe *gewußt,* daß eine Verzögerung der Leichenschau günstig für sie war. Wie wär's mit der Theorie «Mich dünkt, du protestiertest viel zu sehr»? Er war nicht an geschmortem Hasen gestorben. Eine Untersuchung mußte in jedem Fall stattfinden. Wenn man das wußte und wenn man den Mord begangen hatte, wie konnte man am besten unschuldig wirken? Auf die Weise, wie sie's tat. Das dritte Argument hat der Richter schon erledigt. Wenn sie ihn ermordet hat, dann geschah es durch eine Methode, deren Erfolgschancen eins zu zwanzig standen. Aber das wußte sie nicht. Für sie mag die Sache ganz einfach ausgesehen haben.

Über die Schlaflosigkeit kann ich nur lachen. Ich habe selber einmal daran gelitten, ziemlich schwer sogar. Da war mir nicht nach großen Mahlzeiten mit geschmortem Hasen zumute. Da wollte ich auch nicht Austern und Pfannkuchen zum Abendbrot. Da war ich nicht derart versessen auf Schellfisch zum Frühstück – einen großen Schellfisch –, daß ich bereit gewesen wäre, eine ganze Stunde früher aufzustehen, um schon mit dem Essen anzufangen. Ich denke, die Schlaflosigkeit dieses Burschen war neurotischer Natur. Das soll heißen, wenn er sich morgens nicht frisch fühlte wie ein Gänseblümchen, dann sagte er, er hätte in der vergangenen Nacht nicht mehr als zwanzig Minuten geschlafen. Aber wenn ich an die Schwere seiner Schlaflosigkeit nicht glaube, dann kann ich auch nicht glauben, daß er verzweifelt genug war, um das Chloroform selber zu nehmen, auch wenn dessen Widerlichkeit kein schlüssiges Argument darstellt, da die Leute schließlich auch Rizinusöl nehmen. Wenn man sich die Nase zuhält, kann man praktisch alles schlucken, ohne es zu schmecken. Aber hier müßten wir nun glauben, daß dieser Bursche vor Schlaflosigkeit ganz verzweifelt war und doch einen ausgezeichneten Appetit hatte. Es ist ja wahr, daß das Zeug brennt. Aber wenn man genug davon geschnüffelt hat, daß einem dösig ist, dann könnte es immerhin sein, daß die Sinne sich nicht sträuben. Abgesehen vom Mord scheint dies die einzige Möglichkeit zu sein. Und es ist eine nicht sehr überzeugende.

Adelaides Schuld einmal angenommen, muß ihr Verhalten mit der Flasche gänzlich von der Absicht bestimmt gewesen sein, Dyson zu schützen, denn gibt sie den Besitz des Chloroforms zu, so muß sie erzählen, woher sie es hat. Wenn sie dazu bereit ist, wäre der beste Tip für sie, die Flasche zu lassen, wo sie war, und bei der Schlaflosigkeit zu bleiben und bei Edwins verzweifeltem Versuch, damit fertig zu werden. Dr. Leach, der Trottel, wird ihr dabei sicher den Rücken decken. Und manches aus der Medizingeschichte spricht ebenfalls günstig dafür (nur nicht der geschmorte Hase). Das rundet unser sauberes kleines Problem. Wenn sie ihn genug Chloroform schnüffeln läßt, daß er fast hinüber ist, aber nicht ganz, und ihm dann einen schönen kräftigen Schluck davon zu trinken gibt, unter Umständen, wo er nicht mehr genau weiß, was er trinkt, bloß alles auf Treu und Glauben hinnimmt, dann schluckt er das Chloroform, und es bringt ihn um. Die Ärzte sagen, wenn er ganz bewußtlos gewesen wäre, hätte er nicht mehr schlukken können; der Schluckapparat hätte nicht mehr funktioniert. Aber sie scheinen zugleich auch zu meinen, wenn er es geschluckt hätte, während er bei Bewußtsein war, hätte er es wieder von sich gegeben. In Wirklichkeit meinen sie damit aber, sie hätten oder man hätte oder ich hätte. Edwin war ein bißchen anders als wir. Edwin konnte man schlechterdings alles vorsetzen, und er hatte keinen anderen Wunsch als den, am nächsten Morgen eine Stunde früher aufzustehen und weiterzuessen. Ich meine, der Mann hat einen Magen gehabt wie ein Ziegenbock. Ich meine, der konnte ohne weiteres Sägemehl, alte Konservenbüchsen, Eisenfeilspäne und Schuhsohlen verdauen. Ich meine, er konnte ohne weiteres Chloroform trinken, so wie unsereins Orangensaft trinkt. Jedenfalls ist jedes Argument, er sei nicht imstande gewesen, es im Magen zurückzuhalten, reiner Unsinn, weil er's ja tatsächlich im Magen behielt; so läßt sich als einziges wirkliches Argument nur die Schwierigkeit anführen, es ihm die Kehle hinunterzubringen. Und in Edwins Fall scheint mir das kein sehr starkes Argument zu sein. Er hat vermutlich gedacht, er tränke Ingwerwein.

Herzlich immer Ihr
R.C.

AN HAMISH HAMILTON

6005 Camino de la Costa
La Jolla, California
27. Februar 1951

Lieber Jamie:

[...]

Ich würde nicht sagen, daß ich Priestley taktlos fand, und gewißlich habe ich keinerlei Zwist mit ihm. Er spielt die Rolle des
polternden Yorkshiremannes sehr gut. Er verhielt sich mir gegenüber durchweg liebenswürdig und übernahm sich fast mit seinen
Artigkeiten. Er ist ein rauher, energischer, vielseitiger Mann, der
in gewisser Hinsicht sehr professionell wirkt; das heißt, was immer
ihm über den Weg kommt, ist Stoff, und das meiste wird ebenso
unverzüglich wie oberflächlich verwertet. Seine soziale Philo-
sophie ist für meinen Geschmack ein bißchen zu starr und ein
bißchen zu sehr von der Tatsache bestimmt, daß er's unmöglich
findet, irgend etwas Gutes in einem Menschen zu sehen, der eine
Menge Geld gemacht hat (außer natürlich vermittels Schreibens),
der einen Public-School-Akzent hat oder einen militärischen Ha-
bitus, kurz, der sich in Rede oder Auftreten oberhalb des unteren
Mittelstands bewegt. Ich denke, das muß ein großes Handikap für
ihn sein, denn in seiner Welt ist ein Gentleman mit Besitz automatisch ein Schurke. Das ist ein ziemlich beschränkender Gesichtspunkt, und ich würde sagen, Priestley ist ein ziemlich beschränkter
Mann; seine Perspektive als Schriftsteller erwächst nicht aus einer
künstlerischen Vorstellung, sondern seine künstlerische Vorstellung, sei sie wie sie sei, ist strikt begrenzt von einer Perspektive,
die er bereits hatte. Natürlich mag ich den Sozialismus nicht,
obwohl sich eine gemäßigte Form davon unvermeidlich überall
findet. Ich meine, ein Haufen Bürokraten kann die Macht des
Geldes genauso skrupellos mißbrauchen wie ein Haufen Wall-
Street-Bankiers, nur weit weniger sachverständig. Der Sozialismus hat sich bis dato zum großen Teil vom Fett eben der Klasse
genährt, die er an den Bettelstab zu bringen sucht. Was passiert,

wenn das Fett alle ist? Was passiert, wenn die wirtschaftliche Prosperität vom Profit von Industrien abhängt, die von Bürokraten gelenkt werden, und wenn diese Industrien dann mit keinem Profit mehr abschließen, sondern wahrscheinlicher mit einem Defizit? Was passiert, wenn die «Ahbeeder», wie Roosevelt sie nannte, auf einmal feststellen, daß keiner mehr da ist, der für ihre Luxusgüter bezahlt, außer ihnen selber, und daß sie die Einkommensteuern bezahlen, die sonst die Reichen zahlen mußten? Nun, ich weiß es nicht, und ich glaube, daß es auch Priestley nicht weiß.

[...]

Herzlich immer Ihr
Ray

AN JAMES SANDOE

6005 Camino de la Costa
La Jolla, California
6. März 1951

Lieber Sandoe:

[...]

Ich weiß nicht, ob Sie einen Fernseher haben, oder ob Sie, wenn Sie ihn haben, die Filmberichte über die Hearings des Kefauver-Komitees haben ansehen können.* Ich sah einen Teil von denen, die in Los Angeles stattfanden, und fand sie faszinierend. Offenbar könnte nichts, was ein Krimischreiber sich auszuträumen wüßte, phantastischer sein, als was tatsächlich in dem Gangsterimperium vor sich geht, das die Plage dieses Landes ist. Kefauver selbst ist den Eintrittspreis jeden Tag wert – ein großer kraftvoller Mann von absoluter Sicherheit im Auftreten und nie versagender Höflichkeit gegenüber den Zeugen, ohne jede Spur

---

* Senator Estes Kefauver (Demokrat von Tennessee) war Vorsitzender eines Senatskomitees, das den Einfluß des organisierten Verbrechens untersuchte.

von Südstaatenakzent. Er war kaum je auch nur sarkastisch. Trotzdem hat er diese Schieber im Zeugenstand sehr nervös gemacht, viel nervöser, finde ich, als wenn er richtig ruppig mit ihnen umgesprungen wäre. Sogar wenn er ein Beweisdokument präsentierte, das alles, was sie grad gesagt hatten, zum Unsinn machte, tat er's nicht mit der Miene eines sich aufs Opfer stürzenden Raubvogels, sondern auf eine lässige, beiläufige Art, so als spiele es in Wirklichkeit gar keine Rolle, was sie sagten, weil anderswo bereits entschieden war, was ihnen blühte. Ich hoffe, das ist auch der Fall, obwohl ziemlich offenkundig bleibt, daß man diesen Kerls bei unseren gegenwärtigen Gesetzen wirklich nachweisen nur Steuerhinterziehung kann. Es gab eine faszinierende kleine Sitzung, in der ein Exsheriff von San Bernadino County über einen Besuch am Big Bear Lake oben in den Bergen aussagte, wo er zwei Frauen über Spielverluste ihrer Ehemänner am Ort klagen hörte; er machte den betreffenden Salon ausfindig und ging hin. Nach seinem Bericht befanden sich etwa hundertfünfzig Leute in dem Lokal; zwei Roulettes waren in Betrieb, mindestens ein Würfeltisch und zahlreiche Spielautomaten. Er tat sich um, stellte fest, wer die Manager und die Spieler waren, dann sprach er mit ihnen und bekam heraus, daß das Haus einem Mann namens Gentry gehörte, der Obmann des großen Geschworenengerichts war. Er verhaftete daraufhin sämtliche Spieler, beschlagnahmte die gesamte Ausrüstung, offenbar ohne den mindesten Widerstand zu finden, obwohl er allein war und nicht mehr der Jüngste, und brachte die Spieler vor den Friedensrichter, wo sie sich schuldig bekannten und Strafe zahlten. Danach wurde er von Sendlingen des Mr. Gentry angegangen, die ihm für die Rückgabe der Spielausrüstung Geld boten. Kefauver holte dann Mr. Gentry in den Zeugenstand, den früheren Obmann des großen Geschworenengerichts. Mr. Gentry sagte aus: a) er habe nie eine Spielausrüstung besessen und folglich auch nie jemanden zum Sheriff geschickt, um eine solche zurückzukaufen; b) das besagte Haus im Big Bear Valley habe ihm nie gehört (obwohl eine auf seinen Namen lautende Hypothek von 20 600 Dollar darauf lag); c) er habe nie darin gewohnt; d) das Haus bestehe nur aus einem ziemlich kleinen Wohnzimmer, einer Schlafkammer, einer kleinen Küche und einem Bad, und wenn man fünfzehn Leute hineinbrächte, würde es auseinanderplatzen. Senator Kefauver lächelte höflich, dankte ihm und ließ es dabei bewenden.

Herzlich immer Ihr
Raymond Chandler

AN HAMISH HAMILTON

6005 Camino de la Costa
La Jolla, California
19. März 1951

Lieber Jamie:

[...]
Von Priestley bekam ich einen freundschaftlichen Brief, makellos getippt auf Gracie Fields' stationärer Maschine.* Ich höre, sie gibt Kalifornien auf und will auf Capri leben. Offenbar hat sie von Los Angeles die gleiche Empfindung wie ich: daß es für ein menschliches Wesen ein grotesker und unmöglicher Wohnort geworden ist. Priestley hinterließ mir einen unbehaglichen und vermutlich auch übertriebenen Gedanken, an den er aber unerschütterlich zu glauben scheint. Er ist nämlich der Ansicht, die Unterhaltungswelt in England und übrigens auch die literarische Welt, zumindest auf dem kritischen Sektor (Bühne, Film, Rundfunk, Fernsehen, Feuilleton usw.) werde vollkommen von Homosexuellen beherrscht, und gut fünfzig Prozent der Leute, die auf diesen Gebieten tätig sind, seien Homosexuelle – eingeschlossen, sagt er, sämtliche Literaturkritiker. [...] Er erwähnte in diesem Zusammenhang auch verschiedene ziemlich angesehene Schriftsteller, bei denen ich nie an so etwas gedacht habe. Und als ich sagte, «nun, wenn es von denen so viele gibt, warum schreibt dann niemand mal einen wirklich guten Roman darüber?», nannte er

* Englische Bühnen- und Filmschauspielerin im komischen Fach.

den Namen eines *sehr* renommierten Autors, bei dem die Sache angeblich notorisch sei, und sagte, der habe sich schon diverse Jahre vom Publizieren zurückgezogen und einen langen Roman über die Homosexualität aus der Innensicht des Kenners geschrieben, aber niemand wolle ihn veröffentlichen. Nun, nun. Es ist gefährlich, solche Gedanken einem jungen und impressionablen Menschen wie mir in den Kopf zu pflanzen. Jedesmal wenn ich jetzt einen von diesen aufgedonnerten und auskennerischen Buchrezensenten lese, frage ich mich, «Also, was nun, ist er einer oder ist er keiner?» Und bei Gott, zu drei Vierteln der Zeit beschleicht mich der Verdacht, er sei's. *The Saturday Review of Literature* veröffentlichte vor ein paar Wochen einen Artikel über zwölf neue und vielversprechende Romanautoren von 1950, zusammen mit ihren Photographien. Es waren nur drei dabei, die ich, nach ihrer Physiognomie, als entschieden männlich hätte passieren lassen. Von jetzt an werde ich immer unter dem Bett nachsehen, wie ein altes Dienstmädchen, das sich vor Einbrechern fürchtet. Vielleicht sollte ich mich mal an einem Artikel zum Thema für das *Atlantic* versuchen. Als Titel käme infrage «Auch Sie könnten eine Tunte sein» – oder vielleicht schlicht «Homo sapiens».

[...]

Herzlich immer Ihr
Ray

AN BERNICE BAUMGARTEN

Liebe Bernice:

Ihre Reaktion auf Eric Amblers Buch ist äußerst interessant für mich, und zwar aufgrund Ihrer großen professionellen Begabung, ein Stück Prosa in einem schmalen Kontext zu beurteilen und doch den Blick dafür nicht zu verlieren, daß dieser schmale Kontext weit entfernt von allem ist, was eigentlich da ist.* Ich möchte meinen, daß Ambler sich zwischen zwei Stühle gesetzt hat und einer Gefahr erlegen ist, der alle Intellektuellen ausgesetzt sind, wenn sie den Versuch machen, einen Thrillerstoff zu behandeln. Ich weiß, ich muß selber dauernd dagegen ankämpfen. Es ist gar keine leichte Sache, seine Geschichte und seine Figuren auf einem Niveau zu halten, das dem halbgebildeten Publikum zugänglich ist, und ihnen zugleich ein paar intellektuelle und künstlerische Obertöne zu verleihen, die das Publikum weder sucht noch verlangt, noch am Ende überhaupt wahrnimmt, die es aber irgendwie unbewußt doch akzeptiert und mag. Ich habe immer die Theorie vertreten, daß Stil vom Publikum akzeptiert wird, vorausgesetzt, man stößt es nicht direkt mit der Nase drauf, indem man entweder viele Worte darum macht oder, wie es oft der Fall war, auf Distanz damit geht und auf Selbstbewunderung. Ich finde, es ist ein riesiger Unterschied, ob man sich beim Schreiben bewußt nach dem Geschmack des Publikums richtet (was immer mit einem Reinfall endet) oder ob man das, was man schreiben will, in eine Form bringt, die das Publikum zu akzeptieren gelernt hat. Bei Ambler ist das Dilemma nicht, daß er etwa zu intellektuell geworden wäre; er hat sich die Intellektualität nur zu deutlich anmerken lassen. Das scheint mir der tödliche Fehler zu sein, obwohl mir selber das Buch gefallen hat, ganz so wie mir Helen MacInness' Buch *Neither Five nor Three* nicht sonderlich gefallen hat. Sie beleidigt mich, wenn sie mit ihren sehr komplizierten Themen auf eine so halbgare

---

* *Judgment on Deltchev.*

Weise umgeht wie ein Schulmädchen, das Proust analysiert. Man kann den Kommunismus nicht einfach als eine schmutzige Verschwörung lächerlich machen. Man muß der intellektuellen Anziehungskraft gerecht werden, die er für einige sehr brillante Köpfe besitzt, und ihn nichtsdestoweniger zerstören. Glücklich dran sind, meine ich, die Schriftsteller, die ihren Lesern im Schreiben überlegen sein können, ohne es auch im Denken zu sein.

AN D. J. IBBERSON*

19. April 1951

Lieber Mr. Ibberson:

Es ist sehr nett von Ihnen, daß Sie an den Einzelheiten von Philip Marlowes Leben solchen Anteil nehmen. Sein Geburtsdatum ist ungewiß. Ich glaube, er hat irgendwo mal gesagt, daß er achtunddreißig Jahre alt wäre, aber das war schon vor einer ganzen Weile, und er ist bis heute nicht älter geworden. Damit werden Sie sich wohl oder übel abfinden müssen. Geboren ist er nicht in einer Stadt im Mittleren Westen, sondern in einer Kleinstadt in Kalifornien, die Santa Rosa heißt und, wie Ihnen die Landkarte zeigen wird, etwa fünfzig Meilen nördlich von San Francisco liegt. Santa Rosa ist berühmt als Heimat Luther Burbanks, eines früher weithin bekannten Obst- und Gemüsezüchters. Nicht ganz so bekannt ist es vielleicht als Hintergrund von Hitchcocks Film *Shadow of a Doubt*, der zum größten Teil direkt in Santa Rosa gedreht wurde. Von seinen Eltern hat Marlowe nie gesprochen, und offenbar hat er keine lebenden Verwandten mehr. Da ließe sich aber, falls notwendig, Abhilfe schaffen. Er war ein paar Jahre auf dem College, entweder auf der University of Oregon in Eugene oder auf der State University in Corvallis, Oregon. Warum er dann nach Südkalifornien gegangen ist, weiß ich nicht, falls der Grund nicht war, daß schließlich die meisten Leute das tun, auch wenn nicht

---

* Ein englischer Leser.

alle dann bleiben. Er scheint ein paar Erfahrungen als Ermittler für eine Versicherungsgesellschaft und später als Ermittler für den Staatsanwalt von Los Angeles gesammelt zu haben. Dadurch ist er aber nicht unbedingt Polizeibeamter geworden, und er hatte auch nicht das Recht, Verhaftungen vorzunehmen. Die Umstände, unter denen er diese Stellung verlor, sind mir wohlbekannt, doch kann ich mich darüber nicht des näheren auslassen. Sie werden sich mit dem Hinweis zufriedengeben müssen, daß er einmal ein bißchen zu tüchtig war, zu einer Zeit und an einem Ort, wo die maßgeblichen Vorgesetzten just ihre Gründe hatten, keine besondere Tüchtigkeit zu wünschen. Er ist knapp über sechs Fuß groß und wiegt etwa dreizehn Stone acht. Er hat dunkelbraunes Haar, braune Augen, und mit der Beschreibung «ganz passables Aussehen» wäre er nicht im mindesten zufrieden. Ich glaube nicht, daß er rabiat aussieht. Er kann's nur sein. Wenn ich je Gelegenheit hätte, mir einen Filmschauspieler auszusuchen, der ihn nach meiner Vorstellung am besten repräsentierte, so wäre das, glaube ich, Cary Grant. Ich glaube, er kleidet sich so gut, wie man erwarten kann. Offenbar hat er nicht sehr viel Geld für Kleidung übrig, für anderes allerdings auch nicht. Die Sonnenbrille mit dem Horngestell ist eigentlich nicht charakteristisch für ihn. So etwas trägt in Südkalifornien praktisch jeder irgendwann. Wenn Sie sagen, er trüge sogar im Sommer einen Pyjama, so weiß ich nicht recht, was Sie damit meinen. Wer tut denn das nicht? Standen Sie unter dem Eindruck, er trüge ein Nachthemd? Oder meinen Sie, er könnte bei heißem Wetter auch nackt schlafen? Das letztere ist möglich, obwohl unser Wetter hier selten heiß ist bei Nacht. Hinsichtlich seiner Rauchgewohnheiten haben Sie ganz recht, obwohl ich nicht glaube, daß er unbedingt auf Camel besteht. Fast jede Zigarettensorte dürfte ihn zufriedenstellen. Der Gebrauch von Zigarettenetuis ist hier nicht so allgemein üblich wie in England. Er verwendet entschieden keine Streichholzheftchen, wo die Hölzer immer Sicherheitshölzer sind. Er benutzt entweder richtig große Streichhölzer, die wir Küchenhölzer nennen, oder deren kleinere Ausgabe, die es in kleinen Schachteln gibt und die man überall anreißen kann, auch am Daumennagel, wenn das Wetter trocken genug ist. In der Wüste oder in den Bergen ist es ganz einfach, ein

Streichholz am Daumennagel anzureißen, aber um Los Angeles herum ist die Luftfeuchtigkeit ziemlich hoch. Marlowes Trinkgewohnheiten sind weitgehend so, wie Sie feststellen. Allerdings glaube ich nicht, daß er Roggenwhisky gegenüber Bourbon den Vorzug gibt. Praktisch trinkt er alles, was nicht süß ist. Gewisse Drinks wie etwa Pink Ladies, Honolulu-Cocktails und Highballs mit Crème-de-menthe, würde er als schwere Kränkung ansehen. Ja, er macht guten Kaffee. Hierzulande macht jeder guten Kaffee, obwohl man sich das in England nicht vorstellen kann. Er nimmt Sahne und Zucker in seinen Kaffee, keine Milch. Er trinkt ihn aber auch schwarz, ohne Zucker. Sein Frühstück macht er sich selber, was eine einfache Sache ist, andere Mahlzeiten aber nicht. Er ist ein Spätaufsteher aus Neigung, aber gelegentlich ein Frühaufsteher aus Notwendigkeit. Sind wir das nicht alle? Ich würde nicht sagen, daß sein Schachspiel fast Turnierreife hat. Woher er die kleine in Leipzig erschienene Broschüre mit den Turnierpartien hat, weiß ich nicht, aber er hängt daran, weil er der kontinentalen Methode der Felderbezeichnung auf dem Brett den Vorzug gibt. Auch ob er als Kartenspieler etwas hermacht, weiß ich nicht. Das ist mir einfach entfallen. Was meinen Sie mit Ihrer Feststellung, er habe «Tiere nur mäßig gern»? Wenn man in einem Apartmenthaus wohnt, ist ein «mäßig» so ungefähr das äußerste, was man sich leisten kann. Es kommt mir so vor, als hätten Sie die Neigung, jede zufällige Bemerkung als Charakteristikum eines bestimmten Geschmacks zu interpretieren. Was nun die «offene Fleischlichkeit» seines Interesses für Frauen betrifft, so sind das Ihre Worte, nicht die meinen.

[...]

Marlowe kann einen Bryn-Mawr-Akzent nicht erkennen, weil es so etwas gar nicht gibt. Alles, was er mit diesem Ausdruck bezeichnet, ist eine hochnäsige Sprechweise. Ich zweifle sehr, ob er echte alte Möbel von Fälschungen unterscheiden kann. Und ich bezweifle, mit Verlaub, auch, daß viele Experten dazu imstande sind, wenn die Fälschungen etwas taugen. Die edwardianischen Möbel und die präraffaelitische Kunst übergehe ich. Mir ist einfach nicht erinnerlich, woher Sie Ihre Fakten haben. Ich würde nicht sagen, daß Marlowes Parfümkenntnisse bei Chanel Nr. 5 zu Ende sind. Das ist nur wieder ein Symbol für etwas, was teuer und zugleich dezent ist. Er mag alle leicht herben Parfüms, aber nicht, wenn sie übertrieben intensiv sind. Er ist, wie Sie vielleicht bemerkt haben, selber ein leicht herber Mensch. Natürlich weiß er, was die Sorbonne ist, und er weiß auch, wo sie ist. Natürlich kennt er den Unterschied zwischen Tango und Rumba und auch zwischen Conga und Samba, und er kann auch Samba und Mamba auseinanderhalten, obwohl er nicht glaubt, daß eine Mamba ein galoppierendes Pferd überholen kann. Ich zweifle, ob er den neuen Tanz kennt, der Mambo genannt wird, denn der scheint erst in letzter Zeit entdeckt bzw. entwickelt worden zu sein.

Nun wollen wir einmal sehen, wie weit wir damit sind. Ziemlich regelmäßiger Kinogänger, sagen Sie, Abneigung gegen Musicals. Stimmt. Könnte ein Bewunderer von Orson Welles sein. Durchaus möglich, besonders wenn Orson einen anderen Regisseur hat als sich selbst. Marlowes Lesegewohnheiten und musikalische Geschmacksrichtungen sind mir ebenso ein Rätsel wie Ihnen, und wenn ich da improvisieren wollte, liefe ich Gefahr, seinen und meinen Geschmack durcheinanderzubringen. Wenn Sie mich fragen, warum er Privatdetektiv ist, so kann ich Ihnen da keine Antwort geben. Offenbar gibt es Zeiten, wo er's lieber nicht wäre, ganz wie es auch Zeiten gibt, wo ich fast alles andere lieber wäre als Schriftsteller. Der Privatdetektiv im Roman ist eine Phantasieschöpfung, die nur handelt und spricht wie ein wirklicher Mensch. Er kann in jeder Hinsicht vollkommen realistisch sein – bis auf die eine, daß ein solcher Mann im Leben, wie wir es kennen, kein Privatdetektiv wäre. Was ihm widerfährt, könnte ihm durchaus auch sonst widerfahren, aber dann nur als Ergebnis einer besonderen Reihe von Zufällen. Indem man ihn zum Privatdetektiv macht, umgeht man die Notwendigkeit, seine Abenteuer zu rechtfertigen.

Wo er wohnt: Im *Big Sleep* und einigen früheren Geschichten hat er offenbar in einem Einzelapartment mit Klappbett gelebt, einem Bett, das man zur Wand hochklappen kann und das dann an der Unterseite einen Spiegel zeigt. Dann ist er in ein anderes Apartment umgezogen, ähnlich dem, das im *Big Sleep* eine Figur namens Joe Brody bewohnt. Es kann unter Umständen dasselbe Apartment gewesen sein, vielleicht hat er es billig bekommen, weil ein Mord darin stattgefunden hatte. Ich glaube, bin aber nicht sicher, daß dies Apartment im dritten Stock liegt. Es besteht aus einem Wohnzimmer, das man direkt vom Flur aus betritt, und gegenüber führt eine Glastür auf einen Balkon, der aber nur zur Zierde da ist und zum Anschauen, zum Draufsitzen aber sicher nicht. An der rechten Wand, von der Tür aus gesehen, steht eine Couch. Links, ganz dicht an der Flurwand des Apartmenthauses, führt eine Tür in einen Innenflur. Dahinter, wieder an der linken Wand, steht der eichene Schreibtisch mit den herunterklappbaren Seiten, davor ein Sessel usw.; dahinter wieder gelangt man durch einen Bogendurchgang zu Eßnische und Küche. Die Eßnische, wie man sie in amerikanischen oder jedenfalls in kalifornischen Apartmenthäusern kennt, ist einfach ein von der Küche durch eine Zwischenwand oder einen eingebauten Geschirrschrank abgetrennter Raum. Er dürfte sehr schmal sein, wie auch die Küche sehr schmal sein dürfte. Wenn man den Flur vom Wohnzimmer aus beträte (den Innenflur), hätte man rechter Hand die Badezimmertür, und dahinter, wenn man geradeaus weiterginge, käme das Schlafzimmer. Zum Schlafzimmer dürfte ein begehbares Kleiderkabinett gehören. Das Bad in einem Gebäude dieses Typs enthält gewöhnlich eine Dusche über der Wanne mit einem Duschvorhang. Keiner der Räume ist besonders groß. Die Miete für das Apartment, möbliert, dürfte etwa sechzig Dollar im Monat betragen haben, als Marlowe einzog. Gott weiß, wie hoch sie jetzt wäre. Mich schaudert's, wenn ich daran denke. Ich würde meinen, nicht unter neunzig Dollar im Monat, vermutlich mehr.

Was Marlowes Büro betrifft, so werde ich es mir gelegentlich noch wieder ansehen müssen, um mein Gedächtnis aufzufrischen. Wenn ich mich nicht täusche, liegt es im fünften Stock eines Gebäudes, das sich nach Norden erstreckt, und sein Bürofenster geht nach Osten. Aber da bin ich nicht mehr ganz sicher. Wie Sie sagen, gibt es einen Empfangsraum, der ein Halbbüro ist, vielleicht der halbe Raum eines Eckbüros, das man in zwei Empfangsräume mit separaten Eingängen und einer Verbindungstür rechts bzw. links verwandelt hat. Marlowe hat ein Privatbüro, das mit seinem Empfangsraum in Verbindung steht, und es gibt eine elektrische Schaltung, die einen Summer in seinem Privatbüro betätigt, wenn die Tür des Empfangsraums geöffnet wird. Aber dieser Summer kann mit einem Kippschalter abgestellt werden. Eine Sekretärin hat er nicht und hat er auch nie gehabt. Er könnte sehr leicht einen telephonischen Auftragsdienst in Anspruch nehmen, doch erinnere ich mich nicht, daß davon irgendwo die Rede war. Und ich erinnere mich auch nicht, daß sein Schreibtisch eine Glasplatte hat, aber es ist möglich, daß ich's gesagt habe. Die Büroflasche wird im Aktenschub des Schreibtisches aufbewahrt – einer Schublade, die zur Norm amerikanischer Büroschreibtische gehört (vielleicht auch in England), die Tiefe von zwei gewöhnlichen Schubladen hat und dazu bestimmt ist, Aktenordner aufzunehmen, das aber sehr selten tut, da die meisten Leute ihre Aktenordner in Aktenschränken stehen haben. Es kommt mir so vor, als gäbe es bei manchen dieser Einzelheiten nicht unerhebliche Abweichungen. Seine Waffen sind auch ziemlich verschieden gewesen. Angefangen hat er mit einer deutschen Luger Automatik. Auch automatische Colts verschiedenen Kalibers scheint er gehabt zu haben, aber immer nur bis zum 38er, und zuletzt hatte er, wie ich hörte, eine Smith & Wesson 38er Spezial, vermutlich mit einem Vier-Zoll-Lauf. Das ist eine sehr starke Waffe, wenn auch nicht die stärkste, die hergestellt wird, und sie hat vor der Automatik den Vorteil, daß man Bleigeschosse verwenden kann. Sie blockiert nicht und geht auch nicht versehentlich los, selbst wenn sie einmal hart aufschlägt irgendwo, und vermutlich ist sie auf kürzere Entfernung eine ebenso wirksame Waffe wie eine 45er Automatik. Mit einem Sechs-Zoll-Lauf wäre sie noch besser, aber der würde sie wieder unhandlicher machen. Selbst mit vier Zoll ist der Lauf nicht allzu bequem, und bei der Polizei tragen die Beamten gewöhnlich Pistolen mit nur zweieinhalbzölligem Lauf. Das wäre so ungefähr alles, was ich im Moment für Sie habe, aber wenn es noch etwas gibt, was Sie wissen möchten, dann schreiben Sie mir getrost wieder. Der Haken ist nur, daß Sie in Wirklichkeit eine ganze Menge mehr über Philip Marlowe zu wissen scheinen als ich selbst, und vielleicht hätte ich lieber Ihnen Fragen stellen sollen statt umgekehrt.

Mit den freundlichsten Grüßen
stets Ihr

AN JUANITA MESSICK

[Oster-Wochenende 1951]

Memo für J. M.

Büro wird Donnerstag und Freitag geschlossen sein. Freitag sollten Sie drei Stunden zur Kirche gehen. Für Donnerstag überlasse ich Sie der Leitung Ihres Gewissens, falls vorhanden. Leona* dürfte von Mittwoch abend bis kommenden Montag nicht da sein, wird für die Zeit aber auch nicht bezahlt. Irgendein verdammter Unsinn, das Kind hätte Hochzeit. Vermute, die Nonnen haben der Kleinen erzählt, sie solle Christi Braut werden. Werden Katholiken im Alter von 8 konfirmiert? Ich dachte, Sie müßten irgendeine Vorstellung haben, um was es da alles geht. Ich bin vom Bischof von Worcester konfirmiert worden. Er hatte einen Bart.

RC

AN JUANITA MESSICK

[ohne Datum, 1951]

Dies hier ist eine vollkommen nutzlose und unverwertbare Geschichte, aber sie hat mir Spaß gemacht beim Schreiben, und so machen Sie bitte eine Abschrift; ich will Carl Brandt damit plagen.** Vielleicht schafft sie's beim New Yorker oder einem der Monatsblätter.

Sie beläuft sich schätzungsweise auf 6000 Wörter. Machen Sie bitte drei Durchschläge.

RC

* Leona war das Dienstmädchen.
** *A Couple of Writers.*

AN SOL SIEGEL

27. April 1951

Lieber Sol:

[...]

Ich möchte Ihnen gern zwei Gedanken unterbreiten, obwohl sie Ihnen vermutlich längst beide präsent sind. Erstens: Es gibt grundsätzlich zwei Arten von Filmautoren, mit denen die Industrie etwas anfangen kann (die Lohnschreiber einmal beiseite gelassen). Da sind zum einen die versierten Techniker, die wissen, wie man mit dem Medium umgeht und wie man sich der Kamera und die Schauspieler dem Regisseur unterordnet. Ihre Arbeit ist glanzvoll, wirkungsvoll und vollkommen anonym. Nichts von dem, was sie tun, trägt irgendeinen Stempel von Individualität. Zum anderen gibt es den Schriftsteller, dessen persönlicher Handschrift man durchzukommen gestatten muß, denn diese persönliche Handschrift ist's, was ihn zum Schriftsteller macht. Es liegt auf der Hand, daß ein Schreiber dieser Art nie für einen Regisseur wie Hitchcock arbeiten sollte, denn in einem Hitchcock-Film darf es nichts geben, was nicht Hitchcock selbst geschrieben haben könnte. Dabei geht es nicht bloß um die Frage, wie Hitchcock seine Kamera und seine Schauspieler einsetzt; der entscheidende Punkt ist, daß in seinen Filmen nichts sein darf, was außerhalb seines Horizonts liegt. Eventuell wird es einmal einen Typ von Regisseur geben, der begreift, daß, was gesagt wird, und wie es gesagt wird, wichtiger ist, als es von schräg oben durch ein Glas Champagner aufzunehmen.

Und der zweite Gedanke, dem ich Ausdruck geben möchte: Das Publikum bekommt zunehmend die Art Filme satt, die die technischen Möglichkeiten des Mediums mit unnachsichtiger Intelligenz ausschöpfen, aber nichts enthalten, was sich auch auf einer kahlen Bühne darstellen ließe und dort seine Wirkung entfaltete. Es gab einmal eine Zeit, wo sämtliche Tricks durch sich selbst interessant waren, ganz wie es auch eine Zeit gab, wo die bloße Tatsache der Bewegung faszinierte. Die Jagd durch die Kanalisation oder die Eisenträger einer Brücke hoch oder in die Tiefen des Boulder-

399

Damms hinunter, oder was Sie nur wollen, alles das wird langsam ein alter Hut. Was bleibt, sind Charaktere und ihre Beziehungen untereinander, und was sie zu sagen haben. Und das wird man nie von den Technikern bekommen. Es gibt eine Blende in *Sunset Boulevard*, wo die Kamera dicht auf ein Fenster zufährt und dann eine Hand hochlangt und die Jalousie vor dem Fenster niederzieht; die Jalousie füllt die Leinwand und ist dunkel, und das ist die Ausblendung. Für die Leute im Geschäft ist das ein raffinierter Trick. Für die Leute im Parkett bedeutet es gar nichts. Die wollen nur wissen, was als nächstes passiert. Und der einzige Kamerawinkel, um den sie sich einen Deut scheren, ist der, aus dem sie sehen können, wie's weitergeht, ohne daß er selber groß Aufhebens von sich macht oder Aufmerksamkeit für sich selber beansprucht. Schriftsteller – egal, was sie kosten, wie hoch sie auch überzahlt werden – sind immer das billigste Element im Filmemachen. Aber natürlich ist es nicht Sache des Story-Redakteurs, das zuzugeben.

Viel Glück und freundlichste Grüße

AN SOMERSET MAUGHAM

6005 Camino de la Costa
La Jolla, California
4. Mai 1951

Lieber Somerset Maugham:

Dank Ihnen, daß Sie mir das Material über die Detektivliteratur zurückgeschickt haben. Benutzen Sie von meinem Zeug nur alles zum Zitieren, was Sie nützlich finden. Ich glaube freilich, das meiste ist bereits allüberall zitiert worden.

Vor ein paar Monaten war Priestley in La Jolla, und er hatte die Freundlichkeit, mir zu sagen, ich könnte gut schreiben und sollte mich doch mal an einem richtigen Roman versuchen. Natürlich habe ich das in anderen Zusammenhängen schon früher gehört.

Wenn man gut schreibt, dann sollte man keinen Krimi schreiben. Krimis sollten nur von Leuten geschrieben werden, die nicht schreiben können. Ich betrachte das als tückische Propaganda aus der Edmund-Wilson-Ecke. Ersichtlich kann man von der Detektiv-literatur nicht erwarten, daß sie anders als subliterarisch sei, um Edmund Wilsons Wort zu gebrauchen, wenn man darauf besteht, jeden aus dem Feld zu jäten, der Ansprüche an Geschicklichkeit oder Phantasie beim Gebrauch der Wörter zeigt.

Mit den freundlichsten Grüßen
Ihr
Raymond Chandler

AN HAMISH HAMILTON

6005 Camino de la Costa
La Jolla, California
9. Mai 1951

Lieber Jamie:

[...]

Ich nehme an, Sie haben schon eine Menge von dem Trubel um MacArthur mitgekriegt.* In mancher Hinsicht erinnert mich das an eine Geschichte, die ich in Hollywood immer über Cecil B. De-Mille gehört habe. Sie geht so. DeMille ist gestorben und kommt zum Himmel, und der heilige Petrus begrüßt ihn am Tor mit einem strahlenden Lächeln und ausgestreckter Hand. «Ich kann Ihnen gar nicht sagen, wie froh wir sind, Sie hier oben zu sehen, Mr. DeMille», sagt der heilige Petrus. «Ihr Organisationsgeschick hat schon seit langem unsere Bewunderung, und ich glaube, Sie wer-den im Himmel genau das Betätigungsfeld finden, mit dem Ihre Talente das meiste anzufangen wissen. Wir brauchen hier nach der

---

* General MacArthur war kurz zuvor von Präsident Truman seines Kommandos im Koreakrieg enthoben worden.

ganzen Zeit doch wirklich dringend ein bißchen Neuorganisation.» «Nun, das wird mir ein Vergnügen sein», sagt DeMille zu Petrus, «und ich werde mich gleich an die Arbeit machen. Einen detaillierten Bericht können Sie schon in wenigen Wochen erwarten. Ich bin ein sehr schneller Arbeiter, wenn mich eine Sache interessiert, aber ich muß Sie warnen: Ich bin auch sehr penibel.» «Just das, was wir uns wünschen», sagt der heilige Petrus. DeMille geht also an die Arbeit, und etwa sechs Wochen später sucht er Petrus auf. Unter dem Arm trägt er, sauber in blaue Deckel gebunden, eine durchgreifende Analyse der himmlischen Verhältnisse und den Vorschlagsentwurf einer Neuorganisation. Der heilige Petrus ist entzückt, nimmt den Bericht entgegen und verspricht, ihn noch am selbigen Abend zu lesen. Am nächsten Morgen sucht er DeMille auf. «Was für eine analytische Begabung! Was für ein klares Denken! Und was für ein wunderbares Planungstalent!» DeMille ist sehr angetan. Da fügt der heilige Petrus mit leicht veränderter Stimme hinzu: «Aber da wäre nur noch eine Kleinigkeit, Mr. DeMille, nur eine winzige Kleinigkeit. Ich kann mir nicht so recht vorstellen, daß Gott große Lust hat, Vizepräsident zu werden.»

[...]

Herzlich immer Ihr
Ray

AN H. R. HARWOOD*

Lieber Mr. Harwood:

Ich kann einem Menschen weder zu- noch abraten, Schriftsteller zu werden. Im Gegensatz zur landläufigen Meinung ist es ein sehr mühseliger Beruf, und nur einem kleinen Bruchteil derer, die den Versuch wagen, gelingt es, ein leidlich anständiges Einkommen damit zu gewinnen. Der Niedergang der Groschenmagazine macht es für Anfänger gar noch schwieriger, als es ohnehin schon war, und anders als schwierig war es nie. Ich vermute jedoch, daß Ihre speziellen Umstände so beschaffen sind, daß der Schreibberuf physisch innerhalb Ihrer Möglichkeiten liegt, und ich hoffe, daß Sie sich noch eine ganze Zeitlang nicht Ihren Lebensunterhalt damit verdienen müssen, da die Chancen, daß Sie das schaffen, sehr, sehr gering sind. Sie sagen, Sie sind in den Vorbereitungen zu einer «unmittelbaren Schulung in den Grundprinzipien der erzählerischen Technik, wie sie jeder Anfänger durchmachen sollte». Lassen Sie sich aus der Erfahrung heraus, die ich gesammelt habe, die Warnung sagen, daß ein Schriftsteller, der sein Wissen nicht selber erwirbt, von anderen gewiß keins vermittelt bekommt, und abgesehen von den Volkshochschulkursen renommierter Universitäten habe ich eine sehr trübe Meinung von den «Schulungen» im Schreiben, ganz generell, besonders aber von der Sorte, für die in den sogenannten Schriftstellerzeitschriften geworben wird. Da lernen Sie nichts, was Sie nicht durch Studium und Analyse der veröffentlichten Werke anderer Schriftsteller selber finden können. Analysieren Sie und imitieren Sie; eine andere Schulung ist nicht notwendig. Ich gebe zu, daß Kritik von seiten anderer hilfreich ist und manchmal sogar notwendig, aber wenn man dafür bezahlen muß, ist dergleichen gewöhnlich verdächtig. Da Sie ein erwachsener Mensch sind, sollten Sie sich selber ausrechnen können, warum.

* Ein Leser aus Missouri.

Was nun die Methoden der Handlungsplanung und -skizzierung angeht, so fürchte ich, daß ich Ihnen da überhaupt nicht helfen kann, da ich selber nie etwas auf dem Papier entworfen habe. Ich plane im Kopf, während ich losschreibe, und gewöhnlich geht's mir daneben, und ich muß alles noch einmal machen. Ich weiß, es gibt Schriftsteller, die ihre Geschichten sehr detailliert entwerfen, bevor sie mit dem Schreiben beginnen, aber zu dieser Gruppe gehöre ich nicht. Bei mir wird die Handlung nicht geplant; sie wächst. Und wenn sie sich dem Wachsen widersetzt, dann wirft man das Zeug weg und fängt von vorne an. Vielleicht kann Ihnen jemand, der am Reißbrett arbeitet, besser raten und helfen. Ich hoffe es.

Ihr sehr ergebener

AN CHARLES MORTON

6005 Camino de la Costa
La Jolla, California
5. Juli 1951

Lieber Charlie:

[…]

Was nun dies Geschäft mit den vor Veröffentlichung eingeheimsten Reklame-Urteilen auf den Buchumschlägen betrifft – wo kriegen Sie das bittersüße Zeug eigentlich her? Ich hatte nicht an Sie geschrieben, sondern an einen Mann namens Dana bei Lippincott.* Offenbar war dort im letzten Moment irgend jemand mit einem wichtigen Namen plötzlich tot umgefallen oder ins Kittchen gekommen, so daß er im übriggebliebenen Unkraut nach einem Ersatz wühlen mußte; ich habe mir darum einen kleinen Scherz mit ihm erlaubt, der aber niemanden treffen sollte. Insgeheim war ich natürlich entzückt, daß er mich grad in einem Moment er-

---

* Chandler hatte Mortons Verleger einen etwas eigenartigen Werbetext für sein jüngstes Buch geschrieben.

404

wischte, wo ich keine Zeit zum Nachdenken hatte, denn dieser ganze lausige Schwindel ist mir sonst zutiefst verhaßt. Der angemessene Zeitpunkt, einen Schriftsteller zu preisen, ist das Erscheinen seines Buches, und der angemessene Ort dafür ist ein Publikationsorgan, das *anderswo* erscheint. Es kann Ihnen bestimmt nicht entgangen sein, daß es ganz hinten auf Ihrem Gebiet einen Stall voll Reklamehändler gibt, die zu praktisch allem ihren Senf geben, einschließlich des Weltalmanachs, wenn nur ihre Namen entsprechend herausgestellt werden. Ein paar davon tauchen mit derart monotoner Regelmäßigkeit immer wieder auf, daß nur die Tatsache ihres bekannten Erfolgs als Schriftsteller einen von dem Gedanken abhält, sie verdienten sich auf diese Weise überhaupt ihre Brötchen. Tatsächlich weiß ich, daß manchmal dafür gezahlt wird, denn mein Hollywood-Agent hat mich einmal von New York angerufen und mir behutsam einen entsprechenden Vorschlag unterbreitet. Meine persönliche Reaktion auf schmeichelhafte Schutzumschlagsbemerkungen besteht, sofern sie nicht aus Kritiken zitiert sind, einfach darin, daß ich es ablehne, irgend etwas mit dem in so einem Umschlag steckenden Buch zu tun zu haben. Aber das ist nur eine persönliche Reaktion, und natürlich erhebe ich nicht den Anspruch, der liebenswürdigste Mensch auf der Welt zu sein. Drüben in England wird diese Zitiererei, obwohl nicht so sehr vor der Veröffentlichung, bis zu einem Punkt getrieben, wo sie absolut jede Bedeutung verliert. Die Währung des Lobs ist dort so inflationär geworden, daß es über ein wirklich gutes Buch nichts mehr zu sagen gibt. Alles, was einem einfallen könnte, ist bereits über zweit-, dritt- und viertrangiges Zeug gesagt worden, das erscheint, kurzfristig zirkuliert und dann vergessen ist. Jedenfalls, wenn mal ein Ding daherkommt, bei dem man eine Art moralischen Zwang verspürt, es vor aller Welt zu preisen, falls man Gelegenheit dazu hat, möchte man das dann durch das Medium einer Werbeabteilung tun? Ich hoffe doch, hol's der Henker, nein.

[...]

Immer der Ihrige
Ray

AN LEROY WRIGHT

6005 Camino de la Costa
La Jolla, California
6. Juli 1951

Lieber Leroy:

Noch einmal die Einkommensteuer von 1945 betreffend und den kürzlich abgewiesenen Anspruch auf Rückerstattung, habe ich ein paar Tagebucheintragungen von 1939 ausgegraben, die in diesem Fall von Belang sind. Ich weiß keine einleuchtende Erklärung, warum ich sie nicht eher herausgesucht habe, außer nur der, daß ich wohl irgendwie den Eindruck gewonnen hatte, es ginge lediglich um die beiden Jahre vor Erscheinen des Buches *The Lady in the Lake,* 1943, das heißt, wir müßten nur versuchen, die drei Jahre bis Ende 1943 zu belegen, die ich an dem Buch gearbeitet habe.

[...]

Nun stützt sich der Roman *The Lady in the Lake* auf zwei Novellen, nämlich *Bay City Blues,* erschienen im Juni 1938, und *The Lady in the Lake,* erschienen im Januar 1939. Aber um meine Methode zu demonstrieren, halte ich's für nötig, noch weiter zurückzugehen. *The Big Sleep* wurde im Frühjahr 1938 geschrieben und basiert ebenfalls auf zwei Novellen, nämlich *Killer in the Rain,* erschienen im Januar 1935, und *The Curtain,* erschienen im September 1936. Das Buch enthält des weiteren eine ziemlich lange Sequenz, die aus einer Novelle mit dem Titel *The Man who Liked Dogs* stammt, erschienen im März 1936. *Farewell, My Lovely* basiert wiederum auf zwei Novellen, nämlich *Try the Girl,* erschienen im Januar 1937, und *Mandarin's Jade,* erschienen im November 1937. Anfang 1939, das heißt bis zum 12. April, scheine ich an allerlei Entwürfen herumgebastelt und im übrigen Novellen und Kurzgeschichten geschrieben zu haben. Belege liegen für etwa vier davon vor, die während dieser Zeit ganz oder jedenfalls teilweise zu Papier gekommen sind, betreffen aber den gegenwärtigen Fall nicht. Am 12. April habe ich einen Eintrag «Seite 10 – *The Girl from Brunette's*» mit einem Fragezeichen dahinter. Das ist einwandfrei *Farewell, My Lovely,* denn fast unmittelbar darauf, am 18. April, wo ich die Seite 52 erreicht hatte, wurde der Titel in *The Girl from Florian's* geändert. Das ‹Florian› ist die Negerkaschemme an der Central Avenue, die zu Beginn des Buches eine Rolle spielt. Am 31. März findet sich der Eintrag «Seite 14 – *Law is Where You Buy It.*» Das ist anscheinend gleich auf der Stelle wieder gestorben, und offen gestanden bin ich nicht sicher, worauf es sich bezieht, denn später im Jahr gibt es im Tagebuch Hinweise darauf, daß ich die Titel umgestellt und diesen Titel speziell für mehr als ein Buch vorgesehen habe, obwohl die Titelidee ersichtlich aus der Geschichte *Bay City Blues* stammt. Diese Geschichte spielt in einer Stadt, die vom Standpunkt der Rechtshütung aus so korrupt ist, daß man das Recht eben nur dort findet, wo man es kauft, und nur in der Größenordnung, in der man dafür bezahlt. Aber weiter: Am 23. April bin ich auf Seite 100 mit der Notiz «*The Girl from Florian's* – Erste Runde.» Am 29. April bin ich auf Seite 127, und da steht ein Bezug auf ein Mädchen namens Anne Riordan, die als Figur in *Farewell, My Lovely* auftaucht. Das geht dann mit Unterbrechungen so weiter bis zum 22. Mai, wo ich mich auf Seite 233 befinde – mit der Notiz: «Diese Geschichte ist ein Reinfall. Sie duftet förmlich zum Himmel. Werde sie wohl verschrotten müssen und was Neues anfangen.» Anschließend scheine ich ein paar Tage lang mit einem Stoff des Titels *Tony Gets Out* herumgespielt zu haben. Ich denke, daß es dieser war, der sich schließlich zu der Kurzgeschichte *I'll Be Waiting* entwickelt hat. Am 29. Mai steht der Eintrag «Morgen Schluß Rohfassung *The Girl from Florian's*». Am 30. Mai habe ich das offenbar geschafft, denn da sehe ich die Rohfassung bis Seite 87 durch; weiter geht's dann aber nicht mehr. Ich mochte die Geschichte nicht. Nun kommen die Eintragungen, obwohl die vorstehende Erklärung später noch benötigt wird. Am 1. Juni «Seite 4 – *Murder Is a Nuisance.*» Das bedeutet an sich nichts, nur wird da ein Typ namens Adrian Fromsett erwähnt, der in *The Lady in the Lake,* dem Buch, und nirgends sonst auftritt. Am nächsten Tag, dem 2. Juni, bin ich auf Seite 10 und nenne's *The Lady in the Lake.* Dann ist's mir offenbar aber unter den Händen gestorben, denn am 5. Juni habe ich 18 Seiten einer Novelle *Goldfish* geschrieben, diese dann aber auch sofort fürs erste wieder fallenlassen. Es finden sich viele Notizen, aus denen hervorgeht, daß ich mich nicht wohl fühlte. Am 12. Juni bin ich auf Seite 30; 13. Juni Seite 50; 14. Juni Seite 60, und da gibt es die Notiz «Fromsetts Photo», die darauf hinzuweisen scheint, woran ich schreibe; 15. Juni Seite 71; 16. Juni Seite 127; 17. Juni Seite 148; 18. Juni Seite 169; 19. Juni Seite 191, und jetzt heißt das verdammte Ding *The Golden Anklet.* Das bindet's nun aber eindeutig an *The Lady in the Lake,* denn eine der Kapitelüberschriften der Novelle *The Lady in the Lake,* die der Herausgeber des Magazins eingefügt hatte (ich selber habe nie Kapitelüberschriften verwendet), lautete *The Golden Anklet,* und eben ein goldenes Fußkettchen spielt in der Geschichte eine Rolle. Am 20. Juni bin ich auf Seite 203; jetzt nenne ich's *Deep and Dark Waters.* Der Titel ist selbsterläuternd. Am 28. Juni stehe ich bei Seite 337. Am 29. Juni findet sich der Eintrag: «Tragisches Begreifen, daß ich wieder eine tote Katze im Sack habe. Mehr als drei Viertel geschafft, und alles nichts wert.» Das bezieht sich mit Sicherheit auf die Rohfassung von *The Lady in the Lake,* egal wie der Arbeitstitel um die Zeit gelautet haben mag. Ich schreibe jetzt auf halbierten Blättern, die hochformatig gelegt sind, und tausend Wörter brauchen etwa sechs davon. Folglich machen 337 solcher Seiten um die 55 000 Wörter Rohskript, was ein ganz erklecklicher Packen ist, schon gar als Ergebnis von nur einem Monat.

[...]

Das Jahr 1940 scheint, teils aus Gesundheitsgründen, mehr noch aber aufgrund der Weltzustände, von abnorm viel Wankelmut und Unschlüssigkeit erfüllt gewesen zu sein. Bis Ende November hatte ich weniger wirkliche Fortschritte gemacht als manchmal sonst innerhalb einer Woche. Ich schlug mich auch mit noch mindestens drei weiteren Geschichten herum, von denen nur eine später auch abgeschlossen wurde. Gegen Ende des Jahres hatte ich dann 157 Seiten der Novelle *No Crime in the Mountains* auf dem Papier. Ich habe all diese Dinge hier nur aufgebracht, um zu zeigen, daß ich nie sehr lange mit nur einer Sache allein beschäftigt war. Aber immerhin habe ich schließlich all diese Projekte irgendwie zu einem Ende gebracht, egal wie lange es dazu brauchte und wieviel anderes mir immer wieder dazwischenkam.

[...]

Hauptsächlich, aber nicht ohne Unterbrechung, habe ich das ganze restliche Jahr 1942 an *The Lady in the Lake* gearbeitet, aber erst am 4. April 1943 gibt es einen Hinweis, daß ich damit fertig war. Aus dem Vorstehenden geht klar hervor, daß ich diese Geschichte von 1939, speziell ab Juni, bis April 1943 unter den Händen hatte und intermittierend daran arbeitete, außer möglicherweise 1940. Es kann sein, daß ich 1940 nichts daran getan habe. Mit Sicherheit daran gearbeitet habe ich jedoch 1939, 1941, 1942 und 1943, und fast sicher scheint es, daß ich sie während des Jahres 1940 zumindest hervorgeholt, mir angesehen und darüber nachgedacht habe. Aufgrund dieser Eintragungen und unter Berücksichtigung meiner Arbeitsmethode – einer sehr schlechten Methode, wie man zugeben muß – obwohl sie sich in meinem Fall erfolgreich bewährt hat –, läßt sich definitiv sagen, daß die Niederschrift des Buches *The Lady in the Lake* von 1939 bis 1943 erfolgte, daß ein sehr wesentlicher Teil der Arbeit daran bereits 1939 geleistet wurde (die Novellen einmal ganz beiseite gelassen) und daß, da die Ablehnung des Rückerstattungsanspruchs sich auf das Fehlen von Tatsachenbeweisen gründete, diesem Mangel nunmehr abgeholfen werden kann.

[...]

Mit freundlichen Grüßen
Ray

AN FREDERICK DANNAY

Lieber Frederick Dannay:

Nein, ich hätte gar keine Lust, die zehn besten lebenden Autoren von Detektivgeschichten zu benennen. Es macht mir nichts aus, Kopf und Kragen zu riskieren, aber der springende Punkt ist, daß man sich auf ein paar grundsätzliche Dinge einigen muß, bevor man sich dranmacht, Bestenlisten zusammenzustellen. Zum Beispiel, schließt die Kategorie auch Spannungsgeschichten ein, in denen die Rätsellösung kaum eine oder gar keine Rolle spielt? Wenn nicht, eliminiert man einige der besten Künstler, wie etwa Elisabeth Sanxay Holding, die entschieden zu meinen Favoriten gehört. Und wenn ja, warum dann von Detektivgeschichten sprechen? Charlotte Armstrongs *Mischief* enthält keinerlei Puzzle-element. Andererseits können manche Puzzlekrämer, also die Leute, die Fahrpläne haben und Grundrisse und jeder Bagatelle die penibelste Aufmerksamkeit schenken, kein Fitzchen schreiben. Es geht so die Rede, daß den guten Detektivroman die gut konstruierte Handlung macht, aber ich persönlich bin doch sehr im Zweifel, ob man eine gute Handlung zustande bringt, wenn man keine glaubhaften Figuren oder Situationen schaffen kann. Meine Liste würde, wenn ich sie denn machte, vermutlich so manchen von den Namen vermissen lassen, die auf Ihrer Bestenliste unweigerlich stünden. Ich glaube einfach nicht, daß sie was taugen, denn nach meinen Maßstäben können sie nicht schreiben. Und es könnte ebenso vorkommen, daß einzelne Bücher, wie etwa *The 31st of February* von Julian Symons oder *Walk the Dark Street* von William Krasner, oder das erwähnte *Mischief,* oder *Mr. Bowling Buys a Newspaper* von Donald Henderson, ihre Verfasser an die Spitze schöben und einen ganzen Schwarm von Schreibern überrunden ließen, die zwanzig oder dreißig Bücher produziert haben und äußerst bekannt und erfolgreich sind und die man vom literarischen Standpunkt aus doch vollständig vergessen kann. Ich interessiere mich auch gar nicht sonderlich für die hartgesottenen

Kerlchen, weil die meisten davon mit geborgtem Benzin reisen und ich nicht glaube, daß man ein Recht dazu hat, wenn man nicht weiter damit kommt als der Mann, von dem man's geborgt hat. Ich interessiere mich auch nicht für die Hätt-ichs-bloß-gewußt-Mädchen, weil es mich nicht interessiert, ob der lieben kleinen Lucille der Hals umgedreht wird oder nicht. Aber das ist nicht ganz ehrlich. Wenn ich die Wahl hätte, sähe ich's lieber, daß er ihr umgedreht wird. Ich interessiere mich nicht für das schicke Wochenendgetue, egal ob hier oder in England. Ich interessiere mich nicht dafür, von wem Sir Mortimer mit dem Schürhaken eins über den Schädel gekriegt hat und warum, und wer Opas Uhr zwanzig Minuten zurückgestellt hat. Wie ist Frank Fustian nur dazu gekommen, in dem verschlossenen Zimmer Fliegenpilze zu verzehren? Nichts könnte mir wurschter sein. Das liegt nicht daran, daß ich etwa keine Puzzlespiele möchte, denn ich mag zum Beispiel Austin Freeman. Ich mag ihn sogar sehr. Es gibt wohl keins von seinen Büchern, das ich nicht mindestens zweimal gelesen hätte, doch eine Menge anderer Leute bringt er zum Gähnen. Ich mag sogar seine viktorianischen Liebesszenen. Und ich habe sogar einige sehr prosaische Geschichten gemocht, weil sie unprätentiös waren und weil ihre Rätsel in harten Fakten wurzelten und nicht in falschen Motivationen, die bloß zu dem Zweck aufgekocht werden, den Leser hinters Licht zu führen. Ich vermute, daß die Anziehungskraft der prosaischen, der ganz schwunglosen Bücher im Dokumentarischen liegt, und das kommt, wenn's denn überhaupt authentisch ist, ziemlich selten vor, und jeder Versuch, es mit Schick und Glamour aufzupäppeln, dreht mir auf der Stelle den Magen um. Ich meine, Sie stehen vor einem heiklen Problem, denn eins dürfen wir ja wohl mit Sicherheit annehmen: daß der Krimifan lieber einen schlechten Krimi lesen würde als überhaupt keinen. Sie sind auch noch gehalten, dem Produktionsumfang einiges Gewicht beizumessen, und dabei bedeutet die Quantität, die einer schafft, ja strenggenommen absolut nichts. Ein Schriftsteller offenbart sich auf einer einzelnen Seite, manchmal in einem einzigen Absatz. Ein Nichtschriftsteller kann ein ganzes Regal füllen, er kann Ruhm damit ernten und Reichtum, er kann gelegentlich sogar mal eine Handlung aushecken, die ihn eine Spur besser dastehen läßt, als er ist, aber am Ende blaßt er dahin und ist nichts. Alle guten Schriftsteller entfalten eine Sphäre von Magie. Und wenn wir nicht Edmund Wilson beipflichten wollen, der Detektivroman gehöre zur Ebene der Subliteratur, und ich persönlich pflichte ihm da ganz und gar nicht bei, dann suchen wir diese Sphäre der Magie; wenigstens ich tue das, wenn mir auch durchaus klar ist, daß das Publikum es nicht tut.

Mit freundlichem Gruß

AN JOSEPH HINES*

13. August 1951

Sehr geehrter Mr. Hines:

Hin und wieder bekomme ich Eilbriefe. Manchmal werden sie in mein Postfach gelegt, da das meine offizielle Adresse ist, und manchmal zum Haus gebracht. Wer immer dies tut, in letzter Zeit scheint er die Gewohnheit entwickelt zu haben, am Morgen um halb acht zu erscheinen und den Versuch zu machen, die Haustür mit der Faust in Trümmer zu legen, wodurch meine Frau aus dem dringend benötigten Schlaf gerissen wird. Ich will den Mann nun keineswegs kritisieren, denn vermutlich treibt ihn nur ein strenges Pflichtgefühl. Aber lassen Sie mich, in aller Höflich- und Freundlichkeit, doch bitte auf das Folgende hinweisen: Erstens ist ein Eilbrief kaum dermaßen eilig, weil alles wirklich Dringende auf telegraphischem oder telephonischem Wege käme; zweitens befindet sich in der Seitentür unseres Hauses, die zu ebener Erde liegt, ein Postschlitz, und den Brief dort einfach durchzuschieben, würde meiner Vorstellung von einer mit Takt und Überlegung ausgeführten Arbeit wunderbar entsprechen. Sollte dies sich als unmöglich erweisen oder gegen irgendeine Amtsvorschrift verstoßen, so darf ich vielleicht darum bitten, Eilbriefe wie jede andere

---

* Oberbriefträger des Bundespostamts in La Jolla.

Post in meinem Postfach Nr. 128 zu deponieren. In meinem Fall zumindest erfordert die Zustellung wirklich kein Blaulicht mit Sirenen. Als dieses Haus gebaut wurde, ist der Briefschlitz absichtlich in der Seitentür angebracht worden, damit der Postbote keine Stufen erklimmen mußte. Gewöhnlich weiß der Zusteller der Eilpost dies nicht, und so klettert er zur Haustür hoch, findet dort keinen Briefeinwurf und gerät entsprechend in Rage.

Mit freundlichen Grüßen
ergebenst

AN S. J. PERELMAN

4. September 1951

Lieber Sid:

Falls Sie immer noch an Rancho Santa Fe interessiert sind und nicht alles darüber längst vergessen haben, so besteht dort jedenfalls kein Einwand dagegen, daß Sie tropische Vögel halten und noch sonst ein paar tropische Tiere, vorausgesetzt, Sie lassen sie nicht auf die Hauptstraße und in die Gaststube der Rancho Santa Fee Inn. Rancho Santa Fe gehört schulisch zum Bezirk San Dieguito, und die High School liegt hinter Encinitas, an dem Sie auf dem Coast Highway nicht sehr weit nördlich von Del Mar vorbeigekommen sind. Und es gibt einen Schulbus von Rancho Santa Fe. Über die etwaige Leistungsfähigkeit dieser Schule weiß ich nichts. Ich habe gehört, die High Schools in Kalifornien rangierten zwischen hundsmiserabel und saumäßig, und ich habe einen Verwandten, der seinen Abschluß auf der Fairfax in Los Angeles gemacht hat und noch heute mit dem Alphabet im Clinch liegt. Was die Schulen in La Jolla betrifft, die für diesen Teil des Staates repräsentativ sein könnten, so stammt der einzig glaubwürdige Kommentar, der mir zu Ohren kam, von einem Ehepaar, das gegenüber von meiner Schwägerin wohnt. Die beiden haben vier Kinder und tragen sich mit dem Gedanken, wieder zurück nach

413

Kansas zu ziehen, wo es eine Möglichkeit gebe, sie wirklich erziehen zu lassen. Anscheinend kriegen sie hier draußen lauter «Einser», obwohl sie nichts wissen und nichts tun. Die Mutter hält das insofern für sehr verdächtig, als sie, bevor sie nach Kalifornien kamen, durchaus was getan und nirgends auch nur annähernd «Einser» bekommen hatten. Ich verstehe persönlich davon nicht viel, und mich verdrießt die Vorstellung, daß wir, die hier in Kalifornien leben, kulturell alle Schwachköpfe sein sollen.
[...]
Ich lese noch immer wieder Ihren brutalen Bericht über die Bemühungen Ihrer Familie, Sie davor zu bewahren, für verrückt erklärt zu werden, und bei Gott, es gibt Zeiten, wo Sie gar nicht nett von ihr reden. Ich brauche nicht zu sagen, daß es mich ungeheuer gefreut hat, Sie zu sehen, obwohl mir klar ist, daß die Gibbons alleweil zuerst kommen.

Herzlich stets Ihr

AN HAMISH HAMILTON

6005 Camino de la Costa
La Jolla, California
19. September 1951

Lieber Jamie:

[...]
Ich weiß nicht, ob Sie je auf einer Ferienranch gewesen sind. Ich jedenfalls war's bis jetzt noch nie. Diese hier heißt Alisal, was im Spanischen, laut Prospekt, einen Sykomorenhain bedeutet. Sie ist ein kleiner Teil einer 10 500 Morgen umfassenden Viehzuchtranch, die eine der wenigen noch intakten spanischen Landzuteilungen von Kalifornien darstellt und ursprünglich der Carillo-Familie zugewiesen war. Das Klima ist herrlich, wenigstens um diese Jahreszeit. Die Anlage liegt im Landesinneren in einem Tal, dem Santa Ynez Valley, gleich nördlich von Santa Barbara; es ist

dort fast so trocken wie in der Wüste, sehr heiß bei Tag, sehr kühl des Morgens, Abends und bei Nacht. Im Sommer muß es ziemlich furchtbar sein, könnte ich mir denken. Wir fanden die Lokalität beide sehr amüsant und äußerst langweilig, teuer, schlecht geführt, aber hübsch angelegt, mit dem üblichen Swimmingpool, mit Tennisplätzen usw. So die Art Vergnügungsstätte, wo die Leute, die im Büro arbeiten, Reitstiefel tragen und die weiblichen Gäste zum Frühstück in Levis mit Kupfernieten erscheinen, zum Lunch in Reithosen mit protzigen Hemden und Schals und am Abend entweder in Cocktailkleidern oder in weiteren Reithosen und weiteren protzigen Hemden und Schals. Der Idealschal scheint sehr schmal zu sein, nicht viel breiter als ein Schnürsenkel; er läuft vorn durch einen Ring und hängt dann auf der einen Hemdseite nach unten. Ich habe nicht gefragt, wieso; ich bin hier mit niemandem genügend bekannt geworden. Die Männer tragen ebenfalls protzige Hemden, die sie unablässig wechseln, um mit anderen Mustern wieder aufzutauchen, alle außer den wirklichen Reitern, die ziemlich schwere langärmlige Hemden aus Wolle oder Nylon mit Wolle tragen, hinten mit Passe, so die Dinger, die man nur in einer pferdenärrischen Stadt zu kaufen kriegt. Ich stelle mir vor, daß man sich dort schon riesig amüsieren kann, wenn man zu den richtigen Leuten gehört, so der Art, die morgens früh reiten geht und nachmittags schwimmen oder Tennis spielen, dann zwei oder drei Drinks an der Bar nimmt und sich, wenn's Zeit zum Abendessen ist, durchaus imstande sieht, über die ziemlich minderwertige und viel zu fette Küche vor Begeisterung aus dem Häuschen zu geraten. Für uns, die wir ziemlich müde waren und auch unwohl und infolgedessen viel zu wählerisch, war das Ganze eine Heimsuchung. Spaß gemacht hat uns nur, am Abend eine ganze Armee von Schopfwachteln völlig unbekümmert an den Bungalows vorbeispazieren zu sehen und dann auch noch Vögel, die wie Dohlen aussahen, uns aber noch nirgends sonst zu Gesicht gekommen waren, selbst in den Bergen nicht. Während ich dort war, habe ich drei von den Hornblower-Romanen von C. S. Forester gelesen, zusammengebunden in einem dicken Band im Taschenformat. Ich hatte noch nie was von dem Zeug gelesen und glaube auch nicht, daß ich's hier zu Hause lesen könnte. Die Einzelheiten der Segelschiffahrt, die Schlachtmanöver und dergleichen fand ich ganz faszinierend und wunderbar exakt. Ich glaube, ich habe mir noch nie klargemacht, was für eine immense Geschicklichkeit dazu gehört, ein Segelschiff zu regieren. Abgesehen davon aber ist das Zeug erschreckend öd und leer. Die Gefühle bewegen sich auf dem Niveau von G. A. Henty.* Er hat keinerlei Charakterkonzeption, und das sage ich in voller Kenntnis der Tatsache, daß Captain Horatio Hornblower vermutlich für eine Großleistung in Charakterzeichnung gehalten wird. Für mich ist er nichts dergleichen. Außer mit seiner Seemannserfahrung kommt Forester nie über das Schreibniveau der Hochglanzmagazine hinaus, das mir immer ein Greuel war. Aber ich weiß schon, für einen Verleger muß Forester eine Wonne sei, und ich bin vielleicht ein bißchen unfair gegen ihn, sogar im literarischen Sinne. Wenn das so ist, dann liegt's vermutlich daran, daß ich grad Popskis *Private Army* gelesen habe.**

Ich nehme an, Sie haben inzwischen im *New Yorker* das biographische Porträt Ihres Knaben da gesehen, John Dickson Carr. Die Leute scheinen ihre Sache recht gut gemacht zu haben, wenigstens ohne Herablassung, ganz ähnlich wie sie vor einiger Zeit Rex Stout behandelt haben. Er nimmt sich wie ein Bursche aus, für den man eine gewisse entfernte Bewunderung ohne viel Zuneigung hegen könnte. Einen Satz fand ich sehr erhellend. Nach der Beschreibung seiner Vorliebe fürs Makabre und seiner ingeniösen Handlungsphantasie sagt der Verfasser dem Sinn nach, ich kann die genauen Worte nicht zitieren: «Er haßt das eigentliche Schreiben.» Das erklärt mir blitzartig, warum ich den Mann nicht lesen kann, denn ein Schriftsteller, der das eigentliche Schreiben haßt, ist so unmöglich wie ein Rechtsanwalt, der das Recht, oder ein Arzt, der die Arznei haßt. Das Planen der Handlung mag eine öde Sache sein, selbst wenn man's gut kann. Zumindest ist es unumgänglich, daß man's macht, damit man mit dem eigentlichen Geschäft weiterkommt. Aber ein Schriftsteller, der das eigentliche Schreiben haßt, der keine Freude daraus zieht, einen Zauber aus Worten zu schaffen, der ist für mich einfach überhaupt kein Schriftsteller. Das

---

* Britischer Autor (1832-1902), bekannt durch Abenteuererzählungen für Knaben.
** Popski ist das Pseudonym von Vladimir Peniakoff.

eigentliche Schreiben ist's doch, wofür man lebt. Der Rest ist etwas, was man durchstehen muß, um zum Eigentlichen zu kommen. Wie kann man das eigentliche Schreiben hassen? Was gibt es zu hassen daran? Ebensogut könnte man sagen, ein Mensch hacke gern Holz oder putze gern das Haus und hasse den Sonnenschein oder die Nachtluft oder das Nicken der Blumen oder den Tau auf dem Gras oder den Gesang der Vögel. Wie kann man den Zauber hassen, der aus einem Abschnitt oder einem Satz oder einer Zeile Dialog oder einer Beschreibung etwas macht, was im Wesen eine neue Schöpfung ist? Nun, anscheinend kann man's und trotzdem erfolgreich sein. Aber das Gefühl, daß dies möglich ist, deprimiert mich denn doch.

[...]

Mit all meinen besten Wünschen
immer Ihr
Ray

AN JAMES SANDOE

6005 Camino de la Costa
La Jolla, California
25. September 1951

Lieber Sandoe:

[...]

Ich freue mich zu hören, daß Sie wieder rezensieren wollen, obwohl ich Sie um den Job, das Zeug zu lesen, nicht gerade beneide. Ich vermute, daß mein Geschmack in einer Wandlung begriffen ist, denn bei den meisten der Sachen wird's mir sehr schwer, noch irgendein Vergnügen daraus zu ziehen. Ich verfüge weder über Ihre Toleranz noch über die Großzügigkeit Ihres Geschmacks. Wenn das Zeug nicht vibriert, zum Teufel damit. Mir ist's egal, wie ingeniös die Handlung ersonnen ist; sie bedeutet mir nichts, wenn die Prosa ihrer Beschreibung nicht den gewissen Schimmer der Magie besitzt. Nun, den kann man nicht oft erwarten. Warum sollte man auch? Und offen gestanden, die allgemeine Mode der seriösen Prosa mutet mich ebenso platt an, wenn nicht noch platter. Da ich jetzt in einem Alter angekommen bin, wo ich normalerweise ein Laudator temporis acti sein sollte, und in den meisten Dingen bin ich's tatsächlich auch, erkläre ich mit Vergnügen, daß dies nicht für Kriminalgeschichten gilt. Die guten sind heute weit besser, als sie's je waren. Sie haben mehr Atmosphäre, mehr Charakter, mehr Stil, mehr Witz, mehr Farbe, mehr Sinn fürs Detail, mehr Hintergrund. Aber die guten sind extrem rar. So manches Mal schon bin ich mit drei oder vier Büchern aus der Leihbücherei gekommen und habe sie alle ungelesen wieder zurückgebracht. Sie werden mir aushelfen müssen, wenn Sie etwas Gutes finden. Wenn Sie's nicht können, kann's keiner. Jedenfalls ist dies ein Metier, in dem die sogenannten Giganten der Vergangenheit mir ziemlich schwächlich vorkommen, und nicht nur die Giganten der ferneren Vergangenheit, sondern auch die der unmittelbaren. Es ist noch nicht lange her, da habe ich mich abgemüht, Dorothy Sayers' *Gaudy Night* wiederzulesen. Mein Gott, was für ein sykophantisches Gefasel. Ein ganzes Nest von Lehrerinnen an einem Oxford-College flattert aufgeregt durcheinander, etwas über Lord Peter Wimsey zu erfahren und über die Handlung von Harriett Vanes neuestem Kriminalroman. Wie weit kann man eigentlich verblöden? Und dabei ist die hier ganz und gar keine törichte Frau.

Mit den freundlichsten Grüßen
immer Ihr
Ray

AN HAMISH HAMILTON

6005 Camino de la Costa
La Jolla, California
5ter Oktober 1951

Lieber Jamie:

[...]

Ich hoffe, ich bringe 1952 wieder ein Buch zum Abschluß, ich hoffe es sehr. Aber hol's der Henker, ich habe die größten Schwierigkeiten, mit dem Plan voranzukommen. Der alte Anreiz ist nicht mehr da. Ich bin ganz kaputt von der Sorge um meine Frau, und deshalb schreibe ich dies auch selbst und bewahre keinen Durchschlag. Wir haben ein großes Haus, ein ziemlich großes, das schwer in Ordnung zu halten ist, und die Aussichten auf eine Hilfe sind praktisch gleich Null. Monatelang, nachdem wir unsere letzte Köchin verloren hatten, hat Cissy sich mit dem Versuch gequält, jemanden zu bekommen, zu ertragen, was wir bekamen, aufzugeben und wieder anzufangen. Wir können hier nicht ohne Hilfe leben. Cissy kann nur noch sehr, sehr wenig tun, es ist ziemlich bergab gegangen mit ihr in den letzten beiden Jahren. Sie ist eine vorzügliche Köchin, und wir sind beide sehr wählerisch und verwöhnt, aber das läßt sich nun einmal nicht ändern. Ich habe mir schon gedacht, daß es eigentlich das Vernünftigste wäre, ein kleines Häuschen zu nehmen und alleine auszukommen, aber ich fürchte, sie ist nicht einmal dazu mehr imstande. Wenn ich mich an die Arbeit machen will, bin ich bereits müde und mutlos. Ich wache nachts mit furchtbaren Gedanken auf. Cissy hat einen ständigen Husten, der nur mit schweren Medikamenten gedämpft werden kann, und diese Medikamente zerstören ihre Lebenskraft. Es ist nicht TB und auch nichts Krebsiges, aber ich fürchte, es ist chronisch und wird eher schlimmer als besser. Sie hat keine Kraft mehr, und da sie von heiterer Gemütsart ist und eine zähe Kämpferin, kämpft sie selber bis zum Punkt der Erschöpfung. Ich befürchte, und sie tut es sicher auch, obwohl wir darüber nicht zu reden versuchen, einen langsamen Niedergang in die Invalidität. Und

419

was dann geschieht, das weiß ich, offen gesagt, nicht. Es gibt ja Leute, die am Kranksein Freude haben, weil sie dann nichts tun müssen, aber zu denen gehört sie nicht. Sie haßt Krankenhäuser, sie haßt Krankenschwestern, und Ärzte liebt sie auch gar nicht sehr. In schlechter Stimmung, die mich nicht allzuselten überkommt, spüre ich den eisigen Hauch der Verzweiflung. Das ist keine Stimmung, um mit auch nur einigem Schwung und einiger Vitalität etwas zu produzieren.

Sie haben mir so nette Sachen gesagt über das, was ich schreibe, und ich weiß, Sie meinen sie auch so, aber ich habe mich als Schriftsteller nie wichtig genommen. In jeder Generation gibt es unvollendete Schriftsteller, Leute, denen es nicht gelingt, viel von sich aufs Papier zu bringen, Menschen, deren Leistung immer etwas Zufälliges, Beiläufiges behält. Oft, wenn auch nicht immer, haben sie zu spät angefangen und haben sie einen überentwickelten kritischen Sinn. Manchmal gebricht es ihnen einfach an der nötigen Rücksichtslosigkeit; sie halten anderer Leute Leben für so wichtig wie das eigene, anderer Leute Glück für wesentlicher als den Ausdruck der eigenen Persönlichkeit. Ich denke mir, dazu gehöre ich vielleicht. Ich habe genug materiellen Erfolg, um's durchzuhalten, und nicht genug Sinn für Bestimmung, um das Gefühl haben zu können, daß, was ich mache, sonderlich Gewicht hat.

Glauben Sie nicht, ich sorge mich um Geld, denn das ist nicht der Fall. Es gibt immer Mittel und Wege, um zu Geld zu kommen, wenn man's wirklich braucht. Ich beneide Leute, die Kunst und Literatur jeden Opfers für wert halten, aber mir selber ist danach nicht. Mein Gruß an die Nachwelt ist ein Daumen auf der Nasenspitze und die Finger gespreizt. Verleger lesen zu viele Kritiken, im Zuge des Geschäfts natürlich. Aber wer sind diese Kritiker letzten Endes? Leute von geringer Bildung und Leistung meistens, deren Würde im Leben von der Perpetuierung eines Sortiments künstlicher Werte abhängt, zusammengestellt von anderen Kritikern, die ebenfalls Leute von geringer Bildung und Leistung waren. Meine Maßstäbe sind zu hoch, als daß ich die erfolgreichen Tagesschreiber sonderlich bewundern könnte, und zu unorthodox, als daß mich groß kümmerte, was die Pandits sagen. Ich habe auch meine blinden Flecke. Das gebe ich zu. Ich finde, daß Ihre Nancy Mitford sicher eine bezaubernde und kluge Frau ist, aber ihr Zeug bedeutet mir nichts. Der Witz ist nichts Wirkliches, die Satire nicht neueste Ernte, die ganze Aufführung versucht etwas darzustellen, was sie nicht schafft. Eine absolut triviale Autorin, aber da stimmen Sie nicht zu und sollten es auch nicht. Das ist seltsam (daß ich das so empfinde), denn eigentlich bewundere ich die guten Zweitrangigen wie Marquand und Irwin Shaw und Herman Wouk usw. Ich lese sie gern, und *während* ich sie lese, finde ich sie sehr gut. Erst hinterher kommt's dann, daß die Qualität verblaßt. Dasselbe bei Nicholas Montserrat. Oder Priestley. Im wesentlichen wiegt ein einziger guter Brocken vom Besten Flauberts oder Hemingways die ganze Meute auf. Fast hätte ich noch Faulkner genannt, aber ich denke, er wird überschätzt. Nun, all das hat nichts zu sagen, außer daß ein Schriftsteller, um glücklich zu sein, ein guter Zweitranger sein sollte, kein verhungertes Genie wie Laforgue. Kein trauriger einsamer Mensch wie Heine, kein Verrückter wie Dostojewski. Er sollte vor allem entschieden kein Krimiautor sein, mit einem Hauch Magie und einem schlechten Gefühl beim Stoff.

Wir hoffen immer noch auf «Europa im Frühling», aber ist es jetzt mehr noch als ein Hoffen? Jedenfalls wird Churchill dann dran sein, und ich hoffe, er macht sich nicht zum Narren. Diese großen Männer können in ihrer Senilität furchtbar töricht sein. Bei uns übrigen zeigt es sich nicht so. Da schaut niemand hin.

Ich betrachte Sie als lieben Freund, Jamie. Tut mir leid, daß ich so deprimierend langweilig bin.

Ray

AN MR. INGLIS

[Oktober 1951]

Sehr geehrter Mr. Inglis:

Praktisch beantworte ich Briefe letzten Endes immer, aber in Ihrem Fall ist, fürchte ich, das «letzten Endes» das Schlüsselwort. Jedenfalls danke ich Ihnen für Ihre Zuschrift vom 12ten Juli und für die Mühe, die Sie sich damit gemacht haben, soviel Papier zu einer Zeit zu beschreiben, wo Sie ein steifes Handgelenk hatten.
Ich fürchte, ich kann bei Ihrer Vorstellung von dem, was Sie Reife nennen, nicht viel mitreden, ganz wie ich mich auch nicht entsinnen kann, in meinem Essay, auf den Sie sich beziehen, den Ausdruck bzw. den Gedanken hinter dem Ausdruck verwendet zu haben. Es könnte sein, daß Ihr Freund, der «Student der fortgeschrittenen Psychologie», Sie ein bißchen auf den Arm genommen hat; es könnte auch sein, daß die fortgeschrittene Psychologie selbst ihn in einen Zustand der Verwirrung versetzt hat, in dem er vermutlich für den Rest seines Lebens bleiben wird. Wir scheinen heutzutage einigermaßen überversorgt mit Psychologen zu sein, aber das ist wohl natürlich genug, zumal ihr Jargon, so ermüdend er auf mich persönlich auch wirkt, für verworrene Gemüter offensichtlich dieselbe Anziehungskraft besitzt, wie in früheren Zeiten die theologische Haarspalterei für die Leute hatte. Ich glaube nicht, daß mein Freund Philip Marlowe sich viel Sorgen darüber macht, ob er geistig reif ist oder nicht. Ich muß zugeben, daß mir selber die Sorge darum in gleicher Weise mangelt. Aber es ist sehr natürlich, daß Sie sich als, wie Sie's nennen, «schäbiger Dreiundzwanziger», der zudem offenbar eine ziemlich schwere Zeit hinter sich hat, weit mehr als ich Gedanken über das machen, was die zuständigen Leute in ihrem reizenden Kauderwelsch die Sozialorientierung des Individuums nennen. Nehmen Sie's nur nicht zu schwer. Sehr wenige Menschen sind befähigt, ein Thema streng zu durchdenken. Wenn es Unreife bedeutet, sich gegen eine korrupte Gesellschaft aufzulehnen, dann ist Philip Marlowe äußerst unreif. Wenn es mangelhafte soziale Anpassung bedeutet, Schmutz zu

sehen, wo Schmutz ist, dann hat sich Philip Marlowe mangelhaft sozial angepaßt. Natürlich ist er ein Versager, und er weiß das auch. Er ist ein Versager, weil er kein Geld hat. Ein Mann, der ohne körperliche Behinderungen ist und sich trotzdem keinen anständigen Lebensunterhalt verdienen kann, ist immer ein Versager und gewöhnlich auch ein moralischer Versager. Aber eine Menge sehr guter Menschen sind auch Versager gewesen, weil ihre besonderen Gaben nicht zu ihrer Zeit und ihrer Umwelt paßten. Auf lange Sicht gesehen sind wir wahrscheinlich alle Versager; wir hätten sonst nicht die Art Welt, die wir haben. Aber Sie müssen auch daran denken, daß Marlowe keine reale Person ist. Er ist eine Phantasieschöpfung. Er befindet sich in der falschen Position, weil ich ihn dort hingestellt habe. Im wirklichen Leben wäre ein Mann seines Typs so wenig Privatdetektiv, wie er Universitätsprofessor wäre. Der Privatdetektiv ist im wirklichen Leben entweder ein ehemaliger Polizist, der einen Haufen harter praktischer Erfahrung hat und den Verstand einer Schildkröte, oder er ist ein schäbiger kleiner Mietling, der herumrennt und ausfindig zu machen sucht, wo irgendwelche Leute hingezogen sind. Es liegt auf der Hand, daß, je höher organisiert die Polizeiarbeit wird, desto schmaler die Bröckchen sind, die für den privaten Ermittler übrigbleiben. Ich glaube, Ihre Vermutung, Philip Marlowe verachte die körperliche Schwäche anderer Menschen, stört mich. Ich weiß nicht, wie Sie auf die Idee gekommen sind, und ich glaube auch nicht, daß es so ist. Ich habe all diese launigen Vermutungen, die schon angestellt worden sind, auch langsam ein bißchen satt – etwa daß er immerzu bis zum Rand mit Whiskey vollgelaufen sei. Der einzige Punkt, der mir zur Rechtfertigung dieser Annahme einfällt, ist die Tatsache, daß er ganz offen einen Schluck nimmt, wenn ihm nach einem Schluck zumute ist, und nicht zögert, darüber eine Bemerkung zu machen. Ich weiß nicht, wie es in Ihrer Gegend damit aussieht, aber verglichen mit der Landklub-Gesellschaft in meiner Gegend ist er so nüchtern wie ein Diakon. Was nun Ihre Fragen betrifft, und ich hoffe, Sie haben einen Durchschlag davon aufgehoben, so lautet die Antwort auf Nummer eins: Ja. Ich wollte gern Barrister werden, hatte aber nicht genug Geld. Die Antwort auf zwei ist: Soweit ich weiß, lesen die Bullen meine

Bücher und stoßen sich nicht im mindesten daran. Frage drei: Meine Stellungnahme zu den Verfilmungen meines Werks ist die, daß sie vermutlich so gut ausgefallen sind, wie man's erwarten durfte. Meine Geschichten dreh'n sich um einen Menschen, und niemand kann den Charakter eines anderen befriedigend nachschaffen. An *The Lady in the Lake* habe ich selber mitgewirkt, meine Namensnennung dann allerdings verweigert, weil mir die Endfassung des Skripts nicht gefiel; aber verwunderlich genug war mir, daß sich mir während der Niederschrift des Drehbuchs eine fast vollständige Indifferenz gegenüber der Geschichte einstellte, nach der ich eigentlich arbeiten sollte, und es war der Produzent des Films, der mir immerzu sagte, und nicht etwa ich ihm: «Hören Sie, halten Sie sich ein bißchen mehr an das Buch.» Frage vier: Praktisch hat die gesamte Filmarbeit, die ich getan habe, anderen Filmen gegolten. Ich benutze immer meinen echten Namen, aber man kriegt seinen Namen nicht immer auf den Film, und man will seinen Namen nicht immer auf dem Film haben. Bei der Polizei im eigentlichen Sinne bin ich nie gewesen; allerdings habe ich einmal mit einem Ermittler des Bezirksstaatsanwalts an einem Unterschlagungsfall gearbeitet. Es stimmt, daß Dashiell Hammett einmal Agent bei Pinkerton war, und gewiß verdanke ich ihm eine ganze Menge, was ich auch immer sehr öffentlich einbekannt habe. Ja, begegnet bin ich ihm auch, aber ich kann nicht sagen, daß ich ein Freund von ihm wäre. Ich habe ihn nur einmal getroffen. Er verfügte um die Zeit über ein schockierendes Fassungsvermögen für geistige Getränke, was mir, ich sage es frei heraus, Neid erweckte, da ich selber nie ein großer Trinker war. Frage acht: Sie belästigen mich nicht, sonst hätte ich Ihnen nicht geschrieben.

Ihr sehr ergebener

AN CARL BRANDT

6005 Camino de la Costa
La Jolla, California
27. Oktober 1951

Lieber Carl:

[...]

Ich tue mich schwer mit dem Buch.* Habe genug Papier vollge-schrieben, um den Schlußpunkt zu machen, muß aber alles noch einmal überarbeiten. Ich wußte einfach nicht, wohin die Reise ging, und als ich angekommen war, sah ich, es war der falsche Ort. Es ist wirklich höllisch, ein Schriftsteller zu sein, der nichts richtig planen kann, sondern zusammensetzen muß, was ihm kommt, und dann versuchen, etwas Sinnzusammenhang hineinzubringen. Wenn Sie mir den besten Stoff der Welt gäben, bereits genau ausgearbeitet, ich könnte ihn nicht schreiben. Er wäre tot für mich. Ein Jahr später könnte ich ihn vielleicht anpacken, aber eher nicht.

[...]

Ihnen das Allerbeste.
Ray

---

* *The Long Goodbye.*

AN JAMES SANDOE

6005 Camino de la Costa
La Jolla, California
31. Oktober 1951

Lieber Sandoe:

[...]

Ich schließe aus Ihren Worten, daß Sie von der Bingo-Geschichte nicht viel halten, und da könnten Sie recht haben.* Aber ich gedenke mir nicht zu erlauben, darüber bekümmert zu sein. Möglicherweise, meine ich, war sie ein bißchen zu grimmig für eine phantastische Geschichte und ein bißchen zu phantastisch für eine grimmige Geschichte. Aber wenn Sie fragen, wieso zum Teufel Joe sich derart bemüht, so verstehe ich die Pointe nicht. Wieso sollte er's nicht? Jedenfalls hat mir das Schreiben der Geschichte Spaß gemacht, obwohl sie nicht ganz so ausfiel, wie ich's erwartet hatte. Anfangs wollte ich eine Burleske auf das Krimimuster des verschlossenen Zimmers machen, aber irgendwie habe ich dann unterwegs das Interesse an dem burlesken Aspekt verloren, und der Gedanke, daß ein Wunder immer eine Falle ist, drängte sich vor. Wie Sie wissen, sind gute phantastische Geschichten extrem selten, und sie sind es aus einem ziemlich offenkundigen Grund, dem nämlich, daß es sich fast als unmöglich erweist, darin über den Berg zu kommen. Hat man die Situation einmal exponiert, so weiß man nicht mehr, wohin.

[...]

Ich bestreite dem Krimiautor durchaus nicht das Privileg, seinen Detektiv mit allen persönlichen Eigenschaften auszustaffieren, die ihm einfallen – zum Dichter, Philosophen, Studenten der Keramik oder Ägyptologie oder zum Meister aller Wissenschaften wie Dr. Thorndike. Womit ich mich aber wohl nicht anfreunden kann, das ist das affektierte Vornehmtun, das zu dem Job einfach nicht paßt und im Effekt nur ein unbewußter Ausdruck von Snobismus ist,

---

* *Professor Bingo's Snuff.*

also das, was bei Dorothy Sayers die Hochwassermarke erreicht hat. Vielleicht ist der Haken dabei der, daß ich selber von der englischen Public School komme und diese Vögel in- und auswendig kenne. Der einzige Public-School-Typ, der einen richtigen Detektiv abgäbe, wäre der revoltierende, wie George Orwell. Aber wenn Engländer und andere Leute so was mögen, dann sollen sie's von mir aus auch gerne haben.

Dale Warren, einer der Editoren bei Houghton Mifflin, schreibt mir, daß Sie für die *Herald Tribune* feine Sachen machen. Und wie geht es Ihren sämtlichen Katzen? Wir haben eine neue schwarze Angora, die genau so aussieht wie unsere letzte, so aufs Haar genau, daß wir ihr auch denselben Namen gegeben haben, Taki. Er – denn es ist diesmal ein Er – wird wohl ein großer Bursche werden, wenn er voll ausgewachsen ist, denn er wiegt schon jetzt mit sieben Monaten acht Pfund. Ich hatte vorher eine Zeitlang ein Siam-Katerchen, aber der kleine Kerl krallte und biß alles in Fetzen, und der Umgang mit ihm brachte soviel Schwierigkeiten mit sich, daß ich ihn dem Züchter zurückbringen mußte. Mir war dabei ziemlich schlimm zumute, denn er war ein liebevoller kleiner Teufel und steckte voller Leben. Aber er zerriß mir die Decken und zerriß mir die Anzüge und hätte am Ende wohl noch die gesamte Einrichtung ruiniert. Wir konnten ihn einfach nicht frei herumlaufen lassen, und eine Katze, die nicht frei laufen kann in unserm Haus, ist darin fehl am Platze. Auf der Straße lassen wir die Tiere nie frei laufen, aber im Haus gehört ihnen alles.

Herzlich immer Ihr
R.C.

AN DALE WARREN

6005 Camino de la Costa
La Jolla, California
7. November 1951

Lieber Dale:

Sie haben mich gefragt, wie einer in Hollywood überleben kann?
Nun, da muß ich sagen, daß ich persönlich mich dort immer ganz
gut amüsiert habe. Aber wie lange man überleben kann, hängt
zum großen Teil davon ab, mit welcher Sorte Menschen man
arbeiten muß. Man lernt einen Haufen Schufte kennen dort, aber
sie sind zum Ausgleich normalerweise leidlich charmant. Wenn
man Schriftsteller ist, da haben Sie recht, ist die meiste Arbeit, die
man leistet, für die Katz. Und wenn sie's nicht ist, heimst irgendwer anders die Lorbeeren ein. Ein Schriftsteller, dem es gelingt,
mit einem Regisseur oder Produzenten, der ihm Entfaltungsmöglichkeit läßt, wirkliche Entfaltungsmöglichkeit, zu echter Team-
arbeit zu kommen, kann aus seiner Arbeit einen ganzen Batzen
Befriedigung ziehen. Leider kommt das nicht allzuoft vor. Ein
wirklich kreativer Schriftsteller sollte Regisseur werden, was bedeutet, daß er außer seiner Kreativität auch noch in physischer und
moralischer Hinsicht eine sehr dicke Haut haben muß. Ist ihm die
nicht gegeben, so hat er spätestens zu dem Zeitpunkt, wo er lange
genug herumgeschubst worden ist, um kapiert zu haben, wie man
ein Drehbuch schreibt, das sich filmen läßt, das kameragerecht ist
und nicht bloß Papier, wahrscheinlich seinen ganzen Elan verloren. Wenn man bloß nach Hollywood geht, um Geld zu machen,
muß man in dieser Hinsicht ein ziemlicher Zyniker sein und darf
bei dem, was man macht, nicht allzu viele Bedenken haben. Und
wenn man wirklich an die Filmkunst glaubt, ist's eine reichlich
langwierige Angelegenheit, und man sollte alle anderen schriftstellerischen Pläne ad acta legen. Die intensive Beschäftigung mit
Wörtern um ihrer selbst willen ist fürs Filmemachen schlechthin
tödlich. Dafür sind Filme nicht da. Nun sind die ja sowieso nicht
mein Fall, aber sie hätten es sein können, wenn ich zwanzig Jahre

früher damit angefangen hätte. Aber vor zwanzig Jahren wäre ich da natürlich nie und nimmer angekommen, und das trifft auch für sehr viele andere Leute zu. Man will einen da erst dann, wenn man sich einen Namen gemacht hat, und hat man das geschafft, so hat man zugleich eine Art von Talent entwickelt, für das es da keine Verwendung gibt. Es wird einem da höchstens ruiniert, wenn man das zuläßt. Die besten Szenen, die ich je geschrieben habe, waren praktisch einsilbig. Und die beste Kurzszene, die ich je geschrieben habe, war nach meinem eigenen Urteil eine, in der das Mädchen dreimal in dreierlei verschiedenem Tonfall «Aha» sagte, worin dann aber auch alles lag. Das Höllische beim guten Filmeschreiben liegt darin, daß am wichtigsten immer das ist, was ausgelassen wird. Es wird ausgelassen, weil Kamera und Schauspieler es besser und schneller können, vor allen Dingen schneller. Aber es müßte am Anfang dasein.

Ich würde sagen, diese Gedanken müßten eigentlich weitschweifig genug sein, um Sie zufriedenzustellen.

Herzlich immer Ihr
Ray

AN JUANITA MESSICK

15. November [1951]

[...]

Messick – noch was vergessen – der Wohlfahrtsfonds. Der geht mir höllisch auf die Nerven. Ich verspüre nicht den leisesten Wunsch, ihm was zu spenden. Mir paßt die Methode nicht, einfach vorbeizukommen und einem eine numerierte Spendenerklärung auszuhändigen, wo schon der Name draufsteht. Die Organisation ist nicht, was sie am Anfang schien, und Sammelaktionen außerhalb des Wohlfahrtsfonds häufen sich mehr und mehr. Auch sagen die Leute ganz offen, daß 90% der vom Wohlfahrtsfonds gesammelten Gelder auf dem einen oder anderen Wege in die Kinderbetreuung fließen, was mir vollkommen außer Proportion vorkommt. Wie sieht bei Ihren Freunden und Verwandten die Reaktion auf den Wohlfahrtsfonds aus? Und was ist die Ursache dieser latenten Feindseligkeit, auf die man hier und da stößt? Ich habe oft darüber nachgegrübelt, und das Ende vom Lied wird wohl sein, daß ich den Leuten einen symbolischen Beitrag von nicht mehr als 25 Dollar schicke, aber ich würde ihnen wirklich gern dazusagen, sie sollen das ganze Ding nehmen und sich wegscheren.

AN JUANITA MESSICK*

[1951]

Wir werden den Nachmittagstee wohl für eine Weile abschaffen und zusehen, wie wir ohne ihn auskommen. Er unterbricht Cissy oft in einem Nickerchen. Es liegt ihr auch nicht besonders daran. Mir ebenfalls nicht, und er bringt nur eine weitere Unannehmlichkeit in einen Tag, der mit Unannehmlichkeiten bereits überladen ist, soweit ich betroffen bin. Sie werden doch sicher nichts dagegen haben, sich selber mit Teebeuteln eine Tasse zu machen, wenn Ihnen danach ist. [...] Es scheint in nächster Zeit keine Aussicht zu sein, daß wir unsere Hilfe bekommen. Die eine, die wir hatten, die morgens und abends kam, war eine saumäßige Köchin; tatsächlich ist «saumäßig» noch eine schmeichelhafte Bezeichnung. So mußten wir den Abend streichen, und das hat sie entmutigt, so daß sie jetzt auch morgens nicht mehr kommen will. [...] Es scheint einfach die Art Hilfe nicht zu geben, die wir wollen, die einzige Art, die wir aushalten können. Und so sieht es denn so aus, als müßte ich, bis es meiner Frau wieder besser geht, den größten Teil der Kocherei übernehmen.

Schnelle Sachen kann ich ganz gut kochen. Steaks, Koteletts und Gemüse werden bei mir weit besser als in den Restaurants [– – –], und mir gefällt eigentlich der Gedanke, ein bißchen mehr vom Handwerk eines perfekten Kochs zu lernen, obwohl ich's vor-

---

* Die Auslassungen in dieser Mitteilung stehen bereits in der von Dorothy Gardiner gefertigten Abschrift. Das Original ist nicht mehr erhalten.

430

ziehe, kurz vor der wirklichen Perfektion aufzuhören. Aber es ist eine Plackerei, daran besteht kein Zweifel. [...] Ich stehe um 8 Uhr morgens auf. [...] Bis 10 Uhr brauche ich, um uns beiden Frühstück zu machen und aufzuräumen. Das läßt mir bis 1 Uhr Zeit zu dem Versuch, ein bißchen was zu schreiben. Nicht sehr viel, aber vermutlich auch nicht weniger, als ich nach Lage der Dinge noch hergeben kann. Dann muß ich in die Stadt und einkaufen, was an sich nicht schlimm ist, weil ich am Nachmittag sowieso nie besonders gut arbeiten konnte; schon als Schuljunge war ich immer wie tot am Nachmittag. Dann komme ich zurück, und kaum habe ich das Haus betreten, ist dieser verdammte Tee fällig. [...]

Um 5 Uhr muß ich mich, selbst wenn's nur auf die schnelle Art gehen soll, wieder in der Küche zu schaffen machen, das Gemüse vorbereiten und so weiter. Dann kommt nach dem Abendessen der Abwasch. Wenn wir jemand wirklich Gutes hätten, der am Morgen kommt, dann könnte ich, habe ich schon gedacht, nach dem Abendbrot alles stehenlassen – einfach rein in den Geschirrspüler damit, irgendwie so. Aber das und dann noch aufräumen und den Herd säubern und den Ausguß und das Abtropfbrett, das macht fast ebensoviel Mühe, wie wenn man den ganzen Kram in einem erledigt. [...] Wir müssen der Tatsache ins Auge sehen, daß Cissy keine Lebenskraft mehr hat. [...] Sie wird nie wieder dahin kommen, wo sie einmal war. Und ich wage zu sagen, daß sie es weiß, obwohl wir nicht darüber reden. Es hat keinen Sinn, daß wir uns darauf verlassen, eine gute Hilfe zu kriegen oder sie dann zu halten, falls wir zufällig eine gute kriegen sollten. Immer ist irgendwas mit ihnen los. Wenn sie kochen können, sind sie verschroben und verdorben, und kochen können auch nur ganz wenige von ihnen einigermaßen. [...] So wird wohl der müde Typ hier gefragt sein, solange er's aushält. Natürlich erleichtern sich diese Dinge, sobald man in eine gewisse Routine gerät. Man lernt, keine Bewegung zu vergeuden und keine unnotwendigen Dinge zu tun und sich nicht sinnlos die Haxen abzulaufen.

AN JUANITA MESSICK

[1951]

JM

[...]

Der Gebrauch des Partizip Präsens, um Relativsätze zu vermeiden, sollte sehr behutsam angegangen werden. «A man wearing a green hat came up the steps.» Das ist schön, weil wesentlich einfacher und weniger schwerfällig, und weil es aus dem grünen Hut nicht zuviel macht. «A man who was wearing a green hat came up the steps.» Da kriegt das Ding zuviel ab. Tidwells Dilemma, scheint mir, ist nicht Syntaxarmut (was er schreibt, ist durchaus korrekt), sondern mangelndes Gefühl für das Gewicht der Worte.* Eine so unheilvolle Feststellung sollte nicht in einer derart leichten und flüchtigen Konstruktion getroffen werden. Das läuft auf etwas hinaus wie: «De Musset was thirty three years old that day, being guillotined at two in the afternoon.» Ersichtlich ist das, was falsch daran ist, der Stil, nicht die Grammatik. Sein Alter wird wichtiger gemacht als die Tatsache, daß er den Kopf abgehackt kriegte. Ich würde sagen – und berichtigen Sie mich, wenn ich schief liege –, daß dies, nach dem Klischee, der größte Fehler ist, den man beim Schreiben machen kann, wichtig genug in seinem Wesen, und eingeführt haben ihn die Wissenschaftler, manche Gelehrte, und Technik-Autoren generell, und er ist das Resultat der Trennung der Humanwissenschaften von den Spezialgebieten des Wissens. Das gilt nicht für die Besten, natürlich nicht. Ein wirklicher Geist ersten Ranges kann sich immer ausdrücken. Warum vergeuden wir weiterhin unsere Schuljahre, die einzigen Jahre, die wir haben, um den Gebrauch von Hirn, Geist und Zunge zu erlernen? Warum nur? Ist das eine Frage des Geldes, der Bildungspolitik, des Lehrplans, oder sind wir wirklich intellektuell ein zweitklassiges Volk?

---

* Diese Mitteilung entstand, weil Chandler sich im Zusammenhang mit einem Zeitungsaufsatz *Take My Word* von Frank Colby bei Juanita Messick nach ihrer Meinung erkundigt hatte. In diesem Aufsatz wurde James Tidwell, Beiträger zu einer Publikation der American Dialect Society wegen unglücklich gewählter Ausdrucksweise und verrutschter Gewichtung kritisiert.

Und wenn ja, wollen wir's vielleicht sein? Finden wir es männlicher, über eine simple Syntax zu stolpern, wenn wir nur imstande sind, einen Ford zu reparieren oder einen Fußball 45 Yards weit zu schießen?

RC

Warum halte ich nicht endlich die Klappe!

AN PAUL McCLUNG*

11. Dezember 1951

Sehr geehrter Mr. McClung:

Es ist vielleicht besser für mich, wenn ich Ihren Brief per Brief beantworte statt telegraphisch. Der Arzt, auf dessen Standpunkt ich die Ansicht, die Sie zitieren, gründete, ist schon seit mehreren Jahren tot. In jedem Fall zweifle ich sehr, ob es ihm angenehm gewesen wäre, wenn ich seine Identität gegenüber einer Zeitschrift oder Zeitung im Zusammenhang mit einer Ansicht preisgegeben hätte, die seine Berufskollegen als Gruppe vermutlich defätistisch und höchst unangebracht finden. Was er mir sagte, lautete nach meiner Erinnerung dem Sinn nach so: «Das Schlimmste und Härteste am Versuch, einen Alkoholiker oder Narkotiker zu heilen, ist die Tatsache, daß man ihm auf lange Sicht absolut nichts zu bieten hat. Er fühlt sich im Moment gräßlich, zweifellos; er fühlt sich beschämt und gedemütigt; er würde sich gern kurieren lassen, wenn es nicht zu weh täte, und manchmal sogar, wenn es das täte, und das tut es immer. In rein physischem Sinne mag man wohl sagen, er ist geheilt, wenn seine Entzugssymptome vorüber sind, und die können ziemlich fürchterlich sein. Aber wir vergessen Schmerzen, und bis zu einem gewissen Grade vergessen wir sogar

* Von der Dell Publishing Company.

Demütigungen. So steht denn unser geheilter Alkoholiker oder unser früherer Rauschgiftsüchtiger da und blickt sich um, und was hat er gewonnen? Eine flache Landschaft, durch die keine Straße führt, die interessanter wäre als andere. Sein Lohn ist negativ. Er leidet physisch nicht mehr, und er fühlt sich geistig nicht mehr gedemütigt oder beschämt. Ihm ist bloß verdammt öd zumute.» Ersichtlich verträgt sich solch ein Standpunkt nicht mit der Pollyanna-Attitüde, die wir dem ärztlichen Beruf vorschreiben. Sie wissen's besser, aber sie müssen halt auch leben, obwohl es Zeiten gibt, wo man in besonderen Fällen nicht ganz einsieht, wieso.

Ich habe meine Ansicht, die Sie offenbar ziemlich ernst genommen haben, einem Gauner in den Mund gelegt. In Zeiten wie diesen kann vielleicht nur ein Ganeff Meinungen dieser Sorte in Sicherheit äußern. Jeder reputierliche Mediziner würde etwas hinzufügen müssen wie: «Natürlich wäre bei angemessener psychiatrischer Behandlung, bla, bla, bla –» Er würde beim Happy-End das Weite suchen. Und da wir grad die Psychiatrie erwähnen, er würde, für mich wenigstens, auf der Stelle die ganze Wirkung des freimütigen Eingeständnisses zerstören, zu dem er sich vorgewagt hätte, denn in meiner Sicht ist die Psychiatrie zu fünfzig Prozent Humbug, zu dreißig Prozent Betrug, zu zehn Prozent Papageiengewäsch und zu den verbleibenden zehn Prozent bloß ein phantastischer Zungenschlag für den gesunden Menschenverstand, den wir Jahrhunderte und vielleicht Jahrtausende lang gehabt haben, wenn wir Mumm genug hatten, ihn auch zu gebrauchen.

[...]

Mit freundlichen Grüßen
Ihr

AN EDGAR CARTER

Lieber Eddie:

[...]
   Ich meine, ein Mann sollte sich wenigstens zweimal im Jahr betrinken, schon aus Prinzip, damit er nicht zu hochnäsig darüber urteilt. Aber mir liegt das offenbar fern. Als Priestley hier war, habe ich im Marine Room eine Party für ihn gegeben; die Gäste waren hauptsächlich Annie Oakleys, eingeladen von Jack Latimer und Frau, Leute, die ich mit einer Ausnahme noch nie gesehen hatte, auch seither nicht wieder gesehen habe und in Zukunft nicht unbedingt wieder sehen muß. Ich glaube, ich habe an dem Abend acht Scotch zu mir genommen, was weit unter dem Durchschnitt der übrigen Teilnehmer lag, aber das war auf meiner Seite purer Selbstschutz. Wenn ich sie nicht gehabt hätte, wäre vermutlich der Wunsch in mir aufgestiegen, die Bullen zu rufen und die ganze Bande rausschmeißen zu lassen. Das Ganze diente nur zur Demonstration, nur weiß ich nicht genau, von was, denn mir ist entfallen, was ich alles geredet habe.
   [...]

Herzlich immer Ihr

AN HAMISH HAMILTON

6005 Camino de la Costa
La Jolla, California
21. Dezember 1951

Lieber Jamie:

[...]

Nun, Weihnachten mit all seinem alten Horror ist wieder über uns hereingebrochen. Die Läden sind voll von phantastischem Krempel, und was man will, ist nicht vorrätig. Leute mit überanstrengten, gemarterten Gesichtern studieren verformte Gebilde aus Glas und Steingut und werden bedient, wenn das der richtige Ausdruck ist, von speziell rekrutierten, aus Nervenheilanstalten auf Zeit entlassenen Schwachsinnigen, von denen manche sogar, vermittels entschlossener Bemühung, einen Teetopf von einer Spitzhacke unterscheiden können.

Liebes Gedenken und alle guten Wünsche für Sie und die Ihren.

Herzlich immer Ihr

AN BERNICE BAUMGARTEN

6005 Camino de la Costa
La Jolla, California
21. Dezember 1951

Liebe Bernice:

[...]

Endlich habe ich letzthin Irwin Shaws Buch geschafft, *The Young Lions*. Als ich's das erstemal versuchte, vor zwei Jahren, habe ich mich gequält und dann aufgegeben. Es ist ein mächtiges und wirkungsvolles Buch, und ich muß sagen, daß ich den größten Teil für ganz verflucht gut gemacht gehalten habe. Aber ich bekenne mich auch zu gewissen Ermüdungserscheinungen gegenüber dem sensitiven Judenjungen, der unentwegt von rohen und brutalen Leuten herumgestoßen wird. Könnten wir nicht zur Abwechslung einmal einen kriegen, der nicht in eine Kompanie von Georgia-Rabauken mit einem vierschrötigen Kommandierenden gerät — der sich nicht von einem halben Dutzend Typen im Doppelformat zu Brei schlagen lassen muß, um seine Mannheit zu beweisen — der nicht von jedermann gleich Judensau genannt wird — und der nicht die sämtlichen zweitausend Jahre jüdischen Märtyrertums auf seinen Schultern schleppen muß, sooft er die Straße überquert?

[...]

Herzlich immer Ihr
Ray

AN JAMES SANDOE

6005 Camino de la Costa
La Jolla, California
27. Dezember 1951

Lieber Sandoe:

Vielen Dank für Brief und Bücher. Das über Gertie kam mir ganz höllisch raffiniert vor, ja es ging mir ein bißchen über den Verstand.* Offengestanden glaube ich nicht, daß das alte Mädchen die Mühe wert war, aber ich sehe auch, daß ein englischer Prof, der uns ab und zu ein Buch auftischen muß, gescheit genug ist, eine Sache zu verfechten, die nicht ganz verloren und nicht ganz gewonnen ist. Meine eigenen Ansichten über Gertie liegen näher bei denen von Mrs. Porter. Sie war ganz groß im Schwadronieren, aber wenn sie's mal packte, dann hatte sie auch was los. Sie genießt die Art Ruf, die weniger von dem abhängt, was einer gemacht hat, als von dem, was die Intellektuellen darüber sagen. Als ich Eliots

* Donald Sutherland, *Gertrude Stein. A Biography of Her Work*, 1951.

Stück *The Cocktail Party* las, habe ich mich gefragt, was der ganze Wirbel darum eigentlich sollte. Aber natürlich wußte ich's sehr wohl. Es gibt immer genug sterile Kritiker, die ihre Loopings drehen und sich auf jedes Stück altbackenen Kuchen stürzen, das sich in einen renommierten Namen wickeln und dem Schwarm der nachgemachten Snobs verkaufen läßt, die alle halbgebildeten Gesellschaften verheeren.

[...]

Glückliches Neues Jahr!
RC

AN CARL BRANDT

6005 Camino de la Costa
La Jolla, California
27. Dezember 1951

Lieber Carl:

Sekretärin auf Urlaub, das Getippe wird sehr schlecht werden. Entschuldigen Sie bitte. Tut mir schrecklich leid. Wir hatten ein lausiges Weihnachten, danke. Die Köchin feierte krank, der Truthahn blieb ungebraten, und meine Frau liegt die meiste Zeit entweder zu Bett oder doch auf dem Sofa und versucht, sich eine hartnäckige Bronchitis vom Hals zu schaffen. Swanie schickte mir zu Weihnachten einen Schlips. Er ist von oben bis unten mit Sherlock Holmesen und blutigen Fußspuren bedeckt. Ich wünschte, Hollywood-Agenten könnten sich des Gefühls entschlagen, sie müßten ihren Klienten Weihnachtsgeschenke machen – besonders da die Geschenke nur allzu genau die Wertschätzung spiegeln, die der Klient genießt. Wer sich einmal bis zur Armbanduhr hochgearbeitet hatte und nun wieder zum Schlips abgesunken ist, macht sich über seinen Tarif keine Illusionen; er sollte für *Republic* arbeiten gehen. (Falls Sie übrigens jemanden wissen, der benebelt genug ist, um einen von oben bis unten mit Sherlock

Holmesen und blutigen Fußspuren bedeckten Schlips tragen zu wollen – ich wäre glücklich, mich zu erleichtern. Ich würde das Ding nicht einmal bei der Leichenschau für einen Pächter aus den Ozarks tragen.)

[…]

Prosit!
Ray

1952

AN WILLIAM TOWNEND

Lieber Bill:

[...]

Dein Verleger hat mit der Bitte an Dich, Dein Buch zu kürzen, wahrscheinlich ganz recht. Ich finde, wir werden mit den Jahren alle ein bißchen weitschweifiger. Unser Gedächtnis ist so vollgepackt mit Erfahrungen und Gefühlen, daß all unsere Wahrnehmungen von einer Patina aus Erinnerung überlagert sind. Wir verlieren das Interesse an der Handlung, die meist ja auch Kindergartenkram ist, und vergessen, daß unser Publikum doch an sehr wenig sonst Interesse hat. Ich hoffe, Du wirst Dir immer den Glauben erhalten können, daß Dein nächstes Buch ein großer Erfolg wird. Selbst hunderttausend Wörter scheinen mir zuviel; achtzigtausend sollten die Grenze sein. Nur ein sehr reicher Schriftsteller – reich, heißt das, an Stil und Illusion – dürfte über die achtzigtausend hinausgehen. Was Priestleys Buch *Festival* betrifft, so bekenne ich, daß ich's nicht gelesen habe und auch nicht lesen wollte. Er hat es sehr schnell geschrieben und war sehr stolz darauf, ein so langes Buch in derart kurzer Zeit geschrieben zu haben – ich glaube, in etwa drei Monaten. Ich meine ja aber, es wäre zu dem Standpunkt, man sollte viel schreiben und vielerlei und beides schnell, so mancherlei zu sagen. Sicherlich, einige der besten Schriftsteller haben eben das getan. Aber man muß schon ein Genie sein, um es gleichbleibend gut zu machen, und daß Priestley ein Genie sei oder irgendwas nur annähernd ähnliches, glaube ich nicht. Ich stimme ganz mit Wodehouse überein, daß die meisten Romane durch Kürzungen nur gewinnen können; trotzdem gibt es Prosa – man könnte sie Umfangsprosa nennen –, die läßt sich nicht kürzen, ohne daß die ganze Wirkung des Buchs zerstört wird. Man könnte zum Beispiel Proust oder Henry James nicht kürzen, weil die Stellen, die man zu streichen geneigt wäre, grad die sind, die diese Männer lesenswert machen.

Ich gehe auch einig mit Dir, daß es vollkommen absurd ist, Wodehouse nicht wieder nach England zu lassen.* Sicher, eine Konservativen-Regierung ändert die Sachlage. Schließlich gehörte Churchill zu den Männern, die den Fonds zur Verteidigung von Mansteins unterstützten.** Und sehr vielen Menschen sowohl in England als auch in Amerika geht langsam auf, daß die Kriegsverbrecherprozesse ein böser Fehler waren, ganz unabhängig von der Frage, ob die Leute, die da verurteilt wurden, den Galgen verdient hatten, was bei den meisten natürlich der Fall war. Sie waren verfehlt, weil sie von der Voraussetzung ausgingen, die Deutschen seien an Gesetze gebunden gewesen, die es aber nicht gab und auch jetzt noch nicht gibt; sie waren verfehlt, weil sie das Verteidigungsargument des Befehlsnotstands nicht gelten ließen und damit letzten Endes dem einzelnen Soldaten die Entscheidung zuwiesen, ob ein Befehl den Gehorsam verdiene oder nicht, auch wenn die Verweigerung eventuell mit sich brachte, daß man ihn kriegsrechtlich erschoß. Selbst wenn die Hitler-Regierung verbrecherisch war, blieb sie doch eine in ihrem Land legal gebildete Regierung, und als solche haben wir sie selber anerkannt. In diesen Prozessen aber sagen wir nun, daß Generäle, die ihrer Regierung den Treueid geschworen hatten, durch diesen Treueid nicht gebunden gewesen seien. Außerdem waren die Prozesse einfach nur Standgerichte der Sieger. Ein amerikanischer General, der in der *Saturday Evening Post* über die Ardennen-Offensive schreibt, teilt mit, daß, nachdem eine Gruppe amerikanischer Gefangener von deutschen

---

* P. G. Wodehouse, englischer Humorist und ehemaliger Schüler von Dulwich, hatte während des Zweiten Weltkriegs als Gefangener der Deutschen in fünf Rundfunksendungen Propaganda für Deutschland gemacht.
** Feldmarschall Erich von Manstein war Armee- und Heeresgruppenführer an der Ostfront, bis er von Hitler während des Rückzugs abgelöst wurde.

Panzerbesatzungen kalten Bluts ermordet worden war, verschiedene amerikanische Einheiten auf das Feld geführt wurden, wo ihre Leichen lagen. Er berichtet dann weiter, daß anschließend wir, das heißt die Amerikaner, pro Tag nur noch die zwei Gefangenen machten, die vom Nachrichtendienst gefordert waren, und nicht mehr. Das bedeutet mit anderen Worten, daß wir darüberhinaus jeden Deutschen erschossen haben, der sich zu ergeben suchte. Das ist bei redlicher Beurteilung keine geringere Barbarei als vieles, was die Deutschen verbrochen haben. Und wenn die Deutschen den Krieg gewonnen hätten, hätten sie genauso leicht auch unsere Generäle wegen Verbrechen gegen internationales Recht verurteilen können. Soldaten, die unter Beschuß angreifen müssen, erschießen oft Gefangene oder vielmehr Männer, die sich gefangen zu geben versuchen, und zwar aus dem einfachen Grund, daß sie Männer, die sich ergeben haben, nicht hinter sich zurücklassen können und zugleich keine Möglichkeit haben, sie bei sich bewacht zu halten. Auch unter der Charta der Vereinten Nationen wären die meisten dieser Prozesse heute unmöglich, weil die Beweisführung, auf die sich viele der Urteile stützten, vor jedem wirklichen internationalen Gerichtshof unzulässig wäre. Folglich ist es nur um so absurder, daß ein Mann wie Wodehouse wegen ein paar unkluger Bemerkungen vor Gericht kommen sollte, die vermutlich dazu auch noch entstellt sind. Ich kann mich nicht einmal dazu bringen, die Verurteilung eines Mannes wie [William] Joyce, Lord Haha, für rechtmäßig zu halten. Ich meine, sie war ein Justizmord, denn sie erfolgte lediglich aufgrund einer Rechtserklärung des Inhalts, daß ein Mann mit unrechtmäßig erworbenem britischen Paß der britischen Krone gegenüber treupflichtig sei. Joyce wurde wegen Hochverrats zu einer Zeit verurteilt, wo er amerikanischer Bürger war und Amerika sich nicht im Krieg befand. Hochverrat hieß es, weil er Inhaber eines britischen Passes war, der ihm aber nicht rechtmäßig zustand und den er durch eine falsche eidesstattliche Erklärung erworben hatte. Das war natürlich ein Verbrechen, aber es war kein Kapitalverbrechen. In unserm Land hier würde es höchstens fünf Jahre Zuchthaus bringen, und in der Praxis bedeutete das vermutlich nicht mehr als zweieinhalb Jahre. Aber die Briten mußten Joyce hängen, und um ihn hängen zu können, mußten sie ihn wegen Hochverrats anklagen. Und um ihn wegen Hochverrats anklagen und verurteilen zu können, mußten sie die phantastische Rechtsfiktion vorbringen, daß der Besitz eines unrechtmäßig erworbenen britischen Passes für ihn genau dieselbe Folgenbedeutung habe, wie wenn er ihn rechtmäßig erworben hätte, und obwohl er kein britischer Untertan war, war er doch hochverratsfähig gegenüber einem Land, dessen Staatsbürgerschaft er nicht besaß. Ich glaube nicht, daß sie Wodehouse vor Gericht stellen. Wenn sie das täten, würden sie äußerst dumm dastehen, und der Schuß ginge nach hinten los, ihnen selbst ins Gesicht. Aber das löst sein Problem noch nicht. Und man kann von den Behörden kaum erwarten, daß sie ihm im voraus die Garantie geben, er werde, wenn er nach England zurückkäme, nicht vor Gericht gestellt.

[...]

Herzlich immer Dein

AN S. J. PERELMAN

9. Januar 1952

Lieber Sid:

Ein Bekannter von mir vertritt die Theorie, daß, wenn man die Beantwortung eines Briefes, den einem jemand geschrieben hat, lange genug hinausschiebt, dieser Jemand einem erneut schreibt und sich entschuldigt, daß er nicht eher geschrieben habe. Bei mir hat das ein- oder zweimal auch geklappt, aber verlassen kann man sich nicht darauf. Wie dem aber auch sei, ich schulde Ihnen Antwort auf Ihren Brief vom 24. Oktober 1951 aus Key West, Florida. Und Sie sollten das Zeug nicht leichtsinnig verschenken, wenn Sie's auch verkaufen können, es sei denn natürlich, Ihre Briefe sind nur Rohmaterial für Artikel. Ich schätze, Sie haben das Interesse an Rancho Santa Fe verloren; so geht es mir auch, aber nur weil die Grundbesitzer in ihrem Bestreben, den Ort vor der Überschwemmung mit den Annehmlichkeiten des Lebens zu bewahren, so weit in die Gegenrichtung gegangen sind, daß es nur einen einzigen Lebensmittelladen gibt, der eher nur ein Lädchen ist, keinen Drugstore, kein Kino (was für Sie wohl kein Schlag wäre, Ihren Kindern aber kaum gefallen dürfte), und die wesentlichen Dienstleister des Lebens, wie Klempner, Elektriker und Tischler, sind vermutlich so dünn gesät, daß man die aristokratische Arroganz ihres Benehmens noch mißlicher fände als den tariflichen Stundenlohn für die Betrampelung und Verdreckung der guten Teppiche. Ich meine durchaus, daß Rancho Santa Fe ein recht idealer Ort wäre, um Kinder großzuziehen, betrachte dies letztere aber nicht als eine der wesentlichen Lebensbeschäftigungen. Was nun Florida betrifft, so muß es da einige attraktive Fleckchen geben, aber ersichtlich sind es nicht die, wo Sie zu Besuch waren. Warum ist Ihre Frau so wütend auf Hollywood? Schließlich gibt es dort eine Menge netter Leute, weit mehr als in La Jolla. Das Filmgeschäft kann manchmal ein bißchen beschwerlich sein, aber ich nehme nicht an, daß die Arbeit für General Motors das reine Vergnügen ist, und die für Henry Ford muß, wenn man Harry Bennetts Buch glauben darf, ungefähr so erholsam gewesen sein wie der Leibwächterdienst bei Dutch Schultz.*

An Ihrem floridaischen Sexhunger bin ich offengestanden nicht interessiert. Kein Mensch hat Sie gezwungen, nach Florida zu gehen. Und erzählen Sie mir nur nicht, Sie müßten sich Ihren Lebensunterhalt verdienen, denn Ihre Kinder sind bestimmt alt genug und auch pfiffig genug, um Sie von jetzt an zu ernähren, selbst wenn Ihre Frau nicht arbeiten will. Ihren Schreiben habe ich ohnehin entnommen, daß sie kaum etwas anderes tut, als sich Parfüm ins Haar zu sprühen und in Nerzmantel und Slacks herumzubummeln. Und da wir einmal dabei sind, darf ich Sie an Ihr Versprechen erinnern, mir jenes Buch von Nathanael West zu leihen, das hier anscheinend nicht aufzutreiben ist.

Mit schönsten Grüßen

Herzlich Ihr

---

* Harry Bennett, *We Never Called Him Henry*, New York 1951. Dutch Schultz war ein berüchtigter Gangster während der Prohibition in den 20er und frühen 30er Jahren.

AN DALE WARREN

6005 Camino de la Costa
La Jolla, California
11. Januar 1952

Lieber Dale:

[...]

Ihre Vorankündigung des Romans, in dem die frustrierte Lehrerin nach gewissen Abenteuern mit einem schwarzen Hausmeister in den Brunnen springt, veranlaßt mich zu der flehentlichen Bitte, mir das Buch ja nicht zu schicken, wenn Sie es herausbringen. Damit sage ich nicht, daß es keinen Erfolg haben wird; der Geschmack des Publikums ist so mysteriös wie der Geschmack der Kritiker. Sehen Sie sich nur den Erfolg an, den ein Bursche namens Mickey Spillane zur Zeit hat, einen Erfolg, vergleichbar dem in England von James Hadley Chase, dem gefeierten Verfasser von *No Orchids for Miss Blandish*. Mickey Spillane ist so ungefähr dasselbe faule Zauberniveau und, was mich betrifft, genau so unlesbar. Ich habe mich redlich mit einem geplagt, nur um zu sehen, wo der Funke sitzt, hab's aber nicht geschafft. Das schlimmste Groschenheftgeschreibsel war nie so schlimm wie dieses Zeug. Es ist noch gar nicht so sehr lange her, da hätte kein anständiger Verleger es angerührt. Nun dauert es vermutlich nicht mehr lange, und der Book of the Month Club bringt uns ein schmuckes Bändchen Ausgewählte Französische Postkarten als seinen Beitrag zur Nationalkultur. Das Zeug von diesem Spillane ist, soweit ich sehe, nichts als ein Gemisch aus Gewalt und offener Pornographie. Er und seine Verleger haben nur den Mut gehabt, wenn das dafür das korrekte Wort ist, beides noch ein bißchen weiter zu treiben als die andern, grad so weit, daß die Polizei nicht dazwischenkam. Ich vermag sonst nichts darin zu finden. Neben diesem Kram sehen die Jungs mit ihren Privatsammlungen von eleganten Erotika fast wie richtig nette Leute aus.

Gestern abend haben wir uns, verlockt von den Kritikern und dem allgemeinen großen Rummel, obwohl ich's besser hätte wissensollen, *A Place in the Sun** angesehen. Heute morgen nun stelle ich beim Durchblättern der *Variety*-Jahresnummer fest, daß der Film unter den Bestsellern von 1951 an 8. Stelle rangiert, mit einem Inlands-Einspielergebnis von dreieinhalb Millionen Dollar, was in unsern Zeiten ja doch sehr viel ist. So sind also die New Yorker Kritiker und das Publikum einmal gleicher Meinung gewesen. Meine Schwägerin, die praktisch jede Filmart mag außer Slapstick, fand ihn widerlich. Und ich fand ihn abscheulich. Er ist das raffinierteste Beispiel für windigen Eigendünkel, das man sich nur vorstellen kann. Und ihn in einem Atem mit *A Streetcar Named Desire* zu nennen, kommt mir wie eine Beleidigung vor.** *Streetcar* ist keineswegs ein vollkommener Film, aber was man ihm unbedingt lassen muß, das ist das große innere Tempo, die ungeheure Darstellerleistung von Marlon Brando und die gekonnte, wenn auch gelegentlich ermüdende von Miss Vivien Leigh. Er geht einem unter die Haut, während *A Place in the Sun* die Emotion nirgends auch nur anspricht. Alles ist überdehnt und überzogen; jede Szene wird erbarmungslos bis auf den letzten Tropfen ausgemolken. Mir war von den verträumten Großaufnahmen der Elizabeth Taylor so schlecht, daß ich hätte kotzen können. Der Schick, der affektierte, war nicht mit der Kelle, auch nicht mit der Schaufel, sondern direkt mit dem Schaufelbagger aufgetragen. Und die Schilderung, wie sich die unteren Klassen das Leben der oberen ausmalen, ist so lächerlich, wie man's sich nur träumen lassen kann. Die hätten das Ding «Schnellboote zum Frühstück» nennen sollen. Und, mein Gott, diese Szene am Schluß, wo das Mädchen ihn, ein paar Stunden bevor er auf den heißen Hocker kommt, in der Todeszelle besucht! Mein Gott, mein Gott! Das Ganze ist technisch wunderschön gemacht, und emotional riecht es nach Berechnung und Kniff und Trick. Mr. Montgomery Clift gibt *die* Vorstellung seiner Karriere, was aber nicht so sehr viel sagt, weil er bereits in *The Heiress* demonstriert hat, daß er nicht auf ein und die

---

* Film nach Theodore Dreisers *An American Tragedy*. Der Produzent war George Stevens; die Hauptrollen spielten Montgomery Clift und Elizabeth Taylor.

** Film nach dem Stück von Tennessee Williams. Die Regie hatte Elia Kazan; die Hauptdarsteller waren Vivien Leigh und Marlon Brando.

selbe Leinwand mit erstklassigen Schauspielern gehört.* Den Film hat ein Bursche gemacht, der alles gesehen hat und dem doch nie eine eigene schöpferische Idee dabei gekommen ist. Nicht einmal nur, sondern zweimal in dem Film nutzt er den großen Trick, den Chaplin in *Monsieur Verdoux* hatte, wo anstatt einer Ausblendung als Aktschluß die Kamera aus einem Fenster blickt und die Dunkelheit langsam ins Tageslicht übergehen sieht. Aber dieser Schmonzes aus unrealistischen Mätzchen spielt dreieinhalb Millionen Dollar ein, und *Monsieur Verdoux* fiel durch. Mein Gott, mein Gott! Und lassen Sie's mich gleich noch einmal sagen: mein Gott!

[...]

Herzlich immer Ihr
Ray

AN DEN HERAUSGEBER VON *SEQUENCE***

15. Februar 1952

Sehr geehrter Herr:

Ich habe *Sequence* 7, 13 und 14, und wenn Sie noch je ein Exemplar von 4, 8 und 11 vorrätig hätten, so würde ich Sie gern darum bitten. Sie schulden mir, glaube ich, zwei Hefte auf mein Abonnement, aber das ist nicht wichtig. Ich will gern alle Exemplare bezahlen, die Sie mir schicken, wenn Sie das Geld brauchen.

Es ist mir ein schlimmer Gedanke, daß die Zeitschrift eingehen sollte. Es gibt so wenig intelligenten Journalismus über Filme, so wenig, was behutsam, aber sicher die Mitte hält zwischen dem Avantgarde-Typus, der großenteils nur Neurotikertum spiegelt, und der tödlichen Fließbandware. Ich meine nur, Sie sind gelegentlich zu streng mit englischen Filmen umgesprungen, die, selbst wo

---

* Film nach Henry James' *Washington Square*. Die Regie hatte William Wyler, die Hauptrollen spielten Olivia de Havilland und Ralph Richardson.
** Eine filmkritische Zeitschrift.

nicht Spitzenklasse, einem doch das Gefühl geben, daß man sich in einer zivilisierten Welt bewegt – etwas also, was bei der Hollywood-Produktion in der Regel immer zu kurz kommt. Selbst wenn Sie weniger gescheit gewesen wären, täte es mir leid, wenn Sie gehen müßten. *Sight and Sound* ist durchaus sehr gut, in seiner Art. Ich nehme aber an, es wird subventioniert, und alles, was subventioniert wird, schließt Kompromisse, und was Kompromisse schließt, endet unweigerlich irgendwann im Unfruchtbaren.

Mit Bewunderung und Bedauern
Ihr

AN H. N. SWANSON

10. März 1952

Lieber Swanie:

Was meinen Sie damit, ich sollte einen Werbevorspann für einen Film mit dem Titel *The Ragged Edge* machen? Wollen Sie, daß ich mich mit blasierter Miene hinter einen gemieteten Schreibtisch setze, starr in die Kamera blicke und irgendeinen Kokolores vom Stapel lasse? Oder soll ich das Zeug bloß schreiben, für fünfzig Dollar die Woche vielleicht, wie ein Werbefex? Ich glaube, die Sherlock-Holmes-Krawatte, die Sie mir geschickt haben, ist Ihnen zu Kopfe gestiegen. Aber im Ernst, das einzige, was mich an diesem Angebot interessiert, falls man es ein Angebot nennen kann, ist die Tatsache, daß es Leute gibt, die so was von mir wollen. Die sind doch total meschugge. Mein Publicitywert ist ungefähr so groß wie der einer Schmetterlingslarve. Ich glaube, in den fünfeinhalb Jahren, die ich nun schon in La Jolla wohne, hat mein Name noch nicht ein einziges Mal in der Lokalzeitung gestanden.

Ihr angewiderter

AN DALE WARREN

6005 Camino de la Costa
La Jolla, California
25. April 1952

Lieber Dale:

[…]

Was nun das Kochbuch betrifft – um Gottes willen, wenn Sie ein La-Jolla-Kochbuch wollten, warum haben Sie sich da nicht an mich gewandt? Außer meiner Frau und noch einem oder zwei andern bin ich vermutlich der beste Koch in La Jolla.

Scherz beiseite, es sollte wirklich mal einer ein Kochbuch schreiben und alles hineinpacken, was die regulären Kochbücher weglassen, alles, was sie einem, wenn man Anfänger ist, nicht sagen. Sie setzen zuviel voraus. Ferner sollte jedes anständige Kochbuch ein paar Spezialrezepte enthalten, als Ausweis des Einzigartigen. Und da könnte ich leicht dienen. Mein Schwertfisch Mascagni ist drei Straßen weit berühmt, und das schon bei nur leichter Brise. Bei einer steifen vom Meer gerät praktisch ganz La Jolla in einen Taumel. Und meine in Cidre gebackenen Äpfel werden lauthals von jedem bewundert, der mir Geld schuldet. Wie macht man eine Suppe ohne Dosenöffner? Nun, das ist ein Zunftgeheimnis, das nur ganz wenige Menschen kennen. Aber es geht. Ganz wie es auch möglich ist, aus spottgewöhnlichem Weizenmehl einen Kuchen zu backen, wenn man nur ein bißchen Maisstärke im Haus hat. Man muß den Kuchen wirklich nicht halbgar im Zellophanbeutel bei der A&P kaufen. Die meisten Leute denken, das hat man, aber sie irren sich. Ja, und in meinem Kochbuch könnte ich den Leuten sogar sagen, wie man in offenem Wasser Eier pochiert. Wenn Sie meinen, das sei leicht, nun, wir haben fünfzig oder sechzig Köchinnen gehabt, die das nicht hinkriegten. Die meisten konnten nicht einmal im Eierpochierer Eier pochieren, in dem man in Wirklichkeit auch überhaupt keine Eier pochieren kann.

[…]

AN BERNICE BAUMGARTEN

6005 Camino de la Costa
La Jolla, California
14. Mai 1952

Liebe Bernice:

Ich schicke Ihnen heute, wahrscheinlich mit Luftpost und express, die Rohfassung einer Geschichte, die ich *The Long Goodbye* genannt habe. Sie umfaßt 92000 Wörter. Ich würde sehr gern Ihr Urteil, Ihre Einwände und so weiter dazu haben. Ich habe das Ding nicht einmal mehr durchgelesen, nur ein paar Passagen, um kleine Korrekturen anzubringen und eine Anzahl Details nachzuprüfen, die meiner Sekretärin fraglich waren. Ich schicke Ihnen also keinerlei Meinung zu dem Opus mit. Vielleicht finden Sie, daß die Handlung zu langsam vom Fleck kommt.

Mir ist schon vor einiger Zeit klargeworden, daß die Langeweile, die von Kriminalromanen, wenigstens auf literarischer Ebene, großenteils ausgeht, ihren Grund darin hat, daß die Charaktere sich bereits nach dem ersten Drittel praktisch in Luft auflösen. Oft ist die Eröffnung, die mise-en-scène, die Hintergrundsanlage ausgezeichnet. Dann verdickt sich die Handlung, und die Leute werden zu bloßen Namen. Ein sehr gutes Beispiel dafür ist ein aktuelles Werk mit dem Titel *Reclining Figure* von meinem Freund Harry Kurnitz (Marco Page). Es fängt so gut an, aber am Ende läuft alles im bekannten alten Trott. Nun ja, aber was kann man tun, um das zu vermeiden? Man kann in einer Tour Handlung schreiben, und das ist gar nicht schlecht, wenn man wirklich Spaß daran hat. Aber ach, man wird erwachsen, man wird kompliziert und unsicher, man interessiert sich immer mehr für moralische Probleme als dafür, wer denn nun wem eins über den Schädel geschmettert hat. Und an diesem Punkt sollte man sich vielleicht in den Ruhestand zurückziehen und das Feld jüngeren und simpler gebauten Naturen überlassen. Dabei denke ich allerdings nicht unbedingt an Comic-Schreiber wie Mickey Spillane.

Jedenfalls habe ich dies da so geschrieben, wie ich's wollte, weil ich das jetzt kann. Mir war's egal, ob man die Lösung ziemlich deutlich ahnen konnte; wichtig waren mir die Menschen, war mir die fremdartige korrupte Welt, in der wir leben, und wie ein Mann, der ehrlich zu sein versucht darin, am Ende mit sentimentalem oder einfach dummem Gesicht dasteht. Genug davon. Es gibt auch mehr praktische Gründe. Man schreibt in einem Stil, der nachgeahmt worden ist, sogar plagiiert, bis zu dem Punkt, wo man langsam so aussieht, als imitierte man selber seine Nachahmer. Also muß man dahin gehen, wohin sie einem nicht folgen können. Die Gefahr besteht bloß, daß auch der Leser es nicht mehr kann.

[...]

Herzlich immer Ihr
Ray

AN BERNICE BAUMGARTEN

6005 Camino de la Costa
La Jolla, California
Sonntag, den 25. Mai 1952

Liebe Bernice:

Sie werden inzwischen mein Telegramm bekommen haben, und ich hoffe, es kam noch rechtzeitig an, um zu verhindern, daß mein Skript abgeschrieben und an Jamie Hamilton weitergeschickt wird.* Ich danke Ihnen für Ihren Brief und brauche Ihnen nicht eigens zu sagen, daß es mir leid tut, den Stoß Papier so einfach losgeschickt zu haben. Ich war bloß zu ungeduldig, ihn endlich vom Hals zu haben. Ich wußte wohl, daß Marlowes Charakter sich geändert hatte, und war der Ansicht, das müßte so sein, weil die ganze hartgesottene Härte nach all der langen Zeit doch zu sehr

---

* Bernice Baumgarten und Carl Brandt hatten Chandler geschrieben und ihm zahlreiche Änderungsvorschläge zu The Long Goodbye gemacht.

zur Pose geworden war. Aber ich hatte doch nicht erkannt, daß er christusähnlich geworden war und sentimental und daß er eigentlich ein bißchen mehr über seine Gefühle spotten sollte. Es mag durchaus sein, daß ich nicht mehr viel tauge. Weiß Gott, ich habe genug Kummer hinter mir, um aus der Bahn geraten zu sein. Altmodisch genug, wie ich bin, um nach achtundzwanzig Jahren Ehe immer noch herzlich verliebt in meine Frau zu sein, spüre ich durchaus die Möglichkeit, daß ich das Gefühl in mein Leben auf eine Weise eingelassen habe, die zum Markt und seinen Klischees nicht paßt. Es besteht natürlich auch die andere Möglichkeit – eine sehr leise nur, gebe ich zu –, daß Sie ein bißchen unrecht hätten.

Ich werde das Skript kurz durchgehen, wenn ich's wiederhabe, und es dann so lange beiseite legen, bis der richtige Abstand da ist. Ich wollte das eigentlich immer tun. Ich war nur nicht dazu imstande. Ich hatte immer etwas Angst, wenn ich das täte, würde ich das ganze Ding zum alten Eisen schmeißen, sobald ich dann wieder dranginge. Die Sorge habe ich jetzt nicht mehr. Ich weiß, daß die Geschichte, egal was für Fehler in der Gewichtung oder Handlung und so weiter drinstecken, mir grundsätzlich doch ganz gut geraten ist. Eigentlich bin ich noch nie so mit lockerem Zügel geritten. Es gehört vielleicht mehr Kunst dazu, als mir bewußt ist.

An Jamie schreibe ich kurz, weil er mir telegraphiert hat. Falls Sie ihm ja doch ein Skript geschickt haben sollten, werde ich ihn bitten, es mir direkt zu retournieren.

Kurioserweise habe ich, wenn nicht alles trügt, bei dieser Geschichte weit weniger Zweifel als bei der *Little Sister*. Wie das kommt, ist mir absolut schleierhaft. Ich glaube, es hieß einmal, daß Schriftstellern an ihren eigenen Arbeiten immer die falschen Sachen gefielen.

Nochmals Dank, und entschuldigen Sie, daß ich Sie da durchgezogen habe.

Herzlich immer Ihr
Ray

AN HAMISH HAMILTON

6005 Camino de la Costa
La Jolla, California
25. Mai 1952

Lieber Jamie:

Ich bin grad dabei, das Skript meines Buches wieder aus dem Verkehr zu ziehen, um es zu revidieren. Ich habe Bernice gedrahtet, sie solle sämtliche Exemplare an mich retournieren und niemandem etwas zeigen. Es tut mir leid; es ist eine verdammte Plage. Aber Houghton Mifflin hätte es (offenbar) ohnehin in diesem Jahr nicht mehr herausbringen können. Falls Ihnen ein Skript geschickt worden sein sollte, bitte, lassen Sie's unbeachtet und schicken Sie es mir einfach auf irgendeinem alten Weg zurück. Keine Eile.

Das alles geschieht in Folge von kritischen Einwänden seitens Bernice, mit denen Carl Brandt übereinstimmt. Manche dieser Kommentare sind, wenn zutreffend, verheerend für mich – und wenn unzutreffend, unerträglich. Sicher ist wahrscheinlicher das erstere als das letztere der Fall. Der Charakter Marlowes sei «christusähnlich» geworden und sentimental, und er sollte durch das ganze Buch hin über seine Gefühle spotten – so dem Sinn nach ihre Worte. Es gibt auch Kritik an Einzelheiten, die aber nicht weiter wichtig ist.

Natürlich ist alles meine Schuld. Ich hätte das verdammte Ding beiseite legen und ein Weilchen auf dem Herd sieden lassen sollen. Statt dessen jage ich's in ungebessertem Zustand raus und kriege für diese Unüberlegtheit eins ins Gesicht. Das ist mir schon früher einmal passiert, bei Sydney Sanders, und auf viel brutalere Weise. Es ging um das Buch *The High Window*, dessen Titel ursprünglich und angemessen *The Brashear Doubloon* lautete und in überwältigend bemühter Idiotie geändert wurde, weil Knopf befand, er klinge wie der einer Jugendgeschichte. Besagtes Buch wird gewöhnlich als meine bis dato schwächlichste Leistung betrachtet (die ich fraglos noch übertreffen werde oder vielleicht schon übertroffen habe – an Schwächlichkeit), obwohl es auch Leute gibt, die es für das beste halten. Es verkauft sich noch immer hier und da, aber Sie wissen ja, wie ignorant das Publikum ist. Verglichen mit einem Agenten weiß das Publikum nichts.

Ein anderes Talent, mit dem Agenten großartig begabt sind, ist die Fähigkeit, einem ausdauernd in den Ohren zu liegen, man solle ihnen doch das neue Werk im Entstehen zeigen, ruhig noch unabgeschlossen, ruhig noch unrevidiert, und einem dann, wenn man ihrem Flehen willfährig ist, damit ins Gesicht zu schlagen. Und das alles für ein derart bescheidenes Honorar.

Herzlich immer Ihr
Ray

AN ERIC PARTRIDGE

29. Mai 1952

Lieber Eric:

[...]
Übrigens stimmt die Logik keineswegs, daß ein Mann, der im Kittchen gesessen hat, den besten Knastjargon schreibe, so wenig wie es stimmt, daß einer, der mal Polizeibeamter war, die besten Detektivgeschichten schreibe. Meine Erfahrung besagt das genaue Gegenteil. Ganz wie Sie's anmerken, der Jargon wechselt von Anstalt zu Anstalt, und er wechselt ebenso von Jahr zu Jahr. Und es gibt keinen Zweifel, daß ein großer Teil davon literarischen Ursprungs ist, «literarisch» hier freilich in sehr großzügigem Sinne gebraucht. Bullen und Gangster lesen Kriminalliteratur, und ich bin fest davon überzeugt, daß so mancher Sheriff im Westen seine Sprache und vielleicht sogar sein Kostüm mit den Lesefrüchten aus einschlägigen Revolverheften ausgeschmückt hat.
[...]

Herzlich immer Ihr

AN CARL BRANDT

6005 Camino de la Costa
La Jolla, California
11. Juni 1952

Lieber Carl:

[...]

Ich verbringe viel Zeit über der Revision meines Buches, besonders gegen den Schluß hin, den ich wohl ändern werde. Aber ich habe wahrscheinlich nicht mehr die Zuversicht, die da war, bevor ich Bernices Anmerkungen erhielt. Manches von dem, was sie schrieb, betrifft Dinge, auf die ich automatisch bei der Revision geachtet hätte. Manches andere kommt mir ganz witzlos vor. Was Marlowes Charakter betrifft, so mag ich mich ja irren, aber ich habe eben einfach versucht, das Buch so zu schreiben, wie ich's schreiben wollte, und nicht so, wie irgendwer sonst meint, daß ich's schreiben sollte. Die Ironie einer Schriftstellerkarriere – und ich nehme doch an, daß die meisten Autoren damit in irgendeiner Form konfrontiert werden – liegt im folgenden: Es kann einer ruhig eine Handvoll Bücher schreiben, die zum Zeitpunkt ihres Erscheinens nur wenig Aufmerksamkeit finden; im Lauf der Zeit dann aber bauen sie einen Ruf auf, und am Ende werden sie als Vergleichsmaßstab benutzt, an dem sich das spätere Werk zu messen hat, und das manchmal von denselben Leuten, die seinerzeit völlig unfähig waren, in der früheren Leistung irgendein Verdienst zu entdecken. Ein Schriftsteller meiner Art sollte nie jemandem ein unabgeschlossenes Werk zeigen. Er sollte abwarten, bis er sicher weiß, daß er hat, was er wollte, oder doch so nah daran ist, wie seine Fähigkeiten es schaffen.

> Mit den freundlichsten Grüßen
> stets Ihr
> Ray

AN BERNICE BAUMGARTEN

6005 Camino de la Costa
La Jolla, California
20ster Juli 1952

Liebe Bernice:

Danke für den Brief, aber ich sehe keinen Grund, warum Sie sich, und sei's auch nur der Form halber, dafür entschuldigen sollten, daß Sie offen ausgesprochen haben, was Sie auf dem Herzen hatten. Vermutlich, ja fast mit Sicherheit hatten Sie recht. Man weiß nie, welche Wirkung ein Brief machen wird, weil man nie die Stimmung kennt oder die Umstände, unter denen der Adressat ihn liest. Vollendeter Takt erfordert mehr Wissen, als uns gegeben ist. Es war jedenfalls alles meine Schuld, wie ich schon gesagt habe. Das Vertrackte ist für mich im Augenblick, daß ich nicht weiß, woran ich bin, nicht weiß, ob überhaupt etwas dran ist an all dem Zeug, was sich zu retten lohnte, oder ob es nicht schlauer wäre, alles wegzuschmeißen und frisch noch einmal anzufangen. Ich bin nicht besonders gut im Revidieren und Zusammenschustern. Ich verliere das Interesse, verliere die Perspektive, und das bißchen kritische Vermögen, das ich vielleicht habe, verzettelt sich in belanglosen Kleinigkeiten wie etwa, ob es besser wäre, ein «sagte er» einzufügen oder die wörtliche Rede allein stehenzulassen.

Meine Art zu schreiben verlangt eine bestimmte Menge Elan und gute Laune – das richtige Wort wäre Gusto, eine Eigenschaft, die der modernen Schriftstellerei vollkommen abgeht –, und Sie können nicht wissen, wie bitter ich mich im vergangenen Jahr habe abplagen müssen, um auch nur soviel Heiterkeit aufzubringen, daß ich weiterleben konnte, was viel weniger ist, als in ein Buch gehört. Finden wir uns denn damit ab: Ins Buch habe ich nichts davon hineingekriegt. Ich hatte einfach nichts übrig.

[...]

Alles Beste –
Ray

AN PAUL BROOKS

The Connaught Hotel
Carlos Place, London W.1.*
28. September 1952

Lieber Paul Brooks:

Danke für Ihren Brief, der mir hierher nachgeschickt wurde. Heute ist ein englischer Sonntag, und bei Gott, es ist düster genug für eine Überquerung des Styx. Ich dachte, England sei bankrott, aber die ganze verdammte Stadt wimmelt von Rolls-Royces, Bentleys, Daimlers und teuren Blondinen.

Hätte nie gedacht, daß mir vom Anblick eines Waldhuhns auf Toast oder eines Rebhuhns schlecht werden könnte, aber bei Gott, mir wird's.

Werde bei Rückkehr 7. Oktober via *Mauretania* ein paar Tage im Hampshire House bleiben und anrufen, um guten Tag zu sagen, wenn Sie vorrätig sind. Mit dem Buch ist (aus hiesiger Perspektive) alles in Ordnung. Es hat allerdings hier ein paar Änderungen erfahren. Bernice ist eine Idiotin (hoffe ich).

In England bin ich ein Schriftsteller. In den USA bloß ein Krimischreiber. Kann nicht sagen, wieso. Gott weiß, mir ist das eine so egal wie das andere. Ich habe kennengelernt:

1. Einen Oxford-Professor, der unter Pseudonym schlechte Western schreibt.

2. Eine Sekretärin, deren Lunch aus Brot, Butter und Gin pur besteht.

3. Einen Hausdiener, der ohne anzuklopfen eintritt, während meine Frau ein Bad nimmt.

4. Einen Verleger, der die weltschlechtesten Martinis macht. Und so weiter.

Herzlich stets Ihr
Raymond Chandler

---

* Chandler und seine Frau Cissy besuchten England im Herbst 1952 für einen Monat. Sie fuhren von Los Angeles auf einem schwedischen Dampfer durch den Panamakanal und kehrten auf der *Mauretania* von der Cunard-Gesellschaft zurück. Es war Chandlers erster England-Besuch seit 1918.

AN LEONARD RUSSELL

6005 Camino de la Costa
La Jolla, California
29. Oktober 1952

Lieber Leonard:

Ich hoffe, ich bin nicht zu keck, Sie so anzusprechen.

Anbei die Geschichte, über die wir an dem Abend, bevor meine Frau und ich das Connaught Hotel nach Southampton verließen, kurz sprachen. Sie drückten mir den Wunsch aus, sie zu sehen. Ich wies Sie warnend darauf hin, daß sie auf dieser Seite des Atlantik mit auch nicht der leisesten Spur von Begeisterung aufgenommen worden sei. Wenn sie Ihnen also nicht gefällt, so wird mich das nicht im geringsten verdrießen; ich werde einfach das Gefühl haben, daß in dieser Geschichte etwas steckt, was aufs Papier zu bekommen mir nicht gelungen ist. Für mich ist sie auf eine etwas vage Weise eine der besten Sachen, die ich je geschrieben habe, aber der Autor ist ja ein sehr armseliger Richter seines eigenen Zeugs.

Ich kann Ihnen nicht sagen, wie sehr es mich gefreut hat, Ihnen und Dilys Powell zu begegnen.* Der Grund dafür, daß ich's nicht sagen kann, ist das Gefühl, es erfordere einen reicheren Ausdruck, als er mir im Moment zu Gebote steht. Heute ist der Stil des Themas nicht wert; er wird es vielleicht später sein, und Sie werden wieder von mir hören. Meine Frau und ich haben beide die Empfindung, daß der Abend, den wir in Ihrem Haus verbracht haben, so alkoholisch er auch war, einen der Höhepunkte unseres London-Besuchs bildete. Und nichts würde uns mehr Vergnügen und Freude bereiten, als ihn für den Rest unseres Lebens wenigstens zweimal die Woche zu wiederholen.

Herzlich immer Ihr
Ray

---

* Filmkritikerin der *Sunday Times* und Russells Frau.

AN J. FRANCIS

6005 Camino de la Costa
La Jolla, California
30. Oktober 1952

Lieber Frank:

[...]

Was nun Maughams Bemerkungen über Niedergang und Fall der Detektivgeschichte angeht, so gehe ich, trotz seiner schmeichelhaften Bezugnahmen auf mich, mit seiner These nicht einig.*
Seit mindestens zwei Generationen wird die Detektivgeschichte zu Grabe getragen, und doch ist sie immer noch sehr am Leben, obwohl ich zugebe, daß der Begriff «Detektivgeschichte» das Feld kaum noch abdeckt, weil ein großer Teil vom Besten, was da heute geschrieben wird, nur noch lose mit der detektivischen Erhellung eines Geheimnisses befaßt ist. Was wir da haben, schlägt mehr in das Fach des Spannungsromans. Ich werde ihm nächstertage einen langen Brief schreiben und die Auseinandersetzung mit ihm aufnehmen. Vielleicht schreibe ich sogar einen Artikel als Antwort, wenn jemand so was drucken will. Seine Bezugnahmen auf Philip Marlowe hätte ich noch höher zu schätzen gewußt, wenn ein besseres Gedächtnis ihn bewogen hätte, Marlowes Namen richtig zu schreiben. Einige der Maugham-Sachen sind schon vor langer Zeit erstmals erschienen. Die faszinierende und bissig scharfe Vignette von Edith Wharton zum Beispiel stand in der *Saturday Evening Post*, und ich habe immer noch die Sonderdrucke (glaube ich) aus der Ausgabe. Und ich meine mich zu erinnern, daß Edmund Wilson ziemlich garstig mit Maugham wegen dessen Behauptung ins Gericht ging, die Verfasser normaler Romane hätten großenteils vergessen, wie man eine Geschichte erzählt. Es ist mir unangenehm, mit einem so bösartigen und ungezogenen Menschen wie Edmund Wilson eine Meinung zu teilen, aber in diesem Punkt hatte er, denke ich, recht. Ich meine nicht, daß die Qualität

---

* Erschienen in *The Vagrant Mood*, 1953.

460

in der Detektiv- oder Kriminalgeschichte, die viele Leute so anspricht, sehr viel mit der Geschichte verbindet, die ein eigenständiges Buch zu erzählen hat. Was die Leute anzieht, ist wohl eher eine gewisse emotionale Spannkraft, von der man aus sich herausgeholt wird, ohne daß sie einen zu sehr auszehrt. Man darf gefährlich leben, ohne jedes wirkliche Risiko. Kriminalromane sind so etwas wie die kunstvollen Maschinen, die man benutzt hat und wohl immer noch benutzt, um Pilotenschüler an die Aufregungen der Luftakrobatik zu gewöhnen. Man kann in ihnen alles machen, vom halben Looping bis zum Immelmann, ohne Gefahr zu laufen, außer Kontrolle ins Trudeln zu geraten. Nun ja, genug davon für heute.

[...]

Freundlichste Grüße an alle.

Stets Ihr
Ray Chandler

AN HAMISH HAMILTON

6005 Camino de la Costa
La Jolla, California
5. November 1952

Lieber Jamie:

Ihr Leute da drüben schreibt euch bei allen möglichen Gelegenheiten so viele kleine höfliche Briefe, daß ich wirklich nicht hätte warten sollen, bis ich Zeit fand, ein paar etwas substanzreichere Zeilen zu schreiben. Es tut mir ganz unendlich leid, daß ich Dich unabsichtlich verletzt habe. Es gibt gewisse Entschuldigungen, aber keine einzige, die mich ganz freisprechen würde. Ich hätte Dir auf der *Mauretania* schreiben können, so unleserlich meine Handschrift auch ist. Ich hätte Dir von New York schreiben können. Ich hätte Dir im Zug schreiben können, bei der langen Fahrt durchs Land. Sobald ich wieder hier war, habe ich zwei Pflichtbriefe aufgesetzt: einen an Francis, der mir kurz vor der Abfahrt ein Buchgeschenk machte, für das ihm persönlich zu danken keine Zeit mehr war, und den anderen an Leonard Russell. Aber beide waren kurz und gar nicht von der Art, wie ich gern Dir einen geschrieben hätte. Das Briefeschreiben ist für mich vielleicht doch ein größeres Angehen als für Dich, denn ich kriege handschriftlich nichts so hin, daß irgendwer anders es lesen könnte. Selber tippen mag ich nicht, weil ich's nicht gut genug kann, obwohl es ziemlich schnell geht, und ich stecke ganz in der Gewohnheit des Diktierens. Aber nichts davon ist eine angemessene Entschuldigung dafür, daß ich so nachlässig war, Dich zu verletzen. Und ich bitte Dich aufrichtig um Verzeihung. Was Deine Vermutung betrifft, ich könnte selber wegen irgendwas beleidigt sein, so sollst Du dieses Wort mir gegenüber nicht ungestraft gebrauchen. *Ich bin ganz einfach nicht der Typ, der beleidigt ist*, selbst wenn sich eine Rechtfertigung dafür denken ließe, und die könnte nun gewißlich nie von Dir kommen. Du warst die Liebenswürdigkeit selbst, und ich weiß sehr wohl, daß Du bei weitem mehr Stunden aufgewendet hast, Dich um mich zu kümmern, als Du hättest sollen. Ich kenne Gefühlsverletzungen durchaus, und manchmal habe ich sie vorsätzlich auf mich gezogen. Wie die meisten Schriftsteller bin ich gelegentlich höhnisch begrinst und verleumdet worden. Ich sage nicht, daß ich nie verletzt war und nie entmutigt, aber ich habe das auch nie persönlich genommen. Ich schmolle nie. Ich bin nie übelnehmerisch. Manchmal, gebe ich zu, kann ich ziemlich reizbar sein, aber das geht vielleicht doch zu Lasten eher eines nervösen Temperaments als einer angeborenen Schwäche.

Cissy fand es ganz natürlich, an Roger zu schreiben, denn er hatte ihr Blumen aufs Schiff geschickt, und sie mußte ihm natürlich danken; freilich hätte ich, wären sie mir geschickt worden, durchaus damit auch gewartet, bis ich wieder zu Hause war. Jetzt sehe ich ein, daß dies unrecht gewesen wäre. So laß Dir denn bitte versichern, lieber Jamie, daß ihr, Du und die Deinen, alle ganz zauberhaft freundlich zu uns wart und daß unser ganzer London-Aufenthalt, mochten gewisse Dinge drumherum zeitweilig auch ein wenig enervierend sein, im Rückblick rundum angenehm war. Die enervierenden Dinge waren meist solche, die sich nicht vermeiden ließen. Cissy hat sich verzweifelt abgestrampelt (und in gar nicht dafür geeigneter Verfassung), etwas zum Anziehen zu finden, und zwar nicht bloß zum Anziehen für die Dinnerparty, sondern Sachen, die sie dringend benötigte und die sie im Londoner Westend einfach nicht auftreiben konnte. Sie fand nicht einmal ein anständiges Paar Schuhe. Zu phantastischen Preisen wurde da verkauft, was wir hier drüben als englische Ware zweiter Wahl ansehen würden. Natürlich habe ich Verständnis für die Gründe, aber enervierend war es trotzdem. Ich selber konnte partout keine wollenen Socken für mich finden. Die einzigen, die ich fand, hätten einem Holzfäller angestanden. Die Hotelrechnung kam mir unverschämt hoch vor, für ein nicht übertrieben komfortables Zimmer. Aber das alles war ja zu erwarten, und ich bin sicher, das Hotel war nach Lage der Dinge schon verdammt gut. Beim nächstenmal allerdings würde ich gern ein anderes ausprobieren, möglicherweise das Claridge. Und im Vergleich zu New York, das in bei weitem zu vieler Hinsicht eine abscheuliche Ortschaft ist, kommt mir London wie ein Paradies des Charmes und des guten Benehmens vor. Wir haben seinerzeit kein Aufhebens davon gemacht, aber kurz nach unserer Ankunft dort verletzte sich Cissy beim Einsteigen in ein Taxi, nur weil der verdammte Portier sich nicht die Mühe machen wollte, das Ding an den Bordstein zu holen, und der Riemen an einem ihrer Schuhe verrutschte. Sie bekam eine sehr ernste Quetschung, die sofort hätte bandagiert werden müssen, wenn wir erkannt hätten, wie ernst sie war. Aber sie wurde tatsächlich erst bandagiert, als wir auf die *Mauretania* kamen. Seither muß Cissy ohne Unterlaß Bandagen tragen. Offenbar war eine größere Vene geplatzt, und es ergab sich eine ausgebreitete subkutane Blutung, die vom Gewebe nicht aufgesogen wurde. Auf der Heimreise im Zug entwickelte sich bei ihr noch eine Art Infektion, hervorgerufen wohl durch rauhe Handtücher, die mit Waschmitteln gewaschen und unzureichend ausgespült waren. Ich würde sagen, sie war allergischen Ursprungs, aber trotzdem, sie war schlimm und ist immer noch schlimm, sehr schwer wieder loszuwerden. Ich selber habe auch unter dem Wetter gelitten, bin aber jetzt wieder ganz in Ordnung. Und dann hatten wir hier mit unserer Haushaltung so entsetzliche Schwierigkeiten, daß wir Cissys unglückliche Schwester bitten mußten, sofort herzukommen und uns herauszuhelfen, obwohl sie grad selber zwei Monate von ihrem Haus fortgewesen war und von dem Aufenthalt hier so ziemlich die Nase voll hatte. Ferner war ich noch tief deprimiert wegen meines Buches. Ich meinte, und meine es immer noch, daß Bernice in allem bis auf ein paar ziemlich belanglose Einzelheiten unrecht hatte. Aber es bestand doch immer die Möglichkeit, daß ich im Unrecht war und sie im Recht. Und wenn man sich nicht wohl fühlt, dann können solche Dinge ein drohendes Ausmaß annehmen. Schließlich werde ich nicht jünger; ich habe schon eine ganze Weile kein Buch mehr veröffentlicht, und das kann nicht endlos so weitergehen. Aber ich denke, ich sehe jetzt die Lösung, egal wie die Probleme liegen, und wenn hier im Haus wieder etwas Friede eingezogen ist, werden die Dinge schon in Bewegung kommen.

Die *Mauretania* gefiel mir nicht. Sie war gar kein richtiges Schiff. Sie war bloß ein blödes schwimmendes Hotel. Das Hotel, in dem wir in New York abgestiegen waren, mochte ich nicht, und Cissy mochte es gar noch weniger. New York hat ja sicher auch eine liebenswerte und angenehme Seite, nur haben wir die leider nicht zu sehen bekommen. Zum Glück habe ich einen sehr guten Freund, der sich die Mühe machte, extra von Old Chatham runterzukommen, sich mit uns zu treffen und ein paar Tage bei uns zu bleiben. Aber offen gesagt, als Ganzes kam mir die Stadt nur dreckig, gesetzlos, rüde und ausgekocht vor. Sie läßt sogar Los Angeles einigermaßen zivilisiert wirken. Die Taxifahrer in New York waren eine Bande von hartgesottenen, schmutzig aussehenden Juden, mit Ausnahme nur ab und an eines ergrauten und zivilisierten Iren. Und die meisten von ihnen sind geschäftlich reine Ganeffs. Ich bin noch nie an einem Ort gewesen, wo ich so stechend das Gefühl hatte, daß niemand Zeit oder Neigung für auch nur ein Minimum an guten Manieren besäße, es sei denn nur, es wäre ein schneller Dollar für ihn drin. O ja, eine Ausnahme will ich doch machen, nämlich zugunsten der Zollinspektoren. Sie gelten als rabiat. Ich fand sie charmant und äußerst gewieft. Der eine, der sich mit uns befaßte (nachdem wir anderthalb Stunden gewartet hatten, weil die Cunard-Leute einen unserer Koffer verloren hatten und sich nicht einmal die Mühe nahmen, sich zu entschuldigen, als er endlich gefunden war), machte ein Riesengedöhns um das Berenson-Buch, das, glaube ich, das einzige in unserem zehn Stücke umfassenden Gepäck war, was er sich ansah. Aber ich hatte den starken Eindruck, sein Anschauen, sein Reden darüber und sein Fragenstellen bildeten schlicht nur ein Instrument, bei seinem Kunden Maß zu nehmen, und nachdem er das ein paar Momente lang getrieben hatte, entschied er sich, mit welcher Sorte Leute er es zu tun hatte, und von da an wollte er überhaupt nichts mehr sehen oder wissen. Er forderte uns nicht einmal auf, unsere Taschen zu öffnen. Ich hatte das besagte Buch auf der Zollerklärung als Geschenk angegeben und einen Schätzwert dazu, denn es war ein Wertgegenstand von der Art, die ich nicht gern bei mir finden lassen wollte, ohne sie deklariert zu haben. Aber zugleich wollte ich mit diesen Leuten auch keine Faxen machen. Sie erwischten einen pfiffig wirkenden Juden mit einem ganz schönen Paket teuer aussehenden französischen Modeschmucks, den er in ein altes Hemd gewickelt hatte. Sie machten gar keine Umstände und schafften ihn zu einem Vorgesetzten, wobei der Jude klagend beteuerte, er habe doch überhaupt nicht versucht, billig davonzukommen. Berühmte letzte Worte.

Nun, Jamie, seien wir ehrlich. London gefiel uns sehr, und wir hatten eine herrliche Zeit da. Die kleinen Unannehmlichkeiten, die wir in Kauf nehmen mußten, lagen nur an unserer Unerfahrenheit und würden uns wohl ein zweitesmal nicht passieren. Deine Leute waren alle wunderbar zu mir. Es war wirklich äußerst rührend. Ich bin's gar nicht gewohnt, mit soviel Rücksichtnahme behandelt zu werden. Einiges war bedauerlich für mich, etwa daß ich mehrere Tage durch die Schutzimpfung verlor, daß ich in keine einzige Gemäldegalerie gekommen bin, daß ich im Theater nur ein ziemlich armseliges Stück gesehen habe, daß wir bei euch zu Hause nicht zum Dinner waren. Ich habe zuviel Zeit damit verbracht, von mir selber zu reden, was mir keinen Spaß macht, und zu wenig Zeit damit, anderen Leuten, die von sich selber redeten, zuzuhören, was mir Spaß macht. Ich habe verpaßt, ein bißchen englische Landluft zu atmen. Und so kindisch es klingen mag, verpaßt habe ich leider auch, mir für einen Tag einen Rolls-Royce zu mieten, mitsamt Chauffeur, und nach Oxford oder Cambridge oder sonstwohin zu fahren. Aber alles in allem gab es massenhaft viel, was ich nicht verpaßt habe, und das war alles gut. Und dafür sei Du mir vor allen anderen bedankt. Ich werde Dir schon bald wieder schreiben. Inzwischen viele liebe Grüße an Dich und Yvonne, und die kommen auch von Cissy. Ich finde, der Ausflug hat ihr riesig gutgetan. Sie war dabei vom Pech verfolgt, aber psychologisch hat er sie unglaublich flott gehalten.

Herzlich immer Dein
Ray

P.S. Das Maugham-Buch kam just an, und ich danke Dir vielmals, daß Du's geschickt hast. Francis hatte mir einen gebundenen Umbruchabzug gesandt. Ich wünschte, Maugham hätte sich der Mühe unterzogen, Marlowes Namen richtig zu schreiben; mit seiner These, daß die Detektivgeschichte im Sterben liege, gehe ich nicht einig. Das ist bloß der Standpunkt eines älteren Gentleman. Solche Weissagungen hat es seit Menschengedenken gegeben. Ganz sicher habe ich Dir für das Berenson-Buch schon gedankt, das vor Cissy zu verstecken nicht ganz leicht sein wird, und für das *Journal* von Delacroix. Aber was hat es mit dem Partridge-Buch auf sich? Du hast mir kein Buch von Partridge geschickt, oder falls Du es geschickt hast, so habe ich's nicht erhalten.

R.

AN W. TOWNEND

Lieber Bill:

[...]

Das London von 1952 ist mir viel liebenswürdiger und anziehender vorgekommen, als Du es fandest, vermutlich weil ich's in seinen besten Zeiten nie sah, wenigstens nicht seit ich noch ein sehr junger Mann war. Die gegenwärtige Generation der Engländer hat mir einen sehr guten Eindruck gemacht. Es ist etwas Aggressives um die Arbeiterklassen und die Typen, die auf keiner Public School waren, was, denke ich, etwas Neues ist und mir persönlich gar nicht schlecht gefällt, da es hierzulande eher noch betonter auftritt. Und die richtigen Public-School-Typen, oder viele von ihnen, wirken mit ihrem Vogelgezwitscher allmählich durchaus etwas lächerlich, mußte ich denken. Ich garantiere Dir, das englische Essen ist ziemlich trostlos. Im Hotel gab es keinerlei Knappheit an irgendwas, aber wir fanden das Menü reichlich eintönig und die Küche nicht besonders gut. Um die Zeit dachten wir noch, das müsse daran liegen, daß bestimmte zum Kochen nötige Materialien und Ingredienzien eben knapp wären, so die kleinen Dinge, die den Geschmack ausmachen. Aber auf der *Mauretania*, wo gar nichts knapp ist, wo vielmehr bei weitem zuviel Essen und zuviel Abwechslung geboten wird, fanden wir dieselbe öde Phantasielosigkeit im Kochen, und so fühle ich mich zu dem Schluß gedrängt, daß diese eben einfach englisch ist. Im Vergleich zu den Schweden, selbst auf einem so bescheidenen Schiff wie einem Passagierdampfer, haben die Engländer überhaupt keine Küche. Im Café Royal zum Beispiel hatten wir Schweinekoteletts, wobei Schweinefleisch offenbar das einzige nicht rationierte Frischfleisch ist. Nun sind Schweinekoteletts nicht besonders schwer zu braten. Ich kann's sogar selber. Man brät sie im eigenen Fett, sie bringen alles Nötige selber mit, außer Salz und Pfeffer. Doch diese Schweinekoteletts waren ganz schlimm gebraten und dazu noch mit irgendeiner Soße verschandelt, die ihrem Geschmack nichts hinzufügte und vermutlich das bißchen, was sie noch hatten, vollends beseitigte. Es war diese Billigimitation der französischen Küche, eine Betriebsamkeit ohne deren Geschick und Charme, was ich schon im Hotel und in London generell so mißlich fand. Ich will damit nicht andeuten, es gäbe keine guten englischen Köche. Weit gefehlt. Aber im allgemeinen kommt mir's so vor, als wären die Leute nicht imstande, einfach ein tadelloses Stück Fleisch, Fisch oder Geflügel herzunehmen, es schlicht und einfach so zu braten bzw. zu kochen, daß sein natürlicher Geschmack herauskommt, und dann die Finger davon zu lassen. Alles in allem sind, denke ich, das Beste, was sie noch hinbringen, Austern auf Halbschale. Die Austern von Whitstable sind in der Tat sehr gut, jeder Bissen so gut wie die von Blue Points oder Cape Cod hinten im Osten der U.S.A.

Ja, ich habe ein paar von den Literatur- und Theaterleuten kennengelernt, die in London große Namen haben. Wir waren bei Priestley zum Lunch, und das war sehr gut. Zum Dinner waren wir bei Leonard Russell und seiner Frau Dilys Powell. Das war kein besonders großes Essen, aber es wurde elegant von einem Butler serviert, und die Gesellschaft war tatsächlich sehr nett. Dilys Powell fand ich bezaubernd; Cissy fand Leonard Russell bezaubernd. Nicht daß er mir mißfallen hätte, ich bin nur seinetwegen nicht so aus dem Häuschen geraten wie sie. Ferner waren anwesend: Val Gielgud, Leiter der Hörspielabteilung der BBC; Nicolas Bentley, der Sohn des Burschen, der *Trent's Last Case* geschrieben hat*, und seine Frau, die die Tochter von Sir Patrick Hastings ist; eine der Schwiegertöchter von H. J. Massingham, der *The Saturday Review*, das große liberale Wochenblatt, herausgab; Campbell Dixon, der eine Art Filmrezensent ist und Auslandskorrespondent und Feature-Schreiber an verschiedenen Orten war, und seine Frau, die ebenfalls für die BBC arbeitet und Verbindungen zu Korda hat.** Auch bei Eric Partridge war ich zum Lunch, und leider nur haben wir ein Dinner verpaßt, an dem Cyril Connolly

---

* E. C. Bentley.
** Sir Alexander Korda.

und Peter Ustinov* teilnehmen sollten. Ich kann nicht sagen, daß ich sämtliche Großperücken kennengelernt habe, nicht einmal sehr viele von ihnen. Aber die, denen ich begegnet bin, waren alle sehr nette Leute und machten meinetwegen einen ganz unnötigen Wirbel. Nein, ich habe Carys *Prisoner of Grace* nicht gelesen und werde's wohl auch nicht tun; wenn mich das zum Banausen macht, bin ich's also mit Dir im Verein.

[...]

Von allen Leuten, die wir in London trafen, das heißt den uns bis dahin noch unbekannten, gefiel uns, glaube ich, am besten Roger Machell, einer der Geschäftsführer von Hamish Hamilton, ein fröhlicher, ziemlich untersetzter, wohlgemuter Charakter, mit einem possierlichen Sinn für Humor und jenen spontanen guten Manieren, die man außer beim echten Aristokraten so selten findet. Er ist ein alter Etonianer, was natürlich noch keine endgültigen Schlüsse zuläßt. Dazu ist er ein Urgroßneffe der Königin Victoria und der Enkel des Fürsten Hohenlohe, und seine Mutter, Lady Sowieso Machell, wohnt im St. James Palace. Wieso das, weiß ich nicht, denn keine dieser Informationen stammt von Machell selbst. Er ist im Krieg schwer verwundet worden und machte einen Witz darüber. Anscheinend kam es ihm charakteristisch vor, daß er die Verwundung während eines Telephongesprächs mit London in einem französischen Pub davongetragen hatte. Das Haus wurde von einer Bombe getroffen, und ein Wandsplitter durchschlug ihm die Brust. Das hätte ihn ums Haar das Leben gekostet, aber man konnte jetzt keine bösen Nachwirkungen mehr bemerken. Er erzählte, er habe irgendwann plötzlich ein Offizierspatent bekommen, als Major in einem Garderegiment, habe aber keine Ahnung gehabt, wieso, vermutlich pures Glück oder daß sich irgendwer schlimm vergriffen habe. Als er sich eines Morgens in Uniform in einer Londoner Kaserne meldete, traf er die Leute grad beim Wachwechsel an. Er sagte, er hätte nicht gewußt, ob nun er die Wache oder die Wache ihn grüßen mußte, und so sei er einfach draußen in seinem Wagen sitzengeblieben, bis alles vorbei war. Er hat das humorvolle, selbstdistanzierte Auftreten, das aus

---

* Cyril Connolly, Kritiker und Buchautor; Peter Ustinov, Schriftsteller und Schauspieler.

dem schieren Zauber der Persönlichkeit kommt und nie überzogen ist oder posenhaft oder künstlich. Er wohnt sehr hübsch in kleinen Kammern im Old Albany, fährt eine alte Schrottlaube, mixt vollkommen grauenhafte Martinis in einem Zwei-Quart-Wasserkrug (zwei davon würden einen für eine Woche aus dem Verkehr ziehen) und unternahm mit uns eine wunderschöne Rundfahrt durch London, eingeschlossen den zerbombten Bezirk im Eastend, und die ganze Zeit über gab er Kommentare von sich wie «Na, dann woll'n wir mal bremsen und einen Blick auf den Tower werfen, vorausgesetzt, ich finde ihn» und «Da drüben ist die St. Paul's oder irgendwas der Art». Er brachte uns unablässig zum Kichern, doch ist er in keinem Sinn des Wortes etwa ein absichtlicher Komödiant. Ich behaupte, daß ein Mann, der mit so einem Erlebnis davonkommt und vollkommen natürlich darüber bleibt, ein bißchen ein Genie ist.

Viele liebe Grüße von uns beiden an euch beide –

immer Dein

AN DALE WARREN

13. November 1952

Lieber Dale:

[...]

Ich schulde Paul Brooks noch eine Entschuldigung, weil ich versäumt habe, in Ihrem New Yorker Büro vorzusprechen, wie er's von mir erbat, und dort ein paar Leute kennenzulernen. Es klingt vielleicht etwas abgedroschen, aber es war schlicht so, daß ich das völlig vergessen hatte. Den Grund weiß ich nicht, und ich habe auch keine Entschuldigung dafür. Es ist einfach passiert. Möglicherweise habe ich eine nicht unbeträchtliche unbewußte Abneigung dagegen entwickelt, irgend etwas mit den New Yorker Taxifahrern zu tun zu bekommen. Wer von den Kerls nicht dauernd jammert oder prahlt, führt sich bei einer Fahrt um zehn Ecken gleich so auf, als sollte er einen Lichtbildervortrag halten. Ich nehme an, die New Yorker haben sich daran gewöhnt, ganz wie Hotelportiers sich daran gewöhnt haben, draußen mitten auf der Straße zu stehen und den lieben langen Tag mit kleinen Pfeifen zu trillern; ganz wie man selbst sich daran gewöhnt, überall doppelt und dreifach geparkte Autos zu sehen, ohne daß die Polizei davon Notiz nimmt; und ganz wie man sich daran gewöhnt, nicht wahr, selber mitten auf die Straße zu gehen, um ins Taxi zu steigen, und niemals eins an den Rinnstein zu bekommen. Ich entnehme dem laufenden *New Yorker*, daß Sacheverell Sitwell, der allesbesichtigende Virtuose des Federkiels, den New Yorker Verkehr für besser geregelt hält als den Londoner, was so ungefähr die hirnverbrannteste Bemerkung ist, die ich je gehört oder gelesen habe. Der New Yorker Verkehr ist überhaupt nicht geregelt. Er ist das absolute Chaos. Der Londoner dagegen, ganz allgemein gesprochen und unter Berücksichtigung des phantastischen Straßenmusters, ist hervorragend geregelt. Natürlich würde das System in New York nicht funktionieren, weil es ein gewisses Maß an Anstand und Gesetzestreue voraussetzt. Nur einen einzigen wirklichen Fehler habe ich im Londoner Verkehrssystem gefunden: daß man nämlich von Plätzen wie dem Oxford Circus während der Stoßzeiten das Linksabbiegen gestattet. Mit welcher Meckerei ich schließen will.

Herzlich immer Ihr

AN MR. SHEPPARD*

14. November 1952

Lieber Mr. Sheppard:

Was ist eigentlich aus meinen Photographien geworden – den Dingern, die diese russisch-armenische Dame mit dem Kittel und der Apachenfrisur am 6. Oktober gemacht hat? Sie erinnern sich doch, die Abzüge sollten Ihnen am folgenden Freitag zugeschickt werden, was der 10. Oktober gewesen wäre, und wenn sie nicht auf den ersten Blick schon ganz unmöglich wären, sollte ich sie dann übersandt bekommen. Als ich mich dieser entwürdigenden und schweren Prüfung unterzog, wurde, wie Sie sich wohl erinnern, zwischen uns vereinbart, daß ich das Privileg haben sollte, die Abzüge selber weiterzuleiten, und daß nichts verwendet werden sollte, was mir nicht gefiele. Erfahrung hat mich gelehrt, bei Photographien sehr empfindlich zu sein. Ich bin kein süßes flauschiges Küken, und es ist leicht, Bilder von mir zu machen, auf denen ich ziemlich garstig aussehe, wie die *Sunday Times* nur zu gut demonstriert hat. Von aller persönlichen Eitelkeit einmal abgesehen (ich mache mir darüber nicht viele Gedanken, womit ich aber nicht sage, daß ich mir gar keine Gedanken darüber mache), bin ich überzeugt, und zwar weil ich selber zum lesenden Publikum gehöre, daß schlechte Photos schlecht fürs Geschäft sind. Mich hat schon bei Büchern, die sonst durchaus attraktiv aussahen, die Visage des Verfassers, die hinten auf den Schutzumschlag gedruckt war, vom Lesen abgebracht. Es geht nicht darum, sich hübsch machen zu lassen, wenn man hübsch nicht ist, oder jung, wenn man nicht jung ist. Es geht darum, den Leser nicht mit einem Bild zu konfrontieren, das ihm im schlimmsten Fall den Magen umdreht und im besten noch soviel Widerwillen gegen die Person des Autors einflößt, daß er eine Abneigung auch gegen das Werk des Autors faßt. Meiner Ansicht nach schenken Verleger diesen Dingen nicht genügend Aufmerksamkeit. Ich bin, und zwar ent-

* Werbechef von Hamish Hamilton Ltd., Chandlers Londoner Verlag.

472

schieden, der Meinung, daß eine dürftige Photographie schlimmer ist als überhaupt keine. In seinen Büchern muß der Autor, wenn er's zu was bringen will, eine anziehende Persönlichkeit präsentieren. Die kann durchaus künstlich sein und ist es auch oft, ein Etwas, dem der Autor als Mensch im Leben nicht zu entsprechen vermag. Aber immer und immer wieder zerstören die Verleger die Wirkung, die der Autor mühsam mit seinen Büchern erreicht hat, dadurch, daß sie ein Photo von ihm veröffentlichen, auf dem er als eingebildeter Affe herumhockt oder als plattgesichtiger Homunkulus, dem man nach der Miene, die er zieht, nicht einmal die Fähigkeit zutrauen würde, sich in der BBC über das Liebesleben der Schmetterlinge zu verbreiten.

Es geht aus diesem Brief wohl hervor, daß schon eine bloße Diskussion der katastrophalen Wirkungen der Autorenphotographiererei bei wenigstens einem davon das Schlimmste zutage bringen kann. Wie dem aber auch sei, es war mir ein Vergnügen, Sie kennenzulernen. Es war sehr nett von Ihnen, mich in die greuliche Gegend des Garrick Clubs zu kutschieren und in dem öden kleinen Studio dort mit mir zu leiden. Aber ich würde gern wissen, was nun geworden ist – das heißt, wenn überhaupt was geworden ist.

Mit den freundlichsten Grüßen

stets Ihr

AN HOWARD HUNT*

16. November 1952

Sehr geehrter Mr. Hunt:

Ihr Brief an die Editoren von Pocket Books, in dem Sie mich des Selbstplagiats bezichtigen, wurde von dort ohne Kommentar an mich weitergeleitet. Da der Brief nicht an mich gerichtet war, besteht eigentlich kein Grund für mich, ihn zu beantworten, aber ich möchte doch gern ein paar Punkte daraus aufgreifen. Erstens, was *The Hard-Boiled Omnibus* betrifft, so haben Sie vollkommen recht. Tatsächlich war ich es, der Joe Shaw, einem früheren Herausgeber der *Black Mask* und langjährigen Freund von mir, die Idee dieser Anthologie nahelegte, und ich habe ihm dann auch eine Einverständniserklärung für die besagte Geschichte unterschrieben, allerdings zu einer Zeit, wo ich bei der Paramount sehr beschäftigt war und der Sache keine besondere Aufmerksamkeit widmen konnte. Das heißt, ich verließ mich einfach auf seine Redlichkeit. Später las ich dann die Geschichte, schrie natürlich auf und richtete zur Absicherung schriftlich die Aufforderung an ihn, sie nicht zu verwenden, sondern durch etwas anderes zu ersetzen, was noch nicht, wie ich's bezeichne, «ausgeschlachtet» worden war. Als das Buch herauskam, erklärte er mir etwas lahm, die Editoren von Simon & Schuster hätten ihn überstimmt. Rechtlich war dagegen natürlich nichts zu machen, obwohl ich mehrere hundert Dollar Anwaltshonorare daran wendete, einen Rechtsgrund zu finden. Ich hatte die Einverständniserklärung unterschrieben. Das Äußerste, was ich erreichte, war die Verhinderung der Aufnahme dieser Geschichte in die englische Ausgabe der Anthologie.

Sie sollten den Editoren von Pocket Books keine Vorwürfe machen, denn der Umfang ihres Geschäfts ist so groß, daß sie diese Dinge natürlicherweise auf Treu und Glauben von den Verlegern übernehmen, von denen sie im Regelfall die Lizenzrechte erwer-

---

* Damals Attach an der amerikanischen Botschaft in Mexico City, später als Berater Präsident Nixons in den Watergate-Skandal verwickelt.

ben. Ich bin der Ansicht, daß mein Vertrauen mißbraucht worden ist, aber das ist nur meine persönliche Meinung.

Was nun Ihre gewichtigere Beschuldigung des Selbstplagiats betrifft, gegründet auf die Tatsache, daß ich in meinen Büchern Szenen, Charaktere, Vorgänge, Hintergrund, Farbe usw. aus meinen alten *Black-Mask*-Novellen verwendet habe: Lassen Sie mich da zuallererst feststellen, daß ich dazu vollkommen berechtigt bin; ich besitze das Copyright, ich kann mein Material in jeder Weise verwenden, die mir geeignet erscheint. Es hat schon viele Fälle gegeben, wo Kurzgeschichten zu Büchern erweitert wurden, die dann erschienen, und anschließend eine Dramatisierung erfuhren, die ebenfalls erschien, und so weiter. Wo der Roman den wesentlichen Handlungsgrundriß und -verlauf der kürzeren Geschichte übernimmt, würde ich sagen, daß der Leser davon unterrichtet werden sollte, besonders wenn der Titel geändert wurde. Wo aber das verwendete Material bloß die Figur und den Einzelvorgang hergibt, begeht man am Publikum keinen Betrug, weil das Ganze ja doch in anderer Form re-kreiert worden ist. Selbst wenn gelegentlich Dialogzeilen Verwendung finden, liegt kein Betrug vor. Ein irgendwie moralisches oder ethisches Problem wird davon nicht berührt. Das Verfahren mag Ihre Mißbilligung haben, aber weiter können Sie nicht gehen.

Es gibt noch eine andere Erwägung, die Ihrer Aufmerksamkeit vielleicht entgangen ist. Diese alten Geschichten waren nämlich für ein Publikationsorgan geschrieben, wie man es sich ephemerer gar nicht denken kann, für eins, das eine Lebenserwartung von dreißig Tagen hatte und dann so tot war wie Cäsar. Damals wäre ich nicht im Traum darauf gekommen, diese Geschichten könnten in irgendeiner Form je wieder auferstehen, ins Gedächtnis zurückkehren, wiederveröffentlicht werden. Ich war mir selber auch gar nicht sicher, ob sie's in ihrer ursprünglichen Gestalt verdient hätten, habe aber breitgefächerte Meinungen zum Thema eingeholt, ehe ich meine Zustimmung gab. Es wurde mir klargemacht, daß inzwischen eine ganze Generation herangewachsen sei, die von der *Black Mask* nichts mehr wisse, und daß diese Generation die Geschichten vielleicht ebenfalls lesen wolle, dies aber gewiß nicht könne, wenn sie nicht neu aufgelegt würden. Es seien allenfalls in

Antiquariaten noch ein paar verstreute Exemplare des Magazins aufzutreiben, aber wer außer einem Fanatiker würde sich danach wohl umsehen. Mir wurde von einem durchaus strengen Kritiker dieser Erzählgattung, James Sandoe mit Namen, sogar versichert, daß selbst Leute, die besagte Geschichten kennten und in irgendeiner anderen Form vielleicht aufbewahrt hätten, sie sich trotzdem sehr wahrscheinlich auch noch in gebundenen Bänden wünschen würden.

Eine weitere Bemerkung noch. Wie Sie vielleicht wissen, sind Schriftsteller wie Dashiell Hammett und ich auf breiter Front und so ohne alle Skrupel nachgeahmt worden, daß es moralisch auf nacktes Plagiat hinausläuft, auch wenn das Gesetz lediglich die Übernahme von Stoff und Handlung als solches anerkennt. Mir hat man Geschichten Szene für Szene weggenommen, nur hier und da leicht verändert. Unverändert übernommen hat man Dialogzeilen, desgleichen Beschreibungspartien, und zwar Wort für Wort. Auf Regreß habe ich keinen Anspruch. Das Gesetz nennt so etwas nicht Plagiat. Vor diesem Hintergrund müssen Sie's mir schon nachsehen, wenn ich's einfach ein bißchen komisch finde, wie Sie sich dagegen wenden, daß ich selber benutze, was mein ist, und dies auf eine Weise, die mir höchst angebracht und passend erscheint. Wären meine frühen Erzählungen in einer angesehenen und bedeutenden Zeitschrift erschienen, so wäre die Situation durchaus anders, und es hätte mir wesentlich mehr widerstrebt, das zu tun, worüber Sie sich beschweren. Doch wie die Dinge liegen, wünschte ich eher, ich hätte das Verfahren noch viel konsequenter betrieben und noch mehr von meinen alten Novellen als Material verwendet, statt sie mit all ihren Rohheiten wiederzuveröffentlichen – Rohheiten, von denen ich manche jetzt fast unerträglich finde.

Ich denke, der Hauptgrund, Ihnen diesen Brief zu schreiben, liegt in der Tatsache, daß Sie in all den Jahren der einzige Mensch gewesen sind, der diesen Einwand erhoben hat – soll heißen, der einzige Mensch außer mir selbst. Zum Thema Ihres ersten Briefabsatzes habe ich einen ganzen Akt voll ziemlich bitterer Korrespondenz.

Mit vorzüglicher Hochachtung

AN LEONARD RUSSELL

6005 Camino de la Costa
La Jolla, California
11. Dezember 1952

Lieber Leonard Russell:

Erinnern Sie sich noch an mich? Chandler? Wir sind uns einmal kurz in London begegnet. Wir waren bei Ihnen zu Hause zum Dinner, und es war ganz zauberhaft. Und Sie nahmen bei mir im Hotel zwei Gins zu sich, und das war ebenfalls ganz zauberhaft, bis auf den Umstand, daß es mich verleitete, Ihnen eine Geschichte mit dem Titel *A Couple of Writers* zu senden, die am 29. Oktober 1952 per Luftpost abging. Und der Rest ist Schweigen. Denken Sie nicht, ich wäre gespannt. Denken Sie nicht, ich wäre verzagt. Ich hatte Ihnen das Schlimmste über die Geschichte selber gesagt. Und schließlich waren Sie es ja gewesen, der mich bat, sie Ihnen zu schicken. Ich finde, eine kurze Bestätigung wäre ganz in Ordnung, wenn die Geschichte Sie erreicht hat. Ich frage mich langsam, ob ihr das gelang.

Meine Frau war sehr krank. Sie ist aus dem Krankenhaus zurück, aber immer noch sehr hinfällig und immer noch im Bett. Hauptsächlich aus diesem Grund haben wir entschieden, Weihnachten diesjahr ganz zu vergessen, die Karten eingeschlossen. So darf ich Ihnen und Delys Powell jetzt schon alles wünschen, was in dieser traurigen Welt noch an Friede und Glück verblieben ist, so etwa leuchtende Sonnenuntergänge, den Duft von Rosen nach einem Sommerregen, weiche Teppiche in stillen Räumen, Kaminfeuerschein und alte Freunde.

Herzlich immer Ihr
Ray

1953

AN ERIC PARTRIDGE

19. Januar 1953

Lieber Eric::

[...]

Die beste surrealistische Witzgeschichte*, die ich kenne, sie dürfte wohl alle anderen schlagen, stand vor langer Zeit im *Collier's*, war da aber so wiedergegeben, daß man vermutete, sie sei nicht original, sondern jemand habe sie gehört von jemandem, der sie gehört hatte von jemandem, der usw. Also, an einem sehr heißen Sommernachmittag suhlen sich ein paar Hippopotamusse oder Hippopotami, wenn man Purist sein will, im Schlammwasser des Nils, und nur ihre Nasen schauen heraus. Sie machen einen äußerst zufriedenen und sogar ein wenig schläfrigen Eindruck. Schließlich hebt eins der Hippopotamusse den Kopf aus dem Wasser, damit es das Maul öffnen kann. Es sagt verträumt: «Weißt du, irgendwie habe ich das Gefühl, daß heute Donnerstag ist.» Ende der Geschichte.

Ich kenne noch eine andere, auf die aber die Bezeichnung «surrealistisch» wohl nicht ganz zutrifft. Tatsächlich ist mir die Definition der surrealistischen Witzgeschichte einigermaßen unklar, außer der Bedingung, daß sie reiner Unsinn ist und doch irgendwie komisch. Also, ein polnischer Bauer hat seine Frau und ihren

---

* [Anm. d. Ü.:] Im Amerikanischen «shaggy dog story»: ein weitschweifig erzählter Witz mit abgehobener, «verpuffender» Nonsenspointe. Eine deutsche Entsprechung zu dem saloppen Begriff hat sich noch nicht gebildet.

Liebhaber erschlagen. Er wird vor Gericht gestellt und für schuldig befunden, und bevor der Richter die Todesstrafe verhängt, fragt er ihn, ob er noch etwas zu sagen habe. Der polnische Bauer hat noch eine Menge zu sagen, aber ich will gar nicht versuchen, sein Idiom zu reproduzieren, und weiß auch gar nicht, was für ein Idiom ein polnischer Bauer hat. Im Endeffekt jedenfalls sagt er: «Euer Ehren, ich bin Mann, der schwer arbeiten muß. Arbeite schwer auf Feld den ganzen Tag. Komme sechs Uhr heim. Wasche mir Hände und Gesicht an Pumpe. Gehe ins Haus. Essen steht auf Tisch. Setze mich hin mit Frau. Esse Essen. Sehe in Zeitung ein bißchen. Gehe in Bett. Schlafe. Stehe fünf Uhr auf. Arbeite schwer auf Feld den ganzen Tag. Also, einen Abend komme heim. Wasche Gesicht und Hände an Pumpe. Gehe in Haus. Essen auf Tisch. Ist sechs Uhr. Keine Frau. Gehe nach oben. Frau in Bett mit Liebhaber. Gehe nach unten. Esse Essen. Sehe in Zeitung. Liebhaber geht weg. Gehe in Bett. Stehe fünf Uhr morgens auf. Arbeite schwer auf Feld den ganzen Tag. Komme sechs Uhr heim. Wasche Hände und Gesicht an Pumpe. Gehe in Haus. Kein Essen auf Tisch. Gehe nach oben. Frau in Bett mit Liebhaber. Schlage Frau und Liebhaber tot.» Dann hebt er seine Stimme, schlägt sich mit der Faust in die Handfläche und brüllt: «Essen muß auf Tisch stehn um sechs Uhr!»
[...]
Ihnen und den Ihren alle besten Wünsche fürs Neue Jahr.

Ihr sehr ergebener

AN UNBEKANNT*

13. März 1953

Danke vielmals, daß Sie mir *The Mind of the Maker* von Dorothy Sayers geschickt haben. Ich muß sagen, daß ich's ausgesprochen öde finde. Entweder ist mein Verstand total verdorben, oder dies hier wäre ein leuchtendes Beispiel für die übersubtilisierte Denkungsart, die in Wirklichkeit eine bloße Intellektuellenneurose ist. Nehmen Sie ein beliebiges Beispiel: «Das Kriterium ist nicht, ob die Assoziationen aufgerufen werden, sondern ob die von dieser Art verbaler Beschwörung zitierten Geister von dem Zauberer, der sie zu ihrem neuen Geschäft entsendet, mit personaler Kraft ausgerüstet sind.» Mit anderen Worten, etwas einfacher: ob Irium drin ist. Sie redet da von Leuten wie T. S. Eliot, die in ihren Gedichten eine Unmenge klassischer Zitate und Allusionen anbringen. Ich hatte mal eine Rundfunkserie, einen Sommerlochfüller über dreizehn Wochen, die wurde von den Pepsodent-Leuten gesponsert. Ich habe wirklich keine Mühe gescheut, um rauszukriegen, was Irium war. Ich glaube nicht, daß die Leute es selber wissen, denn ich glaube, es gibt das gar nicht. Es ist bloß ein weiterer Name für das Unbeschreibliche. So scheint mir das Kriterium, wie Miss Sayers sich ausdrückt, nicht zu sein, ob die Ingredienzien in den Gedichten von T. S. Eliot (oder vielleicht der Pepsodent-Zahnpasta) für sich genommen gut sind, sondern ob, wenn sie zusammengefügt werden, etwas dasteht, was vorher so noch nicht da war. Das scheint mir kaum einen Streit wert zu sein. Die Antwort muß immer lauten: ja. Ich bin schon vor langer Zeit mit mir darüber ins reine gekommen, daß Subtilität keine Dimension des Denkens ist, sondern eine bloße Technik, und nicht einmal eine sonderlich schwierige.

Jedenfalls danke ich Ihnen vielmals.

---

* Textwiedergabe nach einem Durchschlag in Chandlers Ablage; Adressat nicht zu ermitteln.

AN H. N. SWANSON

6005 Camino de la Costa
La Jolla, California
13. März 1953

Lieber Swanie:

[...]

Playback wird ein bißchen müde.* Ich habe 36000 Wörter Kinkerlitzchen und noch keine Leiche. Das ist gräßlich. Ich leide unter einer sehr ungewöhnlichen Krankheit, die (von mir) Atrophie der Erfindungskraft genannt wird. Ich schreibe, was das Zeug hält, aber ich langweile mich dabei. Und da dem so ist, wird es mir schwerlich mißlingen, andere damit noch schlimmer zu langweilen. Ich kann mir nicht helfen, ich muß immer an Sid Perelmans wunderschönen Aufsatz *I'm Sorry I Made Me Cry* denken.

Haben Sie eigentlich je gelesen, was man so «Science-fiction» nennt? Es ist zum Schreien. Es liest sich etwa so: «Ich checkte mit K 19 aus auf Aldabaran III und stieg durch die Krummalit-Luke um auf meinen 22 Model Sirus Hardtop. Ich spannte den Zeitwerfer auf induziert und watete durch das hellblaue Mandagras. Mein Atem gefror zu rosa Bretzeln. Ich warf den Hitzeschirm an, und die Brylls liefen blitzschnell auf fünf Beinen, wobei sie die beiden anderen benutzten, um Crylon-Vibrationen auszusenden. Der Druck war fast unerträglich, aber ich bestimmte die Schußweite auf meinem Armbandcomputer durch die transparenten Cysiciten. Ich drückte auf den Abzug. Das dünne violette Glühen stand eiskalt vor den rostroten Bergen. Die Brylls schrumpften auf einen halben Zoll Länge, und ich machte schnell und trat auf sie mit dem Poltex. Aber es war nicht genug. Die plötzliche Helligkeit riß mich herum, und der Vierte Mond war bereits aufgegangen. Ich hatte exakt noch vier Sekunden, um den Desintegrator aufzuheizen, und Google hatte mir gesagt, das wäre nicht genug. Er hatte recht.»
Und die zahlen flottes Geld für diesen Bockmist?

Ray

* Chandlers letzter Roman, erschienen erst 1958.

AN ROGER MACHELL

6005 Camino de la Costa
La Jolla, California
Sonntag, den 15ten März
[1953]

Lieber Roger:

Das wird jetzt sicher ein ganz gräßlicher Schrieb, denn ich packe
den Stier höchstselber bei den Hörnern, und das auch noch auf
einer Corona. Kein Mensch arbeitet am Sonntag, nur Chandler; er
allein zerreißt sich sieben Tage die Woche, und ohne keinerlei
Musik.

[...]

Bitte danken Sie Jamie, daß er mir *The Big Change* geschickt
hat, und sagen Sie ihm, daß ich ihm baldigst schreiben werde. Und
Dank auch Ihnen für das Zeug aus dem *John O'London's* und den
Artikel aus der *Westminster Bank*.* In den meisten Punkten gefiel
mir der besser. Was Peter Forster betrifft, so zeigt jedes Interview
einen anderen Menschen und das ist mit ein Grund dafür, daß ich
Interviews überhaupt nicht mag. Das Photo ist ziemlich häßlich.
Die Hände sind ersichtlich die eines Würgers. Aber dafür hat Ida
sehr geschickt meinen Buckel auf ein Minimum reduziert. Die
physische Beschreibung des Herrn Chandler ist so, daß ihn garantiert keiner wiedererkennt, der ihn kennt. Er nennt mich klein.
Was ist sein Maßstab? Ich habe kaum je weniger als zwölf Stone
gewogen – ist das klein in England? Oft habe ich fast 13 Stone
gewogen. In Straßenkleidung fehlt mir nur ein Zoll an sechs Fuß.
Meine Nase ist nicht scharf, sondern stumpf, Ergebnis des Versuchs, einen Gegner zu stoppen, als er grad mit dem Fuß am Ball
war. Für englische Verhältnisse könnte man sie kaum als auffal-
lend bezeichnen. Strähniges Haar, wie Stahlwolle? Quatsch. Es ist
schlaff. Geht leicht vornübergebeugt, soso. Chandler kam kreuz-
fidel in die Cocktailbar getrabt, genehmigte sich rasch hintereinan-

---

* Interviews. Das von Peter Forster ist betitelt *Gentle Tough Guy* und erschien im *John
O'London's Weekly* vom 6. März 1953.

der drei doppelte Gimlets und fiel flach auf die Schnauze, wobei sich sein stahlwolliges Haar anmutig auf dem Teppichmuster krüllte. Kein Wunder, daß dieser Forster mich für einen scharfen Beobachter hält. Nach seinen Begriffen wäre jeder ein scharfer Beobachter, dem nicht entgangen ist, wie viele Wände der Raum hat.

[...]

Herzlich immer Ihr
Ray

AN JUANITA MESSICK*

[1953]

Das ist ein schöner Quatsch – daß man den Bratrost beim Vorheizen rausnehmen soll. Wieso eigentlich? Der Rost wird beim Braten sehr schnell heiß. Das Fleisch spritzt überall Fett hin. Das Fleisch muß gewendet werden und liegt deshalb nicht immer am selben Fleck. Was für einen Zinnober die Leute reden! Nehmen Sie die Zigarettenwerbung. Jede bevorzugte Marke ist milder und bekömmlicher als jede andere. Die ideale Zigarette schmeckt überhaupt nach nichts. Wieso dann noch rauchen? Was wir zum Braten brauchen, ist ein nichtspritzendes Steak, ein Steak, das weder Fett noch andere nachteilige Ingredienzien enthält, nebenbei auch kein Aroma. Was wir brauchen, ist ein steakloses Steak, das auf einem hitzelosen Brater in einem nichtexistenten Herd gebraten und von einem zahnlosen Geist gegessen wird.

---

* Antwort auf einen Zettel von Juanita Messick zum Thema Herdreinigung.

AN JUANITA MESSICK

[1953]

Haben Sie «neg-otiator»* irgendwo gefunden? Mir sieht das ganz falsch aus. Manche Wörter sind schwer zu trennen und sollten überhaupt nicht getrennt werden, es sei denn an einer augenfälligen Stelle. Man kann ein Wort nach einem Präfix trennen oder vor einem Suffix, man kann es nach einer Wurzel trennen, aber wie sonst? Es muß eine Regel dafür geben.

Das «neg» in «negotiate» hat nichts mit dem «neg» in «negative» zu tun. Der große Webster gibt zwar bei allen Wörtern die Silbentrennung an, manchmal an vier oder fünf Stellen, aber sie sehen nicht alle richtig aus, wenn man sie aufs Papier schreibt. Ich finde, der erste Teil des getrennten Worts, der am Ende der Zeile, sollte zumindest schon irgendeinen Sinn vermitteln oder eine Wortassoziation, die einem Sinn nahekommen könnte. Der Verstand sträubt sich gegen eine sinnlose Silbe, wie bei den ersten beiden Buchstaben hier (»ne-»), auch wenn das technisch richtig sein mag. Es sollte von dem Wort bereits genug dastehen, daß man seine mutmaßliche Form erkennt. Irgendwie finde ich's immer noch besser, der abgetrennte Teil suggeriert einen falschen Sinn, als wenn man überhaupt keinen erkennt.

RC

---

* Websters *New International Dictionary* gibt in der zweiten wie der dritten Ausgabe die Trennungsmöglichkeiten des Wortes mit «ne-go-ti-a-tor» an. [Anm. d. Ü.:] Und etymologisch hat auch der Webster damit unrecht: die Sinnzäsur des lateinischen Grundworts ist «neg-otium» (= Nicht-Muße = Tätigkeit).

AN ALAN K. CAMPBELL

22. April 1953

Sehr geehrter Mr. Campbell:

Ich erwidere Ihr freundliches Schreiben vom 1. April, das mich einlädt, auf einer Veranstaltung der Harvard Summer School etwas zu sagen. Natürlich bin ich dankbar und geschmeichelt, daß Sie an mich gedacht haben, und bedaure sehr, daß es mir weitgehend aus persönlichen Gründen unmöglich ist, im August in Boston zu sein. Ich sage weitgehend aus persönlichen Gründen, und diese Gründe sind zwingend. Aber ich sage nicht völlig, da es nicht in meinem Lebensplan liegt und ich auch nicht sehe, wie es je darin liegen könnte, auf ein Podium zu steigen und vor irgendwem über irgend etwas zu reden. Vielleicht versuche ich da, aus der Schüchternheit eine Tugend zu machen. Ich hoffe, das ist nicht völlig wahr, aber es könnte sein. Ich bin kein Vorleser und habe noch nie etwelche Fähigkeiten dazu in mir entdeckt. Sehr schade. Es wäre ein schöner Witz, wenn ich in den stillen Weiher respektvoller Aufmerksamkeit den Satz fallen lassen könnte: «Wissen Sie, ich habe letzten Sommer in Harvard gelesen. Es hat durchaus Spaß gemacht.» Ihnen nochmals Dank und

achtungsvolle Grüße
Ihres sehr ergebenen

AN HAMISH HAMILTON

Postfach Eins-Zwanzig-Acht
La Jolla, California
11. Mai 1953

Lieber Jamie:

Zwei Dinge haben mich an *The Journal of Eugene Delacroix* verdrossen: Das eine ist das Dünndruckpapier – das mag ich natürlich sonst sehr gern, aber wenn das Buch einen Farbschnitt hat, sind die Seiten schwer zu blättern; das andere ist die Nötigung, ein so schönes Buch wie dies auf Englisch zu lesen, wo ich's doch ebensogut französisch lesen könnte. Ich nehme gern an, daß die Übersetzung ausgezeichnet ist; trotzdem kommt mir der Stil ein bißchen verstaubt vor, verglichen mit dem Original. Greif Dir jeden Satz aufs Geratewohl heraus. Nimm zum Beispiel gleich den zweiten des Buches: «Mein sehnlichster Wunsch ist es, daran zu erinnern, daß ich nur für mich selbst schreibe.» Was für ein schwerer Klumpen Talg ist das im Vergleich zur Leichtigkeit und Ungezwungenheit des Französischen, zur saloppen Wortstellung und so weiter. Fluch den Übersetzungen jedenfalls. Wir müssen sie haben, weil es so viele Sprachen gibt, die wir nicht können, aber sie sind nie das Eigentliche, selbst die besten von ihnen nicht. Sei mir vielmals bedankt für das Buch von Eric Partridge über die Zeichensetzung, das gerade eintraf. Was für ein fürchterlich fleißiger alter Vogel das ist! Ich werde richtig nervös, wenn ich mir bloß vorstelle, wie er da Tag um Tag und Monat um Monat im Britischen Museum verbringt, ganze Berge von Büchern gestapelt um sich herum.

[...]

Was meine eigene Plackerei betrifft, so würde ich sagen, daß ich mit *Summer in Idle Valley* zu etwa vier Fünfteln durch bin (wobei mir der Titel gar nicht mehr gefällt), fast komplett neugeschrieben, aufgrund meiner unseligen Unfähigkeit, etwas zu revidieren, es sei denn durch Änderung eines Wortes hier und dort.* Wenn's nicht

* Dieser Titel wurde später aufgegeben, und das Buch erschien als *The Long Goodbye*.

geraten ist, muß ich immer ganz von vorn anfangen und es neu schreiben. Das kommt mir leichter vor; es ist aber, ich weiß, nicht leichter, es scheint nur so. Hin und wieder hänge ich in einem Kapitel fest, und dann frage ich mich, warum. Aber einen Grund gibt es immer dafür, und ich muß einfach warten, bis dieser Grund mir aufgeht. Mit dem anderen Buch* war ich schon ungefähr zur Hälfte durch, ehe ich zu der Überzeugung kam, daß es ebenfalls einer sehr drastischen Überarbeitung bedurfte. Dies jetzt macht mir keinerlei Spaß mehr; ich habe zu lange darüber gesessen, und es kann sich durchaus erweisen, daß es nichts taugt.

[...]

Herzlich immer Dein

AN ALFRED KNOPF

Postfach Eins-Zwanzig-Acht
La Jolla, California
16. Juli 1953

Lieber Alfred:

[...]

Nein, ich befinde mich nicht im Streik gegen die Verlagsmethoden. Ich wäre ja ein Narr, wenn ich sie zu heftig kritisierte, denn ich kenne die Probleme dahinter nicht gut genug. Nicht einverstanden bin und war ich damit, daß der Verleger berechtigt sein soll, mehr Geld für Lizenzen einzustecken, als er an Honorar für seine eigenen Ausgaben zahlt. Er würde das vermutlich nicht tun, oder jedenfalls nicht in allen Fällen, wenn die blödsinnige alte Authors League nicht allen den Rücken versteift hätte, durch Ultimaten, die sich aufs nichts stützen als auf Schmerzensschreie. Ebenfalls nicht einverstanden bin ich damit, daß ein Buch im Sinne der Formulierung des Verlagsvertrags als im Handel lieferbar gilt,

* *Playback.*

wenn lieferbar nur noch eine Paperback-Ausgabe ist, die in einem anderen Verlag erscheint. Aber das mag gern Auffassungssache sein. Ich habe tatsächlich grad ein Buch zum Abschluß gebracht. Ich war nie sehr produktiv, und ich bin nicht mehr so produktiv, wie ich's früher war. Ich bin viel schwerer zufriedenzustellen als früher, und ich werde leichter müde. Bei Brandt & Brandt bin ich nicht mehr, und in gewisser Weise bedaure ich, daß ich mich überreden ließ, Sie zu verlassen, obwohl mir klar ist, daß ich finanziell kein großer Posten für Ihren Verlag war. Aber es ist nun einmal geschehen, und man kann nicht dauernd von Verleger zu Verleger springen. Jedenfalls haben Sie ja jetzt Ihren hartgesottenen Autor auch, und für ein Haus von Ihrem Rang ist einer genug.*
Ich bin selber das Haut-sie-in-die-Fresse-Zeug ein wenig satt. Ich hoffe, ich habe mich entwickelt, aber vielleicht bin ich nur müde und weich geworden, wenn auch gewiß nicht mürbe. Schließlich habe ich fünfzig Prozent irisches Blut.
Mit den besten Wünschen und freundlichsten Grüßen

Ihr
Ray

---

* Bezieht sich vermutlich auf Ross Macdonald.

AN ROGER MACHELL

Postfach Eins-Zwanzig-Acht
La Jolla, California
17. Juli 1953

Lieber Roger:

[...]

Es wäre mir besonders lieb, wenn Sie mir zwei Punkte überprüfen würden, die außerhalb meines Gebiets liegen: Erstens, daß es für einen im aktiven Dienst stehenden Mann weder schnell noch leicht geht, eine Heiratsgenehmigung zu bekommen; und zweitens, wie das Verfahren im Caxton Hall Registry Office läuft.* Ich nehme an, daß es noch immer im Geschäft ist. Wenn nicht, machen Sie mir bitte einen anderen passenden Vorschlag. Ich habe vorausgesetzt, daß es für jemanden, auch wenn er sich durch falsche Angaben zur Person des Meineids schuldig macht, nicht sehr schwierig wäre, unter falschem Namen zu heiraten, wenn er keine Angst davor hätte, wegen Meineids drangekriegt zu werden. Wenn es sonst noch etwas gibt, was ich wissen sollte und was zu Änderungen im Skript führen müßte, bitte sagen Sie's mir. Und vergessen Sie nicht, daß es sich um die Kriegszeit handelt. Um es kurz zu machen, ich möchte mich lediglich vergewissern, daß, was ich als geschehen geschildert habe, auch wirklich geschehen konnte, denn wenn das real nicht möglich war, muß ich mir etwas anderes ausdenken. Es ist immer dasselbe. Man bringt ein einziges Faktum, aber um es hieb- und stichfest zu machen, braucht man wohl zwanzig andere Fakten, die man nicht eigens mehr bringt.

Herzlich immer Ihr
Ray

---

* Die Erkundigungen beziehen sich auf das Typoskript von *The Long Goodbye*.

AN PHILIP GASKELL

Postfach Eins-Zwanzig-Acht
La Jolla, California
17. Juli 1953

Sehr geehrter Mr. Gaskell:

[...]

Ich werde Ihnen die Information über die Filme schicken, sobald ich kann. Wahrscheinlich haben Sie's damit ja nicht eilig. Amüsant war für mich Ihre Bemerkung, daß Montgomerys Version der *Lady in the Lake* nichts mit dem Buch gleichen Titels zu tun habe.* Das erste Drehbuch dazu stammt von mir selbst, aber ich stand bei der Paramount unter Vertrag und durfte nur dreizehn Wochen für eine andere Filmfirma arbeiten; das war mir zu wenig, um auch die zweite, die Endfassung zu erstellen. Wie die dann geworden ist, gefiel mir nicht, und ich habe deshalb meinen Namen zurückgezogen. Das Amüsante daran ist dies – als ich an dem Skript arbeitete, vergaß ich das Buch immer mehr, einfach weil es soviel leichter war, die Sache noch einmal ab initio zu machen. Und es war der Produzent, der immer wieder zu mir sagte: «Halten wir uns doch ab und zu mal ein bißchen an das Buch.» Es ist das einzige unter meinen Sachen, das ich für den Film zu adaptieren versucht habe. Und es würde einer Menge Geld bedürfen, mich zu dem Versuch noch einmal zu bewegen, und ich glaube nicht, daß Hollywood mir jetzt noch so ein Geld bezahlt. Wenn man ein Buch geschrieben hat und umgeschrieben und wieder umgeschrieben, dann hat man genug davon.

Hochachtungsvoll Ihr
Raymond Chandler

---

* Robert Montgomery, Regisseur und Hauptdarsteller der Filmfassung von *The Lady in the Lake*.

AN JUANITA MESSICK

Nita: ich habe eine ziemlich traurige Nachricht für Sie. Ich fürchte, daß wir beide, Sie und ich, zum Ende dieses Monats unseren Umgang auf der gegenwärtigen Basis werden beenden müssen, hoffe aber aufrichtig, nicht unseren Umgang überhaupt. Der Grund ist schlicht der, daß ich mir, wie die Dinge jetzt liegen, den Luxus einer Sekretärin, die mich nahezu 2000 Dollar im Jahr kostet, nicht mehr leisten kann. Ich kann es einfach nicht, und das ist alles. Sie kennen meine Verhältnisse genau und wissen, daß ich außer Fallobst, auf das keiner rechnen darf, kaum mehr als 10- oder 12tausend Dollar Einkommen pro Jahr zu erwarten habe, und zwar brutto. Sie wissen, ich werde immer älter und müder und habe viele Sorgen. Es ist einfach nicht mehr drin, daß ich ein Fünftel oder ein Sechstel meiner Bruttoeinkünfte für eine Sekretärin ausgebe. Ich möchte mich einmal einen Monat allein durchwursteln – völlig allein – und dann sehen, welche Art Hilfe, und in welchem Umfang Hilfe, ich am dringlichsten brauche und finden sollte. Und dann würde ich gern, wenn es Ihnen möglich und passend erscheint, eine Art Vereinbarung mit Ihnen treffen. Natürlich, wenn ich ein Skript abzuschreiben hätte, würde ich dazu jemanden brauchen. Ich brauche auch, sagen wir, einen Tag die Woche von Ihnen für Briefe. Aber ich glaube, ich schreibe viele unnötige und viele unnötig lange Briefe. Und ich glaube, diese Briefe verbrauchen einen Großteil Ihrer Zeit. Die Buchhaltung und das Scheckschreiben sind für mich kein Problem. Etwas anderes ist die Ablage. Sie wird wahrscheinlich liegenbleiben, bis Sie mir dabei helfen. Dasselbe gilt für die Honoraraufstellungen. Aber schließlich bin ich so ziemlich auf dem absteigenden Ast, und ist das alles überhaupt so wichtig? Ich bin ein verbrauchter, müder Mann. Ich habe den Appetit verloren, und ich habe soviel Gewicht verloren, daß ich mir zwei frische Löcher in meine Gürtel stanzen mußte. Meine Kleidung paßt mir nicht mehr. Ich bin oft deprimiert und schlafe schlecht. Ich habe eine kranke Frau, mit der es nicht besser werden will. Ich hoffe darauf, und vor allem hoffe ich, daß sie nächstes Jahr im Frühling so weit gekräftigt ist, daß sie für längere Zeit irgendwohin gehen kann. Ich möchte gern für ein Jahr nach Europa. Die Lebenskosten hierzulande sind so unverschämt hoch, daß es, wenn man langsam alt wird und ein bißchen Geld gespart hat, eigentlich albern ist, wenn man nicht irgendwohin geht, wo das Leben ein bißchen billiger ist. Wir haben keinerlei wirklich feste Bindungen. Ich habe festgestellt, daß mir in meiner Not niemand hilft. Ich beklage mich nicht. Kein Mensch wäre dazu verpflichtet.

[...]

Ich will nicht mehr in Hollywood arbeiten oder beim Fernsehen, ich will überhaupt gar nichts mehr tun, als meine Bücher schreiben. Und dabei will ich nicht angetrieben werden. Nun, wenn das die Lage ist, so gibt es nur eine Antwort. Man muß die Kosten senken, wenn die Produktion sich senkt. Cissy hat eine sehr schwere Zeit hinter sich. Und auch ihr hilft keiner, am allerwenigsten die Ärzte. Vielleicht können sie's nicht. Sie sind keine Wunderheiler. Tatsache ist, daß von ihnen nichts kommt. Und ich glaube nicht, daß von irgendeinem Arzt in L.J. noch etwas kommt.* Und ich bin nicht sicher, ob von irgendeinem Arzt irgendwo noch etwas kommen könnte.

An meinem letzten Geburtstag bin ich 65 Jahre alt geworden. Nach den heutigen Verhältnissen ist das eigentlich kein Alter, aber es bedeutet doch, daß man verlangsamt, daß man rascher ermüdet, daß man weniger Ehrgeiz hat, daß einen Geschäftssachen leichter irritieren. Und vor allem möchte man gelegentlich in der Sonne sitzen und gar nichts tun. Das Frühstück machen, dann mich für 3 oder 4 Stunden an die Schreibmaschine treiben, dann fast auf dem Absatz aus dem Haus und zum Einkaufen, wiederkommen und unmittelbar mit den Vorbereitungen zum Abendessen beginnen, kochen, das Geschirr spülen, hinterher saubermachen – das alles ist nicht leicht für mich. Es ist überhaupt nicht leicht. Ich tue es ja willig, denn ich will's lieber selber tun als die Schlampen im Haus haben, mit denen wir uns meistenteils abplagen mußten. Aber es ist nicht leicht. Es fordert seinen Zoll.

* La Jolla.

AN JUANITA MESSICK

Liebe Nita:

Danke für Ihren Brief und alles übrige; ich bin sicher, wir werden zusammen was austüfteln, was Ihnen nicht zu sehr bei dem, was Sie machen, in die Quere kommt und von meinem Standpunkt aus die Dinge nicht unnötig kompliziert.

Bitte übernehmen Sie sich nicht. Wenn Sie nicht wohl sind, kommen Sie nicht. Machen Sie sich darüber keine zu großen Skrupel. Man kann immer leicht übertreiben. Ein gewisses Maß an Egoismus gehört notwendig mit zum Lebensgeschäft. Selbstlose Menschen haben's schwer, ihn sich zu erwerben, aber notwendig ist er, glauben Sie mir.

Beim Aufräumen der Ablage sollen hauptsächlich, so meinte ich es, die rein formellen Briefe usw. weg, in denen nichts irgendwie Wichtiges steht. Natürlich erwarte ich nicht von Ihnen, daß Sie Meisterstücke des Briefeschreibens vernichten. Hin und wieder kommt mir selber in der Ablage einer unter die Finger, und wenn ich zufällig selbst der Verfasser bin, verblüfft's mich doch jedesmal ein bißchen, wenn ich denke, daß ich so brillant habe sein können für überhaupt kein Geld. Was für ein Jammer, daß gar nichts an Essays da ist. Ich hätte ein sehr feiner Essayist sein können und ungeteilte Freude daran gehabt. Viel mehr als an den Mordgeschichten, die ein Teil meines Denkens immer mit einer gewissen Herablassung betrachtet.

[...]

Was nun den Punkt betrifft, daß Sie mal eine Woche weg wollen könnten, um eine Reise zu machen, so würde ich sagen, Sie sollten das ruhig immer machen, wenn es sich für Sie lohnt. So um Weihnachten brauche ich vielleicht ein bißchen Hilfe – das heißt in der Woche vor Weihnachten, aber das ist nichts, was nicht auch schon eine Woche vorher erledigt werden könnte, falls das zufällig die Woche wäre, die Sie sich freinehmen wollen – ich meine, falls die Woche vor Weihnachten zufällig die wäre, die Sie sich freinehmen wollen. Das spielt alles keine so große Rolle. Wir müssen erst am 15. Januar die neue Einkommensschätzung abgeben, und die dürfte praktisch endgültig sein. Das heißt, es sollten bis Jahresende alle Posten übertragen und bilanziert sein, die Ausgabenbelege geordnet usw., die Abschreibungslisten ausgefüllt.

Zum Punkt Ihres Lästigfallens – oder vielmehr dem, daß es lästig ist, andauernd jemanden um sich zu haben: Das hängt ganz von dem betreffenden Menschen ab. Mir ging es so mit Mildred On-stine, weil sie, obwohl eine äußerst einnehmende und tüchtige Person, eine Art Bürowesen war. Ich habe mir immer überlegt, ob ich ihr eigentlich gerecht würde, und immer ging mir auf, daß es nicht der Fall war. Wenn Sie hier sind, belästigt mich das nicht; es belästigt auch meine Frau nicht; es belästigt auch nicht Leona; und ich bin ganz sicher, daß es auch Taki nicht belästigt.* Aber falls Sie mir damit zufällig in taktvoller indirekter Weise zu verstehen geben möchten, daß es einige Dinge gibt, die Sie tun wollen, oder einige Tätigkeiten, denen Sie nachgehen wollen, und daß Sie sich dabei behindert fühlen, dann sage ich einfach: Sie wissen, wie man sich die Arbeit einrichtet. Legen Sie los, tun Sie einfach, was Sie wollen, und nehmen Sie sich die Zeit dazu, die Sie brauchen. Das Haus hier ist keine Fabrik. Wie Sie inzwischen wahrscheinlich bemerkt haben, ist mein größtes Lebensproblem, überhaupt zu arbeiten. Je mehr ich in die Jahre komme, desto empfindlicher werde ich abgelenkt und irritiert von Gärtnern, Klempnern, Elek-trikern, Malern, Tischlern, Versicherungsvertretern und all den Typen, die man haben muß, daß sie was für einen machen, und mit denen ein Mann, der wirklich ein Geschäftsmann ist (was ich nicht bin), eigentlich spielend fertig werden und in seinen Gedanken keine Last haben sollte. Für mich ist jedes dieser Dinge eine förmliche Operation. Ich werde viel leichter müde als früher. Unglücklicherweise habe ich ein ziemlich kampflustiges Tempera-ment, und es fehlt mir die Energie, die damit einhergehen sollte, um es effektiv zu machen. Früher mal war ich der Champion im Ring; jetzt bin ich bloß noch ein Anwärter in der Ausbildung, der grad für vier Runden gut ist. Je mehr von diesem Zeug also Sie

* Leona war die Köchin, Taki die Katze.

langsam übernehmen könnten, desto glücklicher würde ich sein und desto produktiver mein Leben. Es kostet eine Menge Geld, in La Jolla zu leben; es kostet eine Menge Geld, so zu leben, wie wir leben, obwohl ich nicht meine, wir lebten extravagant. Und ich kann dieses Geld nicht beischaffen, wenn ich mich mit Technikern zanken muß. Ich weiß nicht, wieso zum Teufel ich derart viele Briefe schreibe, und ich weiß nicht, wieso zum Teufel ich, wenn ich Briefe schreibe, derart lange Briefe schreiben muß. Wahrscheinlich verlangt mein Geist einfach nach mehr Tätigkeit, als mir gut tut. Ich habe zuviel in mir, was nie eine Chance bekommt, sich auszusprechen. Vermutlich lohnt sich das auch gar nicht, aber wenn das so ist, dann hilft's mir auch nicht weiter, es einzusehen.

Da wäre nun noch etwas, was Sie wohl längst bemerkt haben, obwohl es mir ein bißchen widerstrebt, darauf zu sprechen zu kommen. Und das ist die Tatsache, daß meine Frau nicht mehr imstande ist, all das zu tun, was sie noch vor wenigen Jahren konnte. Als wir 1946 hier runterkamen, hat sie in manchen Zeiten mit einer Tageshilfe die ganze Hausarbeit erledigt, oder fast die ganze. Sie bereitete die Mahlzeiten; sie machte die Einkäufe; sie gab sich mit den Malern und ähnlichen Leuten ab; und sie tat das alles gern. Und ich weiß, daß es sie heimlich ein bißchen deprimiert, das jetzt nicht mehr zu können, und ich würde nicht einmal mit ihr darüber reden. Würde mir jede Bemerkung verkneifen. Aber Tatsache ist, sie kann nicht mehr. Sie würde zum Beispiel zu mir sagen: «Nun, vergiß Du mal den Gärtner. Ich werde einen besorgen und ihn einweisen und mich um ihn kümmern. Schlag ihn dir ganz aus den Gedanken.» Dann würde sie sich ans Telephon hängen und bis zur Erschöpfung mit allen möglichen Leuten reden und schließlich auch einen Gärtner bekommen, und er würde hier aufkreuzen, und sie würde einen Rundgang mit ihm machen und eine Menge Zeit mit ihm vertun. Und ich müßte mit ansehen, wie sie davon immer müder würde. Und dann würde ich einspringen und übernehmen, und das würde mir nicht gefallen. Ich meine, es würde mir nicht gefallen, daß ich's müßte. Ich bin ein Mensch, der nur sehr wenig leichtnimmt.

Nun ist eine Sekretärin im Haus in einer peinlichen Lage, das heißt einer peinlichen Lage für die meisten Leute. Ich hoffe, daß

Sie's nicht so empfinden, aber es ist nun einmal nicht nur das Haus, in dem der Mann arbeitet. Es ist auch das Haus seiner Frau, und die Sekretärin kümmert sich nicht gern um Dinge, die sie ihrer Meinung nach vielleicht nichts angehen. Also möchte ich Ihnen vorschlagen, daß Sie, wenn Ihnen der Gedanke kommt, «Ach, das könnte doch ich machen, wenn er mich läßt oder es wünscht», oder «Das könnte ich für Mrs. Chandler erledigen, wenn sie will», daß Sie's dann einfach laut sagen und daß Sie meine Frau fragen, ob es ihr recht wäre, daß Sie das und das machen. Aber machen Sie nie eine Andeutung, daß Sie fänden, sie wäre dazu selber nicht mehr in der Lage. Und wenn Sie mich selber etwas anfangen sehen, wovon Sie wissen, daß es darauf hinausläuft, daß ich auf jemanden die Wut kriege, nun, dann machen Sie keine Umstände und sagen Sie einfach: «Das sollten Sie lieber mir überlassen. Ich denke, ich werde damit fertig. Und wenn nicht, werde ich mich melden.» Oder irgendwas der Art. Sie können auch ruhig derber reden. Sie müssen nicht immer so verdammt höflich sein. Und was, nochmals, das Lästigfallen betrifft, wenn jemand immerzu um einen herum ist, also ich fühle mich nicht belästigt, und das wird so bleiben. Aber mir ist auch vollkommen klar, daß es Zeiten gibt, wo es ganz natürlich wäre, daß umgekehrt wir Ihnen auf die Nerven gehen. Und wenn solche Zeiten kommen, dann stehen Sie, schlage ich vor, einfach auf und sagen: «So, ich gehe jetzt für ein Weilchen weg.» Oder: «Ich gehe heut nachmittag nach San Diego, und wenn Ihnen das nicht paßt, dann scheren Sie sich zum Teufel.» Natürlich macht mir so was nicht das mindeste aus, zumal Sie ja auch viel besser wissen als ich, wann es schwierig wäre oder ungelegen käme.

Vor zehn Jahren hätte ich mich ganz allein um unsern Garten hier gekümmert, und es hätte mir Freude gemacht. Ich hätte vermutlich drei oder vier Stunden am Tag darauf verwendet. Und obwohl sicher auch Zeiten gekommen wären, wo ich mich ein bißchen gelangweilt hätte, im ganzen hätte ich doch viel Spaß daran gehabt und Befriedigung daraus gezogen. Aber ich glaube nicht, daß ich's jetzt noch könnte. Eine der Strafen dafür, genug Geld zu haben – und das merkt man nie, bevor man genug Geld hat –, besteht darin, daß man keine Befriedigung mehr aus Tätigkeiten zieht, die einem Geld sparen. Ich bewundere den Mann, der sein eigenes Haus streicht und sein Dach und der eine Menge gesunder Leibesübungen dabei macht und sich eine saftige Malerrechnung spart. Aber diese Ersparnis bedeutet ihm eben auch viel – sehr viel mehr, als sie wohl mir bedeuten könnte. Das ist etwas, worüber die Leute nicht nachdenken. In meinem Geschäft ist's erheblich leichter, Geld zu machen, als es zu sparen. Aber aus irgendeinem Grund, aus einer ganzen Reihe von Gründen, die ich nicht verstehe, hat es mir in letzter Zeit nicht mehr gelingen wollen, mich in die richtige Stimmung zum Geldmachen zu versetzen. Das ist meine eigene Schuld. Ich werde mein Temperament jetzt auch nicht mehr ändern können. Allenfalls kann ich darauf hoffen, es gelegentlich zu überlisten.

Ende der Durchsage.

AN H. F. HOSE

Postfach Eins-Zwanzig-Acht
La Jolla, California
16. September 1953

Lieber Hose:

Ich sollte Dir öfter schreiben. Ich habe in letzter Zeit abgenommen, und ich ermüde leicht. Ich arbeite nur wenig, dann Geschäftspost, danach keine Energie mehr. Du kennst das Gefühl bestimmt. Nach sechzig sollte man sich eigentlich nicht mehr von Nichtigkeiten beunruhigen lassen, aber ich tue es leider. (Ich will damit nicht sagen, daß ein Brief an Dich eine Nichtigkeit sei, sondern vielmehr, daß die Beunruhigung über Nichtigkeiten einem das Mark aus den Knochen holt.) Der beste Arzt, den ich kenne, hat mir gesagt, daß ich vermutlich einmal an Erschöpfung sterben werde, da mich sonst nichts umbringen könnte. Keine Verschleißerscheinungen. Mein Erinnerungsvermögen freilich ist nicht mehr so gut, wie es war. Ich muß mir Notizen machen und Aufstellungen. Manchmal schlüpfen mir ganz vertraute Namen über den Rand des

Gedächtnisses und bleiben außer Sichtweite hängen, um dann grinsend wieder angepurzelt zu kommen.

Als ich in London war, erzählte mir Slacker*, Lehrer würden mit 60 (ich glaube, das ist das lächerliche Alter) in den Ruhestand geschickt, weil es soviel billiger sei, junge Leute anzustellen. Das schien mir ein ganz alberner Aspekt zu sein. Er sagte auch, Männer in dem Alter hätten keinen Draht mehr zu den Jungens. Da würde ich doch erwidern, daß in den meisten Fällen überhaupt kein Erwachsener mehr einen Draht zum durchschnittlichen oder gar überdurchschnittlichen Jungen hat. Eins der Schicksalsprobleme unserer Zeit ist der jugendliche Straftäter. Ganze Banden von jungen Ganeffs schießen aus dem Boden, und das in den exklusivsten Gegenden. Atlanta, Georgia, hatte eine Welle von Einbrüchen und Vandalismus, und die Spur führte zu den Sprößlingen von einigen der wohlhabendsten Familien in der Stadt. Unsere Mittelschule hier (Realschule oder höhere Schule) hatte einen «Klub der Diebe», dem die Kinder der besten Familien angehörten. Leute, die viel mit der Jugend zu tun haben, erzählen mir, die Delinquenten kämen aus der ganz armen Schicht und aus der reichen, selten aus dem gewöhnlichen Mittelstand. Zufällig weiß ich, daß das nicht stimmt. Sie kommen aus allen Einkommensklassen. Die Kriege hatten eine Menge damit zu tun, zweifellos, aber vieles wäre auch so passiert. In den Schulen gibt es keine Disziplin mehr, weil es keine Mittel zu ihrer Durchsetzung gibt. Und zu Hause debattieren die Eltern mit ihren Kindern, sie geben ihnen keine Weisungen mehr. Wenn ich Kinder hätte, und Gott sei Dank habe ich nie welche gehabt, würde ich sie im Ausland zur Schule schicken. Die amerikanischen Schulen sind unter aller Sau, besonders in Kalifornien. Wenn der Junge kein Benehmen lernen will, kann man's mit einer Militärschule versuchen, wo man's ihm beibringt (oder ihn rauswirft), aber sonst lernt er dort nichts. Man kann ihn auf eine der Snob-Schulen in New England schicken, wie zum Beispiel Groton, wenn man sich das leisten kann, aber wenn man nicht gut betucht ist, empfiehlt sich das nicht. Er lernt da Jungens kennen, die Jaguars fahren und Rileys und zuviel Ta-

* Ein gemeinsamer Freund aus Chandlers Dulwicher Tagen.

schengeld haben, und dann fühlt er sich minderwertig. Oder man kann ihn auf eine Jesuitenschule schicken, ungeachtet der Religion. Die Public Schools sind Mist. Alles ungefähr, was man da lernt, ist die immer einfachere Kunst, Mädchen zu verführen. Die staatlichen Universitäten haben in der Regel ein lachhaftes Bildungsniveau. Einer der Neffen meiner Frau hat an der Realschule die Mittlere Reife gemacht («den Abschluß» sagt man hier drüben, aber mir widersteht der Ausdruck aufs äußerste) – mit dem geistigen Rüstzeug eines Viertkläßlers. Er hat sich dann aber doch ganz gut gemacht. Auf eine staatliche Uni konnte er nicht, noch weniger etwa nach Stanford oder Pomona, aber dem Problem, sich seinen Lebensunterhalt zu verdienen, zeigte er sich ohne weiteres gewachsen. Ich finde das ganz kurios und sehr amerikanisch. Er hat dann vierzehn Monate in Korea abgemacht, ohne jede Spur von alberner Soldatenbegeisterung, er ist inzwischen verheiratet, und er kann sehr gut mit Geld umgehen. Aber man kann mit ihm keine fünf Minuten über etwas reden, was Kenntnisse in Geschichte oder Literatur voraussetzt oder auch nur die Ahnung, daß es solche Dinge gibt.

[...]

Nein, ich habe nie etwas unter Pseudonym veröffentlicht. Es ist mir absolut schleierhaft, wie so ein Gerücht, von dem Du hörtest, in Umlauf gekommen ist. Natürlich bin ich skrupellos imitiert und sogar plagiiert worden, aber dagegen läßt sich überhaupt nichts machen. Vor wenigen Jahren hat ein Mensch eine Geschichte geschrieben, die Szene für Szene aus einer der meinen gestohlen war. Namen und Vorgänge hatte er nur grad so weit verändert, daß der gesetzliche Rahmen gewahrt blieb, was nicht weiter schwierig ist, da die Gerichte eine sehr primitive Auffassung vom Plagiat haben. Der Verleger, dem das Skript eingeschickt wurde, verlangte vom vermittelnden Agenten verschnupft Auskunft, wie er dazu komme, ihm ein Buch von Chandler unter Pseudonym einzureichen, ohne es zu sagen. Als er erfuhr, daß ich nichts mit dem Ding zu tun hatte, forderte er gewisse Änderungen, um dem Plagiatsgeschrei vorzubeugen, und veröffentlichte es dann. Es lief auch sehr gut. Eines Tages wird ja vielleicht ein aufgeklärter Jurist vom Typus Curtis Bok oder Learned Hand verkünden, daß die

Nachahmung des Stils die schändlichste von allen Plagiatsformen darstellt und die schäbigste. Aber es wäre doch sehr schwierig, die Grenzlinie zu ziehen – zwischen der natürlichen Imitationsneigung eines Autors, der unter dem Einfluß eines Vorbilds steht, und dem vorsätzlichen Versuch, einem anderen seine charakteristische Mise en scène zu stehlen. Schließlich kann, wenn ein anderer einem den Stil stehlen kann, dieser Stil ja auch nicht viel taugen. Die Antwort lautet, daß er's nicht kann, er kann nur manche der Oberflächencharakteristika reproduzieren.

[...]

Und damit zu Bett, aber ohne sonderliche Gemütszufriedenheit.

Herzlich stets Dein
Ray

AN J. B. PRIESTLEY

Postfach Eins-Zwanzig-Acht
La Jolla, California
10. Dezember 1953

Lieber Priestley:

Vielen Dank für Ihren Brief vom 25sten November und die Erklärungen darin. In der Ansicht, ich sollte eine Marlowe-Geschichte ohne Mord oder jegliche Gewalttätigkeit darin schreiben, gehen Sie einig mit meiner Frau, die ganz genauso denkt. Wären Sie's zufrieden, wenn er bloß einmal eins mit der Scotchflasche über den Schädel bekäme? Andererseits verlangt das Schreibgeschäft eine Menge Elan, und den habe ich einfach nicht mehr. Ist aber wohl auch egal.

Ich habe Ihnen nie richtig dafür gedankt, daß Sie jene Vorführung von *Last Holyday* für uns arrangierten, zu der wir von einem unbändigen Typ namens Peters geleitet wurden, kalt unbändig sollte ich ergänzend sagen, der einen perfekten Polizeichef bei Scotland Yard abgeben würde. Sein Benehmen war untadelig,

501

aber die ganze Unternehmung ödete ihn ersichtlich bis zum Gähnen an, und er konnte's kaum erwarten, daß sie vorbei war. Uns hat der Film ausnehmend gefallen, nur beim Schluß kamen mir doch ein paar Bedenken. Ich meine nicht, daß er falsch war, und bin sicher, daß Sie sich dabei sehr viel gedacht haben. Aber die Ironie wirkte ein wenig gekünstelt. Der Film ist hier draußen noch nicht aufgetaucht, obwohl er in New York bereits läuft, aber falls und sobald er's tut, werde ich ihn mir sehr gern noch einmal ansehen. Er hat ein paar ganz reizende Szenen.

Meine Frau denkt mit großem Vergnügen an das Lunch mit Ihnen zurück. Leider muß ich melden, daß es ihr gar nicht gutgeht, wie es ihr auch nicht gutging, als Sie hier waren. Ich hoffe immer noch, aber eher wider besseres Wissen, daß wir im kommenden Frühjahr noch wieder nach Europa können. Sie fühlte sich die ganze Zeit, wo wir in London waren, sehr schlecht, versuchte aber tapfer, das nicht zu zeigen.

Mit den freundlichsten Grüßen

stets Ihr
Ray

1954

AN HAMISH HAMILTON

Postfach Eins-Zwanzig-Acht
La Jolla, California
16. Januar 1954

Lieber Jamie:

Danke Dir vielmals für das gebundene Exemplar des *LG* (das extragebundene, hätte ich sagen sollen).* Ich glaube wirklich nicht, daß meine Bücher einen so schönen Einband verdienen, und ich habe Momente, wo mir ist, als müßte ich sie verstecken – wenn das nicht wieder Dir gegenüber ziemlich undankbar aussähe. Manchmal gaukelt sich mir eine arrogante Type vor, die meine Bücherregale mustert und bei sich sagt: «Bildet sich dieser Mensch wirklich ein, seine Sachen gehörten in Kalbsleder mit Goldschnitt und -prägung?» Nun ja, was soll der Mensch machen?

[...]

Los Angeles hat nichts mehr für mich. Es ist nur eine Frage der Zeit, wann ein Heide dort eine Armbinde tragen muß. Die Geschichte, an der ich zur Zeit mit Unterbrechungen arbeite, spielt in La Jolla und wird viel kürzer sein und auch heiterer als der *LG*. Aber der Schauplatz Kalifornien steht mir bis hier.

Ich weiß nicht, ob die folgende wahre Geschichte Dir was sagt, aber mich hat sie endlos amüsiert. Eine Frau und ihr kleiner Junge stehen in der hiesigen Buchhandlung, die Frau stöbert herum, und der Kleine versucht ihr derweil von einem Hund zu erzählen, der

* *The Long Goodbye.*

unters Auto gekommen ist. Sie antwortet ihm mit dem üblich abwesenden «Ja, mein Schatz», während sie in Wirklichkeit an ganz was anderes denkt. «Das arme Hundchen war ganz schrecklich schlimm verletzt, Mami», sagt der Kleine. «Ganz schrecklich schlimm war es verletzt.» «Ach ja, mein Schatz?» «Ja, Mami, es war schrecklich schlimm verletzt, aber es hat sich trotzdem nach Hause geschleppt, Mami, den ganzen Weg. Es war so schlimm verletzt, aber hat sich den ganzen Weg geschleppt, Mami.» «Ach ja, mein Schatz? Das ist ja schön.» Der Kleine sieht sie traurig an, dann sagt er: «Es ist auch richtig nach Hause gekommen, Mami. Aber dann ist es verschieden.»

[...]

Wenn ödere Briefe geschrieben werden, Chandler wird sie schreiben.

Ray

P.S. Dein Brief mit den Zeitungsausschnitten kam grade an, als ich diesen hier auf die Post geben wollte, darum habe ich ihn noch einmal geöffnet, um ein paar Sätze anzufügen. Mir will einfach dieser Bezug zu Henry James nicht einleuchten (den ich einst verzweifelt glühend bewundert habe). Hier drüben bin ich nie anders behandelt worden denn als ziemlich guter zweitrangiger Thrillerschreiber; ich dachte, das wäre auch in England die Einstellung, und nahm an, daß diese ganzen Interviewwünsche mehr das Ergebnis Deiner freundlichen Machinationen gewesen seien als spontane Anliegen der Zeitungen selbst usw. Es war mir immer klar, daß der liebe Gott, wenn ihm denn schon eingefallen wäre, mich zum bedeutenden Schriftsteller werden zu lassen, gewiß nicht zugelassen hätte, daß ich zwanzig Jahre meines Lebens in Büros vergeudete, fast zehn davon als Faktotum eines korrupten Multimillionärs. (Wer da meint, ich könnte reiche Leute eines bestimmten Typs nicht verstehen, der liegt schief.) Es gibt Dinge am Schreiben, die ich liebe, aber es ist eine einsame und undankbare Profession, und ganz persönlich wäre ich viel lieber Barrister geworden oder sogar Schauspieler. Es ist immer ein Mißgeschick, auf einem Gebiet der Prosa ernstgenommen zu werden, wo Qualität nicht erwartet wird noch gefragt ist. Die Intellektuellen tun sich schwer genug, einem die Popularität zu verzeihen, sogar die maßvolle Popularität, die ich habe, aber Popularität plus Ansprüche auf literarische Qualität aller Art – das ist entschieden zuviel. Wie müssen die bei Maugham gelitten haben!

AN MR. LOVELL*

Postfach Eins-Zwanzig-Acht
La Jolla, California
9. Februar 1954

Sehr geehrter Mr. Lovell:

[...]

Ich könnte mir denken, daß es in der Literaturgeschichte ein paar wenige Ein-Buch-Schriftsteller gegeben haben muß. *Delay in the Sun* von Anthony Thorne (er hat noch andere Bücher geschrieben, taugen aber nichts). Die eindrücklichsten Beispiele, an die ich mich erinnere, sind *The Unbearable Bassington* von Saki (der natürlich noch eine Menge kurzer Sachen geschrieben hat, aber, glaube ich, keinen anderen Roman) und ein Buch, von dem Sie vermutlich noch nie gehört haben, *The Great Humpty-Dumpty* von Daniel Chaucer.** Wenn man jung ist, hat man Liebesverhältnisse mit Büchern wie mit Mädchen. Ich entsinne mich dieses Buches mit Entzücken, hätte aber Angst, es heute zu lesen, wie ich auch Angst hätte, einen anderen frühen Liebling von mir wiederzusehen, *The Loves of Edwy* von Rose Ceil O'Neill. (Sie war in Wirklichkeit eine begabte Illustratorin, aber dieses Buch fand den Weg zu mir, als ich im eindrucksfähigsten Alter war.) Chaucers Buch hatte ursprünglich *The Dark Forest* heißen sollen, aber dann

---

* Ein Büchersammler.
** Pseudonym, das Ford Maddox Ford für sein Buch *The New Humpty-Dumpty* benutzte.

stellte er fest, daß es bereits ein Buch von Hugh Walpole mit dem Titel gab. Daher die bedauerliche Ersetzung.

A la recherche du temps perdu – auf *dem* Weg liegt die Desillusionierung. Wie bei dem Burschen, der seine Braut zu dem kleinen See bei Saint Cloud mit den Schwänen darauf mitnehmen wollte, an den er sich aus seiner Kindheit in Frankreich so lebhaft erinnerte. Es sollte einer der Glanzpunkte ihrer Flitterwochen werden. Als sie ankamen und die Stelle ausgemacht hatten – kein See, keine Schwäne. Es hatte nie einen See dort, nie Schwäne dort gegeben.

Die Schwäne unserer Kindheit waren vermutlich nur Tauben.

Freundlichst
Raymond Chandler

AN JAMES M. FOX*

Postfach Eins-Zwanzig-Acht
La Jolla, California
16. Februar 1954

Lieber Fox:

[...]

Ich wüßte nicht, wieso ich eine Selbstbiographie schreiben sollte. Mein englischer Verleger hat mir das schon einmal vorgeschlagen, aber es will mir bis heute nicht einleuchten. Wenn ich's täte, würde sie voller Lügen sein. Freilich glaube ich auch nicht, daß irgendwer sonst mein Leben beschreiben könnte, und es wäre mir auch ganz gleichgültig. Ich habe keine Ahnung, wie Ihre Argumente lauten, aber jedenfalls werden sie mich so gut wie sicher nicht überzeugen. Es gibt keinen Grund, weshalb einer nicht seine Selbstbiographie schreiben sollte, wenn er sie interessant genug machen kann. Dazu muß er als Persönlichkeit gar nicht einmal von

---

* Verfasser von *Dark Crusade* und anderen Büchern.

überdimensionalem Rang sein. Entscheidend ist nur, ob ein Buch draus wird. Wie etwa bei Neville Cardus (bin nicht sicher, wie er seinen Vornamen schreibt).* Das liest man nicht, weil man auf ihn neugierig wäre, sondern weil er sein Leben interessant macht. Eine ganz andere Sache wäre es, wenn man von sich anzunehmen hätte, man sei so bedeutend, daß eine Biographie von öffentlichem Interesse wäre, ganz gleich, wer sie schreibt.

[...]

Was nun Ihren Vorhalt betrifft, der Schluß bzw. die Lösung sei keine Überraschung mehr – welcher Schluß ist das schon, wenn man sich in dem Gewerbe auskennt? Sie machen da eine große Keksdose auf. Ich könnte bis zur Erschöpfung darüber diskutieren, denn das Thema gehört zu meinen Lieblingsnörgeleien. Ich behaupte, daß keine «ehrliche» Krimihandlung den aficionado hinters Licht führt. Das entscheidende Wort hier ist «ehrlich», und ich verstehe es in einem sehr rigorosen Sinn. Man schreibt ja nicht für bloß eine bestimmte Art von Leuten. Ein Krimi, der subtil genug ist, um den analytischen Kopf ums Haar zu täuschen, macht für den ordinären Leichenfledderer in der Leihbücherei gar keinen Sinn. Entweder findet man sich damit ab, daß die Lösung für manche Leute durchsichtig ist, oder man mogelt. Sehr häufig tut man beides, ohne es zu merken. Das Mogeln braucht bloß darin zu bestehen, daß man etwas über- oder unterbetont bringt, daß man den wesentlichen Schlüsselhinweis in einem Haufen Banalitäten begräbt, daß man einen gewissen abnormen Charakterzug zwar am Anfang des Buches aufscheinen, dann aber sofort wieder zurücktreten läßt bis zum Schluß. Von der Erzählung in der ersten Person nimmt man an, daß sie alles mitteile, aber das stimmt ja nicht. Es gibt immer einen Punkt, an dem der Held aufhört, den Leser ins Vertrauen zu ziehen. Es gibt die Lösung, die auf einer abstrusen Wissensvoraussetzung beruht, wie bei Austin Freeman. Es gibt die Lösung, die von etwas abhängt, was dem Leser bis fast zum Schluß vorenthalten wird, wie in Sayers' *Have His Carcase*. Das ist aus zwei Gründen gemogelt: Einmal, weil man zu lange in Unkenntnis darüber blieb, zum anderen, weil der Polizeiarzt,

---

* Musikkritiker, Journalist und Autor von Büchern über Kricket.

wenn er kein Idiot war, gewußt hätte, daß der Tote Hämophiler war. Ich will auf dem Punkt nicht weiter herumreiten. Mich hat noch nie gekümmert, wer denn wohl Sir Montague Core-Cavendish im Gewehrraum mit den verschlossenen Türen und Fenstern umgepustet hat. Sehr oft schaue ich nur aus Spaß hinten nach und amüsiere mich dann, wenn ich sehe, wie krampfhaft der Verfasser unterwegs versucht, seine Fingerabdrücke zu verwischen. Und ein Überraschungsschluß taugt nichts, wenn man ihn nicht glaubt. Wenn der Leser nicht denkt, er hätte eigentlich draufkommen müssen, dann ist er reingelegt worden. Und was einen selber nicht täuscht, das täuscht doch alle möglichen anderen Leute, Rezensenten eingeschlossen. Der typische Krimi ist wie das Ding in Studio I gestern abend. Eine offensichtlich Verdächtige wird präsentiert und voll aufgebaut, und man streicht sie sofort von der Liste, eben weil sie so aufgebaut wurde. Ein alter gelähmter Mann kann aus seinem Rollstuhl, um von der Anrichte einen Drink zu stibitzen. Schon wieder ein roter Hering. Die alte Haushälterin ist offenbar genau das, was sie scheint. Die jüngste Schwester ist in den Arzt verknallt, der das Rätsel lösen will. Wer also bleibt übrig? Die Schwester, die die vergifteten Briefe bekommen hat. Folglich hat sie die an sich selber geschrieben. Warum? Kein Grund denkbar, der einen Sinn gäbe. Also tat sie's, ohne zu wissen, was sie tat. An diesem Punkt hatte ich die Nase voll und beschäftigte mich lieber mit der Überlegung, wieso denn der Arzt aus dem Zimmer ging und seine Tasche offen bei einer Bekloppten zurückließ – und welche Droge er wohl dabei hatte, die fast so schnell wirkte wie Zyanid und dem lieben Mädel doch Zeit ließ, seinen Weg aus den Kulissen zu finden. Da mußte ich kapitulieren.

Bis dann –
Ray

AN HARDWICK MOSELEY

Postfach Eins-Zwanzig-Acht
La Jolla, California
23ster März 1954

Lieber Hardwick:

Ich fühle mich hundeelend, vielen Dank, laboriere an einer dieser lausigen Virusinfektionen herum, die die Ärzte erfunden haben, um ihre Unwissenheit zu kaschieren. Aber ich weiß, Sie wollen eine Antwort. Vor zwei Wochen habe ich Paul Brooks verpaßt, und es schüttelt mich noch immer. Ich habe auch einen *Time*-Photographen verpaßt, bin aber dort intern irregeführt worden. Er war von der *Union*-Tribune in San Diego, und es gibt keinen schlimmeren Mörder als so einen Blitzlichtkünstler. In London haben die Kerls ein Bild von mir gemacht, auf dem ich aussehe wie Grandma Moses, und ich habe mir geschworen, nie wieder eins machen zu lassen. (Übrigens, wo haben Sie bloß das gräßliche Ding her, das in Ihrem Frühjahrskatalog steht?) Natürlich ist das mit *Time* kein Beinbruch, denn die bloße Tatsache, daß sie einen interviewen oder photographieren, bedeutet keine Garantie. Stellen Sie sich vor, diese Läuse von *Newsweek* zahlen nicht einmal für die Photographien, die sie bestellt hatten!*

Bei *The Long Goodbye* sollten Sie's erheblich schlauer anfangen als bei der *Little Sister*. Ich weiß durchaus, wie abscheulich die ganze Lage ist, aber ich weiß auch, daß die Verleger ihre Profite nicht bis in alle Ewigkeit aus dem Erlösanteil der Lizenzen beziehen können, wenn überhaupt. Wer Romane schreibt, die schnell vergessen sind, ist einfach gezwungen, auf den Taschenbuchmarkt zu gehen. Wie zum Teufel können Sie erwarten, daß jemand drei Dollar für einen Kriminalroman hinlegt? Ich könnte vielleicht der beste Schriftsteller hier im Lande sein, und von zwei Ausnahmen abgesehen bin ich's höchstwahrscheinlich auch, aber ich bin eben

---

* Chandler war eine *Newsweek*-Titelgeschichte versprochen worden, die aber nie erschien.

509

doch bloß ein Krimischreiber. Zum erstenmal in meinem Leben hat man mich als Romancier besprochen, in der Londoner *Sunday Times* (aber Leonard Russell ist ein Freund von mir und hat sich aus Freundschaft vielleicht ein bißchen zu weit vorgelehnt). In der BBC hat ein Grüppchen sogenannter Intellektueller über mich diskutiert (Dilys Powell war auch dabei und konnte kaum ein Wort anbringen), die größten Hohlköpfe, die sich je die Weste mit Suppe bekleckert haben. Aber hier drüben? Die *New York Times*, die ja sicher wissen dürfte, was sie tut, falls eine Zeitung das überhaupt weiß, hat zweimal Bücher von mir zum Rezensieren an Krimiautoren vergeben, die seit Jahren nur auf eine Gelegenheit warteten, mit dem Messer auf mich loszugehen, weil ich die Sorte Sachen, die sie selber schreiben, lächerlich gemacht habe (ohne sie irgendwie beim Namen zu nennen, nicht einmal andeutungsweise). Beide hatten weder den Mumm noch die Fähigkeit zu einer Erwiderung auf dem Niveau, das der Originalartikel hatte. Es könnte sein, daß die *Times* eine Wut auf mich hat, weil ich mich hartnäckig geweigert habe, Bücher für sie zu rezensieren; andererseits wechselt dort das Personal so oft, daß von meiner Ablehnung vermutlich keiner mehr was weiß. Doch worauf ich hinaus will: Wenn eine Zeitung von dem Niveau ein Buch nicht nach seiner Qualität als Prosawerk beurteilen kann, sondern nur nach seinem Neuigkeitswert oder seinem Stoff oder Thema, wie zum Teufel soll man dann von einem halbgebildeten Publikum was Intelligenteres erwarten?

[...]

Wir versuchen immer noch, das Haus hier zu verkaufen, so sehr wir auch daran hängen. Meiner Frau geht es bei weitem nicht gut; häusliche Hilfe ist nicht zu bekommen, es sei denn, man besitzt, wie wir, einen Schatz. Aber wir haben unsere nur fünf Tage die Woche, sie ist selber nicht gut drauf, und sie hat Schwierigkeiten, die fast jeden Moment dazu führen können, daß sie geht. Wenn ich über ein Wochenende krank werde, gibt's eine Katastrophe. Letztes Wochenende ist meine Frau bei dem Versuch, mich zu pflegen, zwei- oder dreimal fast ohnmächtig geworden. Wir können hier nicht ewig wohnen bleiben. Wir denken an den Süden von Frankreich. Das Klima würde Cissy guttun. Aber es ist trotzdem ein ziemlich riskantes Abenteuer. Ich zermartere mir dauernd den Kopf darüber. Was Verwandte einem erzählen, hat keinen Wert, wenn man ihre Maßstäbe nicht kennt. Ich mag die Franzosen gar nicht so besonders, aber ich kenne die Sprache, und wenigstens haben sie ihre eigene Denkungsart und können sie in Sprache ausdrücken. Ein Schauermann auf den Docks hat in Frankreich mehr Artikulationsvermögen als die meisten Senatoren und Kongreßmänner hier. Und McCarthy würde sich da drüben ungefähr so lange halten, wie man braucht, die Senkgrube aufzuklappen.*

Als Gruß zum Schluß noch zwei Tiergeschichten, eine wahr, eine nicht. Eine Familie an der Straße hinter uns hat einen schwarzen französischen Pudel, klein, Spielzeugformat schätze ich. Das Tier bekommt Klavierstunden, 35 Dollar im Monat. Zur Zeit kann's schon «Alle meine Entchen» spielen, technisch noch nicht ganz perfekt, aber man muß ja mal anfangen, n'est-ce pas? Kleine Schritte für kleine Füße. Später, hofft man, wird es sein Debüt in der Carnegie Hall machen. Die Leute können sich's leisten, und mehr braucht's nicht. Man ist gespannt, vielleicht ein wenig zögernd, auf seine glitzernde Interpretation von Chopins Barcarolle, ein schwieriges Stück, selten gespielt und nie wirklich gut gespielt seit Pachmann.** Rubinstein gilt als Chopin-Spezialist, aber für mich ist er schon fast weg vom Fenster. Der Pudel hat da ein unbestreitbares Aufgabenfeld. Es ist doch herrlich, strebsame Nachbarn zu haben und in einem Milieu zu leben, wo man Geld für die Kunst ausgibt, nicht bloß für Cadillacs, Jaguars und farbige Butler. Dies ist die reine Wahrheit. Klavierstunden für 35 Dollar im Monat. Schwarzer französischer Spielzeugpudel.

Die andere Geschichte handelt von einem Burschen, der geht ins «Lichtspieltheater» (wir drücken uns englisch gewählt aus, bitte) und fühlt sich von einem ausladenden, viel zu weiten und breiten Pelzmantel vor sich gestört. Er beugt sich vor und stellt fest, daß der Pelzmantel ein Bär ist. Da klopft er dem Mann neben dem Bären auf die Schulter.

---

* Senator Joseph McCarthy.
** Vladimir de Pachmann (1848-1933), exzentrischer russischer Pianist und Chopin-Virtuose.

»Sagen Sie, mein Bester, ist das da Ihr Bär?»

»Ich bin mit ihm gekommen, ja.»

»Nun, dann schaffen Sie ihn auf der Stelle hier raus, mein Bester. Bären sind hier fehl am Platz.»

»Ich werde nichts dergleichen tun. Er hat Eintritt bezahlt, und er amüsiert sich gut.»

Mann lehnt sich zurück, sehr vergrätzt. Film läuft zu Ende, Lichter gehn an, Mann mit Bär scheint aufbrechen zu wollen. Hintermann hat einen Sinneswandel.

»Hören Sie, mein Bester, tut mir leid, daß ich so von Ihrem Bären gesprochen habe. Scheint ja verflixt gutartig zu sein. Aber warum nehmen Sie ihn mit ins Kino, mein Bester?»

»Oh, er hat eine Vorliebe für das Lichtspieltheater, eine große Vorliebe. Und besonders gern wollte er diesen Film sehen. Ihm hat das Buch so gut gefallen.»

Ray

AN ROGER MACHELL

Postfach Eins-Zwanzig-Acht
La Jolla, California
24ster März 1954

Lieber Roger:

Ihr so guter Brief verlangt eine ganze Reihe von Antworten, aber bevor ich darangehe, noch zwei oder drei Sachen, die ich sonst zu vergessen fürchte. 1. Um Gottes willen, ersparen Sie Ihren Leuten die Plage und die Kosten, mir 8 Exemplare der finnischen Übersetzung zu schicken. Vier wären mehr als genug. Meine Frau bewahrt eins (sie hat ein neues Stück von allem, was je von mir erschienen ist, sogar den Groschenmagazinen), ich bewahre ein sogenanntes Archivexemplar, und es ist in diesem polyglotten Land immer möglich, daß mir jemand über den Weg läuft, dem ein Buch auf Finnisch gefiele. Die Leute haben sich ja sehr viel Mühe gegeben, aber Herr mein Heiland, was für eine Sprache! Alles läuft rückwärts. Ich wollte früher gern mal Philologe werden, Komparatist (bloß ein Traum der Knabenzeit, zweifellos), und habe da in allerlei abgelegenen Idiomen herumgeplantscht, etwa modernem Griechisch (also das ist mir eine heruntergekommene Sprache – sie sieht nur wie Griechisch aus, aber aller Reichtum und alle Fülle sind futsch, alle Subtilität, aller Charme), Armenisch, Ungarisch, auch in den einfacheren und klareren romanischen Zungen und der germanischen Gruppe. Ich schlief mit einer Tabelle der 214 Schlüsselideogramme der chinesischen Mandarinsprache, zu Häupten meines Bettes an die Wand gepinnt, in der Pension Narjollet, 27 Boulevard St. Michel, au cinquième. Aber Finnisch, Teufelnocheins, das ist noch schlimmer als Türkisch.

[...]

Was das kommerzielle Fernsehen betrifft, hier eine kleine wahre Geschichte über die Atmosphäre, die durch die Herrschaft der großen Werbeagenturen entstehen kann. Vor ein paar Jahren übernahm die Firma Pepsodent die Sponsorschaft für eine Rundfunkserie über Philip Marlowe, einen Sommerlochfüller. Ihre Agentur war ein Großunternehmen, das zugleich auch für Chesterfield-Zigaretten arbeitete. Der Produzent der Show ist der Bruder eines sehr bekannten Schauspielers. Er hat mir die Geschichte erzählt. Ein großes Tier der Firma (Mitinhaber) besuchte geschäftlich das Büro in L.A., ein eleganter und gesetzter Gentleman, fleckenlos und grau, einer von diesen außerordentlichen Menschen unserer Zeit, die es fertigzukriegen scheinen, Reichtum, Stellung, untadeliges Privatleben und perfekte Manieren mit einer idiotischen Hingegebenheit an die neueste hautvergiftende Waschmittel- oder Gesichtscreme-Marke (wenn der Hersteller ihre Kasse füttert, 'türch) in Einklang zu bringen. Dieser Kotzbrocken sah nun zufällig an dem Morgen einen jüngeren leitenden Angestellten das Gelände betreten, und zwar eine Philip-Morris-Zigarette rauchend. Er hielt ihn an und sagte: «Ich stelle fest, Mr. Jones, daß Ihnen das Produkt unseres Sponsors nicht viel bedeutet.» Mr. Jones wurde rot und blickte auf die Zigarette, die er zwischen den Fingern hielt. «Oh, tut mir ganz furchtbar leid, Mr. Blank. Ich war heute morgen ziemlich in Eile, und statt meiner eigenen Chesterfields muß ich da wohl eine von den Zigaretten meiner Frau erwischt haben.» Mr. Blank starrte ihn einen langen Moment schweigend an; dann wandte er sich mit der eisigen Bemerkung ab: «Ich nehme doch an, Ihre Frau hat eigenes Einkommen.»

Ja, wissen Sie, bei solchen Sachen läuft es mir eiskalt den Rükken herunter.

Ray

AN DOROTHY GARDINER*

April 1954

Als Schriftsteller mit zwanzig Jahren Berufserfahrung habe ich alle möglichen Menschen kennengelernt. Die am meisten vom Schreiben verstehen, sind diejenigen, die nicht schreiben können. Je weniger Aufmerksamkeit man ihnen schenkt, desto besser. Sie stehen draußen und schauen herein, und was sie sehen, ist für den Mann drinnen nicht gut und von Nutzen; es gehört einer anderen Kategorie des Denkens an. Ich habe mir darum drei Regeln fürs Schreiben aufgestellt, die für mich Absoluta sind: Nimm nie einen Rat an. Zeige oder diskutiere nie ein Werk, das noch in Arbeit ist. Antworte nie einem Kritiker.

* Ehemalige Sekretärin der Mystery Writers of America. Dieses Statement wurde für *The Third Degree* geschrieben, das Mitteilungsblatt der Vereinigung.

AN HARDWICK MOSELEY

Postfach Einhundert-Zwanzig-Acht
La Jolla, California
6. Mai 1954

Lieber Hardwick:

[...]

Dem Abschluß mit Bantam Books steht meinerseits nichts im Wege, wenn ich die Garantie nicht unterschreiben muß.* Eine derartige Unverschämtheit ist mir im Leben noch nicht vorgekommen. Die großen Funkanstalten haben immer so eine Garantie gefordert, und ich habe mich ebenso immer geweigert, sie zu unterschreiben, und es auch nie getan. Bis jetzt hat mich noch nie jemand in dieser Hinsicht angegriffen, und doch enthält jedes meiner Bücher das, was von scharfsinnigeren Freunden als «dünn maskiertes Porträt» irgendeiner allbekannten Lokalfigur bezeichnet wird. In jedem Fall war dies dünn Maskierte das Porträt eines Menschen, von dem ich nicht einmal wußte, daß es ihn wirklich gab. In *The High Window* habe ich einen italienischen Leichenbestatter auf Bunker Hill, der nebenbei auch noch in Politik macht. Also was sagt der Mensch dazu, es gab tatsächlich einen italienischen Leichenbestatter auf Bunker Hill, der nebenbei in Politik machte, und zwar mit ziemlich krummen Touren. Aber ich hatte nie ein Sterbenswort von ihm gehört. Ich hatte ihn erfunden. Das ist vermutlich eine alte Geschichte. Aber wenn man wirklich mal eine allbekannte Person als Modell verwendet, dann merkt's wieder keiner.

[...]

Ein verrückter Idiot in Little Brown schickte mir ein Buch mit dem Titel *Freak Show*.** Ich habe nicht die leiseste Absicht, es zu lesen, so wenig wie die leiseste Ahnung, warum die das veröffent-

---

* [Anm. d. Ü.:] Die Versicherung, daß «Ähnlichkeiten mit lebenden Personen rein zufällig» seien, und die Freistellung von der rechtlichen Haftung.
** *Freakshow* von Jacquin Sanders.

licht haben. Kann also durchaus ein Bestseller draus werden. Ich würde sagen, der Bursche könnte ein Kirmes-James-Cain sein, abgesehen davon, daß James Cain selber ein Kirmes-James-Cain ist.

Mit Groll gegen alle*
herzlich immer Ihr
Ray

AN ROGER MACHELL

Postfach Eins-Zwanzig-Acht
La Jolla, California
25. Mai 1954

Lieber Roger:

Danke für Ihren Brief und die Erklärungen und für die Überweisung, die mir die Canadian Bank of Commerce ordnungsgemäß bestätigt hat. Ich lege hier den Brief eines portugiesischen Agenten in Lissabon bei, der eigentlich wohl ohne Interesse für Sie ist. Der einzige Punkt, der mir zu denken gab, falls er zutrifft, war die Feststellung, daß portugiesische Leser keine brasilianischen Übersetzungen mögen. Das leuchtet mir sehr ein, da die südamerikanischen Sprachen sich beträchtlich vom Standard des Mutterlandes entfernt haben müssen.

Ich sehe, daß Cassells in der *Sunday Times* eine Anzeige hat, in der aus Mr. Iles' grundlos beleidigenden Bemerkungen (»Schmäh« wäre unser Kurzwort dafür) zitiert wird, unter Auslassung des Genuschels über Nymphomanie.** Irgendwer sollte diesen vertrockneten Blödianen mal sagen, was eine Nymphomanin ist. Offenbar halten sie das Wort für synonym mit Promiskuität, gar mit

---

* [Anm. d. Ü.:] Anspielung auf *With Malice Towards Some* von Margaret Halsey, 1938.
** Francis Iles und Anthony Berkeley waren beides Pseudonyme für Anthony Berkeley Cox, einen Kritiker und Buchrezensenten.

einer kleinen Schattierung von Ehebruch. Natürlich sollte ich ihnen keinerlei Aufmerksamkeit schenken, und normalerweise nehme ich auch einfach das Schlechte mit dem Guten und bin mir darüber im klaren, daß mir vermutlich des Guten mehr zuteil wird, als mir zusteht. Aber wenn ich etwas jünger und beherzter wäre, würde ich jedenfalls etwas dagegen zu unternehmen versuchen, wobei mir die Schwäche der Rechtsposition klar ist (hier bei uns wäre sie noch weit schwächer), aber auch klar ist, daß es eines ist, ein Buch herunterzumachen, wenn es einem zur Rezension übergeben wurde, und etwas ganz anderes, weiter unter dem Deckmantel der Besprechung anderer Hinterhaltsschüsse auf den Autor abzugeben. Es gibt einen gewissen Klüngel von Krimischreibern oder Ex-Krimischreibern, die mir nie verzeihen werden, daß ich ihr Selbstverständnis in der Luft zerfetzt habe. Zu diesem Klüngel gehören Anthony Boucher hier drüben, John Dickson Carr, Leonore Glen Offord, Anthony Berkeley und so weiter. Fraglos gibt es noch viele andere, aber ich erwähne mal nur die, die Bücher besprechen. «Ach, daß mein Feind doch endlich schrieb' ein Buch!» Ich bin selber oft gebeten worden, Bücher zu rezensieren, die mehr oder weniger nach meiner Nase wären, aber ich hab's immer abgelehnt – die N. Y. *Times* war besonders hartnäckig –, weil mir bewußt ist, daß ich Vorurteile habe, und weil ich kein Recht zu haben meine, diese Vorurteile auf Kosten eines schwer ringenden Schriftstellers zu verwerten.

Der praktische Effekt dieser ganzen Verhöhnung auf mich besteht darin, daß ich immer mehr Hemmungen bekomme, bis zu einem Grad, wo es schwierig für mich wird, noch irgendwas in der gewohnten, etwas bravourösen Art zu schreiben, ohne zu überlegen, ob ich nicht einen Esel aus mir mache. Das ist des Schriftstellers Kreuz, und nur wenige tragen es, ohne müde zu werden. Theoretisch sollte er so hart wie ein Nagel sein, so unempfindlich wie das Straßenpflaster. Aber wenn er's wäre, hätte er keinen Zauber mehr, und ohne etwas Zauber geht nichts. Er darf nicht erwarten, daß jedermann ihn mag, und tatsächlich ist er oft genug überrascht, daß überhaupt jemand ihn mag. Egal, wie erfolgreich er gewesen ist, er fängt beim nächsten Job immer wieder beim Nullpunkt an. Das Publikum bzw. die kleine Fraktion darin, die ihn liest, erwartet von ihm immer so gut wie dasselbe. Er soll Massenware liefern. Aber die Kritiker erwarten, daß er mit jeder neuen Bemühung neuen Boden aufbricht. Nur, wenn er das täte, wären sie sofort mit größtem Vergnügen zur Stelle, um ihm schriftlich zu geben, er hätte klüger daran getan, bei seinem alten Leisten zu bleiben.

Herzlich immer Ihr
Ray

AN ROGER MACHELL

Postfach Eins-Zwanzig-Acht
La Jolla, California
Sonntag, 11. Juli 1954
Dienstag, 13. Juli 1954

Lieber Rog:

So würde man Sie rufen, wenn Sie hier drüben lebten. Wir sind so gottverdammt vom Fernsehen in Anspruch genommen, daß wir keine Zeit haben, jemandes Namen voll auszusprechen.
[...]
Die UCLA-Bibliothek (University of California in Los Angeles) hat um das Typoskript eines meiner Bücher gebeten, aber ich habe die alle nie aufbewahrt. Trotzdem, sie haben von Houghton Mifflin *The Long Goodbye* bekommen. Was in aller Welt sie damit wollen, ist mir schleierhaft. Sie wollten auch die Erstausgabe von *Farewell, My Lovely* ankaufen. Ich hatte keine mehr, bot ihnen dafür aber die englische Erstausgabe an, von der ich noch ein Exemplar besaß, und sie bedankten sich in einem blumigen Schriftstück. Übrigens hat sich dieser Titel, den ich für völlig original hielt, als der eines Aufsatzes von E. B. White (unter einem Pseudonym – Lee Strout White) über den Model T Ford herausgestellt. Der war seinerzeit, glaube ich, im *New Yorker* erschienen, aber lange bevor ich die Zeitschrift erstmals erblickt hatte. Ich

habe überhaupt erst in Hollywood etwas von der Existenz der Zeitschrift erfahren, und sie hat mir nie wirklich gefallen. Zu viele der Artikel – nicht alle natürlich – haben einen Unterton von Gehässigkeit an sich, der *Punch* ganz fehlt. *Punch* muß man lesen; den *New Yorker* sieht man nur kurz durch. Ich weiß nicht, wie solche Dinge zustande kommen. Man könnte ja meinen, ich hätte die Zeitschrift im Wartezimmer eines Arztes gesehen, aber das ist nicht so. Mein Gedächtnis für dergleichen ist viel zu gut. Es passiert einfach, ganz so wie es passiert, daß Leute einem Ideen zu Geschichten stehlen, noch ehe man sie selber verwendet hat. Gewisse Dinge liegen in der Luft.

Mögen wir immer alle das Richtige treffen.

Herzlich immer Ihr
Ray

AN HAMISH HAMILTON

15ter Juli 1954

Lieber Jamie:

Danke Dir vielmals für die übersandten Bücher, *Pompadour, The Long Beat Home, The Woman with No Past* und den pseudoviktorianischen Roman, den Cissy hat – ich habe den Titel vergessen.* *The Long Beat Home* wirkt wie ein anständiger Versuch, aber er scheint mir nicht jenes entschiedene Etwas zu haben, das einen bei der Kehle packt und auch gepackt hält. Ich weiß nicht, warum wir Amerikaner (ich komme mir immer wie ein falscher Fuffziger vor, wenn ich «wir Amerikaner» sage, denn im Grunde habe ich mich nie ganz als Einheimischer gefühlt, und das wird sich auch nicht ändern) geistig fauler sind als ihr Engländer; das finde ich wenigstens, wenn ich's auch nicht beschwören könnte; aber ich

---

* *Madame de Pompadour* von Nancy Mitford; *The Long Beat Home* von Peter Gladwin; *The Woman with No Past* von Serge Groussard.

meine, wir sträuben uns mehr gegen die Kuliarbeit, uns für etwas zu interessieren – es sei denn, wir wissen im voraus, daß sich der Aufwand lohnt. *The Go-Between* zum Beispiel war ein höchstlich gepriesenes Buch, aber ich fing's an und ließ es wieder sinken und mußte mich wohl ein halbdutzendmal wieder dranmachen, ehe ich weit genug gekommen war, um auf kein Urteil mehr was zu geben.* Und selbst dann habe ich immer noch eine Menge Seiten übersprungen. Ich habe dem Buch auch nie ganz geglaubt. Ich habe versucht, die Welt mit den Augen dieses Jungen zu sehen, aber ich bin selber ja mal ein Zwölfjähriger gewesen und habe in derselben Entwicklungsphase gesteckt, und sie sah für mich einfach nicht so aus. Irgendwie scheint mir dem Roman eine Dimension zu fehlen. Oder mir fehlt eine. Ich habe Maughams Artikel in der *Sunday Times* gelesen, soweit sie bis hierher vorgedrungen sind.** Maugham hätte die Geschichte perfekt hingekriegt, aber er hätte sie nicht mit den Augen eines zwölfjährigen Jungen geschrieben. Er hätte verdammt gut gewußt, daß das nicht möglich ist, und er ist viel zu kritisch und gewitzt, um das Unmögliche zu versuchen. Manchmal findet man das direkt schade. Eine so lange und ausgezeichnete Karriere verdiente doch wenigstens einmal ein glanzvolles Scheitern.

Pompadour macht mir viel Spaß. Was für eine Frau, was für eine Welt, was für eine Verschwendung! Aber die Welt, in der ich aufgewachsen bin, liegt fast ebenso weit zurück. Eine wunderbare Welt, wenn man in genau die richtige Familie hineingeboren wurde, eine verflucht kalte, heuchlerische, grausame Welt, wenn nicht. Trotzdem, wenigstens ein Teil der Bevölkerung hat es gut gehabt. Das läßt sich heute nur noch von Gangstern und Ölmillionären sagen (es mag da ein leichter Unterschied sein, aber ich war ungefähr zehn Jahre selber im Ölgeschäft, und der Unterschied ist sehr fein) und vielleicht noch von ein paar höheren Staatsbeamten, aber die sind gewöhnlich zu blöd, um sich dessen bewußt zu sein. Was für wunderliche Wertbegriffe wir doch hatten! Wie gottsjämmerlich snobistisch! Meine Großmutter sprach von einer der nette-

---

* Von L. P. Hartley.
** Eine Serie über Schriftsteller und ihre Romane.

sten Familien, die wir kannten, als von «sehr achtbaren Leuten», weil die zwei Söhne, fünf goldhaarige, aber nicht unter die Haube zu bringende Töchter und keine Dienerschaft hatten. Sie waren so abgrundtief gesunken, daß sie selber bei sich die Haustür aufmachen mußten. Der Vater malte, sang Tenor, baute wunderschöne Modellschiffe und segelte mit einer kleinen Jolle in der ganzen Gegend herum. Meine Großmutter war die Witwe eines irischen Rechtsanwalts. Ihr Sohn, später sehr wohlhabend, war ebenfalls Anwalt und hatte eine Haushälterin namens Miss Groome, die hinter seinem Rücken über ihn die Nase rümpfte, weil er kein Barrister war. Die Kirche, die Marine, die Armee, das Gericht. Sonst gab es nichts. Außerhalb von Waterford lebte in einem großen Haus mit Gärten und nochmals Gärten drumherum eine Miss Paul, die gelegentlich, *sehr* gelegentlich, Miss Groome zum Tee lud, weil ihr Vater Kanoniker gewesen war. Miss Groome betrachtete dies als allerhöchste Akkolade, denn Miss Paul war Landadel. Es schien Miss Paul nicht weiter zu stören, aber aus Miss Groome hat es mit höllischer Sicherheit ein Wrack gemacht. Es wäre ein kleiner Trost, wenn sich hinzufügen ließe, daß sie eine fähige Haushälterin war, aber das war sie nicht. Mein Onkel hatte eine lange Latte von fürchterlichen irischen Dienstmädchen, Köchinnen usw. – alle protestantisch, während Protestanten und Katholiken sonst auf allen Ebenen nur wenig oder gar nichts miteinander im Sinn hatten. Ich entsinne mich noch eines Kricketspiels mit einem meiner Cousins, und einer der Jungens war Katholik, er stammte wohl aus einer der prominenten Familien. Jedenfalls kam er in einem Wagen, mit Kutscher und Lakai, und nach dem Spiel fuhr er unmittelbar wieder weg, ohne auch nur Tee zu trinken mit den Teams.

Mein Onkel war ein Mann von gelegentlich ziemlich schlechter Laune. Manchmal, wenn das Essen ihm nicht paßte, ließ er's wieder abtragen, und dann saßen wir drei Viertelstunden lang in steinernem Schweigen da, während die rasende Miss Groome unten die Domestiken scheuchte, und schließlich wurde dem Herrn ein neues Mahl aufgetragen, das vermutlich viel schlimmer war als das erste, das er zurückgewiesen hatte; ich kann jene Stille immer noch spüren.

Eine wunderliche und verwirrende Sache, der englische Snobismus. Ich war arme Verwandtschaft, und einer meiner Cousins hatte einen Kurzzeitjob als eine Art Spielgefährte in einer sehr wohlhabenden Familie, die in einem Vorort wohnte, nicht weit weg. Später, als ich so etwa siebzehn war, glaube ich, wurde ich auch mal in das Haus eingeladen, zum Tennisspielen. Es waren ziemlich protzige Leute, außer dem Vater. Unter den Gästen waren eine Reihe sehr junger Mädchen und junger Männer, alle teuer gekleidet, und mehrere weidlich betrunken. Ich selber war in gar keiner Weise teuer gekleidet, aber ohne daß ich mich im geringsten minderwertig fühlte, ging mir sofort auf, diese Leute hielten sämtlich dem Maßstab von Dulwich nicht stand, und der Himmel mochte wissen, was Eton oder Rugby von ihnen gehalten hätten. Die Jungens und Mädchen waren auf Privatschulen gewesen, aber nicht auf der richtigen Art. Es gab ganz winzige blinde Flecke in ihrer Diktion und mehr als winzige in ihren Manieren. (Einer mußte sich einmal im Wohnzimmer erbrechen.) Während des Nachmittags nun, den ich mit studierter Höflichkeit durchstand, zerriß der Familienhund meinen Strohhut mit dem Schulband dran. Als ich ging, trat das Oberhaupt der Familie auf mich zu, ein sehr netter kleiner Herr, der irgendwie «Geschäftsmann» in der City war, und bestand darauf, mir den Hut zu bezahlen. Ich wies das Geld kalt zurück, obwohl es damals sogar ganz üblich war, daß der Gastgeber einem Schuljungen am Ende der Visite ein Trinkgeld reichte. Aber hier schien der Fall mir anders zu liegen. Hier hätte ich von einem gesellschaftlich Tieferstehenden Geld nehmen müssen: nicht dran zu denken. Aber es waren freundliche Leute, sehr lustig von Art und sehr tolerant, und sie lohnten, wenn ich jetzt so zurücksehe, die Bekanntschaft weit mehr als meine beschränkte und arrogante Großmutter. Natürlich waren die echten Reichen, die Leute aus der wirklich obersten Schublade, ganz anders, jedenfalls in den paar kurzen Momenten, die ich sie aus der Nähe betrachten konnte.

Herzlich immer Dein
Ray

Was für ein Schwall Geschwätz das wieder!

AN EDGAR CARTER

Lieber Eddie:

Anbei den CBS-Vertrag, unterschrieben, und unterschrieben auch
die Erklärung, daß ich nie im Leben ein Loch in einem Stück
Schweizerkäse war, bin oder zu sein beabsichtige.* Mein Gott, wo
will's mit diesem Land noch hin? Wovor haben wir Angst? Als
Stammitglied des F.B.A. (Farbige Babysitter von Amerika e.V.)
verwahre ich mich gegen die Verdächtigung, ich könnte kein vier-
hundert Prozent loyaler Amerikaner sein, und die Zumutung, ein
Dokument dieser Sorte zu unterschreiben, nur damit etwas, was
ich einmal geschrieben habe, umgewandelt werden darf in etwas,
was ein anderer inzwischen, und fraglos abscheulich, für die
Zwecke des Fernsehens umgeschrieben hat, welch letzteres kürzlich, und zwar von einem weit weniger brillanten Kopf als dem
meinen, als «unendliche Langeweile auf kleinem Raum» beschrieben worden ist. Nichtsdestotrotz, der weiche Dollar schwimmt
oben; nichts soll ihm bei seiner gutgeölten Rutschpartie aufs Bank-
konto in die Quere kommen. Im Moment dürfen wir uns aber wohl
ziemlich sicher fühlen. Von den siebzehn Orden, die mir Stalin
verliehen hat, sind fünfzehn in einer alten Lachsbüchse unter dem
dritten Wacholderbusch links vergraben, und die beiden anderen
habe ich hinten im Hals versteckt. Und schließlich war auch das
Zeug, das ich gestohlen habe, in Wirklichkeit nicht so sehr wichtig.
Der beste Fund, der dem FBI gelang, dürfte jener handgekritzelte
Gruß «Guten Morgen, Chef» gewesen sein, den ich, leider nicht
sicher genug, unter dem Futter meines zweitbesten Seidenhuts
verborgen hatte. Aber auch den hätten sie wohl nie gefunden,
wenn sie nicht zufällig auf einen Agenten mit zwei Köpfen gestoßen wären, der darauf bestand, zwei Seidenhüte zugleich zu tragen. In einem davon muß ihm irgendwas an den Ohren geraschelt
haben.

Herzlich immer Ihr

* Der antikommunistische Treueid.

AN H. N. SWANSON

Postfach Eins-Zwanzig-Acht
La Jolla, California
22. September 1954

Lieber Swanie:

[...]

Ich weiß, daß man aus den großen Zeitschriften eine Menge Geld herausholen kann, wenn man den richtigen Draht dahin hat und das Temperament, ihre Anregungen zu akzeptieren und sich ihren Ideen, was gute Prosa ausmacht, anzupassen. Ein halbes Dutzend drittrangiger Krimischreiber kriegen ihre Geschichten regelmäßig in den Hochglanzblättern in Fortsetzungen gebracht; möge es ihnen gedeihen. Nun haben Sie drei Monate mit dem Versuch zugebracht, irgendein Angebot für die Serienrechte des *Long Goodbye* zu bekommen, wo Sie doch eigentlich von Anfang an hätten wissen sollen, daß er nie in Fortsetzungen erscheinen würde. Oder vielleicht haben Sie's ja gewußt und wollten nur Ihrem eigenen Urteil nicht trauen. Ich weiß nicht, wo der Unterschied liegt; ich weiß nicht, was das ist, was ich nicht habe, aber es muß etwas sein. Vielleicht gibt es überhaupt zwei Arten von Schriftstellern: solche, die Geschichten schreiben, und solche, die Prosa schreiben. Es kommen wohl hundert gewitzte Handlungsarchitekten auf jeden Schriftsteller, der einen Abschnitt Prosa mit einem Hauch von Zauber darüber hinkriegt, egal auf welchem Niveau, egal an welcher Stimmung man grad interessiert ist. Vielleicht kennen ja manche von den Zeitschriftenredakteuren den Unterschied, die Kritiker aber, da bin ich verdammt sicher, jedenfalls nicht. [...] Sie sind ein lieber Kerl, Swanie, einer der nettesten, denen ich je begegnet bin. Tatsächlich, bevor ich Ihnen begegnete, hatte ich's nicht für möglich gehalten, daß ein Agent ein netter Kerl sein könnte; da möchte ich auch Eddie einschließen.* Aber glauben Sie nicht zuviel von dem, was die Zeitschriftenredakteure Ihnen erzählen. Eines Tages könnten Sie mir vielleicht einen Ge-

---

* Edgar Carter, Swansons Teilhaber.

fallen tun, wenn Sie sich dazu geneigt fühlen. Bringen Sie ein paar von diesen Romanschreibern dazu, mir in einem direkten Brief zu sagen, falls sie zufällig was von meinen Sachen gelesen haben sollten, was ich machen müßte, um ihnen zu gefallen. Ich weiß es nicht, und ich glaube auch nicht, daß Sie es wissen.

Herzlich immer Ihr
Ray

AN HAMISH HAMILTON

Postfach Eins-Zwanzig-Acht
La Jolla, California
27. September 1954

Lieber Jamie:

Dein Brief vom 13ten enthält ein Wort, das ich im Lexikon nachsehen mußte, «inspissate».* Das hat mich doch sehr geärgert, da zwar viele Wörter allgemein in Gebrauch sind, die ich vermutlich nicht genau kenne, weil ich von ihrer exakten Bedeutung nur eine wolkige Vorstellung habe, ich aber doch nicht häufig über ein Wort gerate, das mir vollkommen schleierhaft ist. Etwas erleichtert hat mich dann nur, daß der ungekürzte Webster die adjektivische Form, die Du gebrauchtest, als obsolet markiert. Bitte denke nicht, ich mißgönnte Dir das Wort; vermutlich hast Du's bei einem hochbelesenen antiken Päderasten aufgegabelt, der in einer italienischen Villa inmitten eines Tohuwabohus von unechten alten Meistern vor sich hin west
[...]
Wenn ich Roger [Machell] schreibe, werde ich das Vergnügen haben, ihm detailliert zu berichten, wie ich mir den Zeh gebrochen habe, denn er dürfte, als Opfer des Zipperleins, wohl ein bißchen Mitgefühl für mich aufbringen. Ich bin mit dem Programm hier

* Es bedeutet «eindicken», gewöhnlich mittels Verdampfung.

sonst noch nirgends angekommen. Vor kurzem war ich in der Garage, wo wir unsere Autos zum Kundendienst hinbringen, und weil ich da etwa fünfzehn Minuten Freizeit hatte, um mit dem stellvertretenden Betriebsleiter zu plaudern, dachte ich, das wäre eine gute Gelegenheit, ihm alles über meinen Zeh zu erzählen. Aber ich bekam nicht einmal einen vollständigen Satz heraus. Kaum hatte er begriffen, was ich im Schilde führte, begann er einen langen und detaillierten Bericht über die Ausrenkung seines Daumens. Ich glaube, die Grundursachen für den Unfall reichen bis in seine Kindheit zurück und in eine Zeit, wo er etwa fünf Jahre alt war, und von da an brach die Kette der Zwischenfälle nicht mehr ab. Ich verließ ihn unter mannigfachen Mitgefühlsbezeigungen, und um die Zeit hatte er immer noch nicht erfahren, daß ich mir den Zeh gebrochen hatte. Und so war's überall. Kein Mensch will was von meinem Zeh hören.

[...]

Was nun die Niederschrift meiner Memoiren betrifft, Jamie – und Du bist nicht der erste, der mich dazu anregen will, wie auch Dein Brief nicht die erste Anregung war, die von Dir kam –, so kann ich nur sagen, daß ich nicht glaube, ich könnte mich damit befreunden. Es gibt Leute, scheint mir, die können ihre Memoiren mit einem beträchtlichen Maß an Ehrlichkeit schreiben, und dann gibt es Leute, die können sich selber einfach nicht ernst genug dazu nehmen. Vielleicht bin ich der erste, der zugibt, daß es sich bei der Zurückhaltung, die einen Menschen davon abhält, seine eigene Persönlichkeit auszubeuten, in Wirklichkeit um eine invertierte Form der Selbstsucht handelt.

[...]

Wenn Du wissen willst, was ich wirklich gern schreiben würde – es wären Phantastische Geschichten, und damit meine ich nicht Science-fiction. Ein rundes Dutzend davon rappelt mir schon seit vielen Jahren im Kopf herum und plädiert dafür, zu Papier zu kommen. Aber damit ließe sich kein abgewetzter roter Heller verdienen. Sie wären bloß ein wunderbar sicheres Mittel, ein Verkannter Autor zu werden. Mein Gott, was für eine faszinierende Dokumentation ließe sich über diese Verkannten Autoren zusammentragen – und auch über die Ein-Buch-Schriftsteller:

Burschen wie Edward Anderson, der vor langer Zeit mal ein Buch mit dem Titel *Thieves Like Us* geschrieben hat, eine der besten Gaunergeschichten, die es gibt. John Houseman hat einen Film danach gedreht für Howard Hughes, und Anderson schrieb an Houseman und sagte, er versuche sich grad irgendwo unten in Texas ein Haus zu bauen, und ob sie ihm nicht vielleicht noch einmal hundert Dollar geben könnten! Dann wäre da James Ross, Verfasser des bei Houghton Mifflin erschienenen Romans *They Don't Dance Much*, der flotten, korrupten, aber vollkommen glaubwürdigen Geschichte einer Stadt in North Carolina, etwa so groß wie Raleigh. Ich habe das Buch mehrmals gelesen, und mir ist nie zu Ohren gekommen, daß er sonst noch was geschrieben hätte. Als ich noch ein Junge war, schrieb ein Mann namens Daniel Chaucer ein Buch *The Dark Forest*: Er mußte dann aber feststellen, daß es unter diesem Titel schon einen Roman von Hugh Walpole gab, und seinen Titel in *The New Humpty-Dumpty* ändern.* Es war ein besseres Buch, als Chaucer je hoffen konnte zu schreiben, und ich glaube nicht, daß Chaucer je noch was sonst geschrieben hat. Und dann wäre da Aaron Klopstein. Wer hat je von ihm gehört? Du hast's auch vermutlich nicht. Er beging im Alter von 33 Jahren Selbstmord in Greenwich Village, erschoß sich mit einem Blasrohr vom Amazonas, nachdem er zwei Romane mit den Titeln *Once More the Cicatrice* und *The Sea Gull Has No Friends*, zwei Bände Gedichte, *The Hydraulic Face Lift* und *Cat Hairs in the Custard*, einen Band Kurzgeschichten, *Twenty Inches of Monkey*, und einen Band kritische Essays mit dem Titel *Shakespeare in Baby Talk* veröffentlicht hatte.

Nun, das dürfte für heute genug sein, Jamie. Alles Beste Dir.

Herzlich immer Dein
Ray

---

* Chaucer war Ford Maddox Ford.

AN LEONARD RUSSEL

29. Dezember 1954

Lieber Leonard:

Ihr Brief vom 15. Dezember hat mich eben erst erreicht; um die Weihnachtszeit ist die Post, was sie ist. Ich habe viel Mitgefühl empfangen und Freundlichkeit und viele Briefe, aber der Ihre ist irgendwie einzigartig darin, daß er von der Schönheit, die verlorenging, spricht, statt mir mit dem vergleichsweise unnützen Leben zu kondolieren, das weitergeht.* Sie war alles, was Sie sagen, und noch mehr. Sie war dreißig Jahre lang der Schlag meines Herzens. Sie war die Musik, die man an der Schwelle des Hörbaren kaum noch, ganz schwach nur vernimmt. Es war mein großer und nun eitler Kummer, daß ich nie etwas geschrieben habe, was wirklich ihrer Aufmerksamkeit wert war, kein einziges Buch, das ich ihr widmen konnte. Geplant habe ich es wohl. Ich habe daran gedacht, aber geschrieben habe ich's nie. Vielleicht hätte ich es auch gar nicht schreiben können.

Sie starb schwer. Ihr Körper kämpfte hundert verlorene Schlachten, von denen jede hingereicht hätte, den meisten von uns den Rest zu geben. Zweimal habe ich sie aus dem Krankenhaus heimgebracht, weil sie Krankenhäuser haßte, und sie in ihr eigenes Bett gelegt, in ihrem eigenen Zimmer, mit Pflegerinnen rund um die Uhr. Aber es ging nicht, sie mußte wieder zurück. Und ich glaube, das hat sie mir nie ganz verziehen. Aber als ich ihr am Ende die Augen schloß, sah sie sehr jung aus. Vielleicht erkennt sie jetzt, daß ich es versucht habe und daß mir das Opfer einiger weniger Jahre einer ziemlich unbedeutenden literarischen Laufbahn als geringer Preis dafür erschien, daß ich sie ein paarmal öfter zum Lächeln bringen konnte.

Ich muß Ihnen bestimmt nicht eigens sagen, daß dies nichts Plötzliches war, daß es schon lange Zeit ging und daß ich in vielen, vielen dunklen und kalten Stunden in der Mitte der Nacht von

---

* Chandlers Frau Cissy war am 12. Dezember 1954 gestorben.

meiner Cissy Abschied genommen habe. Sie bewunderte und mochte Sie sehr. Ich bin nicht sicher, daß sie Dilys ebensosehr mochte wie ich, weil sie vermutlich argwöhnte, daß ich sie zu sehr mochte. Aber vielleicht habe ich auch nur gedacht, daß sie *Sie* ein wenig zu sehr mochte.

Ich hoffe, daß Sie beide wohl sind und guter Dinge und daß ich das Privileg haben darf, Sie in nicht zu ferner Zukunft wiederzusehen, mit dem oder ohne den Butler vom Ritz. Und ich hoffe, ich bin nicht zu sentimental, wenn ich mich unterschreibe als

Ihr Ihnen herzlich zugetaner

1955

Postfach Eins-Zwanzig-Acht
La Jolla, California
5. Januar 1955

Lieber Jamie:

Es war schön, mit Dir übers Telephon zu reden. Es war das erste
und vermutlich einzige Mal, daß ich mir den Luxus eines trans-
atlantischen Ferngesprächs erlaubt habe. Die Gelegenheit schien
es irgendwie zu rechtfertigen, und es kostete auch gar nicht so viel,
wie ich erwartet hatte. Dank Dir für Deine mehreren freundlichen
Briefe und auch für die Bücher, die Du mir gesandt hast. Bitte
schick jetzt keine mehr, da sie doch nur ins Lagerhaus kommen.
Ich entsinne mich nicht, ob ich Dir erzählte, daß ich das Haus
verkauft habe, aber ich hab's, und ich ziehe um den 15. März oder
noch früher hier aus. Daß ich's im frühen Februar nach New York
schaffe, glaube ich nicht. Tatsächlich meine ich nicht, daß sich die
Reise lohnen würde, da ich den Plan habe, so in der ersten oder
zweiten Aprilwoche einen schwedischen Dampfer durch den
Kanal zu nehmen. Die Fahrtdaten liegen aber noch nicht fest, so
daß ich nichts Endgültiges sagen kann. Ich gebe Dir Nachricht,
sobald ich selber ungefähr absehe, wann ich in London bin. Deinem Brief entnehme ich, daß Du mich gern ein Weilchen bei Dir zu
Hause aufnehmen würdest. Aber wenn ich's offen sagen darf,
ohne undankbar zu erscheinen: Ich würde lieber für mich allein
sein. Ich bliebe gern in einem Hotel – irgendeinem guten Hotel,
sogar dem Connaught –, bis ich mit Deiner Hilfe eine Etagenwoh-

nung mit Bedienung gefunden habe. Und ich will nicht ein Vermögen ausgeben. Ich möchte gern etwa sechs Monate in Europa bleiben und in England davon soviel Zeit verbringen, wie ich kann, ohne Gefahr zu laufen, als «ständig wohnhaft» eingestuft zu werden. Gern möchte ich auch nach Paris und vielleicht, wenn auch nicht gewiß, für einen Teil der Zeit nach Südfrankreich. Ich will niemandem zur Last oder auf die Nerven fallen. Ich bin ziemlich am Ende, und das ändert sich wahrscheinlich nicht so bald, da meine Gefühle nicht an der Oberfläche sitzen. Ich habe Freunde dabei; sie gehen mit mir nach Europa, obschon sie wohl nicht gleich zu Anfang nach England wollen. Wir hoffen auf eines der neuen schwedischen Frachtschiffe zu kommen, die etwa fünfzig Prozent teurer sind als die anderen Dampfer des Typs, weshalb es leichter ist, Reservierungen darauf zu bekommen. Sie laufen vermutlich nach Antwerpen, Rotterdam und London, aber Gott weiß, wo in London sie anlegen, sehr wahrscheinlich bei den East India Docks.

Ich hoffe, die Antwort auf Dein Telegramm in Sachen *Big Sleep* war zufriedenstellend. Mir selber ist völlig egal, was die Leute damit anstellen. Ich nehme an, der *Daily Sketch* ist der Typ Zeitung, den Du und ich nicht lesen.*

Leonard Russell schrieb mir einen sehr rührenden Brief, den ich schon beantwortet habe. Wenn es Dir nicht zuviel Umstände macht, könntest Du vielleicht Eric Partridge anrufen und ihm sagen, ich weiß, ich schulde ihm einen Brief, und ihm erzählen, warum ich bis jetzt außerstande war, ihm zu schreiben. Du hast, als wir in London waren, vielleicht bemerkt, daß Cissy gesundheitlich ziemlich hinfällig geworden war. Als wir zurückkamen, sah sie besser aus und fühlte sich auch besser als in den ganzen letzten Jahren, aber es hielt nicht an. Sie wurde schwächer und schwächer und ermüdete mehr und mehr. Sie versuchte sich immer wieder aufzurappeln, und es gab ein paar Gelegenheiten, wo sie tatsächlich mit dem Auto ausfuhr; bei verschiedenen anderen bin dann ich gefahren, irgendwohin, wo sie wollte, oder auch nur ins Freie, an die Luft, oder zum Einkaufen von Kleidung, die sie dringend

* Vorschlag, das Buch in Fortsetzungen abzudrucken.

brauchte. Aber selbst das hörte auf. Normalerweise, bis etwa einen Monat vor ihrem Tod, war sie in der Lage, für einen Teil des Tages aufzustehen und zum Abendessen. Sie hatte ein dunkles und, wie mir gesagt wurde, ziemlich seltenes Leiden, das man Lungenfibrose nennt. Ich glaube nicht, daß die Ärzte viel darüber wissen, auch nicht, was die Ursache ist. Es besteht in einer langsamen Verhärtung des Lungengewebes, die unten an der Lunge beginnt und nach oben fortschreitet. Der befallene Teil gibt keinen Sauerstoff mehr an das Blut ab, wodurch natürlich Herz und Atmung immer stärker belastet werden. Schon 1948 ergab sich der Befund bei einer Röntgenaufnahme, aber es dauerte noch eine ganze Weile, bis mir aufging, daß es dafür nur ein einziges Ende geben konnte. Ich glaube nicht, daß sie selber die Hoffnung je ganz aufgab, oder wenn während der letzten Wochen doch, dann ließ sie sich jedenfalls niemandem gegenüber anmerken, daß sie die Hoffnung aufgegeben hatte. Wir haben eine ganze Reihe Ärzte ausprobiert. Die meisten kapitulierten schnell, ohne zu sagen, warum. Letzten Oktober versuchten wir's mit einem Dr. Neber, den wir seinerzeit beigezogen hatten, als wir nach La Jolla zogen, aber dann aufgaben, weil seine Mittel Cissy offenbar nie bekamen, und er fing bei ihr mit Kortison an. Wir wollten einen grundsätzlichen Versuch mit ihm machen, denn er hatte drei oder vier Fälle von Lungenfibrose, was für einen einzigen Arzt doch ungewöhnlich ist in einer Kleinstadt wie La Jolla. Bei seinen anderen Patienten hatte er mit Kortison großen Erfolg gehabt. Zwei davon, die bettlägerig gewesen waren, konnten wieder aufstehen und fast normal ihrer Beschäftigung nachgehen. Aber es ist ein sehr starkes Mittel, und Cissy war mit Drogen immer heikel. Es ging aufs Gehirn, und besonders beeinträchtigte es ihr Gedächtnis, was ihr großes Unbehagen bereitete. Sie konnte nichts mehr über fünf oder zehn Minuten behalten. Ich mußte ihr sämtliche Medikamente zuteilen, sonst hätte sie zwei- oder dreimal danach gegriffen, ohne sich klar darüber zu werden, daß sie sie bereits eingenommen hatte. Das Kortison wirkte nicht, deshalb setzte der Arzt es Ende der ersten Novemberwoche ab, um mit ACTH zu beginnen, und dies konnte ich ihr, nach den ersten Injektionen, selber subkutan verabreichen, wie ich's vor mehreren Jahren gelernt hatte, ihr verschiedene Vitamine subkutan zu spritzen. Es ging ihr aber auch davon nicht besonders gut. Sie wurde immer hinfälliger und immer depressiver, und dabei war sie kein Mensch, der sich leicht deprimieren ließ. Am 30. November entwickelte sich eine Lungenentzündung, und sie mußte in einer Ambulanz ins Krankenhaus gebracht werden. Früh am nächsten Morgen bekam sie einen absolut rasenden Wutanfall und verlangte schreiend, nach Hause gebracht zu werden. Von sieben Uhr an rief sie wiederholt die Schwester oder ließ sie rufen. Ich brachte es fertig, sie zu überreden doch den Tag noch und bis zum folgenden Morgen dazubleiben, und als ihre Temperatur dann normal war und das Penicillin die Lungenentzündung offenbar im Anfangsstadium gepackt hatte, erlaubte der Arzt mir widerstrebend, sie nach Hause zu bringen, was sie sehr glücklich machte. Aber am nächsten Tag hatte sie die Schrecken des Krankenhauses schon wieder vergessen – und niemand haßte Krankenhäuser mehr als sie – und wollte wieder zurück. Der Arzt wollte überdies noch ein Medikament namens Rauwolfia probieren, afrikanische Schlangenwurzel, das offenbar die Eigenschaft besitzt, einen Zustand der Euphorie hervorzurufen, ohne jede Nebenwirkung, und das unbeschränkt genommen werden kann. Er teilte mir um diese Zeit mit, daß sie den Rest ihres Lebens in einem Sanatorium würde verbringen müssen und daß die Rauwolfia sie in eine hinreichend nachgiebige Stimmung versetzen könne, sich nicht dagegen zu sträuben. Am nächsten Morgen rief sie mich wieder in aller Frühe an und verlangte, heimgebracht zu werden. So setzte ich mich mit dem Arzt in Verbindung und sagte ihm, ich könnte nicht mit ansehen, wie sie geistig leide, und widerstrebend willigte er abermals ein, sie nach Hause zu lassen. Sie war schon sehr krank und sehr schwach um diese Zeit, brauchte Hilfe beim Gang zum Bad, brauchte jemanden, der dort bei ihr blieb. Ihre Schwester Vinnie und ich waren völlig geschafft, besonders Vinnie, denn wir bekamen nur sehr wenig Schlaf. Ich konnte dann Pflegerinnen beschaffen, die rund um die Uhr bei ihr blieben, aber sie war sehr elend, rang die ganze Zeit nach Luft, hustete heftig und gab an, daß sie starke Schmerzen habe. Am 7. Dezember wurde mir klar, daß sie im Sterben lag. Mitten in der Nacht erschien sie plötzlich im Pyjama in meinem

Zimmer; sie war der Pflegerin irgendwie entkommen und sah aus wie ein Gespenst. Wir brachten sie ins Bett zurück, und sie versuchte es noch einmal, aber diesmal paßte die Pflegerin auf. Am Morgen des 8en Dezember um drei Uhr war ihre Temperatur so niedrig, daß die Pflegerin Angst bekam und den Arzt rief, und wieder kam die Ambulanz und brachte sie ins Krankenhaus. Sie konnte nicht schlafen, und ich wußte, es brauchte eine Menge Zeug, um sie unterzukriegen, deshalb brachte ich ihr Schlaftabletten, und die knotete sie immer in einen Zipfel ihres Taschentuchs, um sie verstohlen schlucken zu können, wenn die Schwester aus dem Zimmer war. Sie lag die ganze Zeit unter dem Sauerstoffzelt, aber sie zog es immer wieder beiseite, damit sie meine Hand halten konnte. Ihr Geist war stark getrübt in manchen Dingen, aber in anderen fast zum Verzweifeln überklar. Einmal fragte sie mich, wo wir wohnten, in welcher Stadt wir lebten, und dann bat sie mich, ihr das Haus zu beschreiben. Sie schien nicht mehr zu wissen, wie es aussah. Dann wandte sie meist den Kopf zur Seite, und wenn ich nicht mehr in ihrem Gesichtskreis war, schien sie mich ganz zu vergessen. Sooft ich sie besuchen kam, streckte sie mir unter dem Rand des Sauerstoffzelts ihr Taschentuch entgegen, damit ich ihr die Schlaftabletten gäbe. Ich begann mir Sorgen deswegen zu machen und gestand es dem Arzt, und er sagte, sie bekäme Medikamente, die viel stärker seien als jedes Schlafmittel. Am 11ten, als wir zu ihr gingen, hatte ich keine, und sie hielt mir ihr Taschentuch hin unter dem Rand des Sauerstoffzelts, und als ich ihr nichts zu geben hatte, wandte sie den Kopf und sagte: «So hast du das also gewollt?» Gegen Mittag dieses Tages rief der Arzt mich an und sagte, es wäre besser, ich käme herüber und spräche noch mit ihr, es könnte die letzte Gelegenheit sein. Als ich eintraf, war er damit beschäftigt, Venen an ihren Füßen zu suchen, um eine Demerolinjektion zu machen. Was für eine Ironie, daß ich in meinem letzten Buch über Demerol geschrieben habe! Er schaffte es, sie in den Schlaf zu bringen, aber am Abend dann war sie wieder hellwach. Das heißt, sie wirkte hellwach, doch bin ich nicht einmal sicher, daß sie mich erkannte. Sie fiel erneut in Schlaf, während ich dort war. Kurz nach Mittag am 12ten Dezember, es war ein Sonntag, rief mich die Krankenschwester an und sagte, es ginge ihr sehr schlecht, was so ungefähr die drastischste Aussage ist, die eine Krankenschwester nur machen kann. Vinnies Sohn war grad mit Vinnie hier; er fuhr mich mit fünfzig Meilen pro Stunde zum Krankenhaus hinüber und übertrat dabei sämtliche Verkehrsregeln, wozu ich ihn anwies, da die Bullen von La Jolla Freunde von mir waren. Als ich hinkam, hatten sie das Sauerstoffzelt weggenommen, und sie lag mit halboffenen Augen da. Ich denke, sie war bereits tot. Ein anderer Arzt hatte ihr das Stethoskop aufs Herz gesetzt und horchte. Nach einer Weile trat er zurück und nickte. Ich schloß ihr die Augen, küßte sie und ging.

In gewissem Sinne hatte ich natürlich schon lange vorher von ihr Abschied genommen. Tatsächlich war mir oft während der vergangenen zwei Jahre mitten in der Nacht klargeworden, daß es nur noch eine Frage der Zeit war, wann ich sie verlor. Aber das ist nicht dasselbe, wie wenn es dann geschieht. Von der Geliebten im Inneren Abschied zu nehmen, ist nicht dasselbe, wie ihr die Augen zu schließen und zu wissen, daß sie sich nie wieder öffnen werden. Doch ich war froh, daß sie starb. Der Gedanke, daß dieser stolze, furchtlose Vogel für den Rest seiner Tage im Zimmerkäfig eines elenden Sanatoriums eingesperrt sein könnte, war für mich so unerträglich, daß ich ihn überhaupt kaum zu Ende denken konnte. Ich bin nicht eigentlich zusammengebrochen, erst nach der Beerdigung, teils weil ich unter einem Schock stand und teils weil ich die Schwester von Cissy auf den Beinen halten mußte. Ich schlafe jetzt in ihrem Zimmer. Erst dachte ich, das könnte ich nicht ertragen, aber dann dachte ich, wenn das Zimmer leer bliebe, würde es sich mit Gespenstern bevölkern, und jedesmal wenn ich an der Tür vorüberginge, würde mich Grauen befallen, und das einzige für mich wäre doch, selber einzuziehen und es mit meinem Krempel zu füllen und das Durcheinander zu schaffen, in dem ich zu leben gewohnt bin. Es war die richtige Entscheidung. Ihre Kleider sind alle um mich, aber sie hängen in Schränken oder sind in Schubladen versteckt. Ich habe zwei uralte Freunde hier, die bei mir bleiben, und sie sind über alle Erwartung geduldig und freundlich. Aber das Grauen ist trotzdem in mir und nur in mir. Dreißig Jahre, zehn Monate und vier Tage lang war sie das Licht meines Lebens, mein einziger Ehrgeiz. Alles, was ich sonst tat, war nur das Feuer für sie, sich die Hände daran zu wärmen. Mehr ist nicht zu sagen. Ich fürchte, ich habe meine Weihnachtsbestellungen ein bißchen spät aufgegeben, hoffe aber doch, es ist alles rechtzeitig angekommen, um Euch alle ein wenig zu ermuntern. Ich weiß nicht, wie die Dinge jetzt drüben stehen, aber nach dem, was Roger schreibt, geht alles doch wesentlich besser als bisher.

Liebe Grüße an alle.

Herzlich immer Dein
Ray

AN HAMISH HAMILTON

6005 Camino de la Costa
La Jolla, California
22. Jan. 1955

Lieber Jamie:

[...]

Ich versuche, nicht zuviel über Cissy nachzudenken. Spät abends, wenn die Leute zu Bett gegangen sind und das Haus still ist und das Lesen schwerfällt, höre ich auf dem Teppich leichte Schritte rascheln und sehe ein sanftes Lächeln am Rand des Lampenlichts schweben und höre eine Stimme, die mich bei einem Kosenamen ruft. Dann gehe ich in die Speisekammer hinaus und mixe mir einen steifen Brandy Soda und versuche an etwas anderes zu denken. Leider kann ich Poesie nur bei Tageslicht lesen. Poesie ist zu traurig. Immerzu gerät man über Zeilen wie diese:

Or shredded perfume, like a cloud
From closet long to quiet vowed,
With mothed and dropping arras hung,
Mouldering her lute and books among.
*As when a queen, long dead, was young.**

Ich habe einiges von meinen eigenen alten Gedichten ausgegraben und war recht verdutzt, manche gar nicht so schlecht zu finden. Es fehlt die herbe Schärfe und das Ihr-werdet-doch-wohl-verstehen-was-ich-meine der modernen Sachen. Sie sind, möchte ich mal sagen, georgianisch, Klasse B. Dieser Tage werde ich Dir zwei schicken. Ich habe mich nie als druckenswerten Dichter betrachtet, natürlich nicht, obwohl eine ganze Anzahl davon vor langer Zeit u.a. in der *Westminster Gazette* erschienen ist.

Was die kleine Wohnung mit Bedienung betrifft, so gehe ich wohl doch lieber eine Zeitlang in ein Hotel und sehe mich dann angelegentlich um. Die Lage der Wohnung ist für mich wichtig, und dann weiß ich auch gar nicht recht, was man unter Etagenwohnung mit Bedienung versteht. Wie weit geht denn die Bedienung? Kommt da morgens jemand rein und macht einem das Bett und wäscht das Geschirr ab? Ist ein Restaurant in dem Gebäude? Lauter so Fragen.

[…]

Das dürfte genug sein für heute.

Mit lieben Grüßen an alle
Ray

---

* [Anm. d. Ü.:] Poesie von dieser Bilderdichte und syntaktischen Fügung ist in ihrem Wesentlichen nicht übersetzbar, weder durch eine interlineare Version, die banalisierend wirken würde, noch durch nachempfundene Reime, die das Original notwendig verkürzen müßten und seine Originalität zudem der Gefahr gewöhnlichen Verseschmiedens aussetzten. Der Leser ist deshalb gebeten, den Eindruck dieser Zeilen auf den Verfasser der Briefe aus dem englischen Original zu erahnen.

AN ROGER MACHELL

6005 Camino de la Costa
La Jolla, California
28. Jan. 1955

Lieber Roger:

Nur rasch eine Notiz, um Sie wissen zu lassen, daß ich meine
Pläne, die Reise durch den Kanal zu machen, trotz meiner Vorliebe für die schwedische Küche grad ändere. Ich habe mit einer
meiner Nebenhöhlen was los, und die Hälfte der Zeit ist meine
Stimme weg. Ich denke, die natürliche Bosheit meiner Charakter-
anlage schlüpft mir nachts auf die Stimmbänder runter und läßt
mich bölken und heiser werden. Könnte sein, daß ich sterbe, ich
glaub's aber nicht. Jedenfalls brauche ich auf einige Zeit den
Beistand eines Nasenklempners und lasse mich also doch lieber
nicht auf ein Schiff mit bloß 12 Passagieren ein. Womöglich würden sie mich auch gar nicht aufnehmen. Der Kapitän hat vermutlich ja einen Vorrat an Narkotika an Bord, könnte aber knickrig
damit sein. Fraglos hat er auch einen Tischlerwerkzeugkasten, um
gebrochene Knochen zu richten, und eine Buddel voll Aspirin.
Von all dem abgesehen, hat der Gedanke, ohne Cissy durch den
Kanal zu fahren, auch etwas Trauriges. Deshalb gehe ich Ende
März nach Osten, und dort habe ich eine Einzelkabine auf der
Hotel Cecil (*Mauretania* für Sie), die am 12ten April abfährt. In
Southampton sein dürfte sie irgendwann am 18ten April, es sei
denn, wir begegnen einem großen Eisberg. Sie werden, wie ich
selbst, ein bißchen später alles Nähere erfahren. Jedenfalls bekom-
men Sie noch eine Bestätigung, sobald die Schiffskarte in meinem
Besitz ist.
[...]
Von Jamie kam ein bezaubernder Brief. Er gedenkt nächsten
Mittwoch in New York zu sein, aber wenn meine Stimme nicht
besser ist als jetzt, werde ich kaum imstande sein, mit einigem
Erfolg übers Telephon mit ihm zu reden. Ich hoffe, er kann ein paar
gute Bücher mit heimbringen. Hier drüben laufen die Dinge wirk-

lich eigenartig im Verlagsgeschäft. Ein Freund von mir bekam zwei Bücher abgelehnt, weil sie den Taschenbuchleuten vorgelegt worden waren, bevor der Verleger sie annehmen konnte, und die Taschenbuchleute sind grad jetzt sehr gewieft. Bankrotte und Fusionen drohen überall. Prostitution, Flagellation und das Drogengeschäft wirken immer noch rundum gesund, aber der Handel mit Büchern – o ihr Götter, schaut euch die laufende Bestsellerliste an! Sie wird angeführt von einem Opus mit dem Titel *Love Is Eternal*, von einem gewissen Irving Stone. Keine Frage, vom Geschäftsrisiko her würden Sie so was mit Kußhand drucken, ich kenne den Mann und habe eins seiner frühen Bücher gelesen, das über Van Gogh. Seitdem habe ich ihn meine Sache nicht mehr sein lassen. Nicht daß er's brauchte. Allerdings, selbst die schlimmsten Bestseller sind nicht so eselsdämlich wie die englische Kritik. Die scheint inzwischen voll in den Händen von exhumierten Leichen zu liegen, die man unter dem Verdacht aufgeschaufelt hat, daß sie Arsen enthalten.

Sie sehen, ich komme ganz gut über die Runden. Ich schlafe immer noch miserabel, aber die alte Frische kehrt langsam zurück. Selten ein Tag ohne seinen leidlich wohlformulierten Affront.

Herzlich immer Ihr
Ray

AN ROGER MACHELL

7. Febr. 1955

Lieber Roger:

[...]

Die *Mauretania* braucht sechs Tage, folglich müßte ich am 18ten April in England eintreffen; ich habe aber keine Ahnung, um welche genaue Tageszeit. Könnten Sie für etwa eine Woche von da an ein Hotelzimmer mit Bad für mich organisieren? Ich denke, das alte Connaught käme mir ganz gut zupaß. Nur eins ist mir bei den

Leuten wirklich aufgestoßen: Ich habe dort einen Bedienungszuschlag zur Rechnung einschließlich der Bar-Rechnung (die ziemlich happig war) bezahlt, ohne daß die Bar-Leute etwas davon abbekamen, weil sie eine Konzession sind. Das ist wohl kaum ganz fair. Trotz der Tatsache, daß dieser Bedienungszuschlag gedacht ist, das Trinkgeld zu ersetzen, konnte ich's nicht über mich bringen, es dabei zu lassen, und so habe ich denn noch jeden extra bedacht, mit dem ich irgendwas zu tun gehabt hatte, und sogar dem Stab im Speisesaal fünf Pfund gegeben, ohne allerdings vom Maître d'hotel auch nur ein Nicken der Anerkennung zu ernten. Das nehme ich doch ziemlich übel. Vielleicht hat sich's die schwarze Krawattentype, der ich's gab, auch einfach selber unter den Nagel gerissen. Ich brauche da etwas Rat. Das Trinkgeldgeben ist wirklich der Horror des Reisens. Ich weiß nie, wieviel ich geben soll, und aus dem Grund geb' ich dann immer zuviel. Natürlich tue ich das hier ebenso. Gebe immer über Verdienst. Vor mir selber nenne ich das gern Freigebigkeit, aber vermutlich ist's reiner Exhibitionismus.

Dann kommt das Problem mit der Bedienungswohnung. Was zum Teufel versteht man darunter eigentlich genau? Wieviel Bedienung kriegt man, was wird für einen getan, wie teuer kommt einen das und so weiter. Jamie sagt, Sie sind in diesen Sachen Experte. Frank Francis schrieb mir, daß der Whitehall Court etwa 30 Guineen die Woche erwartet. Das kommt mir ein bißchen übertrieben vor, selbst wenn nackte Tänzerinnen dazugeliefert werden. Und haben diese Häuser einen Speisesaal? Und kann man soviel Lärm machen, wie man will? Zum Beispiel sitze ich die halbe Nacht auf und spiele Schallplatten, wenn mir kopfhängerig zumute ist und ich mich nicht genügend betrinken kann, um schläfrig zu werden. Meine Nächte sind ziemlich grauenvoll. Und es wird nicht im mindesten besser damit. Ich bin seit Samstag morgen allein, wo Vinnie nach Hause fuhr. Allein bis auf Mable die Perle, meine pennsylvaniadeutsche Köchin und Haushälterin. Sie hat eine Menge guter Eigenschaften, aber zur Gesellschaft taugt sie nicht besonders. Sie ist nicht einmal schön. Sie ist fett wie ein Tümmler, und wenn sie sich bückt, kriegt man ein paar Vorderbeine zu sehen, um die sie ein Freistilringer beneiden würde. Der Größe wegen, wenn nicht gar wegen der Form.

Ich würde gern für zwei oder drei Wochen zu einer guten Jahreszeit nach Paris gehen und möglicherweise auch nach Nürnberg. Aber um die Zeit dürfte Europa derart von Amerikanern verlaust sein, daß man auch mit dem Schuhlöffel keinen Floh mehr reinkriegen könnte. Ich will keinen Georges-Cinq-Bombast, sondern ein anständiges Hotel, wo ich einfach ein Zimmer mit Bad habe, mal angenommen, solch ein Luxus ist für einen kraxelnden Schriftsteller, der keine Ölquellen in Texas besitzt, noch einigermaßen erschwinglich. Was ich ganz besonders wenig erstrebe, ist eine Ladung amerikanischer Touristen, die sich überall breitmachen. Je m'en foute pas mal des touristes Américains. Soviel ich weiß, heißt die hier zuständige Wendung: Sortez les, sortez les, sortez les!

Vielleicht kann ich's, wenn ich von diesem Haus und all seinen Erinnerungen loskomme, doch so weit bringen, wieder ein bißchen was zu schreiben. Aber dann kriege ich vielleicht bloß Heimweh wieder, und Heimweh nach einem Heim, das man nicht mehr hat, ist eine ziemlich böse Sache.

Morgen ist oder wäre unser einunddreißigster Hochzeitstag. Ich werde das Haus mit roten Rosen füllen und mir einen Freund herholen, um mit ihm Champagner zu trinken, wie wir's immer gemacht haben. Eine sinnlose und vermutlich alberne Geste, weil meine verlorene Liebe ja doch endgültig verloren ist und ich an ein Nachleben nicht glaube. Aber trotzdem werde ich's tun. Wir rabiaten Burschen sind im Herzen allesamt hoffnungslose Sentimentalisten.

Alles Beste Ihnen –
Ray

AN ROGER MACHELL

Postfach Eins-Zwanzig-Acht
La Jolla, California
5ter März 1955

Lieber Roger:

[...]

Ich habe einen kurzen Luftpostbrief an Jamie aufgegeben, der ihn noch erreichen dürfte, bevor er heimfährt. Wenn's nicht so ist, ist's auch nicht weiter wichtig; es waren nur ein paar Zeilen, um ihm zu sagen, daß mit mir alles in Ordnung ist bzw. so weit in Ordnung, wie man's erhoffen könnte.* Ich wüßte Ihnen ums Leben nicht zu sagen, ob ich wirklich die Absicht hatte, die Sache durchzuziehen, oder ob mein Unbewußtes nur eine billige dramatische Vorstellung gegeben hat. Der erste Schuß ging jedenfalls ganz ohne meine Absicht los. Ich hatte noch nie mit der Pistole geschossen, und der erforderliche Druck auf den Abzug war so gering, daß ich ihn kaum berührt hatte, um meine Hand in die richtige Position zu bringen, als der Schuß auch schon losging und die Kugel rings an den Kachelwänden der Duschkabine abprallte und oben in die Decke fuhr. Sie hätte mir ganz ebenso leicht auch in den Bauch schlagen können nach dem Abprall. Die Ladung kam mir reichlich schwach vor. Das erklärte sich, als der zweite Schuß (der die Sache nun besorgen sollte) überhaupt nicht losging. Die Patronen waren etwa fünf Jahre alt, und in dem Klima hier hatte sich die Ladung, vermute ich, wohl zersetzt. An diesem Punkt ging bei mir das Licht aus. Der Polizeibeamte, der reinkam, erzählte mir später, ich hätte auf dem Boden der Dusche gehockt und versucht, mir die Waffe in den Mund zu schieben, und als er mich dann aufforderte, sie ihm zu geben, hätte ich bloß gelacht und sie ihm ausgehändigt. Ich habe nicht die leiseste Erinnerung daran.

---

* Chandler hatte am 22. Februar 1955 aus Verzweiflung über den Tod seiner Frau einen Selbstmordversuch unternommen und sich im Badezimmer seines Hauses in La Jolla zu erschießen versucht.

Und ich weiß auch nicht, ob es ein emotionaler Defekt ist, daß ich absolut kein Schuldgefühl verspüre und auch gar nicht in Verlegenheit gerate, wenn ich Leuten in La Jolla begegne, die alle wissen, was passiert ist. Es kam hier über den Rundfunk, in den Telephon-Nachrichten und im ganzen Land in den Zeitungen, und ich kriegte stapelweise Briefe aus allen Himmelsrichtungen, manche freundlich und mitfühlend, manche schimpfend, manche unglaublich blöd. Einige kamen von Polizeibeamten, aktiv oder im Ruhestand, zwei von Geheimdienstoffizieren, der eine in Tokio und der andere in March Field, Riverside, und ein Brief stammte von einem professionellen Privatschnüffler in San Francisco. In allen stand zweierlei: 1. hätten sie mir schon lange mal schreiben wollen, weil ich vielleicht gar nicht wüßte, was meine Bücher den Leuten bedeuten, und 2. wie, potz Wunder, ein Schriftsteller, der nie zu den Bullen gehört habe, sie derart präzise kennen und akkurat porträtieren könnte. Einer schrieb, er habe 23 Jahre bei der Polizei von Los Angeles Dienst getan, und er könnte praktisch jedem Bullen in meinen Geschichten einen aktuellen Namen geben. Er schien zu glauben, ich müßte all diese Männer tatsächlich gekannt haben. Das hat mich denn doch ein bißchen verdutzt, weil ich immer der Meinung gewesen war, daß ein Polizeibeamter oder Detektiv im wirklichen Leben, wenn er meine Bücher läse, das nur täte, um anschließend höhnisch die Mundwinkel zu verziehen. Wer war's doch – Stevenson vielleicht –, der sagte, Erfahrung sei großenteils eine Sache der Intuition?

In England, glaube ich, und in noch einigen anderen Ländern ist versuchter Selbstmord, oder was so aussieht, ein Verbrechen. Für Kalifornien gilt das nicht, aber man muß durch die Beobachtungsstation des Kreiskrankenhauses. Mit dem mehr als energischen Beistand eines Freundes von mir, der in San Diego für die Zeitung schreibt, konnte ich mich schon am nächsten Mittag herausreden, aber es war nur unter der Bedingung möglich, daß ich in ein Privatsanatorium ging.* Das tat ich denn. Mich aus dem herauszureden, war wesentlich schwieriger. Ich hielt es sechs Tage aus und bekam dann das Gefühl, daß ich mit halben Versprechungen hin-

---

* Der Freund, der für Chandlers Entlassung sorgte, war Neil Morgan.

gehalten würde. Da verkündete ich denn, daß ich mich selbst zu entlassen gedächte. Großer Aufstand. Das ginge nicht, auf gar keinen Fall. Na schön, sagte ich, dann zeigen Sie mir mal das Gesetz, das mich hier festhält. Es gab keins, und der leitende Mann da wußte das. So räumte er schließlich ein, daß ich jederzeit nach Belieben gehen könnte, aber ob ich nicht mit in sein Büro kommen und mit ihm reden wollte. Bitte sehr, sagte ich, nicht weil ich mir was Gutes davon versprach, sondern weil die Fallbeschreibung dann besser aussah, und wenn er ganz offen mit mir redete, konnte ich ihm überdies vielleicht auch noch helfen.

So kam ich also wieder nach Hause, und seither hat mich von der ganzen Geschichte eigentlich nichts mehr beschäftigt, außer daß sie mich da, um mich fügsam zu machen, derart mit Drogen vollgepumpt hatten, daß ich immer noch einen leichten Kater davon habe. Ist es nicht erstaunlich, daß da Leute herumsitzen in diesen Häusern, deprimiert, gelangweilt und elend, voller Sorge um ihre Stellung und ihre Familie, voller Sehnsucht, wieder nach Hause zu kommen, jeden zweiten Tag einer Elektroschockbehandlung unterworfen (bei mir haben sie nicht gewagt, mit so was zu kommen) und dazwischen Insulinschocks, voller Angst vor den Kosten für das alles und mit dem Gefühl, Gefangene zu sein, und daß sie doch nicht den Mumm haben, einfach aufzustehen und wegzugehen? Ich nehme an, es gehört das mit zu dem, was sie hergebracht hat. Wenn sie mehr Mumm hätten, wären sie überhaupt gar nicht da. Aber das ist wohl noch keine Antwort. Wenn ich selber mehr Mumm gehabt hätte, dann hätten mich Verzweiflung und Kummer nicht derart fertiggemacht, daß ich tat, was ich tat. Aber als ich feststellte, daß ich's einfach mit Menschen und mit bloßem psychiatrischen Blabla und mit einer nicht vorhandenen Autorität zu tun hatte, die mich nur glauben machen wollte, sie besäße Macht über mich, da sah ich gar kein sonderliches Wagnis mehr darin, ihnen einfach zu sagen, was ich tun würde, und es dann auch zu tun. Und am Ende schien ihnen das sonderbarerweise sogar fast zu gefallen.

Die Oberschwester küßte mich und sagte, ich wäre der höflichste, der rücksichtsvollste und entgegenkommendste Patient, den sie dort je gehabt hätten, und ich wäre ja gar nicht totzukriegen, und Gott solle jedem Arzt helfen, der versuchte, mich zu etwas zu bringen, von dem ich nicht auch überzeugt wäre, daß ich's tun sollte. Und soviel denn für heute.

Liebe Grüße
Ray

AN WILLIAM GAULT

Hotel Del Charro
2380 Torrey Pines Road
La Jolla, California
[o.D., April 1955]

Lieber Bill Gault:

Ich beantworte Ihren Brief auf dem Absatz, nicht weil er so freundlich ist, wie er wahrlich ist, und ich habe wohl hundert freundliche Briefe aus allen Weltgegenden erhalten (das ist in gar keiner Weise ablehnend gesagt), sondern aufgrund Ihrer Vorstellung, ich sähe verächtlich auf die Kriminalgeschichte herab. Ich weiß nicht, wie Sie auf diesen Einfall gekommen sind. Ich kann mich nicht entsinnen, irgendwas der Art je geschrieben oder gesagt zu haben. Möglich ist, daß ich, wäre ich ein bißchen jünger gewesen, als ich mit dem Schreiben von erzählender Prosa anfing, wäre ich ein besserer Beobachter gewesen und mit einem besseren Gedächtnis begabt, mir vielleicht einen Ruf als «richtiger» Romancier erworben hätte. Es ist mir aber nie in den Sinn gekommen, das zu versuchen. Ich habe es immer für reines Glück gehalten, es auf unserem Gebiet so weit gebracht zu haben, wie ich's gebracht habe, und Sie können mir glauben, wenn ich «Glück» sage, dann rede ich nicht zu den Vögeln. Talent ist nie genug. Die Literaturgeschichte ist übersät mit den Leichen von Schriftstellern, die ohne jede eigene Schuld ihre Zeit verpaßt haben oder ihrer Generation bloß ein bißchen zu weit voraus waren. Ein alter und weiser Freund von mir hat mal gesagt, von ihren größten Männern höre die Welt nie etwas; die Männer, die sie groß nenne, seien dem

Durchschnitt grad weit genug voraus, um sich von ihm abzuheben, aber nicht weit genug, um ihm ganz entrückt zu sein.

Ich glaube, es bietet eine ganz besondere Genugtuung, sich einem Literaturtypus zu widmen, der für die Pandits unter aller Kanone ist, und daraus etwas zu machen, was den Gerechtdenkenden unter ihnen doch ein bißchen Respekt abnötigt. Sie dürfen niemals den Gedanken zulassen, daß die Prosa, die Sie und ich machen, per Definition minderwertig sei. Sie ist vielmehr grad so gut wie der Mann, der sie schreibt, und es ist aktenkundig, daß sie 99,44 Prozent der so lauthals ausgeschrienen Bestseller überdauert.

Gestern habe ich das ziemlich quälende Geschäft zu Ende gebracht, die Möbel aus dem Haus zu schaffen und alles für den neuen Käufer herzurichten. Als ich durch die leeren Räume ging, die Fenster kontrollierte und so fort, fühlte ich mich ein bißchen wie der letzte Mensch in einer toten Welt. Aber das wird schon vorübergehen. Am Mittwoch fahre ich nach Old Chatham, New York, um bei meinem besten Freund abzusteigen, und am 12ten April reise ich mit der *Mauretania* ab. Gegen Ende Oktober bin ich voraussichtlich wieder zurück und hoffe dann ein Haus in La Jolla zu finden – ein viel kleineres natürlich –, weil es sich hier ja doch angenehm lebt und jeder mich da kennt.

Dank, daß Sie mir geschrieben haben, und Dank für das, was Sie mir geschrieben haben; ich hoffe nur, Sie übertreiben, unbewußt, nicht zu sehr. Mir würde das nichts ausmachen, denn ich bin von Natur ein bescheidenes Licht; aber es wäre nicht gut für Sie. Denn Sie haben das Zeug, so gut wie die Besten zu werden. Schreiben Sie nie etwas, was Ihnen selber nicht gefällt, und wenn es Ihnen gefällt, dann nehmen Sie von niemandem einen Rat an, was daran zu ändern. Die haben alle keine Ahnung.

Alles Beste Ihnen –
Ray

AN HARDWICK MOSELEY

The Connaught Hotel
Carlos Place, London W.1
24. April 1955

Lieber Hardwick:

Danke für Ihr Telegramm. Ich bin hier noch mindestens bis zum 8en Mai, wonach ich dann vielleicht im Green Park schlafen muß. Ich bin nicht glücklich, und ich bin schrecklich heiser von einer Laryngitis. Der Rummel hier wird mir auch einfach zuviel. Man geht mit acht Leuten zum Lunch, und fünf davon laden einen für den nächsten Tag zu einer Dinnerparty ein. So ist Essen, Trinken und gegenseitiges Sich-Anöden praktisch alles, was man macht. Ich liebe das Hotel hier, aber nicht liebe ich's, angestarrt und den Leuten vorgeführt zu werden, und Zeitungsinterviews liebe ich ebenfalls nicht.

Es sieht jetzt ganz so aus, als würde ich hier doch nie was zustande bringen, und so werde ich wohl, wenn sich's machen läßt, im frühen Juni zurückkehren. Ich bin schon ganz heimwehkrank.

Immerherzlich
Ray

PS Dies ist eine neue Olivetti, und ich habe sie noch nicht ganz gemeistert. Ein wunderschönes Gerätchen.

AN HAMISH HAMILTON

The Connaught Hotel
Carlos Place
London, W.1
27. 4. 1955

Lieber Jamie:

Würdest Du bitte jemand den *Daily-Sketch*-Leuten ausrichten lassen, daß ich nicht nur nichts für sie zu schreiben gedächte, sondern ihr eigenes Gelump nicht mal geeignet fände, ein Rattenloch damit zu stopfen? Unsere Presse ist ja schon nicht grad ein Sonderangebot, aber eure Gossenpresse ist einfach sagenhaft schlecht. Du könntest vielleicht auch den netten Mr. Harris vom *Standard* anrufen und ihm sagen, es täte mir leid, aber ich könnte mich auf das, was er will, im Moment geistig nicht einlassen, ich fühlte mich nicht wohl genug und bekäme nicht mal meine Privatbriefe geschrieben. Ich werde ihm noch ein paar Zeilen schreiben und ihm seine Sonderdrucke zurückschicken, denn persönlich gefiel er mir besser als alle anderen in diesem eigenartigen Beruf, denen ich zufällig begegnet bin.

Das Ding gestern abend war ja ziemlich geisterhaft. Natasha Spender ist eine bezaubernde Person und eine hingebungsvolle Gastgeberin; sie tischte ein großartiges Mahl auf, und alles war schließlich besoffen. Auch die Lobeshymnen über mich flossen ein bißchen zu reichlich, möchte ich meinen. Eine Sonia Sowieso* [– – –] sagte, ich sei der Liebling der britischen Intellektuellen, und sämtliche Poeten des Landes lägen meinetwegen im Delirium, und Edith Sitwell sitze kerzengerade im Bett (wobei sie vermutlich aussieht wie Henry der IVte, 3. Teil) und lese mit Leidenschaft meine Sachen. Es hieß auch, [Cyril] Connolly hätte über mich einen Aufsatz geschrieben, der als geradezu klassisch zu betrachten sei. Das Komische an dem allen war, daß sie's offenbar durch die Bank ganz ehrlich meinten. Ich habe ihnen zu erklären

---

* Sonia Orwell.

versucht, daß ich bloß ein kaputter Groschenheftschreiber sei und in den USA nur knapp über einem Mulatten rangierte.

Nun, jedenfalls hat's einen Riesenspaß gemacht.

Heute morgen rief, allewege ein bißchen gemächlich, die BBC an. Ich will mit niemandem mehr reden, den ich nicht kenne, bevor die Leute mir schreiben und erklären, was sie eigentlich wollen, und ich Gelegenheit habe, mich mit Dir abzustimmen.

Herzlich
Ray

Diese Schreibmaschine ist viel besser, aber mir immer noch ein bißchen fremd.

AN NEIL MORGAN

116, Eaton Square
London S.W.1.
3. Juni 1955

Lieber Neil:

Seit drei Tagen versuche ich Sie ans Telephon zu bekommen, dann war ich's so überdrüssig, daß ich den Anruf streichen ließ. Ich weiß, ich schulde Ihnen schon lange einen Brief, wie ich Ihnen auch für andere Dinge verpflichtet bin, die ich nie vergessen werde.

Ich glaube, Sie würden mich nicht wiedererkennen, wenn Sie mich jetzt sähen. Ich bin so verdammt vornehm geworden, daß ich mich manchmal vor mir selber ekle. Ich schlafe immer noch nicht gut, stehe oft um 4 oder fünf morgens auf und befleißige mich seit einiger Zeit einer Form höflicher Pornographie, die Ihnen durchaus wohl ein mildes Interesse abnötigen dürfte, weshalb ich gleich ein paar Exempel beifüge.* Sie verstehen sicher, daß das Hauptmotiv dahinter ein Versuch ist, das typische Geschwätz des gehobenen Bürgertums ein bißchen hochzunehmen. Es kann keinen größeren Irrtum geben, als zu denken, wir und die Engländer sprächen dieselbe Sprache.

Meist treibe ich mich mit der Literaten- und Künstlerclique von St.John's Wood und Chelsea herum, und das sind vielleicht ein wenig sonderbare Leute. Natürlich kenne ich auch ein paar Cockneys, aber die, mit denen ich rumziehe, haben ihre ganz eigene Ausdrucksweise, die man direkt übersetzen muß. Zum Beispiel: «Ich bete sie einfach an» bedeutet «Ich würde ihr ein Messer in den Rücken rammen, wenn sie einen hätte». «Die Sachen wirken ausgesprochen kostbar» bedeutet «So ein Ramsch, aber das Weib hatte ja nie Geschmack». «Das könnte mir schon gefallen» bedeutet «Gib her, aber zackzack». Und «Ich bin einfach unmöglich in ihn verliebt» bedeutet «Er hat genug Geld, um die Drinks zu bezahlen».

Es war ein wundervoller Frühling, die Plätze flammten von den prächtigsten Tulpen, oft drei und sogar vier Fuß hoch. Kew Gardens ist ein Paradies aus Grün und Farbe, Rhododendren, Azaleen, Amaryllen, blühende Bäume aller Art. Es packt einen förmlich an der Kehle nach dem harten, staubigen Grün von Kalifornien. Die Läden sind ganz reizend eingerichtet und voll von allen möglichen wunderbaren Sachen. Harrods ist leicht das schönste Warenhaus auf der Welt. Nichts in New York oder Los Angeles reicht da heran. Das System der Verkehrsregelung hier ist überragend. Das einzige, was die Leute einem nicht bieten können, ist zartes Fleisch. Sie haben einfach nicht die Lagerräume, um es abhängen zu lassen. In sehr guten Hotels wie dem Connaught, dem Savoy oder dem Claridge's bekommt man es, aber fast nirgends sonst. Was die in den meisten Lokalen ein Filet nennen, ißt sich wie ein Roundsteak.

---

* Diese Skizzen trugen den Titel *Routines to Shock the Neighbors*, und Chandler schrieb sie, um sich auf Arbeiten für die englische Bühne vorzubereiten. Zwei sind in *The Notebooks of Raymond Chandler*, 1976, abgedruckt.

Aber die Frauen! Wenn sie je vorstehende Zähne hatten, dann habe ich jedenfalls jetzt nichts mehr davon gesehen. Ich bin hier auf Partys Mädchen begegnet, bei deren Anblick Hollywood kopfstehen würde. Und sie sind so verdammt anständig, daß sie sich nicht einmal das Taxi von einem bezahlen lassen wollen. Wenn man sie gut genug kennt, kann man ihnen das Geld unter der Hand geben, aber dem Fahrer, das darf man nicht. Will man, daß sie mit einem ins Bett gehen, muß man fünfmal «bitte» sagen. Ein Beamter vom CIC, den ich kenne, war ein bißchen bekümmert darüber.* Er fragte mich, wie er eine kultivierte Engländerin, so ein richtiges Klassemädchen – keine G.I.-Schickse – ins Bett kriegen könnte. Worauf ich ihm mitteilte, was ich eben geschrieben habe. «Aber wenn sie dann nein sagt?» fragte er. «Bruder, wenn Sie das nicht vorher schon an ihren Augen erkennen, an der Art, wie sie sich bewegt und Sie ansieht oder nicht ansieht, am Ton ihrer Stimme, dann sind Sie verloren.» Er war ziemlich deprimiert. Amerikaner kommen in der Regel bei den besseren englischen Mädchen gar nicht gut an. Sie gehen zu schnell vor und zu grob. Die Masche «Los, komm, Kleines, hau'n wir uns in die Falle» zieht nicht. Das mögen sie nicht. Sie erwarten, als Damen behandelt zu werden. Sie sind durchaus willig, mit einem zu schlafen, wenn sie einen mögen und man achtungsvoll mit ihnen umgeht, denn in einem Land, wo die Frauen den Männern zahlenmäßig so unmäßig überlegen sind, ist das fast unvermeidlich, aber sie wollen nicht wie leichte Betthäschen behandelt werden. Sie wollen, daß man sich langsam und anspruchsvoll vorarbeitet, und damit haben sie, meine ich, ganz sicher recht.

[...]

Ray

* Vermutlich Counterintelligence Corps [= Spionageabwehrdienst].

AN DEN HERAUSGEBER
DES EVENING STANDARD

30. Juni 1955

Sehr geehrter Herr:

Als Teilzeit-Bewohner und Vollzeit-Bewunderer und -Freund Englands habe ich bis jetzt immer Respekt vor seinem Rechtssystem gehabt – wie der größte Teil der Welt. Doch manchmal tritt darin ein Zug zutage, so barbarisch, daß ich mich abgestoßen fühle.

Ich quäle mich seit einer Woche mit der Vorstellung, daß ein hochzivilisiertes Volk sich anschickt, Ruth Ellis einen Strick um den Hals zu legen, sie durch eine Falltür sausen zu lassen und ihr das Genick zu brechen.* Ich könnte vielleicht verstehen, daß man eine Frau für ein bestialisches Verbrechen wie mehrfachen Giftmord und Axtmord hängt (à la Lizzie Borden) oder die Oberschwester eines Säuglingsheims, die ihre Pflegebefohlenen getötet hat, aber dies war ein Verbrechen aus Leidenschaft unter erheblicher Herausforderung. Kein anderes Land auf der Welt würde diese Frau hängen.

In Frankreich würde sie mit einer leichten Strafe oder gar keiner davonkommen. In Amerika, wo ihre Tat als Totschlag ersten oder zweiten Grades gewertet würde, wäre sie in drei bis sieben Jahren wieder aus dem Gefängnis.

Dies läßt mir keine Ruhe, und, wenn ich das so sagen darf, es ekelt mich an wie etwas Obszönes. Ich wende mich nicht gegen den Prozeß, natürlich, wohl aber gegen die mittelalterlich grausame Barbarei des Gesetzes.

Raymond Chandler

---

* Ruth Ellis, eine überführte Mörderin, war zum Tode durch den Strang verurteilt worden. Chandlers Brief trug zu einer Welle der Entrüstung bei, die sich in der Öffentlichkeit über diese Strafe erhob und auch zu Parlamentsanfragen führte. Trotzdem wurde das Urteil im Juli vollstreckt.

AN JESSICA TYNDALE

116 Eaton Square
London, S.W.1.
SLO 3691
17ter Sept. 1955

Jessica, Schatz, Du machst Dir viel zuviel Sorgen um mich. Dein
Brief vom 13ten Sept. traf eben ein, und die Schlüsse, die Du
ziehst, sind wirklich völlig übertrieben. Ich komme später noch auf
Helga, aber zuerst laß mich sagen, daß ich Dir Dinge geschrieben
habe, die ich einem anderen Menschen nie geschrieben hätte, und
zwar weil ich in Dir absolute Aufrichtigkeit und Vertrauenswür-
digkeit gespürt habe.* Weißt Du, es ist so: Du hast mich nie
wirklich nüchtern gesehen, und ich bin's jetzt schon seit mehreren
Wochen − absolut stocknüchtern und knochentrocken. Töricht,
wie ich sein mag, gedenke ich auf diesem Weg zu bleiben. Irgendwas in meiner Chemie will den Alkohol nicht mehr akzeptieren. Es
gibt eine Art Kettenreaktion. Ich fange mit einem Glas Weißwein
an und lande bei zwei Flaschen Scotch pro Tag. Dann höre ich auf
zu essen. Nach vier oder fünf derartigen Tagen bin ich krank. Ich
muß aufhören, und die Entzugssymptome sind einfach grauenhaft.
Ich zittere dermaßen, daß ich kein Glas Wasser mehr halten kann.
Ich kann nicht mehr ohne Hilfe aufstehen oder gehen. Einen Tag
mal habe ich mich achtzehnmal übergeben. Mir war gar nicht
eigentlich übel, aber irgendwas sickerte mir unablässig aus meinen
entzündeten Nebenhöhlen hinten die Kehle runter, und jedesmal
wenn das geschah, würgte es mir die Seele aus dem Leib. Drei Tage
konnte ich nichts trinken als schluckweise Eiswasser. Nun, da ist
dann Sense für mich. Mein Vater war Alkoholiker, und ich habe
mein Leben lang in der Furcht gelebt, selber einer zu werden, aber
bis meine Frau starb, konnte ich immer aus eigenen Kräften aufhören, wenn ich spürte, daß es wirklich nötig war. Die drei Jahre vor
ihrem Tod war ich trocken wie ein Knochen. Das Komische ist, daß

---

* Jessica Tyndales Freundin Helga Greene, die später Chandlers literarische Agentin
wurde.

554

es mich selber nicht im mindesten geniert. Die es geniert, sind andere; manche nehmen es sogar ein bißchen übel. Aber sie werden's wohl hinnehmen müssen. Ich habe den Verdacht, daß alle Leute, die mehr trinken als hin und wieder einen Cocktail, insgeheim ein Schwächebewußtsein haben und jedem grollen, der diese Schwäche nicht teilt. Das hat gewiß nichts mit Moral zu tun. Ich kenne Männer, die können enorme Mengen Schnaps verdrücken, ohne ersichtlichen Schaden. Vermutlich werden sie alle an Leberzirrhose sterben, aber an irgendwas sterben muß man ja.

[...]
Viel Liebe – und bitte hör auf, Dir Sorgen zu machen.

Ray

AN JESSICA TYNDALE

c/o Barrow
Old Chatham, N.Y.
10/21/55

Liebste Jessica:

[...]
Jeder, der über einen längeren Zeitraum weg ständig eine größere Menge trinken kann, dürfte sich wohl für einen Alkoholiker halten, weil der Alkohol zu seinem Leben gehört und er ohne ihn ganz schrecklich aufgeschmissen ist. Doch er ist kein Alkoholiker, denn er ist immer noch derselbe Mensch, selbst wenn er geladen hat. [...] Das Problem taucht auf, wenn unsere physischen Systeme das Zeug nicht mehr schnell genug oxydieren können, und dann müssen wir leiser treten oder aufhören. Wenn wir aufhören, fühlen wir uns grauenvoll, weil unsere emotionalen Systeme auf die Stimulation durch den Alkohol und auf seine sedative Wirkung eingestimmt sind. Jedoch, wenn wir's können, hören wir auf nur für eine bestimmte Zeit (in der wir jede einzelne Minute hassen), bis wir vollkommen frei davon sind, und dann versuchen wir, das Trinken richtig zu lernen. Wieviel können wir absorbieren, ohne

555

uns jetzt allzuhoch zu reißen und am Folgetag allzusehr am Boden zu sein? Das ist's, was wir rausfinden müssen, und wir müssen ziemlich vorsichtig dabei zu Werke gehen. Kriegen wir nicht genug, um uns angeheitert zu fühlen, ist's Verschwendung. Ich meine, es gilt einen gewissen Pegel zu ermitteln, und wenn man den heraus hat, ist alles gut, selbst wenn man's gelegentlich mal ein bißchen über den Strich schwappen läßt. Hätte ich das alles schon rausgekriegt, als ich zwanzig Jahre alt war (wo ich fast überhaupt nicht getrunken habe), dann hätte ich's vollkommen abgestellt, und es wäre mir bestimmt nicht schlecht bekommen, einfach aufgrund der Spannkraft, die man um die Zeit hat. Aber in meinem Alter hat das keinen Sinn mehr. In meinem Alter hat man nichts zum Ersatz. [...] Das Trinken ist schließlich, außer als gesellschaftliches Ritual, eine ziemlich negative Angelegenheit.

[...]

Viel, viel Liebe Dir –

Ray

AN HELGA GREENE

Postfach 958
La Jolla, California
13ter November 1955

Liebe Helga:

Es kommt mir ganz komisch vor, Dir einen geschäftlichen Brief zu schreiben. Ich sitze auf zwei Bettkissen am Schreibtisch meines Zimmers im Del-Charro-Hotel (aber adressiere nur wie oben); ich rauche eine Craven-A-Zigarette, die zwar keinen Vergleich mit der Benson & Hedges Superfine aushält, aber importierte Zigaretten sind hier einfach ein bißchen zu dreistpreisig. Fühle ich mich behaglich? Nein. Bin ich glücklich? Nein. Bin ich schwach, deprimiert, zu nichts nütze und ohne sozialen Wert für die Gemeinschaft? Ja. Draußen vor meinem Fenster befindet sich ein illuminierter Swimmingpool. Pfui darüber! Die Bedienung hier ist ausgezeichnet, das Essen leidlich, der Zimmerpreis leicht über dem, was ich im Connaught bezahlen mußte, aber das Zimmer dafür unendlich besser. Helles Holzmobiliar, zwei breite Couchbetten, die rechtwinklig zueinander stehen und mit den Kopfenden auf eine eingebaute Stehlampe mit zwei gerichteten Leseleuchten stoßen. Es gibt eine Kommode mit sechs Schubladen (nicht genug), drei Kleiderschränke, einen Ankleideraum mit Seitenlampen am Tisch und ein schönes Badezimmer, in dem die Wanne gleitende Glastüren zum Duschen hat. Im Bad ist eine eingebaute elektrische Heizung und im Schlafzimmer, das in Wirklichkeit ein Wohn-Schlaf ist, eine für Gas, ebenfalls eingebaut. Es ist billig im Vergleich zu New York.

[...]

Viel Liebe
Ray

AN NEIL MORGAN

18. Nov. 1955

Lieber Neil:

Am Vorabend meiner Abreise in Regionen, wo Eskimos erfrieren und die Eisbären Fäustlinge und Galoschen tragen und trotzdem unzufrieden sind (jemand schon mal einen Eisbär gesehn, der irgendwen leiden konnte?)*, und am Vorabend Deines Eintauchens in die Ehe mit einem liebreizenden Mädchen – ich weiß nicht recht, ob Eintauchen das Wort war, das ich wollte – möchte ich Dir jenen Zauber wünschen, der Maeterlincks Esel hören lehrte: wie die Rosen sich öffnen, wie das Gras wächst und wie das Übermorgen naht. Ich möchte Dir jenen Zauberblick wünschen, den Vögel haben, wenn sie am Morgen nach Regen den Wurm erspähen, der

---

* Chandler flog auf der Polroute nach England. Obwohl er eben von London zurückgekehrt war, bewog ihn die Sorge um Natasha Spenders Gesundheit doch, fast unmittelbar nach seiner Heimkehr wieder hinzufahren.

sich mit seinem anderen Ende liebt. (Dieser Witz ist mir geklaut worden und irgendwie schließlich bei Groucho gelandet*.) Ich möchte Dir das Wissen wünschen (hier werde ich nun ein bißchen schwerhändiger), daß Ehen nicht einfach stattfinden, sie müssen handgemacht sein; daß immer ein Element der Disziplin dabeisein muß; daß, wie vollkommen auch der Honigmond, die Zeit einst kommen wird, wie kurz auch nur, da Du Dir wünschen wirst, sie fiele die Treppe runter und bräche sich ein Bein. Das gilt für sie übrigens genauso. Aber diese Stimmung wird wieder verfliegen, wenn Du ihr Zeit läßt. Hier ein paar wenige Worte gesunden Rats. Ich kenne mich aus.

1. Reite sie mit kurzem Zügel und laß sie nie auf den Gedanken kommen, daß sie Dich reite.

2. Wenn der Kaffee lausig ist, sag nichts. Gieß ihn einfach auf den Boden.

3. Laß sie nicht öfter als einmal im Jahr die Möbel umstellen.

4. Habt keine gemeinsamen Rücklagekonten, es sei denn, sie zahlt das Geld ein.

5. Im Fall eines Streites denke daran, daß immer Du schuld bist.

6. Halte sie von Antiquitätenläden fern.

7. Preise nie zu sehr ihre Freundinnen.

8. Vor allem vergiß nie, daß die Ehe in gewisser Weise sehr der Zeitung gleicht. Man muß sie das ganze verdammte Jahr lang alle verdammten Tage neu machen.

Ich werde im Connaught Hotel absteigen, Carlos Place, London W.1, für den Fall, daß ich Dir das nicht gesagt habe. Für ein Weilchen, heißt das.

Liebe
Ray

* Groucho Marx.

558

1956

AN IAN FLEMING

49 Carlton Hill
London N.W.8.
11ter April 1956

Lieber Ian:

Vielen Dank für Ihren Brief vom Mittwoch, und wenn die Bezahlung für meine hervorragende Rezension gar noch ein wenig eher eingetroffen wäre, hätte ich gleich dreimal am Tag warm essen können.*

Die Besprechung war nicht mehr, als Sie verdienen, denke ich, und ich habe versucht, sie so zu schreiben, daß die guten Partien zitiert werden können und die schlechten ausgelassen. Schließlich mußte es, alter Junge, ja auch ein paar Anstände geben. Ich meine, Sie müßten sich irgendwann entscheiden, was für ein Schriftsteller Sie sein wollen. Werden könnten Sie fast alles, außer daß ich Sie ein bißchen für einen Sadisten halte!

Ich bin in keinem Krankenhaus in Hampstead.** Ich bin zu Hause, und wenn man mich je wieder in so eine Klinik schafft, wird mein Hinausweg von allerhand Leichen gesäumt sein, außer solchen von hübschen Krankenschwestern.

Was unser Lunch betrifft, mit oder ohne Butler, so kann ich noch nicht zusagen – denn selbst wenn ich besser dran wäre, als ich bin, sollte ich erst einmal mit Damen lunchen.

Herzlichen Gruß
Ray

* Chandler hatte Flemings *Moonraker* für die *Sunday Times* besprochen.
** Chandler hatte nach alkoholischen Exzessen im Krankenhaus gelegen.

AN PAUL BROOKS

49 Carlton Hill
London N.W.8.
30. April 1956

Lieber Paul:

Tut mir leid, aber wir müssen unsere Verabredung zum Lunch wohl ändern, da mein Zahnarzt, auf den ich dringend angewiesen bin, meinen Termin um eine Stunde verschieben will, was die Sache doch zu knapp macht.

Mir fiel auch noch ein, daß das Etoile für mich doch ziemlich fade ist und vielleicht für Sie auch. Falls Sie nicht auch vom Garrick Club schon genug haben, könnten wir's vielleicht dort machen. Die Küche bietet das beste englische Essen in ganz London. Man ißt aber nicht vor 1.30. Bis dahin trinkt man.

Dann gibt es auch noch ein ziemlich wenig frequentiertes Lokal in der Greek Street namens Le Jardin des Gourmets. Es hat im Erdgeschoß eine sehr nette Ecke (Anglicè).

Ich habe am 5ten oder 7ten keine Termine, auch in der folgenden Woche nicht. Da ich die meiste Zeit halbtot bin, sollte ich eigentlich überhaupt keine mehr haben, aber man kann ihnen in London nicht entrinnen.

Erinnern Sie sich an Mae Murray? Ich bekam ein Briefchen von ihr, in dem sie mich zum Lunch bat. Keine Ahnung, warum. Ich bin ihr nie begegnet.

Mit vielmaligen Entschuldigungen
Ray

AN IAN FLEMING

The Grosvenor
35 Fifth Avenue
New York
9ter Juni 1956

Lieber Ian:

Es war mir gar nicht angenehm, daß ich England verlassen mußte, ohne von den wenigen Freunden, die ich gut genug kenne, um an ihnen zu hängen, Abschied nehmen zu können, aber dann ist mir auch das Abschiednehmen wieder gar nicht angenehm, besonders wenn es länger dauern kann, bis ich wiederkomme. Wie Sie vermutlich wissen, hatte ich die genehmigten sechs Aufenthaltsmonate lange schon überschritten, aber ich hatte einen zwingenden Grund, auch wenn ich jetzt für die britische Einkommensteuer drangekriegt werde. Es sieht auch so aus, als würde ich die Hälfte meiner europäischen Honorare verlieren, was gar nicht komisch ist. Mir ist das alles reichlich dunkel, aber was will man machen. Und es spielt gar keine Rolle, ob man seinen Aufenthalt in England ein halbdutzendmal unterbrochen hat. Wenn die Zeiten sich auf über sechs Monate addieren, ist man dran.*

Ich bin gespannt auf Ihr nächstes Buch. Ich bin auch gespannt auf mein nächstes Buch.

New York hat mir diesmal ganz gut gefallen, nachdem ich bislang eine Abneigung gegen seine Ruppigkeit und Roheit hatte. Zum Beispiel war das Wetter herrlich, nur ein heißer Tag bis jetzt, und der auch nicht unerträglich. Ich habe Freunde hier, aber nicht viele. Wenn ich's bedenke, sind's viele eigentlich nirgends. Montag abend fliege ich zurück nach Kalifornien, und diesmal hoffe ich's zu schaffen und mir dort irgendwie ein bescheidenes, aber gemütliches Heim einzurichten.

Ich frage mich dauernd, was wohl aus all den schicken hübschen Frauen geworden ist, die doch typisch für New York sein sollen.

---

* Chandler hatte aus Sorge um Natasha Spenders Gesundheit seine Aufenthaltserlaubnis überzogen.

Verdammt, ich habe noch keine davon zu Gesicht bekommen. Vielleicht habe ich in den falschen Lokalen nachgesehen, aber mich beschleicht das unheimliche Gefühl, daß New York langsam auf den Hund kommt.

Bitte bringen Sie mich Mrs. Fleming in Erinnerung, wenn Sie sie sehen und sie sich meiner (wider Erwarten) entsinnt. Und was macht Seine Gnaden der Herzog von Westminster? Streicht massenhaft Häuser, hoffe ich.*

Mit lieben Grüßen
immer Ihr
Ray

AN HELGA GREENE

Hotel Grosvenor
Fifth Avenue at Tenth Street
New York 3, N.Y.
10ter Juni 1956

Liebste Helga:

Ich wette, Du hast nicht viele Freunde, die Dir zwei Briefe in zwei Tagen schreiben. Und vielleicht langweilt's Dich auch, aber seit Freitag mittag habe ich eben verdammt nichts weiter zu tun. Ich schreibe Briefe, lese, fahre mit einem Taxi oder Bus in die Stadt und plempere ein bißchen herum oder gehe nur einfach im Village spazieren, das mich immer wieder fasziniert mit seinen malerischen Häuschen, seinen kleinen culs-de-sac, den eisernen Gittern, die in den unmöglichsten Farben gestrichen sind, den ungezählten versteckten Restaurants und den Leuten selbst, der Art, wie sie sich kleiden und wie sie dreinschauen, als gehörten sie zu einer anderen Welt als dem eigentlichen New York.

[...]

Ray

---

* Fleming wohnte in Victoria Square in einem Haus, das dem Duke of Westminster gehörte.

AN HAMISH HAMILTON

Hotel Grosvenor
Fifth Avenue at Tenth Street
New York 3, N.Y.
10ter Juni 1956

Lieber Jamie:

Meinen tiefsten Dank euch allen für das sehr liebe Abschiedstele-
gramm. Ich habe von den Jungens und Mädchen diesmal nicht so
viel gesehen, wie ich gern hätte (»getan hätte«, sagen die Engländer, eine mich anwidernde Ausdrucksart).

Ich bin die ganze Zeit in New York gewesen. [...] Bei der Lan-
dung, nach einem saumäßigen Vierundzwanzig-Stunden-Flug via
Island und Gander, bedingt durch Stürme im mittleren Atlantik –
und ich dachte immer, die BOAC setze ihren Stolz darein, durch
so was glatt durchzufliegen –, und nach einer Stunde Wartezeit
beim Zoll und der üblich barbarischen Behandlung, einer Art
geflissentlicher Unverschämtheit (aber nicht von seiten meines
besonderen Inspektors, als wir ihn schließlich hatten), war ich
immerzu drauf und dran, mich expatriieren zu lassen. Mit Sicherheit gibt kein anderes Land auf der Welt einem derart das Gefühl,
man sei ein dreckiger Einwanderer aus Mitteleuropa. Nicht mal die
Spanier, und die sind schon anmaßend genug. Ich kaufte mir ein
Newsweek-Heft und fing an, die Briefe vorn zu lesen. Einer davon
reichte über die Seite hinaus, und Du glaubst es nicht, es kamen
vier volle Seiten Reklame, bevor ich den Schluß fand. Na schön,
ich wußte, wo ich war, aber dieses Land stinkt wirklich vor Reichtum. Es ist ganz anders als England, wo fast alles einen Anflug von
Verwahrlosung und Verelendung hat. Nicht Dein Haus natürlich,
noch das von Roger oder Helga Greene, aber ich habe viele Wasch-
räume kennengelernt, wo nur ein einziges dreckiges Handtuch lag,
auf den Boden geworfen; schmierige kleine Küchen, wie ich in
Carlton Hill eine hatte, Badewannen, die dringend hätten ausge-
schrubbt werden müssen, und zwar schon seit einer ganzen Weile,
Leute, die durchaus amüsant oder intellektuell plaudern konnten,

sich aber nicht die Hände waschen, wenn sie im Bad gewesen sind. All das ist erträglich, und man fände's schließlich überall woanders als in diesem Land, wenn nur das allgemeine Gewäsche nicht so hintertückisch wäre, wenn man nur nicht dauernd so gottverdammt viele Schwule um sich herum hätte.

[...]

Herzlich immer Dein
Ray

AN HELGA GREENE

Hotel del Charro
2380 Torrey Pines Road
La Jolla, California
14. Juni 1956

Liebe Helga:

[...]
Gestern abend war ich mit ein paar Freunden zum Essen, und es war direkt schon etwas peinlich, die mit drei oder vier Drinks, und ich nichts als Tonic Water mit einer kleinen frischen Limette drin. Nicht daß es mich nach dem Alkohol verlangt hätte – das gar nicht –, aber sie blieben so schön angemuntert davon, während ich mich allein auf meinen reizenden, wenn auch schon leicht patinierten Charakter stützen mußte. Das ist immer das Elend mit mir gewesen, in all den vielen Perioden meines Lebens, wo ich nicht trank. Die Leute, die blendend durchhalten, und ich werde hundemüde und ziemlich reizbar. Aber dagegen gibt's keine Abhilfe. Ich bin überzeugt, das wird ein Dauerzustand bleiben, und aus irgendeinem wunderlichen Grund ist Alkohol Gift für mich.

[...]

In Liebe
Ray

AN HELGA GREENE

Meine Süße Helga:

[...]
Ich liebe phantastische Geschichten und habe Skizzen von vielleicht einem Dutzend, das ich liebend gern gedruckt sähe. Es
handelt sich nicht um Science-fiction. Meine Vorstellung von der
phantastischen Geschichte − möglicherweise ein bißchen unmo-
dern − ist die, daß alles bis auf die unmögliche Grundprämisse
vollkommen realistisch sein muß. Die ich erwähnte, haben beide
mit Verschwinden bzw. Unsichtbarkeit zu tun. Eine habe ich über
einen Menschen, der ins Märchenland gerät, dort aber nicht geduldet wird. Eine andere über eine Prinzessin, die ihre Sprache um
einen Rubin weggibt; dann tut es ihr leid, und sie muß sie wieder-
erlangen. Eine über einen jungen Gesellschaftsromancier, dessen
Vater Zauberer ist und immer einen Herzog verschwinden läßt,
damit der Sohn sich mit der Herzogin lieben kann. Ich darf noch
anfügen, daß der Herzog gute Miene dazu macht (ein Witz), obwohl es ihn ziemlich belästigt. So die Art etwa. Ganz selten heutzutage.
[...]
In New York habe ich Marcel Duhamel getroffen (von Galli-
mards Série Noire) und bin mit ihm, seiner Frau und Jessica ins
Pierre zum Lunch gegangen. Lunch bloß Durchschnitt. Duhamel
beherrscht Englisch perfekt und ist derart energiegeladen, daß es
mich ziemlich mitgenommen hat. Seine Frau ist bezaubernd. Ich
würde gern mit ihr schlafen. Jetzt im Moment würde ich mit jeder
hübschen, sanften, liebenswürdigen Frau gern schlafen, aber ich
tu's natürlich nicht (selbst wenn ich die Gelegenheit hätte), weil
Liebe dabei sein muß. Ohne die ist's nichts.
[...]
Kann ein Mann nicht echt in zwei Frauen verliebt sein − besonders einer, der nichts erwartet als das Vorrecht, sie zu lieben? Und
sich um sie zu kümmern, wann er nur kann, und allzeit treu

ergeben und lieb zu sein? Ich bin kein Durchschnittsmensch. In mir ist nichts Räuberisches oder Fleischfressendes. Ich bin viel mehr ein Geber als ein Nehmer. Ich meine auch nicht, daß der Geschlechtsakt als solcher so schrecklich wichtig wäre, aber ungeheuer wichtig sind allerdings, denke ich, Leidenschaft und Zärtlichkeit. Meine Schwägerin sagt, ich sei der wunderbarste Ehemann gewesen, den eine Frau je hatte. Aber ist es nicht leicht, ein wunderbarer Ehemann zu sein, wenn man eine wunderbare Frau hat? Und ist meine so große Liebe zu ihr nicht grad der Grund, daß ich jetzt, wo sie nicht mehr da ist, alle anmutigen und zarten Frauen liebe? [...]

[...]

Gute Nacht, mein Schatz. Vielleicht habe ich zuviel geredet. Heute habe ich den Mietvertrag unterschrieben. Jetzt muß ich aus dem Mobiliar für ein Haus mit einem riesigen Wohnzimmer, einem phantastischen Boudoir, einem Wintergarten (mit Rattanmöbeln), vier Schlafzimmern und viereinhalb Bädern das auswählen, was ich in zwei Schlafzimmern, einem ansehnlichen, aber nicht großen Wohnraum mit Eßnische und einem Badezimmer gebrauchen kann. Nicht so leicht. Und die Bücher! Lieber Gott, was auf Erden soll ich mit Büchern machen, die schon ein großes Haus völlig überflutet haben? Man wird wohl gegenüber seinen Besitztümern eine gewisse Rigorosität lernen müssen.

Ich liebe Dich von Herzen.

Ray

AN HARDWICK MOSELEY

Hotel Del Charro
2380 Torrey Pines Road
La Jolla, California
20. Juni 1956

Lieber Hardwick:

[...]

Dies Städtchen hat wirklich ein Klima. Man muß einen englischen Winter durchgemacht haben, um es schätzen zu können. Sehr selten heiß und sehr selten kalt, gelegen auf einer Landzunge, zu drei Seiten den Pazifik, Hügel im Hintergrund, keine Eisenbahn und nur zwei Zufahrtsstraßen. Ich habe versucht, es als Schauplatz für eine Geschichte zu verwenden, an der ich im Moment arbeite.* Die Topographie ist ein bißchen verändert, und geändert ist auch der Name, und dabei muß ich nun noch mit dem Handikap aller englischen Krimischreiber zu Rande kommen: Ich kann aus den Bullen keine Schurken machen, weil es einfach nette Kerle sind und meistenteils Freunde von mir. Ich nenne sie «die Jungs mit den schönen Hemden», weil ihre lohbraunen Hemden und Hosen immer makellos im militärischen Stil gebügelt sind. Der diensttuende Captain ist ein in langem Dienst ergrauter Veteran, und er erzählte mir, er habe noch nie mit seiner .38er Smith & Wesson feuern müssen, außer auf dem Schießstand der Polizei, strikt nach Dienstanweisung. Irgendwann letztes Jahr hat hier ein Mann in einem Laden seine Frau erschossen, und der Bulle, der – zu spät – hereingestürzt kam, war so nervös, daß er aus Versehen auf einen der Umstehenden schoß. (Er hat ihn aber nicht getötet.)

Herzlich immer Ihr
Ray

* _Playback._

567

AN JESSICA TYNDALE

3. Juni [1956]

Jessica, lieber Schatz:

Nur Du kannst mir die Bücher geschickt haben, und ich danke Dir, ich danke Dir. *The Talking Bug* ist sauber, konzis und punktgenau, Expertenarbeit, ohne eine Spur von etwas, was einem im Gedächtnis bliebe. Das ist das Schöne an einem guten Thriller. Man kann ihn jedes Jahr einmal lesen. Mr. Bagby gegenüber habe ich Vorbehalte. Ich kann diesen flotten Burschen nicht viel abgewinnen, die einen europäischen Hintergrund verwenden, ohne ihn wirklich in sich aufgenommen zu haben. Nun will ich aber nicht zu bitter werden, denn manche der vielen Fehler gleich in seinem ersten Kapitel mögen Schuld des Verlegers oder des Setzers sein. (Kleinen Moment, bitte. Draußen vor meinem Fenster geht ein Mädchen in einem zweiteiligen Badeanzug. Das Oberteil ist ungefähr zwei Zoll breit, und wenn das Höschen noch weiter einläuft, kann's sein, daß ich mit Kamm und Bürste kopfüber durch die Scheibe schieße).

Nein, sie hat mich durch Überziehen eines lockeren weißen Hemdchens gerettet. Der Typenunterschied ist doch sehr frappierend. Als ich hier ankam, waren nur lauter plumpe sonnverbrannte Kalifornier da. Jetzt kriegen wir die Hochsommerflüchtlinge aus Texas und dem Osten, und sie haben nicht nur eine feinere Haut, sondern sind auch graziöser gebaut. (Findest Du, ich widme solchen Dingen zuviel Aufmerksamkeit? Durchaus möglich.)

Hast Du *Bhowani Junction* gelesen?* Ich meine, Du solltest. Ist eine verdammt gute Arbeit, und es sind verschiedene einschlägige Szenen drin, die geschrieben zu haben ich stolz wäre; aber weiß Gott, viel stolzer noch wäre ich, sie gelebt zu haben. Doch ich fürchte, soviel tauge ich nicht mehr.

[…]

Liebevoll Dein
Ray

---

* Von John Masters.

AN JESSICA TYNDALE

Liebste Jessica:

Wenn ich ein bißchen klinge, als hätte ich Haschzigaretten geraucht, mir ist heut nachmittag ein Zahn gezogen worden, und ich
fühle mich immer noch etwas schummrig. Schmerzen überhaupt
nicht, aber beginnendes Fiebergefühl. Ich war doch ziemlich indi-
gniert wegen der ganzen Sache, denn ich habe noch nie einen Zahn
verloren außer einmal, als Schuljunge, wo mir einer hinter zwei
anderen eingewachsen war. Ich hatte auch das Gefühl, wenn der
Zahnarzt öfter Röntgenstrahlen angewendet hätte, wäre der Ver-
fall aufgehalten worden, bevor er den Nerv erreichte. Trotzdem
wunderbar, wie sie das heute machen. Daß er heraus war, hab' ich
erst gemerkt, als er ihn mir zeigte. Und ich hatte gedacht, sie
müßten einen festschnallen und auf Teufelkommraus ziehen. Es
war auch ein Backenzahn.

Meine Wohnung ist ein unmöbliertes Apartment an der Meer-
seite. Das heißt, es war unmöbliert. Jetzt steht so verdammt viel
Mobiliar herum, daß nur ein Hindernisreiter sich richtig drin zu
Hause fühlen würde. Doch obwohl ich all dies schöne (und für
mich jetzt abscheuliche) Mobiliar habe, einen feinen Elektroherd,
einen Kühlschrank und ein paar Vorhänge, obwohl alles voll gel-
ber Kartons steht, die mich davon abhalten, Hemden und Unterwäsche wegzulegen, obwohl ich über eine kleine private Veranda
verfüge und über eine große private Vorratskammer, hab' ich zum
davon essen bloß eine einzige Tasse, eine Untertasse, einen Teller,
und alles auch noch geborgt. Aber dafür ein komplettes Besteck
aus Sterlingsilber, o mein Himmel, ja.

[...]

Ich weiß jetzt, was mit meinem Schreiben oder Nichtschreiben
los ist. Ich habe jede Affinität zu meinem Hintergrund verloren.
Los Angeles ist nicht mehr meine Stadt, und La Jolla ist nichts als
ein Klima und ein sinnloser Haufen Schick. Vor einer oder zwei
Wochen war ich auf einer Cocktailparty, und mein Gott, da stand
ein Mann mit einer karierten Smokingjacke, und ein anderer trug

eine aus rosenrotem Moir. Und heute sah ich in Dutch Smiths Laden eine in Braun, flohfarben. Dieses Land reitet auf dem Kamm einer Konjunkturwoge, jeder kriegt schöne Löhne, und jeder hat schöne Schulden, weil er sich bis über die Ohren auf Ratenkäufe eingelassen hat. Gott helfe ihnen, wenn die Aufrüstung mal langsamer läuft. Was mich angeht, ist das Land überteuert. Ich kann's mir eigentlich gar nicht leisten, hier zu leben. Es gibt da auch nichts mehr, worüber ich schreiben könnte. Um über eine Gegend zu schreiben, muß man sie lieben oder hassen oder beides wechselweise, wie's ja auch bei der Liebe zu einer Frau gewöhnlich geht. Aber ein Gefühl der Leere und Langeweile – das ist tödlich.

[...]

Ich sende Dir viele große Mengen Liebe, und ich weiß verdammt gut, daß dies alles nach einem verbitterten und enttäuschten Mann klingt. Da wird wohl auch was Richtiges dran sein. Ich war der erste Schriftsteller, der überhaupt realistisch über Südkalifornien geschrieben hat, wie der UCLA-Bibliothekar mir bescheinigte, als er meine Originalmanuskripte für die Spezialsammlungen dort erbat. Nun stochert die Hälfte der einheimischen Schreiber im Smog herum.

[...]

In Liebe und immer wieder Liebe Dein
Ray

AN HELGA GREENE

La Jolla
13ter Juli 1956

Helga, mein Schatz:

[...]

Zu den Dingen, die ich bedaure, gehört, daß ich nie eine Geschichte in die einheimische Wüste von Palm Springs / Cathedral City verlegt habe. Sie ist einzig. Vielleicht tue ich's doch noch mal aus dem Gedächtnis. Jedenfalls wird mein Buch über La Jolla viel brutaler, wenn ich sicher in Europa sitze.* Hier gibt es wirklich nichts als Klima (ein wunderbares Klima, gebe ich zu, aber ich würde es jederzeit gern gegen das schlimmste von London tauschen) und einen Haufen stumpfsinniges *chi-chi*. Wie ist der französische Ausdruck, der soviel wie Durcheinander meint, eigentlich zu seiner amerikanischen Bedeutung «Schick, alberne Eleganz» gekommen? Immerhin, flohfarbene Smokingjacken! Oder werde ich bloß zu alt? Haut wie verbrannte Orangen, die lächelnden Fressen – mir ist schon todübel von dem ewigen Anblick. Mir ist übel von Leuten, die nie ihr Glas abstellen, und Cocktailpartys, wo keiner (außer mir) sich mal hinsetzen kann. Ach, nicht mein ganzes Land ist vulgär, aber dieser Teil ist's gewiß.

Materiell haben wir alles, und ein Engländer würde eine Zeitlang fasziniert von unseren schimmernden Küchen und Bädern sein, vom schönen Stil unserer Häuser, von der wunderbaren Arbeit unserer Dekorateure (wenn man sich die leisten kann). Und nach ein paar Wochen würde der Besucher ins eigene düstere Haus zurückkehren und mit leuchtenden Augen von allem erzählen. Aber das ist alles nur Oberfläche. Darunter sind Leere und Langeweile. Fernsehen, Cocktails, schlechte Küche, und was machen wir als nächstes, außer ein neues und noch protzigeres Auto kaufen, zur Kur fahren und in einem idiotischen und wucherteuren Hotel absteigen, die *Post, Time* und das *Ladies Home Journal* lesen oder, wenn man ausnahmsweise intellektuell ist und sich so weit versteigen kann, vielleicht den *New Yorker*. Wir sind ein sehr sauberes

---

* *Playback*

Volk. Wir duschen uns jeden Tag, was in England nur ungewöhnliche Leute tun wie Du. Unsere besten Restaurants sind bestürzend öde und teuer, nicht annähernd, weder nach Speiseplan noch Bedienung, vergleichbar mit La Speranza, was in London, vermute ich, nur zweite Klasse ist. [...]

Mich erschreckt das Vorhaben, in Frankreich zu leben. Ich werde da ganz furchtbar verloren sein. Als ich ein junger Mann war und sehr unschuldig, habe ich in einer Pension am Boule Miche gewohnt und bin immer sehr glücklich herumgelaufen, mit nur ganz wenig Geld, aber einer blauäugigen Liebe zu allem, was ich sah. Das einzige, was mich aufbrachte, waren die Huren vor der Tür des Mietshauses, wenn ich zufällig mal ein bißchen spät heimkam. Und ich derart unschuldig, ich merkte nicht, daß es da zwei Mädchen gab in der Pension, die mir andauernd auf der Pelle saßen und sich meiner Unschuld anboten – ich wußte das nicht einmal. Ich wußte so wenig über Frauen damals, jetzt weiß ich dafür fast zuviel. Und doch bin ich ihnen gegenüber nie zynisch geworden, habe nie aufgehört, sie zu achten, nie einen Moment außer acht gelassen, daß sie im Leben Gefahren zu bestehen, mit Hindernissen fertig zu werden haben, die ein Mann nicht kennt, und daß man ihnen deshalb mit besonderer Zartheit und Rücksichtnahme begegnen sollte. Ich habe nie eine Jungfrau verführt und bin nie in eine intakte Ehe eingebrochen. Ich denke, dies Gefühl, das ich bei Frauen habe und das Frauen ersichtlich bei sich selbst nicht empfinden, [– – –] war die Grundlage auch meiner Wut über den Fall Ruth Ellis. Da gibt es nichts zu streiten, soweit es mich betrifft. Wenn eine Frau sich mir hingibt, für eine Nacht oder für viel länger, dann betrachte ich diese Gabe als etwas ganz Zartes, fast Heiliges, und obwohl mir, vermutlich unbewußt, durchaus klar ist, daß auch sie etwas davon hat, empfinde ich mich doch immer als Empfänger einer königlichen Gunst. Frauen sind so verdammt verletzlich, gegenüber allen Arten von Schmerz.

[...]

Schrecklich viel Liebe –
Ray

AN JESSICA TYNDALE

6925 Neptune Place
La Jolla
20ster August 1956

Mein Liebling Jessica:

Ich habe Dich schockierend vernachlässigt, aber nicht nur Dich. Ich glaube, ich habe drei Wochen lang keinen einzigen Brief geschrieben, bis gestern, wo ich diverse Geschäftspost erledigen mußte. Ich bin gerade aus dem Sanatorium Las Encinas in Pasadena zurückgekommen, ein ganz wunderbares Haus, aber fürchterlich teuer. Hat mich über 1400 Dollar gekostet. Aber halt Dir den Hut fest, ich war *nicht* betrunken und habe zwei Zeugen, das zu erhärten. Es war in Wirklichkeit viel ernster (wenn etwas ernster sein kann). Zweimal in den vergangenen zwei Jahren ist meine Welt in Stücke zerbröckelt um mich herum. Es war mehr, als ich ertragen konnte. [...] Nach einer kleinen Weile hörte ich auf, mich um meine Mahlzeiten zu kümmern, und dann hörte ich mit dem Essen überhaupt auf, aber ich bitte Dich, glaub mir – es war nicht das Trinken. Ich trank nur sehr wenig und an manchen Tagen überhaupt nicht. Und da fiel es mir denn schließlich von den Augen: Junge, du magst es ja in deinem Bewußtsein nicht sehen, aber du hast einen Todeswunsch. Du bist zu stolz, um es offen und direkt noch einmal zu tun, aber dafür hungerst du dich zu Tode, weil du sterben willst. Nun, es war wie eine Stimme, die leise in der Nacht zu mir sprach, aber sie schmiß mich um. Ich mußte rauskriegen, ob ich nicht mehr ganz bei Trost war und es nur nicht wußte. Und so was rauszufinden, ist Las Encinas grad der richtige Ort. Sie haben einen Psychiater da, den ein intelligenter Mensch wirklich achten kann. Sie behandeln alle Arten von Leuten, Senile ('türch nur die mit Geld), unheilbare Alkoholiker, Burschen auf Bierreise [– – –] ein paar Psychotiker, die in einem geschlossenen Spezialbungalow gehalten werden müssen, Depressive usw. Es ist ein wunderschönes Gelände, landschaftlich gepflegt, lauter Bungalows, und an der Atmosphäre ist absolut nichts auszusetzen. Die

Ärzte sind sehr hilfsbereit, die Mahlzeiten ausgezeichnet. Sie hielten mich mehrere Tage in einem Zustand halber Somnolenz, bis ich wieder anfing zu essen, und Gott, wie ich dann gegessen habe! Ich bekam das beste Essen, das ich überhaupt je im Leben gehabt habe. Dann wurde ich durch das üblich langweilige Testprogramm geschleust, und danach machten sie sich bei mir an die Arbeit. Ich sagte ihnen frei heraus die ganze Wahrheit. Ich sagte, ich sei so lange und so glücklich verheiratet gewesen, daß es mir nach der langen Qual des Sterbens meiner Frau zuerst wie Verrat vorgekommen sei, eine andere Frau anzusehen, und daß ich dann plötzlich das Gefühl gehabt hätte, in alle Frauen verliebt zu sein. Ich hätte keine Ahnung, was sie an mir fänden, sie gäben mir so viel, die strengste und puritanischste Frau, der ich je begegnet sei, habe eine Woche nach unserem Kennenlernen mit mir im Bett gelegen. Das Seltsame sei, daß solche Affären, wie ich sie gehabt hätte, nie zu Ende gingen. Nie sei irgendwelche Bitterkeit oder Langeweile entstanden. Ich liebte sie alle noch immer, und sie schienen mich zu lieben. Aber ich könnte nicht allein leben. Das zerstöre mich. Deshalb könnte ich auch keiner Frau vollkommen treu sein, die nicht mein Leben mit mir teile, betrachtete das aber nicht als Treulosigkeit, da schließlich Sex nur ein kleinerer Teil der Liebe sei, so herrlich er auch sein könne, wenn er richtig sei. Ich sagte auch, eigentlich wiederverheiraten wollte ich mich nicht, weil mein Herz an zu vielen Orten sei und eine Frau nie mehr als einen Teil von mir besitzen würde.

[...]

Sie machten Tests mit mir, Apperzeptions-Tests, Rorschach-Tests, Holzschnitt-Tests. Den reinen Wein hab' ich noch nicht eingeschenkt bekommen, aber ich glaube, ich war bis aufs Zeichnen ganz brillant. Zeichnen konnte ich nie, hab's nicht mal unter einem Zeichenlehrer an der Schule lernen können.

Schließlich sagte der Oberdoktor: «Sie denken, Sie sind depressiv, aber da liegen Sie ganz falsch. Sie sind eine voll integrierte Persönlichkeit, und ich würde nicht im Traum auf die Idee kommen, da mit der Psychoanalyse oder sonst was dazwischenzufunken. Wo es bei Ihnen hakt, das ist Ihre Einsamkeit. Sie können einfach nicht und dürfen deshalb nicht allein leben. Wenn Sie das machen, fangen Sie unweigerlich an zu trinken, und das macht Sie krank. Anzeichen einer Selbstmordtendenz entdecke ich bei Ihnen keine. Sie sprühen für mich vor Leben und sind voller Ehrgeiz, aber irgend etwas hat sich Ihnen da in den Weg gestellt, und dieses Etwas ist nach meiner Auffassung die Unfähigkeit, allein zu leben. Schließlich braucht's ja auch lange Zeit, bis ein Mann, der Ihr Leben gelebt hat, immer mit einer Frau in nächster Nähe, sich daran gewöhnt hat, ein Witwer, ein Alleinstehender zu sein. Und wenn Sie das schaffen könnten, würden Sie dabei auch langsam wie von selbst aufs Trockene kommen.» Ich fragte: «Herr Doktor, bin ich ein Alkoholiker?» In New York hat man mir das gesagt. Er sagte: «Also zuerst mal, ich studiere Alkoholiker seit zwanzig Jahren, ich habe alles gelesen, was es zum Thema gibt, und mit jedem diskutiert, der sich mit dem Problem beschäftigt hat. Es gibt für den Alkoholiker keine Definition. Niemand, aber auch wirklich niemand weiß, was ein Alkoholiker ist, außer daß er sich pragmatisch beschreiben läßt. Ein Alkoholiker ist ein Mensch, der den zweiten Drink nicht verträgt, weil er den ersten nicht vertragen kann. Eine unbestreitbare Tatsache ist, daß kein Alkoholiker je ein kontrollierter Trinker werden kann. Wenn Sie nun ein kontrollierter Trinker werden können, und persönlich glaube ich das, mit der richtigen Lebensform, dann sind Sie kein Alkoholiker.» «Mit der richtigen Lebensform», sagte ich. «Aber ich will mich nicht wiederverheiraten.» «Die Ehe ist eine religiöse und zivile Institution von großer Bedeutung», sagte er. «Wenn sich zwei Leute lieben, dann sollten sie heiraten und eine Ehe führen. Aber die Moral gehört nicht zu meinen Aufgaben. Ich habe es, wie gesagt, mit Ihrer geistigen Gesundheit und Stabilität zu tun. Von daher, und besonders bei Ihrem Alter, ist es mir gleich, ob Sie mit einer Frau leben oder mit zwanzig, solange Sie nur mit irgendwem zusammenleben. Das ist meiner Meinung nach das absolut Entscheidende.»

Ich fand es verdammt eindrucksvoll, wie er mich auseinandergenommen hat, auf derart glatte und elegante Art. Eine so gründliche Durchdringung hatte ich nicht erwartet. Na, Du kennst Chandler ja.

   [...]   Ray

AN MICHAEL GILBERT

6925 Neptune Place
La Jolla, California
6ter Sept. 1956

Lieber Michael:

La Jolla ist kein Ort, an dem man leben könnte. Das Klima ist schon richtig (obwohl wir in letzter Zeit oft diesigen Himmel hatten), und die Läden zum Einkaufen sind hinreißend. Das Städtchen hat Stil – Anschlagtafeln oder Reklameschilder sind nicht gestattet. Aber es ist zu teuer und zu öde. Kein Mensch ist da, mit dem man reden könnte. Alles, wozu es die wohlhabende und die fast wohlhabende Schicht in ihrem Leben bringt, ist ein übertrieben ausgestattetes Domizil – das Schöne Haus plus Elegantes Leben – und eine Frau, die, wenn sie jung ist, im Beach Club Tennis spielt und am Strand liegt, bis ihre sichtbare Haut aussieht wie braunes Schmirgelpapier und sich fraglos auch so anfühlt: Schon vor dem Essen schluckt sie diverse Cocktails (fast immer in Gesellschaft von Freunden) und nach dem Essen diverse Highballs, und am Ende läßt sie sich entweder vom Mann eines anderen Mädchens betatschen oder bricht in kreischendes Gelächter aus über irgendeinen Witz, der kaum mehr als ein müdes «Haha» verdiente. Wenn sie sich den mittleren Jahren nähert, entfaltet sie auf eine geschmacklose Weise sehr viel Schick: Sie redet endlos davon, wie ihr demnächst irgendein Hallodri mit Koteletten das Gästezimmer ganz neu herrichten wird, und hat ihren Ehemann so gezähmt, daß er Angst hat, sich in einen der Sessel zu setzen, und wie müde er auch sein mag, er muß sich duschen und rasieren und die weiße Smokingjacke anlegen (im Sommer), weil Mr. und Mrs. Soundso rüberkommen, um Bridge zu spielen, das er fast ebenso haßt wie Mr. und Mrs. Soundso selbst. Und solange er aufs Essen wartet, dessen Zubereitung von der Dame des Hauses streng beaufsichtigt wird, während ein mürrisches farbiges Mädchen die Kuliarbeit zu erledigen hat, ist er gezwungen, seinen Rangen die Witzseite der Zeitung vorzulesen, obwohl sie die schon viermal durchgekichert und dabei aus

576

dem Teil, den er lesen will, ein zerfetztes Geknüll gemacht haben. Dann gibt es noch die ganz alten, ganz reichen Pensionäre. Sie kleiden sich makellos, lassen sich von farbigen Butler-Chauffeuren in Cadillacs helfen und zum Beach Club fahren, wo sie entweder vollkommen schweigend herumsitzen oder leise und einsilbig mit ihresgleichen Konversation machen.

Es gibt dann natürlich auch noch die werktätige Bevölkerung, aber von der sind die meisten, in jedem realen Sinne, ebenfalls Analphabeten.

Zur Hölle mit mir!

Ihnen alles Beste
Ray

AN WILLIAM GAULT

6925 Neptune Place
La Jolla, California
7. Sept. 1956

Lieber Bill:

Mich ekelt das Leben im Moment so ziemlich an. Eine meiner Freundinnen hat sich grad mit einem Trottel verheiratet, der mir ganz zuwider ist, und ich fürchte, das arme Mädchen hat einen Fehler begangen. [...] Ich schätze, ihr hat nur einfach das Allein-leben verdammt bis hier gestanden.

So geht's mir auch. Wenn ich etwas im Leben hasse, dann ist's das Allein-Essengehen. Ich könnte mir selber was kochen, aber das fiele schlechter aus. An vier Tagen in der Woche habe ich jeman-den, der mitgeht, aber die andern drei sind die Hölle. Mir ist ganz danach, den Kram hinzuschmeißen und wieder nach England zu gehen, dort festen Wohnsitz zu nehmen und ihnen ihre verdamm-ten Steuern zu zahlen. Die Lebenskosten sind dort soviel niedriger (außer in den vier oder fünf besten Hotels), daß die Ersparnis die Steuerdifferenz aufwiegen dürfte, ja vielleicht noch überwiegt. Auch hat mich meine Sekretärin verlassen, weil sie Lehrerin werden will: Von ihr aus ein vernünftiger Einfall, nur hat er auch Folgen für meine laufende Ablage, die Verträge, die Buch- und Kassenführung, die fälligen Rechnungen, die Korrespondenz – all das bleibt nämlich nun an mir selber hängen, und das in einem Apartment, in dem ich auch ohne das alles kaum Platz genug habe, um halbwegs bequem zu hausen. In London hatte ich eine ganz verflixt gute Sekretärin, die mich .70 die Stunde kostete (fünf Shilling), bei Halbtagsarbeit. Sie hatte im kleinen Finger mehr Verstand als die meisten Mädchen des Gewerbes in beiden Beinen.

Ihr sehr verzagter
Ray

AN ROGER MACHELL

6925 Neptune Place
La Jolla, California
12. Sept. 1956

Lieber Roger:

[...]

Jamie schrieb mir einen langen und angenehmen Brief über Schutzumschläge und Druckfehler und einen großen Künstler (für Schutzumschläge), den ihm schon viele Kollegen per Bestechung haben abspenstig machen wollen. Dieses korruptionsfeste Genie hat den Umschlag zum *Long Goodbye* entworfen. Jamie sagt, die Buchhändler haben bei Büchern wie meinen gern Bilder außen drauf. Den hier mag ich immer noch nicht. Ich mag das Blut nicht, Arm und Hand scheinen mir aus der Proportion geraten (sie hat ja eine Hand wie ein erster Basenhüter), ein so langer Rosenzweig würde in einer flachen Schale nie und nimmer so stehen, aber das mag alles noch angehen. Entscheidend war und bleibt vielmehr, daß die Gesamtwirkung auf mich und andere, wie ich weiß, irgendwie billig war. Houghton Mifflins Umschläge neigen zu einer Extravaganz, deren Prinzip wahrscheinlich ist, eine Sache eher nur anzudeuten, als einen mit der Nase draufzustoßen. Sogar Paul Brooks wußte nicht, was der letzte Umschlag eigentlich bedeuten sollte, aber bedeutend nahm er sich immerhin aus.

[...]

Ein Arbeiter hier lebt weit besser als die meisten Weiße-Kragen-Leute in England – das heißt, wenn man nicht näher nachschaut, was in seinem Oberstübchen los ist. Er hat sämtliche Gerätschaften der Zivilisation, jedes Jahr oder so einen neuen Wagen, und sein Haus kauft er sich mit einem staatlichen Darlehen, das er in etwa zwanzig Jahren abzahlt. Er hat Fernsehen, einen Automatikherd, der alles kann außer Tristan und Isolde singen, einen direkt an die Kanalisation angeschlossenen Müllschlucker, einen Geschirrspü-ler, der etwa fünfzehn Teller pro Monat mit Sprüngen versieht oder zertöppert, eine Waschmaschine, eine Trockenmaschine, eine Bügelmaschine, eine Tiefkühltruhe in der Garage, wo er Vorräte für sechs Monate lagern kann (die er auch auf Raten kauft), und was er sonst noch ißt, kommt bereits vorgekocht und halbgekaut ins Haus. Falls seine Frau nicht unbedingt gut kochen will, und einer, der sich auskennt, hat mir versichert, daß viele das eigentlich wollen, ist alles, was für Essen und Nachtisch zu tun bleibt, in zehn bis fünfzehn Minuten getan. Unsere Uhren sind durchweg elektrisch, unsere Heizung läuft durchweg automatisch, und tatsächlich frage ich mich manchmal, wozu wir selber über-haupt noch da sind. Bestimmt nicht, um unseren Verstand zu gebrauchen.

Liebevolle Grüße
Ray

AN HAMISH HAMILTON

6925 Neptune Place
La Jolla, California
26. Okt. 1956

Lieber Jamie:

[...]

Roger und ich haben uns Deiner Umschläge wegen ein bißchen angefaucht, aber es verlief alles ganz liebenswürdig – wie könnte es bei Roger auch anders sein –, und ich habe meine Meinung nicht im mindesten geändert. Hast Du Dir zum Beispiel jemals den Schutzumschlag zur *Little Sister* angesehen? Er zeigt eine ausgedörrte (weiß nicht – besser «ausgedorrte»?) Lehrerin oder Bibliothekarin von guten 38 bis 40 Jahren, die etwa so sexy ist wie eine Rattenfalle. Das kleine Mädchen war aber jung, und ohne Brille oder mit einer etwas hübscheren sah es gut genug aus, daß man Lust kriegte, an ihm rumzufummeln. Eines Tages sollte sich ja spaßeshalber doch mal ein Umschlagzeichner der grauenhaften Tortur unterwerfen, das verdammte Buch zu lesen.

[...]

Viele liebe Grüße an alle
Ray

AN HELGA GREENE

6925 Neptune Place
La Jolla, California
20. Nov. 1956

Helga, mein Liebling:

[...]

Man kriegt in diesem verdammt heuchlerischen Land einfach keine zwei Schlafzimmer mit gemeinsamem Bad. Es wird einem zwar überall nicht direkt abgelehnt, es ist bloß grade nichts frei. Man kriegt eine Suite mit Salon, aber wenn man ankommt, stellt man fest, daß man zwei separate Zimmer hat, von denen eins mit Salon ist, aber ohne Verbindung. Natürlich, in einem Hotel wie dem [...] in Los Angeles spielt das keine Rolle. Die haben einen Bordelltrakt, schön separat vom Hauptgebäude, und da werden keine Fragen gestellt. Ich bin dort mal in einem Notfall gewesen, und im Zimmer nebenan waren zwei Paare untergebracht, offenbar unverheiratet, alle vier Gewerkschaftler, alle vier betrunken und dreckig und profan. Als erstes erhob sich eine laute und deutliche Debatte darüber, wer mit wem. Dann schien es, daß beide Mädchen denselben Mann wollten. Dann entstand ein Streit, zuerst mit Worten, aber dann mit mehr als Worten. Der Streit endete in Tränen und Versöhnung, woraufhin die beiden Paare sich offenbar friedlich gruppierten und Seite an Seite kopulierten. Ich hörte das alles mit an, nicht weil ich's wollte, sondern weil mir gar nichts anderes übrig blieb. Erzähl mir nie mehr was über Gewerkschaftler.

[...]

Ich denke immer an Dich und immer in Liebe –

Ray

1957

AN HARDWICK MOSELEY

6925 Neptune Place
La Jolla, California
5. Jan. 1957

Lieber Hardwick:

Wie geht es Ihnen? Ich bin sehr gut beisammen, habe etwa zehn Pfund zugelegt und alle und jede Art Test überlebt. Mein Arzt hier betrachtet mich als eine Art Monstrum und sagt, er sehe nichts, woran ich mal sterben könnte, außer an Erschöpfung. Er sagt, es sei sehr ungewöhnlich, mit einem Mann meines Alters eine so durchgreifende Untersuchung anzustellen und keinen Hinweis zu entdecken, was ihn irgendwann mal hopsnehmen könnte. Aber genug der Prahlerei.

Habe die Zeit vom 6ten Dezember bis letzte Woche damit verbracht, einen englischen Freund durch ganz Arizona und einen Teil von Nevada zu führen und dann nach Palm Springs zu bringen. Arizona ist vielleicht noch nie so gewürdigt worden, denn dieser Freund ist ein unverbesserlicher und unersättlicher Besichtigungsreisender, was allerdings ich nicht bin. Er war hingerissen von der wilden Gebirgslandschaft, die sich mit nichts in Europa oder Kalifornien vergleichen läßt. Die Dolomiten sind zerklüftet genug, aber die Zypressen wachsen bis auf halbe Höhe an ihnen hinan, während in Arizona alles kahl ist, als habe Gott mitten in der Arbeit Schluß gemacht.

Gehe Montag wieder für drei Wochen nach Palm Springs. Adresse dort postlagernd. Ihre beiden Jahresend-Honorarüberweisungen – eine direkt und eine durch Brandt & Brandt – haben mich tief erschüttert. Sie beliefen sich zusammen auf paarundvierzig Dollar. Fast zur gleichen Zeit bekam ich aus England einen Scheck über 5000 Dollar, netto, nach Abzug der Kommissionen. Kein Wunder, die Jungs verkaufen direkt ans Taschenbuch. Was in aller Welt kann da los sein? Sie haben ein schönes Buch herausgebracht, auf gutem Papier und mit sorgfältigem Satz. Aber wer zahlt *den* Preis? Die Leute können das verdammte Ding ausleihen, um es zu lesen, und wenn sie's später wieder wollen, kriegen sie's als Taschenbuch. Ein englischer Verleger bringt ein ziemlich billiges Buch, auf nicht sehr gutem Papier, mit nicht sehr sorgfältigem Satz, und verkauft 40000 Exemplare. Später veranstaltet er dann eine billigere Ausgabe vom selben Satz, und noch später macht er ein Taschenbuch (mein Verleger jedenfalls tut das) und dazu noch eine englischsprachige Ausgabe für den Kontinent, nach Art der alten Tauchnitz-Bücher. Ich glaube, ich könnte einen Bestseller schreiben, amerikanischer Stil, wenn ich genügend wild darauf wäre. Was es dazu braucht, ist bloß ein bestimmter Dreh, finde ich. Aber dazu dürfte ich nicht den Ruf haben, den ich habe, besonders in England, Deutschland und Skandinavien – es kann Ihnen ja nicht neu sein, daß die Schweden, im Verhältnis gesehen, mehr Bücher kaufen als jedes andere Volk. Wenn man was schreibt, was vorsätzlich aufs breite Publikum zielt, zahlt sich das immer aus. Ich glaube aber nicht, daß irgendein Krimiautor seit Conan Doyle und vielleicht Willard Huntington Wright (und was für einen Schrott hat der geschrieben!) je in größerem Stil zu Bestseller-Ehren gekommen ist.* Doch ich will mich nicht beklagen. Ganz im Gegenteil, ich glaube, ich habe noch sehr viel Glück gehabt, nur eben nicht bei den Buchausgaben, wenngleich man mir ohne sie auch nie in Hollywood 2500 Dollar die Woche oder 100000 Dollar für ein Drehbuch gezahlt hätte. Es hat in letzter Zeit wieder eine Reihe von Angeboten gegeben; ich habe sie aber abgelehnt, weil ich die Prügel nicht mehr ertragen könnte.

[...]

Ihr

Ray

---

* Wright schrieb unter dem Pseudonym S. S. Van Dine die Detektivgeschichten um Philo Vance.

AN JESSICA TYNDALE

Postlagernd
Palm Springs
18. Jan. 57

Mein Liebling Jessica:

[...]

Ich habe zwei gute Freunde in La Jolla (unter guten Freunden verstehe ich Leute, die sich die Mühe nehmen, mit einem Kontakt zu halten) und natürlich Dutzende und Dutzende von Bekannten. Aber die Stadt ist intellektuell eine Wüste. In Santa Monica habe ich [Christopher] Isherwood kennengelernt und gleich gemocht. Ich glaube, er ist der einzige Schwule, bei dem ich mich völlig wohl gefühlt habe. Ich habe auch Gerald Heard kennengelernt (Verfasser eines sehr gekonnten Thrillers mit dem Titel *A Taste For Honey*) und fand ihn amüsant und sehr gebildet, aber viel zu feierlich. Amerikaner scheinen im allgemeinen nichts dabei zu finden, wenn einer sie einen ganzen Abend lang bepredigt. Mir geht das gegen den Strich, egal wie klug der Vortrag ist. N. [Natasha Spender] meinte, ich hätte mich sehr feindselig gegen ihn verhalten, aber ihre gesellschaftlichen Maßstäbe und meine sind völlig verschieden. *Sie* denkt, ich bin roh, wenn ich bloß barsch oder sarkastisch bin. *Ich* dagegen halte es für die äußerste Roheit, wenn Leute eine ganz persönliche und private Konversation abziehen (ich nenne das «die Derek-Peter-Nigel-Masche»), von der ein anderer Gast ausgeschlossen bleibt, der sogar, und das ist mir passiert, der Ehrengast sein kann. Man kann diese Leute nicht unterbrechen, denn sie unterbrechen sich unablässig selber gegenseitig, und einer redet immer. Das heißt, man *könnte* sie wohl unterbrechen, aber es ginge nur mit Gewalt und einiger Heftigkeit. Eigentlich sollte man's tun, denn sobald sie selber merken, daß sich die Unterhaltung einigelt, entschuldigen sie sich gleich vielmals. Ich bin recht glücklich in einer Gesellschaft zu zweit, zu dritt oder zu viert (mich selber eingeschlossen), doch darüber hinaus neige ich zum Verstummen.

[...]

Viel Liebe
Ray

AN MICHAEL GILBERT

Lieber Michael:

[...[

Gestern abend waren wir, da es der letzte Abend war, im Starlite Room des hiesigen Nobelrestaurants. Die Technik ist absolut perfekt, obwohl auch ziemlich erniedrigend. Man bestellt im voraus und sagt, was für einen Tisch man will. Da der Raum zwei Ebenen hat, der hintere Teil liegt so vier bis fünf Fuß höher als der vordere, ist der ideale Platz in der Mitte der ersten Tischreihe der rückwärtigen Abteilung; man hat von da einen völlig freien Blick auf die Bühne und die Kabarettvorstellung. Die Ausstattung ist in ihrer Art fabelhaft, mit einem halbrunden Vorhang um die Bühne. Wenn man gebucht hat, kommt man an, und sofort wird einem der Wagen von einem Angestellten in Uniform abgenommen. Man tritt ein und wird vom Maître d'hotel begrüßt (sie haben ein halbes Dutzend Empfangschefs), und man sagt: «Guten Abend, ich glaube, ich habe eine Reservierung, aber möglicherweise haben Sie es nicht einrichten können, den gewünschten Tisch für mich zu belegen.» Zugleich drückt man ihm unauffällig einen Fünf-Dollar-Schein in die Hand. Das tun in diesem Teil des Landes nur ganz wenige Leute. Sie fordern nur, sie fragen nicht höflich an, und vor allem bereiten sie den Maître d'hotel nicht im voraus auf eine Situation vor, für die er nur die mildesten Entschuldigungen anzubieten hätte. Als Ergebnis dieses Anlaufs (und der fünf Eier) bekommt man den besten Tisch im Haus, und die Empfangschefs überlassen nicht einmal die Bedienung oder das Weineinschenken den Kellnern. Man kann sich seine Zigarette nicht selber anzünden. Kaum hat man sie im Mund, so steht jemand da, um Feuer zu geben. Es setzt mich schlicht in Erstaunen, wie wenige Amerikaner sich auf die Kunst verstehen, Großzügigkeit beim Trinkgeld mit nur kleinen Ansprüchen zu verbinden. Aber eben da sitzt der springende Punkt. Diese Oberkellner sind rabiat, abgebrüht und zynisch, aber sie müssen den unmöglichsten Leuten achtungsvoll begegnen. Dann kommt jemand daher, der sie selber mit Achtung behandelt, und auf einmal können sie gar nicht genug für einen tun. Ich gebe zu, daß meine Methode ein bißchen berechnet ist, aber meine Manieren sind es nicht, und wenn man mit einer Dame ausgeht, vor der man sehr hohen Respekt hat, dann denkt man nicht im mindesten an sich selbst; man versucht nur, ihr eine möglichst angenehme und freundliche Atmosphäre zu schaffen. So kann man selbst in Amerika etwas erreichen, was hier äußerst selten ist: eine Aufmerksamkeit, der nicht entgeht, wenn die Dame ihre Serviette entfalten will, einen Sinn dafür, daß der Stuhl ihr von ihrem Begleiter gehalten werden muß und nicht von einem Kellner, infolgedessen der Empfangschef mit Bedacht zurücktritt und wartet, bis man seiner Begleiterin zum Sitzen verholfen hat, statt daß er ihr selber den Stuhl hält, wie es hier sogar in den besten Lokalen üblich ist. Er versucht auch nicht, ihr aus dem Mantel oder Umhang zu helfen, aber wenn man es selber getan hat, ist er sofort neben einem, um einem die Sachen abzunehmen und zur Garderobe zu bringen, und wenn der Wein gebracht wird, ein Pontet Canet 1928 (ich war ein bißchen in Sorge davor, denn wir bekommen hier sämtliche schlechten Jahrgänge, weil wir den Unterschied nicht kennen), dann darf niemand die Flasche anrühren als eben der Empfangschef, der einen ursprünglich zum Tisch geleitet hatte. Alles durchaus eine Farce, aber einer Engländerin fällt vermutlich nicht auf, was für eine Seltenheit es in Amerika ist – oder vielleicht sollte ich sagen, im größten Teil von Amerika –, daß so etwas überhaupt stattfinden kann.

Leider kostet der Pontet Canet 1928 ungefähr genausoviel wie Krug Champagne im Boulestin.

[...]

Herzlich immer Ihr

AN HELGA GREENE

6925 Neptune Place
La Jolla, California
11. Febr. 1957

Helga, Liebling:

[...]

Es ist schwer genug zu akzeptieren, daß die eigene Frau, d.h. meine, zwei andere Ehemänner gehabt hat, von denen zumindest der eine ein besserer Liebhaber gewesen sein muß als ich. Aber Untreue zu akzeptieren, wenn man sich ganz und gar anvertraut hat, das ist sehr, sehr schwer. Das heißt, wenn man die Ehe als ein ernstes Geschäft ansieht. Ich persönlich, und da könnte ich mich durchaus irren, meine nicht, daß Untreue sonderlich ins Gewicht fällt, wenn man die Ehe als etwas Gelegentliches, Zwangloses betrachtet. Aber wenn man ein Ideal darin findet und Inspiration, dann verbilligt man sie nicht. Es geht dabei gar nicht so sehr darum, daß ein Mensch verletzt wird, es geht darum, daß das ganze eigene Daseinsniveau verletzt wird.

[...]

Viel Liebe, mein Schatz
Ray

AN JEAN DE LEON

6925 Neptune Place
La Jolla, California
11. Febr. 1957

Jean, mein Liebling:

[...]

Es war sehr süß von Dir, mir einige Deiner Gedichte zu schicken. So wenig qualifiziert ich dafür auch bin, durchsprechen würde ich sie gern mit Dir, wenn auch nicht ohne Deine Erlaubnis. Laß mich jetzt nur sagen, daß das eine, das Du für mich schriebst, mir besser zu sein scheint als alle anderen. Ich denke, es ist eine sehr gefährliche Sache, Dichtung zu kritisieren, weil, wer Dichtung schreibt, so leicht den Mut verliert. Als Opfer, mich selbst verletzlich zu machen, schicke ich Dir drei Sachen, die ich selber schrieb. Ich habe nie behauptet, ein Dichter zu sein, obwohl ich als junger Mann eine ganze Menge Verse geschrieben habe, die damals in verschiedenen englischen Zeitungen und Zeitschriften erschienen. Ich habe keine mehr davon, was eine gewisse Bescheidenheit anzeigen könnte. Ich erinnere mich auch nicht einmal mehr an viele. Einiges war wohl ganz schön, sonst wäre es nicht veröffentlicht worden, aber weiter könnte ich im Urteil nicht gehen.

Ich bin sehr froh, daß Du den Tod Deines Vaters ohne zuviel Kummer annehmen kannst. Aber natürlich weiß ich aus meiner eigenen Erfahrung, daß es Zeit braucht, eine ganze Menge Zeit, um sich abzufinden, und bis jetzt bist Du tapfer gewesen. Ich gehöre zu denen, die nicht an eine persönliche Unsterblichkeit glauben, da ich keinen Grund dafür sehe. Gott findet sicher irgendetwas bewahrenswert, aber was, das weiß ich nicht. Er könnte sogar in mir, einem sinnlichen, sardonischen, zynischen Menschen, einen Wesenskern finden, den zu erhalten sich lohnte, aber ich denke wirklich nicht, es wäre etwas, was ich erkennen könnte. So vieles an uns ist äußerlich, Umgebungszutat, bewirkt von unseren Erfahrungen hier auf Erden, so wenig an uns ist rein und unverfälscht. Gott kennt es, aber ich kenne es nicht. Ich teile Deine Abneigung gegen Dogmen, aber darüber hinaus will ich einfach nicht auf mein Recht verzichten, zu untersuchen, zu sezieren, in Frage zu stellen. Das Credo quia impossibile scheint mir nur einer jener Kunstkniffe zu sein, in denen die katholische Hierarchie immer ganz groß war, und dennoch, nimmt man sie als Ganzes und gibt die vielen Korruptionen zu, ist die katholische Religion die einzige in unserer Welt (ich denke jetzt nicht an die Religionen des Ostens), die wirklich lebt. Die Kirche von England und unsere Episkopalkirche hier leben in einzelnen Priesterindividuen, aber nicht als Glaube. Ihre Gottesdienste haben wunderschöne Worte (die sie nicht geschrieben haben), und viele ihrer Priester sind feine Leute; aber der Glaube selbst ist unfruchtbar und verbraucht. (Ich sollte mich eigentlich für mein Getippe entschuldigen, aber ich habe drei Finger verbunden, und das macht mich etwas ungelenk.) [...]

Deine Dichtungstheorie mag richtig sein; ich weiß es nicht. Ich habe keine Theorien über das Schreiben; ich schreibe einfach. Wenn mir etwas nicht gut vorkommt, werfe ich's weg. Es gibt eine bestimmte Qualität, die in aller Prosa, so wie ich sie sehe, unerläßlich ist: Ich nenne sie Zauber, aber man könnte ihr auch andere Namen geben. Es ist eine Art Lebenskraft. Deshalb hasse ich das gesuchte, gekünstelte Schreiben, so die Sachen, die auf Abstand gehen und auf Selbstbewunderung. Ich denke, ich bin der geborene Improvisator, ich berechne nichts im voraus, und ich glaube, daß man, egal, was man in der Vergangenheit alles gemacht haben mag, immer wieder vom Nullpunkt neu beginnt. Verdammt, das hab' ich ja schon gesagt.

Ich bestreite Dir nicht das Recht, gegenüber der Homosexualität tolerant zu sein; man muß das in England wohl mehr oder weniger. Aber ich meine, daß den Homosexuellen (nicht den Bisexuellen, das ist eine Sache von Zeit und Gewohnheit), wie kunstverständig und geschmackvoll sie auch wirken mögen, jedes tiefere Gefühl abgeht. Sie sind imponierend nur im Oberflächlichen. Ich konnte Angus Wilsons Roman, seinen letzten, einfach nicht lesen, weil ich den Eindruck hatte, daß er seine Figuren nur beschreibt, sie aber nicht erschafft. Ich fand das Buch schlicht öd und dumm.* *** ver-

---

* *Anglo-Saxon Attitudes*, 1956.

sucht immerzu Prosa zu schreiben, aber er schafft es nicht, weil Leute seiner Art kein wirkliches Gefühlsleben haben. Sie sehen das Leben in Spiegeln. Und vonwegen, daß sie ein tieferes Frauenverständnis hätten, das glaube bloß nicht im Ernst. Ich verstehe mehr von Frauen, als jeder von ihnen je verstehen wird, und doch weiß ich nicht sehr viel. Sie mögen Frauen, die ihnen sympathisch sind, weil sie immerzu Angst haben, auch wenn sie sich werweißwie arrogant aufführen. Ihre physische Tapferkeit hat sich im Krieg bewährt, aber im Wesen bleiben sie typische Dilettanten. Manche von ihnen, wie Isherwood, sind sehr liebenswert, andere sind abstoßend. Meine Frau haßte sie, und sie konnte einen bloß an der Art, wie er ein Zimmer voller Leute betrat, sofort ausmachen. [...]

Aber ich schäme mich nicht, ein Frauenfreund zu sein. Die Schwierigkeit, das einem anderen Menschen verständlich zu machen, ist nur die, daß ich einen Kodex habe, daß ich ihm treu bleibe, daß ich ihm immer treu geblieben bin. Es gab eine Zeit in meinem Leben, als junger Mann, da hätte ich jedes hübsche Mädchen auf der Straße auflesen und die Nacht darauf mit ihr schlafen können. (Prahlerei wieder, aber es ist wahr.) Ich hab's nicht getan, denn es muß noch etwas anderes dabei sein, und ein Mensch wie ich muß das sichere Gefühl haben, niemanden zu verletzen, und das kann er nicht haben, bevor er mehr von ihr weiß. Es gibt massenweise billige Frauen, natürlich, aber die haben mich nie interessiert. Es gibt Frauen, die unzugänglich sind, und das wird mir innerhalb von fünf Minuten klar. Die Fähigkeit hatte ich immer. Dann gibt es Frauen, die könnte man morgen nacht haben, aber nicht heute nacht. Auch das weiß ich sofort. Es gibt Frauen, die sich aus irgendeinem falschen Grund hergeben und sich deswegen dann gräßlich fühlen am nächsten Morgen. Auch das mußte ich wissen. Denn man liebt nicht, um zu verletzen oder zu zerstören. Es gab Mädchen, die nur, weil sie einem normalen menschlichen Impuls nachgegeben hätten, eine Narbe fürs Leben hätten davontragen können, aber nicht durch mich. Wenn durch jemand anderen, nun, da hätte ich nichts machen können. Es gab Mädchen, denen das alles egal war, aber die waren auch mir immer egal. Ich weiß nicht, ob es eine Begabung ist oder ein Fluch, aber ich weiß es immer vorher. Ich weiß nicht, wieso ich es weiß, aber ich könnte Dir ganz bestimmte Beispiele nennen, wo ich's gegen alle äußeren Anzeichen einfach wußte. Manchmal verfolgt mich das. Ich habe das Gefühl, ich müsse ein böser Mensch sein, und daß diese Intuition mir nur verliehen ist, um mich zu zerstören. Aber ich denke, es macht mir auch nicht mehr sehr viel aus, zerstört zu werden. Schließlich bin ich über fast einunddreißig Jahre hin ein liebevoller und treuer Ehemann gewesen; ich habe meine Frau zentimeterweise sterben sehen, und ich habe mein bestes Buch in der Qual dieses Wissens geschrieben und habe es doch geschrieben. Wie, weiß ich nicht. Ich schloß mich dazu in mein Arbeitszimmer ein und dachte mich in eine andere Welt. Das brauchte gewöhnlich eine Stunde, mindestens. Und dann ging die Arbeit los. Aber ich mußte immer horchen. Und spät am Abend lag ich dann auf der acht Fuß langen Couch und las, weil ich wußte, so um Mitternacht würde sie still hereinkommen, weil sie eine Tasse Tee brauchte, aber sie würde nie darum bitten. Dazu mußte ich sie immer erst überreden. Aber ich mußte dasein, denn wenn ich schon im Schlaf gewesen wäre, hätte sie mich nie und nimmer geweckt und auf ihren Tee verzichtet.

Denkst Du, ich bedaure irgend etwas davon? Ich bin stolz darauf. Es war die erhabenste Zeit meines Lebens.

Ray

AN EDWARD WEEKS

6925 Neptune Place
La Jolla, California
27-2-1957

Sehr geehrter Mr. Weeks

[...]

Ich rechne damit, in ein paar Monaten wieder nach London zu gehen. Ich hatte einige Ideen für Artikel, die Ihnen vielleicht gefallen hätten, aber ich weiß nicht – ich könnte mich da auch irren. Sie wissen, ich schreibe Aufsätze nicht um Geld, sondern um etwas auszudrücken, was in mir nach Ausdruck drängt. Als ich seinerzeit zwei ziemlich bissige Sachen über Hollywood schrieb, warnten mich Kollegen, ich hätte mich damit selber ruiniert, aber ich habe nie von irgendeinem wichtigen Funktionär der Produktionsfirmen ein Wort der Kritik gehört. Ja, ich bekam eigentlich, nachdem Sie diese Sachen veröffentlicht hatten, erst meine lukrativsten Aufträge. Ich glaube, die Leute in Hollywood werden doch sehr unterschätzt; sie denken, viele von ihnen, gar nicht anders als ich, wagen es aber nur nicht auszusprechen und sind jedem, der es tut, in Wirklichkeit durchaus dankbar. Ich habe immer schon gewußt, daß es nur einen Weg gab, mit ihnen auszukommen. Bei allen Verhandlungen muß man darauf vorbereitet sein, seinen Kopf auf den Block zu legen. Ein Schriftsteller hat zum Kämpfen nie etwas anderes als den Mumm, den der liebe Gott ihm gegeben hat. Er hat immer Geschäftsorganisationen gegen sich, die genug Macht besitzen, ihn innerhalb einer Stunde zu ruinieren. So bleibt ihm einzig und allein die Möglichkeit des Versuchs, ihnen begreiflich zu machen, daß es ein Fehler wäre, ihn zu ruinieren, weil er ihnen ja vielleicht doch etwas zu bieten habe.

Ich fand es immer herrlich, mit den Großmoguln zu kungeln. Sie wirkten so rücksichtslos, sie machten keinerlei Konzessionen, sie wußten, daß sie mich rausschmeißen konnten, daß ich in gewissem Sinne ein Niemand war, daß ich ihnen da Sachen sagte, die ein Schreiber in Hollywood einfach nicht sagt zu den großen Bossen.

Aber wie dem auch immer sei, sie waren jedenfalls zu klug, um es mir übelzunehmen. Und am Ende, glaube ich fast, mochten sie mich gerade deswegen. Jedenfalls haben sie nie den Versuch gemacht, mir zu schaden. Und manche von ihnen sind sehr kluge Leute. Ich wünschte, ich könnte den Hollywood-Roman schreiben, der noch nie geschrieben worden ist, aber dazu müßte man ein photographisches Gedächtnis besitzen, ein besseres, als ich's habe. Das ganze Milieu ist viel zu komplex, und es müßte ja doch alles drin sein, sonst würde das Ding bloß wieder eine weitere Verzerrung.

Nun, ich vermute, all dies ist ein bißchen langweilig für Sie und auch zu langwierig. Ich bin nicht mehr jung, und ich habe vor niemandem Angst. Ich bin durch die Hölle gegangen, und es gibt mich immer noch. Ich hatte ein langes und glückliches Eheleben, und ich habe meine Frau zentimeterweise sterben sehen, und während sie im Sterben lag, und ich wußte, daß sie im Sterben lag, habe ich mein bestes Buch geschrieben. Ich habe es unter Qualen geschrieben, aber ich habe es geschrieben. Ich finde, das ist schon eine Leistung. Kein Zweifel, auch andere Männer haben diese Feuerprobe bestehen müssen. Ich brüste mich da überhaupt nicht (hoffe ich). Ich versuche nur einfach zu sagen, daß ich alles in allem sehr viel Glück gehabt habe, aber daß ich auch gezahlt habe für dieses Glück, auf die einzige Weise, in der ich's konnte.

Ich fürchte, dieser Brief wird Ihnen zu persönlich vorkommen. Wenn das so ist – verzeihen Sie mir? Ich fühle mich manchmal entsetzlich allein.

Mit den freundlichsten Grüßen
Ihr
Ray Chandler

AN DEIRDRE GARTRELL

6925 Neptune Place
La Jolla, California
2ter März 1957

Liebste Deirdre:

[...]

Mut ist ein seltsam Ding: Man kann nie sicher sein, ob man ihn hat. Als Zugführer vor sehr vielen Jahren schien ich nie Angst zu haben, und doch hatte ich Angst vor den allerkleinsten Gefahren. Wenn man beim Angriff über die Deckung springen mußte, dachte man an nichts anderes, als wie man die Männer möglichst auf Zwischenabstand halten könnte, damit die Ausfälle klein blieben. Es war immer sehr schwierig, besonders wenn man Ersatzmannschaften hatte oder Männer, die verwundet worden waren. Es ist nur menschlich, daß man sich unter schwerem Beschuß zusammenschließt und die Kameradschaft sucht. Heutzutage ist der Krieg ganz anders. In mancher Hinsicht ist er viel schlimmer, aber die Ausfälle sind mit denen im Grabenkrieg gar nicht zu vergleichen. Mein Bataillon (kanadisch) hatte eine Normalstärke von 1200 Mann, und es hatte über 14000 Ausfälle.

[...]

Ray

AN PAUL BROOKS

6925 Neptune Place
La Jolla, California
10. März 1957

Lieber Paul:

[...]

Was die Idee mit dem Ärztebuch betrifft, so wird wohl noch einige Zeit vergehen, bis ich Ihnen Textproben schicken kann, oder zumindest ein Muster der Art, wie das Ding werden soll.* Das Buch dürfte bei den großen Tieren des Berufsstands nicht eben Begeisterung wecken, bei den Chirurgen, die alle möglichen unnötigen Operationen vornehmen, um Geld zu machen, bei den Krankenhäusern, die ihre Patienten mit allen möglichen unnötigen Tests schröpfen, bei den «Praktikern», die, obwohl oft sehr fähige Leute, jeden Kranken, den sie in die Finger kriegen, langwierigen und teuren Prozeduren unterwerfen, egal wie simpel sein Leiden auch zu diagnostizieren wäre. Auch nicht bei den «Dauerläufern» unter den Patienten (Ich möchte Sie dann gern am Freitag wieder sehen), bei denen gar kein Grund mehr vorliegt, dauernd wieder hinzulaufen. Und nicht bei dem Typ Arzt, der einen unbedingt im Krankenhaus haben will, damit er zwei- oder dreimal am Tag reinschauen kann und ein paar gefällige Worte sagen, und jedesmal dafür zehn Eier einsteckt. Und nicht bei den Typen, die einem jedes Medikament subkutan verabreichen wollen und dann die Injektion in Rechnung stellen und das Injektionsmaterial, und zwar (nicht zu dem Preis, den es sie kostet, sondern) zum Vier- oder Fünffachen des Preises, den es sie kostet. Ich kenne sie alle; ich habe mit ihnen allen zu tun gehabt. Es gibt vieles, was die Leute nicht wissen über solche Praktiken, auch nicht, wie man sich gegen überhöhte Forderungen wehrt. Sie wissen nicht einmal, daß die verschiedenen Bezirks-Ärztekammern Gebührenordnungen haben. Sie wissen nicht, daß kein Arzt das Recht hat, einen unerbetenen Hausbesuch zu machen, es sei denn, er stellt ihn nicht in

---

* Eine kurze Zeit lang erwog Chandler, ein Sachbuch über die Ärzteschaft zu schreiben.

Rechnung. Sie wissen nicht, wie man überhöhten Rechnungen begegnet. Angenommen, man bekommt eine, die man für Wucher hält – das ist mir passiert, als meine Frau krank war, und sie war oftmals krank –, da habe ich hingeschrieben, daß ich die Rechnung für Wucher halte, und erklärt, warum. Als nächstes wurde ich von einer Ärztlichen Verrechnungsstelle bedient. Nun, es kam so, daß einer der Anwälte, die wir um die Zeit grad beschäftigten (ich war damals im Ölgeschäft), sich von sich aus erbot, mich und meine Frau zu vertreten, und jede Zahlung verweigerte. Darauf ging die Sache vor Gericht, und der Arzt schickte seinen Junior, für ihn auszusagen. Im Zeugenstand mußte er einräumen, daß er keinen der fraglichen Dienste geleistet habe und auch aus eigener Kenntnis nichts davon wisse. Unser Anwalt beantragte sofort die Abweisung der Klage und bekam sie auch. Er hätte sie vielleicht nicht bei jedem Richter bekommen – manche entscheiden fast automatisch zugunsten der Verrechnungsstellen –, aber diesmal bekam er sie. Also rief ich den Arzt an und sagte ihm, was ich ihm nach meiner eigenen Einschätzung schuldig sei, und er akzeptierte mit Vergnügen, obwohl er die Hälfte davon bereits an die Verrechnungsstelle verloren hatte. Ich darf vielleicht hinzufügen, daß er persönlich ein sehr charmanter Mensch war.

Aber meine Vorgehensweise war ganz falsch. Ich hätte ihn gleich am Anfang anrufen sollen, als ich die Rechnung bekam, und ihm sagen, ich hielte sie für Wucher, er habe viele unnötige Hausbesuche gemacht und dabei nichts getan, und ich trüge mich mit der Absicht, der Bezirks-Ärztekammer von Los Angeles eine Beschwerde vorzulegen. Fast mit Sicherheit hätte er sofort gesagt: «Oh, das tut mir sehr leid, da muß im Büro ein Fehler gemacht worden sein. Ich werde Ihnen gern eine berichtigte Rechnung schicken, über einen Betrag, den Sie für angemessen halten.»

Es gibt eine Sorte Arzt – ich kenne einen in New York –, zu dem geht man etwa wegen einer Nebenhöhlengeschichte, von der man weiß, daß sie chronisch ist, die aber diesmal ein bißchen mehr Beschwerden macht als gewöhnlich, und er steckt einen zu einer Generaluntersuchung in ein Krankenhaus (obwohl er aus allem, was man ihm erzählt hat, sehr wohl weiß, daß es sich um eine chronische Rhinitis auf allergischer Grundlage handelt), zieht noch einen anderen Arzt hinzu, einen Internisten, der eine anstrengende und sehr kostspielige Testserie beaufsichtigt, alles höchst sachverständig durchgeführt, aber im Endeffekt nichts als der Weg zu einer dicken Rechnung. Und jeden Tag, den man da ist, kommt dieser Hals-Nasen-Ohren-Mensch liebenswürdig hereingeplatzt, obwohl die Untersuchung überhaupt nicht mehr in seine Verantwortung fällt, und später schickt er einem eine Rechnung über fünfzehn oder vielleicht sogar zwanzig Dollar für jedesmal, wo er seinen Kopf zur Tür hereingestreckt hat.

Das Land ist voll von all diesen Typen, zumeist die wohlhabenden («exklusiven», wie sie selber sagen) Gemeinden oder die großen Städte. Aber dann gibt es auch noch den gehetzten, überarbeiteten, ehrlichen Arzt, der es höchstens zu einem sehr bescheidenen Lebensunterhalt bringt, der nie genug Schlaf bekommt und nie für alle oder auch nur fast alle seine Rechnungen auch Geld sieht. Und natürlich gibt es dann die «Berufspatienten», meistens Neurotiker oder ältere Leute, speziell Frauen, die es einfach genießen, wenn dreimal die Woche der Herr Doktor kommt und nach ihnen sieht, selbst wenn ihnen verdammt kein bißchen fehlt, dem nicht mit einem Tritt in den Hosenboden abzuhelfen wäre. Diese Leute stellen für den ehrlichsten Arzt ein Dilemma dar: Tut er da wirklich was Gutes? Wenn ja, sind die Besuche vielleicht gerechtfertigt, die er macht, aber wenn er sie macht, läuft's am Ende immer darauf hinaus, daß er das Medikament verabreicht, das der Patient will, und nicht eines, das er selber für notwendig hält.

Mein eigener Arzt ist schon gar zu ehrlich. Nachdem er meine Frau ein paarmal untersucht und die Röntgenbilder gesehen hatte und wußte, daß sie eine fortgeschrittene Lungenfibrose hatte und daß nur noch sehr wenig Hoffnung war, sagte er: «Es tut mir sehr leid, Mrs. Chandler, ich wünschte, ich wüßte, wie ich Ihnen helfen könnte, aber ich weiß es nicht. Wenn ich in New York säße, würde ich Sie zu einem Spezialisten schicken, der alles weiß, was heute über Fälle wie den Ihren zu wissen ist. Aber hier kenne ich einfach niemanden, zu dem ich Sie schicken könnte, und es wäre nicht recht von mir, Sie weiter in meine Sprechstunde kommen zu lassen, wo ich doch weiß, daß ich Ihnen nicht helfen kann.» Nun, sie war wütend auf ihn. Natürlich wußte er, daß sie sterben würde, aber wie lange das dauerte, konnte er nicht wissen – vielleicht Jahre. Wenn ein ehrlicher Arzt die Gewißheit hat, daß man in drei oder sechs Monaten sterben wird, sagen wir an einem fortgeschrittenen inoperablen Krebs, dann hält er es für seine Pflicht, es einem zu sagen. Aber bei einer sehr langsam progredierenden, wenn auch unheilbaren Krankheit, wie meine Frau sie hatte, weiß er eben nicht, wie lange es dauern wird, und da ist es einfach eine Grausamkeit von ihm, der Patientin oder dem Ehemann der Patientin zu sagen, daß es keine Heilung gibt.

Und dann gibt es den Arzt, zu dem ich in La Jolla ging, als ich meinen etwa vierten Anfall von vasoneurotischem Ödem hatte – das ist eine Hautentzündung am Hals (vermutlich allergischen Ursprungs), die mit Rötung, Schwellung und unerträglichstem Juckreiz einhergeht. Manchmal breitet sie sich auf das Gesicht aus, und manchmal ist das Jucken so unerträglich, daß man ein Morphin braucht. Nun, ich wußte aus früherer Erfahrung, wie es zu behandeln war, aber der Arzt wußte es nicht und sagte mir das auch. Ich antwortete ihm, ich brauchte Injektionen mit gewissen Narkotika. Darüber dachte er einen Moment nach und fragte mich dann, ob ich sicher wäre. «Sie können einen Arzt in Los Angeles anrufen, der mich behandelt hat und es Ihnen bestätigen wird.» «Nun, gut, es sind ja keine Sachen, die Schaden anrichten könnten», sagte er. Also rief er in der Apotheke an, ließ das Zeug rüberschicken und gab mir die Spritzen. Dann händigte er mir die zwei oder drei Ampullen aus, und in Rechnung gestellt hat er mir, glaube ich, so um drei Dollar für eine Konsultation und für die Arzneimittel, wobei er nur ansetzte, was sie ihn gekostet hatten, nicht was ich dafür hätte zahlen müssen.

Tut mir leid, daß ich so ausführlich geworden bin. Ich wollte Ihnen nur einen Eindruck geben, um was es sich etwa handelt. Später schicke ich Ihnen ein paar zur Zeit bedeutsame und ziemlich dramatische Fälle.

[...]

Mit den freundlichsten Grüßen und der Bitte um Entschuldigung

immer Ihr
Ray

P.S. Irgendwann nächstertage werde ich den verdammten Marlowe-Roman zu Ende bringen.* Er steht mir schon bis hier.

AN JESSICA TYNDALE

6925 Neptune Place
La Jolla, California
14. März 1957

Jessica, mein Liebling:

[...]

Ich versprach Dir noch von meinen Ringkämpfen mit den Leuten vom Ausländermeldeamt in England zu erzählen. Als ich nach Italien wollte, mußte ich das pflichtgemäß registrieren lassen, und ich habe es am Abend meiner Abreise auch versucht, konnte aber die verdammten Paßbilder nicht mehr rechtzeitig bekommen. Als ich dann wiederkam, fragte ich meinen Anwalt, was ich tun sollte. Er riet mir, mich auf dem schnellsten Weg zum Hauptpolizeirevier des Bezirks Westminster zu verfügen – es war ein derart obskures Gebäude, daß der Taxifahrer höllisch lange brauchte, um es zu finden. Ich bin also hin, und da sagte der Sergeant: «O nein, hier ist das nicht, da müssen Sie zum Ausländermeldeamt Piccadilly Place.» Von dem hatte ich auch noch nie was gehört, aber schließlich bekam ich heraus, daß es im Gebäude des alten Polizeireviers Vine Street war. Ein liebenswürdiger junger Mann sah sich meinen Paß an und sagte: «Oh, Sie brauchen sich nicht zu melden. Sie haben Ihren Aufenthalt ja nur unterbrochen.» Ein paar Tage später erhielt ich einen strengen Brief vom Hauptkommissar der Stadtpolizei, der mir befahl, mich sofort mit zwei Paßphotos, meinen sämtlichen Reisedokumenten und fünf Shilling beim Ausländermeldeamt einzufinden. Also sauste ich hin, und derselbe

---

* *Playback.*

liebenswürdige Mann führte mich ins Büro des dortigen, nehme ich an, Obermachers, der mir rundum strahlend die Hand schüttelte und versicherte, es sei ihm sehr angenehm, meine Bekanntschaft zu machen. Dann kam der andere Bursche wieder mit einem Journal herein, das aussah wie dreihundert Jahre alt, trug etwas ein und stempelte meinen Paß. Die Photos oder die fünf Mäuse wollten sie gar nicht sehen.

Beim nächstenmal, als ich mich zu melden hatte, Anfang 1956, bekam ich die Flüchtlingsbehandlung. Massenhaft Fragen, sehr höflich, aber sehr bestimmt, und die Paßphotos mitsamt den fünf Mäusen mußten auch her. Am nächsten Tag mußte ich wieder hin und bekam eine Aufenthaltserlaubnis ausgehändigt, die ich, so wurde mir bedeutet, jedem Polizeibeamten auf Verlangen vorzuweisen hätte. Natürlich trat dieses Verlangen nie ein. Das Ganze ist eine derartige Farce, weil es keine Zusammenarbeit gibt. Der Innenminister sagt dies, der Anwalt sagt das, und das Ausländermeldeamt pfeift auf beide und reitet seinen eigenen Schimmel.

[...]

Ray

AN HELGA GREENE

6925 Neptune Place
La Jolla, California
19ter März 1957

Helga, mein Liebling:

[...]

Ich bin mit Dir einig, was das Wort «Affäre» betrifft, aber was soll man sonst sagen? Den eigentlich zuständigen Ausdruck darf man nicht gebrauchen, es sei denn bei sehr intimen Gelegenheiten. Ich entsinne mich eines hartgesottenen Burschen von der RAF im Krieg, der sagte: «Also ich fackle nicht lange. Wenn ich eine flotte Biene sehe (er war Amerikaner), geh ich hin und sage, ‹Na, Kleine, woll'n wir mal v-geln zusammen?»» Jemand fragte ihn, ob das nicht fürchterlich oft in die Hose ginge. Sagte er, «Klar, aber in die andere Richtung auch ganz schön oft.»

Ich persönlich bin vollkommen amoralisch, wenn man das sein und zugleich einen sehr strengen Kodex in bezug auf Frauen haben kann. Frauen verstehen das, aber die meisten Männer kaum. Jessica [Tyndale] hat mich einen «leidenschaftlichen Moralisten» genannt. Aber die bürgerliche Moral ist zu heuchlerisch nach meinem Geschmack. Ich war meiner Frau nicht aus Prinzip treu, sondern weil sie vollkommen anbetungswürdig war, und der Drang zum Streunen, der in einem gewissen Alter über so viele Männer kommt, weil sie glauben, es wären ihnen zu viele schöne Mädchen entgangen, hat mich nie befallen. Ich hatte bereits die Vollkommenheit. Als sie noch jünger war, bekam sie oft jähe und ganz kurze Wutanfälle, in denen sie dann Kissen nach mir warf. Ich lachte bloß. Ich mochte ihr Temperament. Sie war eine ganz unwahrscheinliche Kämpfernatur. Wenn ihr eine peinliche oder unangenehme Situation bevorstand, und manchmal steht uns so was ja allen bevor, ging sie stets ohne Umwege darauf zu und zögerte nicht eine Minute, sie zu überdenken. Und sie gewann immer, nicht weil sie mit kühler taktischer Berechnung ihren Charme einsetzte, sondern weil sie einfach unwiderstehlich war, ohne von diesem Charme auch nur zu wissen oder sich darüber Gedanken zu machen. Darum mußte sie zentimeterweise sterben. Ich glaube, irgendwie muß man am Ende für alles bezahlen.

[...]

Viel, viel Liebe
Ray

AN DEIRDRE GARTRELL

6925 Neptune Place
La Jolla, California
20. März 1957

Mein Liebling Deirdre:

[...]
Liebe ist doch ein seltsam Ding. Ich habe von morgens bis
abends Pfeife geraucht, als meine Frau noch lebte, und ich liebte
das sehr. Zigaretten kann ich an der Schreibmaschine nicht haben.
Ich bin aber trotzdem kein starker Raucher. Früher habe ich auch
eine große Menge Tee getrunken, und das liebte meine Frau sehr,
wie sie es auch liebte, mich Pfeife rauchen zu sehen. Ich habe eine
große Kollektion, durchweg englisch. Seit sie tot ist, rauche ich
keine Pfeife mehr und trinke ich keinen Tee; das mag vielleicht
falsch sein, aber alles, was innig mit ihren Vorlieben verbunden
war, ist mir gestorben, als sie starb. Ich meine damit nicht, daß
ich unglücklich bin - ganz und gar nicht. Ich war's lange Zeit, aber
bin es jetzt nicht mehr. Das Unabänderliche läßt sich am Ende
doch ertragen. Viel schlimmer wäre es gewesen, wenn sie sich von
mir hätte scheiden lassen (das ist nur ein Beispiel, wir haben
einander angebetet) und einen anderen Mann geheiratet hätte,
und ich müßte mir nun vorstellen, wie sie mit diesem Mann lebt
und ihn liebt und zu ihm dieselben zarten Dinge sagt, die sie mir
sagte.
[...]
Sie machen mir ein großes Kompliment damit, daß Sie Sicherheit und Glück empfinden, wenn Sie Ihre Gedanken und Gefühle
in meine Hände legen, aber Sie tun recht daran. Ich habe wirklich
einen ganz merkwürdigen Instinkt, Menschen zu verstehen, besonders Frauen. Und man kann mir immer vertrauen, obwohl ich
nach bürgerlichen Maßstäben kein Moralist bin. Ich bin mehr als
doppelt so alt wie Sie, und es mag gar nicht angebracht sein, daß
ich solche Dinge zu Ihnen sage, aber es ist trotzdem eine schlichte
Tatsache, daß ich eine Frau niemals verletzen, billig behandeln

oder erniedrigen könnte, und oft, als ich noch jung war und unverheiratet, mußte ich auch für das Mädchen mitdenken, um es manchmal an etwas zu hindern, dessen es sich später, das wußte ich, schämen würde. Ich wußte das offenbar immer schon vorher. Ich habe keine Ahnung, wieso. Ich möchte hiermit nicht zu weit gehen, denn schließlich schreibe ich an eine wohlerzogene junge Dame, der ich nicht zu nahe treten will. Ich könnte viel weiter gehen, aber wäre das recht?

Es ist Ihnen sicherlich klar, wenn Sie mir so offen schreiben, daß es nur deshalb geht, weil ich weit weg bin und wir uns wohl nie begegnen werden. Ich hoffe freilich, daß wir es werden, es sei denn, es zerstört eine Illusion. Sie brauchen die Illusion. Und es könnte sein, daß Sie, wenn wir uns begegneten, und selbst wenn ich keine zu große Enttäuschung für Sie wäre, doch nie wieder imstande wären, mir Ihr Herz zu öffnen. Und was das andere betrifft, daß Sie zu spät geboren seien und ich zu früh, so hätte ich die Ehe nicht gehabt, die ich hatte, wenn es anders gewesen wäre. Verstehen Sie, was es heißt, eine Frau so tief zu lieben und von ihr so tief geliebt zu werden, daß kein Tag in dreißig Jahren etwas anderes war als Werbung und Huldigung? Ich habe ihr immer den Stuhl gehalten, wenn wir zum Essen ausgingen – bis sie nicht mehr mit mir ausgehen konnte. Ich habe ihr immer die Wagentür geöffnet und ihr hineingeholfen. Ich habe mir nie etwas von ihr bringen lassen; ich brachte ihr selber immer alles. Ich bin nie vor ihr zu einer Tür hinaus- oder hineingetreten. Ich bin nie in ihr Schlafzimmer gegangen, ohne anzuklopfen. Das sind wohl alles nur kleine Dinge – wie daß ich ihr immerzu Blumen geschickt habe, und daß ich immer sieben Geschenke für sie hatte zum Geburtstag und immer Champagner an unseren Jahrestagen. Es sind nur Kleinigkeiten, aber Frauen müssen mit großer Zartheit und Rücksichtnahme behandelt werden – weil sie Frauen sind.

[...]

Ray

AN MICHAEL GILBERT

25. März 1957

Lieber Michael:

[...]

Ich fühle mich immer wieder wie ein Anfänger, wenn ich eine neue Arbeit beginne. Natürlich habe ich Erfolg gehabt, und natürlich habe ich eine Menge Geld verdient, aber diese Dinge mögen großenteils pures Glück gewesen sein. Ich fühle mich nicht bedeutender als damals, wo ich für die Groschenhefte schrieb. Warum sollte ich auch? Überdies steht im Hintergrund, daß ich ein erfolgreicher Geschäftsmann war, acht Firmen dirigiert habe und vielleicht den besten Mitarbeiterstab in ganz Los Angeles hatte, weil ich wußte, wie man ihn behandeln und wie ihn bezahlen muß. Ich denke ja nicht, daß dies bedeutende Talente seien, aber sie haben mir zu der Einsicht verholfen, daß Egozentrik und Arroganz bei einem Schriftsteller nur ein Zeichen von Dummheit sind. Worauf haben wir uns denn was einzubilden? Da tut einer das Beste, was er grad kann, manchmal unter sehr quälenden Umständen. Vielleicht ist es gut, vielleicht ist es schlecht. Aber er tut sein Bestes, und wenn er großen Erfolg damit hat, so macht ihn dies doch nicht zu etwas anderem, als er vorher war. Er hat immer noch den Kopf auf dem Block. Er kann voll auf die Nase fallen oder seine Empfänglichkeit verlieren. Ich bin derselbe Mensch wie damals, als ich noch ein fuchtelnder Niemand war. Ich empfinde genau dasselbe. Ich weiß mehr, das ist wahr, ich breche alle Regeln und komme damit durch, aber das macht mich noch lange nicht bedeutend. Vielleicht habe ich ja das anmutigste amerikanische Idiom geschrieben, das je geschrieben worden ist (manche Leute meinen das), aber wenn das so ist, so bin ich doch immer noch ein Schriftsteller, der seinen Weg durch ein Labyrinth zu finden sucht. Sollte ich was anderes sein? Ich seh's nicht.

AN JAMES HOWARD

6925 Neptune Place
La Jolla, California
26. März 1957

Sehr geehrter Mr. Howard:

[...]

Natürlich habe ich Glück gehabt. Ich habe jahrelang als leitender Angestellter im Ölgeschäft gearbeitet, und als ich mich entschloß, das aufzugeben, war ich keineswegs bankrott. Ich hatte als junger Mann in London sehr intellektuelle Sachen geschrieben – meine Mutter war Britin, aber ich selber bin Amerikaner von Geburt –, und ich bin in England, Frankreich und Deutschland zur Schule gegangen. 1931 fuhren meine Frau und ich die Pazifikküste ab, rein urlaubshalber, in aller Muße, und abends griff ich mir, bloß um etwas zum Lesen zu haben, irgendein Groschenheft aus dem Ständer. Und da kam mir plötzlich der Gedanke, ich könnte durchaus selber solches Zeug schreiben und damit Geld verdienen, während ich lernte. Ich habe dann fünf Monate über meiner ersten Novelle verbracht, aber ich habe da etwas gemacht, wozu ich noch nie einen anderen Autor habe überreden können. Schriftsteller, die mich später um Rat oder Hilfe baten. Ich machte mir nämlich eine detaillierte Synopse von irgendeiner Geschichte – sagen wir von Gardner, er war einer davon und ist ein guter Freund von mir –, und dann versuchte ich, die Geschichte frei nachzuschreiben. Dann verglich ich das Ergebnis mit der professionellen Arbeit und sah, wo ich eine Wirkung nicht hingekriegt, wo ich mich im Tempo vergriffen oder sonst einen Fehler gemacht hatte. Dann schrieb ich's noch einmal neu und wieder neu. Aber die Jungens, denen man das Schreiben zeigen soll, wollen das nicht. Alles, was sie machen, soll, so hoffen sie, für die Veröffentlichung sein. Sie wollen kein Opfer bringen, um ihr Gewerbe zu lernen. Es geht ihnen nicht in den Kopf, daß, was einer will und was einer kann, völlig getrennte Dinge sind, daß kein Schriftsteller, wenn er das Pulver wert ist, das ihn durch den Stacheldrahtzaun in die Hölle pustet, nach seinem eigenen Selbstverständnis je etwas anderes ist als ein Anfänger am Nullpunkt. Ganz gleich, was er früher gemacht haben mag, das, was er jetzt versucht, macht ihn wieder zum kleinen Jungen, und was er sich auch an technischer Geschicklichkeit und Routine angeeignet hat, es hilft ihm jetzt nichts davon, nur Leidenschaft und Demut. Diese Schreiber lesen irgendeine Geschichte in einer Zeitschrift und fühlen sich davon animiert, und dann legen sie los und hauen mit der geborgten Energie auf die Tasten. Dann gehen sie ein bißchen auf Distanz, und da werden sie blaß. Sie wissen nicht, warum, also gehen sie zu einem wie mir oder vielleicht einem wie Ihnen und fragen, was da falsch gelaufen sei. Man versucht es ihnen klarzumachen, aber man kommt damit nicht an. Sie glauben, sie brauchen nichts weiter als einen Trick, einen kleinen Dreh; es will ihnen nicht in die Köpfe, daß das Schreiben wie ein Eisberg ist, bei dem auf jeden Meter, der sich über dem Wasser zeigt, acht unten drunter kommen.

[...]

Hochachtungsvoll
Raymond Chandler

AN WILLIAM GAULT

6925 Neptune Place
La Jolla, California
31ster März 1957

Lieber Bill:

Ich muß Ihnen beschämt gestehen, daß ich das Buch noch nicht gelesen habe, das Sie mir so freundlich schickten. Ich hoffe, Sie verzeihen mir. Ich will es lesen, aber ich kann mich im Moment nicht dazu aufraffen. Ich habe eine gräßliche Masse Briefe zu schreiben, ich liege im Streit mit der britischen Regierung wegen der Steuer, und das hat eine wüste Korrespondenz mit dem britischen Konsulat und mit meinem Anwalt in London nötig gemacht. Außerdem habe ich drei schlimm entzündete Finger – muß wohl eine Art Allergie sein –, die ganze äußere Haut ist weg, und ich muß einen dicken Verband tragen. Sonst könnte ich auch gar nicht tippen, und ich kann's auch so nicht, ohne eine Menge Fehler zu machen.

[...]

Abends werde ich immer so müde, daß ich nicht einmal mehr lesen will. Ich liege einfach auf dem Rücken und sehe bis eins oder zwei in der Frühe fern. Manchmal döse ich auf der Couch ein und verschlafe dann einen ganzen Film. Aber ich studiere das Ding, weil ich glaube, es lohnt sich. Viele Programme sind Schrott, aber es gibt auch sehr gut geschriebene Sachen. Wenn ich noch ein junger Mann wäre, würde ich mich ernsthaft darein vertiefen, aber jetzt wäre der Druck doch zu groß für mich. Abscheulich finde ich die Werbeeinlagen, aber zuhören muß ich ihnen ja nicht, weil ich einen Schalter habe, der das Geschwätz abstellt; ich hatte den schon 1950, noch bevor das Ding auf dem Markt war.

Ihre Einstellung zum Schreiben ist für Sie vermutlich ganz richtig, für mich aber wäre sie's nicht. Einmal habe ich, weil mein Agent mir so lange in den Ohren lag, eine Hochglanzgeschichte geschrieben.* Sie ist bis zum Gehtnichtmehr anthologisiert worden, und erst kürzlich habe ich sie in dem Taschenbuch-Sammelband wiedergelesen, und sie gefiel mir gar nicht mehr sehr. Sie war zu gekünstelt, zu sorgfältig gemacht. Ich finde einfach kein Gefallen an dieser Art Prosa. Die Geschichte war in Ordnung, aber ich hätte sie viel besser auf meine eigene Art schreiben können, unter Verzicht auf Glätte und Politur, die beide nicht mein Fall sind. Ich bin ein Improvisator und vielleicht manchmal ein Innovator. Manche Hochglanzprosa ist sehr gut, an der Oberfläche, aber ich habe immer das Gefühl, als fehlte ihr etwas. Auch ist sie gefährlich. Man kann sich einer bestimmten Zeitschrift anpassen, und dann wechselt der Herausgeber, es wechselt die Verlagspolitik, und schon will keiner mehr das Zeug, das man macht. Und sehr zur eigenen Überraschung stellt man fest, daß man seine Individualität verloren, daß man zuviel preisgegeben hat. Oder, wie es kürzlich passiert ist, das verdammte Gelump geht pleite. Die Konjunkturritter können durchaus zeitweilig Erfolg haben, aber sie müssen

---

* *I'll Be Waiting,* erschienen am 14. Oktober 1939 in der *Saturday Evening Post.*

soviel Zeit und Mühe aufwenden, um sich Herausgebern angenehm zu machen, daß sie nie Gelegenheit finden, wirklich herauszukriegen, was ihnen am besten liegt. Aber vielleicht habe ich nur eine andere Vorstellung vom Schreiben und sollte so was nicht sagen.

Ich will nach England gehen und zusehen, ob ich lernen kann, Stücke zu schreiben. London ist dafür der beste Ort auf der Welt, es gibt dort so viele aktive Theater, und sie lassen sich nicht von den Kritikern einschüchtern. Ich brauche einen Wechsel; ich habe die beste Geschichte der Gattung wohl schon geschrieben, die ich schreiben konnte. Am Ende wird's zur Routine. Die Gardners und Christies können ewig so weitermachen, aber Chandler muß an etwas glauben. Für mich ist das Schreiben kein Geschäft oder Gewerbe, es ist eine Kunst. Vielleicht rede ich zu großspurig. Wenn das so ist, tut's mir leid. Ich weiß, Schriftsteller müssen leben, und es ist nicht leicht für sie, genug zum Leben zu verdienen, und ich werfe ihnen auch gar nicht vor, daß sie Konzessionen machen, aber für mich ist das nichts. Das Drehbuchschreiben ist was anderes, da ist man nicht einmal der Autor dessen, was man schreibt, und die Sachen werden einem dauernd geändert, ohne daß man davon in Kenntnis gesetzt wird. Es ist keine eigentliche Lohnschreiberei, denn es gibt eine Menge kluger Leute in Hollywood, ebenso wie auch grauenhafte Idioten, und manchmal kann man sogar was Gutes machen und, wenn man den richtigen Produzenten hat, auch heil durchbringen. Aber wieviel Geld man auch kriegt, und ich habe eine höllische Menge bekommen, nichts, was man macht, gehört einem wirklich. Ich habe einmal in etwa drei Wochen ein Originaldrehbuch geschrieben, weil die Firma drei Schauspieler hatte, die sie bezahlen mußte, und keinen Film für sie.* Er wurde innerhalb von, glaube ich, 41 Tagen geschrieben, gedreht und fertig abgenommen, und es war ganz und gar kein billiger Film. Einem der Schauspieler stand die Einberufung bevor, und alles mußte schnell gehen. Es war kein Meisterstreifen, aber

---

* *The Blue Dahlia,* 1945, produziert von Joseph Sistrom und John Houseman; die Hauptdarsteller waren Veronica Lake und Alan Ladd, der kurz vor seiner Einberufung zum Militärdienst stand.

ein paar Glanzpunkte hatte er durchaus, und er hat eine Menge Geld eingespielt. Aber so was verstehe ich nicht unter Schreiben. Man macht's fürs Geld, und man muß dabei in einer Tour darum ringen, daß nicht irgendein großes Tier von Regisseur einem das Ganze wieder durcheinanderbringt. Wenn ich könnte, würde ich lieber für die Bühne schreiben. Da hat der Autor noch einige Autorität; er mag mal hier und da ein paar Zeilen ändern müssen, weil ein eigenwilliger Schauspieler oder eine launische Schauspielerin sie nicht mag (und oft sogar recht hat damit), aber man hat bei der Besetzung und Inszenierung doch was mitzureden. Man ist kein bloßer Erfüllungsgehilfe.

[...]

Ich habe oft überlegt, was wohl diese Teenager zu dem macht, was sie oft sind. Denken sie, sie leben in einer verlorenen Welt? Selbst hier in La Jolla haben sich die Jungens und Mädchen, nach einer sehr netten Party irgendwo unten in La Jolla Shores, einen Spaß daraus gemacht, auf dem Heimweg Autoreifen aufzuschlitzen. Wie kommt das? Wie kommt es, daß es Mittelschülern, Kindern aus anständigen Familien, Freude macht, das Eigentum von Leuten zu zerstören, die nach allem, was sie wissen, schwer arbeiten müssen, um über die Runden zu kommen? Ist's eine Art Revolte gegen eine Welt, an die sie nicht mehr glauben? Ist's das Ergebnis des Krieges? Ich weiß es nicht, aber es sind jedenfalls nicht nur wir. In London haben sie die «Teddyboys», so genannt, weil sie sich in der Kleidung der edwardianischen Ära gefallen. Sie sind jede Menge rabiat und ihre Freundinnen auch, aber bis jetzt sind sie noch nicht in die besseren Wohnbezirke vorgedrungen. Nur, es fragt sich, wie lange noch? Ich habe in London eine Freundin, die spät abends gern noch spazierengeht. Sie schaute immer bei mir vorbei, als ich in Eaton Square wohnte, nicht weit von ihrem eigenen Haus, und ich hatte dauernd Angst, es könnte ihr etwas passieren. Das ist zwar nie geschehen, aber trotzdem fand ich's ein bißchen gefährlich. Sie ist meine englische Agentin, die Tochter eines immens reichen Mannes, aber sie arbeitet schwer in ihrem Beruf und lebt ganz einfach.* Ich bin bei unseren Verabre-

---

* Helga Greene.

dungen immer nach unten gegangen und habe ihr die Haustür aufgemacht – die wurde um zehn abends abgeschlossen –, und da sah ich dann die einsame ferne Gestalt auf der verlassenen Straße auf mich zukommen, und ich wußte verdammt gut, daß ich, wenn jetzt ein paar rabiate Halbstarke mit Messern aufkreuzten, mit ihnen nicht fertig werden würde. Aber sie hatte nie Angst. Wir setzten uns und tranken ein oder zwei Glas und unterhielten uns über alle möglichen Sachen, und dann ging sie wieder heim, auf demselben Weg. Ich konnte da gar nichts machen. Ausländer (und bis auf sehr wenige Ausnahmen auch Engländer) bekommen keine Erlaubnis, in England eine Waffe zu tragen oder auch nur zu besitzen, es sei denn, es ist eine Sportwaffe, und wenn man in der eigenen Wohnung einen Einbrecher erschießt, hat man höllisch zu tun, um nachzuweisen, daß es in Notwehr geschah. Wenn ich sie also heimbegleitet hätte, wäre ich nur eine zusätzliche Herausforderung gewesen. Sie hätten mich niedergeschlagen oder abgestochen und mir mein Geld weggenommen, und sie wäre noch schlimmer dran gewesen, weil sie ja Augenzeugin war. Schließlich bin ich dann in eine Gegend gezogen, wo sie mich nur mit dem Auto besuchen konnte. Aber man kann bei Engländern der Art, die ich kenne, nicht viel machen. Man kann ihnen keine Angst einjagen. Selbst während der schlimmsten Bombenangriffe im letzten Krieg ging keiner von ihnen je in die Luftschutzbunker. Wahrscheinlicher war, daß sie auf einer Abendgesellschaft, wenn die Detonationen näher kamen und zu laut wurden, in der nonchalanten Art, die sie an sich haben, nur bemerkten: «Ein bißchen viel Lärm heute nacht, was?» Und das war kein affektiertes Gehaben, sondern sie sind so. Manchmal denke ich, sie treiben diese Attitüde des Halt-die-Ohren-Steif ein bißchen zu weit, aber sie tun es eben nicht aus Angabe; sie sind von Natur so.

Das alles erledigt das Problem der jugendlichen Strolche aber nicht. Ich weiß keine Antwort. Sie vielleicht?

Irgendwann nächstertage muß ich nach Los Angeles aufs britische Konsulat. Wenn das klappt, kommen wir, hoffe ich, zusammen.

Herzlich immer Ihr
Ray

AN LEROY WRIGHT

6925 Neptune Place
La Jolla, California
31. März 1957

Lieber Leroy:

[...]

Ich bin mit der Kriminalgeschichte so weit gekommen, wie ich nur kann. Vielleicht habe ich das Beste geschrieben, was es auf dem Gebiet überhaupt je gab. Viele Leute meinen das. Aber das Ding wird zur Routine; man wird's müde, immer dieselbe Art Szenen und Effekte zu produzieren. Man beginnt sich zu fragen, ob man nicht nur sich selber imitiert. Aber eine neue und schwierige Form in Angriff zu nehmen, würde Wunder bei mir bewirken, selbst wenn's danebenginge. Schließlich bin ich ein guter Dialogschreiber.* Darüber hinaus würde ich gern einen englischen Roman schreiben, nicht als Amerikaner, der eine Tour de force versucht, sondern als ein Schriftsteller, der in den Nuancen des britischen Englisch vollkommen zu Hause ist und doch den Ehrgeiz hat, es ein wenig lebendiger werden zu lassen. Seit Monaten schon schreibe ich Skizzen in verschiedenen Arten von stilisiertem Englisch (sie sind alle mild pornographisch, aber das nur, weil ich mich beim Schreiben etwas amüsieren wollte). Einige waren übersteigerter Humbug, einige gehemmt und ganz daneben, aber die letzte, die fertig wurde, hat der Kritik einer der besten Schriftstellerinnen standgehalten, die ich in England kenne. Nicht ein Wort oder Ausdruck falsch, sagt sie. Wenn man meint, wir und die Engländer des oberen Mittelstands oder der Oberschicht sprächen dieselbe Sprache, so könnte man sich gar nicht schlimmer irren. Die Affektationen, besonders einiger Frauen, sind sehr komisch. Beispiele:

---

* Chandler hegte die Hoffnung, für die englische Bühne zu schreiben.

Das würde mir schon gefallen.

Bedeutung: Ich bin scharf drauf.

Ich bin wahnsinnig verknallt in ihn.

Bedeutung: Er hat genug Geld, um mich in nette Lokale zu führen.

Ich finde Ihr Haus hinreißend.

Bedeutung: Das Weib hat keine Spur von Geschmack. Ein grauenhafter Kasten.

Liebling, es war absolut himmlisch. Ruf mich bald wieder an, ja?

Bedeutung: Na ja, damit wäre das gelaufen, Gott sei Dank.

Hättest du vielleicht Lust, Freitag mit mir essen zu gehen?

Bedeutung: Sie hat einen Liebhaber verloren und hält Ausschau nach einem neuen.

Und so weiter.

[...]   Mit den freundlichsten Grüßen
                                                    Ray

AN HELGA GREENE

6925 Neptune Place
La Jolla, California
16ter April 1957

Helga, mein Liebling:

[...]

Ich entsinne mich meiner ersten Liebe, aber das war eine andere Welt. Wenn wir uns trafen, hatte ich einen Kloß in der Kehle, und ich konnte kaum ein Wort herausbringen. Ihre Hand zu halten wäre Ekstase, sie zu küssen undenkbar gewesen. Aber ich glaube, an dem Punkt ist man gar nicht in ein bestimmtes Mädchen verliebt; man ist verliebt in die Liebe. Natürlich wird einem das nie bewußt, denn wenn man ihr später wieder begegnet, ist sie schon lange verheiratet, und meist mit einem Trottel, den man ganz ungeeignet findet. Hast Du je einen Roman von Leonard Merrick mit dem Titel *Conrad in Quest of His Youth* gelesen? Nicht unbedingt gut nach unseren Maßstäben, aber er hat mir gefallen. Die Moral ist: Nie mehr zurück!

[...]

Liebe, Liebe, Liebe
Ray

AN JEAN DE LEON

6925 Neptune Place
La Jolla, California
18ter April 1957

Liebste Jean:

[...]

Nein, ich habe *The Light of Asia* nicht gelesen.* Es ist bei mir wirklich so, daß die herkömmlichen Religionen, wie liberal ihr Grunddenken auch sein mag, jetzt ein bißchen zu spät für mich kommen. Und vielleicht – ich hoffe es – bin ich auch nicht der Typ, der in Tränen aufgelöst zum Unbekannten Gott läuft, wenn er sich allein, verzweifelt oder im Angesicht des Todes fühlt. Dem werde ich so gelassen begegnen, denke ich, wie ich den Gefahren in meinem Krieg seinerzeit gegenübergestanden habe. Aber man weiß ja nie. Jeder kann durch Leiden gebrochen werden. Vielleicht habe ich in gewisser Weise Glück gehabt, daß ich schon zu dem Entschluß gelangt war, mir das Leben zu nehmen, und es mir mißlang, denn nun weiß ich bereits, wie es ist, dem Tod ins Auge zu sehen. Weder Gebete noch Religion hätten mir da helfen können. Er stand zwischen mir und mir sozusagen. Natürlich, Folter ist etwas anderes. Ich zweifle sehr, ob ich da eine so gute Figur abgegeben hätte, wie es so viele vermochten.

* Eine Lebensbeschreibung Gautama Buddhas von Sir Edwin Arnold, 1879.

614

Warum sollte mir Dein Liebesgedicht nicht gefallen? Wir beide, Du und ich, mögen über gewisse Aspekte der Liebe uneins sein, gewiß aber könnte das nicht beeinträchtigen, was ich bei Deinem Gedicht empfunden habe. Gedichte sind keine Predigten oder Thesenstücke, wenigstens hoffe ich das.

Ich weiß nicht, was ich von Billy Graham halten soll. Ich habe ihn einmal im Fernsehen gesehen, und da wirkte er wie ein gutgekleideter, sympathischer Typ, jung, ansehnlich und so weiter. Aber in Amerika neigen wir wohl dazu, alle solchen Leute «auf Profit aus» zu sehen. Es hat hier drüben schon zu viele davon gegeben, und sie haben zuviel Geld gemacht. Die schreiendsten Fälle scheinen mir Aimee Semple MacPherson und Father Divine zu sein.

[...]

Unlängst habe ich eine Kolumne für Neil Morgan geschrieben, einen Freund von mir, der eine tägliche Kolumne in der *San Diego Tribune* hat, einer nicht sehr namhaften Zeitung, aber San Diego ist auch immer noch eine Provinzstadt, trotz fast einer halben Million Bevölkerung. In dem Artikel nun habe ich meine Ansichten über La Jolla zum Ausdruck gebracht (und es eine widerwillige Vorstadt von San Diego genannt) und über das Leben unter den reichen Ruheständlern, aber auch nette Dinge gesagt. Es kam zu erheblichen Unruhen, und jemand stellte an der südlichen Stadtgrenze – wo ein entsprechendes Ortsschild steht – eine gemalte Tafel auf mit dem Text: ACHTUNG! SIE BETRETEN JETZT RAYMOND CHANDLERS WIDERWILLIGE VORSTADT VON SAN DIEGO. Vermutlich hat's der nächste Streifenwagen der Polizei entfernt, der vorbeikam, aber nicht bevor jemand ein Photo davon gemacht hatte; das Photo wurde Neil Morgan zugeschickt, der es prompt in seiner Kolumne abdruckte. Ich halte meinen Artikel nicht für besonders gut; er war hastig und flüchtig geschrieben, und natürlich für nichts. Morgan hatte die Grippe um die Zeit (eine entsprechende Bemerkung wurde meiner Kolumne vorangestellt), und seither, sagt er, haben ihn immer wieder Leute gefragt: «Warum werden Sie eigentlich nicht öfter mal krank?»

[...]

Ray

AN DEIRDRE GARTRELL

6925 Neptune Place
La Jolla, California
23. April 1957

Deirdre, mein Liebling:

[...]

Die meisten Leute begnügen sich mit dem, was ihnen verfügbar ist und ihrer Lage dem Anschein nach entspricht. Wilde Romantiker meiner Art geben sich nie mit etwas zufrieden. Sie verlangen das Unmögliche, und bei ganz seltenen Gelegenheiten erreichen sie es auch, sehr zu ihrer eigenen Überraschung. Ich war einer von denen, einer von den vielleicht zwei Prozent, die mit einer Ehe gesegnet waren, die auf immer eine Huldigung ist. Ich finde, wenn ich zurückblicke, keinen Grund, weshalb ich so bevorzugt worden bin. Vor allem, da ich ja als junger Mann alles andere als jungfräulich war.

[...]

Sie werden Ihre Würde nie verlieren, denn sie ist, ich sehe es, ein Teil von Ihnen. Um noch eine Frage zu beantworten: Ich habe niemals jemandem einen formellen Heiratsantrag gemacht. Bei meiner Frau und mir war es so, daß wir einander einfach in die Herzen zu schmelzen schienen, ohne daß es noch Worte brauchte.

Mit viel Liebe
Ray

AN HELGA GREENE

6925 Neptune Place
La Jolla, California
Ostersonntag, 28ster April
[1957]

Mein Liebling Helga:

[...]

Etwa mit sechzehn war ich in ein Mädchen verknallt, war aber zu scheu, auch nur mit ihr darüber zu sprechen. Ich schrieb ihr immerzu Briefe. Es wäre eine Ekstase gewesen, ihre Hand zu halten. Ein Kuß war fast eine Undenkbarkeit. Nicht daß ich so verdammt rein gewesen wäre. Sehr jung schon gehörte ich in meiner Gegend zu einer Bande (keiner kriminellen natürlich) und fand mich da mit einem reizenden kleinen Mädchen zusammenge-spannt, das ich, bis zu einem gewissen Punkt, auszuziehen pflegte, rein aus Neugier, und sie erwartete das so ziemlich auch von mir. Ich zog auch gern einer Cousine von mir in Nebraska, ungefähr in meinem Alter, die Höschen runter, und da ihr vier Jahre alter Bruder dabei war, zogen wir immer auch ihm die Hosen runter, bloß damit er beteiligt war und sich nicht ausgeschlossen fühlte. Kurios, wie es mir jetzt vorkommt, war dabei nur, daß ich mich nicht im mindesten (soweit ich weiß) für ihre Geschlechtsorgane interessierte, sondern nur für ihr hübsches festes rundes Hinterteil. Es war wohl ein heraufdämmerndes Sexgefühl, aber es kam mir immer nur ungezogen vor und recht schön. Ich denke, ich bin in mancher Hinsicht ein sonderbarer Junge gewesen, denn ich hatte einen enormen persönlichen Stolz. Ich habe nie onaniert, weil ich das für schmutzig hielt. (Dabei hatte ich aber massenhaft nasse Träume.) Der Lehrer, dem die Vorgespräche zur Konfirmation oblagen, wollte mir verständlicherweise nicht glauben, daß ich noch nie onaniert hätte, weil das praktisch alle Jungen taten. Ich hielt irgendwie an einer wunderlichen Vorstellung fest, muß sie wohl irgendwo gelesen oder gehört haben. «Wenn du das tust, dann denke dir, du hältst eine wunderschöne und unerreichbare Frau in den Armen. Wenn du mal wirklich eine bekommst, wirst du's sehr enttäuschend finden.» Nun, ich tat's jedenfalls nicht, teils vielleicht weil ich keine sexuellen Phantasien in mir angestaut hatte, teils weil ich ein ziemlich intelligenter Junge war. Ich habe auch nie eine Frau oder ein Mädchen gekannt, die in mir Ekel oder ein billiges Gefühl erzeugt hätte, ganz wie ich meines Wissens auch nie einem Mädchen ein solches Gefühl gegeben habe. Sie brachen wohl manchmal, hinterher, in Schluchzen aus und Tränen, und das jagte mir einen Riesenschreck ein, bis sie mir sagten, das sei eine reine Gefühlsreaktion und nicht im mindesten etwa, weil sie sich schämten. Gott, wie wenig weiß man doch über Frauen.

[…]

Ray

AN HELGA GREENE

6925 Neptune Place
La Jolla, California
30. April 1957

Helga, mein Liebling:

[…]

Es ist mir ganz schrecklich, gegen Deinen Rat zu handeln, aber ich habe in meinem Leben viele schwere Schlachten geschlagen und immer gefunden, daß der einzige Weg, sie durchzustehen, der direkte war, in voller Kenntnis der Risiken und mit dem Wissen, daß alles, womit ich antreten konnte, mein Verstand war und mein Mut und daß ich leicht gegen Leute verlieren konnte, die viel mächtiger waren als ich. Aber ich bin nicht dadurch einer der drei oder vier höchstbezahlten Schriftsteller in Hollywood geworden, daß ich mich von irgendwem an die Wand drücken ließ. Ich war nicht immer ein wirklich guter Filmautor, aber das eine oder andere muß ich doch an mir gehabt haben. Ich finde, es gibt heute viel bessere Filmschreiber, als ich's je sein konnte, weil ich die Vorgänge nie unter den Bedingungen der Kamera sah, sondern immer als dramatische Szenen zwischen Menschen. Du kennst wahrscheinlich die berühmte Geschichte von dem Schriftsteller, der sich das Hirn zermarterte, wie er, und zwar ganz kurz nur, zeigen könnte, daß ein mittelältlicher Mann und seine Frau keine Liebe mehr füreinander empfanden. Endlich hatte er's. Der Mann und seine Frau stiegen in einen Fahrstuhl, und er behielt seinen Hut auf. Im nächsten Stock stieg eine Dame zu, und er nahm den Hut auf der Stelle ab. So schreibt man richtig für den Film. Ich, ich hätte eine Vier-Seiten-Szene darüber gemacht. Was dieser Bursche da machte, brauchte nur ein paar Sekunden. Es geht nicht darum, ob mir vielleicht eine gute Szene gelungen wäre – als Szene genommen –, sondern ob ich wirklich für die Kamera gedacht habe. Ich glaube, das habe ich irgendwie nie. Gute Filmschriftsteller sollten Regisseure werden, wie es auch mehr und mehr geschieht. Aber damit hören sie zugleich auch auf, Schriftsteller zu sein, denn ein Schriftsteller schafft sich seine Welt unter seinen eigenen Bedingungen, auf seine ganz eigene Weise.

[...]

Ein Lehrer von mir sagte vor langer Zeit einmal: «Man kann nur von den Zweitrangigen lernen. Die Erstrangigen liegen außerhalb des Horizonts; man kann nicht erkennen, wie sie ihre Wirkungen erzeugen.» Daran ist viel Wahres. Ich will mich gewiß nicht größer machen, als ich bin, aber ein Krimikollege hat mir vor einer ganzen Weile einmal gesagt, er habe meine Geschichten wieder und wieder gelesen, Zeile für Zeile und fast Wort für Wort, und er habe immer noch nicht begriffen, wie ich bestimmte Wirkungen erzielt hätte. Ich wußte's auch nicht, um ehrlich zu sein. Und ich wußte auch nicht, daß ich sie erzielt hatte. Ich weiß nur eins mit Gewißheit, und das habe ich sicher schon einmal gesagt, daß volle fünfzehn Jahre lang ein ganzer Haufen guter Schriftsteller bis zur Verzweiflung versucht hat, mich zu imitieren, und daß nicht einer davon es auch nur annähernd geschafft hat. Es ist doch so etwas wie ein Geheimnis. Es gibt Leute, denen viel bessere Handlungen einfallen als mir und viel bessere Ideen, aber darauf kommt es offenbar nicht an. Wenn sie die Szene schreiben, ist kein Zauber da. Warum?

[...]

Alle meine Liebe
Ray

AN HELGA GREENE

6925 Neptune Place
La Jolla, California
5ter Mai 1957

Mein Liebling Helga:

[...]

Ich bin einmal leitender Angestellter im Ölgeschäft gewesen, Direktor von acht Gesellschaften und Präsident von dreien, obwohl das tatsächlich nur hieß, daß ich ein kostspieliger Arbeitnehmer war. Es handelte sich um kleine Gesellschaften, die aber sehr reich waren. Ich hatte den besten Bürostab in ganz Los Angeles, und ich zahlte meinen Leuten höhere Gehälter, als sie irgendwo sonst hätten bekommen können, und sie wußten das. Meine Bürotür war nie geschlossen, jeder nannte mich beim Vornamen, und es gab nie auch nur den geringsten Streit, weil ich es mir zur Aufgabe machte, dafür zu sorgen, daß kein Grund dazu aufkam. Hin und wieder, nicht oft, mußte ich jemanden feuern – keinen, den ich mir selbst hergeholt hatte, sondern einen, den mir der große Boß aufgedrückt hatte –, und das war mir schrecklich, weil man ja nie weiß, welche Härte das für den Betreffenden bedeutet. Ich hatte die Gabe, die speziellen Fähigkeiten der Leute zu entdecken. Es gab da einen Mann, entsinne ich mich, der geradezu genial begabt war für die Ablage. Andere waren gut in Routinearbeiten, hatten aber keine Eigeninitiative. Es gab Sekretärinnen, die schlechthin alles im Kopf behalten konnten, und Sekretärinnen, die wunderbar Diktat aufnahmen und tippten, mit ihren Gedanken aber in Wirklichkeit immer anderswo waren. Ich mußte sie alle verstehen und ihrer Art entsprechend einsetzen. Ein Mädchen war da, nicht hübsch und auch nicht allzu helle, der hätte man eine Million Dollar in bar geben können, und einen Monat später hätte sie, ohne gefragt zu werden, die Nummern sämtlicher Scheine gewußt und aufgelistet, und selbstverständlich hätte sie auch, auf eigene Kosten, ein Bankfach gemietet gehabt, um das Geld sicher aufzubewahren. Dann hatten wir einen fest angestellten Rechtsanwalt im Büro (ich war nicht begeistert von der Idee, wurde aber vom Aufsichtsrat überstimmt), der sehr scharfsinnig war, aber auch sehr unzuverlässig, denn er trank zuviel. Ich fand heraus, wie man seinen Kopf am besten nützen konnte, und er sagte oft und öffentlich, daß ich der beste Bürochef in Los Angeles sei, womöglich einer der besten auf der Welt. (Schließlich hatte er eine Karambolage mit einem Polizeiauto, und ich mußte ihn aus dem Gefängnis holen.) Als ich noch nicht lange bei den Firmen war, hatten wir einen Fall von Unterschlagung. Die Methode des Mannes konnte nur in einem schlecht organisierten Büro Erfolg haben. Aber ich bekam ihn zu fassen, und bei dem Prozeß gegen ihn mußte ich neben dem stellvertretenden Staatsanwalt sitzen und ihm soufflieren, welche Fragen er stellen sollte. Der verdammte Narr kannte sich in seinem eigenen Fall nicht aus.

[...]

Ich habe hier, entschuldige, nur darum von meiner Karriere als Geschäftsmann gesprochen, weil ich Dich davon zu überzeugen hoffe, daß ich in diesen Dingen kein Kind bin. Ich habe eigentlich immer mit Rechtsstreitigkeiten zu tun gehabt. Einmal mußte ich sechs Anwälte beschäftigen; die einen waren auf diesem Gebiet gut, die andern auf jenem. Ihre Rechnungen verschlugen dem Vorsitzenden regelmäßig den Atem; er sagte, sie wären zu hoch. Ich habe sie aber stets ohne Abzug bezahlt, denn sie waren keineswegs zu hoch unter den Umständen. Das Geschäftsleben ist hart, und es ist mir verhaßt. Aber was man einmal anfängt, das muß man dann auch so gut machen, wie man nur kann.

Ich entsinne mich noch eines Falls, wo wir in Signal Hill (gleich im Norden von Long Beach) mit einem Lastwagen Leitungsrohre transportierten: Die Rohre ragten ziemlich weit heraus, wir hatten aber eine rote Laterne dran, ganz nach den gesetzlichen Vorschriften. Ein Wagen mit zwei betrunkenen Matrosen und zwei Mädchen krachte hinten drauf, und wir kriegten eine Klage auf 1000 Dollar pro Kopf ins Haus. Sie warteten damit fast ein Jahr, was hier die äußerste Frist bei Schadenersatzklagen ist. Die Versicherungsgesellschaft sagte: «Tja, solche Klagen werden ziemlich teuer; am besten einigen wir uns durch Vergleich.» Ich sagte: «Wunderschön. Ein Vergleich kostet Sie nichts. Sie erhöhen einfach die

Prämien. Wenn Sie sich hier nicht zur Wehr setzen wollen, und zwar mit allem Nachdruck, wird meine Firma das selber tun.» «Auf eigene Kosten?» «Natürlich nicht. Die Kosten werden wir dann von Ihnen einklagen, falls Sie nicht freiwillig zahlen.» Er stampfte aus dem Büro. Wir fochten die Klage an, mit dem besten Anwalt, den wir kannten, und er wies nach, daß der Röhrenlastzug vorschriftsgemäß beleuchtet gewesen war; wir führten verschiedene Barbesucher aus Long Beach vor (es kostete einiges, sie zu finden, aber die Ausgabe lohnte sich), und da ergab sich, daß die Betreffenden vorher aus drei Bars herausgeflogen waren. Wir gewannen auf Anhieb, und die Versicherungsgesellschaft zahlte sofort, und zwar nur ein Drittel von dem, was sie der Vergleich gekostet hätte, und sobald das abgewickelt war, kündigte ich die Police und schloß mit einer anderen Gesellschaft ab.

Vielleicht klingt dies alles ein bißchen hartgesotten. Aber das war es ganz und gar nicht. Ich habe nur getan, was ich für meine Aufgabe hielt. Es ist nie ohne Kampf abgegangen, oder? Wohin man auch geht, was immer man tut – es nimmt einen alles sehr mit. Mich nimmt es heute stärker mit als früher, aber ich habe immer noch dasselbe Gefühl.

[...]

Liebe, Liebe, Liebe
Ray

AN HELGA GREENE

6925 Neptune Place
La Jolla, California
7ter Mai 1957

Mein Liebling Helga:

Ich schicke Dir hier meine Geschichte *English Summer*. Sie ist etwa 8500 Wörter lang, nicht grad die beste Länge, geschäftlich gesehen. Sie ist geschäftlich vielleicht überhaupt nicht interessant, aber ich hatte sehr viel Freude daran, sie zu schreiben und zu überarbeiten. Ein bißchen überzogen mag sie wohl sein, aber ich denke, ich habe sie grad so gewollt.

[...]

Wenn man irgendwohin geht, um eine neue Umgebung zu studieren, eine neue Atmosphäre in sich aufzunehmen, andere Arten von Menschen kennenzulernen, dann hat man im Hinterkopf doch immer die kleine Hoffnung, auch einen Nutzen daraus zu ziehen. Ich habe Los Angeles als Schauplatz verloren. Es ist nicht mehr der Teil von mir, der es einmal war, obwohl ich der erste gewesen bin, der darüber realistisch geschrieben hat. Jetzt lebt die Hälfte aller Schriftsteller in Amerika dort oder in der Nähe, der Krieg hat's zur Industriestadt gemacht, und das Klima ist ruiniert, teils eben davon und teils von zuviel Vegetation, von zu vielen Rasenflächen, die bewässert werden müssen, und das in einer Landschaft, die von der Natur zur Halbwüste bestimmt war. Es war heiß und trocken, als ich damals hierherkam, mit tropischem Regen im Winter und Sonne zu wenigstens neun Zehnteln im Jahr. Nun ist's feucht, heiß, stickig, und wenn der Smog in das Becken zwischen den Bergen niedersinkt, das Los Angeles ist, dann wird's verdammt nahezu unerträglich.

So sehe ich mich naturgemäß nach etwas anderem um, über das ich schreiben könnte. Über England kann ich nicht schreiben, ehe ich England auch in den Knochen spüre. Liebe ist nicht genug.

[...]

Ray

AN DEIRDRE GARTRELL

Deidre, mein Liebling:

[...]

Darf ich noch etwas sagen zu der Tatsache, daß Sie mir in noch keinem Ihrer Briefe an mich irgend etwas erzählt haben, was außerhalb Ihrer eigenen Gedanken liegt? Nie haben Sie mir Ihr Zimmer beschrieben, Ihre Universität, die Bauten, den Platz, die Atmosphäre, das Klima, was für eine Stadt Armidale ist. Sie mögen das unwichtig finden, aber für mich zeigt es eine Geisteshaltung an, eine Geistesverfassung, die unglücklich sein muß. Ich interessiere mich für Australien, für alles, was es dort gibt, wie es aussieht, wie die Häuser sind, wie viele Zimmer sie haben und was für welche, was für Blumen dort wachsen, was für Tiere und Vögel es gibt, wie die Jahreszeiten sind, wie das Alltagsleben von Menschen Ihrer Art so läuft. Sie erzählen mir sehr viel von Ihren Gedanken, aber gar nichts vom Leben um Sie herum. Glauben Sie, ich bin dadurch einer der erfolgreichsten Kriminalautoren aller Zeiten geworden, daß ich über mich nachgedacht habe – über meine persönlichen Qualen und Triumphe, gar in unendlicher Analyse meiner persönlichen Gefühle? Ganz gewiß nicht. Und das sollten Sie sehr gut wissen. Aber alles, was ich von Ihnen höre, handelt nur von Ihnen. Dies ist überhaupt nicht als Vorwurf gesagt oder weil ich Sie der Egozentrik bezichtigen wollte.

[...]

Mit viel Liebe und etwas Hoffnung
Ray

AN HAMISH HAMILTON

6925 Neptune Place
La Jolla, California
16ter Mai 1957

Lieber Jamie:

Grüße, Wünsche und Liebe zuvor an alle, die dafür Verwendung haben könnten, besonders an Dich und Roger.

Sodann: Ich habe da eine blasse – aber wirklich nur ganz blasse – Erinnerung, daß Dir einmal der Gedanke kam, meine Briefe könnten der Veröffentlichung wert sein. Ich bringe das Thema hier nur darum zur Sprache, weil sich bei mir eine derartige Masse davon angesammelt hat, daß ich sie vernichten muß, wenn mich meine Erinnerung täuscht. Ein Freund von Dir hat mich einmal einen «flammenden Egozentriker» genannt. Ich selber habe mich eigentlich lange für einen ziemlich bescheidenen Menschen gehalten, aber nun fange ich doch langsam an zu glauben, daß dieser Freund recht hatte, daß alle Schriftsteller zwangsläufig Egozentriker sein müssen, weil sie ihr Herz und ihre Seele ausströmen lassen, um überhaupt schreiben zu können, und daher introspektiv werden. Ich glaube, bei mir ist das in letzter Zeit schlimmer geworden, weil ich zuviel gepriesen worden bin, weil ich ein einsames Leben führe und für die Zukunft nichts mehr erhoffe.

Was die Briefe betrifft, so sind manche analytisch, manche ein bißchen poetisch, manche traurig, und eine ganze Menge sind kaustisch oder gar komisch. Sie zeigen, denke ich, die Reaktion eines Schriftstellers auf seine frühen Kämpfe und später seine Bemühungen, die zahllosen Leute abzuwehren, die ihn auf irgendeine Weise auszubeuten suchen. Es sind auch Liebesbriefe dabei und Briefe an ein unbekanntes Mädchen in Australien, die lediglich einen wohlmeinenden Versuch darstellten, seine Probleme zu lösen, nachdem es mir mehr von ihrem Herzen geschenkt hatte als sonst je (so sagte sie) einem Mitglied ihrer Familie. Bei vielen dürfte man natürlich den Adressaten nicht nennen, und viele würden eine erklärende Anmerkung über die Umstände erfordern, die zu ihrer Abfassung führten. Eine ganze Menge gingen an Dich.*

Es wäre eine Heidenarbeit, sie zu sortieren und diejenigen auszuwählen, die vielleicht der Aufmerksamkeit anderer wert wären. Einer der Herausgeber von Houghton Mifflin schrieb mir, ich hätte die verlorengegangene Kunst des Briefeschreibens wieder zum Leben erweckt. Das will ich nicht weiter kommentieren, aber es ist wahr, ich scheine in Briefen gelegentlich eindringlicher gewesen zu sein als in jeder anderen Textform – manchmal –, und wenn ich einige davon wiederlese, so bin ich regelrecht verblüfft – verblüfft über die Leichtigkeit im Ausdruck und die Spannweite im Gedanklichen, die mir offenbar selbst damals schon zur Verfügung standen, als ich noch ein fuchtelnder Anfänger war. Bitte glaub mir, daß ich hiermit keineswegs das Ansinnen an Dich richte, sie zu publizieren; ich überlege bloß, ob sie vielleicht von genügendem Interesse sein könnten, um der Veröffentlichung wert zu sein. Ein richtiger Schriftsteller, und manchmal denke ich, daß ich einer bin, lebt auf vielen Denkebenen. Vielleicht war es ein Ergebnis meiner geschäftlichen Ausbildung, daß ich immer gewußt habe: Ein Autor muß einer Linie folgen, mit der das Publikum vertraut werden kann. Er muß sich selbst bis zu dem Maße «einbringen», daß das Publikum seinen Namen (wenn es sich dessen erinnert) mit einer ganz bestimmten Schreibweise assoziiert. Aber das ist für ihn selber, für seinen eigenen Geist nicht genug. So habe ich denn, nehme ich an, in meinen Briefen mehr oder weniger jene Facetten meiner Geistesart enthüllt, die in dem, was ich zur Veröffentlichung schrieb, getrübt oder verzerrt werden mußten.

Dies mag Dir vielleicht ein bißchen albern klingen, aber eigentlich glaube ich das kaum. Zum Beispiel habe ich kürzlich ein ernstes Gedicht ans *Atlantic* verkauft, und grad habe ich eine längere Kurzgeschichte mit englischem Schauplatz geschrieben (aber erzählt von einem Amerikaner). Und jetzt sitze ich wieder an dem Marlowe-Ding, das ich bald abzuschließen hoffe.**

---

* [Anm. d. Ü.:] Von Chandlers Briefen an Hamish Hamilton waren viele bei einem Brand des Londoner Verlagshauses 1948 vernichtet worden.
** Das Gedicht heißt *Requiem,* die Geschichte ist *English Summer* und der Marlowe-Roman *Playback.*

Ich frage Dich wegen der Briefe deshalb, weil es eine ganze Menge Arbeit machen würde, Hunderte davon durchzugehen und die rauszusuchen, die vielleicht etwas an sich haben, sie dann kopieren zu lassen und die nötigen Fußnoten zu machen. Das möchte ich nicht tun, wenn nicht ein unmittelbares Interesse besteht. Du mußt über die Jahre hin genügend Briefe von mir empfangen haben, um Dir ungefähr einen Begriff machen zu können, ob das Projekt die Zeit und die Kosten lohnt, obwohl ich von einem Verleger nie erwarten würde, daß er sich im voraus festlegt, es sei denn ganz allgemein.

[...]

Ich schicke Helga hiervon einen Durchschlag, und dann, verdammt noch mal, werde ich wohl am besten vergessen, was ich da geschrieben habe.

In Liebe
Ray

AN DEN HERAUSGEBER DES
DAILY EXPRESS

21. Mai 1957

Sehr geehrter Herr:

Ich habe in der *Los Angeles Times* Mr. Rene MacColls Bemerkungen über gewisse Dinge gelesen, die ihm an meiner Heimat nicht zu gefallen scheinen, und vielen davon muß ich leider zustimmen. Es gibt aber auch noch eine andere Seite von Amerika, und diese scheint Mr. MacColl übersehen zu haben. Wir sind durch eine Art natürliche Begabung für Produktionstechnik zu reich und zu mächtig geworden, und als Ergebnis davon ist uns die Rolle zugefallen, die Welt zu beherrschen, noch ehe wir überhaupt wußten, was das heißt, oder sie uns wirklich wünschen konnten. Wir sind einfach auf Platz eins gerutscht. Hundert Jahre lang hat England, wie Sie sich erinnern werden, die Welt beherrscht, und es ist dafür von jedermann sonst recht herzlich verabscheut worden. Das scheint der Preis für die Macht zu sein, wie immer auch ungewollt oder ungewünscht sie sein mag. Die Position, in der wir uns befinden, läßt sich unmöglich mit Eleganz oder Geschick behaupten.

Ich gebe zu, daß die meisten unserer Werte ganz falsch sind, aber sie haben sich aus etwas ergeben, was durchaus nicht falsch gewollt war. Ich gebe zu, daß unsere Autos in ihrem Design zum Absurden tendieren, aber wir leben in einer überproduktiven Wirtschaft, und phantastische Werbekampagnen werden unternommen, uns die Ansicht beizubringen, daß alles, was über sechs Monate alt ist, der Pharaonenzeit angehöre. Ich gebe zu, daß die Lebenskosten hier absurde Höhen erreicht haben, aber immerhin haben wir saubere Küchen und saubere Badezimmer – und wir baden. Ich gebe zu, unsere Manieren sind nicht immer, was sie sein sollten, aber bei uns hat der Taxifahrer dasselbe Recht, einem die Faust auf die Nase zu setzen, wie in England der Marquis. Ich gebe zu, daß unser Warenhausbrot nach nichts schmeckt, aber was wäre wohl grauenhafter als Ihr Kaffee oder Ihr Speck? Ich gebe zu, daß Teebeutel eine Beleidigung sind, aber Tee ist bei uns auch anders als in Beutelform zu haben und dann in weit besserer Qualität als bei Ihnen.

Unser Land hier ist jung, groß und buntscheckig. Wir wissen nicht alles. Wissen Sie es? Wir versuchen dem nachzukommen, was wir für unsere Aufgabe in der Welt halten; das haben wir mit großer Anstrengung immer versucht, und unsere Arbeiter leisten gelegentlich ein Tagewerk, das nach allem, was ich beobachten konnte, das bei Ihnen übertrifft. Als ich einmal an der Wimpole Street auf einen Freund wartete, der einen Arzt aufsuchte, sah ich, wie zwei Männer dort mit einem Haufen Ziegelsteine beschäftigt waren, von der neuen leichtgewichtigen, feuerfesten Art, die in England im Baugewerbe so ausgedehnte Verwendung findet. Es brauchte zwei von ihnen, um zwei davon über die Straße zu schaffen und auf eine Rutsche fallen zu lassen – und diese Arbeit schien sie sehr zu ermüden. Wir dagegen hätten längst eine Maschine ersonnen, die das in zwanzig Minuten erledigte. Die Arbeiter brauchten dazu vermutlich zwei Tage.

Nicht alles an uns stimmt, das versteht sich; aber stimmt denn alles an England? Es ist leicht, einen Zeitungsartikel zu schreiben und darin ein anderes Land zu begrinsen; nicht leicht aber ist es, in diesem Land eine Zivilisation zu schaffen, mögen es auch noch so viele Menschen von gutem Willen und großer Befähigung versuchen.

Wenn Mr. Rene MacColl es gern sähe, daß ich meinerseits ein paar Kommentare zu England von mir gäbe, so herabsetzend wie die seinen zu Amerika, ich würde es doch nicht tun, obwohl ich es könnte. Es wäre ein zu wohlfeiler Sieg über einen Freund.

Mit vorzüglicher Hochachtung

AN HELGA GREENE

6925 Neptune Place
La Jolla, California
25ster Mai 1957

Mein Liebling Helga:

»Schriftsteller (Nichtakademiker) sucht Privatsekretärin (sehr privat), die kochen, Geschirr spülen, Betten machen, die Wohnung putzen und einige Sekretariatsarbeiten erledigen kann. Überstunden (manchmal ganznächtig), Sieben-Tage-Woche, Bezahlung großzügig; Arbeitgeber Amerikaner, angenehme Manieren, aber nicht zu vertrauenswürdig. Arbeitet wie ein Berserker, wenn ihm danach ist, hat aber gelegentlich andere Interessen. Bewerberin, falls interessiert, sollte unverheiratet sein, leidlich hübsch, zugänglich. Bewerbungen nur mit Photo, vorzugsweise Akt. Mahlzeiten in guten Restaurants vorgesehen, auch gelegentliche Auslandsreisen. Bewerberin sollte universitätsgebildet sein und sehr kultiviert, aber nicht zu verdammt kultiviert. Erwünscht sind Stenographie, schnelles und sauberes Maschinenschreiben, Kenntnis in Ablage (nicht auf dem Fußboden). Qualitätsunterwäsche wesentlich, aber nicht zuviel davon. Arbeitsbedingungen angenehm, aber

629

nicht konservativ. Bewerbungen handschriftlich erbeten, unter Angabe von Gehaltswünschen, Körpergröße, Gewicht, Alter und Farbe der Nerzstola. Einmaliges Sonderangebot. Greifen Sie zu. Unter Chiffre Z-2098 *The Times*.»

Helga, mein Schatz: ich glaube, ich fange lieber noch einmal von vorne an. Dein Ausschnitt aus der *Times* hat mich umgeworfen. Dein Brief kam um 7.30 früh. Ich war bis 3 aufgewesen. Aber die Lektüre Deiner Briefe war's wert. Ich muß Dir wohl zustimmen, daß *English Summer* kein Bühnenstück hergäbe, denn wenn ich mit den Schwierigkeiten fertig wäre, hätte ich eine völlig andere Geschichte. Ich habe Dir die Geschichte auch wirklich nur geschickt, um Dir verständlich zu machen, welche Schwierigkeiten vor mir liegen, denn Stücke brauchen, meine ich, eine dichte Konstruktion und eine klare, nicht zu komplizierte Handlungslinie. Aber ich bin von Natur ein ziemlich diskursiver Autor, der sich in eine Szene verliebt oder eine Figur, oder einen Hintergrund, oder eine Atmosphäre. Einmal habe ich, in einem Buch, das insgesamt nicht sonderlich gut war, obwohl es ein paar niedliche Szenen hatte, eine Beschreibung nur als Experiment angelegt: ob es mir möglich sei, rein durch den beschreibenden Ton eine bestimmte Geistesverfassung zu vermitteln.

[...]

Ray

AN EDGAR CARTER

3. Juni 1957

Lieber Eddie:

[...]

Ich meine, es ist Ihre Aufgabe, diese Tollhäusler davon zu überzeugen, daß eine Showserie, die eine Weile laufen soll, gar nicht soviel kosten, dafür aber eine spezielle Qualität haben muß, und zwar eine, die das Publikum versteht und zu würdigen weiß.* Ich kann mich ja irren, aber für mich ist Marlowe eine Figur von einiger Würde, von beißendem Witz, traurig, aber nicht niedergeschlagen, einsam, aber nie wirklich selbstsicher. Er wird jederzeit, einfach weil das sein Charakter ist, allen Gefahren ins Auge sehen, denn dazu, so denkt er, ist er geschaffen, und er weiß, die Korruption seines Landes kann nur von Männern geheilt werden, die entschlossen sind, sich notfalls selber für diese Heilung zu opfern. Er redet nicht wie ein Idealist und führt sich nicht so auf, aber im Herzen ist er einer, und ich denke, verhaßt ist ihm nur, das einzugestehen, und sei es sich selber. Über sein Geschlechtsleben habe ich praktisch nichts geschrieben, weil ich meinte, das sei seine Privatsache; aber in meinem letzten Buch ist dieses Prinzip ein bißchen durchbrochen. Es ist ja ein unmöglicher Gedanke, daß so ein Mann kein Geschlechtsleben habe, nur haben so viele Schriftsteller des Genres die Sache zu marktschreierisch und zu vulgär gemacht. Da ich mit der Kriminalgeschichte so gut wie fertig bin, darf ich vielleicht bekennen, daß Philip Marlowe, anders als ich selber (denn ich bin natürlich nicht er), fast jede Frau zu sich ins Bett kriegen könnte, und zwar mit Hilfe einer bestimmten obskuren Technik, die fast zur Gänze darin besteht, einer Frau das Gefühl zu geben, daß man sie achtet, daß man ihr nie mit billigen Gesten oder Anträgen kommt, daß man sie nie – oder fast nie – anfaßt, solange man nicht sicher ist. Fragen Sie Ihre Frau, ob ich recht habe. Frauen wissen immer soviel mehr über diese Dinge als Männer.

* Bezieht sich auf eine geplante Fernsehadaption von Marlowe-Stoffen.

Ich möchte annehmen, daß ein Mann, der fast 31 Jahre mit einer von ihm angebeteten Frau verheiratet war, in gewissem Sinne ein Verehrer aller Frauen wird und bei ihnen, auch wenn es ihm nicht bewußt ist, nach etwas sucht, was er verloren hat. Man kann eine Frau nicht billig machen. Kein Mann meiner Art denkt von ihr genauso, wie sie von sich selber denkt. Schließlich ist ihr Körper für sie etwas Vertrautes; aber für manche Männer bleibt er immer eine Art Schrein. Frauen haben in diesen Dingen ein äußerst feines Gespür. Hunderte und Hunderte von Jahren lang haben sie mit ihren Blicken, ihrem Charme usw. den Männern gefallen müssen. Das muß in ihnen irgendwo ein tiefes Wissen über die Sexualität hinterlassen haben, denn die war einmal alles, was sie hatten.

Von dem allen müßte etwas in Philip Marlowe übergehen, wenn er was taugen soll. Sonst wird bloß ein weiterer großspuriger Niemand aus ihm. Wenn es nicht möglich ist, das zu erreichen, dann sollten wir, finde ich, die ganze Sache gleich vergessen. Schließlich haben eine Menge Schreiberlinge ihn mir seit 15 oder mehr Jahren zu stehlen versucht und es doch nie geschafft. Wahrscheinlich sind alle Schriftsteller irgendwie verrückt, aber wenn sie was taugen, dann sind sie, glaube ich, auch ganz schrecklich ehrlich.

Herzlich

AN MRS. DOROTHY BEACH*

6925 Neptune Place
La Jolla, California
3. Juni 1957

Sehr geehrte Mrs. Beach:

Dank für Ihren Brief. Ich habe keinen Streit mit Mr. Rene MacColl persönlich, doch wenn er proamerikanisch gesinnt ist, bin ich ein doppelköpfiger Schimpanse. Ich bin von ihm im Frühjahr 1955 interviewt worden und fühle mich zu einem persönlichen Eindruck berechtigt. Ich bin kein «großer Gentleman», wie Sie mich freundlicherweise nennen. Ich bin nur ein ganz gewöhnlicher Amerikaner. Wenn Sie mich auf eine Ebene mit Erle Stanley Gardner und Rex Stout stellen, so muß ich bedauern. Ich stelle mich selbst weit über die Genannten. Dies wird Ihnen beweisen, daß ich überhaupt kein Gentleman bin.

Ich gehe vollkommen mit Ihnen darin einig, daß Verständnis zwischen Britannien und Amerika ungeheuer wichtig ist für die Zukunft der Welt, aber als Einzelmensch kann ich es natürlich nicht bewirken. Ich kann nur Dinge übelnehmen, die mir diesem Verständnis zu schaden scheinen.

Hochachtungsvoll
Raymond Chandler

---

* Eine Dame, die Chandler auf seinen Leserbrief über Rene MacColl geantwortet hatte.

AN HELGA GREENE

6925 Neptune Place
11ter Juli 1957

Mein Liebling Helga:

[…]

Ich glaube, es wäre unmöglich für mich, hier weiter zu leben. Ich bin nicht von alten Freunden umgeben, weil man Freunde, um sie zu haben, pflegen muß und ich seit Jahren fast nie mehr abends ausgegangen bin, noch jemanden zu mir ins Haus geladen habe. Auch sind die Leute, die man gegebenenfalls kennen könnte, eine stumpfsinnige Bande, deren Leben nur um den Beach und den Tennis Club kreist. Ihr habt in England vermutlich genau denselben Schlag, nur daß man eben in London auch noch andere finden kann. Hier gibt es keine anderen. Das Mobiliar ist ein Alptraum. Für mich gibt es da nur eins: auszuziehen und es jemanden Stück für Stück in Kommission verkaufen zu lassen. Ich habe über fünfzig Kartons und ein Dutzend Kisten. Ich habe soviel Kleidung, daß die Schränke in beiden Schlafzimmern sie nicht fassen, noch sämtliche Schubladen in sämtlichen Kommoden. Ich habe Anzüge, die ich längst vergessen hatte, Hemden über allen Bedarf hinaus, Unterwäsche für alle Jahreszeiten und etwa 18 Paar Schuhe. Guter Gott!

[…]

Liebe, Liebe, Liebe
Ray

AN DEIRDRE GARTRELL

6925 Neptune Place
La Jolla, California
25. Juli 1957

Mein Liebling Deirdre:

[...]

Es scheint, ich habe einen ernsten Anämiebefund. Nicht tödlich, aber doch durchaus ernst. Diese Diagnosen haben mir aber nie viel Eindruck gemacht, denn ich habe mein ganzen Leben lang am Rand des Nichts gelebt. Wenn man einmal einen Zug in direktes Maschinengewehrfeuer hat führen müssen, ist nachher nichts mehr so wie früher.

[...]

Ich weiß gar nicht, warum Sie meinem Herzen so nahe sind, aber Sie sind's. Auf irgendeine geheimnisvolle Weise haben Sie mich in Ihr Inneres aufgenommen, so daß ich nun des Nachts wachliegen muß und mir Gedanken machen muß über Sie – ein Mädchen, das ich doch noch nicht einmal gesehen habe. Das muß für Sie lächerlich klingen. Ich kann's nicht anders sagen, als daß Sie auf eine ganz seltsame Weise ein Teil von mir geworden sind, so daß ich nachts aufwache und überlege, was wohl Deirdre jetzt denkt oder tut – läßt sie sich von irgendeinem netten, aber dümmlichen Mann zur Närrin machen, und wenn ja, was kann ich da groß tun? Alles sehr albern, aber es ist auch eine gewisse hingebungsvolle Treue darin, allein aufgrund Ihrer Briefe. Ich habe Briefe zu Tausenden bekommen und wohl auch Tausende selber geschrieben. Eine Sammlung davon soll veröffentlicht werden, sobald ich Zeit finde, sie mit der Unkrautharke durchzugehen. Aber das erklärt es nicht. Warum habe ich Deirdre in mein Herz geschlossen, wo doch Hunderte von bezaubernden Leuten überhaupt keinen tiefen Eindruck darin hinterlassen haben?

Je älter man wird, desto weniger weiß man.

[...]

Mit all meiner Liebe
Ray

635

AN HELGA GREENE

6925 Neptune Place
La Jolla, California
20. Sept. 1957

Helga, mein Liebling:

[…]

Ich habe den *New Yorker* monatelang nicht mehr gesehen, hatte ihn einfach satt bekommen. So ist mir auch die Geschichte von Angus Wilson entgangen. Ich habe seinen wohl letzten Roman zu lesen versucht, war aber nicht gepackt davon. Wie alle Leute seiner Art, so klug sie auch sind, erschafft er seine Figuren nicht, sondern beschreibt sie nur. Aber kann sein, ich bin ein bißchen schrullig geworden vor Einsamkeit, Kummer, Krankheit und physischem Leiden. Meine Vorstellungen davon, was gute Prosa ausmacht, werden zunehmend aufrührerisch. Am Ende spreche ich noch Henry Fords Verdikt über die Geschichte nach und rufe in die nicht hinhörenden Ohren: «Literatur ist Humbug!» Bis dahin wüßte ich nicht, wieso mir *The Last Angry Man** oder der andere da in dem Blatt, das Du mir so freundlich geschickt hast, noch leidenschaftliche Anteilnahme abnötigen sollte. Du bist Agentin, Du mußt Dich Bord an Bord halten. Ich darf mich mit *Richard II.* begnügen oder mit einem Kriminalroman und all den schnieken Bürschchen sagen, sie sollen sich zum Teufel scheren – darf den ach-so-feinsinnigen Herrschaften zurufen, daß sie uns einen Dienst erwiesen haben mit der Enthüllung der Wahrheit, daß Feinsinn nur eine Technik ist, und eine schwache obendrein; all den Damen und Herren mit dem Bewußtseinsstrom, vorwiegend den ersteren, daß ein Haar sich zwar auf Deubel komm raus wohl vierzehnmal spalten läßt, aber doch immer bloß ein Haar bleibt; all den Leitartikel-Romanciers, daß sie sich wieder auf die Schulbank verziehen sollen und dort bleiben, bis sie gelernt haben, wie man mit nichts als Dialog und konkreter Beschreibung eine Geschichte zur Lebendigkeit bringt: O ja, sie sollen gern ein Kapitel

---

* Von Gerald Green, 1957.

pro Buch für ihre strategischen Erörterungen zugestanden bekommen, auch zwei meinetwegen, aber nicht mehr; und schließlich all den ach-so-gescheiten Schätzchen mit den süßen Flötenstimmen, daß Gescheitheit, wie etwa Erdbeeren, ein leichtverderblicher Artikel ist. Die Dinge, die überdauern – oder überdauern sollten – ich gebe zu, es gelingt ihnen nicht immer –, kommen aus tieferen Schichten dessen, was ein Schriftsteller ist, und die besondere Form, die dafür als Rahmen benutzt wird, hat mit ihrem Wert nur sehr wenig zu tun. Die Probe für einen Autor ist immer, ob man ihn nach Jahren, wo er nach den Regeln längst veraltet sein müßte, noch wiederlesen möchte.

[...]
Viel, viel Liebe
Ray

AN HELGA GREENE

6925 Neptune Place
La Jolla, California
20ster Okt. 1957

Helga, mein Liebling:

[...]
Ich weiß nicht, wie oft ich die Marlowe-Geschichte schon hervorgeholt und mir angesehen und seufzend wieder weggelegt habe, wohl wissend, daß mein Herz zu traurig war, um mich zu dem Maß an Stimmung, Gusto und Unverfrorenheit gelangen zu lassen, das für diesen Erzählstil das Wesentliche ist.* Vielleicht kannst Du mir heraushelfen. Es scheint, ich kann einfach nicht lernen, meine Einsamkeit auszuhalten, und das ist ein weiterer Grund, daß ich mich vor Paris fürchte.** Aber vielleicht können wir über diese Dinge reden, wenn Du hier bist.

Mit all meiner Liebe
Ray

* *Playback.*
** Chandler dachte daran, aus Steuergründen in Frankreich zu leben.

AN WESLEY HARTLEY*

Sehr geehrter Mr. Hartley,

Ich bitte Sie vielmals um Verzeihung, daß ich nicht schon viel eher auf Ihren Brief geantwortet habe. Ich hatte eine ziemlich schlimme Viren-Halsentzündung, und am 20sten November mußte ich mit einer Dame aus England nach Palm Springs; sie ist meine Agentin für alles außer Film- und Fernsehsachen, falls die anfallen (in Hollywood zu arbeiten, habe ich keine sonderliche Lust mehr).** Dazu braucht's einen amerikanischen Spezialisten. Ich habe drei amerikanische Agenten gehabt, Hollywood nicht gerechnet, und die guten machen ihre Sache in Amerika durchaus gut; auch ihre englischen Pendants sind in Ordnung, nur daß sie mit den Übersetzungsrechten schlampig umgehen, nicht wirklich wissen, wer die besten fremdsprachlichen Verleger sind, und sich praktisch immer eines landeseigenen Agenten bedienen. Nachlässig sind sie auch in der Überwachung der Aufführungsdaten und Zahlungstermine. Meine Agentin, die drei Sprachen fließend spricht, kann direkte Abschlüsse tätigen, auf der Basis von zehn Prozent für mich, statt der üblichen 20 Prozent. Sie ist auch eine brillante und schöne Frau.

Ich bin aufs Dulwich College gegangen, eine englische Public School, die unter gesellschaftlichem Aspekt zwar nicht ganz an Eton und Harrow heranreichte, aber doch eine sehr gute Erziehung vermittelte. Zu meiner Zeit gab es dort zwei «Zweige», einen modernen Zweig, hauptsächlich für Jungen vorgesehen, die einmal irgendwie in die Wirtschaft wollten, und einen humanistischen Zweig für alles, was Latein und Griechisch nahm, um dann nach

---

* Kalifornischer Lehrer, der Chandler eine Liste mit Fragen geschickt hatte.
** Helga Greene.

Oxford oder Cambridge zu gehen. Ich machte den modernen Zweig durch bis nach oben und sprang dann in den humanistischen hinüber, in die unterste Klasse der Oberstufe. Dort ging ich bis zur Klasse vor der Sechsten, der obersten. Man bleibt da gewöhnlich ein Jahr lang in der «Zwischenstufe», wie das heißt, bevor man endgültig in die Sechste kommt. Meinen Abschluß hatte ich mit siebzehn – das übliche Abgangsalter lag damals vor dem zwanzigsten Geburtstag, der obligatorisch war – ich meine, man mußte vor seinem 20sten Geburtstag abgehen.

Danach hatte ich je sechs Monate in Paris und in Deutschland. In Paris auf der Schule und in Deutschland bei einem Privatlehrer. Ich habe damals gut genug Deutsch gesprochen, um für einen Deutschen gehalten zu werden, aber damit ist es jetzt nichts mehr, leider, und die Sprache hat sich auch stark verändert (nur die Deutschen selber, finde ich, ändern sich nie). Französisch spricht man nie gut genug, um einen Franzosen zufriedenzustellen. Il sait se faire comprendre ist so ungefähr das Äußerste, was sie einem zugestehen. Oder Il parle très bien le français, mais (Achselzucken) l'accent – horrible!

Nun zu Ihren Fragen. College- oder Universitätsausbildung ist entschieden nicht notwendig, vorausgesetzt man lernt etwas auf der höheren Schule, was aber nur die wirklichen Studenten tun. Ich habe einen Neffen, eigentlich der Neffe meiner verstorbenen Frau, der war bis zum Abschluß auf der Fairfax High in L.A., und er hatte von Tuten und Blasen keine Ahnung. In seinem letzten Jahr hatte er als Wahlfach noch Musikkunde, und seine Kenntnisse in Musik wie sein Interesse daran waren so groß wie die einer Krötenechse. Er erzählte, die älteren Schüler redeten von nichts anderem als Sport, Verabredungen und Mädchen, einige wären heimlich verheiratet und viele hätten Affären im ganzen Gelände rundum. Dasselbe galt für die Mädchen, nur daß bei ihnen die Mode den Sport vertrat.

Sie könnten Ihren lebhaften Studenten erzählen – und die müssen wohl von ganz anderer Art sein –, daß ich als junger Mann in London sehr viel geschrieben habe (einige Werbe- oder Klappentexter haben mich als Engländer bezeichnet, ich bin aber in Chicago geboren, hatte eine britische Mutter und einen amerikanischen

Vater, der aus einer Quäker-Familie in Pennsylvania stammte), daß ich aber ums Leben keine erzählende Prosa schreiben konnte. Ich bekam eine Figur nicht in ein Zimmer und noch weniger wieder raus, ich konnte ihr nicht einmal den Hut vom Kopf bringen. Richtig erzählen gelernt habe ich anhand einer Methode, die ich auch anderen Anfängern immer empfohlen habe, wenn sie mich um Hilfe angingen, aber ich weiß nicht recht. Alles, was sie machten, mußte immer gleich verkäuflich sein. Also, ich jedenfalls nahm mir eine Novelle vor, sie war von Gardner, glaube ich, und fertigte eine detaillierte Synopse davon an. Nach dieser Synopse schrieb ich nun die Geschichte selbst und verglich sie dann mit dem Original, um zu sehen, wo er, Gardner, eine Wirkung hatte und ich nichts. Das habe ich immer und immer wieder mit derselben Geschichte gemacht. Ich denke, ich habe auf diese Weise eine Menge gelernt. Meine erste Novelle für die *Black Mask* brauchte fünf Monate für die Niederschrift, und ich bekam 180 Dollar dafür. Ein anderer Trick, den ich besonders für das Groschenheftgenre genutzt habe, bestand darin, eine ganz normale Geschichte zu schreiben und sie dann so um- und neuzuschreiben, daß sie wie etwas ganz anderes wirkte – wohlgemerkt, nur *wirkte*. Auf die Detektivgeschichte konzentrierte ich mich deshalb, weil sie eine populäre Form war und ich mir dachte, wenn der richtige Mann käme und etwas Glück hätte, ließe sie sich durchaus in Literatur verwandeln. Als solche werden meine Bücher in England auch angesehen und im größten Teil von Europa. Die Deutschen und die Italiener neigen ein bißchen dazu, über solche Erzählungen die Nase zu rümpfen. Die Deutschen vor allem sind ziemlich stupide intellektuelle Snobs, obwohl ihre Sprache einen herrlichen Slang hat. Nur die Franzosen oder wir selber kommen ihnen darin gleich oder übertreffen sie gar. Die Italiener wollen offenbar entweder tragische Geschichten, in denen jeder dreckig ist, nichts Anständiges anzuziehen hat und kein Geld und sich mordsruppig gegen jeden sonst benimmt, oder aber sonst welche Romane, in denen der Held praktisch seine ganze Zeit im Bett mit einer Frau verbringt. Vor ein paar Jahren schrieb ein Mädchen für den *Esquire* einen Artikel mit dem Titel *Latins Are Lousy Lovers*. Es gab einen Aufstand, und das Heft wurde in Kuba sogar verboten. Aber zufällig weiß ich, daß sie absolut recht hatte. Die Latiner reden wer weiß wie groß daher und machen ein Mordsaufhebens um die körperliche Liebe, aber in Wirklichkeit können sie den Nordländern und uns nicht das Wasser reichen.

Im Moment fällt mir nichts weiter ein, was ich Ihnen mitteilen könnte. Ich bin dabei, meinen siebten Marlowe-Roman abzuschließen. Sieben sind keine sehr große Produktion für einen Krimischreiber, natürlich, aber ich mache mir immer viel Mühe und bin von Natur nicht eigentlich produktiv. Mit Bleistift oder Tinte revidiere ich nur wenig. Wenn eine Szene mir mißlungen vorkommt, werfe ich sie weg. Ich weiß, wenn ich sie neuschreibe, dann bleibt, was gut darin ist, wenn denn was gut darin ist, mir auch so im Kopf. Ich schreibe wohl gut und gern zehntausend Wörter für jedes Tausend, das veröffentlicht wird. Anfang 1958 will ich nach England, um mich an Bühnenstücken zu versuchen. Es gibt in London vierzig aktive Theater, und wenn die Produzenten ein Stück mögen, dann halten sie's auf dem Spielplan, bis das Publikum irgendwie reagiert. Die Kritiker in England sind weit weniger einflußreich als die in New York. Die Engländer sind ein altes, kluges, ausgeglichenes Volk, und es ist ihnen schnurzegal, wenn irgendein vermeintlich größmächtiger Kritiker über ein Stück, dem sich die Publikumsgunst zuwendet, nicht vor Entzükken hysterisch wird. Oft braucht es ein bißchen Zeit, und die englischen Produzenten lassen ihm in der Regel diese Zeit. Außerdem ist das sogenannte «Skalpieren», der Weiterverkauf, in England gesetzlich verboten. Alles, was eine Agentur nehmen darf, ist ein angemessener Bedienungszuschlag. Hinzu kommt, daß der europäische Kontinent mit seinen Hunderten und Hunderten von staatlich subventionierten Bühnen unablässig nach neuen Stücken geradezu schreit.

Das heißt aber nicht, daß ich Marlowe etwa aufgeben will. Dazu hänge ich viel zu sehr an ihm. Abgesehen von Marlowe habe ich mich wieder der Poesie zugewandt. Das *Atlantic* hat ein *Requiem* von mir angenommen – es ist noch nicht erschienen –, und eben habe ich eine Folge von drei Sonetten in klassischer Manier abgeschlossen, die meine Agentin für sehr gut hält. Im *Atlantic* habe ich auch zwei vernichtende Artikel über Hollywood gehabt; die Schreiber dort, allerdings nicht die besten, ließen mich wissen, damit wäre ich erledigt, und eins der Fachblätter des Gewerbes, ein unehrliches (günstige Rezensionen können dort gekauft werden), gab's mir schwarz auf weiß: «Chandler auf dem langsamen Marsch zur Guillotine.» In Wirklichkeit habe ich nach diesen Artikeln weit mehr Geld verdient als vorher. Ich habe auch die Agenten in der Luft zerfetzt, in einem Essay mit dem Titel *Ten Per Cent of Your Life*. Und zerfetzt habe ich schließlich die herkömmliche englische Detektivgeschichte in einem weiteren Essay *The Simple Art of Murder*. Mein erster Agent war sehr ungehalten über mich, weil ich nicht sein «Spitzen-Hochglanzschreiber» wurde, um seinen eigenen Ausdruck zu gebrauchen. Ich erwiderte ihm, daß einer, der auf die Hochglanzzeitschriften setzt, über Nacht weg vom Fenster sein kann, weil so ein Blatt seine Politik ändert oder den Herausgeber wechselt und der neue bestimmte Geschichten nicht leiden kann, oder WEIL ES, WIE TATSÄCHLICH VORGEKOMMEN, ÜBERHAUPT WENIGER GESCHICHTEN UND MEHR SACHBEITRÄGE BRingt. (Verzeihung, die Großbuchstaben waren keine Absicht. Ich hatte die falsche Taste). Ich sagte ihm ferner, ich sei der festen Überzeugung, daß ein Autor sich sein eigenes Publikum schaffen sollte, wenn er's könnte, auch wenn er eine Zeitlang weit weniger Geld verdiente, als die großen Hochglanzblätter ihm zahlen würden. Aus Nettigkeit habe ich dann aber doch für die *Saturday Post* eine Geschichte geschrieben, um meinem Agenten gefällig zu sein.* Die Leute dort hatten zuerst starke Bedenken deswegen – sie bekam ein NEIN, womit eine Geschichte abgelehnt ist bzw. damals war, aber der Herausgeber nahm sie trotzdem an. Sie verlangten nun ausgedehnte Änderungen aller Art. Ich war immer noch nett und nahm sie vor. Dann druckten sie die Geschichte exakt so, wie ich sie ursprünglich geschrieben hatte, und noch jahrelang baten sie mich dann um weitere Geschichten über dieselbe Hauptfigur, und es wollte ihnen einfach nicht in den Kopf, daß die ein Einzeltreffer war und auch nichts anderes hatte sein sollen. Den meisten Spaß habe ich beim

* *I'll Be Waiting.*

642

Schreiben einer Novelle gehabt, die meinen eigenen Erzähltyp durch den Kakao zog.*

Das große und schwierige Problem des Schriftstellers in unserer Zeit – wenn er vom Schreiben leben will – besteht darin, etwas zu machen, was fürs Publikum annehmbar ist und doch zugleich auch seinen eigenen Vorstellungen von guter Prosa entspricht. Eine Menge großer Bestseller sind spottschlecht geschrieben. Ich bekomme immer noch Erträge aus Sachen, die vor 25 Jahren geschrieben wurden, und so möchte ich eigentlich meinen, ich habe den richtigen Weg gewählt. Sehr wenige Hochglanzschreiber nur werden auch gute Romanciers. Bei Marquand war das so, obwohl er in letzter Zeit ein bißchen langweilig geworden ist. Ich habe *Yours Sincerely, Willis Wayde* nur mit äußerster Gewalt zu Ende gebracht.** Ich halte's für eins der ödesten Bücher, die je geschrieben wurden.

Wenn Sie noch irgendwelche Fragen haben, werde ich sie zu beantworten versuchen. Ich hoffe, ich bin nicht zu langweilig oder zu egozentrisch gewesen. Alle erfolgreichen Schriftsteller werden, obwohl sie dagegen anzukämpfen suchen, unweigerlich ein wenig egozentrisch. Man führt ein einsames und ungewisses Leben, und was man auch an Erfolgen gehabt hat, beginnen muß man immer wieder bei Null. Und so hat man denn wohl, wenn man endlich weltweit einige Anerkennung gefunden hat, unweigerlich das Gefühl: «Na ja, es muß wohl doch was an mir dran sein. Es war eine ziemlich rumplige Straße, und ganz geschafft hab' ich sie noch nicht. Aber ich habe schon ein ganz schönes Stück zurückgelegt, und vielleicht bin ich ja doch berechtigt, mir hin und wieder mal selbst die Backe zu tätscheln.»

Mit hochachtungsvollem Gruß

* *Pearls Are a Nuisance.*
** Der korrekte Titel lautet *Sincerely, Willis Wayde.*

AN HELGA GREENE

6925 Neptune Place
La Jolla, California
4ter Dez. 1957

Meine geliebte Helga:

[...]

Dwight Macdonalds Artikel über James Agee fand ich ausgesprochen belanglos, verglichen mit seiner langsamen und geduldigen Liquidation des *Outsider*.* Ich habe ihn nur zur Hälfte geschafft. Vielleicht ist mir so ja das Beste entgangen. (Wieso machen wir nicht mal ein Buch mit dem Titel «Ein Kinder-Garten der Flüche»?) Er sagt: «Warum nur sind unsere (d.h. die amerikanischen) Schriftsteller unter Kindern viel mehr zu Hause als unter Erwachsenen?» Sind sie gar nicht. Nur sehr, sehr wenige Autoren können wirkungsvoll über Kinder schreiben. Salinger zum Beispiel kann's. Irwin Shaw ist nicht schlecht, aber ganz kriegt er's auch nicht in den Griff. «Die bunten Scheiben des Lagerhauses von L. und N. glommen wie ein erschöpfter Schmetterling.»** Das ist Agee. Er hat sich zu sehr angestrengt, und da ist ihm der Fuß in den Mund gekommen. Hat jemand in letzter Zeit mal einen erschöpften Schmetterling glimmen sehen? Der Abschnitt über die Straßenbahn, zu lang zum Zitieren, von Macdonald sehr bewundert, ist ein vollkommen überspanntes und prätentiöses Stück Prosa. «Große Tropfen, still wie ein angehaltener Atem, und der einzige Laut der schmeichelnde Laut auf Blättern und dem geschlagenen Gras beim Fall eines jeden Tropfens...» Nochmals Agee. Macdonald hält das für magisch. Entscheiden Sie sich, Agee; war's nun still wie ein angehaltener Atem oder nicht? «Gut, Mary, ich gehe nur ungern, aber es läßt sich nicht vermeiden.» Agee. «Der letzte Satz scheint mir nach Rhythmus und Wortwahl vollkommen.»

---

* Rezensionen in *The New Yorker* vom 16. November 1957 und 13. Oktober 1956. *The Outsider* ist von Colin Wilson.
** Zitat aus James Agee, *A Death in the Family*.

Macdonald. Was ist los mit dem Mann? So vollkommen wie zum Beispiel: «Warum ist das Essen noch nicht fertig, Susan? Ich hab' so Hunger, daß ich glatt das Hinterviertel einer Ziege verputzen könnte.» Es sagt, was es sagt, natürlich, aber warum deswegen ins Schwärmen geraten? Würde man's auch bei einem Satz wie: «Wenn wir uns beeilen, kriegen wir vielleicht noch den nächsten Bus.»?

Nun, er hat das Buch ganz gelesen, was vermutlich mehr ist, als ich hätte leisten können, weil ich derart prätentiöse Prosa verabscheue, und schließlich ist er auch bezahlt worden dafür. Friede sei mit ihm – und möge sein Geist sich erholen.

[…]

Ich liebe Dich von ganzem Herzen.

Ray

AN E. JACK NEUMAN

Harlow Haven
Palm Springs
9. Dez. 1957

Lieber Jack:

[..]

Damit die Seite voll wird, hier noch ein paar Proben von dem, was ich meine Morgen-Limericks nenne, gewöhnlich unanständig.

Ein sprödes Mamsellchen aus Caen
war zugeknöpft wie ein Kaplaen,
bis die Sommerzeit
ihr beengte das Kleid
und ich fand, sie hatt' drunter nichts aen.

In Gent ward ein sehr junges Ding
plötzlich schwanger ohn' jeglichen Ring.
Als der Vater schrie: «Wer??»
da piepst' sie nur mehr: «Ich weiß nicht. Er kam – und er ging.»

Eine vornehme Dame aus Bern,
die wollte partout keinen Herrn.
Erst wenn sie geschmeckt
einen Piccolo Sekt,
erwiderte sie: «Aber gern!»

Ein liebliches Mädchen aus Neuß,
deren Beine machten mich heiß.
Ihr linkes entzückt' mich,
ihr rechtes berückt' mich,
dazwischen nur war sie wie Eis.*

Die geistige Richtung ist ein bißchen eingleisig, finden Sie nicht? So
was fummle ich in Sekunden hin. Ich schreibe aber auch manchmal
ernste Gedichte.

R.

---

* [Anm. d. Ü.:] Die Limericks sind frei wiedergegeben; die Verschreibung im ersten
entspricht dem Original, wo Chandler «pants» auf «France» reimt und es «pance»
schreibt.

AN JESSICA TYNDALE

23ster Dezember 1957

Mein Liebling Jessica:

[...]
Helga und ich kommen so perfekt miteinander aus, daß es mich verwundert. Als ich sie kennenlernte, wirkte sie so reserviert. Wir streiten uns nie, sie nimmt spielend alle Hürden, und alles ist Friede und Glück zwischen uns, wie es nie mit Du-weißt-schon-Wem der Fall war. Aus Gründen ihres eigenen Lebens und Temperaments will sie nicht wieder heiraten, und das soll mir recht sein, solange ich nur in ihrer Nähe leben und mit ihr fortfahren kann.
[...]
Ich fliege heute nach Palm Springs, um an einer Luxusparty teilzunehmen, im Haus einer reichen Frau, bei der mich mein Arzt eingeführt hat. Sie bat mich derart dringend zu kommen, daß ich schließlich nachgegeben habe. Sie ist ein Rotschopf (mit Nachhilfe), etwa fünfzig, angenehm umgänglich und eine gute Tänzerin. Ich will ihr Haus in meiner nächsten Marlowe-Geschichte verwenden, plane sie nach Palm Springs zu verlegen, wo Marlowe mit dem 8-Millionen-Dollar-Mädchen aus *The Long Goodbye* verheiratet ist. Ich denke, der Kampf zwischen ihnen, das heißt, ob er sich auf ihre Lebensart einläßt oder seine eigene bewahrt, könnte eine gute Unterhandlung abgeben. Entweder gibt sie nach, oder die Ehe geht in die Binsen. Ich weiß es noch nicht. Aber das eine weiß ich, daß niemand, aber auch niemand Marlowe von seinem schäbigen Büro und seiner unrentablen Praxis, von seiner Ausdauer, Entschiedenheit und seinem sarkastischen Mitgefühl abbringen wird. Sie wird sein Büro vermutlich umräumen und neu einrichten wollen, aber schon damit dürfte sie nicht über den ersten Schritt hinauskommen.

AN PAUL BROOKS

Harlow Haven
Palm Springs, California
28ster Dez. 1957

Lieber Paul:

[...]

Indem ich um 6 Uhr früh aufgestanden bin und 10 Stunden am Stück durchgearbeitet habe, ohne andere Nahrung als Kaffee und Scotch, habe ich das Marlowe-Buch fertig bekommen.* Bin's noch nicht wieder durchgegangen, denke aber, daß es standhalten wird. Mein Plan ist, das ganze Ding – als Experiment – aus meinem Rohskript zu diktieren. Helga sollte es innerhalb eines Monats haben, falls ich nicht irgendwo Kuddelmuddel gemacht habe. Das glaube ich aber nicht. Vermutlich bringe ich Ihnen ein Exemplar oder zwei dann mit, aber Helga ist der Boß.**

Liebe Grüße
Ray

* *Playback.*
** Helga Greene.

1958

6925 Neptune Place
La Jolla, California
7ter Januar 1958

Meine Geliebte:

[...]

Das sieht mir nun ganz ähnlich, daß ich jenen Artikel von Robert Campigny (?) aus der Pariser *Revue-Critique* verloren habe, und dazu auch gleich noch meinen Antwortentwurf an ihn. Ich denke, ich habe beides am Samstag abend im Ranch Club liegengelassen. Freitag abend nahm mich Jessie dort mit hin, und wir hatten sehr angenehme Stunden. Samstag war ich mit einem hochgewachsenen und recht exquisiten Mädchen verabredet; sie ist Kellnerin im Doll House, aber ich glaube nicht, daß Du sie mal gesehen hast. Sie war mir verschiedentlich aufgefallen, nicht so sehr durch ihr Aussehen als durch die Art, wie sie sich trug, und durch ihre geschwinden exakten Bewegungen. Ich spürte sofort, daß sie eine ausgezeichnete Tänzerin sein mußte, und bekam (durch sorgfältige Nachforschungen) auch heraus, daß sie es war. So fragte ich sie eines Morgens, als sie mich zufällig bediente – sie hatte ganz unregelmäßige Zeiten –, ob sie sich vorstellen könnte, mit mir essen und tanzen zu gehen, und stellte klar, daß ich keine anderen Absichten hätte. Sie sagte schließlich, sie wolle es sich überlegen. Das fand ich sehr komisch, da sie meinen Worten ersichtlich nicht glaubte. Eines Abends nun saß ich dort allein zum Essen, und sie ignorierte mich völlig, bis ein bestimmter Mann gegangen war, und da kam sie dann herüber zu mir an den Tisch, war sehr nett und schob mir auf einem gefalteten Stück Papier ihre Telephonnummer zu. Sie sagte, sie ginge übers Wochenende nach Las Vegas, aber ob ich sie anrufen wolle, wenn sie zurück sei. Sie wirkte überhaupt nicht wie eine, die mit jedem mitgeht, aber als Jungfrau hätte man sie auch schwerlich eingestuft. Sie war sehr offen und erzählte mir, daß ihr Männer alle möglichen Anträge machten und es für sie nicht immer leicht zu entscheiden sei, welche ehrlich gemeint seien und welche nicht. Ich sagte, ich hätte dasselbe Problem bei den Mädchen. Sie könnten offenbar nicht recht glauben, daß ich nichts anderes suchte als eine Tanzpartnerin, und zwar eben eine gute. Daß sie selber da sehr gut sei, das könne ich mit Sicherheit sagen, da ich beobachtet hätte, wie sie sich bewegt.

Also, am letzten Samstag war sie «frei» und bat mich, um halb neun abends bei ihr vorbeizukommen. Das tat ich und traf sie in einem phantastischen weißen Kleid an, mit jeder Menge Schlitzen. Sie legte auch noch einen weißen Pelzumhang an, zu dem sie bestimmt nicht als Kellnerin gekommen war. Leider war der Ranch Club, als wir eintrafen, rappelvoll. Ich hatte nichts reservieren lassen, weil es am Abend zuvor ganz leicht gewesen war. Sie boten mir einen Tisch an, der halb in die Küche reichte, und ich lehnte sofort ab. Wir saßen dann ein Weilchen in der Bar, und dann kam die Empfangsdame und sagte, jetzt hätten sie einen guten Tisch für mich. Er erwies sich als ziemlich weit entfernt von der Tanzfläche. Ich sagte, ich sei einen Tisch an deren Rand gewöhnt, aber diesmal sei es wohl nicht zu machen. Dann sagte ich, ich würde mich sehr freuen, wenn die Mitglieder der Band an meinen Tisch kommen wollten, wenn sie zwischendurch mal Zeit hätten, denn ich hatte am Abend zuvor eine sehr angenehme Erfahrung mit ihnen gemacht. Sie erschienen aber nicht. Das Mädchen hatte einen großen und gesunden Appetit und erzählte mir eine Menge von sich, mehr als ich eigentlich wissen wollte. Sie nannte mich auch «mein Lieber», was mich nicht gerade entzückte, weil sie sich dadurch gewissermaßen einordnete. Aber sie benahm sich sehr nett, hielt das Glas richtig und sah wirklich toll aus. Wir probierten einen Tanz, aber es war unmöglich. Kein Platz, sich zu bewegen. Man konnte nur auf der Stelle schlurfen. Um Mitternacht hatten wir genug, und als die Rechnung kam, lag ein weiteres Blatt über Drinks für die Band dabei. Ich fragte: «Was soll das heißen? Ich habe die Jungs auf ein Glas Champagner herübergebeten. Wie Sie sehen, steht noch eine fast volle Flasche da.» «Die Band hat in einem anderen Raum auf Ihr Wohl getrunken.» Ich nahm die Rechnung und zerriß sie. «Tut mir leid», sagte ich, «aber wenn ich meine Gäste fernbewirten will, dann werde ich's Sie wissen lassen.» Sie gingen weg, und einen oder zwei Augenblicke später erschien der Bandleader, entschuldigte sich sehr höflich und sagte, das sei ein Mißverständnis gewesen, und es tue ihm leid, und selbstverständlich gebe es keine Rechnung. Das Mädchen amüsierte das sehr. Sie sagte, so was versuchten sie immer wieder, aber nur ganz wenige Leute ließen sich nicht überfahren. Wir gingen dann zu ihrem Apartment zurück. Um diese Zeit hatte ich den Eindruck, kann's aber natürlich nicht sicher sagen, daß sie damit rechnete, ich bliebe die Nacht über bei ihr. Aber ich hatte eine solche Absicht nicht, und ich könnte mir auch denken, daß sie eine doch etwas zu erfahrene Schlafgefährtin gewesen wäre. Jedenfalls machte sie auch kein Getue, und wir trennten uns in den höflichsten Formen beiderseits vor ihrem Apartment. Es ist eine traurige Sache mit diesen Mädchen, obwohl nur wenige so aussehen und soviel Stil haben wie diese. Sie sind so unsicher und so verletzlich. Sie war 27 Jahre alt, war verheiratet gewesen und geschieden, und so wie sie aussah, wieso war sie immer noch Kellnerin? Ich denke, die einzige Antwort darauf ist, daß ein Mädchen in ihrer Lage meint, eines Tages doch dem richtigen Mann zu begegnen, aber daraus wird nie etwas, weil der richtige Mann in ihr nie etwas anderes sehen würde als die Kellnerin, es sei denn, er wollte, wie ich, mit ihr tanzen und nicht mehr. Und es gibt ja auch so wenige ernsthafte Tänzer.

Aber ich muß zugeben, daß sie nie den leisesten Versuch machte, mich in irgendwas hineinzuziehen, was ich nicht wollte. Am nächsten Morgen rief ich sie an und fragte sie, welche Rosenfarbe sie bevorzuge. Sie sagte: «Warum sollten Sie mir Rosen schicken?» Ich sagte: «Wenn eine Dame mir die Ehre gibt, mit mir zu speisen, schicke ich ihr gewöhnlich Rosen.» «Nun, wenn Sie müssen – rote mag ich gern», sagte sie, und dann brach sie in

Tränen aus. «Was ist mit Ihnen? Habe ich Sie verletzt?» Es folgte eine kleine Weile Schweigen, und dann sagte sie: «Ach, ich bin nur nicht gewohnt, so behandelt zu werden. Normalerweise – ach, zum Teufel damit. Was kann ich groß sagen – außer vielen Dank. Sehe ich Sie wieder?» «Ich fürchte, nein. Ich fahre heute nach La Jolla zurück und in Kürze nach London. Es tut mir leid wegen gestern abend. Ich hatte das schlecht organisiert. Ich wollte sehr gern mit Ihnen tanzen, aber ich habe Sie in das falsche Lokal geführt. So wird dies wohl der Abschied sein.» Und da sagte sie etwas sehr Seltsames. «Schade, daß wir nicht getanzt haben. Aber was können Sie mehr für ein Mädchen tun, als was Sie getan haben?»

[…]

Ich glaube, ich höre lieber auf, sonst schreibe ich noch wieder ein lausiges Sonett, und gar noch mit 16 Zeilen.

Ray

AN BERGEN EVANS

18ter Januar 1958

Sehr geehrter Herr:

Zufällig (und damit will ich nicht zu verstehen geben, daß ich mich über das Fernsehen erhaben fühlte, sondern nur, daß die Zeit für mich ungewöhnlich lag, denn gewöhnlich arbeite ich dann) habe ich einen Teil Ihres Programms heute gesehen.* Es interessierte mich darum besonders, weil ich ein Bewunderer von Mr. Peter Ustinov bin; wir haben auch gemeinsame Freunde in London. Ich habe knapp eine Abendparty im Haus meines Verlegers Hamish Hamilton verpaßt, bei der auch Mr. Ustinov anwesend sein sollte. Wenn mein Gedächtnis mich nicht täuscht, und wenn es keine technischen Gründe gab, die ich nicht verstehe, dann muß ich

---

* Der Linguist leitete eine Fernsehshow mit dem Titel *The Last Word*.

bekennen, daß mich die Stellungnahme Ihrer Runde zu einem Satz, den ich korrekt zu zitieren hoffe, doch verblüfft hat: *All and everyone of the Persians drank their sherbet.*

Soweit ich mich erinnere, drehte sich die Diskussion ganz kurz um das *sherbet.* Sorbet kann eine ziemlich feste Sache sein, die man mit dem Löffel ißt, oder in anderen Weltteilen eine Flüssigkeit. Aber niemand ging, meiner Erinnerung nach, auf die zwei Punkte ein, die mir die eigentlich wesentlichen zu sein schienen. Der Gebrauch von *everyone* ist hier ganz unkorrekt, und *each and everyone* stellt, selbst da, wo es korrekt angewendet wird, keine pluralische Wendung dar. Ich weiß, daß es kinderleicht ist, in solchen Dingen den Puristen herauszukehren oder gar den Pedanten, und vielleicht wird mir, einem Experimentator auf dem Gebiet des amerikanischen Idioms, die Kenntnis der Literatursprache gar nicht zugetraut. Es trifft sich jedoch, daß ich davon eine ganze Menge verstehe.

Wenn der Satz gelautet hätte: *Each and all of the Persians* usw., hätte er weitergehen müssen: *drank his/her sherbet.* Das setzt voraus, daß aus dem Kontext nicht hervorgeht, daß die Betreffenden allesamt Männer waren. Der Satz hätte auch lauten können: *Each and every Persian* und würde dann trotzdem ein Prädikat im Singular verlangen. Mr. Ustinov machte den liebenswürdigen Versuch, darauf hinzuweisen, daß hier eine zusammengesetzte Wendung vorliege, aber andere in Ihrer Runde waren so damit beschäftigt, ihre Bildung spazierenzuführen, daß er wenig Aufmerksamkeit fand.

Was den anderen Satz betrifft: *He didn't go to the ball game on account of he was in bed with a virus sore throat* – ich bilde ihn irgendwie nach, aber der springende Punkt ist unverändert –, so handelt es sich um einen ausgesprochenen Vulgarismus.

Ich darf nicht sagen, daß unsere Sprache solche Wendungen am Ende nicht doch toleriert. Läßt man einmal die Schranken fallen, so kann man ebensogut auch vergessen, daß es Regeln gibt. Aber Regeln werden nicht von Grammatikern gemacht; sie werden erkannt von Grammatikern. Während der Depression in den dreißiger Jahren, wo Will Rogers eine tägliche Kolumne schrieb, hat offenbar einmal ein Typ aus Boston gegen seinen Gebrauch des *ain't* protestiert. Seine Antwort lautete: *A lot of people that ain't sayin' ain't, ain't eatin'.*

Wenn das die Art ist, eine Sprache zu schaffen, die präzis, vital, elegant, phantasiereich und farbig sein kann, dann muß ich passen. Wenn ein Haufen imbeziller Leerläufer entscheiden soll, was richtig oder falsch ist (ich denke da nicht an Rogers, der ein bezaubernder Mensch war), dann muß ich gleich doppelt passen. Wir haben ein Erziehungs- und Bildungssystem, das die Lachlust der ganzen Welt herausfordert. Es wird so lange so bleiben, wie es sich unter der Kontrolle politischer Chargen befindet. Wir sind nette Menschen, aber in mancherlei Hinsichten unerträglich blöd. Natürlich kann der Junge, kann das Mädchen, das wirklich Bildung und Erziehung sucht, sie unter jedem System finden. Und immer wird es die anderen geben, die nicht erziehbar, nicht bildungsfähig sind, weil (*because* oder *on account of*) kein Fundament da ist, auf dem man bauen könnte. Die gibt es überall, aber wie wenig auch der in Oxford oder Cambridge gemachte Magister besagen mag, ein gewisses Maß an höflichem Benehmen scheint immerhin damit verbunden zu sein.

Ich weiß eigentlich nicht, warum ich diesen Brief schreibe. Ich habe hunderterlei Dinge zu tun, die für mich persönlich wichtiger sind. Vielleicht liegt es daran, daß ich unsere herrliche Sprache mehr liebe, als ich überhaupt je ausdrücken könnte. Vielleicht auch daran, daß ich Narren nicht mag. Vielleicht mag ich die Theorie nicht, daß alles «richtig» werden kann, wenn nur genügend Blödköpfe darauf bestehen, es in Umlauf zu setzen. Vieles von unserm Slang stammt von solchen Leuten; sie haben ihre große Stunde. Aber ich denke, das gibt ihnen noch lange kein Recht, sich als Schiedsrichter aufzuführen.

Es gibt über uns Amerikaner eine alte Anekdote, die dem verständigen Kopf eine Menge zu sagen hat. An einem Scheideweg stehen zwei Schilder. Auf dem einen steht: ZUM KONZERT «MUSIK VON BACH». Auf dem andern: ZUM VORTRAG «MUSIK VON BACH». Raten Sie selbst, welchem die Amerikaner folgen.

Ergebenst

AN JESSICA TYNDALE

6925 Neptune Place
La Jolla, California
3. Februar 1958

Meine Süße und Anbetungswürdige Jessica:

Sieh mir die Überschwänglichkeit bitte nach, aber seit ich das gottverdammte Buch fertig habe, bin ich ein bißchen bekloppt im Kopp. Morgen macht sich meine Kopistin an die Arbeit der Reinschrift. Du weißt, wenn es nicht um Helgas willen gewesen wäre, hätte ich das verdammte Buch nie zu Ende geschrieben. Sie rüttelt mir Geist und Ehrgeiz wach, und zwar durch eine ganz seltsame Eigenschaft ihres eigenen Geistes. Sie weckt in mir den Wunsch, die Erde zu erobern, was ich natürlich nicht zu tun gedenke, aber der Wunsch danach ist doch schon ein Fortschritt nach der energielosen Haltung meiner letzten Jahre. Es gibt viele süße und anbetungswürdige Frauen, aber zwischen Helga und mir besteht eine Art chemischen Austausches, der mir Auftrieb gibt. Wenn Helga um mich ist, habe ich das Gefühl, ich könnte etwas schreiben – Sonette, Liebesgedichte, Dummheiten, Theaterstücke, Romane, sogar Kochbücher. Was um alles in der Welt ist zwischen dieser doch ziemlich kühlen, reservierten Frau und mir passiert? Jedenfalls etwas sehr Seltsames. Sie hat sich für sich selber eine Oase gebaut, in die niemand eindringen darf. Ich weiß nicht, warum – ob es die Flucht vor einem zu dominierenden Vater ist oder die vor dem Schmerz einer gescheiterten Ehe. Aber ich würde nie dort eindringen wollen; es ist etwas, was sie braucht, und ich denke, sie weiß, daß ich dort nie eindringen würde, und dieses Wissen bringt uns einander eher näher, als daß es eine Barriere zwischen uns schafft. Ich glaube auf meine alten Tage nicht mehr, daß jeder Mann das Recht hat, ins Privatleben einer Frau einzugreifen, wie sehr er ihr auch zugetan sein mag. Bei mir wird Helga immer sicher sein; nie hat sie auch nur einen Augenblick lang zu befürchten, ich könnte versuchen, ihr etwas wegzunehmen, was ihr gehört. Aber nicht das ist es eigentlich, was mich in dieser Weise schreiben läßt.

Das eigentlich Erstaunliche für mich ist das, was sie in mir als Schriftsteller bewirkt. Und ich habe keine Ahnung, wie sie das anstellt, zumal sie nicht den leisesten Versuch macht, da etwas zu tun. Ja, ich bin sicher, daß sie da bewußt gar nichts tut. Aber irgendwie, einfach durch die Art ihres Redens und Handelns, durch ihre Unkompliziertheit, durch das Fehlen alles Kleinlichen in ihrem Denken, durch dessen Scharfsinn und Feinheit inspiriert sie mich. Und das gelingt ihr gleichsam von selbst. Sie ist für mich als Agentin und Freundin weit wertvoller, als ich's wahrscheinlich als Klient für sie sein könnte.

[...]

Mit vielen lieben Grüßen an euch beide
Ray

AN ROBERT CAMPIGNY*

7ter Februar 1958

Cher Robert Campigny:

La Pièce que vous avez dernièrement écrit dans la *Revue-Critique*, sous le titre *Raymond Chandler et le Roman Policier* m'a parvenu de la part de mon éditeur a Londres, and mon ami depuis longtemps, M. Hamish Hamilton, and aussi de la part de Mme. Helga Greene, qui est ce qu'en anglais on appelle «my literary agent». Je ne suis pas trop sûr du mot précis en francais.

Il va sans dire que j'ai eu grand plaisir en lisant ce que vous avez écrit, et je vous remercie plus que beaucoup pour l'honneur que vous m'avez fait en écrivant avec tant de soin sur espèce de literature qui is souvent regardé comme peu de chose. Naturellement, je ne sais pas écrire en francais avec la netteté de style que vous possédez. Mais ce que dis, c'est moi tout seul qui le dit.

---

* [Anm. d. Ü.:] Der französische Brief Chandlers ist wort- und zeichengetreu nach der Vorlage wiedergegeben.

Il n'est guère probable ni même à désirer que l'écrivain de romans soit toujours d'accord avec les opinions exprimées par l'écrivain-critique. Ce dernier doit créer quelque chose qui lui appartient, qui a une valeur unique, qui possède une vrai raison d'être. Au même temps je me trouve forcé de vous agréer sans reculement que le roman policier américain du genre «hardboiled» peut bien devenir un cliché de style aussi ennuyant que ces petits tours de force anglais, sur lesquels j'ai écrit des mots pas trop pleins d'admiration.

Je trouve votre louange de Agatha Christie un peu difficile à engloutir. Sans principe sérieux, il est très mauvais goût de déprécier ses livres seulement parceque je les trouve sans intérêt pour moi, mais l'idée que Madame Christie dejoue ses lecteurs sans farce me parait presque impossible à croyer. N'est ce pas qu'elle fait ses surprises en détruisant le portrait d'une caractère ou d'un personnage de roman qu'elle a jusque qu'à ce moment peintu en couleurs complètement opposées au portrait fini? Tout cela est sans aucune vrai importance, sans doute, et les lecteurs qui a besoin d'être taquinés par cette espèce de mystère existe seulement parceque ces autres sont trop paresseux de faire l'effort de penser.

Tout ce que j'ai écrit ici n'est guère autre chose qu'une manière de vous rendre mes égards. Rien de cela nous vous échappe – j'en suis bien sûr. L'écrivain de métier a du apprendre depuis longtemps que les jugements de l'écrivain-critique – souvent, sinon toujours tres justes – ne sont pas le témoignage décisif. C'est plutôt l'espace qu'une publication d'importance a donné au critique pour presenter ses idées au grand public.

Agréez, mon cher M. Campigny, mes
salutations les plus amicales.

Raymond Chandler

Übersetzung:
Lieber Robert Campigny:
Der Artikel, den Sie kürzlich in der *Revue-Critique* unter dem Titel *Raymond Chandler und der Detektivroman* veröffentlicht haben, wurde mir von meinem Londoner Verleger, Herrn Hamish

Hamilton, und außerdem von Frau Helga Greene zugeleitet, die das ist, was auf Englisch «my literary agent» [= meine literarische Agentin] heißt. Ich bin des genauen Worts im Französischen nicht ganz sicher.

Es versteht sich von selbst, daß ich mit großem Vergnügen gelesen habe, was Sie schrieben, und ich danke Ihnen vielmals für die Ehre, die Sie mir dadurch erwiesen haben, daß Sie sich mit solchem Bedacht einer Sparte der Literatur annahmen, die oft als unbedeutend angesehen wird. Natürlich kann ich mich auf französisch nicht mit der Stilpräzision äußern, die Sie besitzen. Doch ich bin es allein, der sagt, was er sagt.

Es ist kaum wahrscheinlich, ja nicht einmal wünschenswert, daß der Romanautor mit den Ansichten des Kritikers einig geht. Der letztere muß etwas schaffen, was ihm allein gehört, was einen eigenständigen Wert hat und eine echte raison d'être besitzt. Zugleich sehe ich mich gezwungen, Ihnen rückhaltlos darin beizustimmen, daß der amerikanische Detektivroman vom «hartgesottenen» Genre sehr wohl ein Stilklischee werden kann, so langweilig wie die kleinen englischen Tours de force, über die ich mich selber ja nicht gerade bewundernd geäußert habe.

Ihr Loblied auf Agatha Christie ist für mich ein wenig schwer zu schlucken. Nun wäre es ein Zeichen sehr schlechten Geschmacks, wollte ich ihre Bücher ohne ernstere Erörterung nur darum heruntermachen, weil ich ihnen nichts abgewinnen kann, aber der Gedanke, daß Frau Christie ihre Leser ohne faule Tricks im ungewissen lasse, will mir kaum glaubhaft erscheinen. Ist es nicht vielmehr so, daß ihr die Überraschungen nur dadurch möglich sind, daß sie das Charakterporträt einer Romanfigur zerstört, die sie bis dahin in gänzlich anderen Farben gemalt hatte, als das Endbild sie zeigt. All dies ist nun fraglos nicht von sonderlichem Gewicht, und die Leser, die sich nicht davon gefoppt fühlen müssen, sehen keinen Anlaß, sich zu ärgern, wenn das Rätsel nur darum eines ist, weil die anderen Beteiligten zu faul sind, sich Gedanken zu machen.

Alles, was ich hier geschrieben habe, verfolgt keinen anderen Zweck als den, Ihnen meine Achtung zu bezeigen. Nichts davon wird Ihnen selber entgangen sein – da bin ich ganz sicher. Der Berufsschriftsteller hat früh schon gelernt, daß die Urteile des

Kritikers – mögen sie oft auch, vielleicht gar immer zutreffen – gar nicht das Ausschlaggebende sind. Eher ist es der Platz, den ein wichtiges Publikationsorgan dem Kritiker einräumt, seine Gedanken dem breiten Publikum vorzutragen.

Ich bleibe, lieber Herr Campigny, mit den allerfreundlichsten Grüßen Ihr

Raymond Chandler

AN MAURICE GUINNESS

10ter Februar 1958

Lieber Maurice:

Ihr Brief hat mich ganz und gar bezaubert, und ich hätte Ihnen längst antworten sollen, nur ist mein Leben in letzter Zeit recht turbulent verlaufen. Ich habe endlich, zumeist dank Helga, ein Buch abgeschlossen und Marlowe, zumeist dank Ihnen, in einer Situation zurückgelassen, in der er sozusagen heiratsfähig wurde – obwohl ich der Sache nicht ganz sicher war. Hoffentlich habe ich ihm die richtige Frau ausgesucht. Mir scheint, vom schriftstellerischen Standpunkt aus gesehen, daß praktisch nichts drin wäre, wenn er bloß ein nettes Mädchen heiratete. Aber wenn er eine Frau nimmt, deren Lebensvorstellungen den seinen absolut entgegengesetzt sind, selbst wenn die beiden sich im, sagen wir mal, Boudoir unter völlig gleichen und zufriedenstellenden Bedingungen gegenübertreten, dann entsteht ein Kampf zwischen Persönlichkeiten und Lebensanschauungen, der eine gute Unter-Handlung abgibt. Meine nächste Marlowe-Geschichte plane ich vor dem Hintergrund von Palm Springs – ich nenne es *Poodle Springs*, weil dort jedes dritte elegante Geschöpf, das man sieht, mindestens einen Pudel hat. Ich habe schon genau das Haus, in dem Linda Loring würde leben wollen. Das Haus steht in La Jolla. Es hat jene lässige Eleganz und Kunstsinnigkeit, die in England einmal bei den oberen Zehntausend anzutreffen war. Die Leute, die darin leben, sind ganz offenkundig reich, aber ihr riesiges Wohnzimmer – *living room*, «Lebens-Raum», sagen wir dazu – erweckt nirgends den Eindruck, es sei von einem teuren Innenarchitekten gestaltet worden. Es ist voller Sachen, die meinem sicheren Gefühl nach unschätzbar sind, aber dabei ganz unbefangen behandelt und benutzt werden. Es liegt da der größte Orientteppich, den ich je gesehen habe. Der ganze Raum hat Weite und Wärme. Man sitzt dort und weiß, alles da hat die halbe Welt gekostet, und man fühlt sich doch behaglich und entspannt. Ich habe ja nicht viele echte Aristokraten in meinem Leben kennengelernt, natürlich, aber die, die's wirklich sind, haben alle eine bestimmte Art, nicht nur sich in jeder Situation vollkommen gelassen zu verhalten, sondern diese Gelassenheit auch anderen mitzuteilen.

[...]

Bei den meisten Tätigkeiten, mit denen Mann oder Frau Geld verdienen, gibt es immer einen Verlierer. Ich will nicht sagen, das sei unrecht – das Leben ist nun einmal eine Wettbewerbsangelegenheit. Aber wenn ein Autor ein Buch schreibt, dann nimmt er niemandem etwas weg. Er fügt dem, was es gibt, etwas Neues hinzu; er beraubt niemanden um des eigenen Vorteils willen. Es gibt natürlich Kollegen, und ich kenne sie zur Genüge, die sagen zu mir: «Was hilfst du denn dem? Da ziehst du dir doch nur selber eine Konkurrenz heran!» Ich meine, das zeugt von einem sehr engen Blickwinkel. Es ist natürlich durchaus möglich, daß, wenn die *Saturday Evening Post* vier Geschichten veröffentlichen kann und Ihre oder meine Geschichte die Ursache ist, daß eine andere abgelehnt wird, wir *scheinbar* Konkurrenten des anderen Autors sind. Aber tatsächlich konkurrieren wir lediglich mit einem Maßstab. Wäre seine Geschichte sehr gut gewesen, statt bloß akzeptabel, so hätte die Zeitschrift sie genommen und auch Platz dafür gefunden. Es gibt gar nicht genug gute Prosa, um alles abzudecken.

[...]

Sie nehmen Ihren Unfall beim Bergsteigen nicht tragisch, aber er muß trotzdem ziemlich schrecklich gewesen sein. Und mir ist durchaus auch klar, wie deprimierend es sein muß, aus einer verantwortlichen, wichtigen und geliebten Position in den Ruhestand zu gehen. Das hat etwas vom Sterben an sich. Der beste Weg, um wieder aufzuleben, ist gewißlich der, den Sie im Sinn haben. Auf Teufel komm raus an etwas arbeiten, was wenigstens ein bißchen kreativ ist. Kein Mensch wird alt, solange er noch etwas schaffen kann. Sie können mittendrin sterben – so wie ich, der ich noch älter bin als Sie –, aber dann sterben Sie jedenfalls nicht an Lethargie. Ich zaudere etwas, Ihnen anders denn als ein Mensch, der sich denselben Problemen gegenübersieht und sie versteht, meine Hilfe anzutragen, aber wenn Ihnen je der Gedanke kommt, ich könnte Ihnen irgendwie behilflich sein, so werden Sie, dessen bin ich gewiß, nicht zögern, mir diese Ehre zu erweisen.

[…]

Ray

AN LUCIANO LUCANIA*

21ster März 1958

Caro Signor Lucania,

Ich bin ein amerikanischer Autor, kein Journalist, und ohne Bindung an irgendeine Zeitung. Ich gedenke in Kürze nach Neapel zu reisen und würde es sehr zu schätzen wissen, wollten Sie mir ein Interview gewähren; der Zweck dieses Interviews wäre allein der Versuch, den anderen von Mensch zu Mensch zu verstehen, und keineswegs und unter keinen Umständen der, Sie «fertigzumachen».

Ich gehe davon aus, daß wir beide in den Augen Gottes Sünder sind, und halte es für möglich, daß Sie der Öffentlichkeit in meiner Heimat nicht so dargestellt wurden, wie Sie wirklich sind. Mir ist

---

* Lucania, bekannt als «Lucky Luciano», lebte in Neapel, nachdem ihn die Vereinigten Staaten wegen krimineller Umtriebe ausgewiesen hatten. Chandler interviewte ihn und schrieb dann einen wohlwollenden Artikel *My Friend Luco* für die *Sunday Times* in London, die ihn aber nie veröffentlichte.

klar, daß hierbei den Ausschlag nicht gibt, was einer tut, sondern in welches Licht dies vor Gericht gerückt wird.

Ich selber gehe damit ein gewisses Risiko ein, denn ein wohlwollendes Interview mit Ihnen könnte mich durchaus in Schwierigkeiten bringen, ich bin aber willens, mich dieser Gefahr zu stellen, denn es ist mein Lebensziel, Menschen, ihre Motive, ihre Ursprünge, wie sie wurden, was sie sind, zu verstehen, und nicht, über sie den Stab zu brechen.

Einige meiner Fragen werden Ihnen vielleicht ziemlich brutal vorkommen, aber wenn Sie die Beantwortung ablehnen, wird nirgends festgehalten werden, daß sie gestellt wurden. Auch werde ich von Ihnen nichts veröffentlichen, was Sie nicht wörtlich sagen; allerdings kann ich für Kommentare der Redaktion natürlich keine Garantie übernehmen.

Ich bin ein aufrichtiger Mensch und würde mich freuen, wenn Sie mir das glaubten; ich kann mir aber durchaus auch vorstellen, daß Ihnen die Annahme, es könnte sich Ihnen jemand in ehrlicher Absicht nähern, zur Zeit sehr schwerfällt.

Wenn Sie für meine Bitte empfänglich sind, bitte antworten Sie mir auf dem beiliegenden vorausbezahlten Telegramm per Adresse Ritz Hotel, da ich noch nicht weiß, in welchem Hotel in Neapel ich absteigen werde.

Raymond Chandler

AN LUTHER NICHOLS

[September 1958]

Antworten.*

1. Ja, ich denke, der hartgesottene Privatdetektiv ist immer noch der ungeschlagene Held, aber es gibt langsam zu viele von seiner Art. Die Hauptherausforderung sind, meine ich, die reinen Spannungsromane. Die besten davon scheinen von Frauen geschrieben zu werden. Gelegentlich erscheint eine sehr gute Detektivgeschichte, geschrieben fast in klassischer Form, wie etwa *Last Seen Wearing* von Hillary Waugh, aber das kommt zu selten vor, als daß es bedrohlich sein könnte.

2. Ich würde nicht jeden Schriftsteller als Psychoneurotiker bezeichnen. Wir sind alle in gewissem Grade verrückt. Es ist ein schweres, einsames Leben, in dem man keiner Sache je sicher ist. Spillane ist vielleicht ein extremes Beispiel für den sadistischen Schriftsteller, aber ich kann mich da auch irren. Ich bin außerstande, ihn zu lesen.

3. Die beste Erklärung [für die Popularität der Gattung], die ich anzubieten hätte, wäre die, daß die Detektivgeschichte (ich bevorzuge den Ausdruck *mystery story,* weil mir *detective story* immer einen Personentypus suggeriert) etwas vollkommen in sich Integriertes ist, wenn sie etwas taugt; die meisten Romane wirken dagegen vergleichsweise rührselig und schäbig. Sie hat die Elemente der Tragödie, ohne tragisch zu sein, und die Elemente des Heldentums, ohne heroisch daherzukommen. Sie bildet eine Traumwelt, die man nach Belieben betreten und verlassen kann, und sie hinterläßt keine Narben.

4. Keinerlei Auswirkung [auf die tatsächliche Kriminalität] außer vielleicht der, daß ein Mensch, der einen Mord erwägt, einen Einfall daraus bezieht, wie er's anstellen und anschließend heil davonkommen könnte. Aber das Verbrechen hat es immer gegeben.

---

* Antworten auf Fragen des Adressaten auf einem präparierten Formblatt. Die meisten erklären sich selbst; bei anderen ist die Erläuterung in eckigen Klammern beigegeben.

5. Daß die hartgesottene Geschichte sich, aufgrund von Greshams Gesetz, laufend verschlechtert [ist der Trend]. Es gibt zu viele davon, und sie sind zu gewalttätig und auf zu marktschreierische Weise zu sexy. Nicht eine von fünfzig läßt einen Sinn für Stil oder Ökonomie erkennen. Vermutlich will der Leser es nicht anders. Gute Schriftsteller schreiben, was *sie* wollen, und bringen den Leser dazu, Gefallen daran zu finden. Die brutal zugreifende Geschichte wird nicht völlig aussterben, aber sie wird sich etwas zivilisieren müssen. Die Detektivgeschichte in irgendeiner Form wird nie sterben in der absehbaren Zukunft.

6. Rezensenten kümmern mich nicht. Ich habe sie von beiden Seiten kennengelernt, und so sollte es ja wohl auch sein. Manche sind dumm, sogar bösartig, aber das sind auch manche Schriftsteller. Mein Kommentar zum Kriminalroman ganz allgemein: Ich wünschte, es könnten ihn mehr Leute so gut schreiben, wie er sich schreiben läßt. Er *kann* nämlich durchaus Literatur sein, wissen Sie. In Europa, besonders in England, wird das anerkannt.

AN HELGA GREENE

824 Prospect Street
La Jolla, California
1. Oktober 1958

Helga, meine Liebste:

[...]

Meine Kurzgeschichte – wenn Du sagst, ich soll sie schreiben (ich schreibe sie vermutlich so oder so, denn das Problem ist faszinierend) – handelt von einem Mann, der beim Syndikat auszusteigen versucht, aber zuviel weiß und einen Tip bekommt, daß infolgedessen zwei Profikiller ausgeschickt worden sind, ihn zu liquidieren.* Er hat niemanden, den er um Hilfe angehen könnte,

---

* Die Geschichte hieß *The Pencil* und wurde von Chandler auch ausgeführt.

und so geht er zu Marlowe. Das Problem ist: Was kann Marlowe tun, ohne den Killern selbst vor die Läufe zu geraten? Ich habe da einige Ideen und glaube, es wäre ganz lustig, die Geschichte zu schreiben. Unnötig zu sagen, daß die Killer selbst sich keinen Fehlschlag leisten können; sonst würden wiederum andere sich ihrer annehmen. Man lebt nicht mehr sehr lange, wenn man das Syndikat enttäuscht hat. Die Disziplin ist streng und hart, und Fehler werden einfach nicht geduldet. Der einzige Syndikatsboß, der je wegen Mordes verurteilt wurde, war Lepke Buchhalter, zeitweise Chef der Murder Inc. in Brooklyn und Chef einer «Schutz»-Bande in New York. Ich weiß nicht, wie sie ihn erwischt haben, aber er und einer seiner Topleute kamen schließlich auf den Stuhl. [Frank] Costello haben sie eine Weile im Gefängnis gehabt, und vielleicht sind sie immer noch hinter ihm her, aber da dürften sie nicht weit kommen, möchte ich meinen. Diese Kerls haben alle eine solide Geschäftsfassade und sehr tüchtige, freilich korrupte Anwälte. Wenn man den Rechtsanwälten einen Riegel vorschieben könnte, hätte man das Syndikat, aber die Anwaltskammern sind daran einfach nicht interessiert.

[...]

Ray

AN ROGER MACHELL

824 Prospect
La Jolla, California
14ter Oktober 1958

Mein lieber Roger:

[...]

Mein nächstes Buch soll in Palm Springs spielen, wo Marlowe einiges zu tun kriegt, um mit den Lebensvorstellungen seiner Frau zurechtzukommen. Er liebt sie, und im Bett passen sie wunderbar zusammen, aber es liegen auch Schwierigkeiten in der Luft. Ihr paßt nicht, daß er darauf besteht, an seinem Geschäft und seiner bescheidenen Lebensweise festzuhalten, und sie füllt ein mit Prunk überladenes und ziemlich kitschiges Haus mit Schnorrern, auch wenn das verdammte Haus (von dem ich schon eine detaillierte Beschreibung habe) nur für die Wintersaison in Palm Springs gemietet ist. Ich weiß nicht, ob die Ehe Bestand hat, ob er ausbricht oder sich beschränken läßt. Natürlich muß ich auch einen Mord haben und ein bißchen Gewalttätigkeit, und auch ein bißchen Ärger mit den Bullen. Marlowe wäre nicht Marlowe, wenn er mit Polizisten auf die Dauer klarkäme.

[...]

Liebe
Ray

AN WILBUR SMITH

824 Prospect
La Jolla
16ter Oktober 1958

Lieber Mr. Smith:

Sie irren sich durchaus. Die Ehe wird keineswegs Marlowes Ende sein, sondern nur für eine Unter-Handlung sorgen.* Sie wird ein unablässiger Kampf, unterbrochen von amourösen Zwischenspielen. Marlowe, ein armer, aber aufrichtiger Mensch, trotz seiner Neigung zur Sprüchbeutelei, haßt Lindas Lebensstil, er haßt das Haus, das sie für die Saison in Palm Springs gemietet hat, eine mit Prunk überladene Angelegenheit, von der ich schon eine exakte Beschreibung habe. Er verachtet die Schnorrerbande, in der alles zusammenkommt, was man an Partygästen nur finden kann. Sie ihrerseits begreift einfach nicht, warum er darauf besteht, an einem gefährlichen und schlechtbezahlten Beruf festzuhalten. Völlig einig sind sie sich, denke ich, nur im Bett.

---

* Chandler faßte ins Auge, Marlowe mit Linda Loring verheiratet sein zu lassen, einer Figur aus *The Long Goodbye*.

Die Haupthandlung, d.h. den Mord, habe ich noch nicht. *Playback* stand in England auf Platz fünf der Bestsellerliste, so das letzte, was ich hörte – inzwischen ist's vermutlich wieder herunter davon, aber ich bezweifle, daß es hierzulande auch nur eine der Bestsellerlisten schafft.

Ihr sehr ergebener
Raymond Chandler

AN FRANK NORMAN

824 Prospect
La Jolla, California
16ter Oktober 1958

Lieber Frank:

[...]

Ich bin mit *Bang To Rights** noch nicht durch, aber es macht sich gut. [...] Eine Geschichte aus dem wirklichen Leben mag leicht der dramatischen Steigerung ermangeln, für die man im Roman sorgen muß. Im Roman ist die Qualität «Spannung» unabdingbar, obwohl man sie auf vielerlei verschiedene Weise erzeugen kann. Der Leser muß so weit gebracht werden, daß er wissen will, was als nächstes passiert. Im Leben wird einem das nicht immer geboten.

Helga hat mir geschrieben, daß Sie in *Vogue* eine Geschichte hatten und irgendwo sonst noch einen Artikel über Slang. Das freut mich herzlich. Wie geht denn das Buch – wie läuft nach Ihrer Kenntnis der Absatz? Zögern Sie nicht, vom Verleger die betreffende Information zu verlangen, denn sie ist lebenswichtig für Sie. Ich finde, wie Sie die Haltung des Häftlings beschreiben, eines Menschen, dem untersagt ist, er selber zu sein, der nach außen hin keine Persönlichkeit mehr haben darf und der zu einer permanent falschen Fassade verurteilt ist, – ich finde, das machen Sie alles

---

* Normans Buch handelte vom Gefängnisleben in England und gründete sich auf persönliche Erfahrungen des Autors.

sehr gut, und es ist bemerkenswert, daß Sie dabei Ihren Sinn für Humor bewahrt haben. Höchst bewundernswert. Das Buch zeigt auch einen guten gesunden Sinn für das Problem der Wirkung oder Nichtwirkung von Gefängnissen.

Ich werde Ihnen in einiger Zeit wieder schreiben. Bitte lassen Sie mich wissen, wie sich die Dinge bei Ihnen anlassen. Ich weiß, daß Helga sehr darauf bedacht ist, Ihnen auf jede nur mögliche Weise zu helfen. Niemand, der Sie kennt, wird in Ihnen einen geborenen Gesetzesbrecher sehen, aber der Mensch kann durch Verfolgung oder Hoffnungslosigkeit leicht zu Verzweiflungsschritten getrieben werden.

Herzlich immer Ihr
Ray

AN HELGA GREENE

22ster Oktober 1958

Helga, mein Liebling:

[...]

Gib dich nicht mit Autoren als Klienten ab, von denen sich nichts verkaufen läßt, was Dir Deine Mühe vergütet. Ich habe insgeheim immer den Gedanken gehabt, daß ein berufliches Versagen immer auch ein moralisches ist. Es gibt Schriftsteller, die der Situation nüchtern ins Auge sehen und sich in aller Ruhe entschließen, arm zu bleiben, wenn sie nur gut genug schreiben können, um die eigene Seele zufriedenzustellen. Ich achte sie, aber der Mangel an Anerkennung wirkt sich auf die Dauer verengend aus. Henry James hat das gespürt. So ein Autor neigt dazu, gerade die Dinge zu übertreiben, die das Publikum von ihm fernhalten. Ich bin kein Lohnschreiber, aber ich habe das Gefühl, daß in dieser verworrenen Generation einem Schriftsteller, der den ziemlich zynischen Realitäten seines Gewerbes nicht ins Auge sehen kann, mehr fehlt als nur die Popularität.

Was Deine «zornigen jungen Männer» betrifft, so hat sie jede Generation natürlicherweise. Aber wenn sie diesem Stadium nicht entwachsen, sind sie unreif. Shaw hat gesagt, wie Du Dich erinnern wirst: «Wer mit zwanzig nicht Sozialist ist, dem fehlt es an Herz. Wer's mit über Dreißig noch ist, dem fehlt's an Verstand.» Ziemlich extrem, wie so viele seiner Behauptungen, aber es ist was dran.

[…]

Ray

1959

AN CATHERINE BARTH*

524 Prospect St.
La Jolla, California
7. Februar 1959

Liebe Miss Barth:

Ich habe schon telephonisch mit Ihnen gesprochen, um Ihnen für die große Ehre zu danken, die mir die Mystery Writers of America erwiesen haben; das scheint mir aber doch nicht genug zu sein — zumal die eigentliche Arbeit vom geschäftsführenden Vizepräsidenten Herbert Brean und vom geschäftsführenden Komitee zu leisten ist, die anscheinend die ganze Arbeit machen und vom Ruhm doch nie etwas abbekommen.

Ich bin sicher, Sie wissen, daß ich diese Ehre nur als Zeichen der Würdigung einer langen Laufbahn nehme und keineswegs persönlich. Ich fühle mich ihrer eigentlich sehr unwürdig, aber ich nehme an, daß es Gründe geben muß, weshalb ich gewählt worden bin, auch wenn diese Gründe mir dunkel sind. Es ist wahr, ich habe den größten Teil meines Lebens über dem Versuch zugebracht, aus dem Kriminalroman etwas zu machen – ein wenig mehr vielleicht, als ihm ursprünglich zugedacht war –, aber ich bin mir ganz und gar nicht sicher, ob mir das auch gelungen ist.

Ich füge Ihnen zwei Artikel bei, die vielleicht von Interesse für Sie sein könnten; wenn nicht, bin ich keineswegs gekränkt, wenn

---

* Barth war geschäftsführende Sekretärin der Mystery Writers of America; Chandler war zum Präsidenten der Vereinigung gewählt worden.

Sie ihnen einen Platz im Papierkorb anweisen. Ich habe das Gefühl, daß wir in unserem Bemühen, die Würde der Kriminalgeschichte zu befördern, nicht genügend Fortschritte gemacht haben. An Anstrengungen hat es sicherlich nicht gefehlt, aber irgendwie scheint alles in Frustration zu enden. Das mag daran liegen, daß der Organisation nicht genügend Geld zur Verfügung steht. Meine Erfahrungen in Hollywood haben mir bewiesen, daß man sehr hartnäckig sein muß, um vom Fleck zu kommen, und daß diese Hartnäckigkeit zuerst übelgenommen, am Ende aber doch akzeptiert wird, wenn nur eine konsequente Haltung dahinter steht.

Heute haben wir es natürlich mit dem Fernsehen zu tun, das manchmal gut ist, immer aber von schlechten Werbeeinlagen vergiftet wird. Daher habe ich das Gefühl, daß ich als nomineller Leiter einer unvergleichlichen Vereinigung einiges unternehmen sollte, um unser aller Anliegen als so wichtig hinzustellen, wie es wirklich ist. Wie man da vorgeht, das erfordert den Beistand anderer Köpfe als des meinen. Der meine steht, so wie er ist, immer zu Ihrer Verfügung; aber er allein genügt nicht.

Ich habe ein Stadium in meiner Laufbahn erreicht, wo ich nichts mehr zu fürchten habe. Vermutlich werde ich schlechter werden; möglicherweise werde ich besser. Ich habe das Gefühl, daß die Publikation von gebundenen Büchern in diesem Land eine Farce geworden ist: Man gibt zuviel weg, und die Frage des Prestiges spielt keine Rolle mehr, da man es bereits hat.

Ich darf noch sagen, daß jede Art Diskussion über diese Themen etwas wäre, was mein lebhaftestes Interesse hätte, und daß mir erwünscht wäre, daran, wenn möglich, mitwirken zu können.

Mit herzlichem Gruß

AN MAURICE GUINNESS*

21. Febr. 1959

[...]

Ich glaube, ich habe Ihren Wunsch, Marlowe verheiratet zu sehen, ganz mißverstanden. Ich glaube auch, ich habe ihm vielleicht das falsche Mädchen ausgesucht. In Wirklichkeit sollte ein Typ wie Marlowe nicht heiraten, weil er ein einsamer Mann ist, ein armer Mann, ein gefährlicher Mann und doch ein sympathischer Mann, und weil das alles irgendwie mit der Ehe doch nicht zusammenpaßt. Ich glaube, er wird immer ein ziemlich schäbiges Büro haben, ein einsames Haus, eine Anzahl Affären, aber keine feste Beziehung. Ich glaube, er wird immer zu ärgerlicher Stunde von ärgerlichen Menschen geweckt werden, um ärgerliche Aufträge zu erledigen. Mir scheint, das ist sein Schicksal – möglicherweise nicht das beste Schicksal auf der Welt, aber eins, das zu ihm gehört und zu ihm paßt. Niemand wird ihn jemals schlagen, weil er seiner Natur nach unschlagbar ist. Niemand wird ihn je reich machen, weil es ihm bestimmt ist, arm zu sein. Aber irgendwie glaube ich, er würde es gar nicht anders haben wollen, und deshalb habe ich das Gefühl, daß Ihr Gedanke, er sollte verheiratet sein, selbst wenn's mit einem netten Mädchen wäre, seinem Charakter ganz konträr läuft. Ich sehe ihn eigentlich immer auf einer einsamen Straße, in einsamen Räumen, verwirrt, doch nie ganz geschlagen.

* Textwiedergabe nach einer Abschrift.

Register

Anmerkung zum Register:
Eintragungen mit dem Zeichen (*) am Ende verweisen auf eine Fußnote. Die Eintragungen unter *Chandler, Raymond* sind alphabetisch nach Schlüsselbegriffen geordnet.

A

Abie's Irish Rose 178
Academy Award 149 (*), 249, 257
Academy, The (wöchentlich) 80, 83, 264, 346, 363
Across the River and into the Trees (Hemingway) 338 (*)
Action Detective (Zeitschrift) 41
Adams, Cleve 126
–; Brief an 202–205
Advice to a Young Critic (RC) 319
Ärzte 596–599
Agee, James 644
Agenten 73, 95, 100, 110, 119, 133, 143, 150, 153, 192 f., 345, 361, 361 (*), 405, 455, 524, 554 (*), 608, 642
–, Funktion der 100
Ah, Wilderness (O'Neill) 177
Air Force (Film) 165
Ak-Sar-Ben 79, 79 (*), 91
Alisal (Show-Ranch) 414
Alkoholismus 433 f., 554 ff., 575
Allen, Frederick Lewis; Brief an 185–189
Alleyn, Edward 83 (*)
Ambler, Eric 391
American Freedom and Catholic Power (Blanshard) 287 (*)
American Mercury, The 33
American Tragedy, An (Dreiser) 447 (*)
Amerika/Amerikaner 116, 173, 364, 519 f., 563, 571 f., 579, 627 ff., 654
Anderson, Edward 38, 527
And Sudden Death (Fletcher) 47 (*)
And Then There Were None (Christie) 52 f.
Anglo Saxon Attitudes (Angus Wilson) 591 (*)
Anna Karenina (Tolstoi) 154
Arm Chair in Hell (Kane) 294
Armstrong, Charlotte 410
Arnold, Sir Edwin 614 (*)
Aron, Miss; Brief an 122 ff.
Art of the Mystery Story, The (Haycraft) 256, 276, 373
Ashenden (Maugham) 303 f., 312
Ask Me Tomorow (Cozzens) 262

Atherton, Gertrude 199
Atlantic Monthly 21, 33, 73, 77 f., 82, 93, 131, 143, 148 (*), 173, 238, 338 (*), 390
–, Rezensionen von Werken RCs im 292
–, Veröffentlichungen RCs im 74 (*), 99 f., 109 (*), 149 (*), 175 f., 283 (*), 626, 642
Attlee, Clement 282, 282 (*), 287
Auden, W. H. 188, 264
Authors League 488
Avon Book Co. 69, 194
Aylmer, Felix 257

B

Bacall, Lauren 74 (*), 135, 220
Bagehot, Walter 337
Baker, Dorothy 199
Balchin, Nigel 105 (*)
Ballard, W. T. 205, 205 (*)
Bang to Rights (Norman) 667
Barrett, William 291
Barris, Alex; Briefe an 239–242, 255 ff.
Barrow, Ralph (Red) 248
Barth, Catherine; Brief an 671 f.
Bartlett, Adelaide (der Fall) 382–385
Bartlett, Edwin 383 ff.
Barzun, Jacques 99, 99 (*), 168, 168 (*), 287, 315
Bauer, Harold 91
Baumgarten, Bernice 216, 216 (*), 265, 282, 313
–; Briefe an 235 f., 244 f., 248 f., 261 f., 273 ff., 302, 329, 341 f., 367 f., 391 f., 436 f., 451 f., 457
–, Kritik an *The Long Goodbye* (RC) 451 (*)
Bay City Blues (RC) 406 f.
BBC 510, 550
Beach, Mrs. Dorothy; Brief an 633
Beast Must Die, The (Blake) 359
Beerbohm, Max 118, 118 (*), 121, 355
Bellamy, Ralph 354
Bells of Saint Mary (Film) 139
Bendix, William 214
Bennett, Arnold 308
Bennett, Harry 445, 445 (*)

S